遂昌文獻集成

胡剛 李鋒 主編
中共遂昌縣委宣傳部 遂昌縣社會科學界聯合會 整理

道光遂昌縣志

〔清〕朱煌等 著
齊樂園 王閏吉 點校

西泠印社出版社

圖書在版編目（CIP）數據

道光遂昌縣志 / (清) 朱煌等著 ; 胡剛, 李鋒主編 ; 齊樂園, 王閏吉點校. -- 杭州 : 西泠印社出版社, 2023.12

（遂昌文獻集成）

ISBN 978-7-5508-4410-0

Ⅰ. ①道… Ⅱ. ①朱… ②胡… ③李… ④齊… ⑤王… Ⅲ. ①遂昌縣—地方志—清代 Ⅳ. ①K295.54

中國國家版本館CIP數據核字(2024)第000977號

道光遂昌縣志

胡　剛　李　鋒　主編

〔清〕朱　煌等　著　齊樂園　王閏吉　點校

出版發行　西泠印社出版社

（杭州市西湖文化廣場 32 號 5 樓　郵編：310014）

責任編輯　儲岱越

責任校對　應俏婷

責任出版　馮斌强

照　　排　杭州立飛圖文製作有限公司

印　　刷　浙江海虹彩色印務有限公司

開　　本　710mm × 1000mm　1/16

印　　張　47.25

字　　數　566 千字

版　　次　2023 年 12 月第 1 版

印　　次　2023 年 12 月第 1 次印刷

書　　號　ISBN　978-7-5508-4410-0

定　　價　470.00 圓

《遂昌文獻集成》編纂委員會

顧　　問：毛建國　張壯雄　沈世山

主　　編：胡　剛　李　鋒

副 主 編：潘吉文　王向榮

編委會委員：葉名頡　曹　昱　邵小根　邱根松　魯旭暉

林慶雄　巫林富　黄存貴　王朝輝　張文華

鄭水松　楊　捷　鄭月娥　朱旭明　肖陳明

王正明　章基勤　羅兆榮　陳曉霞

編纂辦公室主任：朱旭明

總序

毛建國

遂昌歷史悠久，文化積澱深厚。四千多年前，遂昌先民在這裏繁衍生息，創建了『東方文明曙光』——好川文化；自東漢建安二十三年（二一八）建縣至今，已有一千八百年歷史。

在漫長的歷史長河中，遂昌人才輩出，著述豐厚。據記載，清代以前遂昌縣考録進士七十餘名，有古籍二百八十餘部。宋代龔原哲學著作《周易新講義》和尹起莘歷史名著《資治通鑑綱目發明》，名垂千古；宋代王鎡《月洞詩集》、元代鄭元祐《僑吴集》《遂昌雜録》及尹廷高《玉井樵唱》被收入《四庫全書》；明代王養端、括蒼詩派後起之秀黄中及朱應鍾的詩作，應櫝律法專著《大明律釋義》，戲曲家湯顯祖遂昌任上寫成的《牡丹亭》，萬古流芳；清代毛桓書畫、王夢篆《窺園詩鈔》、吴世涵《又其次齋詩集》，清新脱俗……這些鴻篇巨製，傳承遂昌千古文脉。但由於年代久遠，水火摧殘，典藏古籍老化破損嚴重，且零散各地，搶救、保護和傳承這些珍貴的文化資源迫在眉睫。

『睹喬木而思故家，考文獻而愛舊邦。』這些珍貴的古籍文獻作爲遂昌的文脉所承、斯文所繫，是遂昌最寶貴的精神財富，是遂昌尋找自身歷史淵源，釐清自身發展脉絡，更好地走向未來的根和魂。現在，遂昌縣整合各方力量，邀請縣内外專家學者，分三年實施，將系統地整理、收集遂昌自宋至清十餘位先賢二十餘部典籍和四部縣志等，點校後編纂成《遂昌文獻集成》。

整理編纂《遂昌文獻集成》，在遂昌歷史上尚屬首次，工程浩大，意義深遠。《遂昌文獻集成》是遂昌歷史文化典籍的集成，具有濃鬱的地方特色，文獻價值大，對地方學術文化研究裨益甚多。同時，《遂昌文獻集成》具有獨特的城市形象宣傳價值，將這些長期束之高閣的文獻展露真容，普惠大衆，爲遂昌歷史文化的傳播與弘揚提供有效途徑，也增强海内外研究者對遂昌歷史文化的關注和興趣，可以有效提升遂昌的形象與文化影響力，并激發全縣人民熱愛家鄉、建設美麗幸福家園的自信心和自豪感。

適逢二〇一八年建縣一千八百年之際，開展《遂昌文獻集成》整理，亦爲慶祝建縣獻上一份厚禮。是爲序。

二〇一八年五月

點校説明

一、《遂昌縣志》始修於明正統前。明嘉靖、隆慶、崇禎，清順治、康熙、乾隆、道光、光緒年間以及中華人民共和國成立後多次續修。今存世《遂昌縣志》共有康熙、乾隆、道光、光緒、一九九六年新版五種版本。關於道光《遂昌縣志》，《續修四庫全書總目提要》稿本第九卷曰：『道光《遂昌縣志》，十二卷，道光十五年（一八三五年）刊本。知縣事朱煌、李玉典主修，邑貢生鄭培椿等纂修。是志卷一志輿地，其目十，曰：分野、沿革、疆域、形勝、山川、城池、都里、風俗、丘墓、古迹。卷二志賦役，其目七，曰：田糧、户口、賦税、積穀、物産、坑冶。卷三志建置，其目十，曰秩统、公署、學校、學田、義學、書院、坊塔、亭閣、橋渡、隄堰。卷四志禋祀，其目七，曰文廟、關帝廟、文昌廟、祠壇、愛祠、群祀、寺觀。卷五志官師，其目二，曰：職官、政績。卷六志選舉，其目十二，曰：進士、舉人、歲選、職銜、徵辟、監生、仕宦、吏員、武績、封廕、鄉飲禮、賓興禮。卷七志人物，其目十一，曰：理學、忠義、孝友、仕功、循良、宦迹、篤行、文學、隱逸、尚義、貞節。卷八志兵戎，其目三，曰：兵防、武功、紀事。卷九至十一志藝文，其目十，曰：碑記、文、論、贊、賦、頌、志銘、序、書目、詩。卷十二志雜事，其目三，曰：靈异、仙釋、祥异。案此志頗爲邵志所譏，謂其體乖而文蕪也。今讀其書，信爲不免。体例之乖，尤在選舉一門，列徵辟於捐納職銜之下，羼仕官於監生吏員之間，皆其謬也。若其紀載叢雜，文筆近俗，殆非佳構。』光緒《處州府志》卷末載云：『《遂昌縣志》修於道光乙未，體例乖繆，記載蕪雜，幾於不勝指摘。』道光《遂昌縣志》，藏中國科學院圖書館。上海圖書館殘存卷二至卷四、卷六至卷七、卷十，共六卷。

二、道光《遂昌縣志》僅有道光十五年刊本，半頁十行，小字半頁二十行，行二十一字，小字行二十字。單黑魚尾。四周單邊。版心鐫有書名及卷次。今以此爲底本，以新式標點點校。大字用五號全宋體，一行雙字的小字用小五號楷體。物名或地名與介紹文字之間的空格用句號，如『相圃。在瑞山之麓』。人名與介紹文字間往往無空格，爲保持體例統一，亦用句號。

三、底本漫漶不清之處頗多，據康熙《遂昌縣志》、乾隆《遂昌縣志》、光緒《遂昌縣志》予以補出，確實沒有可參版本，盡力據文意予以補出，但由於能力所限，恐有錯補，故以『□』示漫漶之字，有幾個漫糊不清之字，就標出幾個。

四、通假字、古今字、俗體字盡力按原字型過録，都不煩一一出校。書中亦間有字异體或俗體并存，前後不一，爲刻工不同習慣所致，亦盡力按原字型過録。底本避諱字也按原字型過録，不一一出注説明。至如『己』『已』『巳』字，書中皆刻爲『巳』形，爲免讀者疑惑，則盡改爲其本字。

五、人名、地名、書名、疑難字詞以及引用和用典之處頗多，都不一一出注説明。

六、道光《遂昌縣志》寫某地或某人時，常引古人詩文全文，篇幅頗大，故點校時引號多不標出。書名號後多有卷次，故亦多不標出。

七、點校過程中，得到了麗水學院、遂昌縣委宣傳部、西泠印社出版社領導和同仁的支持，在此深表謝意。

齊樂園　二〇二三年九月十八日于麗水學院民族學院

重修遂昌縣志序

邑之有乘，豈獨志封域、表形勝、誇古迹已哉！盖有關乎養民者，如山川、隄堰、户口、田糧、賦役、積貯、物産、坑冶諸大端是已；有關乎教民者，如禋祀、學校、選舉、人物、藝文、風俗諸大端是已。顧教養因時而制宜，時有變通，教養有增改，志教養者，即不能不隨時而增修之。邑志創自前明隆慶戊辰池公浴德，自後徐公治國於順治甲午續修之，繆公之弼於康熙壬辰再修之，至乾隆乙酉王公惁重修之，閲今七十年。其中疆域依然，形勝不改，古迹仍舊，關山川之修闢，堤堰之整理，户口之滋生，田糧之開墾，賦役之報升，積貯之充盈，物産坑冶之繁富，事關養道者，較前有增而無減。至教道多端，除風俗依然醇美，廟宇祠壇時常修飾外，如配享又增崇祀，學校又增書院，選舉又增科第，人物、藝文可以表勵末俗，扶翼世教者，又增傑出之選，是均不可以不志也。余不敏，爰集邑之諸君子，相與裒集而纂訂之，旁搜博採，顯微闡幽，缺者補之，訛者正之，不敢遺，亦不敢濫，庶於教民養民之道，稍有俾益云爾。是爲序。

大清道光十五年歲次乙未夷則月，特授文林郎、知處州府遂昌縣事、加六級、紀録十二次、又記大功九次、北平朱煌勿軒氏書

草創遂昌縣志原序

夫志豈易言哉！邑有志，古列國史也。史官掌記時事，藏之金匱石室者，秘而弗彰，以俟天下後世公論之定，將以考信於志也。是故作志君子，宅心欲公，秉筆欲直，知人欲詳，覈事欲實，學博而才贍，識明而見遠，量宏而器大。有紀必信，弗信弗紀者，斯可以語志矣，斯可以資史矣。學淵未有一於是也，何以與於志焉？特搜前人散佚之書，采今日多士之論，及廣於四方所聞見之志，去取折衷，續成草稿。雖淺陋弗文，莫之或掩，斷斷乎傳信傳疑，不敢鹵莽，殆亦足以備斷案，昭鑑戒。將來任其責者，公是公非，加之删定，或可藉之爲完乘乎？矧舊志漫滅無足考，已不知編志爲誰。成化甲辰，一嘗修入郡志中，又多脱略。嗣更五十餘年，竟未有續修之者。夫古人重載籍以徵永久，若并是而逸之，將軼事弗傳，何所考據，以決信從乎？此區區續稿之所以成也。抑慨吾遂嘗有幞頭壇之謠，今栝川非曩日周氏、尹氏父子昆弟所産之地耶？樵夫牧竪以耕以息而已，非惟科目之英久焉乏人，即求呻吟占畢爲秀民者，亦不可得。地非靈於昔，而人才獨不傑於今，顧學與弗學，有志與無志焉耳。兹稿既續，庶幾環邑父老暢然令其子弟自奮以植志，時敏以務學，蒸蒸乎凡民日起，而俊秀雖有德有造之咏可追也。孰謂志之所係小小哉？孰謂邑之志不有關於國史也哉？録成，因書此以告邦之人，以俟後之博雅者。

嘉靖丙申，刑部郎中、邑人翁學淵譔

遂昌縣志舊序

邑有志，猶國有史也。粤自《禹貢》，著於唐虞，至成周，疆理萬國，天下之圖，職方掌之，邦國四方之志，小史外史領之，其經制尤備焉。後世作於朝廷者曰史，於四方者曰志。明興，四方之志蓋爛然矣。法雖與史异，而備物垂軌，足爲勸戒。其大要實相類，則志四方亦史也，庸可忽乎？遂昌隸栝郡，爲名邑，故未有志，而附於栝乘者，歲久多舛遺，觀者病之。丙寅冬，邑大夫池侯明洲初入境，采故問俗，靡得而述，心竊慨焉。不期年，政行化洽，民是翰而士攸式，四境蒸蒸稱治，廼欲振一邑之墜典，俾文獻足徵也。於是集師儒攟摭記傳之説，網羅金石之文，旁搜博采山氓宿老之談，考訂編次，爲志若干卷，凡若干萬言，亦殫厥心矣。戊辰夏，余自刑部尚書郎承乏泉南，取道歸省，適遘先君之變，杜門守制，得遹觀厥成焉。蓋首天文，次地理，次王制、人物，而三才之道已著，復附之外志，亦崇正黜邪云爾。且辭不繁而其事備矣，序不淆而其統正矣，文不侈而其體質矣，書其美則惡者戒，書其得則失者彰，而勸懲之義昭矣。後之莅茲邑者，按籍酌時，鑿鑿可見。行事上裨於國，下利於民，誠有如郡侯李亨庵公之所云者，是其所關甚大，豈徒紀述彌文已哉。若王仲淹謂陳壽之書、范寧之春秋，思過半者，蓋以遷、固而下，制作紛紛，率競博洽而鮮勸戒，其志寡也。池侯是志，其可傳矣夫。余辱侯命，於是僭爲之序。

隆慶二年仲秋，知泉州府事、前刑部郎中、邑人吴孔性頓首譔

修遂昌縣志舊序

　　遄秋，即恭承上台命，督修邑史，慄慄惶懼，以不克勝爲虞。爰迓賢軌，集紳士，登父老，而咨諏之曰：既膺兹役，與衆分勤，亦與衆分榮焉。闡幽顯微，括芳剔瑜，幸夙夜祇承之毋怠。紳士父老咸踴躍唯唯，趨蹡史席，以共襄乃事。凡再易歲，八閲月而始成。成之吉，整席披鉛，展函而讀，僉曰：志較前粲然可觀，亦緯然而理也。何則？志首山川，山川則泉石烟霞爲後，而險迤遐邇爲先矣。次人物，人物則簪纓榮達爲後，而道德節義爲先次財賦，財賦則貨産生殖爲後，而會計庾廩爲先矣。其地理之通會閉隔與利弊一方者，則又眉列之。凡夫矣。其前之筮仕兹土而有功於民者，則又誦之。其蠢動之草竊，與用兵之顯績，仙靈之异，機祥之驗，暑雨祁寒之故，靡不擇其大端，以與我子民相係切者，再四去留之也。僉曰：都休哉！余亦曰：丕成哉！諸賢之烈也。歔不能不愀然而私慨者。明之末，靛寇即已滋種，延及於今，已十餘載，日夕靡寧。余莅兹土凡三期，介馬而馳，躬閲險阻，以與周旋，槖鞬不啻數十次。無奈山川之祟沓，與門户之雜處，兵至賊颺，兵歸賊來，一勦一興，實逼他邑。天實爲之，謂之何哉！按兹册而與昔之全盛時較，不知費若何之痌瘝，與幾何之歲月，而始能復故時之觀也。興言及此，余又臆傷而神愴之矣。

順治甲午，知遂昌縣事、遼陽徐治國序。

續修遂昌縣志舊序

志猶史也，史始於黃帝，夏商分置左右史，周官有大史、小史、內史、外史、御史分掌其事，至列國俱各有史官。厥後史家擅勝者，無如遷、固，若華嶠，稱曰良史，若吳兢，止稱其不假借，若李延壽，止稱其直筆。况夫學不足則取材荒略，才不足則設辭闒茸，識不足則持論乖錯。作史之難蓋如此，而志又豈易乎哉。特志與史微有分：史善惡兼舉，志則揚善而隱惡，史是非互見，志則存是以泯非，凡以示勸也。示勸則盡量而與，未免唯其文不唯其情，傳其信兼傳其疑，烏乎可？今夫峰岩聳拔，迅流震潗，輿圖之大概也。秩統坊表何以遞有變更？官師表率何以各自奮勵？人才有昔盛今非之感，何以使振興弗替？制賦有裁留增減之殊，何以使公私俱利？德功之報何以踵舉不廢？戎兵之設何以更置維新？其在龍韜虎符，功高於保障，循良卓茂，澤溢於寰區，以及砥行立節之概，引商刻羽之才，何以勳猷不讓曩哲，而風徽可立後型？至於蔓草荒烟，頹垣古冢，一經俯仰，感慨係焉。藪蘖叢奸，福善禍淫，一爲傳述，鑒誡以之。凡此者，必博稽往迹，殫著新猷，後先相承，變通會適，文不過情，疑不參信，始足以傳。修志之難又如此，而以云遂志則尤難，遂有志創於先明浴德池公，越順治甲午，治國徐公修焉。後之計復舉者三，皆中寢。更苦於汜漲，舊志多浸没，而梨棗所載，半飫蟲鼠之腹矣。况我皇上治定功成，德教遐敷，一旦遣使者輶軒四出，搜羅掌故，有司將何以對？故予來莅兹土，芟薙蠹訌外，即揭邑之廢墜者，以次興舉，尤於續修邑乘爲兢兢。而又喜借鑒往行前言，以飭躬率物，一切臆見，師心未敢自逞也。於是請於督撫兩憲，俱許可。乃諏吉開局於署之東園，邑紳士鄭士楨等分類而編摩之，司鐸陳君雲鍾、高君宏緒詳加討論焉。若校訂及潤色，則程子定所珥筆而成者也。其間爲綱者十，爲目者六十有六，繁不盡繁，簡不盡簡，要使觀者知遂之形勝在某山某水也，知遂之古迹在某閣某亭也，知遂之風俗則曰若者淳、若者漓也，知遂之吏治則曰某也廉、某也能也，知遂之賦徭則知土田幾何、户口幾何也，知遂之科第顯者若而人、以德行著者若而人、以忠孝節義傳者若而人，是又知其人文燦同日星也。庶幾文不過情，疑不參信，而一邑之紀載具備，六十年之曠廢可續，自一傳再傳，而人心且其知勸歟！若後之從事兹役者，筆擅三長，舉余志所溢美、所闕略者，從而删定之、增訂之，使得無舛謬，以永垂於不朽，又豈非余之所厚望也哉！

康熙壬辰，知遂昌縣事、崇仁繆之弼勛岳氏題

重修遂昌縣志舊序

遂昌，山邑也，深僻幽阻，不與外接，舟車不通，四方賓客之所不屆。然而嶺嶂層叠，有險隘之固；峰岩秀聳，有攀踐之勝。其土物芳鮮而腴潤，其風俗節儉而淳謹。官於是者，有風幹惠愛之遺；生於是者，有淵粹雋傑之概。邑雖小，足以與名區奥壤争雄競烈，此志之所以不可闕也。邑之志，初創於隆慶戊辰池公浴德，續修於順治甲午徐公治國，再修於康熙壬辰繆公之弼。自繆公以來，甲子將周，而志闕焉未備，識者病焉。歲辛巳，余始莅是邑，搜訪利病，凡有便於民者，次第修舉，略有成績。獨念是志之闕，凡職司之遷歷，軌度之興改，政治之休美，行誼之芳懿，經閲綿遠，日以沉晦，後之人奚所考而質焉？是不可以不能辭。爰以暇日，徵引邑中之髦碩，相與搜討而裒輯之，以舊志爲本，証以通志、府志，壬辰以後之事，則增入焉。首陳輿地，次詳賦役，標建置之迹，秩禋祀之典，序官師以徵治績，列選舉以表科名，紀人物以昭激勸，述兵戎以謹衛禦，博之以藝文，廣之以雜志，提綱以舉要，分目以致詳，疑者闕之，誤者正之，秉約簡之旨而不敢踈漏，寓褒勵之意而不敢濫溢。謀始於甲申之秋，告竣於乙酉冬月。一邑之紀載，庶幾其爲完書。余不敏，蓋盡心焉，抑衆君子之用力亦勤矣。夫志之名，昉於班氏。昔之論史者，恒以作志爲難。然史家之志，主於論典故，而鄉縣之志，則人物備載焉。是蓋以志而兼傳者，其難直與作史等。余謭陋，何敢言史？而遷、固實録之義，則凛乎勿之有違。矧我皇上加惠江浙，翠華屢幸，兩浙之山川民物，咸被光耀，遂雖蕞爾，亦兩浙之版圖也。陳風展義，固當不遺，宜有攟摭，以備采擇。余於是編，尤加慎焉。若夫恢宏藻潤，以允協乎作史之體，則敬俟之博雅君子。

乾隆乙酉冬月，知遂昌縣事蜀西王憕平甫撰

凡例

一、志詳略繁簡，務令得宜。舊志十卷，今增至十二卷，以次聯絡，以類相從，凡爲綱十，爲目七十有奇，令稽考者便於繙閱。

一、志首輿地，倣職方也。則壤成賦，國計攸關，賦役次之。體國經野，民生攸賴，建置次之。明德馨香，秩祀宜崇，禋祀次之。若主守山川，治民事神，宜受之以官師，由是而人才有陶冶，文章有司命，故承之以選舉。因而以人物標一邑之俊英，以兵戎作一邑之保障，以藝文聚一邑之精華，而仙釋靈异等類，又別爲雜志云。

一、纂編悉仿舊志，兼參府志、通志，訂其舛複，補其缺遺，魯魚亥豕，間爲考正，疑者闕之，凡以垂不易之模云爾。

一、遂邑山深土瘠，別無出産，錢穀外賦，悉載全書，既頒成額，綜核詳明矣。特户口不無登耗，土田時有墾闢，軫念痌瘝者，按成則爲加損，寓撫字於催科，官民庶兩便乎。

一、官師之賢，見於治績，一時頌之，百世傳之，且專祠祀之，示崇報也。凡官兹土者，非輿論悉協，不敢鋪張，第爲直書姓氏，亦臨官不泯之義耳。其武功亦如之。

一、志昭勸懲之書也。挾私遺漏，狥情溢美，何以傳信？兹於人物中，忠孝義節，採訪必覈其真，收録不失於濫。夫亦曰公直在我，是非在人也。

一、藝文不一其體，平昌自若士、任宇兩先生，分花兹土，名篇麗句，咳玉唾珠，千載流傳，山靈亦覺起舞矣。况後先倡和，名賢輩出，序記詩賦，不能備載。兹擇其有關經術政事，有裨人心風俗，有記勝迹名區者，悉隨類各登諸志焉。

一、志以傳信，殫智瘁神，公道允協，方得成書。皮版不慎，或鼠魚蠹之，榾柮火之，甚有匪人鑱名换姓，不免以假亂真。今於學中尊經閣，另設橱櫃，什襲封識，嚴司管鑰，以垂久遠。

遂昌縣志續修姓氏

主修

原任遂昌縣事、蕭山縣知縣朱煌

特授遂昌縣知縣李玉典

分修

原任遂昌縣儒學教諭王椿照

特授遂昌縣儒學教諭周愛棠

原任遂昌縣儒學教諭鄔宗山

特授遂昌縣儒學訓導湯咏

纂修

本縣貢生、議敘八品鄭培椿

本縣試用教諭葉端

本縣恩貢生吳守基

參校

本縣貢生黃金墀

本縣貢生童應華

本縣舉人吳世涵

本縣舉人朱渭

本縣副榜李廷榮

督理

本縣議敘八品王天機

本縣布理問葉光堉

採訪

本縣議叙八品葉光第
本縣例授衛千總官學健
本縣恩貢劉尚玫
本縣貢生朱璀
本縣貢生朱達
本縣貢生朱元恭
本縣議叙州判徐華
本縣試用鹽課大使包國勳
本縣監生王瓚
本縣監生黄裳
本縣庠生鄭焕文
本縣監生鄭實桝
本縣監生姜翘熊

謄清

本縣庠生王學醇

督梓

特授遂昌縣典史潘克權
本縣貢生華源

《遂昌縣志》天文丑分牛宿圖

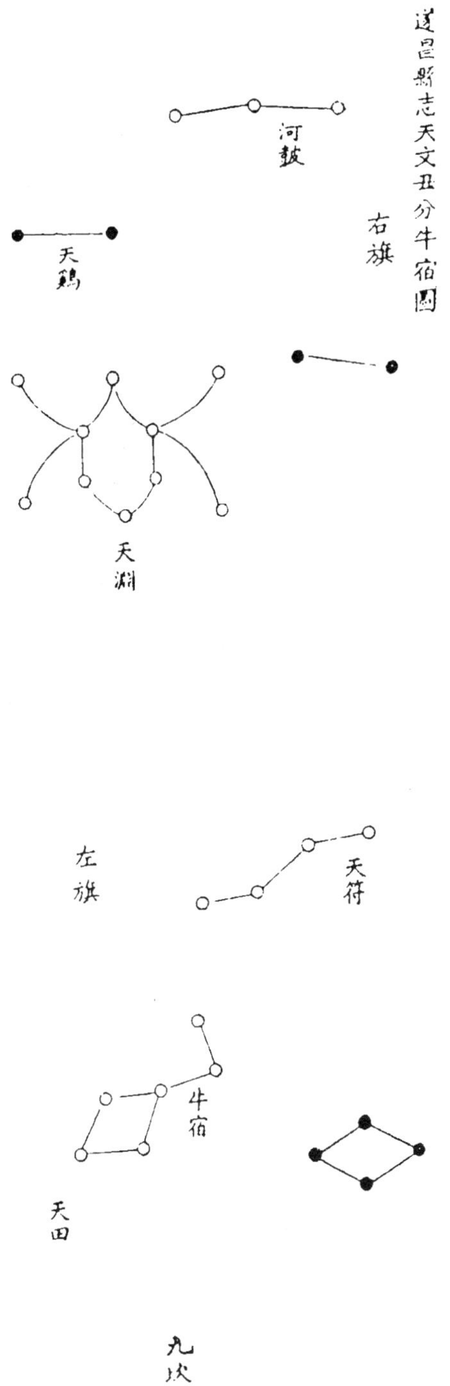

遂昌縣沿革表

唐虞

夏
禹貢揚州要服

商
揚州之域〔一〕

周
初屬揚州，春秋時屬越，戰國屬楚

秦
舊志屬閩中郡。謹按：《清類天文分野之書》〔二〕：遂昌，漢太末縣地。《資治通鑑》注：秦爲大末縣，屬會稽郡。似應以屬會稽郡爲是。

西漢
孝惠三年，立越王之後摇爲東海王〔三〕，屬東甌國。武帝黄龍元年，徙東海王於淮，以地屬會稽郡。謹按：秦漢俱係大末，屬會稽郡

東漢
光武區地，入太末縣，仍屬會稽

三國
吴赤烏二年，分太末之南界置平昌縣，以去治東鄉十五里兩山前後平叠，形如『昌』字，得名也。初屬東陽郡，後分東陽置臨海，屬臨海郡

晉
分臨海置永嘉郡，大寧元年，改永嘉爲永寧，太康元年，改平昌爲遂昌縣，屬永寧郡

隋
文帝開皇八年，廢臨海、永寧二郡爲縣，且分置栝蒼縣、松陽縣。九年，合四縣置處州，尋改處州爲栝州，遂屬之

唐
改栝州爲縉雲郡，以臨海縣置台州，永嘉縣置温州，改栝蒼縣爲麗水縣，升松陽縣爲松州，武德八年廢，松陽復爲縣。又省遂昌入松陽縣。景雲二年，刺史孔琮奏復栝州爲處州，復松陽以西地爲遂昌縣

五代
因唐以遂昌縣屬處州

宋
分天下爲十九路，以縉雲郡爲處州路，屬浙東道，遂昌縣隸處州路

续表

	國朝
元 改處州路爲總管府，屬浙東道，遂昌縣隸總管府	遂昌縣隸處州府
明 改總管府爲處州府，隸浙江布政使司，仍屬浙東道。成化八年，析遂昌縣北鄉八都九都地合置湯溪縣	

校注

〔一〕域：原文作『戠』，據乾隆《遂昌縣志》改。

〔二〕清：底本作『請』，據書名改。

〔三〕摇：底本作『瑶』，據《史記》卷一一四卷《東越列傳》改。

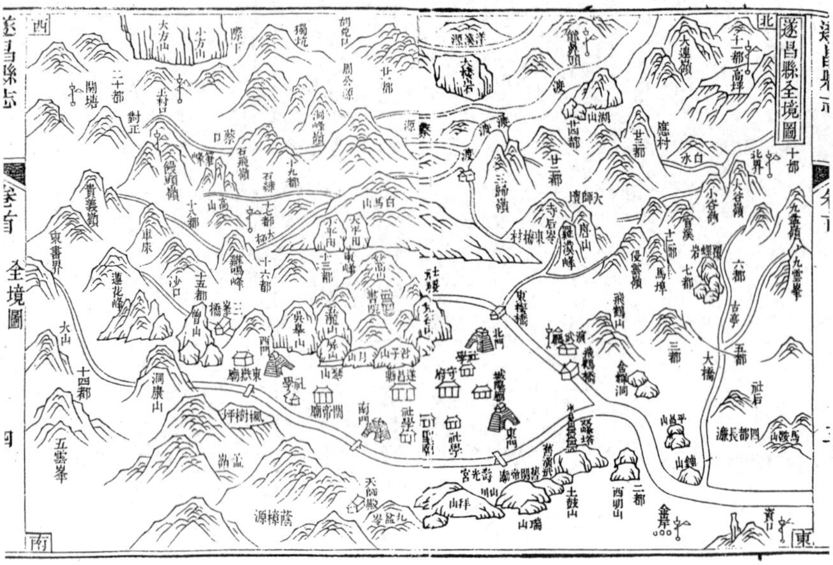

遂昌縣全境圖

遂昌縣境圖

由縣達府之圖

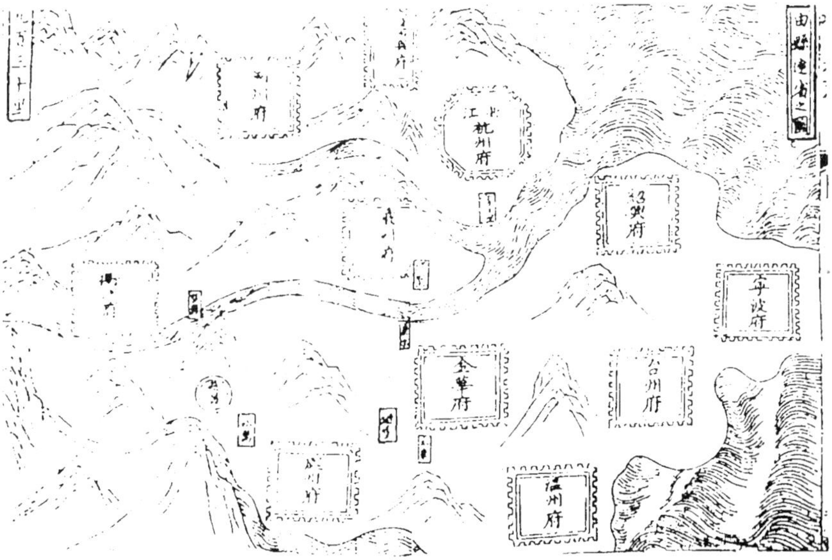

由縣達省之圖

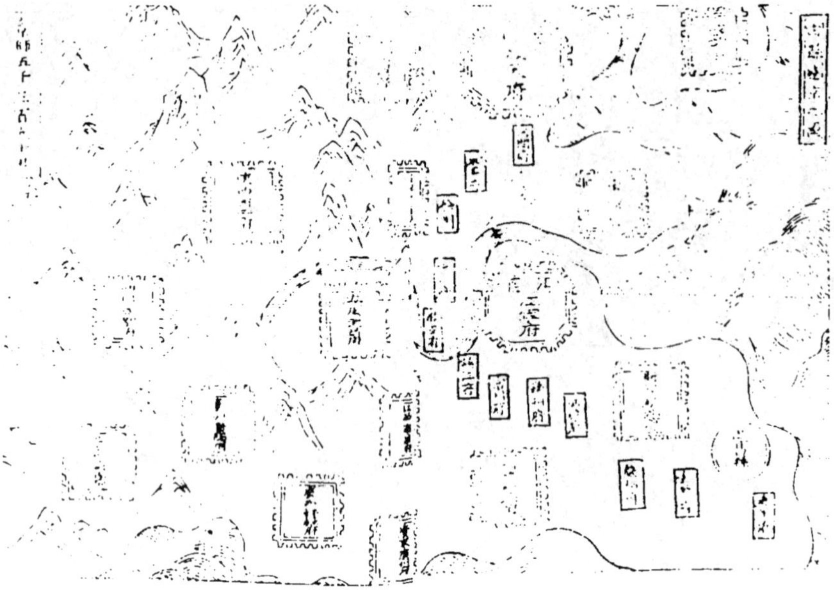

由縣達京之圖

君子儒叢圖

同是儒生業，真儒幾見過。誰知君子盛，叢聚在山阿。

——勿軒朱煌

同是儒生業真儒
幾見過誰知君子
盛叢聚在山阿
勿軒朱煌

壽光仙迹圖

妙悟通經術，端莊竟化僊。壽光寶尚在，誰更繼青蓮。

——勿軒朱煌

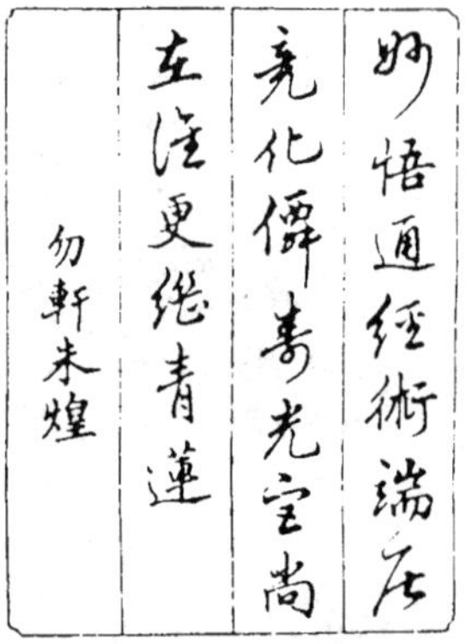

妙高晨鐘圖

何處晨鍾動，清音下界聽。迷途應欲轉，多少夢魂醒。
——勿軒朱煌

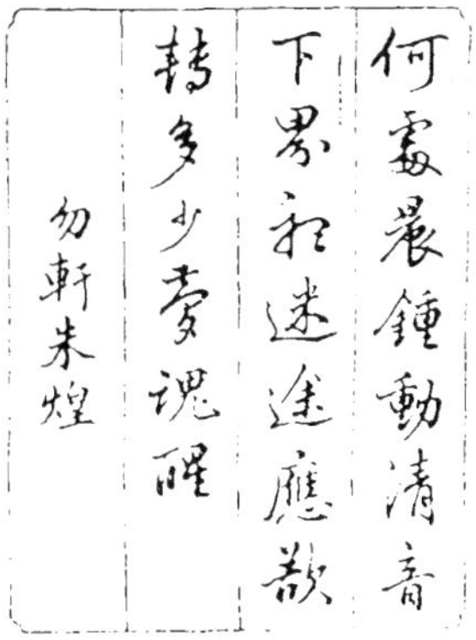

清華夜月圖

古閣清華地，蟾光照更明。登臨乘夜月，即此是蓬瀛。

——勿軒朱煌

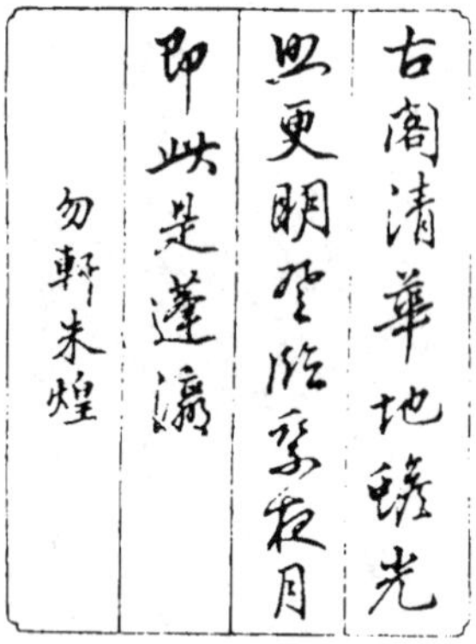

眠牛積翠〔一〕圖

儞侶犀牛卧，恍如望月形。仙人何處覓，千載草青青。

——勿軒朱煌

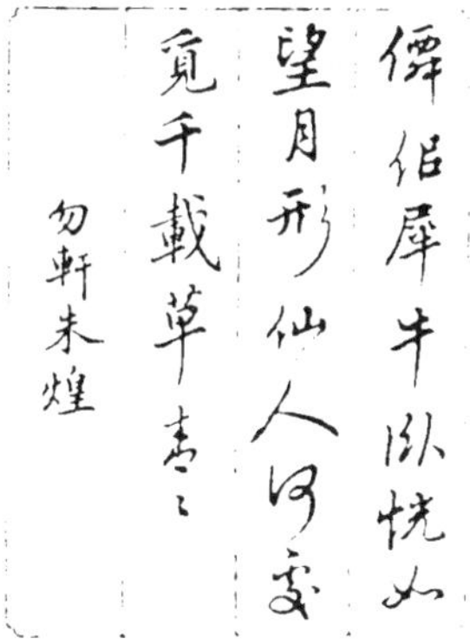

校注

〔一〕積翠：原文寫作『□□』。

飛鶴籠嵐圖

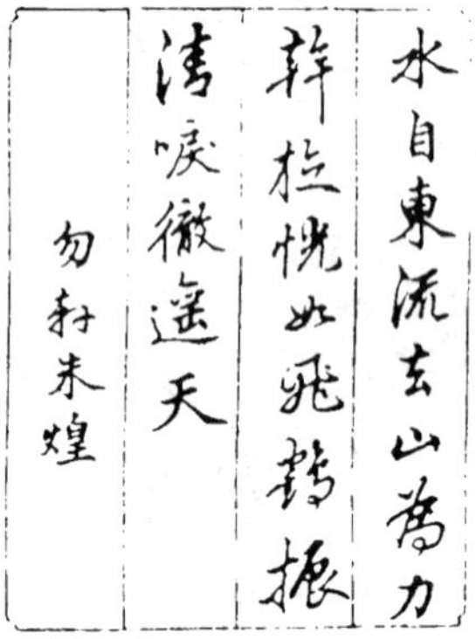

水自東流去，山爲力斡旋。恍如飛鶴振，清唳徹遥天。

——勿軒朱煌

梅溪春意圖

梅意知天變，溪邊數點開。會看花爛熳，處處上春臺。

——勿軒朱煌

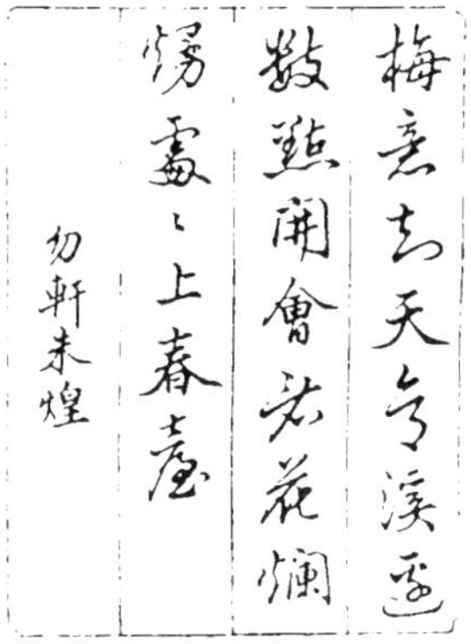

文筆雲峰圖

峰峻尖如筆，摩空寫碧青。昌山燕許輩，应是梦山靈。

——勿軒朱煌

峯峻尖如筆摩空
寫碧青昌山燕許
輩应是梦山靈
勿軒朱煌

土鼓含音圖

石皷傳周史，坡僊亦作歌。誰知山下土，搏擊類鳴鼉。

——勿軒朱煌

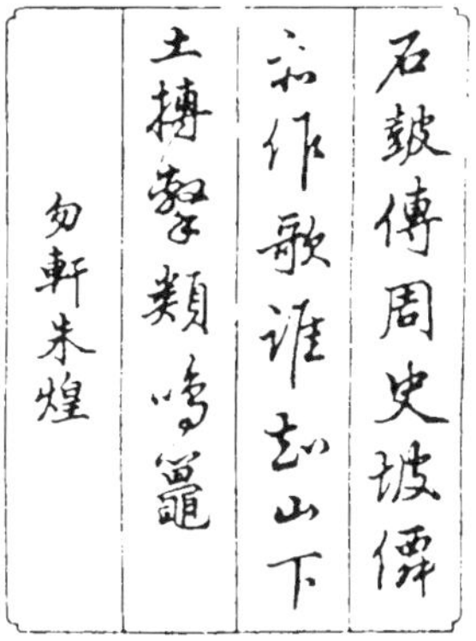

幞頭應運圖

曾記沙頭長，平昌景運開。佇看壇上岍，金紫滿瑶臺。

——勿軒朱煌

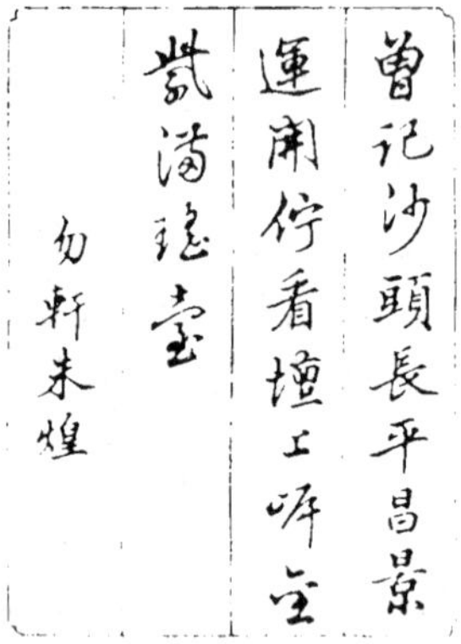

月山樵唱圖

伐木欣求友，歌聲唱晚還。回看樵採處，明月滿空山。
——勿軒朱煌

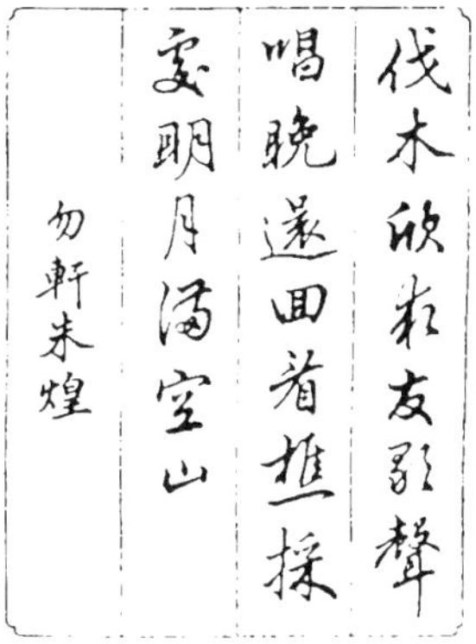

兑谷書聲馨

北山純讀者，徹夜聽清吟。寄語青衿子，云何不嗣音。

——勿軒朱煌

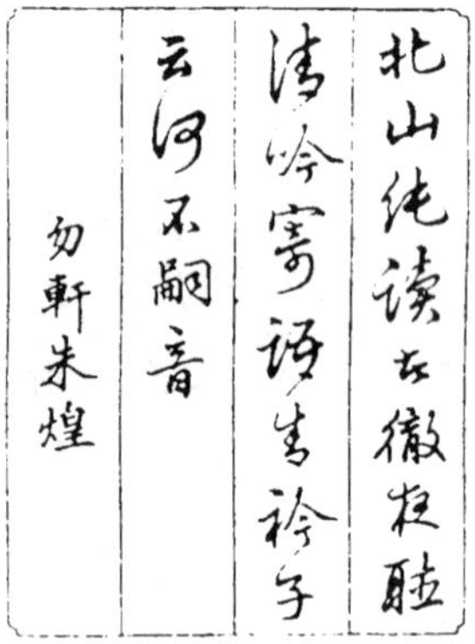

目録

卷之一

輿地志

分野、沿革、疆域、形勝、山川、城池、都里、風俗、丘墓、古迹

自大禹敷土奠川，以宅四隩，而地理畫矣。漢《月令》云：總丘陵原隰阪險曰地。地者，百物之所生，萬物之所養也。周官以大司徒掌邦土，使民知地域廣輪之數。故山林川澤，隨適不迷，物曲土宜，各有攸利。用是而政可舉，民可阜，禮樂可興矣。志輿地。

分野

《隋書·地理志》：『於辰在丑，吴越之分野。』

《清類天文分野之書》：『《禹貢》揚州之域，斗分吴地。』

《天文志》：『起斗南十二度，至須女七度，爲星紀。』

崇禎《處州府志》：『處州，古括蒼地，於天文屬揚州，斗分爲牛女之次，上直少微星，應處士。』

《内緯秘言》：『斗十七度，遂昌與麗水、青田、縉雲、松陽入三分之七。』

《宋史・天文志》：『南星，魁也，北星，杓也。』

石申曰：『魁第一星主吴，二星主會稽。遂，會稽之支邑也。』

《史記・天官書》：『吴之疆候在熒惑，占於烏衡。』熒惑、烏衡，南方星也。觀斗魁之躔度，則遂邑之休徵咎徵，舉足覘矣。

沿革

《禹貢》繫揚州要服，春秋屬越，戰國屬楚。秦始皇五年滅楚，以其地屬閩中郡。謹按：《清類天文分野之書》：『遂昌，漢太末縣地。』《水經注》：『太末是越之西部姑蔑之地也，秦以爲縣。』《資治通鑑》注：『秦爲太末縣，屬會稽郡。』《漢書・地理志》：『會稽郡縣烏傷、太末。』又《資治通鑑》注：『今衢州，秦時爲太末縣。』查秦并天下，以東甌地置閩中郡，（即今台、温二府。）栝州屬之。時未立遂昌，其地實隷太末，未屬處郡，似應以屬會稽郡爲是。漢初，越王無疆七代孫搖，率越人從諸侯滅秦，後又佐漢擊楚。至孝惠三年，追録前功，立搖爲東海王，屬東甌國。武帝黄龍元年，徙東海王於淮，以地屬會稽郡。謹按：西漢時未立遂昌，其地仍隷太末，屬會稽郡。東漢光武區地入太末，仍屬會稽。三國吴赤烏二年，分太末之南界置平昌縣，以去治東鄉十五里兩山前後平叠如『昌』字得名。初屬會稽郡，寶鼎時屬東陽郡。後分東陽置臨海，屬臨海郡。《晉書・濟南王遂傳》：遂字子伯，宣帝弟。仕魏，封平昌亭侯。晉分臨海置永嘉郡，太寧元年改永嘉爲永寧，太康元年改平昌爲遂昌，屬永寧郡。南北朝宋、齊、梁、陳并屬永寧郡。隋文帝開皇八年，廢臨海、永寧二郡爲縣，復分置栝蒼縣、松陽縣，九年，合四縣置處州，尋改處州爲栝州，遂屬之。唐改栝州爲縉雲郡，以臨海縣置台州，永嘉縣置温州，改栝蒼縣爲麗水縣，升松陽縣爲松州。武德八年，廢松州復爲縣，又省遂昌入松陽縣。景雲二年，刺史孔琮奏復栝州爲處州，復松陽以西地爲遂昌縣。五代因唐，屬處州。宋分天下爲十九路，以處州屬浙東路，遂昌縣隸處州。元以處州爲處州路總管府，屬浙東，遂昌縣隸處州路總管府。明改總管府爲處州府，隸浙江布政使司。成化八年，析北鄉八、九二都地入湯溪縣，都止二十有二，仍編舊額浮税於各都，至今爲累。國朝仍屬處州府。通省志：編户七十四里，原設版圖二十四都，四十一圖，四百一十里。今編順庄二百九十庄。

疆域

舊縣志：縣爲里七十有九，東距西、南距北皆一百里，東南距西北一百二十里，東北距西南二百六十里。東距松陽縣界二十里，距縣六十里；南距龍泉縣界九十里，距縣一百八十里；西距江山縣界一百里，距縣二百三十里；北距龍游縣界四十里，舊志：六十里。距縣一百二十里。《栝蒼彙紀》：『東南至松陽縣七十五里，東北至金華縣二百里，至湯溪縣一百五十里，西南至龍泉縣二百四十里，西北至西安縣一百七十里。由縣達處州府一百八十里，由縣達浙省九百三十里，達江南一千八百九十里，達京師五千三百九十里。』

形勝

遂邑環境皆山也。發脉於閩浦，由仙霞嶺歷三衢入遂，展嶂於周公源、洋溪源，襟帶龍泉，如礱口、關川諸處，俱與龍泉接壤。水流出王村口山，復分支於蔡源，起蔡山九峰岩，度青城山及大梧桐、小梧桐山，至石飛嶺、門頭嶺出口，開一洋面，爲石練水。出大田峽口門，合柘溪上游，歷華洋，直趨湖山，衆水滙聚，達於衢城之樟樹潭。此遂邑西鄉，山川境壤，最爲深邃。所謂分太末一隅者，共一出水也。幹龍正支從周公口渡河，起而爲黃兆山，伏而爲奕山，過北起高坪，歷廿三都等處地方，復轉東至梭溪。源起小平田、大平田，至白馬山，枝脚雄峻，頂背平濶，高出群山，風日清朗，回瞰三衢，隱然在望。此正支幹龍，實爲婺、紹之祖山也。其餘諸山，由龍泉貴義嶺而來者，爲遂之南鄉十四都源。山水瀠洄，川行八十里，歸於邑南眠牛山下，直出河頭，與北溪合流。由白馬山嶂角雞鳴峰發脉而來者，其源有二：一從丁嶺分流而下，一從西嶺分流而下。合於丁口，行二十里，至飛鶴山前，與南溪合流。行十餘里，復滙四都濂溪，東注松川、栝水，以達於甌江。此邑城山水之出口也。至縣城諸山，分脉於雞鳴峰，擁護於貴義嶺，重巒叠嶂。離邑十里，起會山，過樟樹嶺，發妙高山，爲縣後。龍中爲君子山，西則吴皋天馬月岫屏風，北則兑谷，南有拜山爲案，東有塔山爲内關，其下則西明山爲重關。此邑會山勢之回環拱揖，棊置星羅者也。鍾靈毓秀，所由來者遠矣。至白馬山之分，行於東北者，近則唐山侵雲嶺，爲縣城後蔽，過東則由尹功百丈陡起覆螺岩，分入湯溪，趨結婺州，直達東越而止。障支旋繞，過白沙源、天塘嶺，復起九雲峰，背分松宣，面結四、五各都，爲東鄉。轉北則爲應村，白水黄家源及砬竹雙溪口等地方，崇山峻嶺，深源長谷，奥衍七八十里。山水滙聚於北界馬戍口，歷靈山以底龍游，達於黔江，此遂邑溪河分出於三口也。緣遂昌爲衢、處交界，幹龍過峽之區，祖山復起，岩壑英奇，川巒秀澈，爲栝西名區，洵不誣也。

舊府志：環邑山倍於水，左有土鼓之异，右有文筆之奇，瑞山屹其前，兑谷擁其後，白馬蜿蜒，飛鶴回翔，兩溪夾流，一水東會，乃栝西名區也。

古縣志：襟帶龍泉，聯續麗水，景寧星峰錯落於前，松陽喬阜環翠於後，紆徐秀峙，隱然形勝之美。

舊縣志：西接建寧，北連衢、婺，岩巒聳秀，溪澗澄澈，爲一郡冠。

通省志云：湯顯祖土城碑記：遂昌治萬山溪壑，中介長松、龍泉，猶毘境也。西北而南，走衢、嚴、婺、鄣，犬牙信州，以達於閩，綿迤奥絶。

張貴謨云：聯巒層溪，有山水之勝。

程敏政記：山明水秀，爲文獻巨邑。

環邑十有二景：妙高晨鐘、清華夜月、眠牛積翠、飛鶴籠嵐、君子儒叢、壽光仙迹、梅溪春意、文筆雲峰、土鼓含音、幞頭應運、月山樵唱、兑谷書聲。

各景詩俱載圖後及藝文門中。

山

瑞山　在邑東隔溪。昔有异人乘白虎至此山，創庵煉丹，紫雲呈瑞，故名。有井曰煉丹井，丹成而去。又以形似，曰眠牛山。曹道沖詩：琳館蕭蕭蘚上壇，地無俗迹户常關。檜花迎露春風細，羽客含真冥坐閑。跨虎何年歸碧落，煉丹應許定朱顔。騶虞去後神光現，從此仙翁號瑞山。四明屠隆詩：散步溪橋看野鷗，一樽落日上眠牛。長鑱煙外山光暮，短笛風中草色秋。叩角未因歌石起，出關聊爲著書留。百年天地多郵傳，何用登臨涕泗流。邑人吴志詩：郊原雨足草連天，耕盡人閑幾許田。今日更無人叩角，隔溪閑藉落花眠。葉澳詩：自放桃林不記年，如今穩向白雲眠。須知石骨乾坤老，最喜花紋雨露鮮。竟夕回頭疑喘月，長時跪足肯蹊田。世閑芻飲難招汝，謾道封人會著鞭。

塔山　在瑞山東。上有土鼓礑。宋縣令朱元成以西有尖山爲文筆峰，因建塔於此山上，曰雙峰塔。與尖山對峙，增高捍門，爲邑治屏障。

飛鶴山。在邑東一里。山形如鶴，張翅回翔，逆水直上，爲縣東合流護沙云。四明屠隆詩：矯首孤雲不可條，松篁彷彿似鳴皋。千年逸氣凌霄漢，一夜西風借羽毛。沙苑何妨金簇冷，緱山長伴玉笙高。因君欲訪蘇耽去，海色蒼茫百丈濤。

文昌山　原名妙高山，在治西。秀麗峻拔，蓋山之近而尊者。中有松隱禅院。乾隆二十八年，知縣王憕建文昌閣、魁星樓及望遠、朝暉等亭於半麓，改名文昌山。道光十年，詳建書院，即舊址而更新之，添設房舍，備極宏敞。延師課士於其間，游覽勝境，遂爲名教樂地。邑令柳滋浦詩：月澹山空露未晞，個中何物不禪機。松濤隱隱傳天籟，引得鐘聲到翠微。邑人包蒙吉詩：高峰巀嵲倚雲霄，一刹平開氣象豪。淅瀝風濤飛野馬，逍遥窟穴冠山鼇。天花欲墜禪心冷，貝葉頻翻鳥語高。遠望城煙聯不斷，丹霞紫霧滿神臯。尹廷高《妙高院》詩：草庵卓立孤峰頂，霜滑石頭山月静。天風吹落五更鐘，盡大地人都唤醒。張子西《妙高院》詩：乘閑約友訪危峰，小徑穿林幾曲通。對飲野生多酒量，伴吟木客笑詩窮。樓臺高出煙霞外，山水長留天地中。我欲乘風凌絶頂，月宫先折狀元紅。翁高《妙高院》詩：行行復行行，行到白雲間。見客意不俗，逢僧心自閑。細泉分别澗，小徑入他山。擬借禪房榻，追游信宿還。鄭還《妙高院》詩：陟徑穿雲入翠微，天然一窟似屏圍。煙消樓閣半空出，山静風塵盡日稀。溜石澗泉清欲語，依岩禪榻坐忘機。鳥啼花落春風去，不與人間論是非。朱楷《妙高山遠望》詩：在麓但言高處妙，登高衆妙一齊收。半天墨潑孤城雨，幾樹紅裝萬壑秋。山勢西從姑蔑起，溪聲東繞栝蒼流。人家四顧安耕讀，不是當年百里侯。邑令王憕《望遠亭》詩：山中萬景集，勝處在兹巘。我從東坡言，於此著庭穩。憑高攬衆妙，如室得關鍵。千岩競奔赴，不復愁偃蹇。脚健身更輕，眼寬心益遠。浮嵐劃開豁，元氣含虚渾。勁松立森森，何必蒼蓋偃。好風颯然至，清籟叶琴阮。平生林壑志，對此增繾綣。徙倚翠陰中，長吟不知返。又《翰墨池》詩：飛泉出山頂，曲折穿翠靄。漱玉鳴琮琤，隨風答松籟。引之繞屋流，縈抱若衣帶。紆餘經稻田，决决成畝澮。樓前瀦爲池，宛轉百脉會。泓涵得展拓，瑩潔出澄汰。初觀泉疏蒙，漸喜澤成兑。碧深含太清，緑浄絶纖壒。嫋嫋牽荇絲，團團倚荷蓋。聲喧雜蛙黽，影密亂杉檜。誰言岩岫裏，思逸江湖外。掬弄興未闌，清宵夢嚴瀨。西湖李元鼎《文昌閣落成》詩：昌運興君子，文光顯妙高。有梯攀露桂，隨徑發山桃。飛鶴岑頭月，眠牛樹裏濤。松杉諸路集，荆莽一時薅。閣迥通霄漢，池深刷鳳毛。茅茹連彙拔，鴻鵠入雲翱。磴草迎朱履，岩花映彩袍。佇看多吉士，雅重在英豪。吐繡心雖苦，懷珍目不逃。門開觀躍鯉，海濶競登鰲。秀麗盈城野，精華出彦髦。永瞻神貌在，長記邑侯勞。邑人劉霞《文昌山引亭》詩：引人入勝處，新構小亭幽。清景殊堪玩，深情獨此留。多栽桃李樹，遠作棟梁謀。寄語雞牕客，無忘父母憂。又《望遠亭》詩：俗見從來近，嘉謨自古深。淵衷知有托，肇錫意堪尋。鵬看風雲上，槎驚河漢侵。他年棠蔭下，長憶福星臨。徐培《文昌宮落成》詩：仙闕初成氣象光，嘉名端合錫文昌。山間俎豆瞻台座，雲裏樓臺接漢章。桃李滋公新雨露，詩書啓我舊宮墻。從今棫樸應興咏，滿院春風翰墨香。徐台位詩：文昌新廟貌，高插碧霄中。日麗瞻金闕，雲開見帝宮。檐階星可摘，銀漢路還通。製錦才何富，栽花興不窮。荒城得仙令，化雨樂神工。長此沾膏澤，歌吟愧小蟲。上杭傅繩武《文昌山》詩：山勢縈紆曲磴長，披雲便想接文光。亭開半嶺如留憩，松繞層巒自作行。嵐翠霏微和淡靄，樓臺掩映帶斜陽。共蒙明府恩膏渥，桃李年年競吐芳。慈溪王旭齡《引亭》詩：磴道盤紆曲岫隈，大觀須向此中來。松篁似喚韻情發，嵐靄遥瞻仙路開。便想丹梯通月窟，好攜彩筆上星臺。引君直到超然處，豁盡塵襟賦快哉。又《四照亭》詩：閑登四照亭，極望無遺象。爽氣滿虚空，攬之不盈掌。邑人王隆相《文昌閣》詩：翠閣巍峨氣象崇，攀躋景物麗晴空。日懸松頂文光通，露泫花梢教澤融。縱目宛超塵世外，置身恍在玉臺中。浩歌不惜當風立，快頌菁莪樂育功。徐台年《聽泉亭》二絶：偶然構得小亭幽，爲愛泉聲日夕留。渌净無痕休掬弄，水光山色兩悠悠。仰瞻飛閣影流丹，觀水何妨即此觀。莫笑澄泓纔數尺，秋風也解作微瀾。童澍霖《文昌山》詩：環城皆峻山，西望尤岝峉。虚谷寄岩巔，奇境賢侯闢。中創帝君宫，爲祈丹桂籍。寶像肅清嚴，威靈壯地脉。雲霞手可披，牛斗光常射。青霄路雖遥，神力助羽翮。氣運從此回，林巒增秀色。登臨萬象開，千載仰侯澤。童汝礪《文魁二閣》詩：昔年梵刹久荒凉，今日文魁頓煥章。盡剔蓁蕪成爽塏，遍施藻采啓堂皇。蒼松掩映朱闌外，丹桂扶疏碧檻旁。一片深心誰得會，幾回指引步高岡。毛儀熿《文昌山》詩：秀氣協天文，山名鎮不改。福星即文星，盛事賴賢宰。俞天埏《朝暉亭》詩：翔步山亭上，如懷捧日心。容光被草木，照曜遍山林。雲霧無須撥，烟霾幸不侵。負暄慚未獻，聊自表葵忱。王隆周《文昌山》詩：孤峰咫尺接遥天，霞蔚雲蒸氣象千。夾徑松篁高拔地，盤空樓閣迥淩烟。層岑影帶文星麗，曲沼波涵化雨鮮。久鬱山林今煥發，振衣從此快翔騫。又《望遠亭》詩：何處舒遐眺，新亭迥不同。憑虚如出世，快意欲乘風。岫影浮天外，嵐光落檻中。舉頭星斗近，彌望豁塵蒙。王式堯《四照亭》詩云：山亭供遠眺，極目興無窮。朗耀千岩月，清虚四面風。雲生青嶂外，人倚畫欄東。最愜游觀意，峰巒處處通。朱鐸《登文昌山》詩云：迤邐上層岡，峰回路轉藏。乾坤雲樹裏，宫殿斗牛旁。排闥雙山秀，歸池曲水長。鍾靈知有异，從此發思皇。王式聖《九日登文昌山》詩云：節到重陽秋已深，同人作伴向高岑。步隨松影還吹帽，坐聽泉聲似鼓琴。脱屐自能誇勝具，看山原足豁胸襟。休猜游子歸來晚，留待雲開月上林。王曰謨《妙高山松隱禪院》詩：路出白雲上，亭開翠岫中。林深疑有雨，天近自多風。午夢圓清磬，秋懷付遠鴻。攜笻長嘯去，岩畔月如弓。王夢篆《文昌山同人小飲有懷》詩云：同儕笑語絶嫌猜，小作團欒藉繡苔。箬笠僧歸松影路，豆棚人醉竹根杯。盈疇麥熟風才過，出水荷香花未開。獨上孤亭懷舊侣，攜尊曾爲訪秋來。又《登文昌山絶頂》詩云：造極高方妙，妙從高處來。亂山皆入并，長嘯獨登臺。呼吸諸天近，蒼茫倦眼開。摩空羡鷹隼，雲路任翔回。嘉興陸以謙《新秋日妙高山同人觀荷，余未及往》詩云：新秋暑未闌，冷署熱猶苦。畏景流中天，炎熇困亭午。側聞妙高山，頂上朱華吐。竹樹翳花宫，世界開佛土。山深氣自寒，塢静香彌聚。凉飈水面來，芳意襟裾貯。學侣四五人，招邀尋緑渚。静對不語仙，成群如欲語。惜余身苦肥，畏熱如畏虎。寂坐觀我生，不作看花主。悠然玩庭隅，蕉葉隨風舞。又《七月十六日登妙高山，是日山閣祀魁星》詩云：籃輿入輕雲，晨光乍開曉。是時宿雨收，昏明未了了。空濛煙霧中，諸峰益窈窕。遥瞻傑閣高，竹樹藏深杳。爲禮星斗神，曲折窮霞表。殘荷送餘香，紅葉尚盈沼。花葉互掩映，緑波動裊裊。但愛俯清漣，却忘凌絶島。斗墟仰文光，歸來時逾卯。初日隱雲端，微風度樹杪。兹游勝前期，庶以展幽抱。

西明山 在邑東五里。山麓舊有清華古閣。山在二都則居西，在邑中則東也。自葉坦塔山而外，第二重水口，青鳥家謂於此築浮屠，則科第可蟬聯矣。邑令許啓洪《留别西明山》詩云：幾度看山憶杖藜，三年一夢寺雲西。未能解綬憑鴻笑，聊復攜琴任鶴啼。歲暫簪冠辭舊衲，留無玉帶作新題。朝來夜氣臨風發，自有仙源路不迷。邑人吴國賢《西明晚眺》詩：清輝何處覓，薄暮向西明。雲氣濕幽壑，波光浮畫楹。從來山水畔，不盡古今情。回首城東路，蒼茫皓月盈。王夢篆詩：峭拔西明擅，平沙路熟諳。雲根穿别壑，秋影落空潭。趁渡樵登岸，梯崖佛借龕。清華泯舊迹，水木尚虚涵。

鐘山　在邑東十五里。其形如鐘，蹲踞兩河合流之中，乃縣治與東鄉之羅星也。

拜山　在邑南隔溪。林巒奮伏，體勢回擁，有向邑俯拜形狀。

屏風山　在邑西，狀如玉扆，爲邑西屏障。邑人周述《咏屏風山四景詩·鷺洲釣月》云：維揚喬木翰林家，底事投閑釣鷺沙。真隱每嫌勞物色，煙波深處足生涯。《天馬樵雲》云：封事何如樂採薪，嶒崚石磴路堪馴。林深不識日昏晚，一任山隈卧白雲。《吴皋東作》云：天設名區擁翠屏，草堂風度曉雞聲。年來不作繁華夢，飯犢郊原學耦耕。《月岩夜讀》云：歸來築室月山旁，屋斗長懸午夜光。清白流芳無别業，詩書滿架酒盈缸。邑令湯顯祖詩：瞑躅孤舟一釣魚，半鈎新玉挂蟾蜍。猶憐白鷺蕭蕭影，秋老寒塘獨照渠。白馬鞍中畫出雲，誰家伐木帶晴曛。不應長是丁丁響，時有遷鶯斷續聞。唤起青牛更莫眠，吴皋春雨杏花天。他山種樹能多少，酣作陶家酒米田。君子山房月倍清，娟娟憐與讀書明。如今更有閑官燭，只聽伊吾三兩聲。邑令許啓洪詩：釣臺較此竟何如，惹得吴剛叫碧虚。是鷺是鳧看鳥影，姮娥欲下步徐徐。幾片雲從太嶽分，樵雲玉斧碧空聞。世間伯樂應難遇，天馬時看卧白雲。漫從父老勸深耕，春雨犁頭樂太平。婦餉姑炊兒飯犢，聲聲布穀雜鳴鶯。暎月還思暎雪時，讀騷沉醉月偏宜。琴心寂寂千年静，賸有藜光向月隨。

琴山　在邑西。

月山　在屏風山右，圓聳如滿月。説者謂眠牛在東，若犀牛望月。邑人翁高《月山遣興》詩：何事區區守一丘，春花過了月明秋。等閑濁酒籬邊興，寂寞寒花雨裏愁。不識故人猶在否，每思前事且歸休。西風又是青山晚，落葉無聲水自流。邑人朱應鐘詩：落日千家砧杵聲，登臨孤客有餘情。屏山何事遮東北，只見西南一半城。

五龍山　在邑西。峰巒蜿蜒而下，形如五龍翔集，故名。昔僧無高搆茅屋，建般若庵，幽深寥闊，允稱禪定佳勝。郡人胡烈《五龍山》詩：蜿蜒萬壑繞群峰，擁護飛蓮現五龍。擊破翠微驚蟄卧，夜寒明月一聲鐘。徐顯志詩：孤寓經旬卧竹林，寒花香擁翠幢深。煙雲時入松花缽，冷浸空王般若心。教諭陳灝詩：龍峰奇幻片雲腥，孤壑淙然風雨泠。岩竹叢依抱磴石，澗流雙合過山亭。一天雲霧寒霄近，萬里烟嵐秋色冥。漫把霜威驚落葉，好將仙露醉山靈。訓導朱永翼詩：五龍山下曉雲開，走霧飛烟拂面來。漫道香泉分太液，誰知陽氣徹重垓。半泓凝碧胎鱗甲，萬畝流春絶草萊。攜屐登臨閑眺望，詩箋錯落倒瓊杯。

君子山　在縣治北隅之右。山麓多士大夫家，故又名城山。邑人包蒙亨《君子山》詩：春暖扶輿日日晴，柳條送色到山城。雲開嶂列朝陽鳳，風囀簧流出谷鶯。東井熒熒稱德聚，訟庭隱隱有琴鳴。平昌自此多佳話，内外門屏盡友生。

平昌山　在邑東十五里盂山頭庄。兩山前後如『昌』字，因以名縣。又宋王象之所著《輿地紀勝》謂：昌山一名大君子、小君子山。

馬鞍山　在邑東二十里。狀如馬鞍，巍峨環抱，東鄉之望也。相傳有五株松同根而生。山麓一村曰長濂，居人鄭姓建書院於山中，蓄水爲池，繞流房舍，爲課讀所。前明萬曆甲辰，殿元楊崑阜先生守勤未遇時，嘗館穀於此，壁間有《戲題池上小舟》詩，藉以寓意。後出，遂大魁天下。墨迹至嘉慶年間猶存。四明楊守勤《五株松》詩：吁嚱兮奇哉！五松百尺何崔嵬，宛如虬龍探珠出海挂晴旭，蒼鱗片片迎天開。五子嘘雲欲飛走，乘風盪漾轟春雷。老翁何必數燕山，凌空獨抱明堂材。桃李繁華俱失色，楩楠縱大皆凡胎。秦王空有大夫爵，層層結緑封莓苔。我來草元常對立，奎光映五同徂徠。

尹公山　在邑東三十里，與百丈岩相連。隋大業中，有尹姓者煉丹於此，因名。

牛頭山　在邑東三十五里。峰巒層叠有九，又名九雲峰，與松陽接境。世傳真人葉法善曾騎虎創庵於頂，修煉飛昇而去。後人即其庵建天師廟，刻真人像以供奉之。至今遇旱，迎像致禱輒應。山有石子，剖之包絡重重，若禹餘糧。又次第剖之，中得小石，紺白而圓，相傳爲葉法善碁子所化。邑人張貴謨嘗得三百六十一枚，作賦記之，疑即圖經所記太乙餘糧之類，今不可得矣。又山有石蟹、石螺，土人猶時得之。邑令胡順化詩云：翠屏雲九叠，并壑樹縱横。桃種元都觀，篁開舍衛城。亭餘霞褥紫，座吐白毫明。瑶草凌冬秀，迦陵語畫清。瑯璈泉遞響，瓔珞薜初縈。石繞疑聽法，鶴歸豈姓丁。只言金布地，倏睹玉爲京。飈馭隨花雨，潮音間鳳笙。分山傳試劍，攝魄爲題銘。缽裏呼龍出，林邊跨虎行。應知仙不死，能證理無生。愧我吞腥客，徒深訪古情。

吴皋山　在邑西二里。山峻臨溪，舊以吴姓居此得名。

曾山　在邑西十里。尖鋭聳拔，一名尖山，又號文筆峰。爲西南秀聳。寺名廣仁院。邑令徐治國詩：錦陂初雨潤新松，接踵籃輿此地同。百翠結來供静業，一灣繞處悟宗功。名從恩重疑青禁，法向仁通尚紫宮。兩載祝雞纔一過，願隨雲水老吴儂。皇甫冉《曾山送客》詩：凄凄游子苦飄蓬，明月清尊秖暫同。南望千山如黛色，愁君客路在其中。邑人王景夔《廣仁院》詩：不到僊峰二十年，山光水色尚依然。一官凜凜逾堅操，古佛如如待説禪。冠上塵纓何日濯，枝頭明月有時圓。可堪六六金鱗健，我欲乘風騎上天。翁錡《廣仁院》詩：只道山窮路亦窮，青山斷處路還通。源泉出水潭潭碧，野果經霜樹樹紅。乞食不嫌僧舍遠，尋幽更羡僕夫同。明朝籃笋歸城市，歷歷峰巒在夢中。

峒曠山　在邑南七里魯山之右。高聳豐滿，爲溪南二都等處小祖山。

書卷山　在北門外里許，狀如書卷，故名。

三台山　在邑東二十里長濂。

赤山　在邑東二十里長濂村首。

白馬山　在邑西三十里。自仙霞關發脉，蜿蜒至此，陡起獨尊，莫與之抗。登山頂，遠見衢、婺。是縣之鎮山，亦紹、婺之祖龍。半山有兩湖，上名大平田，下名小平田。大湖廣百餘畝，來無源，去則滔滔，四時不竭。視之，深不過數尺，以十數丈竹竿探之，則不得其底止。湖面細竹叢生，往來者皆從竹根上行。其笋名羊尾，遂邑産羊尾笋，共有數處，惟此處爲最。四、五兩月，山下居民採笋度活。左峰矗聳天半，有上、中、下三井，皆潛龍之所，雲常不散。遇大旱，禱雨於此，多驗。若誤落鐵器，則風雹立至，掀棟拔木，左右村落必遭其害。相傳昔有丁公，家於山下，喜跨白馬，歿爲神，因名白馬山，又名丁公山。嶺曰丁嶺，村曰丁村，水下流曰丁口。上有叢祠，曾著靈异，今祠圮基存。四明屠隆《登白馬山》詩云：青冥萬丈接丹梯，山氣高寒鳥不啼。隱隱空中落鐘磬，茫茫霞外擁招提。上方只訝星河近，下嶺纔知雷電低。太白胡僧長耳相，好於此處結龕栖。

筆架山　在邑西四十里，大柘雞鳴峰之右。峰巒叠起，形如筆架，故名。

掛榜山　在邑西四十里，大柘蓮花峰之左。形勢端方，儼若掛榜，舊名方山。宋時里人登榜者衆，因名之曰掛榜山。

魚山　在邑西四十里大柘。

高山　在邑西四十里大柘。

五雷山　在邑西五十里。五峰聳峙如列屏，穹窿雄峻。中峰絶頂平曠，遠見數十里，爲練溪之鎮。山左有洗頭岩，相傳有仙女洗頭於此。舊有寺，今圮，石香爐柱礎尚存。里人吴國賢《登五雷峰絶頂》詩云：卓立近瑶臺，群峰擁翠來。回看雲路近，試聽發春雷。《洗頭岩》云：五雷山峻入雲天，絶頂遥飛瀑布泉。閑游當年來玉女，洗頭至此幾回旋。黄衣照《登五雷山寺故址》詩云：雷峰不共衆峰齊，雲壓樹頭天欲低。古檜倚斜縈翠壁，寺基寂寞滿黄荑。千聲絶澗澗中瀑，一線前山山外溪。游客夷猶忘日暮，崎嶇山路恐歸迷。

湖山　在邑西七十里越王峰下。溪流瀠遶，分夾復合。室居壯麗，文物殷盛，西阻名區也。唐僧貫休詩：山抱重湖湖抱山，人家住在水雲間。若非流出桃花片，縱有漁郎空往還。邑人吴秉純詩云：湖山名勝地，兩面碧流環。竹樹滄洲外，人煙島嶼間。風騷懷往哲，幽境异塵寰。黄兆依然聳，伊人不可攀。

黄兆山　在湖山之西，離治八十五里。舊名檳榔尖，以邑令黄養蒙登眺改名。上建廓然亭。

岩山　在邑東二十五里。山脚有庵，名普濟庵。庵前有嶺，名斗米嶺，因嶺背有石穴可貯米斗餘，故名。

奕山　在邑西。逾湖山五里許，形勢高峻，中多平曠。朱姓世居其中，文物繁盛。桐城胡效憲《奕山文鑑閣》詩：霾緣旭日分朝爽，桂喜秋霖足晚香。返照謾疑花是葉，揚輝可是蚌含光。每思惠子臨濠濮，纔過夷門問大梁。見説雙峰新釀就，東籬菊綻報蜂黄。邑人朱所敬詩：扶桑旭霽氣初爽，桂接槐隄帶露香。魚躍欲從雲霧起，鴈横忽麗斗牛光。豪吟安得亭爲筏，遠睇將無樹作梁。更有一般堪物色，楓何赤也菊何黄。麗令方咸《迎胡效憲於奕山》詩：空谷幽輝麗少微，煙霞骨月古知稀。幾重雲路通三徑，萬壑溪聲聚一屏。柯爛石壇仙剩子，家依青魯俠流徽。恵然幸返跫然足，奕奕山城鶴正飛。朱奎《石橋跨水》詩：兩山環似郭，一水瀉如油。石罅清泠奏，橋平翠黛浮。題詩抒遠志，濯足泝長流。却喜行蹤少，循崖境自幽。《古洞藏春》云：石靈開古洞，地閟貯春陽。不見花隨水，誰知柳護莊。巉巉驚遠望，煦煦恰中藏。已倦期歸咏，沿途物候詳。《螺峰曉霽》云：卓犖挺螺峰，層層曉霧重。井泉通天空收雨意，雲澹露山容。矗立迎朝日，横開拖緑茸。千家煙火合，拭目看蔥蘢。《龍井春陰》云：山勢如屏轉，春光著霧沉。井泉通蜃窟，松鴟聽龍吟。鳥悦聲求友，人歸籟滿林。回環資保障，早暮覆雲深。《車輪散霞》云：日向山坳入，霞從嶺外鋪。數峰如轉轂，散綺似塗朱。下曠嵐光爍，環輝里景殊。試觀西範上，奚翅接天衢。《石碱積雪》云：碱峰遥頓笏，積雪幾層層。瑶圖誰能到，玉山自可登。寒光窮鳥雀，月色暎崚嶒。却喜春將去，尋梅消息仍。《前池釣月》云：村從南宋闢，池滙北流開。十畝晶波潤，一輪玉鏡來。持竿驚兔魄，繫線引蟾腮。不作嚴光隱，定符李自才。《後隴耕雲》云：隴頭春已徧，山脚雨方齊。宿塊和雲撥，新疇帶霧犁。水深人没足，笠破首沾泥。灌溉頻優渥，豐盈祝庶黎。《東皋牧唱》云：北麓下平坡，東皋趁緑莎。牧人無俗慮，横笛發清歌。結伴斜陽後，隨聲爽籟多。君看牛背上，富貴不如佗。《北嶺樵歸》云：嶺路迎秋爽，樵歸正夕曛。蟬聲類夾道，鳥宿自呼群。負荷先疇愜，行沽晚興勤。村氓無道略，作息自欣欣。

獨山　在邑西八十里。上下山皆不相續，又名天馬山。前臨大溪，地狹居稠，文物富盛。釋良縉《天馬山》詩：天馬山高秋氣清，登臨風物正關情。長雲去鳥連吴樹，亂水斜陽帶越城。隔岸松杉看石磴，下方樓閣指蓬瀛。誅茅欲卜他年事，六六峰前此結亭。朱應鐘詩：此地何年鑿，高深不可攀。地形天馬壯，山勢五龍蟠。間道開閩岫，長河下信安。人爲冠蓋望，花作武陵看。東去關城阨，西來户牖寬。奇峰多嵂崪，飛石自巑岏。保義爲鄉望，和光號里閈。虎臨青嶂僻，龍起石潭寒。渭老堪垂釣，龐公上考槃。絃歌舊聲在，時俗古風還。通德誰應振，鳴珂人所難。不知牛斗野，太史夜曾觀。蘭溪徐應亭詩：崚嶒見獨山，鼓楫向西灣。噴雪灘聲急，留雲石色斑。峰回頻指點，徑仄斷躋攀。轉憶滇陽峽，徘徊積翠間。

小赤壁山　在天馬山麓。下臨深潭，石壁如削。有樓、靈岩、石樓、石户、石天窗、巑雲磴。南有武夷洞、仙梯石、碁盤石、仙人濯足石及青霞岡、石釣臺，勝絶萬狀。邑令湯顯祖《赤壁望浦城》詩：棲靈岩下碧泉分，石户天窗時出雲。夜踏僊梯滿霞氣，海光初映武夷君。

魚袋山　在邑南溪滸。象雙魚袋，故名。有神，屢著靈异。與拜山相對。

青城山　在邑西八十里。石壁萬仞，瀑布飛瀉如練。初不通人迹，惟樵者捫崖而上。上有廣谷、龍井、三泓及相公岩、玉女峰、芙蓉峰，皆神林仙窟。四明屠隆詩：向平此日快游蹤，千里名山一瘦笻。天削古崖撐白日，雨飄寒瀑濺青松。風雲長護神靈窟，環佩疑歸玉女峰。定有真人掌仙籍，璚芝石髓幾時逢。邑令湯顯祖詩：萬仞飛泉挂石龍，青城如霧洗芙蓉。自非仙令鳴琴出，誰闢秋𥨊玉女峰。

蔡山 在邑西九十里。世傳五代時蔡姓兄弟居此，故名。

大方山、小方山 在邑西一百二十里。高萬餘丈，絶頂平曠數百畝可。廬外望之，如方石，又號玉屏風。

兑谷山 在邑北。一脉豐擁而下。

梅山 在邑北一里，濟川橋上游。峰巒聳特，爲邑北障。

唐山 在邑北十八里。五代時，僧貫休望氣登山，即其地創翠峰院以居。院北有澗，廣五畝，虎跑出泉，澄澈甘洌，歲旱不竭，號虎跑丘。丘東有山盤陀而下，景物幽勝。休居十四年，旋入蜀不返。後院圮基存，有溫州僧惠宰夢神人導至一所，既覺，景象宛在目中，乃西游抵遂，至峰頂，則皆夢中所見也。廼募緣創建堂宇，莊嚴佛相，竪山門，闢池亭，名勝爲一邑冠。山北二峰卓峙，一名觀音峰，一名羅漢峰，嘗有尊者行其上。其靈异事實遺迹詳載仙釋門。入《一統志》。邑人包萬有《唐山記》曰：唐山在遂昌縣北一十五里，於栝蒼山爲小祖山。晚唐時，僧貫休結庵於此，居十四年。後游吴越王所，又應西蜀王召而去，頗爲王衍待遇，賜紫衣，號禪月大師。唐山與羅漢之名本此。其路從齊坑山後，後人以東梅嶺遠，複又闢東門塢里，上之，有半山亭。又上，有羅漢峰，與觀音峰對峙。峰上爲香爐岡，有亭。香爐岡内爲虎跑丘，有泉，相傳爲虎跑出。群峰上蟠，衆阜下距，外寬内密，自爲一區。好事者謂廬山有香爐峰、虎溪、栗里，此足擬其勝云。昔人又稱羅漢爲翠峰，觀音爲碧峰，於禪月庵邊遺址創庵曰翠峰庵，最後即庵稱寺。外此爲水口，於內若低而實高，水聲潺潺，下濺如珠。瀑爲龍湫，遇大雨則澎湃擊石，溪下如練，或有龍寓，六七月常雨雹。北過而下，復有峰曰釣磾。又折有石洞，幽深險窅，人不敢入。從旁扳援而上，至洞脊，壁立數仞，俯視悸不自保。殿前有方沼，有亭，清澈可浥，常蓄金鯽百數尾，聞木魚聲，聚而就食。其地高氣寒，又多飛霧，器用衣巾，時濕如沐。烈風暴發，滿山松篁相撼若怒濤，非氣完神足者，不敢久居也。余輒不忍舍，乃營旁隙地，築草堂三間，以其地之剩也，榜曰剩庵。讀書其中，恒丙夜披衣起坐，俛仰宇宙，氤氳寥廓，欣然會心，物我俱忘。庵之對有小麓，作小亭曰嘯亭，倣孫登之長嘯也。邑大夫莆田林侯，憫先君子之賚志於斯也，命入田爲檀越，請於上臺，以寺後五葉蓮花地畀予，窀穸先君子。而予得以零雨濡霜之時，不忘先人丘墓于咫尺，又可優游林壑，彈琴著書，遂其麋鹿之性者，侯之賜也。予雖不善詩，庵中之咏數什，命曰《唐山寤歌》，附以名賢題咏，因漫記之。釋仲一詩：路入唐山見碧峰，古來香火即今同。虎丘雲暖千岩雪，神塔光回萬壑風。禪月有心曾照水，應真無念肯談空。七人煮茗團圞坐，插座酬機作梵宮。釋真可詩：浙江靜夜月中峰，總是吾師管子龍。盡出如來無量相，人間無水不遺蹤。邑令鍾宇淳《九日登唐山》詩：浮世有代變，青山無古今。路回群巘合，池古劫灰沉。酒幣茱萸色，人分薜荔陰。白雲堪睥睨，無語自禪心。邑令湯顯祖詩：東海嶺路蹊龍蛇，似阻天台石磴霞。忽忽雲堂見尊者，紅魚波裏白蓮花。唐山三十六灣回，繞徑如絲雲霧開。獨坐野堂春寂寂，幽香寒雨正東梅。邑令傅恪詩：千攢萬簇景悠揚，山有唐休借姓唐。一派雲孫皈象教，半空曇祖俯羊腸。人生幻夢成真果，局面殘棋照夕陽。虎井羅峰看不盡，偷閑自笑宰官忙。竟陵胡恒詩：路倚層嵐鳥去邊，怪從絶頂見平田。雲扶崖置松間屋，虎爲僧跑石上泉。小憩池塘涼瀉影，閑看水碓濕春煙。諸君物外同深趣，書幌繩牀借坐眠。竹覆諸天緑有聲，掩關人解住凄清。千竿藏寺沿流入，一覓通泉繞徑行。游戲應逢尊者現，蕭條偏覺净因生。何當雪滿篔簹谷，結作奇光片片明。邑人黄九津詩：石磴岧嶢路幾盤，精藍孤聳入雲端。梵音縹緲諸天近，樹色微茫下界寬。塵袂半沾嵐氣濕，風林乍掩葉聲乾。香廚不用留僧供，户外群峰秀可餐。教授張翼詩：一簾花雨故宫秋，影接浮圖漾碧流。河海性宗千澗合，煙霞色相兩峰收。鳥迎佳氣藏雲暗，鶴警清霜載月投。好向夢中評去住，即今燈火爲誰留。邑人尹廷高詩：乘風長嘯翠峰頭，唤醒當年老貫休。境界高寒多得月，松筠瀟洒密藏秋。蜀尼曾禮空中剎，吴越難添句裏州。劫外有家人不識，白雲千古意悠悠。釋貫休《山居》詩五首：誰是言休即便休，高吟静坐碧峰頭。三間茅屋無人到，十里松林獨自游。明月清風宗炳社，夕陽秋色庾公樓。修心未到無心地，萬種千般逐水流。五嶽烟霞連不斷，三山洞穴去應通。石窗欹枕疏疏雨，水碓無人浩浩風。童子念經深竹裏，獮猿拾蝨夕陽中。因嗟往事抛心力，六七年來楚水東。翠竇烟霞畫不成，桂花瀑沫雜芳馨。撥霞掃雪和雲母，掘石移牀得茯苓。好鳥似花窺玉磬，嫩苔如水没金瓶。從他人嘆從他笑，地覆天翻也只寧。自古浮華能幾幾，游波終日去滔滔。漢王廢院生秋草，吴主荒宫入夜濤。滿屋黄金機不息，一頭白髮氣猶高。豈知物外金仙子，甘露天香滴毳袍。自休自了自安排，常願居山事偶諧。僧採樹皮臨絶壑，猿争山果落空階。閑擔茶器緣青嶂，静納禪袍坐緑崖。虚作新詩反招隱，出來多與此心乖。邑人王正化《唐山懷古》詩：唐季詩僧齋八關，從兹入蜀未曾還。堂前一鑑清堪挹，墻外千山翠可攀。苔徑陰陰林作嶂，經臺曲曲石爲闌。當年勝迹今猶在，願借流霞倒玉山。邑人項應祥詩：嵬嵬招提境，隱隱青桂叢。林林列蒼虬，一一摩太空。灌植遡塵劫，杳邈復朦朧。有唐貫休者，持鉢開雲宫。法力頗宏上，卓錫流瀜瀜。靈秘日以啓，漸與人寰通。我來千歲後，策杖陟巃嵸。峰巒自突兀，煙霧相冥濛。盤桓仲宣侣，揮拂焦尾桐。孤亭抱群緑，芳沼浮亂紅。蒲團坐明月，羽衣凌輕風。合掌禮伽那，長嘯倚崆峒。百年駒過隙，四顧麈若夢。貲稱金谷麗，寵説驃騎雄。終軍雖云少，馮唐一何窮。得失冰泮澌，富貴霜委蓬。纍纍步兵厨，卓卓彭澤松。渺予事組綬，頗爲時牢籠。萍踪偶兹會，尊酒仍再同。侵晨落疏星，斜陽送歸鴻。君還二台北，我棲雙溪東。道路阻且修，相思心忡忡。勖哉各努力，意氣如長虹。

朝暾山　在東關橋頭。知縣王燈所築，以作水口羅星。王燈詩云：跨溪作橋締構初，溪邊積壤須爬梳。輦沙畚土累萬簣，突兀數仞如浮圖。橋成兩溪得關鎖，佐以兹山高磊砢。屹然屏障壓東流，勢與群峰争結裹。振衣直上凌天風，題作朝暾氣象雄。萬家烟火山郭曉，海霞一抹扶桑紅。山頭更營補陀宅，常與邦人施利益。此山不朽此土存，父老無須懷蜀客。邑人童澍霖詩：朝暾勢嵯峨，屹峙溪之滸。雙流合而東，以此爲砥柱。碧波相縈回，遥望疑島嶼。烟樹匝青郊，關鎖固門户。問誰築此山，位置出神父。輔相得地宜，艮闕於今補。士庶愛甘棠，并愛此山土。甘棠頌不忘，此山自千古。

茶山　在邑東二十里，長濂隔溪。

葉町净居山　在邑北五里。崇禎五年，僧貫一創造卉隱庵、莊嚴閣，棲隱習静，居然一梵刹云。嘉興陸以謙《游净居山卉隱寺》詩云：良月氣候盈，小春烟景媚。木葉脱殘紅，寒岩斂空翠。净居登前峰，卉隱訪古寺。從游暨學徒，相招偕隱吏。入門仰翠屏，四面環初地。曾遘劫火餘，煨燼留階砌。高僧龍象力，布金振頹敗。烟霞接畫梁，氣象開空界。出山望精廬，岩深藏壑内。白雲擁寒林，幽衆鳴淺瀨。别有燕子龕，還向烟蘿寄。香飯出行厨，梵僧留客餌。密坐已公房，心清忘塵事。願隨智杖旁，一問楞伽字。

船山　在邑西九十里。岩壑秀美，濮姓厝祖塋於山中。上有棋枰石，方丈餘，其平如砥。後闢一湖，曰天池，廣袤數畝，經亢旱不竭。

琴山　在邑西九十里。周公曰其狀似琴，故名。

岩

東聞岩　在邑東十里。峻壁若列屏，頂壖平曠，縣東之勝。

百丈岩　在邑東四十里。削石淩空，數百丈特聳，與尹公山相對。

覆螺岩　在邑東四十里。岩下土皆白，惟絶頂黑禮，狀如覆螺，登眺則金衢如在目前。相傳有白鶴仙人處其上，近建三仙廟。里人遇旱，登岩雩禱，甘澍立應。

相公岩　在邑西八十里蔡溪前。石壁若削，僅一徑可側足入，岩中可藏數百人。相傳里人避寇者多隱於此云。

石姥岩　在邑西八十里。穹窿硉矹，上插雲霄，人迹罕到。間有樵者捫蘿而上，言絶頂出泉爲池，有□金色鯉魚，或隱或見。又有花一枝，青紅兩色，殊爲奇絶。

九峰岩　在邑西一百里。其峰秀拔，有九岩在其中。每岩約廣三丈許，石壁險峻，罕有至者。元至正間，有道人廬其上，修道煉丹數十年，後莫測所之。今存丹井，狀如甕，亦名龍井，爲奕山屏障。遇旱，登峰雩雨，多應。邑人朱家瓚《雩九峰岩》詩云：敢言呼吸我通帝，何幸甘霖滿翠微。知是神功邀普澤，雲興風騎自猶夷。

大樓岩　在邑西一百五十里。岩崇十仞，廣五尋。飛瀑四時不竭，冬輒結成冰柱，遠望如玉浮圓。其下灌木叢篠，積雪堅壯，若瑶林崑岫相聯屬。春半暄暖，冰柱墜叢薄，聲震澗谷。淨空禪師嘗結屋棲止。東百步有梵宇，名保興。面西爲龍湫者三十有六。山下之溪爲周公源上流。逾岩南二十里有楊溪，源通三衢。遂邑岩岫絶勝者，推唐山與此爲冠。邑人王養端《大樓岩有記》曰：大樓岩去遂昌縣西一百五十里而遠。嘉靖甲子冬十月既望，余與堂兄子智卜樂丘於洋溪雅滙之上，思登兹岩。次日由竿坑入，不四五里抵山麓，二十餘里至風礱源，又西數里爲宏坑。從村南岡脊燃茅穿石，蜿蜒而行里許，先至一洞，深可旋舟，高容竪纛，即大樓岩也。上有飛瀑，下垂洞口，或散如飛霞，或灑如過霖，索索淙淙，四時不絶。隔島望之，若陰晴异景，塵凡殊界者，乃龍安洞也。時有黄龍出没其間，世人雩雨，無有不驗，理或然也。余徘徊久之，已從洞東舊路轉折而南，過木瓜洋，下木岱嶺，俯瞰周公一源，上下可數百里。返照入林，野雲扶樹，從遠一望，真圖畫金碧山水也。詩云：獨立樓岩最上巔，萬峰蒼翠落飛泉。俯尋玉乳平臨地，仰矗銀河直到天。曾有黄龍來聽法，豈無白鶴下參禪。幡然不盡憑虚興，三十六泓生紫烟。

金石岩　在邑北二十五里。唐末巢寇至，邑簿張軻倡義，率民駐其上以禦之。其巔可容萬馬，出泉成池，歲常不竭。

棲靈岩　在獨山上，有需濟亭、仁風亭諸仙迹。詳天馬山下。

仙姑岩　一名石母岩。在邑西北五十里。高坪岩廣數十丈，岩前石壁千仞，無徑可達。土人攀蘿附壁而上，有石門、石香爐等迹。内産圓石，大如丸，小如珠，圓滑可愛。

金鐘岩　與仙姑岩近，形似金鐘，故名。山腹有洞，深廣可坐數十人。洞頂有微隙如珠，四時滴泉不竭。

洞

含輝洞　在邑東十里。初號章仙洞，以章思廉常住此。又傳爲宋高宗避敵之所。紹興間，邑令劉邦光易今名，刻於石壁。寺宇二進，石門顔曰『洞中天』。中有亭，曰覽勝寺。後有三台岩，四時游覽者不絶。邑令許啓洪詩云：一樹桃花半有無，問津何處影糢糊。前朝傳説龍曾隱，此日憑誰鳥可呼。月挂松頭林磬杳，烟迷柳色洞雲孤。殘霞收拾囊中去，剩有餘輝映玉壺。海鹽陸以謙《含輝洞登高》詩云：官舍正閑居，秋山多爽氣。愛茲重九名，遂訪三台寺。風疏木葉稀，天清曠野霽。籃輿人重巒，泠翠拂衣袂。曲折上岩阿，登頓窮幽异。崎嶇歷階三，谽呀洞開二。天光一線通，輝輝雲壑媚。坐久聽靈泉，滴瀝清露墜。把酒學陶公，開軒試一醉。遥峰送青來，點點空林外。歸與卧清齋，烟霞入夢寐。

靈泉洞　在含輝之上。形如船屋，有泉出其間，下可坐數十人。昔時嘗爲曲水流觴，有石碁盤遺迹。邑人王養端有記，略曰：按《一統志》，遂去縣治東十里，有石洞二，傴僂而入，不數武，高盈丈，下可坐數十人。中有溜響如鳴琴，多竅，上出晶晶，映日若天窗。近北緣塹而躡，有洞側出，蟠屈深廣，石間徵泉，脉脉婉轉，堪爲流觴曲水。石壁少偏，刻靈泉洞三大字。太末十八年，瑞山道士所書。四明屠隆詩云：谽谺咫尺間雙洞，虚敞何年鑿五丁。聞有羽人修玉液，久無雲屋貯仙經。松間神霧寒長住，石上靈泉瀉不停。天氣欲沉秋颯颯，疏星斜迸斷崖音。邑人黄中詩云：靈竅通溟海，逶迤細入池。暎天開曙色，輝目動寒漪。潤物渾無迹，爲霖定有期。尋幽來洞日，掃石一題詩。

豹隱洞　在邑西五里竹坑。

膏龍洞　在邑西二十五里好義里。逾洞十里，有何相公廟，有禱輒應。

石門洞　在蔡山之源。石門高廣丈餘，深不可測。昔浮圖氏秉燭入，經一晝夜，倏聞風聲，寒凛而止。洞外有竹，冬夏一色，風起則枝梢鼓舞掃地，洞前潔净無塵。

仙鵝洞　在邑西九十里雨井上。飛瀑如布，旁皆石壁，深邃危險，龍常蟄焉。禱雨者見白鵝出井，方得雨。

龍安洞即洛涪洞。在邑西一百五十里。洞崇十五丈，廣一尋半，穴深莫知其極。南對大樓岩，岩頂飛瀑流湔，下爲三十六泓。第四泓號龍井，廣延皆二丈，三面石壁如削，旁有龕。昔净空禪師嘗戒定其中，見泓有黄龍，背金色晃耀，受其戒，俾應鄉人雨暘之禱。受紙獻，無得逾三百。至今禱者投紙於泓，過數則紙浮而出。

嶺

湖嶺　在邑東二十里，居民隨地形高下構廬。

九蟠嶺　在邑南，隔溪屈曲九折，最爲鍾秀。

貴義嶺　在邑南八十里。

樟樹嶺　在邑西十里，一名上壽嶺。

百丈坑嶺　在邑西四十里，叠嶂凌空，石壁如削，至有攀援莫能登者。

梭溪嶺　在邑西五十里。

石飛嶺　在邑西六十餘里。

百步嶺　在邑西，去練溪三里，有吴氏别墅，里人多肄業於此。邑人葉澳詩云：層崖一徑入雲端，秋色深沉日景寒。蟲語白茅相壓亂，鳥翻紅樹半凋殘。三千奮擊南溟近，九十踟躕末路難。因上望村村上望，風南天北是長安。里人吴林詩云：幽人營别墅，秋菊帶籬妍。硯滴花頭露，茶烹石隙泉。地偏宜養性，客過喜留篇。出谷重回首，白雲閣下連。官學陶詩：嶺半仙房結構佳，青山面面列窗紗。三春花發疑無路，一逕雲深覺有家。松竹籠陰環舍緑，柳楊織翠倚門斜。知君本有林泉癖，居此原非避俗譁。

三歸嶺　在邑西七十里。

朱坳嶺　在邑西七十五里。

碧秀嶺　在邑西八十里，今稱爲盤溪。

洞峰嶺　在邑西百里，孤峰峻聳，自下望之，如插青天，陟巔俯瞰一村，恍然身在物外。邑令湯顯祖詩云：西行百里洞孤峰，上有龍門常出龍。不知龍山龍多少，只看龍湫雲氣重。

龍門嶺　在邑西百里，石磴嵬峨，行者甚艱，若登龍門。

門頭嶺　在邑西八十里，閩浙通衢。邑人毛桓詩云：古以門名嶺，往來小有天。路從雲裏去，人在樹頭旋。静聽呼林鳥，喧聞落石泉。山巔遺破刹，莫咽望梅涎。

石馬嶺　在邑西百十里。

侵雲嶺　在邑北十五里。下有馬埠巡檢司，今裁。

東峰嶺　在邑北十里。

東梅嶺　在邑北二十里。嶺上有三十六曲，盤繞險阻。下嶺不百十步，又有夏旦嶺，亦然。邑人項天衡詩云：蘭若隱千嶂，松龕燃一燈。墻低將并榻，殿古欲依藤。畫説身爲礙，相攜息未能。年來解枯淡，聊復在家僧。

天塘嶺　在邑東四十里。其上又有九盤嶺，路通宣平。

蒙淤嶺　在邑南十里。

馬戍嶺　在邑北三十里。高峻崎嶇。

大谷嶺　在邑北四十里。

小谷嶺　越大谷嶺里許，蜒長崒嵂，數倍於大谷嶺。路通龍游。

銀嶺　在邑北八十里。

斗米嶺　在邑東二十五里。

林頭嶺　在邑東二十里。

滂嶺　在邑東三十里七都。

錢村嶺　在邑西三十里。

逆嶺　在邑西八十里奕山。

幽嶺　在邑西四十五里。外達柘溪，内通石練，爲西鄉通衢。

吴台嶺　一名周公嶺。在邑西一百七十里。通三衢。

獨坑嶺　在邑西一百八十里。嶺頭爲江山界。

祝師嶺　一名毛洋嶺。在邑西一百六十里。

潘接嶺　一名尹宅嶺。在邑西一百七十里。

周公嶺　在邑西九十里。爲浙閩通衢。上有漿嶺庵。

繩岡嶺　在邑東四十五里。路通湯溪。

峰

玉井峰　在邑西二十里。元尹六峰築會一堂而隱焉。著有《玉井樵唱》。

五雲峰　在邑南二十里。複岫盤嶺，上建葉法善廟，旁有石龜洞、試劍石。

花峰　在邑西四十里。山勢奇秀如花，故名。

南樓峰　在邑西四十里。

雞鳴峰　在邑西四十里大柘。宋初，常有雞聲達於鄉井，牧人迹之，至巔，獲一石，紺青而潔，挈以歸。後雞聲寂然，而登仕者衆，因以名峰。

蓮花峰　在雞鳴峰西。三峰秀峙似蓮花。宋待制周綰之居面此，因號蓮峰居士。

九雲峰　在邑東三十五里，即牛頭山。

樓峰　在邑西五十里。三峰聳秀，練溪對朝。

筆峰　在邑西八十里。獨山與石梯相連，天馬相對。

石梯峰　峰巒尤卓絶，登之衢栝隱約可見。

東峰　在邑北十里十三都。

覆螺峰　在邑西奕山，離治八十里。相傳有白鶴仙人處。其上頂有龍井，近建有廟。里人遇旱，登峰禱之，雨立應。

金溪十峰　在邑西一百四十里坑西。郡守許四忠詩云：振衣凌秋空，危標出天表。千林綴紺楓，萬壑叢蒼篠。重嶂互盤旋，溝蕩失昏曉。突兀芙蓉峰，梅花相對娟。文筆插青霄，錦屏將翠遶。金鵝直北飛，玉蝀向西繞。展誥碧雲封，紫駝青霧杳。疊秀何逶迤，獨對自窈窕。十峰鬱嵯峨，四顧神飛矯。瀑布瀉深泓，斜陽留樹杪。凉風兩腋生，明月萬川皎。我來秋氣清，况復秋色縹。仰觀天宇寬，俯視塵寰小。停驂龍鼻頭，静聽喧林鳥。行役苦匆匆，游思殊未了。邑人黃中《芙蓉峰》詩云：突兀東南玉削成，雲來一片在虛冥。巨靈劈作花千瓣，悵望秋天無賴青。《梅花峰》云：何處飛來雪裏花，碧霄片片出檐牙。清芬常帶煙嵐氣，不管人間有歲華。《文筆峰》云：拔地孤撑入大鈞，分明筆陣掃千軍。春深雨過淋漓處，滿眼雲烟緑字文。《錦屏峰》云：紫氣重重繡作堆，當空一片畫圖開。晴雲半抹峰頭出，玉几移將天上來。《金鵝峰》云：勁翮飛天不賴風，翩翩直北下雲中。赭丘願得爲形陣，縱寫黄庭不可籠。《玉蝀峰》云：雲際雙雙接翅飛，共言天上抱花歸。廣寒高處偏多露，日午門前晒粉衣。《展誥峰》云：木鳳金泥濕紫鸞，雙尖對閣落雲端。尋常賸有烟嵐護，不許人間俗眼看。《紫駝峰》云：青海南來忘却年，一鞍高聳入雲烟。日行千里不歸去，驀得山中有异泉。《疊秀峰》云：群峰簇簇下天門，遠勢渾疑六馬奔。一片晴光迷滿眼，那知紫翠變朝昏。《獨對峰》云：獨對峰前萬樹春，青天矯矯出風塵。試看禁苑千官集，爭羨丹墀獨對人。劉芳《金溪行》云：金溪環抱一重重，雲間朵落青芙蓉。水山如此稱秀絶，菡萏簇瓣爭奇峰。蓬壺未入海中去，層巒都向村邊住。東西遠見田每每，朝暮坐看雲處處。此地舊爲御史居，十峰濟濟人魚魚。山靈鍾出英才多，五馬流傳甲第峨。文筆金鵝相輝映，梅花展誥豈差訛。紫駝崔巍潛龍行，玉蝶縹緲歸岩阿。佳氣應時人地傑，美名奕世啓新歌。當年我祖弭聳筆，臺閣菁華恒著述。點綴巒光舒畫屏，賞心岩岫編詩帙。雙尖壁立數千尋，直上雲端捧曉日。平遠樓頭企望遥，群巒悵下人寥寥。暗祝化工開景運，芬芳不讓古人標。

隘

貴義嶺隘　在邑南七十里，接壤龍泉。流賊抵龍泉，每由此道入寇。正德間，知縣張鉞設寨守之。

龍鼻頭隘　在邑西一百里，奕山之西。昔爲衢、信盜賊出没之所。正德間，知縣張鉞設寨守之。有龍鼻頭渡、出風洞，四時風出如扇。下一里許，則西安界。有嚴博巡檢司，索木排常例，人甚苦之。萬曆六年，知縣鍾宇淳請院司立石禁之。自爲記，略曰：通商惠民，王政首務。睦隣修好，古昔休風。嚴博界連北壤，乃指稱盤詰，索取分例，越界藥魚，肆行鬬毆。積蠹殃民，莫此爲甚。會同西安，明揭獘端，刻石禁諭。往者不究，來者可追。而今而後，敢有稔惡怙終，故違憲條者，法紀具在，其孰敢私。嗟嗟，山兮永峙，水兮常東。勒石以示，永永無窮。金石可泐，我碑不滅。所不悛者，其視此石。

新嶺隘 即赤津嶺。今屬龍游界，在邑北六十里。山勢峻絶，兩山如門。正德間，知縣張鉞以西江姚源之變，設寨守之。釋真可有《留題湯臨川謡》云：湯遂昌，湯遂昌，不住平川住山鄉。賺我千岩萬壑來，幾回熱汗沾衣裳。又詩云：步入千峰去復來，唐山古道是蒼苔。紅魚早晚遲龍藏，須信湯休韵不灰。湯顯祖詩云：歸去侵雲生赤津，瘦藤高笠隱精神。只知題處天香滿，紫栢先生可道人。前身那擬是湯休，紫月唐山得再游。半偈雨花飛不去，却疑日暮碧雲留。

坑西隘 在邑西一百四十里，路通江浦，乃要害之區。嘉靖間，因礦賊起，知縣池浴德設寨守之。

礱口隘 在邑西一百四十里，界連龍浦。嘉靖間，礦徒竊發，每烏合於此。知縣池浴德設寨以守。

高坪隘 在邑北七十里，萬山之巔。中寬平，方十餘里。四圍崒嵂，嶺通一線。康熙四十八年，流匪盤踞，知縣繆之弼請兵守之。

關堂隘 在邑西一百二十里，界接龍泉咽喉之地。康熙四十八年，知縣繆之弼設兵守之。

北界隘 在邑北四十里，京省通衢。知縣繆之弼詳請增兵守之。康熙五十五年建門，題曰『平昌鎖鑰』。按：平昌環溪爲池，依山爲城。郡西僻壤也，苟設險以固，教民以守，暴亦可弭。

礌

龍礌 在邑東，昔時民居稠密。

印石礑　在邑東十里，華使君廟西南隅，其石巨而方如印，下有飲馬池。

龜礑　在邑南拜山下溪中，似龜浮水面。

上水龍礑　在邑西石門灘大溪中，水激之，澎湃濆湧，如龍上水，故名。

出風礑　在邑西一百十里，礑下有小洞，從巔通麓，深邃，常有風出如扇。

石鼓礑　在邑北四十里，有石高丈許，擊之聲如鼓。

界石礑　在邑東二十里松陽界上，其礑如鏡。邑令湯顯祖詩云：玉輪江上美人精，黃鶴樓西石照明。何似松陰側圓鏡，一溪苔蘚暮灘聲。

荷花礑　在邑西羅公堤外，形似荷花。

幞頭礑　在邑東五里大溪中，狀如幞頭，水涸則見。諺云：幞頭礑上岸，遂昌官一半。宋時溪南漲沙與山麓等，登桂籍者相望，亦一驗歟。

仙礑　一名仙岩。在邑南三十里壬午岱。崇山峻嶺，至礑忽平衍。舊建梵宇，有田十餘畝。旁有一礑，宛然獅子蹲踞，張口中可容數百人。祀神曰仙聖，雩雨立應。礑背有仙女、虎掌、鎖匙諸迹，痕深四五寸許。旁插一峰，上下嶄，高可數十丈，土人稱爲凉傘峰。

石印礑　在邑西七十里湖山水口。方如印，溪水四面洄漩。

唐巾礑、紗帽礑　俱在邑西五十里麻陽溪中，形狀宛然。

天師磹　在邑北桐樹源口。舊傳天師從源頭驅石至此，適聞雞鳴，捨石而去。至今源口大石盈畝。

昇仙磹　在邑東清水源，爲仙女飛昇處。其石上分下合，履迹宛然。

仙人石　在邑西八十里尹宅，磊石高數丈，上大下小，巉岩可畏。舊傳仙人過此，疊石爲戲，故又名仙人疊石。石旁有寺，名仙峰庵，爲尹堯庵先生讀書處。

川

吕川　在邑雙溪橋東，俗名吕村，昔時民居頗衆。

航川　一名航頭。在邑東十里，前有深潭澄澈，宋時科第相續。邑人葉可權《航川八景》詩。《東閬曉雲》云：閬峰崛起蒼玉屏，曉氣觸石天冥冥。白衣掛樹山色濕，宛如流水含春冰。暾光穿林鶴初醒，薄雲浮空結虛暝。老僊醉卧石室深，起來但覺衣裳冷。《西明夕照》云：流烏側翅天色暝，滿地餘輝弄晴景。東山恍若啣燭龍，西崦猶如食金餅。魯陽奮起揮天戈，寸晷不駐朱顔酡。羊脾未熟歲已暮，願駕六翮留羲和。《清華秋月》云：飛閣峨峨瞯空碧，清氣逼人風露寂。望舒駕月行青溟，滿地金波悄無述。天色如水空塵埃，寒光透室秋徘徊。姮娥對鏡作隊舞，青鸞飛上瓊瑶臺。《妙高晴嵐》云：長風捲雲天界寬，濕氣縹渺蒸林巒。老僧曬衲日色薄，空翠滴落山光寒。爐烟生香清晝永，佛骨多年不知冷。錫聲破夢白鶴飛，古寺蕭蕭散青影。《洗馬寒泉》云：將軍勇氣超吴越，鐵馬追風汗流血。寒泉一掬清戰塵，六月人間灑飛雪。雪花濺落馮夷宫，霜蹄蹴月如游龍。何須更尋渥窪種，此水直與銀河通。《釣魚清風》云：老翁扁舟弄明月，洲渚無人鳥飛絶。清風凛凛醒醉魂，華髮蕭蕭吹白雪。白魚如玉蘆花飛，白浪萬頃堆琉璃。雲臺舊業付流水，一聲長嘯蒼苔磯。《後墅春耕》云：濃雲壓樹春雨足，土脉如酥秋水緑。大兒後墅扶耕犁，稚子前坡飯黄犢。黄雲捲空桑柘疏，鼓聲日夜鳴枌榆。烹羊炰羔醉耳熱，仰天拊缶歌烏烏。《長安晚渡》云：平蕪斷楚迷行路，夜渡茫茫烟水暮。孤舟隔岸呼不來，落日寒沙點鷗鷺。浮雲萬里空悠悠，長安不見令人愁。長安在西向東笑，欲借兩腋天風秋。

好川　在邑西二十里，川流環好，舊有攀桂橋。

關川　在邑西一百二十里，其水西流，毛氏世居。里人毛鎬《關川八景》詩。《雞冠春曉》云：群峰崛起類雞冠，聳首峨峨碧漢間。不是五更忘報曉，鳴時只恐震飛翰。《龍角夏雲》云：雲存幽谷總無靈，未去從龍且自寧。曾待當陽傾獨石，奮飛直上接雷霆。《旂峰横烟》云：呦□斜□若展空，□烟景繞柴□□。□不上雲□□□，□□山逐霧飛。《筆峰書漢》云：碧漢無心執可探，筆峰□立上青嵐。體参造化形非偶，勢欲凌霄射□南。《蒼崖古廟》云：一方呵禁藉神功，碧水蒼崖雙澗中。廟貌多留千歲木，蔚然深秀萬天風。《元水新洲》云：新洲横繞讀書臺，水曲山環去復回。古木陰濃遮石徑，無桃不引外人來。《碓溪樵唱》云：雙崖鑠谷隔塵埃，小嶺通村碓水洄。一帶夕陽林下路，負樵呼犢雜歌來。《雙澗西流》云：水土功成天下東，仙源不與衆流同。一橋雙鎖疑無路，又是桃源别洞中。

祥川　在邑東四十里六都，周氏世居。

東川　一名柘岱口。在邑西一百五十里，黄姓世居。

源

梧桐源　有二：一在邑東五十里，東流至松陽正念寺入大溪；一在邑西七十五里，有大梧桐、小梧桐，西流至衢州。邑人吴文炳詩云：秋色滿梧桐，攀躋到麗中。山深禽語异，石險澗聲洪。小飲消長日，浩歌當晚風。不愁岑寂甚，來往有山翁。

赤葉源 在邑東六十里，經五都、四都至鐘山，出口入大溪。

羅嶂源 在邑西七十里。邑人吴林詩云：青山碧水結前因，列嶂源頭幾度巡。雲鎖遙峰迷去馬，蟬鳴高樹送行人。松濤少憩風生袖，竹靄常穿翠滿身。萬仞振衣餘興在，崎嶇不憚往來頻。

上通源 在邑南一百二十里，自龍泉分水北行八十里至縣，又東合於後溪。

後溪源 在邑西四十里。以上源之東行至松陽栝□者。

柘上源 在邑西八十里，上接浦城罟網源。西流會蔡源，至蔡口與洋溪會於周公源，西行龍鼻頭至衢。

桃溪源 在邑北一百里，合白水源、馬埠官溪、大小侯入大溪，歷靈山北行。以上源之西北行至衢州者。

馬戍源 在邑北八十里。

輔倉源 在邑東一百里，發於大高嶺，北行。成化八年，改屬湯溪縣。以上源之北行至金華者。

四都源 在邑東四十餘里，發於治嶺頭等處，至四都長濂出口入大溪。

天塘源 在邑東四十里牛頭山上首，發於九盤嶺，出口與白沙源合流。

白沙源　在邑東四十里，出口與天塘源合流，至五都古亭庄下入大溪。

深坑源　在邑東四十五里，發於繩岡嶺，至六都龍口出口入大溪。以上亦源之東行至松陽栝甌者。

溪

雙溪　在邑東。前後兩溪至此合流而東下，故名。

後溪　在雙溪上游。

梅溪　在邑北梅山之陽。二水環滙，植梅茂盛，故名。

濂溪　在邑東二十里四都長濂。其水西流，屈曲環抱，人物繁盛。鄭、周二姓世居。

梧桐溪　在邑東三十里。永嘉志云：梧桐溪有兩源。

湯溪　在邑西大田巡門山下深潭之側，水温如湯。

柘溪　在邑西四十里十八都雞鳴峰側。山水秀麗，地夷田腴，民居比密。宋時仕宦甚盛，西鄉勝區也。練溪吴經《柘溪懷古》詩云：古人不可作，溪水日滔滔。雨散村中市，風吹灘上篙。山林原有士，富貴豈能豪。誰復褰裳者，流雲滿九皋。

梭溪　在邑西六十里丁嶺下。宋侍郎盧襄詩云：赤欄橋底白石溪，水落石出青無泥。小魚依石避鳧鷖，半欹碎帽馬蹄快，走游平沙楊柳堤。烟波日暖花影濃，身無六尺老玉驄，平頭奴背懸詩筒。穿林彈射亂蒼落，游人十里聞香風。野雉低飛宫錦身，溪魚三尺黄金鱗，玉壺滿注秦淮春。時平身健早行樂，趁取巾耩無戰塵。美人嚼蕊題花葉，鐵鬚粉翅憐雙蝶，相逐高低盡輕捷。詩翁欲搏一笑妍，自拭菱花取金鑷。手持六尺老藤枝，腰插六角輕蒲葵。白苎裁成新道衣，醉歸不免覓花□，酒暈已得山風吹。邑人王雲路詩：行行溪逕晚，白石滿滄洲。樹影高低亂，泉聲斷續流。板橋楓落葉，茅店雨鳴鳩。客路千峰外，青樽暫此留。

官溪　在邑北三十里，爲往京省必由之路。

桃溪　在邑北四十里，應氏世居。昔時科甲爲一邑冠。

練溪　在邑西五十里，吴氏創居。山川形勝與富陽相似。明崇禎間，議建縣不果。然峰巒攢秀，地輿舒敞，實冠一邑。邑人項應祥《練溪八景》詩。《石泉拖練》：千尋懸石竇，萬道落瓊鋪。試向吴門望，還如疋練無。《文峰儲胥》：絶壁風雲護，崔嵬不可攀。昔爲戈戟地，今作太平山。《大畈農歌》：地闢雲千畝，春深雨一犂。鼓含忘帝力，天籟響山溪。《横岡牧唱》：短褐横牛背，相呼逐幔坡。歸來望松逕，吹笛月明多。《太虚异箭》：肅慎飛來日，開山結藥珠。至今傳僕射，無處覓丘瑜。《安福神材》：天闢菩提境，楩楠永夜輸。如來今寂寞，蔡相亦躊躇。《龍門靈湫》：遐源分積石，下與百川通。白日起蛟電，飛騰凌太空。《樓峰霽雪》：寒谷吹鄒律，層崖次第春。松頭千點玉，相對却精神。慶元姚梁《練溪十二景歌》云：君不見雲間溪山草木香，歷産名賢流澤長。又不見太末峰連千嶂脉，黄堂去作逃名客。携琴籠鶴入昌山，北里風光水石寰。入山不深意未愜，幽居更卜練溪灣。昔年應是山靈護，蛟蟠虎踞興雲霧。卜居人至真面開，人間信有桃源路。桃源絶境路迷漫，此中奇麗任人看。八咏標題景未窮，添新補漏成詩案。石練村從泉得名，巨靈劈石流瓊英。高拖素練三百尺，界破青山照眼明。《石泉拖練》：眼明俯瞰前山月，半規不共星河没。牧童牛背笛聲清，清韵悠揚出林樾。《月牧山笛》：林外清音高下來，水亭絃誦八窗開。池魚讀月波光動，棲鳥啼花曙色催。《水亭講學》：曙光先到虎岩巔，晚見朝暾燭海天。欲上未上朱霞絢，千山萬山雲燭然。《虎岩東曉》：雲深第一數龍門，鬱鬱勃勃起苔痕。潛虬宿潭恣神變，玉屑飛空雪浪翻。《龍門靈湫》：浪底忽驚天驥出，峰生异體雲蟠質。何年息踕卧雲間，疑有真人駐仙蹕。《天馬卧雲》：真人駕鶴飄翩至，惟留真迹無姓字。修趾洪誇雙石存，積雪凝霜疑聳翅。《白鶴仙蹤》：凍裂霜毛墮遠巒，霏霏榮懷勢莫摶。銀盃縞帶溪樓望，初日光摇銀海寒。《樓峰霽雪》：日上文峰如鋪翠，體勢尊嚴稱其美。巍然正對讀書堂，挹秀有人歌仰止。《文峰儲行》：望山何以登山望，五峰絶頂眼堪放。纍酥積塊衆山低，極目遙峰如叠浪。雷峰絶頂：浪碧蕉塢風動竹，幽篁古木圍梵屋。鐘殘磬寂烟欲無，山僧已識安爲福。《安禍神材》：安居村舍足良謀，戴笠荷蓑耘紫疇。田歌四起聲傳谷，十里新秧緑滿畔。《六畈農歌》：吾聞斯景足清賞，陽羨柯山輸森爽。鍾毓名宗地著靈，行看佳氣日騰上。披圖按景仔細看，尺幅居然眼界寬。更須着屐親攬勝，收拾雲烟上筆端。江山姜典三《練溪晚興》詩：江上西風拂暮霞，秋林日落亂飛鴉。已將舊恨辭衰草，那復新愁到晚花。烟繞柳村山萬叠，雲銜練水樹千家。十年爲客成何事，賸有題詩惜鬢華。又《龍洞坑》詩：步出振秀堂，言登龍坑望。龍坑何阻深，環山抱不放。一徑麗寒岑，纖蘿左右傍。緣之躋其隩，杳渺忽踈暢。峻壑有停瀾，立石森奇相。磵田既已收，炊烟漠漠上。龍出天地青，龍去洞涯曠。落日下危巒，微風鬨鼓盪。歸鳥嘯其群，樵歌互酬唱。瑶草墜窮岩，空潭冷翠嶂。吁嗟龍不歸，獨立自俯仰。里人劉瑩《練溪瀑布》詩：匹練溶溶掛碧峰，奔騰澎湃翠微中。偶登高閣憑虚望，疑是風帆曳遠空。

金溪 在邑西一百四十里。上有十峰。

盤溪 在碧秀嶺下。

雙溪 在邑西四十里大柘。兩水夾流。里人項德錦建橋於此。

琴溪 在邑西九十里周公口。因上有琴山，取以名溪。本源及王溪、柘溪之水皆聚於此，爲三衢上游，濮姓世居。

按：遂溪水悉澗壑支流，滙爲一川，源淺流迅，頑石磥砢，不可通舟，俱從陸馳驅爲艱（限）。

潭

塔潭 在邑東塔山之下。

幞頭潭 在邑東幞頭�однако下。

泗洲潭 在邑西三墩橋上流。

石倉潭 在邑北二十里馬埠。

千人潭 在邑東三里。元末明初時，山寇屢發，官兵與戰於此，殺傷溺死者甚衆，故名。

航川潭 在邑東十里西明山下。凝藍流碧，與日影争光，臨眺者甚衆。

官潭 在邑南拜山下壽光宫前。又名射圃潭。

銅鉢潭 在邑南二十五里。有泉三泓，形圓如鉢。舊傳有翁氏兄弟結庵採藥於此。

绿回潭 在邑西七十里。一村皆灘，惟此绿波回旋，深不可測。

龍聰潭 在邑北四十里。中有一竅，四圍水旋入焉，莫知去流之處，常有龍浮於上。

鐵爐潭 在邑西五里許。

泉

虎跑泉　在唐山翠峰庵北。淵廣五畝，因虎跑出泉，歲旱不竭，亦名虎跑丘。

墨泉　在坑西。

玉泉　在四都長濂赤山下。泉從石隙迸出，清泠异常。若遇暑旱，其流愈大。

井

玉泉井　在治西南三十五步，其水清洌，爲一邑最。

玉井　在邑西二十里吴塢，井中石色如玉。

天師井　在西鄉二十三都昇溪泉，冬煖夏寒。鄉傳天師所浚，飲此可以療疾。

九井　在邑西一百二十里黄埸磜頭，形勢最高。有龍井九口，趨地下流，龍居其中，烈風雷雨時作。人至盛暑覺寒，如旱，禱之多應。

三井龍湫　在邑北三十里深山複岫中，石壁高數仞，瀑布中流爲三泓，最上一泓，水緑色，深邃不可測，盛暑寒氣逼人。旱歲禱者投茗醴果物於其下，如不潔，即浮上，取其水而獲魚蟲，雨即驟至。

城池

縣境傍山環水，向無城墉，僅築四關門，東曰迎恩，南曰南明，西曰鎮西，北曰朝天，圍以土垣。萬曆丁未，知府鄭懷魁移文本縣辜志會重加修葺，以爲保障。前令湯顯祖爲撰記云：遂昌爲栝蒼郡西南邑，治萬山溪壑中，介長松龍泉，猶毗境也。西北而南，走衢、嚴、婺、郭，犬牙信州，以接於閩。綿迤奥絶，緩急猝不可檄制。地少田畜，而豐於材，其芰蒔薪採，則旁邑之流傭也，多隱民焉。而鄉若邑長老子弟無賴者，常藪其奸，與爲利。盜以故出没不可迹，夜掫者復多虎憂。而境旁數礦，近詔止采，盜亦時時有之。余昔治此，故未有城，横亘一街，可步而竟。居人悉南其溪，而闌以一橋門，可闖而入也。念城之帑無見儲，不可刑政者，吾城耶？乃稍用嚴理，謀殺虎十七，而勒殺盜酋長十數人，縣稍以震。因循四五年，乃幸無事，然意未嘗不在城也。余去治一年，而遂有殺人於市，横橋門而去者，民脅息以譁。歷三政，得晉安辜公，以名德淵雅，來靖兹邑。秉素絲之心，持大車之體，當其操執介然，雖極勢力機利之衆，不能奪也。一意約損，與民俸薪，時以治客，衣食無所餘，至不能遺子嫁女。訟明而寬清，惠聲有聞於千里之外，民習教令，盜日以遠。而公且上三年最矣，尤顧惠其民曰：縣如是，其亦舉無陁弗與？獨如城何？吾不能爲千仞石城，而土城數仞之，其可乎？請於上而謀於下，必躬必親，引溪度山，畫圻而程，物力有宜，幣餘有經，以賦弓司，以屬其耆德，神告威庥，不可以疑，築踴絙趨，橐鼓弗渝，邪許句婁，襍民懽謳，大姓居閒，欣焉自完。屬閭填埤，工倍於官，察所不任，官苴其難，以楨以茨，民乃不煩。蓋數百丈之城，數十日之間，而公與士民休然晏寢，具文書報成事矣。士民擇吉釁鼺歌舞，用塞司隍之貺，而懽呼稽首，爲公謝曰：保障有邑以來，未始有也。公始從官屬，民履其壖，莫不仰天嘆曰：兹役也，不欐巢而巍，不睨瞭而遠，不髹粉而華，不闉扼而固，皆我公之惠也。公嗛然俯首而謝曰：『良以藩吾坊之人，安寢無吪，謹司之而已。邑近寶而，幸國家無事，弁時虞盜兵之來，邑之君子阻溪而障，或跨溪而城，未可知也。語不云乎？椎輪爲大路之始，累石委土，庶幾自吾始乎？雖然，昔人比志金湯，志而渝，三里城猶折樊也。邑雖小，豈無四維腹心干城，汝士民所以自衛也，吾行矣。』已而監撫使者上公治行，求即丞栝蒼，終其勤績。不報。而且以知瓊管萬州事。士民愈用謳思，以城，予志也。千里而來告成，且求銘。予所不能爲士民庇依者，公能爲之，其又何敢以辭。

銘曰：天於平昌，險不可升。繚以地形，山川丘陵。維城弗洛，缺其威凌。旁邑甫連，伏莽攸興。搜匿討亡，憯莫勝懲。我公來治，惠和澄清。士民安歌，不吪不騰。寬而盜遠，有德者能。公曰其然，維城是應。君子之堂，叢山爲肱。引梁爲喉，幣溪爲膺。隙隧如夷，出没我乘。溥城實難，連墉其勝。乃卜乃營，子來蒸蒸。其氣溶溶，其聲薨薨。循淮逶迤，裒出崚嶒。垠疏者新，碕望則仍。爾絶爾聯，爾埤爾增。隱以沖沖，削之馮馮。其横霓虵。其矗雲昇。自公指麾，材宣力凝。和會陰陽，作中榘繩。以裕而升，有逮而恒。橋扉汲門，偵營是兢。士女朝迫，以林以蒸。牛羊夕歸，靡夷靡崩。毋侵露藏，庶無盜憎。赤烏以來，百雉斯稱。業以時臻，道在人宏。百世之仁，我公是徵。釃酒麗牲，神休所凭。我銘我公，于豆于登。戒邑于隍，以莫不承。

其後門垣盡圮。康熙五十六年，知縣何其偉建造四門城樓，改名東曰來紫，南曰麗正，西曰阜成，北曰拱極，俱設營房以守之。今圮。

都里

縣治統四隅，自縣前横街轉直街爲南。有吕巷、胡巷、車巷、黄塘巷、去堤街、興賢巷。治後枕君子山爲北隅。有文明巷、君子巷、范仙巷。治左迤東爲東隅。有碧澗巷、司巷、慕恩巷。由南達西曰西隅。有西寺塢巷、王巷。城外爲附郭。

東附郭。葉坦、龍礓、池林、塢内、吕川。

南附郭。小溪、蔭章、台根、鑪頭、孟嶺、烏尖。

西附郭。四缸窑畈、石門溪灘、謝山頭、張坪頭。

北附郭。尹川、吴突頭、古院、東梅村、東門、木旦。

郭外向分都爲二十四，亦統以東南西北。其都圖即從城内起例，由東而北而南而西，古有建德、資忠、保義、桃源四鄉名。今則由城東門出者爲東鄉，城北門出者爲北鄉，南西亦然。至編户庄甲，始自前明均定，國朝因之。康熙□□年丈量豁荒，雍正□□年順庄改甲爲圖，詳載《賦役全書》。

在城東南西北四隅俱屬一都。東一圖，南六圖，西二圖，北二圖。

東鄉

二都金岸庄。離城十里，轄航川、亭根、上江、黄庄、鐘山、陰路、陽條、棟丈、高路、資口、椏乂堰十一庄，共一圖。

三都大橋庄。離城十五里，轄孟山頭、潘石、川塢、湖嶺、周嶺、西源頭、高坪、大坪、連頭九庄，共一圖。

四都一圖二圖長濂庄，本坦，去城二十里。三圖梧桐口庄，去城三十里，轄後垵、朱坑、塘硤、下町、隴下、嶺脚六庄。四圖劉塢庄，去城三十里，轄梧桐、蘇村、治嶺頭、黄硋、潘村、劉坑、小岱、大竹、柘坑、垵門、互窑崗、横阡、裏坑、外畈、田崗、隴嶺脚、岩頭十七庄。

五都湖邊庄。去城二十里，轄樟州、洋濠、沙崗、宋背、社後、寶山、石步下、後葛、古亭九庄共一圖。

六都一圖寺後庄，去城三十里，轄龍口、後潘、大務、沙川、旱畈、黄塢、處塢、蘇山、荷上嶺、木岱、鑛坑、劉大塢、徐坳、崗後、崗前、墩前共十六庄。二圖上市庄。去城三十五里，轄東菰、下岩、牛頭山、上畈、外岱、東源、裏潭、大西坑、祥川、礦坑、下馬村、前大垵、桑突、内半坑、外半坑、嶺根、傳濟、門陣十八庄。

七都馬頭庄。去城三十里，轄柘渡、旦里、資塢、潘塢、塘根、硋上、山前、源谷、鄭坳、下淤十庄共一圖。

北鄉

八都、九都。成化八年析入湯溪。

十都白水庄。去城五十里，轄北界、荷塘、坑裏、山後、黃塢、嶺上、小官塘、茂家里、華村源、雙坑十庄，共一圖。

十一都一圖應村庄，去城四十里，轄大侯、小侯、溪淤、白益塢、茶圩、茗野、遠路口、山井、東源、黃家源、高山、大官塘、南塘、署頭、半嶺頭、下旦源、桐樹源、天師硋、花巒二十庄。二圖高坪庄。去城七十里，轄麻陽、大處、上村、黃硋、□樹塢、小金竹、丁溪、郊塘、白岩、定村、高需、塘嶺、梭溪、潘坑、洋溪、李村、雙溪口、碩樹、甘坑、初坑、連頭、石門塘、石嶺下、淡竹、官坑二十五庄。

十二都一圖馬埠庄，去城二十里，轄雞樹窟、侵雲嶺、大源坑、車馬巒、新路垵、溪西畈、印村畈、雙黃坑、吊源、内塢、蕉川、嶺後、山岸、上侯，共十四庄。二圖礌頭背庄。去城四十五里，轄登埠、黃塢、乾溪、棋盤山、蘇村、黃雀橋，共六庄。

西北鄉

十三都葉塢庄。去城二十里，轄源口、曾山寺、魁川、上簞、三墩橋、内外庄、潘村、章塢、高陂街、大定橋、丁口、陰路、楊門口、大覺、中村、葉塢、上高、木岱、坑口。以上十九處屬西。東峰、葉村、嶺頭、項村、坳頭、紙坊。以上六處屬北。總二十五庄，共一圖。

南鄉

十四都大山庄。去城五十里，轄吴樂、楓樹坪、旋坑、湯山頭、蕨洋、陰坑、大鋪、周山頭、壬午岱、溪淤、駱村、應岱、庫要、垵口、根竹口、師公、鋸陽、葛坪、東塢、東需、坡頭、上坑、前村、古樓、横坑、黄硋、西岱、石柱、倉口、朱坑、稍岱、札要、小岩、岩下、溪口共三十五庄。

西鄉

十五都沙口庄。去城二十五里，轄大東、好川、漈上、沙里、高橋、方嶺、吴塢、龍藏、小忠、錢村、源内、□□、車床十三庄，共一圖。

十六都上旦庄。去城三十里，轄横町、住前、派前、後村、長垣、後山、陳村、黄垵、全塢、大坪十庄，共一圖。

十七都溪東庄。去城四十里，轄後隴、大田、後象、大畈、射坑、柘上、塘根、高山、石步頭、太虚觀、横嶺頭、黄墩十二庄，共一圖。

十八都大柘庄。去城四十里，轄横岡、五垣、象崗、停村、柳村五庄，共一圖。

十九都一圖石練庄。去城五十里，轄章師一庄共一圖。二圖獨山庄。去城八十里，轄前山、弦上、竹上、瞻樓、□會、蔡源、葉村、台峰、蔡口、焦灘十庄，共一圖。

二十都王村口庄。去城八十里，轄戴進、墩前、庵頭、後湖山、後高巒、上巒頭、山前、樓梯坪、小塢宅、饅頭嶺、大路後、早田頭、西山、磨岑、冷水、半嶺、垵上、大坑、沉坑、石笋山、錦闌川、坳頭、黄庄、獨口、碗下、隴口、楓楠坪、木槐、坑庄、根山、棗坪、洋岑、下逘、楓西、坑口、黄塔、流槽、赤枝、黄塌卅九庄，共一圖。

二十一都周公口庄。去城一百里，轄烏溝、新佐肩、洋山頭、燈盞架、苧埠、翁架、山前、上塘、後垵、福羅圩、龍門、對磘、邵村、木瓜洋、横坑、大楼寺、冷水坑、大峒源、鐵爐嶺、大蟠嶺、高洋、吊口、小峒源、半山、石馬嶺、上町洋、茂源、普坑口、焦山、小洋坑、黄突坑、硋後隴、仙人硋、黄沙要、金山殿、郎許口、大熟、半岑、嶺根、黄山、黄旗畈、後坳、范山尖、添坪、彭村、坑西、黄家庄、山後、北洋、柘岱口、鎖匙坑、山棗洋、聳谷源、朱馬闌、吴嶺、毛洋、球源、尹宅、柳下、陰坑口、游家墩、仙峰庵、黄師坑、楊梅崗、烏崗、漈下、洋溪源、舉圩、渡口、大忠圩、鄭村、葉村、西畈、長要、獨坑、湖台、遶山七十七庄，共一圖。

二十二都湖山庄。去城八十里，轄前溪、後溪、山歸、犁石、毛洋、梭溪橋、周丘、崆庄、丁家地、洋塢、獨口、游下坪、大坪、鐘山、姚嶺、塲後、黄市、梗上、青石坑、石柱、内方、黄羅、金雞硋、塘下二十四庄，共一圖。

二十三都金竹庄。去城八十里，轄長坑、高步頭、雲溪、翁村、西岸、新溪、官塢、葉村、石硯、華溪、任坑、苧塢、溪口、局挟下十四庄，共一圖。

二十四都一圖奕山庄，去城八十里，轄名塢一庄，共一圖。二圖龍鼻頭庄。去城一百里，轄赤山、大溪邊、塲前、雙坑、小翁源、塘岸、將軍塢、硋頭庄、大坑口、都亭、王川、大亭、棗塢、嶺上、隴内、陰嶺、古樓、大派、大崗、包村、内部源、奕溪、小奕、楓塘、汙頭二十五庄，共一圖。

按邑舊志載：建德鄉，一都二都十三都十四都十五都十六都十七都十八都。資忠鄉，三都四都五都六都七都。桃源鄉，八都九都十都十一都十二都。保義鄉。十九都二十都二十一都二十二都二十三都二十四都。

風俗

《古栝遺芳》：遂雖山邑，詩書之族，後先相望。其間或以名節著，或以經學聞。在山澤有韜晦，而閭閻有孝義。

舊志載：遂俗崇禮節儉，不尚浮屠，從無女僧。

張根記稱：遂文物之盛，彬彬郁郁，與他郡爭衡。

《彙紀》云：俗微汰侈，生事殊少，人文蔚起，禮讓成俗，而好氣，夙習稍衰。

舊志載：山稠田狹，甘儉約而勤耕種，崇禮義而尚儒雅。以上氣習。

府志載：唐魏之風，儉嗇而褊急，聖人刪詩，猶有取焉。處十屬，男鮮羅紈，婦少盛飾，崇節儉而務樸誠，風最近古。其秀者廉隅自飭，樸者栖身農畝，即其間不無游民，而巨奸大慝罕有聞者。

古稱：山國之民，氣剛以勁。處遂介萬山，人尚氣節，蓋亦禀山川之氣而然。故不問城鄉編户，即飢寒切膚，不肯鬻其子女。本土傭作，苟使之肩輿執蓋，啗以厚利，斷不屑從，克其羞惡，可以端所好矣。以上好尚。

府志云：在昔聖人以五禮防民，而吉凶二者，尤不憚委曲繁重，垂之訓典，非故峻其防閑，實倫類之所以立，而率從有不得不然者乎？

冠禮，久不舉行，婚禮結兩姓之好，必憑媒妁訂定，而後紅箋書名姓，偕冰人踵門晉謁，餽以禮物。凡納采、行聘、迎娶、合巹、廟見等事，大率與古禮相仿。

喪禮，豐約隨分，三日内殯殮，親屬慰唁。至七日來，復設祭，男女往吊，衰絰苴杖，一如古制。凡有姻戚祭奠，以七七爲期。浮屠法事，近今漸弛。獨葬期不拘久暫，或遲之數月數載，則形家風水之説誤之也。

祭禮，自古民氣淳澆，視乎習尚，今國家仁孝治隆，聲教四訖，寰中海外，無不一道同風。遂雖僻處偏隅，久沐朝廷德化。於報本睦族之義，尤能加意詳慎，事事從厚。凡一姓人丁稍繁者，即置買祭田，創建宗祠，立堂廡，置龕室，以奉祀祖先。遇四時節序及生辰忌日，虔備牲牢、粢盛、酒醴、并蘋蘩藴藻時食，陳設薦享。子孫整肅衣冠，或主祭，或分獻，或通贊，或引贊，拜跪奔走，一一如禮。祭畢，頒胙讌，餕而散。其無祠者，亦祭於家。先人墳墓，稍有力者，必竪碑碣，另置墓田，雇人看管。新正、寒食必以雞黍酒殽祭墓，重陽、冬至亦多有之。有族必刊譜牒，詳序世系，聯合服屬，分别宗支，昭穆序次，長幼尊卑，生終婚葬，悉載其間。先人有德業者，亦詳書之。大有無美弗誣、有美必稱遺風。舊志所謂有古立宗法、崇祭祀之意，非虚語也。各族宗祠附列於後。

東隅徐祠，南隅華祠、葉祠、俞祠、周祠、毛祠、王月山祠，王潭字國昌，本淮人。宋天聖間爲栝蒼府佐，贅平昌張氏，遂家焉。葬邑西月山，發祥蕃衍，因號月山王氏。厥後湖山等處各祠，皆所分派。本隅六行龕室。南門外誠敬祠并宗月山。西隅葉祠、周祠，北隅吴祠、包祠、項祠、童祠。葉坦李祠，航川鄭祠，派分長濂等處。上江徐祠，金岸劉祠，黄庄何祠，孟山頭姜祠，大橋姜祠，湖嶺頭姜祠，倉畈鮑祠，葛坪朱祠，西原濂潘祠，林頭潘祠，吴祠，長濂鄭祠、航川分派。周祠，梧桐口翁祠，大平頭姜祠，治巔頭周祠，洋濠吴祠，社後方祠、彭祠、陳祠，留馱塢朱祠，石步下王祠，后葛鄭祠、航川分派。張祠，后潘潘祠，大務徐祠，旦里葉祠，處塢周祠，徐坳葉祠，徐坳龔祠、周祠，上市潘祠、項祠，嶺根鄭祠，傳濟張祠，門陣張祠，鱗溪徐祠，龍昌蘇祠，繩坳蘇祠，内塢蘇祠，塘根張祠，澮川黄祠，小東葉祠，高橋葉祠，沙口徐祠，大東包祠，排前王祠，上高周祠，葉塢葉祠，吴塢尹祠、吴祠，大坪尹祠，上旦陶祠，小岩尹祠，大柘黄祠、周祠、周祠，大田葉祠，石練吴祠、朱祠、奕山分派。劉祠、朱祠，盤溪分派。柳村官祠，磐溪朱祠，山前吴祠，關川毛祠，獨山葉祠，王村口戴祠，三歸王守義祠，分派月山。湖山葉祠，湖山王祠、曰正善，曰全生，曰心德，曰積善。計祠有四，皆分派月山。涂祠、包祠、謝祠，大溪王文德祠，分派月山。蔡溪王裕後祠，分派月山。金竹葉祠，西岸朱祠，葉村涂祠、張祠，華溪包祠、奕山朱祠，長亭鄭祠，航川分派。金溪黄祠，葛屏翁祠，楊嶺下葉祠，周公口濮祠，蕉川周祠、張祠、李祠、葉祠，楊条章祠，大侯周祠，丙庄張祠，溪淤周祠，高坪包祠，淡竹周祠，雙溪口周祠、著楢周祠，李村周祠，洋溪楊祠，應村應祠，達路口宋祠，茶圩潘祠，一嶺坤方祠，丁溪潘祠，大坑口周祠，小岱周祠，蘇村蘇祠，上坪畢

祠，_{登坪}葉祠。_{以上禮制。}

府志補：時以便作事，記歲功也。家弦户誦，東作西成，普天一轍，而九功八蜡之中，民俗各有所尚。如古之蘭亭修禊，則以上巳；楚江競渡，惟在端陽。歲時不异，而歲時所尚，因乎俗也。

履端之始。民俗肅衣冠，禮神祀祖先，而後互相慶賀。除夜預輝燈照耗，祀門祭竈，折栢枝繫柿橘，俗呼百事吉，懸之中庭，以示嘉兆。爆竹喧天，以祓不祥。

立春。先一日，迎春於東郊，祭芒神，鞭春牛，民廼興事，士庶出觀，以受生氣。

上元。各神祠家廟設祭，結綵張燈，沿街相續，鼓吹喧闐，爆竹烟火，踏歌燭龍，或巧裝藏燈。鰲山自十三試燈，至既望夜而止。

社日。鄉社各祭先農，祈穀報賽。

社後。卜吉設醮，呼擁鼓吹，肩輿温元帥周巡四隅，扮臺閣前導，拖船於市以逐疫。城鄉男女雲集競觀，彷彿古儺遺意。

清明。門户插柳，掃墓掛紙。近者挈家人婦子奠酒漿、焚紙錢於丘隴山麓間，杜鵑輝映灼如也。

四月八日。浴佛之辰，鄉俗取楓葉等汁漬米，名曰烏飯。

重午。以蒲艾插户，裹角黍，親友互相餽遺，兒童繫縷佩香囊，舉家飲菖蒲雄黄酒。當午競採藥，并取百草煑湯以浴。

七夕。女子間有備蔬果、香燭乞巧者。

中元。祀先，爲蘭盆勝會，插香燭，化紙於道。

中秋。祀先，延賓，玩月。

重陽。祀先，泛茱萸酒，噉新菽，登高。

冬至。官行賀禮，民祀先祖。

臘月。掃舍，索逋，多有嫁娶安厝者。

除夕，先數日謝神，當夕奉祀先祖，坐夜守歲，爆竹達旦。以上歲時。按處十屬，山多田少，地瘠人貧，穰歲不及中年，富家不及中户，男兼耕讀，女務蠶績，尊禮祖廟，安土重遷，雖極貧不鬻子女。自唐李鄴侯興學以來，儒業文風漸盛於東南，邇來科名寥寂，其地之未靈歟，抑人之不傑歟，是在繼此加意振刷者。今自道光年來，掇科者仍不乏人，足徵氣運重新，亦作人之化有以致之也。

畲民附

自虞廷有分北讀被，即作被。之法，而异域遐陬皆得爲從風向化之民。遂昌有畲民者，本盤瓠之種，其後蔓衍爲五溪蠻。五溪：一辰溪，二酉溪，三巫溪，四武溪，五沅溪。在長沙、黔中。趙佗割據南越時，復有五嶺蠻。五嶺：大庾、始安、臨賀、桂陽、揭陽也。曰獠，曰猺，總屬一種。生聚於廣東、廣西。漢武帝平兩粤，徙其民於江淮，以虚其地，而仍有遺種散處其間。遂邑之有畲民，蓋於國初時徙自廣東，安插於衢、處、温三府者。始來多爲農家傭工，土物心藏，安分自下，不敢與本土人抗禮。其婦人爲人家執爨薪水，獨任餘。夫事肩輿，服役力金亦視平民較減。安堵處郡近二百年，亦有積累成家業者。間有稂莠梗化之徒，其長老父兄諄諄告誡，以爲敗類，深自愧耻。畲民在遂，一經鈐束，頗稱循善，與他處外來强横刁詐棚民不同。顧其服飾言語猶沿蠻俗，婦人堆髻跣足，以斑斕布包竹筒，綴以珠璣，蒙其首，腰着獨幅裙，好事者每圖之以示异。夫婦耦耕并作，朝夕與偕，嫁娶不避同姓。竊以蠻性號稱愚戇，多反覆，兹獨安愚樂賤，歷久不渝，蓋國朝威德所及，有以漸磨其心，向風率化，自不期而然也。今北門外井頭塢地方，建有藍、鐘二姓宗祠，亦聚族而居焉。按：畲，《集韻》：詩車切，火種也。《韻府》：式車切，燒榛種田也。俱收入麻韻。李商隱詩：燒畲曉映遠山色。范成大詩：砍畲大山顛。陸游詩：山畲一老鋤。蓋山中農田之謂云。邑人周應枚《畲民》詩云：盆陀之後亦編氓，百畝夫妻事并耕。人不廛居無力役，田從主賃省官徵。麻衣麤織神農製，繡幘高妝帝嚳甥。來自蠻方今已久，謳歌仍自作南聲。負耒爲氓自遠來，相傳舊姓有藍雷。茅居偏向隴頭結，佃種無辭荒處開。九族推尊緣祭祖，一家珍重是生孩。人人自有羲皇律，不識官司與法臺。

丘墓

宋

開國男張貴謨墓，在縣治西門外鳳山之陽。

太常寺丞周述墓，在十七都香岩院後。

侍郎周縉墓，在十七都香岩院後。敕葬。

處士尹起莘墓，在邑西四十里大柘西翠。

明

參議周德琳墓，在十二都上馬突山。

處士朱子堯墓，在磐溪碧秀嶺。

處士朱應鐘墓，在湖山蓮塘。邑人黄中有《過處士朱陽仲墓》詩云：江關詞賦舊凌雲，何事深山早築墳。天上豈真無李賀，人間猶自説劉蕡。西風歸鶴空留憾，落日啼猿不可聞。三十年前交誼在，獨來披草薦溪蘋。

封南城兵馬指揮朱可汪墓，在香岩院後。左有澹庵先生祠。

贈尚書兩廣總督應檟墓，在十都北界。敕葬。

參政吴孔性墓，在十八都麻陽。

參政鄭秉厚墓，在五都寶山口。

贈太常少卿項森墓，在邑北二里東梅村。

處士包志伊墓，在唐山。

中丞項應祥墓，附父森公墓側。

西充知縣鄭一舉墓，在四都高岡

左參議翁學淵墓，在南門外新庵。

直隸忠州知州重慶府丞鄭一豹墓，在五都社后瓦窑岡。

工部員外郎鄭九烱墓，在六都蘇山。

處士包萬有墓，在十六都紫川。

欝林州州判鄭九官墓，在四都鈞降。

蘇州府同知鄭元幹墓，在四都唐巾坪。

徐節婦王氏墓，在邑南君子山。

月山墳，在治西。是處相連有兩月山，一曰上月山，一曰下月山。其下月山形勝爲合邑最，邑中王姓始祖、宋栝蒼府佐名譚葬此，華姓始祖、宋遂昌教諭名成即鄉賢岳之父葬此，俱發巨族。其後兩姓附葬各祖墓側者，亦不止一處。第自北宋以來，世遠年湮，兵水頻仍，各墓難以辨認。道光甲午，重築墳臺，王、華二姓分樹碑碣於左右，其中立一總碑，以表志焉。

漏澤園。在邑北朝天門外。邑人潘思本捐地。

義冢。在碧瀾橋南蘇塢東隅。徐文肇捐置。弘治間，知縣胡熙爲建門以表，立碑於門，以禁火葬。肇又搜邑中不能葬者百餘棺，爲廣穴於東門外後嶺，悉輿而瘞之。

繆公義冢。在二都上塘垵。離治五里。東至周荒田，南至山脚，西至山路，北至降路。原係歙民王重所買徐舜齡業。康熙辛卯，知縣繆之弼捐價五兩，置作義冢。

俞氏義冢。南隅俞滋捐山一處，在十二都小馬埠麻車嶺，四面俱至路爲界。侄俞天珍捐山一處，在麻車嶺後。東至坑，南至石板橋頭人行小路，西至田後墈直上，小垵脇直上降，北至本山平降後爲界。

黄氏義冢。在六都嗣厚生。里人黄裳捐置，土名黄塘，即馬岡山，山一處。東至岡頂及下業主田，南至地，已改作田，西至地已改作田，北至田爲界。

鄭氏義冢。在四都長濂庄。里人鄭開庠捐置，土名黄墓，地二片。東至周紹林地，南至鄭夏成地，西至竹山，北至古義冢爲界。

吴氏義冢。在十九都石練庄。乾隆三十三年，節婦吴王氏捐助，土名垵塢，弄内片。東至周姓山當降分水，隨大降直上柳花尖，南至當垵直入，西至山尖，北至柳花尖大岡直下。又相連瓦窑後山塲及内外山坪，并過坳外山垵坪。東至大路劉姓山脚直入，過坳隨田坳横過，南至大路江姓山脚直入，坳邊塹硬直上當岡分水，西至瓦窑基當垵直上坪岡分水，北至田墈。原助租田拾肆石，爲兩元祀孤費。嘉慶五年被水漂没，裔孫再撥助土名雀蟻塢、王瓜園、塘塢、上坳等處租田拾肆石伍斗，計額叁畝零玖釐柒毫肆絲捌忽伍微。

葉氏義冢。在西門外。嘉慶念肆年，西隅葉蒸捐置土名西門外上石亭缸窑上山塲，劃出北面上首坐東向西壹帶。東至當降路，南至關墻，西至劉塢田，北至建片山小垵直上三籮田嘴頭。道光十三年，男光堉續捐置前山全業，并及山坪屋基一應在内。東至田，南至田，西至路，北至田。

勝因義冢。在十二都馬埠庄，土名大橋頭官地一處。東至田，南至溪，西至田，北至田爲界。又土名墓車欄山一處。即蔴車巒，係俞姓捐助，四至已載前俞氏義冢内。又續置土名外山門前，又名外山田隴，即社壇前山一處。東至章家墳，南至田，西至田直上横降，北至横降。吴姓地。同里有十餘人捐資積置田産，爲修築墳冢及清明、冬至祀孤費用，名曰勝因。里人官夢賚有序。

租田附後。

一土名沙城塢口，田十丘，租八石。

一土名桐杭塢口，田四丘，租八石。

一土名社壇前，即瓦窑頭。田二丘，租一百斤。

一土名蘭坑，田十八丘，租十三石。

一土名内塢，田一丘，租一石。

一土名上侯白桐塢，田□□，租二石。

一土名里盈畈，田□□，租四石。

一土名金竹塢，即張村源。田□□，租四十斤。

一土名黄坳，又名金鷄坳，即亭下。田□□，租三十斤。

李氏義冢。在十八都宏岡，係邑南李紹統仝弟青捐助，土名白殿上，山場一處。東至劉家山合水，南至大路直出，西至周家山古埂，北至峰頂分水爲界。官包氏仝男寅捐助義冢，土名横崗大旺，山場壹處，共山四至，東至山頂背分水直透來龍山背古塹爲界，南至人行大路直山五聖殿下，西至古聖直上降背分水爲界，北至古塹横過對門坳當降直上東邊山頂爲界。

王氏義冢。南隅王循陔堂助，在南門外，土名内瓦窑，陰陽兩向并及地坪。其四至：上至山頂，下至地外王姓田，左至王家山大降分水，右至沈俞兩姓山大降直下水路町直八左邊華姓地坪爲界。

徐氏義冢。在十六都上旦源，邑東徐受泰置助，土名黄麻洋，上至岡坪，下至人行大路，左至尹姓墳岡直上岡坪，右至岡直下堰爲界。

闕氏義冢。在七都馬頭庄，里人闕懷□置助，土名上馬頭屋後高塢頭，山塲壹處，東至直上岡，南至横路及下田，西至蘇姓垵内地，北至下岩山爲界。

徐氏義冢。在北門外北鄉，蕉川徐文光捐助，土名雉蛇降。其山四至：東至田垵，南至山坳，西至田垵，北至古洞塔爲界。

古迹

鳳凰櫟。大成殿正櫟，紋如飛鳳，故名。《繪圖》云在明倫堂，非。

孔雀臺。在邑北兑谷山麓。邑人吴孔性築。

蓮花漏堂。在縣治側。宋隆興中知縣王綜建。省志綜作琮。

嘉瑞堂。在縣廳之西。宋嘉定中左藏司馬掀因嘉蓮呈瑞，乃建是堂。邑人潘村記曰：物以瑞書，非偶然也。著政致和，和氣致祥，明驗所繇識也。嘉禾同穎載於書，秀麥兩歧形諸史，此固古今知其爲瑞者。然非成周泰和之治，漁陽可樂之政，雖瑞有可書，何取其爲瑞哉？我平昌於梧蒼爲屬縣，密邇行都，承宣流化之寄，每不輕畀。嘉定己未，上命左藏司馬侯典是邑，會寺簿王公擁郡符，條教一新，和洽千里。侯以賢見知，得行其學道爱人之意，有撫字而無督迫，有教化而無鄙夷。政與天通，春風鼓舞，自民及物，熙然有懷生之意。及季夏之月，嘉蓮呈瑞，雙花聠芳，見者謂和氣之效。閲秋百穀方仰雨，侯躬禱諸祠，甘澍隨車，歲獲豐登，粟穎垂金，纍纍跛隴間，至有一本發十八莖，莖生十八穗，農以瑞薦，觀者如堵，洋洋乎歡聲盈耳。於是即縣西之堂扁嘉瑞，圖之於屏，俾材志其實。竊謂侯之意，非以瑞爲誇也，年豐不虚其應，侯以是而喜也。侯以儒學施於吏治，廉於立身，勤以莅事，明不至於察，寬不流於弛，德化洋溢，民氣和悦，薫爲嘉祥，政之發於用者如此，是宜命之名而貽諸不朽也。侯名掀，字仲舉，温國公聞孫，克世其家者也。嘉定十六年九月日記。

會一堂。在邑西玉井峰。

相圃書院。明邑令湯顯祖建，以課士。在眠牛山麓。郡守任可容詩云：南浦雲呈彩，臨川筆有花。文章光射斗，氣節直凌霞。豈效轅駒促，寧同伏馬譁。朝陽鳴鳳鳥，窺井笑蝦蟆。道爲投荒重，名緣折檻誇。政期還上國，何幸共天涯。白晝開琴席，青山到縣衙。春風吹杜若，秋水映蒹葭。共道河陽令，來尋勾漏砂。新民除陋習，問俗起竗窊。多士歸金冶，諸生列絳紗。論文清晝永，校射夕陽斜。相圃依山麓，經樓闢物華。藏書名并美，觀德事非遐。此日求龍種，他年羨兎罝。育才方植李，報政已逾瓜。五斗憐元亮，朱絃過伯牙。祥鸞棲枳棘，良驥伏鹽車。合浦還明月，延津會莫邪。弓旌應不遠，遷客漫興嗟。同知許國忠詩云：并轡游鍾阜，同官寄栝蒼。憐予牛馬走，羨爾鳳鸞翔。門第推江表，聲名冠豫章。英姿深蘊藉，意氣絶倫常。混迹長安里，披肝走馬塲。倏忻知己貴，轉覺世途長。抗疏輕祠部，投荒出海洋。賜環歸百粤，綰綬令平昌。閉閤懷民切，褰帷問俗忙。春風歌化雨，寒谷發勾芒。象德開元圃，傳經闢講堂。飛泉明几案，積翠暗芸牕。華館分星位，青藜射斗光。一人張正鵠，多士欲滕驤。禮樂還三代，蓬弧志四方。延賓過勝地，列席攬群芳。喜接登龍會，慚悲倚馬郎。菁莪將獻什，桃李滿門墻。邑令湯顯祖詩云：禮樂在平昌，諸生立射堂。山形君子似，地脉聖人旁。四獸風雲合，三龜日月良。天門馳直道，星舍翼回廊。半壁新泉煖，成帷舊水蒼。嘗聞殷曰序，如見孔之墻。遠憶桑蓬色，清歌蘋藻香。修容隨抗耦，射策擬穿楊。有鵠求臣子，爲侯應帝王。同科非爾力，得儁廼吾祥。又《射堂再葺喜謝掌教烏程孫見元》詩云：緊予爲射堂，精華氣相迫。列宿亘環互，三垣炯可摘。時來風候清，如窺月岩隙。宫墻及諸子，樓觀滿六籍。空知朋好求，誰爲我躬惜。猗歟孫夫子，三嘆撫陳迹。攄精動維斗，决胷開震澤。章甫越人路，絲竹靈光宅。相于絃誦晨，晤彼文尊夕。同人習坤静，大壯晞乾間。井逕虹蜺生，户牖風雲積。徒用感斯文，無因佐于役。戢戢魯諸生，何時謝鄒嶧。荆溪胡世定《相圃書院》詩云：野蔓離離覆短墻，盡烟祇聚半空廊。傷心花縣徒千古，珍重先生玉茗堂。邑令徐治國《相圃書聲》詩云：五夜文光徹太清，半牕掩映月華明。憑君滿腹精神語，不比尋常句讀聲。

對吟軒。在治側。宋紹興中，縣丞韓允寅建。邑人張貴謨有記云：郡有太守丞，縣亦有丞，皆所以貳政也。余嘗考古今之變，太守丞古卑而今尊，邑丞則古尊而今卑。兩漢郡守權獨盛，丞忽忽不樂，有輒弃官而去者。至唐置司馬、通判事，今號監郡，則尊矣。韓文公記藍田丞，於位言高，於官言尊，及論其力勢，乃云反出主簿、尉下。今邑所置，未免有如文公所論者，蓋習俗世變之异也。然而官無大小崇卑，而有名實之辨。古人或辭尊居卑，及能所居之官，則官雖卑而不自失其尊，亦在夫人而已。吾邑丞韓侯，嗜學博古攻詩，蚤登太學，文藝有聲，僅得一官，再轉而爲丞，視其職雖無一可施用，未嘗起負予之嘆。暇日葺軒於廳之側，前植松竹，誦乃祖所作藍田記，扁曰『對吟』，哦詩以自見。既屬余和，又欲得文以記。予謂今之士夫流落州縣，若侯之丞兹邑，能借松竹以全其高，亦可謂官雖卑而自不失其尊者矣。想軒成，景物之盛，清風徐來，冷月下墮，雪花摇空，光彩映發。使於是時舉杖曳屨，邀王子猷、李太白抱琴舉酒，相與倘徉於一觴一咏之閑，信足以滌塵容，排俗狀，以增藍田之舊觀云。予故喜爲之書。侯名允寅，字肅可，會稽山陰人也。

得月亭。舊址在拜山下。邑令黄德裕詩云：石笋樓空枕急湍，公餘登眺倚欄杆。黄花對我添秋興，緑酹逢人戰午酣。山色數重雲外見，水光一片鏡中看。清凉味到天心處，自覺身輕振羽翰。

舉春亭。在縣東一百步。

結駟亭。在縣東二百步。

緑玉亭。在兑谷包山下，舊名緑漪。因縣令湯詩更今名。邑令湯顯祖《緑玉亭聽簫聲》詩云：平昌此亭能種竹，但有此君人不俗。非貪翠色映紅妝，會與簫聲摇緑玉。風漪緑玉暮雲寒，瀟湘水色清琅玕。只道於中耀靈鼠，那知其上游飛鸞。飛鸞窈窕籠煙雨，包山丈人此亭主。家似渭南稱素封，人如江上依慈姥。何來有客宜幽閑，綽約玲瓏君子山。不妨仙縣移琴曲，竹葉樽中時往還。

半山亭。在妙高山之半。

翠微亭。在邑西黄山。

廓然亭。在邑西黄山，邑令黄養蒙建。邑人王鎡詩云：湖山掩映鴈潭秋，今古詩人説勝游。緑柳影分騎馬路，赤楓弃落釣魚舟。前坡風送歸樵笛，別業雲藏賣酒樓。長記尋梅冰雪裏，氈靴駝帽鸕鷀裘。邑令黃養蒙《廓然亭記》曰：邑治西行六七十里爲湖山，黃山實秀出其間。二年，乃得玆山而游，王、葉諸生咸載酒以從。山之巔端，曠若平地，蓋余與諸生傳觴處也。於是諸生遂謀即其地而亭之，坐其中，湖山可一覽而盡也，扁曰『湖山一覽』。小折而山腰爲翠微亭，又折而山麓爲石門，曰栝西第一山。山舊名檳榔尖，諸生更爲黃山，謂山之勝若有待於余也。余嘗聞父老言，玆山實關文運，若上駕以亭，如龍之驤首而思奮，於科第未必無助。余初以其説誕謾，今亭成，而王生養端果獲上第於京師，而謂斯亭之作，不有關乎哉？然則勝又非所論也。

鑑漪亭。在瑞仙橋頭。

宿雲亭。在四都長濂雙清閣左岩畔，有翼然臨上之景。嘉慶庚申，被水沖廢。

南觀亭。在盤溪。

東望亭。在盤溪。

疑雷亭。在盤溪。

思孝亭。在奕山，今圮。

芙蓉亭。在西門外東嶽宮前。

放生池。在儒學東隄間，西接官塘，北有亭。宋知縣林采創開。

蔣公湖。在邑東二十里，地名湖塘，廣袤四千八百步。世傳五代時，蔣都鎮居其地，一夕陷爲湖，舉家溺焉，鄉人祈禱有應。紹興初，湖淺，民請爲田以贍學，存其中之深者五畝爲靈迹，猶有柱端在水底，今不可見矣。

煉丹井。在瑞山。六朝時，有异人煉丹於此，丹成而去。

古學基。在邑西屏山前，向曾山筆峰。徙學後廢爲民居。邑令張鉞改置社學，後圮。

鎮守司。在縣東畔，基址尚存。

木城址。在邑西城門外木城一帶。邑令張鉞建，址存。

登瀛閣。在縣學。宋乾道中，邑令李大正修學，建登瀛閣。慶元間，遷是閣於講堂後，拓地、鑿池、立橋，如泮宮之制。撤講堂後直舍，增卑培薄，移閣其上，名曰雙峰，以增文筆之秀。縣尉朱大正建。

雙峰閣。在縣學。宋時建。邑人張貴謨爲記云：余少讀書，年十五游鄉校，又十年入太學，升舍還，登乾道五年第。既歸，典邑李侯大正下車修學，建登瀛閣東南隅，余爲作修學記。及慶元戊午春，余以左史奉祠還里，首謁廟學，見新塔崇成，與西山相直，氣象甚偉。或謂：重門内盍築垣居水，遷登瀛閣於講堂後，增壯主勢，於陰陽爲宜。邑人聞之，忻踊經始。時尉攝事，慨然任責，拓地、鑿池、立橋，如泮宮之制。撤講堂後值舍，增卑培薄，移閣其上，名曰雙峰，以增文筆之秀。閣東西翼以兩廈，連宇垂阿，與講堂相屬。登瀛故址，創軒屋六十楹，坐挹南山，以還舊觀。閣高深爲尺各三十有四，廣倍之，升高望遠，挾於兩旁。更雙小峰南向而并峙，綿谷跨溪，有層巒疊嶂，林麓薈蔚，四顧環列，晨光暮靄，與雲氣變化，四時之間，模狀不一。諸生講學，涵泳其中，食和染教，浸潤以詩書，奮發乎文章，當有俊才魁士，結軌天朝，爲世顯用。回觀此閣，爲昔蜕迹之地，又當樹崇垂鴻，而接武於凌烟之上矣。稽諏規度，僦督庸役，取贏於逋租匿役之餘，民不勞而事集，皆尉身親而力圖之。其居官自若如此。尉吾郡朱姓，名大正，蓋樂圃先生之四世孫云。

尊經閣。在明倫堂後。舊名敬一亭，今爲御書亭。邑人項應祥尊經閣有記曰：甲午春王正月，邑侯創尊經閣成，廣文先生楊君士偉、黄君繼先、夏君薊，率多士相與徵余言爲記。余以病弗閑筆研辭。三君起曰：經，古人傳心之要，道莫宏焉。尊經閣以萃古人之精蘊，典莫盛焉。閣成於臨川湯義仍先生，文在茲焉。之三者，先生又烏得以無言耶？余皤然曰：唯唯，三先生命之矣。不佞即不文，請得因三先生言爲之記。夫侯成閣，閣萃經，經傳心，則夫尊經也者，舍心其奚以哉？予讀莊周斫輪之説，曰：古之人與其不可傳者死矣，今之所讀者，古人之糟粕已耳。此無他，知以可傳者求古人之迹，不知以不可傳者求古人之心。若然，則奚取於經，又奚取於尊經也與！侯弱冠以博洽聲馳宇内，其文炳矣。甫入仕，抗疏大廷，權貴辟易，避三舍，其節照矣。頃以遷官客吾邑，邑人謂侯將傳舍之，侯乃諄諄民瘼，而尤注意黌序，殫厥心焉，其政勤矣。余嘗瞰鳴琴餘暇，就侯唇吻，則滔滔若大河長江，一瀉千里，其論宏矣。是文章、節義、政事、言語，侯以身兼之，自非心印古人，條暢六經懿旨，詎能是哉！乃今學者剽竊緒餘，呻吟占畢，爲襲取青紫徑竇，便詡詡號於人曰：吾能讀經。甚且句讀未暢，而名利念頭不啻交戰於胸中。幸博一官，即侈然營營爲身家計，罔所弗至，曾不知所讀古人書爲何義。嗟乎！此離經叛道之尤，德之賊也，則何取於經，又何取於尊經也與！爾多士服習侯明訓久矣，雍容廟門，仰止經閣，當思古人之遺經謂何，邑侯之建閣謂何。曰：與二三同志商確其下，以文章則尚經世而陋雕蟲，以節義則大綱常而小徑竇，以政事則貴循良而賤搏擊，以言語則崇忠信而黜浮誇。如是，則庶幾哉讀古人之經，不愧古人之心。异日者，亦將如侯掇巍科，建大業，駸駸不可量焉。斯於建閣之意爲無負焉耳。不然，尋章摘句，徒取世資，未免蹈斫輪糟粕之戒，爲莊生所非笑，將不爲經之罪人也與？將不爲侯之罪人也與？不佞發迹此中，不勝本根之念，而又親承侯教，知侯所望於多士者殷也，故以規不以頌如此。不識三先生以爲何如？邑令湯顯祖詩云：君子猶名地，周公即有源。平昌開舊館，前令作新門。朱雀何飛舞，靈蛇太伏蹲。或爲開地理，爰築見天根。遂爾升層棟，因茲賁複垣。山川夾户牖，日月倒懸軒。氣脉宜龍舉，階梯此駿奔。鐘球縣聖作，鼓篋付司存。似謁河宗帝，如招洛誦孫。横經將史事，直道倚君恩。未覺絃歌冷，粗知色笑暄。自公垂勝賞，于役動高騫。掌故登堂禮，諸生避席言。弁星趨北斗，册玉候西崑。入國傳經語，觀風展德論。射堂樽俎合，文圃竹書翻。嶺借游蘭馥，池紆來碧温。第令周士貴，始識漢儒尊。同知許國忠《春日登尊經閣》詩云：崇經開傑閣，佳麗擅名區。制作遵昭代，章儀藉碩儒。巍基奠磐石，勝地備堪輿。勢壓平昌里，尊臨君子嵎。重軒錯陵谷，層棟俯城隅。藻井凌霄起，雕墻遶檻迂。典章盈二酉，載籍富三都。册并西崑府，文聯北斗樞。何年存舊址，此日建新楂。僊令崇文教，真人闡聖謨。經傳西裔盡，吟和郢中孤。才是洪鑪縱，天將大鐸需。鑄顔流令緒，御李挹芳瑜。璧署明奎聚，詞林樹羽模。琴鳴山鳥下，舄振野雲紆。士習登群品，人倫啓正途。青藜燃秘館，絳帳接蓬壺。宸翰窺周製，圭璋見夏瑚。春深龍欲化，日曉鳳將雛。禮樂從今盛，衣冠較昔殊。芝蘭叨夙雅，桃李羡春敷。行紀傳詩卷，論心對酒壚。登樓同作賦，千載見吾徒。四明屠隆《尊經閣》詩云：元化洩胚渾，溟涬釀炙轂。太和日鬱蒸，庶類繁以育。二五紛綸轉，太極秉樞軸。形骸苞靈光，鎮以無名璞。方寸湛靈明，六合相照燭。民遵大道趨，坦夷絶畛域。一自隳形氣，鑿智宣嗜慾。邪徑從此開，靈府日以牿。戎夷接車軫，戈矛伏堂皇。人心罔底極，横流誰爲坊。斯道不淪蝕，天廼生素王。偉哉封人言，木鐸振四方。大冶鑄群士，斐然咸成章。删述經鉅手，六經何煌煌。昏涂啓泰煜，安事爝火光。鬱儀與結璘，萬古照八荒。良宰先教化，講道明五常。尊經此名閣，東壁輝文章。藐彼二酉度，安用宛委藏。庶其追步趨，時時見羹墻。

文昌閣。舊基在泮池左，即今忠孝祠。

魁星閣。舊基在泮池右。

從龍閣。在奕山。里人朱文盛建，後廢。朱宗濂重修之，今又圮。里人朱文盛詩云：數弓甌脱地，竹樹植成陰。信得閑中趣，偏多方外心。菟裘堪自老，羊仲間相尋。課讀蒔花罷，白雲深復深。邑人黄國龍詩云：憑欄時極目，野趣較偏多。雨後山光潤，風前鳥語和。捲簾雲自入，泛筆客能過。卓矣柴桑士，清貞寄薜蘿。談笑蓮花幕，歸來鬢尚元。大饒栽竹興，賸得買山錢。樽酒嘉賓洽，琴書俗事蠲。一經行有托，池上看聯翩。四明劉志棟詩云：縹緲樓開傍覆螺，覆螺無雨白雲多。不緣山潤留雲住，指日蛟龍起碧波。邑人黄德徽詩云：稽古斑斑指上螺，寒窗夜雨集英多。眉端電劃蟄龍起，咫尺三千擊水波。里人朱家瓚詩云：簇簇如來頭上螺，宛然爾我得朋多。三尊立地能成佛，色相俱空般若波。朱九綸詩云：飛閣遠塵埃，登臨一快哉。地偏車馬寂，野静鷺鷗來。竹徑依山轉，柴門不浪開。會心處處是，何必説蓬萊。

普賢閣。在北隅。今廢。

川上樓。在北門外妙智堂左。

牛頭庵。在九雲峰頂。葉法善所創。詳見靈异。

祝妃墓。在二都落塢。宋高宗避敵難，駐蹕靈泉洞，册妃祝氏。未幾而卒，隨葬此。妃世居二都祝村，御道至今猶在。

潘鐵匱墓。世代爵里無考，或稱即係潘材。相傳敕葬三十六壙，墓道石柱，東北二鄉在在有之。教諭陳世修平昌雜咏有『鐵匱人疑上相墳』之句。

東社學古基。在貞烈坊下。

南社學古基。在黄塘廟巷内。

西社學古基。在羅公堤上。

北社學古基。在北隅街外。

宋道君御碑。在壽光宫。

闞川里門。在二十都闞川村口。雍正十二年，巡道芮復傳按臨過此，因顔之曰毛公古里。又里門之内有兩坐亭，邑人葉澳有記。

以上古迹，今已多半傾圮，姑存其名，以志遺迹可也。

卷之二

賦役志

田糧、户口、賦税、賑恤、積穀、義倉、物産、坑冶

則壤成賦，古之道也。我國家法三代什一之制，地丁各糧，供皆維正。救備各策，法尤極詳。遂雖山僻微區，凡食毛踐土者，咸謹奉科條。而經邦理財者，亦力籌生聚也。志賦役。

田糧

明初無可考。隆慶二年，田貳千貳拾壹頃柒拾陸畝玖分伍釐叁毫，地壹百貳拾伍頃叁拾肆畝柒分肆釐，官山貳拾伍頃柒拾柒畝貳分，民山柒百柒拾頃壹拾壹畝肆分，塘伍頃陸拾肆畝柒分壹釐。

國朝順治年間，田地、山塘一如原額。

康熙三年，清丈。

康熙六年，明白回奏案内，題准豁免積荒田柒百柒拾貳頃□畝柒分叁釐叁毫玖絲貳忽捌塵。

康熙九年，開墾積荒田柒頃貳拾伍畝。

康熙九年，無徵荒逋案内，題豁田叁拾捌頃捌拾叁畝捌分叁釐貳毫捌絲肆忽叁微。
康熙十二年，開墾積荒田陸拾貳頃伍拾叁畝叁釐。
康熙二十一年，開墾積荒田肆拾壹頃伍拾肆畝。
康熙二十二年，開墾積荒并召募頂種開墾積荒田壹拾頃壹拾捌畝伍分陸釐。
康熙二十四年，開墾積荒田壹頃壹拾伍畝肆分。
康熙二十九年，開墾積荒田伍頃伍拾玖畝陸分柒釐。
雍正七年，請定耕耤等事案内，除置買耕田胃肆畝九分。
雍正十年，開報升科案内，升田肆拾叁畝伍分捌釐。
雍正十一年，開報升科案内，升田叁拾柒畝壹釐壹毫。
雍正十二年，開墾積荒田伍拾陸頃壹畝。
雍正十三年，開報升科案内，升田壹拾玖頃貳拾伍畝貳分。
乾隆十一年，開墾積荒田伍拾柒頃壹拾柒畝柒分肆釐捌毫。
乾隆十五年，開墾積荒田伍頃畝伍分柒釐柒毫。
乾隆二十年，開墾積荒田玖拾伍畝捌釐伍毫壹絲捌忽。
乾隆二十二年，開墾積荒田柒頃壹拾畝玖釐捌毫貳絲捌忽伍微。

乾隆二十九年，開墾積荒田壹拾貳頃叁拾玖畝壹分肆釐貳絲柒忽壹微。

乾隆三十三年，開墾積荒田叁頃柒拾肆畝壹分貳釐。

乾隆三十八年，開墾積荒田壹拾伍頃伍拾捌畝貳分肆釐。

乾隆四十一年，開墾積荒田柒拾陸頃貳拾畝柒分伍釐。

乾隆五十一年，開墾積荒田柒拾捌畝肆分貳釐肆毫。

嘉慶五年，秋禾被水等事案内，題蠲水冲石壓田壹百壹拾叁頃叁拾肆畝壹分叁釐。

嘉慶十五年，開墾積荒田貳拾叁頃伍拾玖畝陸分柒釐。又墾復田陸頃伍拾叁畝壹分。

嘉慶十六年，開墾積荒田肆頃壹拾伍畝伍分貳釐。又墾復田壹頃伍拾壹畝柒分。

嘉慶十七年，偏隅被水等事案内，題准水冲無徵田壹拾伍頃陸拾柒畝叁分伍釐。

道光三年，開墾積荒田貳頃捌拾伍畝陸分伍釐；又墾復田共壹拾陸頃捌拾貳畝肆分捌釐，實存田壹千伍百貳拾頃陸拾畝柒分伍釐玖毫玖絲柒忽貳微貳塵；每畝徵銀捌分捌毫肆絲，實徵銀壹萬貳千貳百玖拾貳兩伍錢玖分壹釐捌毫叁絲陸忽壹微伍塵貳渺陸漠肆埃捌纖；每畝徵米柒合叁勺叁抄，實徵米壹千壹百壹拾肆石陸斗伍合叁勺伍抄伍圭玖粟陸粒貳黍貳粞陸糠；原額地壹百貳拾伍頃叁拾肆畝柒分肆釐。

康熙六年，明白回奏案内，題准豁免地壹拾玖頃捌拾壹畝伍分柒釐陸絲伍忽陸微伍塵。

雍正七年，請定耕耤等事案内，除置買壇基地貳畝玖分。

嘉慶五年，秋禾被水等事案内，題蠲水冲石壓地柒拾玖畝伍釐。

嘉慶十七年，偏隅被水等事案内，題准水冲無徵地貳拾肆畝陸分伍釐，實存地壹百肆頃肆拾陸畝伍分陸釐玖毫叁絲肆忽叁微伍塵；每畝徵銀壹分柒釐伍毫，實徵銀壹百捌拾貳兩捌錢壹分肆釐玖毫陸絲叁忽伍微壹塵壹渺貳漠伍埃；每畝徵米壹合伍勺，實徵米壹拾伍石陸斗陸升玖合捌勺伍抄肆撮壹粟伍粒貳黍伍粞。

原額山柒百玖拾伍頃捌拾捌畝陸分，内官山貳拾伍頃柒拾柒畝貳分，每畝徵銀捌釐肆毫，實徵銀貳拾壹兩陸錢肆分捌釐肆毫捌絲；民山柒百柒拾頃壹拾壹畝肆分，每畝徵銀陸絲，實徵銀肆兩陸錢貳分陸毫捌絲肆忽。

原額塘伍頃陸拾肆畝柒分壹釐，每畝徵銀壹分伍釐壹毫，實徵銀捌兩伍錢貳分柒釐壹毫貳絲壹忽；每畝徵米壹合伍勺，實徵米捌斗肆升柒合陸抄伍撮。

户口

明初無可考。

景泰三年，户壹萬叁千四百四十五，口叁萬貳百叁十。

天順六年，户壹萬貳千玖百柒拾伍，口叁萬壹百叁拾肆。

成化八年，分八都、九都，入湯溪縣。户壹萬壹千捌百貳拾玖，口貳萬伍千壹百叁。
成化十八年，户壹萬壹千陸百壹拾捌，口貳萬肆千肆百柒拾。
弘治五年，户玖千伍百陸拾柒，口貳萬肆千伍百捌拾。
弘治十五年，户玖千壹百叁拾伍，口貳萬肆千陸百玖拾伍。
正德七年，户捌千捌百玖拾，口貳萬肆千陸百玖拾壹。
嘉靖元年，户捌千捌百陸拾貳，口貳萬肆千柒百貳拾。
嘉靖十一年，户捌千捌百陸拾，口貳萬肆千柒百貳拾。
嘉靖二十一年，户玖千壹百陸拾，口貳萬肆千柒百貳拾貳。
嘉靖三十一年，户玖千壹百陸拾，口貳萬肆千柒百貳拾叁。
嘉靖四十一年，户玖千壹百陸拾玖，口貳萬肆千柒百貳拾叁。
隆慶二年，户口、人丁壹萬壹千肆百柒，丁口伍分。
國朝順治年間，户口、人丁壹萬壹千肆百柒，丁口伍分。
康熙六年，奉行清查。十年，編審户口、人丁額如舊。
康熙五十年，編審户口、人丁額如舊。
嘉慶五年，秋禾被水等事案内，免徵人丁柒百玖拾捌丁陸分叁釐柒毫肆絲陸忽貳微叁塵壹渺伍漠伍纖陸沙。

嘉慶十五、十六等年，墾復田畝案内，加升人丁壹百肆拾貳丁肆分壹釐。

嘉慶十七年，偏隅被水等事案内，免徵人丁壹百叁拾肆丁貳分陸釐貳毫。

道光三年，墾復田畝案内，加升人丁叁拾二丁柒分肆釐，實存人丁壹萬陸百肆拾玖丁柒分伍釐伍絲叁忽柒微陸塵捌渺肆漠玖埃肆纖肆沙；每口徵銀陸分陸釐肆毫，實徵銀柒百柒兩壹錢肆分叁釐肆毫柒絲伍忽柒微貳渺貳漠捌埃叁沙。

統計田地、山塘、人丁，共實徵銀壹萬叁千貳百壹拾柒兩叁錢肆分陸釐伍毫陸絲叁微陸塵陸渺壹漠柒埃捌纖叁沙。

加則銀壹百伍拾肆兩捌分捌釐壹毫肆絲叁忽捌微肆塵肆渺陸漠伍埃陸纖捌沙。内一加顏料新加，實徵銀玖拾伍兩叁錢玖分玖釐玖毫叁絲柒忽肆微柒塵伍渺肆漠柒埃肆纖玖沙。一加開墾水冲無徵加升顏料新加，實徵銀叁錢陸分肆釐。一加蠟茶新加，實徵銀玖兩柒錢叁分壹釐陸毫叁忽肆微陸塵捌渺柒漠伍埃捌沙。一加開墾水冲無徵加升蠟茶新加，實徵銀叁分柒釐。一加顏料時價，實徵銀貳拾叁兩捌錢柒分捌釐壹毫柒絲肆忽叁微柒塵伍渺。一加蠟茶時價，實徵銀壹兩玖錢捌分捌釐柒毫伍絲玖忽。一加藥材時價，實徵銀肆錢伍分柒釐捌毫伍絲壹忽玖微捌塵貳渺二漠肆埃貳纖玖沙。一加匠班，實徵銀貳拾兩伍錢陸分壹釐伍毫柒絲柒忽伍塵叁渺貳漠捌矣捌纖貳沙。一加開墾水冲無徵加升匠班，實徵銀陸分叁釐。以上玖款，每年於地丁項下每兩帶徵。一加收零積餘米壹石陸斗陸合貳勺肆抄肆圭玖粟，今每石改徵銀壹兩，該實徵銀壹兩陸錢陸釐貳毫肆絲肆微玖塵。

統計田地、山塘、人丁及加則，通共實徵銀壹萬叁千叁百柒拾壹兩肆錢叁分肆釐柒毫肆忽貳微壹塵捌漠叁埃伍纖壹沙。

外賦入地丁科徵。本縣課鈔銀叁拾壹兩肆錢壹分壹釐叁毫捌絲内。均徭出辦銀壹拾陸兩，抵裁冗兵餉。里甲出辦銀壹拾伍兩肆錢壹分壹釐叁毫捌絲，隨糧帶徵，即在地丁編徵之内。

外賦不入地丁科徵。薦新芽茶叁斤。每斤價銀壹錢陸分，共銀肆錢捌分。此係原編，目今攤入地糧編徵。

統計田地、山塘、人丁及加則并外賦，通共實徵銀壹萬叁千叁百柒拾壹兩玖錢壹分肆釐柒毫肆忽貳微壹塵捌漠叁埃伍纖壹沙。每兩隨徵耗羡銀玖分，應徵銀壹千貳百叁兩肆錢柒分鞘釐叁毫貳絲叁忽叁微柒塵捌渺玖漠柒埃伍纖貳沙。

遇閏年加閏銀肆百伍拾玖兩陸錢捌分伍釐玖毫肆絲伍所肆微貳塵陸渺貳埃柒纖貳沙。除水冲、石壓，實徵銀肆百叁拾叁兩伍錢玖分柒釐肆毫叁絲叁忽肆微陸塵壹渺貳漠叁埃叁纖。每兩隨徵耗羡銀玖分，應徵銀叁拾玖兩貳分叁釐柒毫陸絲玖忽壹塵壹渺伍漠壹纖。

田地塘共實徵米壹千壹百叁拾壹石壹斗貳升貳合貳勺捌抄玖撮陸圭壹粟壹粒肆黍柒粞陸糠。一除收零積餘米壹石陸斗陸合貳勺肆抄肆圭玖粟。實徵米壹千壹百貳拾玖石伍斗壹升陸合肆抄玖撮壹圭貳粟壹粒。每石折銀壹兩貳錢，共該銀壹千叁百伍拾伍兩肆錢壹分玖釐貳毫伍絲捌忽玖微肆塵伍渺貳漠内。存留升科米壹拾叁石柒斗肆升壹合陸勺。

月糧給軍米壹千壹百壹拾伍石柒斗柒升肆合肆勺。遇閏年加閏米柒拾叁石陸斗伍升叁合。除水冲、石壓，實徵米陸拾玖石肆斗玖升陸合叁勺肆抄柒撮玖圭，每石折銀壹兩貳錢，該銀捌拾叁兩叁錢玖分伍釐陸毫壹絲柒忽肆微捌塵。

賦稅

起運。

户部項下。

户部本色銀貳百柒拾叁兩陸錢玖分壹釐肆毫壹絲陸微貳塵伍渺，除水冲、石壓，實徵銀貳百陸拾柒兩貳錢柒分捌釐貳毫肆忽叁微叁塵陸渺捌漠陸埃壹纖捌沙。鋪墊損解路費銀貳拾陸兩肆錢貳分叁釐伍絲伍忽玖微叁塵伍渺，除水冲、石壓，實徵銀貳拾陸兩肆錢壹分柒釐壹毫陸絲捌忽捌微叁塵貳渺叁漠陸埃叁纖玖沙內。

顏料本色。

銀硃叁拾壹斤陸兩陸錢陸分。該銀壹拾肆兩肆錢伍分壹釐肆毫柒絲伍忽，鋪墊損解路費，共銀伍兩壹錢捌分玖釐玖毫陸絲肆忽伍微。

膩硃壹拾伍斤玖兩伍錢貳分。該銀貳兩叁錢叁分玖釐貳毫伍絲，鋪損路費，共銀壹兩玖錢玖分陸釐壹毫陸絲。

黑鉛陸拾叁斤叁兩玖錢貳分。該銀貳兩貳錢壹分叁釐伍毫柒絲伍忽，鋪損路費，共銀玖錢陸分壹釐叁毫貳絲肆忽。

烏梅貳拾肆斤壹兩壹分。該銀肆錢捌分壹釐貳毫陸絲貳忽伍微，鋪損路費，共銀叁錢貳分貳釐肆毫肆絲伍忽捌微柒塵。

五棓子陸斤伍兩貳錢肆分。該銀貳錢貳分壹釐肆毫陸絲貳忽伍微，鋪損路費，共銀玖分陸釐壹毫柒絲捌忽。

黄蠟叁拾斤玖兩壹錢伍分。該銀肆兩捌錢玖分壹釐伍毫，鋪損路費，共銀壹兩柒分陸釐壹毫叁絲。

黄熟銅貳拾玖斤肆兩貳錢貳分。該銀叁兩叁錢陸釐捌毫叁忽柒微伍塵，鋪損路費，共銀捌錢陸分伍釐叁絲陸忽肆微伍塵。

桐油壹百捌拾斤玖兩叁錢貳分。該銀伍兩肆錢壹分柒釐肆毫柒絲伍忽，鋪損路費，共銀貳兩玖分肆釐柒毫伍絲柒忽。以上顔料本色并鋪損路費，共銀肆拾伍兩玖錢貳分肆釐柒毫玖絲玖忽伍微柒塵。

黄蠟本色伍拾伍斤貳兩伍錢伍分陸毫。該銀壹拾壹兩叁錢貳分壹釐壹毫貳絲貳微伍塵。

芽茶本色肆拾貳斤伍兩叁分玖釐。該銀貳兩伍錢叁分捌釐捌毫玖絲陸忽貳微伍塵。以上貳項，共銀壹拾叁兩捌錢陸分壹絲陸忽伍微。

顔料改折折銀硃叁拾陸斤伍兩捌錢肆分。該錢壹拾陸兩柒錢貳分柒釐玖毫。膩硃伍斤拾兩叁錢貳分，該銀捌錢肆分陸釐渫毫伍絲。烏梅貳拾壹斤壹兩玖錢壹分，該銀肆錢貳分貳釐叁毫捌絲柒忽伍微。黄熟銅叁拾捌斤捌兩貳錢，該銀肆兩叁錢伍分壹釐玖毫壹絲貳忽伍微。桐油貳百叁拾斤玖兩伍錢貳分，該銀陸兩玖錢壹分柒釐捌毫伍絲。全折生漆伍拾壹斤壹拾壹兩壹錢伍分陸釐，該銀伍兩壹錢陸分玖釐柒毫貳絲伍忽。全折嚴漆貳拾玖斤壹拾兩壹錢伍分，該銀叁兩伍錢伍分陸釐壹毫貳絲伍忽。以上七項，鋪損路費，共銀壹拾叁兩壹錢柒分肆釐柒毫玖絲柒忽壹微貳塵伍渺。

黄蠟折色壹百叁拾斤拾伍兩柒錢肆分伍釐肆毫。該銀肆拾肆兩伍錢叁分肆釐伍毫捌絲玖忽柒微伍塵，路費銀肆錢柒分柒釐叁毫陸絲肆忽肆微叁塵柒渺伍漠。

芽茶折色肆拾壹斤拾叁兩陸錢陸分壹釐。該銀肆兩叁錢叁分陸釐貳毫柒絲壹忽貳微伍塵，路費銀肆分參釐叁毫陸絲貳忽柒微壹塵貳渺伍漠。

葉茶折色伍拾捌斤叁兩玖錢。該銀貳兩釐錢貳分玖釐柒毫伍絲，路費銀貳分叁釐貳毫玖絲柒忽伍微。

以上顏料本色、蠟茶本色及顏料改折、蠟茶折色并葉茶折色，共銀壹百陸拾貳兩陸錢玖分陸釐捌毫玖絲捌忽捌微肆塵伍渺，徵銀解司，另款解部充餉。顏料本色加增時價，該銀貳拾叁兩捌錢柒分捌釐壹毫柒絲肆忽叁微柒塵伍渺。蠟茶本色加增時價。該銀壹兩玖錢捌分捌釐柒毫伍絲玖忽。

以上顏料、蠟茶本色加增時價，共銀貳拾伍兩捌錢陸分陸釐玖毫叁絲叁忽叁微柒塵伍渺。每年纂入由單，頒發徵輸，另款解司彙充餉用。

顏料改折加增時價。銀硃每斤加銀貳兩壹錢肆分，烏梅每斤加銀陸分，黃熟銅每斤加錢叁分柒釐，桐油每斤加銀肆分伍釐，生漆每斤加銀壹錢，嚴漆每斤加銀壹錢捌分，臙硃每斤減銀叁分，加減核筭，共該銀壹百壹兩貳錢貳分肆釐伍毫陸絲壹忽伍微。除水冲、石壓，實徵銀玖拾伍兩叁錢玖分玖釐玖毫叁絲柒忽肆微柒塵伍渺肆漠柒埃肆纖玖沙。

黃蠟加增時價。每斤加銀肆分，該銀玖錢壹分肆釐捌毫叁絲叁忽伍微。除水冲、石壓，實徵銀捌錢陸分貳釐壹毫陸絲陸忽肆微伍塵柒渺壹漠壹埃陸沙。路費銀玖釐壹毫肆絲捌忽叁微叁塵伍渺。除水冲、石壓，實徵銀捌釐陸毫貳絲壹忽捌微貳塵肆渺伍漠柒埃壹纖壹沙。

芽茶加增時價。分別二則，加價該銀伍兩捌錢玖釐陸毫捌絲柒忽伍微。除水冲、石壓，實徵銀伍兩肆錢柒分伍釐壹毫玖絲柒忽柒微貳塵肆渺玖漠壹埃伍纖貳沙，路費銀伍分捌釐玖絲陸忽捌微柒塵伍渺。除水冲、石壓，實徵銀伍分肆釐柒毫伍絲貳忽貳微捌塵柒渺貳漠肆埃玖纖貳沙。

葉茶加增時價。每斤加銀玖分，該銀叁兩肆錢玖分玖釐叁毫壹絲貳忽伍微。除水冲、石壓，實徵銀叁兩貳錢玖分柒釐捌毫捌絲捌忽伍塵肆渺叁漠陸埃壹纖壹沙。路費銀叁分肆釐玖毫玖絲叁忽壹微貳塵伍渺。除水冲、石壓，實徵銀叁分貳釐玖毫柒絲柒忽壹微貳塵伍漠肆埃叁纖陸沙。

以上顔料、蠟茶、改折新加，共銀壹百伍兩壹錢叁分壹釐伍毫肆絲玖微肆塵肆渺貳漠貳埃伍纖柒沙，不入科則。每年於地丁項下，每兩科加徵銀觧司，另款觧部充餉。以上顔料、蠟茶本色及改折、折色并本色加增、改折、新加，俱係户部本色条款，共實徵銀貳百玖拾參兩陸錢玖分伍釐叁毫柒絲叁忽壹微陸塵肆渺貳漠貳埃伍纖柒沙。又中開墾水冲無徵加升顔料、蠟茶新加銀肆錢壹釐。

農桑絹銀壹拾伍兩玖錢伍分玖釐壹毫柒絲捌忽壹微貳塵。路費銀壹錢伍分玖釐伍毫玖絲壹忽柒微捌塵壹渺貳漠。

折色蠟價銀壹百陸拾柒兩陸錢陸分。路費銀壹兩陸錢柒分陸釐陸毫。

富户銀壹拾兩。路費銀壹錢。

昌平州銀叁兩肆錢。路費銀叁分肆釐。

江南藥價銀肆分叁釐柒毫。津貼路費銀陸分。

柴直銀叁拾陸兩玖錢。路費銀叁錢陸分玖釐。

顔料銀柒百叁拾捌兩玖錢貳分陸釐叁毫壹絲壹微伍塵壹渺壹漠。路費銀柒兩叁錢捌分玖釐貳毫陸絲叁忽壹微壹塵伍渺豈漠壹埃。

鹽鈔銀貳拾壹兩肆錢叁分貳釐柒毫陸絲肆忽。路費銀貳錢豈分肆釐叁毫貳絲叁忽陸微肆塵。

玖釐銀貳千陸百陸拾伍兩壹錢叁分壹釐。路費銀壹拾捌兩陸錢肆分玖釐陸毫捌絲伍忽捌微壹塵柒渺貳漠伍埃捌纖叁漠。

以上九款，共銀叁千陸百伍拾玖兩肆錢伍分貳釐玖毫伍絲貳忽貳微柒塵壹渺壹漠，路費共銀貳拾捌兩陸錢伍分貳釐肆毫陸絲肆忽叁微伍塵叁渺伍漠陸埃捌纖叁沙。今俱裁并歸入折色項下。

户部折色及路費共銀叁千捌百伍拾兩貳錢伍分叁釐伍毫陸絲壹忽陸塵肆渺陸漠陸埃捌纖叁沙，除積荒、荒逋，實徵銀叁千壹拾兩壹錢玖分伍釐柒毫貳絲玖忽壹微貳塵肆渺陸漠陸埃捌纖叁沙内。

折色銀叁千陸百伍拾玖兩肆錢伍分貳釐玖毫伍絲貳忽貳微柒塵壹渺壹漠，除積荒、荒逋，實徵銀貳千捌百貳拾伍兩捌錢柒分玖釐陸絲柒忽柒微壹渺壹漠，閏加銀肆兩柒錢捌分陸釐陸絲叁忽柒微捌塵伍渺陸漠。

路費銀貳拾捌兩陸錢伍分貳釐肆毫陸絲肆忽叁微伍塵叁渺伍漠陸埃捌纖叁沙，除積荒、荒逋，實徵銀貳拾貳兩壹錢陸分捌釐伍毫壹絲陸忽玖微捌塵叁渺伍漠陸埃捌纖叁沙，閏加銀伍分壹釐肆毫叁絲貳忽柒微陸塵伍渺肆漠貳埃柒纖貳沙。

雍正十年，新升銀叁兩伍錢貳分叁釐柒忽貳微。

雍正十一年，新陸銀貳兩玖錢玖分壹釐玖毫陸絲玖忽貳微肆塵。

雍正十三年，新升銀壹百伍拾伍兩陸錢叁分叁釐壹毫陸絲捌忽。

以上户部折色，共實徵銀叁千壹拾兩壹錢玖分伍釐柒毫貳絲玖忽壹微貳塵肆渺陸漠陸埃捌纖叁沙，閏共加銀肆兩捌錢叁分柒釐肆毫玖絲陸忽伍微伍塵壹渺貳埃柒纖貳沙。

以上户部項下，通共銀叁千叁百肆兩貳錢玖分貳釐壹毫貳忽貳微捌塵捌渺捌漠玖埃肆纖，閏加銀肆兩捌錢叁分柒釐肆毫玖絲陸忽伍微伍塵壹渺貳埃柒纖貳沙。

禮部項下

禮部本色銀壹兩叁錢捌釐陸毫伍絲壹忽玖微捌塵貳渺壹漠肆埃貳纖玖沙，袋袱簍損津貼路費銀貳兩叁錢伍分柒釐貳豪内。

薦新芽茶叁斤。奉文折徵每斤價銀壹錢陸分，共銀肆錢捌分。此項係屬外賦。黄絹袋袱旗號簍損路費銀貳兩。

茯苓壹斤壹拾兩柒錢捌分肆釐柒毫玖絲伍忽貳微叁塵捌渺玖埃伍纖叁沙。每斤價銀柒分，奉文折貳解壹，該實辦銀壹錢壹分柒釐壹毫捌絲叁忽肆微柒塵玖渺壹漠陸埃陸纖柒沙，津貼路費銀壹錢壹分貳釐玖毫壹絲捌忽肆微伍塵貳漠貳埃伍纖壹沙。

藥材改折。奉文改折茯苓叁斤伍兩伍錢陸分玖釐伍毫玖絲肆微柒塵陸渺壹漠玖埃伍沙。每斤價銀柒分，該銀貳錢叁分肆釐叁毫陸絲陸忽玖微伍塵捌渺叁漠叁埃叁纖叁沙。甜葶藶壹拾叁兩叁錢玖分壹釐。第斤價銀貳分叁釐，該銀壹分玖釐貳毫肆絲玖忽伍微陸塵貳淑伍漠。津貼路費共該銀貳錢肆分肆釐貳毫捌絲壹忽伍微肆塵玖渺柒漠柒埃肆纖玖沙。以上叁項徵銀，解司另款解部充餉。

藥材加增時價。該銀肆錢伍分柒釐捌毫伍絲壹忽玖微捌塵貳渺壹漠肆埃貳纖玖沙。每年纂入由單，頒發徵輸，另款解司，彙充餉用。此項係屬外賦。

以上共地丁銀貳兩柒貳分捌釐。以上薦新芽茶及藥材加增貳款，係屬外賦，除後另結。

外賦芽茶折色銀肆錢捌分。即上薦新芽茶條款。藥材時價銀肆錢伍分柒釐捌毫伍絲壹忽玖微捌塵貳渺壹漠肆埃貳纖玖沙。即上藥材加增條款。

以上禮部本色并外賦及袋、袱、簍、損、津貼路費共銀叁兩陸錢陸分伍釐捌毫伍絲壹忽玖微捌塵貳渺壹漠肆埃貳纖玖沙。

牲口銀捌拾捌兩。路費銀捌錢捌分。

藥材折色銀壹兩壹錢玖分柒釐叁毫。津貼路費銀柒錢肆分捌釐叁毫。

光禄寺菓品銀肆拾貳兩。路費銀肆錢貳分。

光禄寺籑笋銀壹拾叁兩捌錢捌分壹釐捌毫。路費銀壹錢叁分捌釐捌毫壹絲捌忽。

以上四款，共銀壹百肆拾伍兩柒分玖釐壹毫。又路費共銀貳兩壹錢捌分柒釐壹毫壹絲捌忽。今俱裁并歸入折色項下。

禮部折色銀壹百肆拾伍兩柒分玖釐壹毫，除積荒、荒逋，實徵銀壹百壹拾貳兩肆分貳釐玖毫陸絲陸忽肆微貳塵。路費銀貳兩壹錢捌分柒釐壹毫壹絲捌忽，除積荒、荒逋，實徵銀壹兩陸錢捌分玖釐柒毫。

軍器路費銀壹拾柒兩玖錢壹分壹釐叁毫玖絲貳忽柒微肆塵陸渺。

以上一十一款，共銀壹千伍百陸拾玖兩玖錢柒分貳釐柒毫貳絲壹忽柒微肆塵陸渺。又路費共銀柒兩柒錢柒分伍釐叁毫肆絲伍忽肆微。今俱裁并歸入折色項下。閏共加銀貳錢玖分柒釐肆毫肆絲伍忽。

工部折色及路費并匠班共銀壹千伍百玖拾玖兩伍錢陸分肆釐陸絲柒忽壹微肆塵陸渺，除積荒、荒逋、水冲、石壓，實徵銀壹千貳百叁拾玖兩陸分肆釐柒毫玖絲壹忽捌微伍塵玖渺貳漠捌埃捌纖貳沙內。

折色銀壹千伍百陸拾玖兩玖錢柒分貳釐柒毫貳絲壹忽柒微肆塵陸渺，除積荒、荒逋，實徵銀壹千貳百壹拾貳兩肆錢玖分柒釐柒毫捌絲肆忽玖微陸渺。

路費銀柒兩柒錢柒分伍釐叁毫肆絲伍忽肆微，除積荒、荒逋，實徵銀陸兩伍釐肆毫貳絲玖忽玖微。

匠班銀貳拾壹兩捌錢壹分陸釐，除水冲、石壓，實徵銀貳拾兩伍錢陸分壹釐伍毫柒絲柒忽伍塵叁渺貳漠捌埃捌纖貳沙。此項不入田畝帶徵。

以上共實徵地丁銀壹千貳百壹拾捌兩伍錢叁釐貳毫壹絲肆忽捌微陸渺。不入田畝帶徵。匠班實徵銀貳拾兩伍錢陸分壹釐伍毫柒絲柒忽伍塵叁渺貳漠捌埃捌纖貳沙。

又加道光肆年開墾水冲無徵加升匠班銀陸分叁釐。

以上工部項下，實徵地丁并匠班并加升匠班共銀壹千貳百叁拾玖兩壹錢貳分柒釐柒毫玖絲壹忽捌微伍塵玖渺貳漠捌纖捌埃貳沙。閏加銀貳錢玖分柒釐肆毫肆絲伍忽。裁改存留解部。

順治九年，舊編裁剩解部井米折銀肆百貳拾貳兩伍分柒釐叁毫捌絲叁忽玖微壹塵玖涉叁漠叁埃壹纖柒沙。内本府巡鹽應捕抵課井滴珠銀叁兩捌錢貳分貳釐貳毫肆絲肆忽，本縣捕盗銀肆拾叁兩貳錢，上司按臨并府縣朔望行香講書筆墨香燭銀叁兩，外省馬價銀貳百肆拾叁兩陸錢肆分捌釐捌毫，本府預備倉經費銀壹拾貳兩捌錢，本縣預備倉經費銀貳拾壹兩陸錢，預備本府雜用銀壹拾壹兩，預備本縣雜用銀伍拾叁兩貳錢壹分陸釐貳毫貳絲，馬步巡司弓兵銀壹拾肆兩肆錢，收零積餘銀壹拾叁兩柒錢陸分叁釐捌毫柒絲玖忽肆微貳塵玖渺叁漠叁埃壹纖柒沙，收零積餘米銀壹兩陸錢陸釐貳毫肆絲肆微玖塵。前額除積荒、荒逋，實徵銀叁百貳拾陸兩叁錢貳分柒釐叁毫玖絲柒忽叁微壹塵肆渺玖漠捌埃玖纖柒沙。馬價路費，除積荒、荒逋，實徵銀壹兩捌錢捌分壹釐伍毫叁絲捌忽伍微陸塵，閏加銀壹兩伍錢壹分捌釐伍毫貳絲。

順治九年，裁扣銀貳百陸拾兩。內本府逋判步快、皂隸、燈夫、轎傘扇夫銀叁拾肆兩捌錢，馬步、巡司、書皂銀叁兩陸錢，本縣知縣修宅家伙銀貳拾兩，吏書、門皂、馬快、民壯、燈夫、禁卒、轎傘、扇夫、庫子、斗級、倉書銀壹百玖拾叁兩貳錢。典史、書門、皂馬銀捌兩肆錢。前額除積荒、荒逋，實徵銀貳百兩捌錢壹釐伍毫肆絲伍忽伍微捌塵，閏加銀貳拾兩。

順治十二年，裁。知縣迎送上司傘扇銀捌兩。除積荒、荒逋，實徵銀陸兩壹錢柒分柒釐捌毫陸絲玖忽貳微柒塵。

順治十三年，漕運月糧叁分，撥還軍儲銀柒百陸拾陸兩壹錢陸分貳釐叁毫玖絲貳微叁塵。除積荒、荒逋，實徵銀伍百玖拾壹兩柒錢壹分玖釐陸毫柒忽叁微陸塵，閏加銀貳拾貳兩玖分伍釐玖毫。

順治十四年，裁扣銀貳百貳拾叁兩陸錢捌毫伍絲。內本府進表委官盤纏銀伍錢伍分壹釐捌毫伍絲，本縣知縣新油燭傘扇銀叁拾兩肆錢玖分，生員廩糧銀壹百貳拾捌兩，上司經過公幹官員下程油燭柴炭銀捌兩，門神桃符銀陸錢，鄉飲酒禮銀陸兩伍錢，提學道考試心紅紙扎油燭柴炭吏書廩糧皂隸米菜銀貳錢玖分，提學道考試搭蓋篷廠銀柒錢伍分，歲考生員試卷果餅激賞花紅紙扎筆墨并童生果餅進學花紅銀柒兩玖錢壹分玖釐，季考生員試卷果餅激賞花紅紙扎筆墨銀捌兩伍錢，馬步巡司弓兵銀貳拾捌兩捌錢，栝蒼渡渡夫銀陸錢，周公、龍鼻二渡渡夫銀貳兩，預備銀內扣按察司進表水手銀陸錢。前額除積荒、荒逋，實徵銀壹百柒拾貳兩陸錢玖分肆毫捌絲貳忽捌微伍塵，閏加銀貳兩陸錢壹分陸釐陸毫陸絲伍忽。

順治十四年，裁膳夫銀肆拾兩。除積荒、荒逋，實徵銀叁拾兩捌錢玖分叁釐貳毫壹絲壹忽玖微肆塵，閏加銀叁兩叁錢叁分叁釐叁毫。

順治十五年，裁優免銀肆百柒拾兩肆錢玖分壹毫。除積荒、荒逋，實徵銀叁百陸拾叁兩叁錢陸分肆釐捌毫貳絲玖所肆微捌塵。

順治十六年，裁官經費銀壹百伍拾兩陸錢肆分。內教諭俸銀叁拾壹兩伍錢貳分，喂馬草料銀壹拾貳兩，門子銀壹拾肆兩肆錢，馬步巡可俸銀叁拾壹兩伍錢貳分，書皂銀壹拾捌兩，弓兵銀肆拾叁兩貳錢。前額除積荒、荒逋，實徵䣛壹百壹拾陸兩叁錢肆分伍釐柒毫柒絲壹忽肆微玖塵，閏加銀貳拾兩伍錢伍分陸釐叁毫。

康熙元年，裁歲考心紅銀捌兩玖錢伍分玖釐。內原編提學道歲考心紅、紙扎、油燭、柴炭、吏書、門皂、米菜銀伍錢捌分，提學道考試搭蓋篷廠工料銀壹兩伍錢，歲考生員合用試卷、果餅、激賞花紅、紙扎、筆墨并童生果餅、進學花紅銀壹拾伍兩捌錢叁分捌釐，除順治拾肆年裁半外，今裁前數。前額除積荒、荒逋，實徵銀陸兩玖錢壹分玖釐柒毫貳絲捌忽叁微玖塵。

康熙元年，裁吏書工食銀柒拾捌兩。內本縣知縣、吏書銀柒拾貳兩，典史、書辦銀陸兩。除積荒、荒逋，實徵銀陸拾兩貳錢肆分貳毫伍絲陸忽玖微陸塵，閏加銀陸兩伍錢。

康熙二年，裁倉庫學書工食銀壹拾玖兩貳錢。內倉書銀陸兩，庫書銀陸兩，學書銀柒兩貳錢。前額除積荒、荒逋，實徵銀壹拾肆兩捌錢貳分玖釐叁毫玖絲貳忽壹微柒塵，閏加銀壹兩陸錢。

康熙三年，裁教職門子銀柒兩貳錢。除積荒、荒逋，實徵銀伍兩伍錢陸分壹毫捌絲捌忽玖微伍塵，閏加錢陸錢。

康熙三年，裁齋夫銀叁拾陸兩。除積荒、荒逋，實徵銀貳拾柒兩捌錢貳釐捌毫壹絲玖微，閏加銀叁兩。

康熙八年，裁驛站上司中伙宿食銀叁兩伍錢。除積荒、荒逋，實徵銀貳兩柒錢貳釐叁毫玖絲叁忽玖微。

康熙十四年，裁扣銀壹百叁拾伍兩叁錢陸分玖釐捌毫貳絲陸忽。內知縣心紅銀貳拾兩，修理倉監銀貳拾兩，喂馬草料裁半銀陸兩，季考生員試卷果餅、花紅、紙扎、筆墨，裁半府銀壹兩貳錢伍分，縣銀叁兩，修理府縣鄉飲桌椅什物銀壹兩。司備用銀捌拾肆兩壹錢壹分玖釐捌毫貳絲陸忽。前額除積荒、荒逋，實徵銀壹百肆兩伍錢叁分柒釐陸毫玖絲貳忽捌微玖塵。

康熙十四年，裁扣銀肆拾陸兩貳錢肆分柒釐陸毫伍絲肆忽。内季考生員試卷果餅、花紅、紙扎、筆墨，裁半府銀壹兩貳錢伍分，縣銀叁兩，修城民七料銀伍兩玖錢肆分陸釐叁毫，縣備用銀叁拾陸兩伍分壹釐叁毫伍絲肆忽。前額除積荒、荒逋，實徵銀叁拾伍兩柒錢壹分捌釐壹毫陸絲玖忽肆微捌塵。

康熙十五年，裁扣銀貳拾壹兩柒錢玖分貳釐捌毫。内各院觀風季考生員試卷果餅、花紅、紙扎、筆墨，府銀貳兩捌錢。府縣新任祭門，府銀肆錢壹分陸釐柒毫，縣銀壹兩陸錢陸分陸釐柒毫。府縣應朝起程復任公宴祭門，府銀貳錢，縣銀壹兩壹錢叁分叁釐肆毫。優免銀壹拾伍兩伍錢柒分陸釐。前額除積荒、荒逋，實徵銀貳拾兩叁錢柒分柒釐伍絲捌忽。

康熙十六年，裁扣銀壹拾壹兩叁錢陸分。内喂馬草料，裁半銀陸兩。迎春、芒神、土牛、春酒，裁半銀貳兩。府縣升遷給由公宴祭江，府銀伍錢陸分，縣銀貳兩捌錢。前額除積荒、荒逋，實徵銀捌兩柒錢柒分叁釐伍毫伍絲叁忽叁塵。

康熙二十三年，裁督院彬字號座船水手銀壹拾伍兩。除積荒、荒逋，實徵銀壹拾壹兩伍錢捌分叁釐陸毫伍絲伍忽柒塵。閏加銀壹兩貳錢伍分。

康熙二十七年，裁歲貢生員赴京路費銀叁拾伍兩壹錢壹分。内府銀伍兩壹錢壹分，縣銀叁拾兩。前額除積荒、荒逋，實徵銀貳拾柒兩壹錢陸分貳釐貳絲貳忽叁微陸塵。

康熙二十七年，裁扣銀壹百玖兩貳錢陸分肆釐玖毫捌絲叁忽。内科舉禮幣、進士舉人牌坊銀叁拾捌兩伍錢陸分玖釐肆毫伍絲，會試舉人水手銀貳拾叁兩，武舉筵宴銀伍錢，僱稅家伙并募夫銀壹兩陸錢，迎宴新舉人旂匾、花紅、旂帳、酒禮，府銀壹兩伍錢伍分伍釐伍毫陸絲，縣銀貳兩叁錢叁分叁釐叁毫肆絲，起送會試舉人酒席、路費、卷資府銀叁兩伍錢，縣錢貳兩捌錢陸分，賀新進士旂匾、花紅、酒禮銀叁兩叁錢叁分叁釐叁毫，起送科舉生員花紅、卷資、路費、酒禮府銀伍兩，縣銀貳拾柒兩壹分叁釐叁毫叁絲叁忽。前額除積荒、荒逋，實徵銀捌拾肆兩叁錢柒分伍釐叁毫壹絲伍忽玖微陸塵。

康熙三十一年，裁驛站本府各驛銀貳百捌拾陸兩肆錢壹分陸釐玖毫壹絲叁忽捌微捌塵。除積荒、荒逋，實徵銀貳百貳拾壹兩貳錢叁釐陸毫肆絲柒忽壹微陸塵，閏加銀捌兩陸錢叁分壹釐柒毫。

康熙三十九年，裁官經費銀壹百柒拾肆兩。內通判步快銀肆拾捌兩，皂隸銀柒拾貳兩，燈夫銀壹拾貳兩，轎傘扇夫銀肆拾貳兩。前額除荒荒逋，實徵銀壹百叁拾伍兩叁錢柒分伍釐肆毫壹絲壹忽陸微叁塵，閏加銀壹拾肆兩伍錢。

康熙五十六年，裁本府拜進表箋、綾函、紙扎、寫表生員工食銀壹兩捌錢叁分捌釐壹毫伍絲。除積荒、荒逋，實徵銀壹兩肆錢叁分壹釐柒毫柒絲貳忽玖微玖塵。

雍正三年，裁憲書紙料銀玖兩捌錢叁分肆釐捌毫叁絲叁忽。除積荒、荒逋，實徵銀柒兩陸錢陸分柒釐壹毫叁絲貳忽肆微肆塵，閏加銀壹錢肆分叁釐壹毫肆絲柒忽。

雍正六年，裁本縣燈夫工食銀貳拾肆兩。除積荒、荒逋，實徵銀壹拾捌兩陸錢柒分叁釐柒毫壹絲捌忽陸微伍塵，閏加銀貳兩。

雍正十二年，裁扣民壯工食銀壹百伍拾陸兩。除積荒、荒逋，實徵銀壹百貳拾壹兩叁錢叁分玖釐貳毫貳忽伍微肆塵，閏加銀壹拾叁兩。

乾隆八年，裁扣民壯工食銀肆拾貳兩。除積荒、荒逋，實徵銀叁拾貳兩陸錢柒分陸釐陸毫貳絲壹忽陸塵，閏加銀叁兩伍錢。

乾隆十二年，裁扣民壯工食銀壹拾捌兩。除積荒、荒逋，實徵銀壹拾肆兩壹釐玖毫壹絲叁忽肆微叁塵，閏加銀壹兩伍錢。

以上共實徵地丁銀貳千柒百柒拾壹兩貳錢柒分貳釐叁毫柒絲貳忽柒微肆塵肆渺玖漠捌埃玖纖柒沙。馬價路費銀壹兩捌錢捌分壹釐伍毫叁絲捌忽伍微陸塵。積餘米改徵銀壹兩陸錢陸釐貳毫肆絲肆微玖塵。通共銀貳千柒百柒拾肆兩柒錢陸分壹毫伍絲壹忽柒微玖塵肆渺玖漠捌埃玖纖柒沙，閏共加銀壹百貳拾陸兩叁錢肆分伍釐伍毫叁絲貳忽。

留充兵餉改起運銀肆千陸百貳拾貳兩叁錢玖分叁釐貳毫叁絲捌忽伍微陸塵。除積荒、水沖等，實徵銀貳千捌百肆拾貳兩玖錢柒分柒釐叁毫伍絲貳忽伍微柒塵伍漠貳埃叁沙。內：

田地山銀壹千肆百陸兩玖錢伍分柒釐玖毫貳絲陸忽伍微陸塵。除積荒、水沖等，實徵銀叁百伍拾玖兩陸錢肆分玖釐玖絲柒忽肆微陸塵伍漠貳埃叁沙。

均徭充餉銀捌拾肆兩玖錢。

民壯充餉銀壹千叁百柒拾陸兩肆錢叁分。閏加銀壹百叁拾叁兩伍錢。

預備鹽米折銀柒拾柒兩叁錢。閏加銀貳拾伍兩柒錢叁分叁釐肆絲陸忽捌微柒塵伍渺。

撥補軍儲充餉銀陸百叁拾兩捌錢陸分壹釐玖毫壹絲貳忽。

軍儲餘米充餉銀貳百柒拾貳兩柒錢。憲書充餉銀肆兩貳錢。

會裁冗役充餉銀柒百叁拾玖兩肆分叁釐肆毫。閏加銀肆拾玖兩玖錢壹分壹釐柒毫。

協濟西安縣夫馬抵解兵餉銀叁拾兩。閏加銀貳兩伍錢。

以上捌款共銀叁千貳百壹拾伍兩肆錢叁分伍釐叁毫壹絲貳忽，閏共加銀貳百壹拾壹兩陸錢肆分肆釐柒毫肆絲陸忽捌微柒塵伍渺。除孤貧柒布口糧加閏銀壹拾壹兩玖錢，共加銀壹百玖拾玖兩柒錢肆分肆釐柒毫肆絲陸忽捌微柒塵伍渺。今俱裁，并歸入兵餉項下。

兵餉銀叁千貳百壹拾伍兩肆錢叁分伍釐叁毫壹絲貳忽。除積荒、荒逋，實徵銀貳千肆百捌拾叁兩叁錢貳分捌釐貳毫伍絲伍忽壹微壹塵，閏除水冲、石壓，加實徵銀壹百柒拾柒兩玖錢捌分玖釐貳毫叁絲肆忽玖微壹塵貳漠伍纖捌沙。

以上共實徵地丁銀貳千捌百肆拾貳兩玖錢柒分柒釐叁毫伍絲貳忽伍微柒塵伍漠貳埃叁沙，閏加銀壹百柒拾柒兩玖錢捌分玖釐貳毫叁絲肆忽玖微壹塵貳漠伍纖捌沙。

鹽課解歸藩司充餉。加閏一併解司。

馬步巡司弓兵抵課銀壹拾貳兩。滴珠路費銀壹錢貳分，閏加抵課銀壹兩，加滴珠銀壹分。

以上共地丁銀壹拾貳兩壹錢貳分，閏共加銀壹兩壹分。

漕運糧儲道專轄。

隨漕本色月糧給軍米壹千肆百玖拾玖石玖斗伍升玖合柒勺叁抄叁撮。除積荒、荒逋、水冲等，實徵米壹千壹百壹拾伍石柒斗柒升肆合叁勺玖抄叁撮玖圭玖粟壹粒肆黍柒粞陸糠。每石折徵銀壹兩貳錢，該折銀壹千叁百叁拾捌兩玖錢貳分玖釐貳毫柒絲貳忽柒微捌塵玖渺柒漠柒埃壹纖貳沙。閏除水冲、石壓，加實徵米陸拾玖石肆斗玖升陸合叁勺肆抄柒撮玖圭。每石折銀壹兩貳錢，該折銀捌拾叁兩叁錢玖分伍釐陸毫壹絲柒忽肆微捌塵。

隨漕折色銀貳千壹百壹拾兩肆錢陸分柒釐貳毫柒絲捌忽捌微。除水冲、石壓、水冲無徵，實徵銀壹千玖百柒拾肆兩陸錢叁分柒釐貳毫柒絲捌忽捌微。內：

貢具，除水冲等實徵銀伍拾貳兩壹錢肆分叁釐陸毫貳絲捌忽。原編解船政同知支銷，後該同知奉裁，仍行解道。

月糧七分給軍銀，除水冲等實徵銀壹千陸百柒拾貳兩陸錢伍分陸釐貳毫伍絲捌微。閏加銀伍拾壹兩伍錢伍分柒釐壹毫，除水冲、石壓，加實徵銀肆拾捌兩伍錢玖分貳釐壹毫。

淺船料，除水冲等實徵銀貳百肆拾玖兩捌錢叁分柒釐肆毫。原編解船政同知支銷，後該同知奉裁，仍行解道。

以上共實徵地丁銀壹千玖百柒拾肆兩陸錢叁分柒釐貳毫柒絲捌忽捌微，閏加實徵銀肆拾捌兩伍錢玖分貳釐壹毫。

驛站驛傳道專轄。

本府各驛銀伍拾壹兩。係地丁編徵。嘉慶七年，奉文彙入地丁，收解藩庫充餉，閏加銀陸兩貳釐。

司存留項下

戰船民六料銀叁拾伍兩壹錢。除積荒、荒逋、水冲等，實徵銀貳拾伍兩陸錢叁分肆釐貳毫叁絲伍忽伍微壹塵。

府縣存留項下

本縣拜賀

習儀香燭銀肆錢捌分。除積荒、荒逋、水冲等，實徵銀叁錢肆分捌釐叁毫叁絲捌忽伍微伍塵，其荒缺銀兩，每年在於地丁項下撥補。

本縣祭祀原額銀壹百叁拾柒兩肆錢伍分。內：

文廟二祭銀伍拾玖兩伍錢柒分。崇聖祠二祭銀壹拾貳兩。

山川、社稷壇各二祭銀叁拾貳兩。

邑厲壇三祭銀貳拾肆兩，土地祠二祭銀壹兩捌錢捌分。

鄉賢、名宦祠二祭銀捌兩。

以上六項祭祀銀，除積荒、荒逋、水冲等，共實徵銀玖拾玖兩肆錢玖分伍釐柒毫叁絲貳忽肆微肆塵，其不敷銀兩，每年在於司庫各屬解收餘剩祭祀銀內撥補，其荒缺銀兩，每年在於地丁項下撥補。

文廟香燭銀壹兩陸錢。除積荒、荒逋、水冲等，實徵銀壹兩壹錢陸分陸釐叁毫柒絲肆忽叁微柒塵，其荒缺銀兩，每年在於地丁項下撥補。

關聖帝君祭祀銀陸拾兩。係動支地丁題銷册内，仍於起運項下造報。

文昌帝君祭祀銀貳拾兩。係動支地丁題銷册内，仍於起運項下造報。

致祭厲壇米折銀陸兩。係動支地丁題銷册内，仍於起運項下造報。

迎春、芒神、土牛、春酒銀貳兩。除積荒、荒逋、水冲等，實徵銀壹兩肆錢伍分伍釐伍毫壹絲陸忽陸微柒塵，其荒缺銀兩，每年在於地丁項下撥補。

本縣知縣經費銀伍百玖兩肆錢。内：知縣俸銀肆拾伍兩，除積荒、荒逋、水沖等，實徵銀叁拾貳兩捌錢壹分貳毫陸絲壹忽貳微，其荒缺不敷俸銀，俟届匀攤案内科派，每年在於地丁項下撥補。

門子貳名，工食銀壹拾貳兩。除積荒、荒逋，水冲等，實徵銀捌兩柒錢伍分壹釐叁毫貳絲捌忽伍微柒塵。閏加銀壹兩，除水冲、石壓，實徵銀玖錢肆分叁釐。

皂隸壹拾陸名，工食銀玖拾陸兩。除積荒、荒逋、水冲等，實徵銀陸拾玖兩玖錢玖分肆釐貳毫捌絲伍忽陸微捌塵。閏加銀捌兩，除水冲、石壓，加實徵銀柒兩伍錢肆分。

馬快捌名。工食銀每名陸兩，陸路馬械、水鄉巡船銀每名壹拾兩捌錢。

共銀壹百叁拾肆兩肆錢。除積荒、荒逋、水冲等，實徵銀玖拾玖兩玖分陸毫壹絲壹忽壹微捌塵。閏加銀壹拾壹兩貳錢，除水冲、石壓，加實徵銀壹拾兩伍錢伍分伍釐。

民壯舊伍拾名，今裁，止存。壹拾肆名，工食銀捌拾肆兩。除積荒、荒逋、水冲等，實徵銀陸拾壹兩貳錢叁分肆釐叁毫貳絲玖忽貳微肆塵。閏舊加銀貳拾伍兩，今加銀柒兩，除水冲、石壓，實徵銀陸兩伍錢玖分柒釐。

燈夫肆名，工食銀貳拾肆兩。閏加銀貳兩，今裁。

禁卒捌名，工食銀肆拾捌兩。除積荒、荒逋、水冲等，實徵銀叁拾肆兩玖錢玖分柒釐捌毫肆絲肆忽壹微肆塵。閏加銀肆兩，除水冲、石壓，加實徵銀叁兩柒錢柒分。

轎傘扇夫柒名，工食銀肆拾貳兩。除積荒、荒逋、水冲等，實徵銀叁拾兩伍錢陸分叁釐陸毫捌絲柒忽肆微肆塵。閏加銀叁兩伍錢，除水冲、石壓，加實徵銀叁兩貳錢玖分玖釐。

庫子肆名，工食銀貳拾肆兩。除積荒、荒逋、水冲等，實徵銀壹拾柒兩肆錢玖分捌釐柒毫捌絲肆忽肆微壹塵。閏加銀貳兩，除水冲、石壓，加實徵銀壹兩捌錢捌分伍釐。

斗級肆名，工食銀貳拾肆兩。除積荒、荒逋、水冲等，實徵銀壹拾柒兩肆錢玖分捌釐柒毫捌絲肆忽肆微壹塵。閏加銀貳兩，除水冲、石壓，加實徵銀壹兩捌錢捌分伍釐。

以上知縣員下，共實徵銀叁百柒拾貳兩肆錢叁分玖釐玖毫壹絲陸忽貳微柒塵，閏共加實徵銀叁拾陸兩肆錢柒分肆釐。

本縣典史經費銀陸拾柒兩伍錢貳分。內：

典史俸銀叁拾壹兩伍錢貳分。除積荒、荒逋、水冲等，實徵銀貳拾貳兩玖錢捌分壹釐肆毫玖絲玖忽伍微肆塵。

門子壹名，工食銀陸兩。除積荒、荒逋、水冲等，實徵銀肆兩叁錢柒分貳釐伍毫捌絲叁忽柒微陸塵。閏加銀伍錢，除水冲、石壓，實徵銀肆錢柒分壹釐。

皂隸肆名，工食銀貳拾肆兩。除積荒、荒逋、水冲等，實徵銀壹拾柒兩肆錢玖分捌釐柒毫捌絲肆忽肆微壹塵。閏加銀貳兩，除水冲、石壓，實徵銀壹兩捌錢捌分伍釐。

馬夫壹名，工食銀陸兩。除積荒、荒逋、水冲等，實徵銀肆兩叁錢柒分貳釐伍毫捌絲叁忽柒微陸塵。閏加銀伍錢，除水冲、石壓，加實徵銀肆錢柒分壹釐。

以上典史員下，共實徵銀肆拾玖兩貳錢貳分伍釐肆毫伍絲壹忽肆微柒塵，閏共加實徵銀貳兩捌錢貳分柒釐。以上知縣、典史各官俸及役食荒缺銀兩，每年俱於地丁項下撥補。

本縣儒學經費銀壹百捌拾伍兩玖錢貳分。內：

訓導俸銀叁拾壹兩伍錢貳分。除積荒、荒逋、水冲等，實徵銀貳拾貳兩玖錢捌分壹釐肆毫玖絲玖忽伍微肆塵。康熙十年復設教諭，兩官同食一俸。

齋夫叁名。每名工食銀壹拾貳兩，共銀叁拾陸兩，除積荒、荒逋、水冲等，實徵銀貳拾陸兩貳錢肆分柒釐柒毫伍絲壹忽肆微伍塵。閏加銀叁兩，除水冲、石壓，實徵銀貳兩捌錢貳分捌釐。

廩膳生員廩糧銀陸拾肆兩。除積荒、荒逋、水冲等，實徵銀肆拾陸兩叁錢捌分陸釐柒毫叁絲伍忽陸微玖塵。

膳夫捌名，每名工食銀伍兩。共銀肆拾兩。除積荒、荒逋、水冲等，實徵銀貳拾玖兩肆錢陸分叁釐貳毫伍絲伍忽貳微肆塵。閏加銀叁兩叁錢叁分叁釐叁毫，除水冲、石壓，實徵銀叁兩壹錢肆分貳釐叁毫。

門斗貳名，每名工食銀柒兩貳錢。共銀壹拾肆兩肆錢。除積荒、荒逋、水冲等，實徵銀壹拾兩伍錢陸毫叁絲壹忽陸微捌塵。閏加銀壹兩貳錢，除水冲、石壓，實徵銀壹兩壹錢叁分壹釐。

以上儒學員下，共實徵銀壹百叁拾伍兩伍錢柒分玖釐捌毫柒絲叁忽陸微，閏共加實徵銀柒兩壹錢壹釐叁毫。以上學俸、廩膳、役食荒缺銀兩，每年俱在於地丁項下撥補。

乾隆元年，儒學加俸銀肆拾捌兩肆錢捌分。係動支地丁題銷册内，仍於起運項下造報。

合原編俸銀，歲共給銀捌拾兩。諭訓二員，對半分支。

鄉飲酒禮貳次，銀陸兩伍錢。除積荒、荒逋、水冲等，實徵銀肆兩柒錢陸分叁釐柒毫捌忽叁微伍塵。

本府歲貢旗匾、花紅、酒禮，銀玖錢。除積荒、荒逋、水冲等，實徵銀陸錢伍分貳釐肆毫陸絲陸忽陸微。

本縣歲貢旗匾、花紅、酒禮，銀肆兩伍錢。除積荒、荒逋、水冲等，實徵銀叁兩貳錢捌分貳釐貳絲捌微柒塵。以上府縣歲貢，共實徵銀叁兩玖錢叁分肆釐肆毫柒絲柒忽肆微柒塵，每年解司充餉，其應支銀兩，在於地丁項下撥補。

巡鹽應捕，府壹名、縣肆名，每名工食銀柒兩貳錢。共銀叁拾陸兩。除積荒、荒逋、水冲等，實徵銀貳拾陸兩壹錢叁分陸釐柒毫壹絲叁忽伍微叁塵。閏加銀叁兩，除水冲、石壓，加實徵銀貳兩捌錢貳分捌釐，其荒缺銀兩，每年在於地丁項下撥補。

本府解户役銀叁拾兩。除積荒、荒逋、水冲等，實徵銀貳拾壹兩捌錢捌分伍釐捌毫貳絲叁忽叁微伍塵。

看守布、按二分司公署門子貳名，每名工食銀貳兩。共銀肆兩。除積荒、荒逋、水冲等，實徵銀貳兩玖錢壹分捌釐陸毫叁絲柒微叁塵。閏加銀叁錢叁分叁釐叁毫叁絲，除水冲、石壓，加實徵銀叁錢壹分叁釐叁毫叁絲。

偏僻三鋪司兵工食銀叁拾柒兩伍錢。內：縣前鋪叁名，每名工食銀肆兩伍錢，共銀壹拾叁兩伍錢；航頭鋪、資口鋪各叁名，每名工食銀肆兩，共銀貳拾肆兩，總共銀叁拾柒兩伍錢，除積荒、荒逋、水冲等，實徵銀貳拾柒兩柒分貳釐肆毫叁絲伍忽貳微捌塵。閏縣前鋪叁名，共加銀壹兩壹錢貳分伍釐；航頭鋪、資口鋪各叁名，共加銀壹兩玖錢玖分玖釐玖毫玖絲捌忽，除水冲、石壓，總共加實徵銀貳兩玖錢肆分貳釐。其荒缺銀兩，每年在於地丁項下撥補。

通濟橋夫伍名，每名工食銀肆兩，又每名修橋銀壹兩。共銀貳拾伍兩。除積荒、荒逋、水冲等，實徵銀壹拾捌兩貳錢肆分貳毫壹絲貳忽壹微貳塵。閏加銀貳兩捌分叁釐叁毫叁絲，除水冲、石壓，加實徵銀壹兩玖錢陸分肆釐叁毫叁絲。其荒缺銀兩，每年在於地丁項下撥補。

各渡渡夫工食銀貳兩陸錢。內：周公、龍鼻二渡夫共貳名，每名銀壹兩，共銀貳兩，除積荒、荒逋、水冲等，實徵銀壹兩肆錢陸分陸釐叁毫叁絲叁忽伍微肆塵；栝蒼渡夫壹名，銀陸錢，除積荒、荒逋、水冲等，實徵銀肆錢壹分玖釐貳毫捌絲肆忽貳微貳塵，共實徵銀壹兩捌錢捌分伍釐陸毫壹絲柒忽柒微陸塵。閏周公、龍鼻二渡加銀壹錢陸分陸釐陸毫陸絲伍忽，栝蒼渡加銀伍分，共加銀貳錢壹分陸釐陸毫陸絲伍忽，除水冲、石壓，共加實徵銀貳錢肆釐陸毫陸絲伍忽。其荒缺銀兩，每年在於地丁項下撥補。

孤貧叁拾肆名，每名歲給布花木柴銀陸錢。共銀貳拾兩肆錢。除積荒、荒逋、水冲等，實徵銀壹拾肆兩捌錢柒分貳釐肆毫捌絲叁忽柒微貳塵，閏每名加銀伍分，共銀壹兩柒錢。

孤貧叁拾肆名，每名歲支口糧銀叁兩陸錢。共銀壹百貳拾貳兩肆錢。除積荒、荒逋、水冲等，實徵銀捌拾玖兩貳錢肆分伍毫玖絲貳忽伍微，閏每名加銀叁錢，共銀壹拾兩貳錢。以上二項荒缺銀兩，每年在於地丁項下撥補。其小建銀兩解司，以充餉用。閏銀小建每年在於地丁銀内扣除支給造報。

縣獄重囚口糧銀叁拾陸兩。除積荒、荒逋、水冲等，實徵銀貳拾陸兩貳錢肆分捌釐柒毫壹絲叁微玖塵。

以上府縣存留，共實徵地丁銀壹千叁拾壹兩叁錢玖分陸毫柒忽玖微柒塵。

存留升科米壹拾肆碩柒斗貳合肆勺肆抄捌撮叁粟。内：雍正十年新升米叁斗壹升玖合肆勺肆抄壹撮肆圭，雍正十一年新升米貳斗柒升壹合貳勺玖抄陸圭叁粟，雍正十三年新升米壹拾肆碩壹斗壹升壹合柒勺壹抄陸撮。

以上米除水冲、石壓、水冲無徵，實徵米壹拾叁碩柒斗肆升壹合陸勺伍抄伍撮壹圭叁粟。

報升未經載入全書糧賦。

道光四年，開墾復田貳拾陸頃玖拾陸畝捌分伍釐，道光六年起科。應徵銀貳百壹拾捌兩零玖分肆釐。外加。人丁升銀壹拾壹兩貳錢壹分玖釐，顏料、蠟茶新加時價升銀壹兩陸錢玖分陸釐，匠班升銀叁錢貳分肆釐。

共應徵銀貳百叁拾壹兩叁錢叁分叁釐壹毫玖絲肆忽。内：顏料、蠟茶新加時價升銀壹兩陸錢玖分陸釐。起運地丁升銀壹百捌拾叁兩壹錢玖分陸釐，閏加升銀肆兩玖錢玖分玖釐。

司存留戰船升銀肆錢伍分壹釐。

府縣存留升銀壹拾肆兩柒錢叁分陸釐，閏加升銀柒錢陸分陸釐。

漕項升銀叁拾壹兩貳錢伍分肆釐，閏加升銀陸錢捌分貳釐。

以上共銀貳百叁拾壹兩叁錢叁分叁釐，閏共加銀陸兩肆錢肆分柒釐。

應徵米壹拾玖碩柒斗柒升伍合貳勺肆抄零伍圭。內：月粮給軍米壹拾玖碩伍斗伍升肆合壹勺，閏加米玖斗伍升伍合。存留米貳斗貳升壹合貳勺。

以上共米壹拾玖碩柒斗柒升伍合叁勺。

道光六年，開墾墾復田貳拾頃伍拾陸畝伍分，道光八年起科。應徵銀壹百陸拾陸兩貳錢肆分柒釐肆毫陸絲，外加。人丁升銀捌兩伍錢貳分陸釐，顏料、蠟茶新加時價升銀壹兩貳錢捌分貳釐，匠班升銀貳錢肆分叁釐。

共應徵銀壹百柒拾陸兩貳錢玖分捌釐肆毫陸絲。內：顏料、蠟茶新加時價升銀貳兩壹錢捌分貳釐，起運地丁升銀壹百肆拾兩零肆分玖釐，閏加銀叁兩陸錢壹分陸釐。

司存留戰船升銀貳錢肆分伍釐。

府縣存留升銀壹拾壹兩壹錢伍分貳釐，閏加銀叁錢叁分捌釐。

漕項升銀貳拾叁兩肆錢柒分壹釐，閏加銀柒錢陸分壹釐。

以上共銀壹百柒拾陸兩壹錢玖分玖釐，閏共加銀肆兩柒錢壹分伍釐。

應徵米壹拾伍碩零柒升肆合壹勺肆抄伍撮。內：月糧給軍米壹拾肆碩玖斗零柒合陸勺，閏加米陸斗玖升捌合肆勺。存留米壹斗陸升陸合陸勺。

以上共米壹拾伍碩零柒升肆合貳勺。

道光十年，開墾墾復田柒頃玖拾捌畝陸分玖釐，道光十四年起科。應徵銀陸拾肆兩伍錢陸分陸釐零玖絲壹忽貳微。外加。人丁、顔料、蠟茶、新加時價、匠班共升銀叁兩伍錢玖分叁釐。共應徵銀陸拾捌兩壹錢伍分玖釐零玖絲壹忽貳微。內：

起運地丁、司府縣存留顔料、蠟茶、新加時價共升銀伍拾玖兩柒錢柒分貳釐，閏加銀壹兩叁錢玖分壹釐。

漕項升銀捌兩叁錢捌分柒釐，閏加銀貳錢陸分柒釐。

以上共銀陸拾捌兩壹錢伍分玖釐，閏共加銀壹兩陸錢伍分捌釐。應徵米伍碩捌斗伍升肆合肆勺貳抄肆撮柒圭。內：

月糧給軍米伍碩柒斗玖升肆合捌勺，閏加米貳斗肆升伍合伍勺。存留米伍升玖合陸勺。

以上共米伍碩捌斗伍升肆合肆勺。

外賦

學租銀三十七兩六分二釐五毫。每年照數複輸解司，轉解學院，賑給貧生膏火之用。

鐵爐稅銀七兩二錢。上則爐户一十二名，每名徵銀六錢，另款解司。

砂坑稅銀一十八兩八錢。上則坑户一名，徵銀一兩六錢。中則坑户三名，每名徵銀一兩二錢。下則坑户十七名，每名徵銀八錢，另款解司。又堆金銀每户四錢，共八兩四錢。存庫。

當稅銀伍兩。當鋪壹名，徵銀伍兩，另款解司。仍於每处春季查明增除，造册報部輸稅。

牙稅銀四兩六錢。上則牙户二名，每名徵銀八錢。中則牙户三名，每名徵銀六錢。下則牙户三名，每名徵銀四錢，另款解司。

契稅每買産銀一兩，徵銀三分。

牛稅每兩徵銀三分。

鐵稅每百斤徵銀一分。以上契、牛、鐵稅三款，歲無常額，每年儘收儘解，造報題銷，另款解司。

附録前明賦稅事例於左，以備參考。舊志。

夏稅，麥七百六十三石二斗六升二合八勺。秋稅，米五千九百四十三石六斗九升六勺。本府永豐倉，秋米四千一百二十四石七斗八升三合七勺二抄五撮。本縣存留倉，秋米二百四十石。温州府平定倉，秋米五百五石。樂清縣廣豐五倉，秋米五百九十五石。顔料，秋米四百一十九石三斗六合八勺七抄五撮。預備，秋米五十九石六斗。本府儒學倉，麥一百石，聽給師生俸銀。際留倉，麥一百石。温州府樂清縣廣豐五倉。麥五百七十三石二斗六升二合八勺。

前明按院龐公尚鵬請蘇里甲疏。

為節冗費，定法守，以蘇里甲事。竊惟為政以愛民為本，而愛民以節用為先。蓋財用不節，則橫斂交徵，公私坐困矣。兩浙自兵燹以來，公家之賦税日繁，閭閻之困苦已極，若非督察郡縣良有司愛養樽節，其何以堪乎？臣自入境以來，周咨博訪，凡可以仰濟時艱，少蘇民力者，莫不隨宜酌處，悉已見諸施行。其他積弊萬端，有難概舉，惟里甲為甚。如供給買辦，支應私衙，餽使客禮儀，撥鄉官夫皂，與夫私燕會酒食席下程，無一不取給焉。有一日用銀二三十兩者。甚有貪鄙官員，計其日費不足償數，即令折乾入己，因而吏書等役，亦各乘機詐索，株求萬狀，在在有之。臣即查舉一應弊端，開立款目，案行布政司、糧儲道、按察司、清軍道，會同各該守巡等道，就事劑量，從宜酌處。通行會稽各府州縣，每年合用一應起存額坐雜三辦錢糧數目，仍量編備用銀兩，以給不虞之費，俱與丁田一體派徵，名曰均平銀。其所已定數目，固有或盈於此而縮於彼，未必事事皆中，一一周詳。若損有餘而補不足，因時酌裁，隨事通融，自足以供周歲之用。其餘催徵出納之法，俱給支應之規，凡一切損益因革事宜，俱有成議，已經纂刻成書，刊布通行。臣巡歷所至，進邑之父老於庭而面質之，萬口同詞，率皆稱便。惟有司官吏，多視為厲己，而欲去其籍。若非題奉欽依，著為成法，竊恐時异勢殊，不無朝令而夕改矣。伏望皇上敕下該部，將臣後開款目，再加酌議，如果有裨節愛，能行浙江及南、北直隸各省等衙門，一體查照，永為遵守。庶乎節財用而事有畫一之規，清弊源而民被愛養之惠矣。緣係節冗費、定法守、蘇里甲事理，未敢擅便，謹具奏聞。

邑人鄭秉厚議賦役疏。

為議賦役以齊一國法事。查得洪武元年定賦役法，至十四年編定賦役黃冊，今已二百年。于茲賦法，尚仍其舊，而役法更張，已非一處。蓋繇法行之久，弊難必無，而行法之人又不皆善。審均徭也，則責富差貧，如斗級庫子之苦差，動費數百兩。其用里長也，則輪班值日，如供應夫馬等項，日糜幾十金。民不聊生，閭閻愁嘆，而後當事易爲一條編之法。會計正辦，維從各項糧差而已，實在丁糧總派之內。徵之於民，惟有銀差而無力差；用之於官，惟有僱役而無差役。貪官墨吏，無隙可害於民；富户大家，有賴以保其産。不可謂非一時救弊之良法矣。但天下事勢，此重則彼輕，有利則有害。一法之立者，一弊之生也；舊弊之革者，新沴之滋也。唐臣陸贄有言：凡欲救其積弊，須窮致弊之繇，時弊則但理其時，法弊則全革其法。臣謂今日之賦役，非祖宗之法不善，乃行法之人不肖，是亦時之弊，非法之弊也。則賦役之舊法，未可盡非，而條編之新規，未爲全是。揆度事體，參酌人情，所當損益而議處者，有四説焉。舊法夏税秋糧，隨時徵納，均徭里役，十年一輪，此先臣丘濬所謂取法遠而用意深者也。今條編合税糧差役，盡作一年徵派，則平頭直算，淺近易知。我聖宗立法之初，豈智不及此？其不如此而如彼者，所以均節民力，而寓休息之仁也。今一旦舉其法而盡更之，臣誠有所不忍。且舊法於民，用之一年，寬之九年，用之者暫，不用之者久也。條編則年年有派，無一日之停矣。舊法徵一年之人户，緩九年之人户，所徵者寡，所不徵者衆也。條編則户户有徵，無一人之遺矣。是在富饒之户，或每歲支持有餘，在中平之家，則逐日追求甚苦。如臣原任南豐縣，在江右亦稱淳邑，未行條編之先，錢糧不待催比，自行條編之後，催比亦難盡完。蓋條編無力差，而徵銀於民者，既倍其數於前，則民窮於徵煩，而輸銀於官者，漸虧其數於後，亦勢使然也。爲民父母者，何能日操鞭箠，而使凍父餓子剜肉以完官哉？即臣一縣如此，餘縣可知。此其徵煩而錢糧難完，所當調定者，一説也。舊法均徭，有司先審貧富，而後以次挨編，如富户則編以重差，貧户則編以輕差，此陸贄所謂度産以徵差，徵損有餘，稍優不足，損不失富，優可賑貧之術也。迹若不均，而實則甚均也。今日之條編，惟江南北則審丁有三等九則之分，其餘浙江等省，則無論貧富，一體徵派。藉如富户一丁，終日安坐，貲進千百；貧户一丁，終歲勤動，累止銖兩，乃略無低昂。是富丁昔日之重差，今以攤出而反輕；貧丁昔日之輕差，今以攤入而轉重。相去不平，奚啻倍蓰？迹若均而實甚不均者也。故條編之稱便者，皆上户以至上中之户，富貴之人，言易於達上；稱不便者，皆中户以至下户，窮弱之人，泣止於向隅。臣竊恐天下之民貧富恒相半，貧者安則富者亦安，貧者不安則易於爲亂。此則民貧而迫，徵之不堪，所當議爲酌量者，二説也。舊法綱領條款，皆我聖祖經畫曲當，故法一定而可守。若條編則起於原日，撫按各以己意制於一隅。立意之初，既未慮遠圖難，而失之潦草；設法之際，又不參此互彼，而過於疏略。如均一經費也，此縣則編，彼縣不編者有之。如縣有大小，而所費有多寡，則所編彼此同數，或大縣反少，小縣反多者亦有之。如縣雖有大小，而所費無多寡，若鄉飲祭祀之數，則彼縣多編，而此縣少編，以至一信者亦有之。此皆立法之日，縣各爲議，本府不及會查各縣之詳，本道又不會各府之詳，本布政司及不會查各道之詳，而重加訂正，使之歸一。故濫編多編者，易起貪污之垂涎，漏編寡編者，以致官司之掣肘。此則節目之未詳，所當議爲釐正者，三説也。舊法用民之力，其流不節，故條編易失，而徵銀凡上司、使客、下程、中伙及各項額例公費，皆另編有銀兩，在浙江則曰均平銀，在江西則曰公費銀，在福建則曰剛銀，在南直隸則曰直日銀，遇有所費，官自支用，正欲其不復干預乎民，以防其漸也。今中間守己愛民、循規不擾之官，固不盡無，然亦有不責該吏分科掌管，乃給直與里長、買辦，分外責其豐腆者，亦有該吏、買辦而責里長以賃用家伙，聽其多方需索者。夫既徵民之銀，則不當用民之力，若復絶之不清，杜之不嚴，則弊孔未塞，釁根猶在，亦何取於條編之徵銀哉？甚有僻遠縣分，上司耳目所不及，凡百支應，公然取之坊里，而編銀儲庫，盡歸私囊。是條編不能減民之累，而反增累於民者，又甚可憐。此則約束之未嚴，所當議爲關防者，四説也。臣細加參酌，舊法之善者，在於十年一編，調停貧富，而其不善者，在於行法之人賣富差貧，濫用害民。條編之善者，在於革庫子、斗級、里長支應，而其不善者，在於盡數徵銀，貧富無等。品式法制之未備，苟於二者之中斟酌通融，取其善而更其不善，既不失祖宗之良法，又兼得革弊之美意矣。臣愚，竊謂驛傳銀數不多，似可隨糧徵收，機兵以力差爲便，不必徵銀歸官。若均傜、里役二者，仍當十年一輪，以循祖宗之舊。均傜則於本年傜户，里長則於本年里户，照依條編實費銀數徵派，固不必攤之。通縣但於均傜項内，凡起運及實在支用，仍隸入銀差。如鋪兵、渡子、應捕獄卒等項工食，仍隸入力差。先審丁户，定爲等則。銀差則先編上户，漸至於上中者，徵銀爲易。力差則先編下户，漸至於中下者，出力不難。如下户不願出力，而願納銀者，官亦聽之，而代爲僱役。此雖未能如舊法之損富優貧，然於均派之中，亦稍寓分別之意矣。里長既徵銀在官支用，則一絲一草，不得復取諸民。一應合用，俱官銀措辦，申報查盤。當年里長，不過催徵銀糧，勾攝人犯而已。此外復有需索，官吏俱以贓論。至於各省原日條編書册，多寡無論，且未經部覆議，題請頒布，豈可遵守。相應通行各撫按官，曾行條編之處，悉將書册發下各縣，查招再議。本府會齊各縣，本道會齊各府，本布政司會齊各道，各彼此參對，必事體畫一，而後呈之撫按。撫按復細心熟計，苟編數太多，則徵派倍增於舊法，是便於官，而不便於民，其法不可行也。如編數太刻，則支用不足於薪條，雖便於民，而不便於官，其行亦不可久也。必酌新揆舊，損盈益虚，合於人情，宜於土俗，方彙成一册。仍將派徵輕重數目，及上下俱便，經久可行緣繇，具本題進，候户部覆議頒。其未行條編之處，法有弊竇，所當酌處，亦一體查議。如地方相安，不必更議，則遵用舊典，實爲至善，并候聖裁。

按：鄭公此疏，萬曆初年在吏垣時條議中一事也。細閲之，其所議銀、力二差，甚爲有見。貧民措銀難而出力易，如鋪兵、渡子、應捕獄卒等項，審户承應，既可以代輸銀之苦，且更番接役，又可除積猾衙蠹之弊。自條編行，而占繼衙門者，坐糜公錢，小民受魚肉，而又括民脂膏，爲彼工食，使有力者不得自効，反代鬻以償之，是扒平爲真不平也。且一年力役，九年息肩，勞逸相因，張弛甚善。今每役皆有頂頭錢，每役初承皆有使費錢，相傳若家業而敝生焉。敲撲貧民以供輸，民安得不日貧，世安得不日亂乎？爲今之計，似宜凡庫子、斗級、里長支應，該因條編之法，但於均徭項内，凡起運及實在支用者，仍隸入銀差，既令民輸銀，則一切不得擾民。如鋪兵、渡子、應捕獄卒等項工食，仍隸入力差，聽民酌便應役，省其徵銀。如下户不願出力，聽其納銀傭募，似亦無碍於條編，而變通以宜民者也。至用里甲，屢奉嚴禁，無容贅矣。

鄭公此疏，統論天下利弊，有關於治道民生不少，應入藝文。以其論賦役，故附載於此。

邑令李翔詳革現里碑文。

康熙十一年，爲凜遵憲法，落甲分催，滚單實可行，現里實可革，絶無窮之積弊，立便民之良法，懇請勒石，以利徵輸，以垂永久事。據通縣士民、里老、鄉約等呈稱：遂昌積弊較他日而倍甚，一困於荒額之未豁，一困於熟田之不清，一困於現里之爲累，一困於同户之不分，一困於丁口之不均。此五弊者相爲終始，而遂昌之積弊竟至於不可解。幸蒙各憲軫恤地方，得沐一豁再豁之皇仁，而遂昌之荒額不爲累矣。蒙臺下車之初，首急歸户，幸而歸户告成，而熟田已立清矣。丁額現蒙請照田定丁，而丁額允無不公不均之弊矣。獨是現里之爲累，例以一甲催十甲，革雖立革，同户之不分，每以此户累彼户，清未易清。又幸歸户之後，即逢定圖之年，蒙臺遵奉憲行，照田定里，焦心苦思，親自酌定，日夜不遑，一以至公無私，分毫不爽。且遠近各别，親疏各分，既無追呼不應之慮，又無同户混淆之憂。編審一成，適荷撫憲落甲分催，一示至縣，蒙恩凜遵憲示。落甲分催，每圖置滚籤一枝，隨置滚簿一本，近者相去未幾，十甲輪領輪繳，遠者勢難統催，分甲自領自繳，此甲之糧不累彼甲，此户之糧不累彼户，野不睹追呼之擾，堂不聞箠楚之聲。開徵近一月，而漕運幾完十之四，較之往年之用現里，其難易美惡相去霄壤矣。現里同户之累，一朝除之，上可便公，下可便私，此誠徵輸之良法，而永可遵行者也。竊幸法良弊去，又慮法久弊生，乞臺爲遂昌救一日，尤爲遂昌救百年，恩詳各憲批示，勒石永革。現里各甲完各甲，各户完各户，遂昌子民永沾恩於無既矣。等情前來，據此切查。遂昌彈丸小邑，自兵寇之後，諸弊叢生，莫可救藥，誠有如所陳者。幸而仰藉各憲加意軫恤，曰：今荒額已豁，熟田已清，現里已革，同户已分，丁額請均，此誠遂昌死而復蘇之日也。但荒熟之田已定，奸滑無所施其巧；户丁之册若均，里胥何由挾其詐？獨是現里之弊，職遵憲示，落甲分催，每圖用滾籤□枝，遵照編定田地山塘里役分數，置滾簿一本，某某田地山塘折實里役共若干，某某應徵銀米若干，俱分列簿內，令其自查自役。近者相去不遠，定在一圖，一籤一簿，輪領輪繳，完者竟不赴比。遠者相其地勢，遠鄉傳催，各籤各簿，分領分繳，欠者方行提比。此職開徵十一年漕糧，已閱月餘，滾單實可行，現里實可革而已。有效者，惟是一甲二甲，編審在前之里民，無不共樂，法良弊去，皆喜無現里之苦；三甲四甲編審在後之里户，又無不共慮法久弊生，切憂後有現里之累。且包當現里之人，苦於無技可逞，固不敢顯抗法，亦未始不隱撓法。所以當編審之初，現里未革，里户惟恐定入一甲二甲；及開徵之日，現里不用，里户又悔不定入一甲二甲。此所以切切焉有勒石永革之請也。職念繫國課民命攸關，未經詳明，職何敢擅便，合亟具由申詳，批允勒石，以絶弊竇，以垂永遠。職與遂昌子民共頂戴高深於無量矣。蒙巡撫都院范批：據詳落甲分催，革去現里，足見該縣力於奉行，既稱有效，民困獲蘇。仰勒石垂久，永絶積弊。

邑令李翔准行公費呈。

康熙十一年，闔邑士民爲恩從民便，循行公費，永除里弊，以保殘疆事。蕞爾遂昌，土瘠民貧，屢遭寇害，慘苦异常。更有現里一事，爲害最烈，弊竇百出，使費浩繁，輕則破家，重則喪命。曾經條陳三院酌議，每田一畝，輸糧七釐，以資公需。奈後加派濫觴，無所底止，以致逃亡相繼，田土抛荒，額賦日虧，官民交困。幸我朝鼎新，仁政覃敷，荷清丈蠲荒之恩，革現里積陋之弊，良法美意，曠世一遇。但現里之民雖蒙憲革，每歲里費，勢難盡除。如遞年解糧解餉水脚有費，顔料蠟茶水脚有費，聖廟兩壇春秋貼祭有費，收糧簿串流水官簿有費，各憲壽誕錦屏餽儀有費，學道歲科供應花紅送考路費有費，司道府差承催糧餉飯供有費，包封節禮表箋紙扎輪值請領曆日有費，赴省貼比日結月單有費，年終奏銷年禮炭價有費，生員科舉貢生進京例給盤纏有費，上司按臨中伙下馬下程公宴夫價有費，立春霜降考試觀風酒飯有費。如三年之内朝覲路費、坐縣修理糧廳有費，十年之内如黄册路費、芽茶藥材輪值水脚有費。歲有不得不用之費，用有萬難盡革之條，支應不一，款難枚備，凡遇動用，呼應莫措。是以合邑紳衿、鄉耆、里老，揆情度勢，從長酌議，每圖每甲每田一畝輸銀九釐，其衿户每各免銀八錢，以别士庶。其紳户公議，坐田不派，以勵後起，分作四季輸納，衆擎易舉，便民省財。此至公至當，極平極均，申請舉行。遞年收支公費，現議在城里排有公直能幹者，每季簽用四人，經收動支，官無染指，民無重累。自此投糧完費之外，雖窮源老叟，三尺孤童，無擾無患，可登袵席。兹幸逢仁臺莅政伊始，霖雨隨車，和風丕鬯，敢陳公費成規，如行則便民省財，不行則患深害重。仰干俯從民便，循例力行，庶上下無累，里弊永杜，則士民幸甚，殘疆幸甚。

邑令丁宗益詳革樂輸碑文。康熙四十七年，爲詳明從前陋弊，請憲嚴禁，以垂永久事。切查遂昌自遭兵火以來，山縣荒凉，民生凋敝，糧額無多，而正耗較他邑爲最减。前任以各項公捐支應，毫無所出，當准里民公議，每田一畝，輸銀九釐，令里户公收，以爲地方公用。其所由來，已非一日。卑縣念此山邑窮民，正賦尚在不給，何堪此額外之輸徵，故自抵任之後，即嚴行禁革。但日久必至法弛，而圖終必先善始，誠恐陽奉陰違，私相指派，合行通詳，勒石永禁等情。奉總督部院梁 批：仰布政司查明，檄行勒石永禁，毋許陽奉陰違，致干察究，取具碑刻繳查等因。奉巡撫都察院王批：如詳勒石永禁，取墨刻呈驗等因。奉浙江布政使司批：仰照另檄遵行。奉浙江温處道高批：據詳禁革私派，具見實心任事，仰盧州府查議通詳。奉本府正堂劉批：私派久經嚴禁，今據詳遂邑從前尚有每畝輸銀九釐之陋規，如詳勒石永禁各等因到縣，合行勒石永禁。爲此仰闔邑士民人等知悉：嗣後毋許指樂輸名色，私派里户，擾累士民，敢有陽奉陰違，致被察出，定行立拿究解。各宜永遠遵守，須至碑記者。

賑恤

順治二年，欽奉恩詔：浙江等處地丁錢糧，凡加派遼餉、練餉、召買等項，永行蠲免。即正額錢糧以前拖欠在民者，亦盡行蠲免。

順治四年，欽奉恩詔：浙東八府，通照前朝萬曆四十八年則例徵收。天啓、崇禎加派，盡行蠲免。

順治五年，欽奉恩詔：州縣額徵拖欠在民者，自元年至三年，悉與蠲免。

順治七年，欽奉恩詔：民間拖欠錢糧，前次詔書已免元、二、三年，今再免四年一年。

順治八年，欽奉恩詔：順治五年以前民欠錢糧，悉與蠲免。

順治十二年、十三年、十五年、十七年，疊奉恩詔：順治六年至十一年地丁本折錢糧拖欠在民者，俱行豁免。

康熙三年，欽奉恩詔：順治十六年、十七年、十八年舊欠錢糧，一體蠲免。康熙八年、十年疊奉恩詔：康熙元、二、三年，四、五、六年正項錢糧拖欠在民者，奉請蠲免。

康熙十五年，欽奉恩詔：大赦耿逆所陷郡縣，全免遂邑一年錢糧。

康熙十六年，欽奉恩詔：大賑耿逆所陷郡縣難民，賑恤遂邑銀八百兩。

康熙二十五年，彙報水災，欽奉恩旨：蠲免遂邑糧銀捌百捌拾壹兩玖錢肆分柒釐柒毫貳絲。
康熙二十七年，欽奉恩詔：浙江康熙二十八年應徵地丁錢糧，俱着蠲免。
康熙三十四年，欽奉恩詔：康熙三十三年以前積欠及帶徵未完銀米，俱行豁免。
康熙三十八年，欽奉上諭：蠲免康熙三十四、五、六年未完民欠地丁錢糧糧米雜稅。
康熙四十三年，欽奉上諭：浙江康熙四十四年通省應徵地丁銀米，俱行蠲免。
康熙四十五年，欽奉上諭：浙江等省四十三年以前未完地丁銀糧，通行豁免。或舊欠已完在官，而現年錢糧未完足者，准其扣抵。
康熙四十六年，欽奉上諭：浙江通省人丁銀兩，悉與蠲免。
康熙四十七年，欽奉上諭：浙江康熙四十八年除漕糧外，通省地丁銀兩，全行蠲免。
康熙四十九年，欽奉上諭：康熙五十年除漕糧外，浙江應徵地丁銀兩，俱行蠲免。萬曆年間舊欠，亦俱免徵。
康熙五十二年，欽奉恩詔：各省地租於康熙五十三年豁免一年，其歷年逋欠，一并免追。
康熙六十一年，欽奉恩詔：民欠錢糧，年久應免者，豁免。
雍正七年，欽奉上諭：本年額徵地丁屯餉錢糧，蠲免十分之二。
雍正十三年，欽奉恩詔：雍正十二年以前各省錢糧，實欠在民者，一并寬免。

乾隆元年，欽奉恩詔：本年地丁錢糧，悉行蠲免。
乾隆十二年，欽奉恩詔：本年額徵地丁錢糧，全行蠲免。
乾隆十六年，旱賑，蠲免遂邑地丁錢壹千叁百捌拾兩叁分。又被災各庄，蠲免銀陸拾柒兩壹錢玖分陸釐。
乾隆十七年，爲秋禾被旱，按照災屬撫恤一月口糧，給銀肆百叁拾貳兩肆錢伍分。
乾隆二十七年，欽奉恩詔：浙省二十六年以前積逋，概行蠲免。
乾隆三十五年，欽奉恩詔：乾隆三十七年分地丁錢糧，悉行蠲免。
乾隆四十二年，欽奉恩詔：乾隆四十四年分地丁錢糧，悉行蠲免。
乾隆五十五年，欽奉恩詔：乾隆五十七年分地丁錢糧，悉行蠲免。
乾隆六十年，欽奉恩詔：乾隆五十八年以前民欠錢糧官穀，悉行豁免。
嘉慶元年，欽奉恩詔：浙省各州縣地丁錢糧，分年蠲免。
嘉慶五年，被水成災，蒙恩賑恤貧民一月口粮。坍沒房屋，淹斃人口，給銀修埋。冲積田地，發給籽粒墾復。分別蠲免、緩徵。
嘉慶十七年，偏隅被水田地漕項銀米，分別蠲免、緩徵。
嘉慶二十三年，蒙恩大赦：凡民間二十二年以前積欠，全行蠲免。

嘉慶二十五年秋，田間被水旱地漕，按照災歉，分別蠲免、緩徵。

積穀

一、各省州縣案内，官紳商賈捐穀四百四石六斗七升。

一、照畝捐貯案内，里户捐穀一千一十一石二斗五升三合五勺四撮。

一、請照江南案内，生俊捐監穀一萬六百四十一石五斗七升一合三勺二抄。

一、仰體聖衷案内，捐納監生穀一千四十八石一斗六升八勺七抄六撮七圭六粟三粒一黍一粞七糠三粃。

一、請酌定直省案内，雍正五年支領，司庫捐監補漕銀兩，買存穀二千四百七十一石一升七合九勺七抄六撮。

一、協撥米穀案内，乾隆二十年買補額穀三百六石四斗八升七合二勺。

常平倉，共八所。在城東隅。倉二十間，知縣韓武建十間，知縣繆之弼建三間，知縣□□□建三間。共貯穀三千六百四十一石一斗九升。

東鄉大務庄倉七間，共貯穀二千五百二十五石二斗。

東鄉湖邊庄倉八間，共貯穀一千九百三十四石。

東鄉馬頭庄倉六間，知縣繆之弼建，知縣黄培任加建一間。共貯穀一千一百二十六石三斗。

西鄉大柘庄十四間，知縣陳思溶建五間，知縣繆之弼建五間。共貯穀二千八百二十六石。
西鄉石練庄倉十二間，知縣韓武建三間，知縣繆之弼建三間，知縣黃培任建二間。共貯穀二千七百六十二石。
西鄉五坦庄倉三間，知縣繆之弼置房一所，倉三間，及基隙地。共貯穀二百一十三石五斗。
北鄉馬步庄倉六間，知縣韓武建一間，知縣繆之弼建二間。共貯穀九百一十三石。
以上舊額計穀共一萬五千八百八十三石一斗六升零，現存原額計穀共一萬五千二百一十四石五升八合七勺。遞年俱有新收，開除多寡不等，年終出具册收結報。
一、積貯原以備荒案内，乾隆三年捐輸社穀五十一石三升。
一、飛飭查議案内，乾隆二十三年捐輸社穀七石。
以上共捐社穀五十八石三升，附常平倉。

敕賜賑濟義民

宋

周福。西隅人。宋嘉定間出粟二千石助軍，典授承信郎。

明

吴仕俊，北隅人。
華存理，南隅人。

周應巨，西隅人。

潘大用，葉坦人。

蘇如昶，十都人。

周銓，祥川人。

包秉鑑，北隅人。

周進亨，西隅人。

周藿。西隅人。

以上俱係正統七年，各輸粟二千一百二十石。

敕：浙江處州府遂昌縣民某等，國家施仁，養民爲首，爾等能出稻穀一千一百二十石，用助賑濟，有司以闻，朕用嘉之。今特賜敕獎諭，勞以羊酒，旌爲義民，仍免本户雜汎差役三年，尚允蹈忠厚，表勵鄉俗，用副朝廷褒嘉之意。欽哉！故敕。正統七年四月日。

國朝

道光六年，捐助義穀三百石以上，奉文嘉獎，議叙給賜『急公好義』旌匾。

華家誠，王村口人。捐穀陸百石。議叙州吏目。

包國勳，北隅人。捐穀叁百石。

朱元恭，金岸人。仝弟、侄捐穀叁百石。
鄭煥文，長濂人。仝侄捐穀叁百石。
王天機，排前人。仝弟捐穀叁百石。
周景鰲，蕉川人。奉父長貴命，捐穀叁百石。以上，議叙未入流。

義倉

遂邑舊捐社穀，爲數無多，亦無社長經管，因附貯常平倉内，若欲出借開糶，先虞不敷，而僻遠鄉民，亦甚不便。道光六年，經知縣鄭鴻文，奉檄於常、社兩倉之外，添設義倉，勸諭城鄉紳富，捐得義穀壹萬肆千陸百肆拾捌石伍斗，捐得錢貳百捌拾肆千文、洋銀陸百叁拾捌元、銀壹拾兩。令城鄉各就近建倉存貯，所捐銀錢作爲建倉經費。其有不敷，即將捐穀變價湊用，共去穀貳千陸百叁拾伍石伍斗，實得捐穀壹萬貳千壹拾叁石，分貯各處義倉。簽舉殷實公正，紳民經管，查照章程，隨時借糶，民甚便之。其間有寫捐未交穀石及遺漏未捐村庄，於道光十二年冬，余莅任兹土，催收補捐，又續得穀玖百捌拾伍石肆斗，籌議章程，詳報立案。由是荒歉有備，城鄉貧民利賴無窮矣。所有各倉穀石細數及辦理章程，詳開於後。記載藝文。

計開。

城倉就久廢西學舊基，建造義倉壹座，廒房捌間，實貯原捐穀壹千陸百陸拾石。十三都潘村庄，共捐穀貳石壹拾石，亦附貯城倉內。

北二蘇村庄，建造倉廒壹間，實貯原捐穀肆拾玖石捌斗。至十二年，得加息穀貳拾石肆斗。

二都□岸等庄，建造義倉壹座，廒房肆間，實貯原捐穀柒百玖拾叁石壹斗。黃庄等庄在橫坑殿內修造倉廒壹間，實貯原捐穀壹百叁拾柒石捌斗。至十二年，得息穀陸拾玖石貳斗。

三都倉畈等庄在惠衆寺內建造義倉壹座，廒房叁間，原捐穀肆佰玖拾肆斗又補捐穀壹拾貳石，共實貯穀伍佰陸石肆斗。至十三年，得加息穀叁拾石貳斗。西源頭庄建造倉廒壹間，實貯原捐穀捌拾肆石。至十二年得加息穀柒石捌斗。林頭庄建造倉廒壹間，實貯原捐穀壹佰伍拾陸石。至十二年，得息穀壹拾貳石。湖嶺頭庄建造倉廒壹間，實貯原捐穀肆拾貳石。至十二年，得息穀壹石貳斗。孟山頭庄建造倉廒壹間，實貯原捐穀叁拾伍石貳斗。至十二年，得息穀玖石玖斗伍升。

四都長濂庄建造義倉壹座，廒房肆間，實貯原捐穀捌百柒拾壹石。

五都洋澳庄建造倉廒壹間，實貯原捐穀壹百伍拾石。湖邊庄建造倉廒壹間，實貯原捐穀叁拾陸石。至十二年，得息穀叁石陸斗。社后庄建造義倉壹座，廒房貳間，僅構壹間，尚有壹間未構。實貯原捐穀貳百叁拾壹石。后葛庄建造倉廒壹間，實貯原捐穀玖拾陸石。古亭庄建造倉廒壹間，實貯原捐穀柒拾玖石捌斗。至十二年，得息穀肆石捌斗。

六都墈下等庄建造義倉壹座，廒房肆間，實貯原捐穀陸百石。至十二年，得息穀玖拾石叁斗叁升。嗣厚庄建造食厫壹間，名保惠倉，實貯原捐穀陸拾玖石伍斗。

七都馬頭庄建造倉厫貳間，實貯原捐穀壹百伍拾石。至十二年，得息穀叁拾伍石肆斗。鄭坳庄建造倉厫壹間，實貯原捐穀壹百拾捌石。至十二年，得息穀拾叁石陸斗。

十一都高坪庄建造義倉壹座，厫房貳間，實貯原捐穀壹百拾伍石捌斗。至十二年，得息穀捌石肆斗。榅榴塢庄買修倉厫壹間，實貯原捐穀陸拾貳石肆斗。交塘庄建造倉厫壹間，實貯原捐穀柒拾貳石。至十二年，得息穀壹拾捌石陸斗。茶榴坪庄建造倉厫壹間，實貯原捐穀陸拾貳石肆斗。雙溪口庄借修民倉壹間，實貯原捐穀捌拾壹石。至十二年，得息穀叁石。淡竹庄建修民倉壹間，實貯原捐穀柒拾玖石貳斗。至十二年，得息穀壹石捌斗。青明丘庄暫借民倉壹間，實貯原捐穀伍拾捌石貳斗。梭溪庄原捐穀壹百玖石捌斗。唐嶺頭庄原捐穀壹百貳拾玖石。

十二都小馬埠庄借修民倉壹間，實貯原捐穀壹百拾貳石。至十二年，得息穀壹拾叁石肆斗。官溪庄在環山殿内建造倉厫壹間，實貯原捐穀柒拾陸石捌斗。大馬埠庄在生慈基寺内建造倉厫壹間，實貯原捐穀叁拾伍石肆斗。至十二年，得息穀柒石貳斗。蕉川庄建造義倉壹座，厫房陸間，實貯原捐穀陸百陸拾伍石肆斗。至十二年，得息穀柒拾叁石貳斗。蘇村庄在禪定寺内建造倉厫壹間，實貯原捐穀壹百拾伍石貳斗。新路垵庄暫借民倉壹間，實貯原捐穀壹拾貳石。

十三都項村庄借修民倉壹間，實貯原捐穀柒拾玖石捌斗。

十四都甘竹口庄建修倉廒壹間，實貯原捐穀柒拾肆石肆斗。葛繩庄建修倉廒壹間，實貯原捐穀玖拾石。

十五都好川等庄在鉄店頭嶺脚路内建造義倉壹座，廒房貳間，實貯原捐穀肆百貳拾石。至十二年，得息穀貳拾壹石捌斗。

十六都大田庄建造義倉壹座，廒房貳間，實貯原捐穀壹百陸拾伍石伍斗。至十二年，得息穀陸拾陸石叁斗壹升。

十七八都溪東大拓庄在溪東村首置基地壹所，東至中堂，直出大門路，南至衕，西至碓坑，北至王姓倉。屋墻爲界，建造義倉壹座，廒房肆間，實貯原捐壹玖百叁石。至十二年，得息穀壹百伍拾陸石陸斗。

十八都柳村庄暫借民倉壹間，實貯原捐穀叁百貳拾伍石。

十九都圩頭庄建修民倉壹間，實貯原捐穀柒拾捌石。石坑口庄建修民倉壹間，實貯原捐穀陸拾石。石練庄暫借民倉壹間，實貯原捐穀叁百貳拾伍石。獨山庄建造倉廒壹間，實貯原捐穀玖拾肆石捌斗。至十二年，得息穀貳拾柒石。尖樓庄建造倉廒壹間，實貯原捐穀柒拾貳石。蔡口庄借修民倉壹間，實貯原捐穀貳拾伍石貳斗。至十二年，得息穀陸石。交坑庄建造倉廒壹間，實貯原捐穀伍拾石。至十二年，得息穀叁拾玖石柒斗。蔡源庄建造倉廒壹間，實貯原捐穀玖拾壹石捌斗。至十二年，得息穀陸拾壹石伍斗肆升。延上庄借修民倉壹間，實貯原捐穀貳拾壹石。大柯庄建造倉廒壹間，實貯原捐穀伍拾玖石陸斗。至十二年，得息穀貳拾叁石貳斗。

二十都王村口庄建造義倉壹座，厫房捌間，實貯原捐穀壹千伍百叁拾壹石。至十二年，得息穀伍拾陸石陸斗。礱口庄建造倉厫壹間，實貯原捐穀陸拾石陸斗。至十二年，得息穀壹拾捌石。山早坪庄建造倉厫壹間，實貯原捐穀柒拾玖石伍斗。至十二年，得息穀貳拾石柒斗。對正庄建造倉厫壹間，實貯原捐穀玖拾貳石。至十二年，得息穀肆拾陸石。

二十二都湖山庄建造倉厫壹間，實貯原捐穀壹百叁拾捌石。朱村畈庄借修民倉壹間，實貯原捐穀肆拾捌石陸斗。洋塢庄暫借民倉壹間，實貯原捐穀壹拾肆石肆斗。

二十三都西岸庄建造倉厫壹間，實貯原捐穀壹百拾壹石陸斗。至十二年，得息穀叁拾壹石貳斗。

二十四都古樓庄建造倉厫壹間，實貯原捐穀貳百壹拾石。

以上城鄉，共設義倉伍拾玖處，計原捐、續捐共穀壹萬貳千玖百玖拾捌石肆斗，又加息穀壹千叁拾石陸斗陸升，統共實貯穀壹萬肆千貳拾玖石陸升。

計開：乾隆三十四年憲頒辦理義倉章程。

一、出借義穀，着令董事以存穀之盈絀，定出借之多寡。如存穀在千石以下者，准其全數出借。千石以上至三千石者，准其存三借七。三千石以上至六千石者，准其存半借半。六千石以上至一萬以外者，准其存七借三。如遇荒歉，不在此限。其豐熟之年，無須借領者，不得因定有借數，擇户挨交。若義穀全未出借，竟至五年以上者，恐有虧缺，由府委盤詳報。至借領義穀，原在本都，惟遇荒歲，别都果有殷實保領，亦准借給。

一、義穀每借一石，應加徵息穀一斗，内以二升給董事作折耗紙筆之資，以八升歸倉實貯。凡出借之期，總在春夏；還倉之期，總在秋後。其各借户借領之穀，不准稍任延欠。

一、貧民領借義穀，着令邀同保認，赴董事處具領。必須稍有身家者，一人作保，一人認保，方許借給。每年秋後，加息徵補還倉。如有延不交還者，許即隨時禀縣，立拿該欠户比追。倘欠户無完，即着落認保賠補。

一、借穀必須力田有業之人，每户借領自數斗以至一、二石不等，總不得逾至三石。如無認保者，不准借。游手無業者，不准借。兵役不借，商賈不借。有因不借而挾嫌恃强勒借、阻撓生事之人，許董事指名禀縣，以憑嚴拿究處，枷號示衆。該董事亦不得故意刁難，需索重利，有干革究。仍着每年將借放穀數、借户姓名、秋後徵還本利穀各若干，報縣查核。

一、各董事經理義穀，如係出納有方，公慎無過，著有成效，義穀日漸增多者，查明平素并無過犯，詳充鄉飲賓僎。三年無過，由縣給扁。四年五年，由府道給扁。八年無過，由司給扁。管至十年無過，義穀充盈，詳請議敘。倘有營私揑冒，尅扣浮收情弊，立予革究。侵虧者監追，封產變賠。

一、義倉穀石，每年由縣於封印期内，公務稍暇，親赴各倉盤查一次。如遇因公下鄉，攜帶簿單，就便抽盤，有無侵冒，便易知悉。不必擇地前往，無須預先傳知，以杜彌縫挪掩。

一、各董事經管義穀，如有串通官役，詭名借領，私自糶賣，或保領人等捏借糶賣，均即嚴提究懲，仍着落加息還倉。

一、義穀分貯之後，永爲該庄公物，年年借還，息又生息，止許出借，不許開糶。即遇地方偶被荒歉，亦不許動撥賑糶。惟各借户免其加息，止還本穀。謹按憲頒章程，洵屬盡善盡美，周備無遺，自應遵照辦理。惟時地不同，法難持久，若不稍順人情土俗，往往窒礙難行。遂邑偏隅僻壤，山多田少，溪河不通舟楫，販運維艱，又無巨富大商，蓋藏實鮮，且收成較遲。每遇荒歉之年，夏盡秋初，民間口食立形不給，城鄉游手好閑之徒，固不能無，而一家數口，毫無恒產，專賴傭力負戴，易錢買食度活者，亦復不少。時若無米可買，嗷嗷待哺，何能綏靖？酌看地方情形，倘至萬不得已之處，所有存三之穀，或可酌量糶賣。大約青黄不接之際，米價定多昂貴，不妨稍減平糶。秋收以後，價多漸平，亦不難於買補。其雇工經費等件，儘可於羡餘項下，據實報銷原穀，要亦不致虧絀，但不得援以爲例。若稍可支持，仍當查照章程遵辦，不得輕率開糶也。總之，有治人無治法，如經理得人，自無不善。目前各董事多係殷實誠正之人，亦肯任勞任怨，諒不至於敗壞。倘遇更换簽舉，即宜訪查明確，毋使瞻徇濫充，方可以保積貯而垂久遠。至於嚴追抗欠，懲治勒擾，俾董事不致掣肘，則尤在良有司之善爲主持也。其餘条款，俱已備於頒發章程中，毋庸復贅。

物産志珍异者

穀類。香粳、白芒稻、可日早、松花糯、大菽、觀音粟。

果類。雪梨、紫桃、大栗、櫧子、可作粉。榛子。

蔬類。冬笋、觀音笋、羊尾笋、薯、蕨、根可作粉。芹。

竹類。方竹、孝順竹、鳳尾竹、茅竹。

木類。桐、椿、杉、白檀、垂柳、松、樟、楠。

花類。蘭、玉芙蓉、丹桂、海紅、虞美人、石菊。

卉類。岩松、芭蕉。老結甘露。

藥類。山茨菰、何首烏、茯苓、黄連、黄精、七葉一枝花、山查。

禽類。畫眉、青翠、海青、白鷳、錦雞、鴛鴦、黄鸝、拖白練、鴟梟、鵓鴣。

獸類。虎、豹、熊、猴、鹿、麂、玉面貍、竹鼦、穿山甲。

鱗類。鯉、鱓、鯽、鯖、鰔。

介類。鼈、蚌。

蟲類。蘄蛇、石鱗、蟬、斑蝥、蜈蚣。

坑冶

梭溪坑。在二十三都，去邑八十里，巔崖峻絶，人迹罕通。鑛脉微細，盗採者一朝無十文之利，徒罹法網，卒以散止。

檡樹欄坑。在十一都外源，去邑五十里。今絶。

金雞石下坑。在十一都雞鳴坳，去邑五十里。今絶。

黄岩坑。在四都梧桐内源，去邑四十里，今絶。

卷之三上

建置志

秩統、公署、學校、學田、義學、書院、郵傳、坊塔、亭閣、橋渡、隄堰

夫量地制邑，定邑居民，地邑民居，必總之官聯分之法紀，俾民知所守，而教化興焉。所爲承上莅下，懸法布令，表著有位，官師有守。至於旗亭鋪舍，存貯收恤，上下公私，莫不各有奠麗焉。志建置。

秩統

六朝（古志知縣題名自南北朝宋文帝元嘉年間始，故秩統亦始此。）

縣長一人，部尉一人。元嘉十五年省。孝經師一人。

梁

縣長一人，丞一人，尉一人。

唐

縣令一員，丞一員，主簿一員，尉一員。

宋

知縣一員，丞一員，崇寧二年後置，嘉定後省，以簿兼丞事。簿一員，咸平四年增置。尉一員，建隆三年後置，至和二年除簿職，以尉兼之。主學一員，景定三年初置，以本處舉充未隷秩，熙寧六年始命於朝，後罷，又復。巡檢一員。中興後置。

元

達魯花赤一員，以蒙古人爲之，監尹事，秩如尹。縣尹一員，丞一員，簿一員，尉一員，主學一員，巡檢一員，典史一員。

明

知縣一員，縣丞一員，隆慶元年裁。主簿一員，典史一員，教諭一員，訓導二員。嘉靖年間省一員，數年後復置。

國朝

本縣知縣一員，典史一員，司吏七名，裁。典吏十四名，缺。里長七十四名，康熙十年奉革。老人每都一名，門子二名，庫子一名，斗級四名，民壯一百二十名，今裁，存十四名。皂隷二十二名，今裁，存十四名。獄卒二名，鋪兵九名，木鐸老人四名。缺。

馬步司巡檢一員，裁。司吏一名，裁。弓兵十五名。裁。

儒學教諭一員，訓導二員，裁，存一員。司吏一員，裁。廩膳生二十員，增廣生二十員，附學生，每歲科考取十二名，武生每歲者取八名。教讀四名，缺。齋夫二名，膳夫八名，門斗四名，庫子二名，掃殿夫三名。陰陽學訓述一員，缺。醫學訓科一員，僧會司僧會一員，在報願寺，今缺。道會司道會一員。缺。

公署

縣署。在君子山麓。嘉靖《浙江通志》：吴赤烏二年建，後廢。至宋熙寧九年，邑令錢長侯創建。元末毁。明洪武三年，知縣魏良忠重建，公廳立譙樓。正統兵燹，後典史王安新建幕廳。天順元年，知縣王貴修葺，成化七年毁，主簿文英重建譙樓。《栝蒼彙記》：弘治末，縣治復毁，知縣邵文忠、張鉞相繼成之。正德十三年又毁，知縣張淵復建。後因歲久傾圮，崇禎二年，知縣胡順化重建。自爲記曰：縣親民堂建於弘治乙丑，距今百二十餘年矣。丙寅春，不佞始莅兹土，顧瞻榱棟傾圮摧折，勢將壓焉，思有以易之。以受事方新，上下未孚，弗敢舉也。越三年報滿，移且近，當仍舊貫，以俟來者，而始念炯炯不能已，搜帑中得所積百金，佐以薄俸，决計改創。且其事請於分守楊公、兵巡王公、郡伯徐公、司理趙公，後先皆可。又念工役凌雜，勢不能以身周旋其間，部署綜核，寄非其人，此區區者能堪漏卮乎？乃取平日所睹記，悉其操履公平者某輩，參以輿論，得八人焉。採木近郊，戒無犯人冢樹，無奪人廬舍，所庇蔭隨其願售者，計大小與值焉。而田野民益大喜，指示僻塢良材，争先挽至，間有獻所植不願受值者。以季秋月十有三日鳩工始事，會天日晴霽，和暖若暮春，匠役無龜手縮瑟之患。兩浹月堂成，宏敞軒豁，繪彩粗備，遠近觀者詫爲前所未有。於是諸鄉紳暨士民相率治具，躋公堂而落之，舉酒於不佞曰：兹堂之圮歷數十年矣，上穿下濕，具瞻謂何？前任吾邑者非不鰓鰓計之，顧憚勞惜費，因循代去。今得公一撤而新之，費不加賦，民不知役，父老子弟敢不任受明賜？請以是觴。不佞瞿然曰：有是哉！諸君獨不聞古語乎？夫升高而招者，臂非加長也，而見者衆；順風而呼者，聲非加疾也，而聞者遠。故適秦者立而至，有車也；適越者生而至，有舟也。今平昌雖僻在山谷，然嘉木叢生，鬱若鄧林，不煩遠市旁郡邑，而千霄蔽日之材，輻輳階下，堂不患無具矣。民間採伐，爭赴牽挽，木若無脛而走者。所舉某輩，蚤起宴卧，指畫督率，不遺餘力，工不虞媮墮矣。邀諸君之靈，適有天幸，雨師不驚，滕六退舍，工師之操斧斤者，與役徒之荷畚鍤者，皆白汗交流，處蔭欲清，嚴寒無所患苦矣。而不佞乃得因材于山，因力于人，徼倖於雨雪之不狎，至拱手安坐而樂觀厥成也。假令培塿魁父，不産嘉木，得已之役，築愁築怨。即不然，而陰雲慘結，雪霰交集，略基程土，負塗鑿冰，縱督責嚴急，其若工役之皸瘃何？瞻前顧後，捉襟露肘，不佞又安所恃以告成事，與諸君子歡聚一堂，受卮酒而飫柔嘉也？以此觀之，兹堂之建，所藉助於山靈者十六，所徼惠於天時人力者十四，不佞偶以身當之，適會其成功耳，不足當諸君高會也。雖然，不佞於此亦覺有惕然者。當議創時，計畫已定矣，一二不逞之徒，尚造蜚語，冀撓工役，使非不佞不忌謗，不避勞，斷以必行，斯堂之焕然，其何日之與有？蓋慮始樂成，人情自殊，天下事大率類此，寧獨一堂爲然哉？諸君子幸識之，以見爲令者調衆口之難焉。是爲記。邑倅黄君正樞尉、黄君穀與有贊助之勞，例得并書。

國朝乾隆四十六年，毀於火，知縣張翥重建。未幾，奉調去。四十七年，知縣李元位繼成之。六十年，知縣申雲鵬重修二堂、庫房、宅門、書房。嘉慶十六年，知縣向啓昌粘補正廳、門亭、東西廊房。道光十一年，大門毁於火，正廳廊房亦圮。經余捐俸重修，建之正廳爲親民堂。舊額『居敬臨民』，又額『廉平』。左贊政廳，右鑾駕庫，堂前甬道爲露告亭。知縣池浴德建，今廢。爲戒石亭，爲儀門。明知縣鍾宇淳建，乾隆十七年圮，署縣雷廷鉞重建。東西廊爲六房。乾隆二十六年，知縣王憕重修。東曹下爲際留倉。今廢。建蕭王祠。後爲川堂，爲君子堂。萬曆十七年，知縣萬邦獻建。湯顯祖《君子堂》詩云：君子堂前烟樹齊，山炊水碓畫橋西。庭中有狀多蕉鹿，市上無喧少鬭雞。左爲耳房庫，又左爲貯册庫。萬曆七年，知縣鍾宇淳建，十七年，知縣萬邦獻重修。庫後爲澹泊齋，知縣池浴德建。右爲知縣宅，東左爲縣丞宅，裁廢。右爲主簿宅，裁廢。前爲典史宅，又前爲吏廨。今廢。儀門外左爲土地祠，爲寅賓館。知縣鍾宇淳建，今圮。爲申明亭，爲監房，右爲總鋪，爲旌善亭。二亭在鄉者三十一所，湮没無存。前爲大門，門之上爲譙樓。嘉靖二十六年，知縣黄養蒙撤故易新，制度軒敞，額曰『西栝雄觀』。乾隆二十七年，知縣主憕重新之。東南墻外爲火巷，知縣鍾宇淳闢。署内有空嘯閣，知縣許啓洪建，并有詩云：有魏王喬令，敢云飛舄居。偶然成小築，終自笑蘧廬。醉我烟來際，親人月上初。孫登誰共嘯，霞落四山餘。閣借雲爲護，雲流閣作郵。十松排鶴徑，萬壑隱龍湫。寂歷烟千縷，凄清月半鈎。何須阮家屐，一嘯萬山頭。和月和烟閣，惟琴惟鶴官。三撾鼓欲碎，五柳夢初殘。梅福心原熱，元驚氣不寒。卧游登百尺，栝嶺一泥丸。又《空嘯閣夜宿》詩云：鉏雲無半畝，夜色滿空庭。遣興看陶句，驅魔誦道經。蛩聲和露冷，燈影帶烟青。此意憑誰語，梅邊月一亭。内省齋，知縣繆之弼建。梅舫，知縣許啓洪建，有《别梅舫》詩云：不須十月報先開，雲度靈槎幾樹梅。香雪有心留月護，玉魂無恙怕風催。嘯回孤鶴林逋句，夢斷霜禽何遜杯。連夜美人吹楚笛，好憑青鳥粤東來。代庫樓。知縣繆之弼創建，今圮。

縣署基址頗寬，堂舘廨舍悉備，惜年久屢遭毀圮，所望莅兹土者隨時修葺，不使傾廢爲幸也。

常平倉，在邑東隅，詳載賦役。啓明樓，在邑東報願寺前。萬曆二十二年，知縣湯顯祖重建。四明屠隆詩云：大地欲曙重昏坼，火輪忽湧海氣赤。萬國猶在微茫中，神光隱隱扶桑側。先有一星名啓明，前行似報東方白。炯炯晝奮列宿光，孤朗幾堪敵兔魄。天雞咿喔飛蟲鳴，玉漏銅壺不復滴。此時鐘聲出麗譙，義和得令初駕鑣。九關啓鑰容霄度，三殿傳籌放蚤朝。徵衣殘月催機杼，旅騎清霜渭板橋。平昌山城俗朴茂，百事向來從簡陋。野鹿時窺長吏衙，清猿手代壺人漏。昏曉天上無常期，寒暑山中有氣候。出門起視明星爛，夙夜只恐陰雲覆。四面蒼烟高插天，亭午日始出岩岫。湯君分符宰此城，平昌更漏始分明。鐘聲縹緲聞空界，樓勢嵯峨接太清。畫棟雲霞生莽蕩，虛欄河漢切縱横。使君欲眠來登眺，把酒聊舒萬古情。邑令湯顯祖詩云：舊有金輪地，樓傾怯曙鐘。自他施抖擻，於此寄春容。以下雲平窒，爲高翠遶峰。聲聞懸十里，色界抵三重。霽晚千椎迴，霜霄九乳濃。空中靈響落，世上耳根逢。沸海翻晴鶴，霧雷隱夜龍。花臺遙箭刻，鐙塔閃芙蓉。去逐香螺吼，來參法鼓鼕。無因報宏願，長睡一惺忪。又《啓明樓晚帆》詩云：可憐城市欲紛紛，直上層樓勢入雲。獨樹老僧歸夕照，一山棲鳥報斜曛。初驚梵唱凌空静，還隱鐘聲入定聞。忽怪夜來星劍曉，諸天於此震魔軍。

附紀：

馬步巡檢司。在十二都馬步，歲久就圮，駐城理事今裁汰，基亦廢。

陰陽學。今廢。

醫學。

僧會司。在報顧寺，今缺。

道會司。在尋光宫，今缺。

按察分司。在邑東，元大德七年，縣尉衛琮建。續改察院司。崇禎八年，知縣何廷棟重建大堂，康熙十三年廢。三十四年，知縣韓武建爲常平倉。

布政分司。在報願寺右。今廢。

府公館。在報願寺内。今廢。

瞻華公署。在邑北四十里。界接龍游，知縣鍾宇淳創建，推官易騰雲重修。

飯堂公館。在十四都，去治九十里。

鼓樓公館。在十四都，去縣九十里。二館俱界接龍泉。今廢，基在。

預備倉。在報願寺東，明初有東倉，在二都東間，南倉在十六都葉塢，西倉在二十都外源，北倉在十二都馬步。洪武二十四年，領鈔價糧穀存貯四處，以備荒旱。明末圮。順治十年，邑令徐治國重建，今廢。

社倉。在報願寺内預備倉之左，萬曆二十七年，知縣段洪壁建置，今廢。改貯社穀於常平倉中。

義倉。舊義倉在預備倉前。崇禎元年，知縣胡順公建，傾廢日久。國朝道光十一年，知縣鄭鴻文勸捐義穀壹萬數千餘石，城鄉分設義倉共五十九處。詳載積穀。

惠民藥局。在縣治東。今廢。

學校

儒學。在縣東南隅。初學在西郭，宋雍熙二年，邑簿房從善創建。郡丞梁鼎記曰：皇帝御宇之十載，處之屬邑遂昌簿清河房從善，分俸募民，建先聖廟宇於邑之遺址。越二月廟成。像設既備，乃績其事聞於州通判郡事安定梁鼎，嘉其能，爲親立之碑曰：維先聖之道，廣博淵粹，不可得而知也。嘗聞其指於連山之書曰：立天之道陰與陽，立地之道柔與剛，立人之道仁與義。嘻，天地之道大矣，遠矣，而仁義行於其中，謂之三才，儒之本也。故我先聖戴仁抱義，恢乎至教，以爲民極。則我先聖之道，媲合二儀，無得而窮。孟子云：夫子賢於堯舜遠矣。堯舜行仁義於己者也，先聖傳仁義於人者也。堯舜之道不及於夏，先聖之教施於萬代。則所謂賢於堯舜者，有旨哉。唐開元中，始敕郡縣，置祠嚴祭。洎唐室板蕩，干戈既作，廟學悉廢，亦將百年。逮我皇宋，平一妖祲，纘統區宇，然郡邑先聖祠鮮有存者。知郡殿中丞尹輔有感，慨然興建，期月有成。郡中惟遂昌首復其事。既完葺矣，非頌聲無以揚其休烈，庶百世之下，知皇宋文德之誕敷也如此。乃作誦曰：赫赫先聖，二儀配德。享以王禮，祀于萬國。惟此吴會，缺而不治。仁義之道，將墜於地。猗歟佐邑，乃嚴斯宫，乃像斯容。來復儒學，於穆儒風，光扶聖運。播于頌聲，垂之無窮。慶曆間，李令王令修之。邑人龔原記曰：自慶曆中，天子詔興學，郡縣吏務應者，至鳩民財，新棟宇，否則因舊夫子廟爲之，各隨力以稱天子育才意。方是時，遂昌之學圮于大水，毘陵李侯、海陵王侯實修之，故雖彌二十年，而其新乃若初造者。使吾邑講有常師，而學無廢業，數君子之賜也。邑人皆曰：是宜書。且以屬余。故道其本末，俾刻于石。若夫道德性命之理，教者以敎，學者以興，則三經義方行，譬諸飲河，可取而足也，尚何言哉！時熙寧年月記。皇祐中，邑令何辟非始遷今址，後令施肅成之。宣和三年毁於寇。紹興辛酉，邑令鄭必明重建。邑人周綰記曰：遂昌僻居一隅，先時籍不滿萬户，地險且瘠，大率以詩書爲資，士風彬彬，與麗水、龍泉二大邑等，他邑莫敢望焉。宋興四葉，聖天子恢儒右文，復詔天下立學。遂昌於時首相率應詔，而縣序之建，迨兹八十餘年矣。士之薦於有司者，多以魁選，角立傑出，進爲時用者，踵相躡而背相望也。自兵興，士不群萃，而學處爲吏者，方以趨辦賦調爲急，學館之成壞，漫不加省。今鄭侯之來也，專以儒術，緣飾吏事，咸有條理。因得餘力從事於學，鳩工度材，取傾者扶之，闕者補之，漶漫不治者雅飭之。役不煩民，工不逾時，輪奐一新。使士之來者，隆師親友，得以講明聖人之道，且以風勸于四境。士德侯之賜，願有記，以書請予者交至。乃爲之言曰：夫學校者，禮義所自出，而道之所由興也。道不可須臾離，則學校不可一日廢。三代之學，皆以明人倫，流風餘澤，漸民也遠。周衰，王者迹熄，魯之僖公以修頖宫見頌，鄭之子産以不毁鄉校爲賢。至于學廢不修，則子衿刺之。下逮言偃之于武城，區區小邑，猶以弦歌爲政。自秦滅學，言治者推漢、唐。學之盛衰，雖由時主之好尚，至一郡一邑之間，或廢或興，未嘗不係其守令之賢否何如也。蜀之文翁，閩之常衮，此尤其表表者。若韋景駿、羅珦輩，皆以一令之微，修學宫，闢黌舍，列于循吏。今鄭侯此舉，真可以比美古人矣。客有言曰：今日之世，正當以馬上治之，於學校乎何有？予曰：不然。事固有若緩而當急，若後而當先者。漢光武未及下車，先訪儒雅，息馬論道，曾不敢暇。唐更安史之亂，時多故矣，劉賓客奏記，深以學校不修爲憂。杜甫衡山宰新學之咏，反覆稱嘆，至謂侁侁舞雩之風，可以坐壓戎馬之氣。乃知尊主庇民，固不在彼而在此也。伏觀翠華南幸，駐蹕武林，括蒼乃今股肱郡，剖符出宰者，皆一時望人，殆不當效前日俗吏，徒以簿書期會爲事也。况時當用武，斯文委地，晚學後進，往往挾其私見曲説以自是，而老成之典型，承平教養賓興之制，寖不及見，可勝惜哉！鄭侯乃能於干戈擾攘之際，以名教爲先，以陶冶士類爲急，使此道中僨而復振，其賢於人遠矣。异時美化行於閭里，人材成就，出爲邦家之光，社稷之衛，而來者知所矜式，則人思咏侯之德，豈有量哉。乾道戊子，邑令李大正重修。淳熙丁酉，邑令林采增修，移向曾山。邑人鄭俅記曰：縣之學，占城闉之勝，規模亦壯矣。前逼通衢，而勢少隘，識者病焉。淳熙丙申，林侯被命出宰，首謁先師，延見諸生。閱數月，剸裁盤錯，悉意於學。參衆議遷其門而南，仰揖曾山，俯瞰平湖，雲烟蔥蘢，秀氣可掬。又闢其墻而廣之，外爲坦途，以遠喧囂，訖工於明年冬。若其經營謀畫學職，閭丘景憲實贊之，俾衿佩萃於其間，非惟江山之助，藻掞天庭，芥拾青紫，衮衮相望。當知出入是門，由是路者，必惟禮義之歸，率斯道以發揮遠業，戴林侯之德，曷有窮已。昔漢于公令高其門，容駟馬車蓋。晉王濬使廣其路，容長戟旛旗。二公祈徯於後，雖皆如志，特爲一家榮耳。侯今此舉，非己私也。况吾邑自舍法吏士，不復養於學。兹學既新，侯始搜括舊租，爲養士經久計。春秋校試諸生，其凡例率約上庠法，所以設心者甚廣，而望於邦人者甚切，諸君勉之，其無負。侯名采，字伯玉，慈祥明敏，加之公勤，處事得寬猛之中，致君澤民，固其優爲，可謂知所本矣。士夫願有記，球竊喜，載名其間，并爲邦人賀，乃不敢辭。鄭琳記曰：舊聖廟在西郭，圮。宋雍熙二年，簿房從善重建。皇祐中，令何辟非於邑東南隅始創學宫，後令施肅成之。宣和三年，毁於寇。後二十一年，令鄭必明重修。又二十有八年，知縣李大正補漏全缺，鑿環流溝於西，植登瀛閣於東。逮淳熙丁酉，林公采來主邑事，累改叠修，遷面曾山，闢廣垣墉。慶元己未，左史張公奉祠里邑，居士請主其議，復徙重門南向拜山，築垣居水，鑿池立橋，遷竪登瀛閣，名曰雙峰，下曰麗澤，又創軒名曰見山，仍新講堂之額曰明倫。四齋：博文、敏行、懷忠、敦信，氣象愈偉。學舊有租米四十餘石，林公搜括民田之絶而冒占者，盡以歸之學，歲入税額七十餘石。學有贍士之金，中間令有獻助於郡庠者，林公力請而回去，後復爲郡所需。太守胡公登視郡縣爲一體，因諸生請，慨然復歸舊物，嗣今可爲經久之計云。

慶元己未，復徙南向，建重門。明成化七年毁，通判郭鼎始建明倫堂。國朝順治七年，教諭鍾天錫修。乾隆二年，教諭張錫理又拆建之，東西列兩齋。博文、約禮。東齋而下爲號舍，外爲禮門，堂後爲敬一亭。隆慶元年，知縣池浴德建，知縣湯顯祖重修尊經閣，今建御書亭。右爲樂育堂，堂後爲教諭宅，堂前爲此君亭。今名留香亭。禮門外爲訓導宅。東隅街，係合庠公置，葉姓業。乾隆壬午，知縣王燈捐俸重修。爲儒學門。成化十年，推官趙巡建大成殿，塑聖像，置祭器，未既，代去。二十年，知縣俞黼成之，戟門、兩廡、齋舍悉爲創建。主簿文英建欞星門。弘治八年，知縣黄芳重修。邑人吴志記曰：學校，王政之本，教化之原也。平治天下者，不可一日廢。昔我太祖既定大統，即詔立學，列聖相承，恪遵成憲。立法之詳，致治之美，三代以降，未有過于此時者也。遂昌學毁于火，繼而作之者，苟簡弗稱。弘治八年冬，莆田黄侯來長是邑，展謁周覽，即以興役自任。相舊基乾、艮兩隅，局於氓廛，喧囂狹隘，廼購隣之隙地，衡縮若干仞，以充廣之。於是命梓人掄材，役徒各執藝以趨事。首聖廟兩廡兩門，壞者更之，攲者正之，剥蝕者飾治之。明年，作明倫堂，博文、約禮二齋。又明年，作興賢坊，庖廬湢室，像設祭器，咸易以新。積人之力，而勞不及於民；積錢之用，而費不出於官。規制之宏壯，儀物之完具，前此未有也。侯於是每遇公暇，輙至學宫，揖諸生而進之，告以忠君孝親弟長之道，修身齊家治國平天下之理，使收其放心，養其德性，以馴至于聖賢之域。侯之知急先務如此。諸君游息于斯，務思自樹立，以不負朝廷養育之恩。黄侯作興之意，庶幾吾邑之人材風俗，日見其盛也。教諭華君夫、訓導蕭君玉、陳君鰲，欲侯之績垂不朽，又慮將來之不侯法也，遣其徒項文、朱珙、徐雲來徵予文以記，庸序次其梗槩以復。侯名芳，字仕英，凡境内橋梁、道路、陂塘、門禁、倉庫，皆治使端潔堅壯，以爲經久計。學校爲重，故尤究心云。

正德丁丑又毁，教諭戴鑾请於知府林富重建。縉雲周南記曰：遂昌邑博戴君鑾，遣庠生華鼎、戴憲賫書幣來予知白齋，請爲建學記。遂學自宋來廢興不□，至今圮甚。正德丁丑冬，縣聞之郡，郡侯林公毅然任振起，節縮奇嬴，兼捐己俸，殿宇堂廡，次第告成。惜隣火不戢，又隨煨燼。公聞之，乃又節省俸入，視前增倍，俾鑾市美材，鳩匠石以成厥美。經營於己卯秋，訖工於庚辰冬。若殿廡、堂齋、門墻、庖厨，既完且美，規制宏整，視昔十百矣。夫舉殘敝而一易以新，難也；隨毀而再新之，不旋踵焉，尤難也。林公急於興庠校，獎後進，三載之間，俗美化行，前此未有，遂昌人士當何如其爲報也。邑人鄭還記曰：柳江戴君鑾來掌吾學教事，視齋廡壞陋弗支，而禮殿尤甚。時幸郡侯林公爲政，以興學爲先，往陳其所當修舉者，得緡錢若干，遂撤其壞，拓其陋，因舊以爲新。一夕，以民火弗戒，罄燼無遺。戴君乃督役，去瓦礫，相基址，謂疇昔區畫尚未盡善，乃復陳其經營之略於侯。侯可其請，乃次第措給白金五百餘兩。遂不憚寒暑，不間雨暘，或肩輿原隰，或徒步險隘，登山擇材，鳩工興作，度延袤，定方向，移明倫堂於近北，大成殿於近南，齋廡、戟門、號舍整而有度，煥然改觀。甫畢工，而遂膺國博之命。自謂建學非郡侯不能成，乃走幣周都院，徵文勒石。侯曰：此戴學諭之勞也，於我何有？邑令張君淵請别以志。竊惟戴君長教茲邑，文學其職也，學之修廢，蓋非其責。而乃身任是役，經畫出人意表，官緡出納，毫髮無私，是其智足有見，廉足有守，才足有爲，可以仰體郡侯興學之盛心矣。顧乃不敢當而獨歸之侯，侯不欲居而復歸諸君，古人德讓之風，復見於茲矣。《易》曰：有勞而不伐，有功而不德，厚之至也。郡侯有其功而不德，戴君有其勞而不伐者歟？是爲記。嘉靖間，知縣黄養蒙開拓學前基地，鑿半月池。知縣洪先志修葺，置石檻。武林高儀記曰：浙之東南，有郡曰處州，治介萬山間，其地最僻。郡之西北，有邑曰遂昌，越在一隅，其地爲尤僻。民之生其間者，安於田里，不見外慕。於是士皆沉茂雅樸，稱爲易教，誦詩讀書，被禮服義，以游於庠校，升於科第，而効用於天下者，蓋自建學以來，彬彬然可考而知也。顧其學先年再燼於火。正德己卯，教諭戴鑾始經營之，而詘於財力，僅備規制。迨今三十餘年，承其簡陋，繼以朽壞，上漏旁穿，弗蔽風日。嘉靖庚戌，海陽洪君先志來爲邑令，既謁先聖於廟，乃登堂以臨諸生，顧而嘆曰：學敝甚矣，茲非有司者之責乎？夫學，教士之地也，敝且莫省，則於教士之道，其肯加之意乎？比歲科舉乏材，而士業不振，殆職此歟？惜吾政未信於民，而遽興役，不可久之。政令既通，民用孚洽，乃斤材斫石，考日聚工，屬典史何京董其役。若殿廡，若櫺星門，若堂齋，若號樓，以次修治，撤敝易腐，補罅支傾，期於堅緻。復跨泮以爲梁，緣梁以爲檻，凡所規建，秩然畢備。又以戟門外有池，蓋前令黄君養蒙所闢，而引南溪之水以入焉者，近亦湮塞。乃濬上流之渠，甃以完石，障以長欄，植以芳桂，俾民之緣渠以居者，十家置一石窗，窗内朽者有罰。於是紆縈澄湛，若帶若環，而學制益美矣。時適督學阮公檄至，欲表章名宦鄉賢，立祠以祀之。君即偕師生考其應祀者若干人，拓學東南隙，并黄公舊闢西南地，建二祠以祀焉。教諭廣陵鄭君器以洪君崇學造士至意，不可無記，乃命其弟直暨諸生王養端重繭來杭，請文刻石。予惟古者列國莫不有學，學則三代共之。春秋於築囿則書，築臺則書，作門作廏則書，而不書建學，豈無學乎？蓋書其事之可已不已者，而以建學爲常事不可已，故不必書也。今之郡縣猶古之列國，若守令則諸侯之任也，乃汩没於簿書期會之間，困悴於趨走徵求之末，視學校廢興不啻逆旅，間有修舉，又或藉以侵公帑、充私橐，孰肯視爲事之不可已，而以興學造士爲心如洪君者哉？故使孔子作《春秋》於今日，又必易其事而有不得不書者矣。昔者蜀之與閩，士不知學，文翁、常衮一振作之，遂遽收得士之効。矧遂昌素稱多士，非閩、蜀比，而洪君日與諸生講聖賢心學之傳，其意又出文翁、常衮上。今復舉此，以樹風聲、新瞻聽，士有不翕然變、勃然興者乎？是故居則爲名儒而化行一鄉，出則爲名臣而業垂萬世，庶無負洪君意，而於學校爲有光也。科第云者，特致吾身之階耳，果足爲士子望哉！

萬曆六年，知縣鍾宇淳一新之。郡人何鏜記曰：遂昌，古太末地，是在姑篾之墟，栝蒼之西阻也。自吴赤烏初年始爲邑。宋雍熙乙酉，邑主簿房從善建先聖廟，於是遂昌始有學。慶曆中，邑人龔武陵先生篤志明經，崛起濂洛，未興之先，致身通顯，於是遂昌人始知學。歷代以來，屢圮尋徙。至正德間重建，隨毁，而再新之。嗣多修拓增飾，見謂留心庠序矣。然惟壯觀視爲名高，其甚者憊精力於徵輸期會，更歲臨試，以應一時品題，見謂舉其科條，不至廢鞠已耳。乃化導誘進，一意敦率，所以觀人文而化成之者，篾如也。嗟乎，難言哉！雲間鍾侯，自萬曆戊寅初夏始到官，時時行邑中害利，秩有條理，諸所貞舉，率破拘攣，務垂斯人久遠利愛。乃於學校教化，尤爲篤志，雅意興起，底於熙明。時集諸生，試其課藝，品第高下，犂然當所失得。業既欣欣服從，謂得良師帥焉。已又聯彙聚，立課限，俾人自敬業。爰以疇昔精義所自得者，示之標的。蓋不半歲，而士知鄉方矣。於是廉得前令所覈廢寺羨產，裒其值若干，召耆民分督貿財，鳩工率作，凡先師廟宇，諸賢翼室，以至廨舍膳堂，靡不增美。費不足，則捐俸足之。已又建聚奎亭於池西，視昔不啻重新。弦誦之聲，洋洋域中。山谷之老，無不遣子入城，争欲爲學官弟子。時郡太守校視諸邑童，求可補博士諸生者若干人。惟遂昌爲十邑最，高可以應選試，下亦不失爲進修。士韙然稱之曰：是安所得俄頃助耶！余惟子言之，君子之德風，舉善而教，不能則勸。誠然乎，風之哉！士有不勸，非夫也。昔漢文翁好教化，修起學宮成都市中，至今巴蜀好文雅，况當時耶！余目見遂昌人士，彬彬多文學，日躋於顯榮。即旁邑將聞風興起，謂栝蒼儒林寖寖，可比鄒魯焉，實鍾侯始基之矣。是役也，肇工於是歲秋七月，落成於冬十有一月。不煩里旅，捐帑藏，而樹聲貞教，於是底績，將貽休於億千百載云。十六年毁。知縣王有功清括民間欺隱官田，易價爲再建資，未幾行取去。十八年，知縣萬邦獻成之，并徙建啓聖祠於禮門内，體統適宜，於欞星門内建名宦、鄉賢二祠，舊在欞星門外月池左右，因毁，移建於此。及土地祠。仁和張瀚記曰：遂昌，處支邑也，而君子、妙高、眠牛、飛鶴、土鼓、文筆諸奇巘，夾層溪而刻碧流蕩焉。即材產若文梓、孤桐、檉榕、松檜之屬，飾犧尊而繩梁棟者，不下他郡也。士生其間，起而肩斯文之任，補前人未竟之勛，粤尹起莘而後，如周如應，炳蔚斐芬，亦既有聲東偏矣。雖維嶽降神，亦會其學宮儲育也。顧自成化辛卯來，遞興遞圮，凡火者再矣。今天子御極，己丑復火焉。夫學士之肆，先聖所妥靈也，而燼薦更，豈盈虛之數，冥冥者適然耶？第竊异之。先是，南城萬公戊子將偕計北上，夢神人彷彿先聖像者贈之，言有文廟鼎新，荀龍薛鳳之句，寤而莫之解也。比己丑拜遂昌令，下車謁先師，始知鼎新之任，非偶然也。廼復理前令王公所發官田議，及諸工費便宜狀，上之郡守郭公，調劑中度，報可。公於是括所欺隱官田若干畝，召民貿價若干緡，鳩工庀材，分任視成，以方舊制宏麗矣。得巨材爲梁，旋斫之，龍翔鳳翥，脉若天成也者，益信荀、薛之兆，又非偶然也。啓聖故祀殿右甚湫隘，公謂聖靈不安，災得微欲崇是乎？則改建於左，謂民居占逼火巷，致弗戢，而沿習猝難法繩也。令計户厚築崇墉，屹然數仞焉。諸土地、名宦、鄉賢祠、禮門、兩廡齋、祭器并庫，悉焕然一新之，廟貌改觀矣。惟兹役不違時，民不知擾，甫期而告成也。遂士民扶攜瞻仰，快先聖而得賢侯，蓋武相躡焉。署學事，余鄉孝廉於君還武林爲頌侯。蒞平昌，節用愛人，清心寡欲，未易縷指也。虔請記。余謂學校之説，其所關風教，寧尠淺哉。赫然先聖監臨於上，而日繩督士於詩書禮樂之趨，蓋儲俊乂於中，爲當宁獻也。矧宇内文化翔洽，久而後光稱循良。吏兹土者，又愛養誨，迪日有加焉。將無孕靈毓秀，含吐英芳，赴鼎新之會，發龍鳳之祥者出耶。是在多士矣。多士苟能一遵功令，禀先聖之規，瓔瑑三物，蕙袠四術，躬修而肅成之，道德經術，文章名世。是故處則養蒼生之望，隱然覘公輔也。清操諒執，式勵靡風，一出而策鴻奇，輝竹素，彬彬質有其文焉。其或師表一方，則毅然張主斯文，續河東於越之遺傳，而以行誼屹當世。即厄而處泰山之勢，觸雷霆之威，則又正氣激昂，其風烈所披勃，令山河生色。夫是乃無負熙明，有光荀薛也。不然，捷徑青紫之媒，沉溺利達之術，其於禔躬繕性，忠上慈民，藐焉置弗顧。是不特玷衿佩，羞山川，爲先聖之弃人，抑亦重辜萬侯鼎新之舉，可惜也。是在多士矣。

二十五年，知縣湯顯祖興學重修。

縉雲鄭汝璧記曰：歲强圉作噩之次，不佞讀禮仙都山下，遂昌邑博士楊君士偉、夏君蒯、吴君從善，介弟子員華生、牧民輩，儼然造余而請曰：不腆敝邑黃山白鶴之勝，以啓我膠庠先哲，往往輩出。廼者風氣間詘，文隅堂構未備，多士自謂莫外，無能藏修其中，以親炙羹墻，領師儒之訓。其食貧者，多莫振於膏晷間，則興學謂何？爾時臨川湯侯，以文章名海内，由南祠曹左遷下邑，謁先師而瞻嘆曰：嘻！勸學興教，是實在予。廼修明倫堂，創尊經閣，建象德堂，捐俸鳩工，既奐既翼，黌序風物，煥然一新。復置學田若干畝，群士之寠而志淬者，館穀而周之，日有餼，月有課，手爲批騭其文，時時橫經程藝，陳説古昔，士用争相濯磨，彬彬然起矣。侯莅邑之日長，旦暮且徵，吾儕不能忘侯之德，願得先生一言，記侯所爲興學者。余聞之，矍然曰：有是哉！侯於是知務矣。古者重徵辟，寄選舉於鄉里，故下之作人，不祗庠序，上之司徒、司馬，在在興勸，亦不獨寄之令。我朝郡邑建學置師，而督勸一責之宰邑者，大宗伯司其綱而勢遠，督學使者董其事而力分，博士專其職而權輕。故親之而悦，尊之而信，身教之而從，惟令能爾。令而簿書之是亟，而造士無所事，夫誰與興學者？夫侯亶可謂知務矣。雖然，侯之閣而尊經也，惟以弼風隅之缺已乎？堂象德而餼寒士也，將群居而徒給之資助已乎？課藝而時也，將占畢之是工而青紫之是拾已乎？如其祗是而已也，亦何以興？即興，將安禆夫士不患寡而患不名，不患不名而患無所以名？六經炳若日星，守之窮可以師世，行之壯可以善世。故離經而哆於言者，行必窳；謀食而逾於檢者，塞必變；騁雕龍而詭於則者，實必□，而詣必不遠。是寧諸士所自待，而亦非侯興學之意矣。昔子輿氏論豪傑之士，雖無文王猶興，矧有所興而可苟焉已哉？余栝誠褊小，然多賢豪長者。若文成諸君子，處則超超，出則朗朗，夫非先進之遺乎？多士事賢者而友其仁，景行前哲，當必有興焉者矣。《魯頌·泮水之什》曰：『濟濟多士，克廣德心。』請以是望多士，多士勖之哉！

國朝康熙五十年，知縣繆之弼重修。自爲記曰：嘗聞多士作楨，維周以寧之句，未嘗不嘆周之《菁莪》《棫樸》，其所以涵濡培養乎多士者，如是其深且厚也。至我國家崇儒重道，振勵人才，文治勃興，一時股肱心膂，事業彪炳天壤間，類皆收效於學焉。噫！顧不視周尤盛哉？遂之有學，其來已舊，或葺或修，難更僕數。究其所謂崇學造士者，合數百年，如出一日，宜遂人士得所瞻仰，咸知自奮矣。然而龔武陵學倡濂洛之先，蔑可加尚。他如周蓮峰之廉節，張開國之條奏，尹堯庵之淹博，應警庵之純正，朱青城之警敏，芳踪落落，至今僅可得之流連慨慕者，抑獨何哉？是殆能爲遂人士修學，而不能使遂人士於學且自修爾。蓋學也者，固所以妥聖靈，即所以懋儒者之躬修。苟從事於學而心不正，是猶殿堂而日就傾覆也。意有不誠，得毋對几席而隕越乎？知有未至，於禮門義路無從入；物有未格，將并圜橋頖壁而可聽之，或有或無也。豈非爲上者之學已修，而爲士者之學未修歟？故予自下車伊始，即以修學爲己任，梓材以易其蠹朽，丹雘以新其塵封，藉竹木鉛錫以制爲祭器，不數越月而工成。觀其殿堂隆然可以悟正心，几席煥然可以悟誠意，而且禮門義路之得宜，圜橋頖壁之具列，不又可得致知格物之道乎。苟由是而正心誠意、致知格物，則遂人士之身已修，而學即修矣。將極而推之，至於齊治平，莫非準此以行，其於予修學之學，亦庶幾無負。君子於是謂予能爲士以修其學，士亦因予之修學以修其學，斯上下交修，正在今日也哉。是爲記。邑人翁濤記曰：邑之有學，聖靈實式憑之。故必恢宏壯麗，煥彩騰輝，以肅之觀瞻，以示之風旨，而後士蒸蒸然起，收效於一日。故常衮設閩校，而蠻鴂更風；文翁興蜀學，而蠶叢頓化。而況王風翔洽，文明夙啓之鄉哉！方今聖天子崇儒重道，遠軼百王，御製孔子暨四子贊，且灑宸翰，製『萬世師表』額，頒郡縣。茲復詔以朱子配享十哲之次，其昌明道學，陶育人才之至意，昭如日星。凡百司牧，莫不欽承，以尊聖葺學爲兢兢。慨我遂邑蕞爾，介萬山，土曠人稀，積荒賠累，兵燹洪水，爲患頻仍。莅斯土者，往往視爲傳舍，其肯任修舉之責者，屈指不得十二。以故黌宮庭廡，崩漏傾頽，亦已有年。邑侯繆父母下車，瞻謁先師，嘆息久之。以時絀不可舉贏，爰于莅任之明年，捐俸鳩工，視其朽蠹者易之，傾圮者復之，簡陋者文飾之。若文廟，若兩廡，若戟櫺星門，瓴甓榱題，豆籩几案，無弗釐然整飭，丹雘輝煌。始事於康熙庚寅之秋，迄辛卯春而功成，誠數十年僅事也。或曰：侯科第傳家，今日之役，酌流而不忘源，登枝而不捐本之意。予曰：唯唯，而侯之意正非徒爾也。侯誠灼見，夫我遂人文舊地，今則陵替已極，庸詎知元化之樞不復轉，斯文之軸不再旋也。於是急謀振興，遂多士，耳目既已改觀，心思因而競奮，將闇修在道德，表建在事功，聯翩接武，樹駿流鴻，仰副朝廷作人雅化，賢父母愛士深心者，不具在斯耶。泮宮芹藻，魯邑絃歌，我侯有焉。濤不敏，敢拜手而爲之記。

雍正十年，教諭陳世修鼎新之，大成殿、兩廡土地祠、戟門名宦鄉賢祠，巍煥有加焉。學憲帥念祖記：邑當栝蒼隩區，在吴赤烏之年，稱平昌，暨晉定今名，稱遂昌縣。唐山龍溪，孕育靈异，浙東望邑也。余奉命來此，諸生令詞有言曰：縣東南隅固有儒學，歲久圮矣，飄瓦欹仄，將墮壞柱，支吾若醉復倚者。自康熙二十七年，邑令柳諱滋溥、庠師陳諱灝、朱諱永翼，謀於邑人士，經理其間，晝見日，夜見星，勤勞百倍，頓還舊觀。歷數十寒暑，而瓦又有將墮者，柱又有支倚者，學又將圮。邑之士請於庠師陳諱世修，師曰：是我與諸生事也，其何辭？經理其間，勤勞與前略等，若堂、若廡、若門，先巨後細，自左及右，始於客夏，落成於今春，幸得爲文以鐫諸石，示來者，毋俾廢壞，此諸生志也。余曰：唯唯，其何辭？考府志新成於康熙二十九年，興廢沿革，遠者闕如。所載國朝以來，其在遂昌，書旱者二，書大旱者一，書大饑者一，書六月火者二，書水者一，書大水者一，凡諸夙所指稱之清華閣、蓮化漏堂、嘉瑞堂、雙輝閣、得月亭，十沉九浮，都不可問，是學之不與俱盡者幸也。乃諸生於諸務未暇論，而獨於儒廟勤懇不休，蓋諸生之自待者厚，而所思遠矣。在宋，尹堯庵於《通鑒》爲功臣，其祠尚存。在明季，包似之著《五經同异》《史編餘言》，建有兑谷書院。諸生立功、立德、立言，蘄至於賢達不懈，而及於古，使來者咸指而數之曰：是某某後先相望，磊落天地，炳烺昭揭，永永無極，令一鄉一國不得而有之。其初固遂昌儒學中人也，則兹役也，其可無負矣。水深則洄，葉落糞本。首事者若干人，勷事者若干人，其一一備書於左。

乾隆五十九年，半月池石檻傾圮無存，教諭陸以謙重建之。嘉慶十年，廟已就圮，合庠捐資重建。道光十四年，大成殿前半倒壞，知縣朱煌、教諭王椿照、訓導鄔宗山倡率合庠捐資修葺，殿宇并一切廊廡、神龕、墻垣煥然一新，倍加壯觀。十五年，啓聖祠梁柱將傾，明倫堂亦圮，又同署教諭葉詰、署訓導洪鼎元復率紳士捐助修整。俱極完好堅固焉。

學田

宋有田膳學，後廢。萬曆七年，知縣鍾宇淳申請撥寺租貳百碩充入，立碑明倫堂，紀其田畝土名，就學舍立倉一所，每年僉選公正二人，并德行生員二人，眼同徵收存貯，以給本學月課，及資助貧生之費。邑人吴孔性有記，載藝文。至後年久，將租折價歸縣，不復由學收存，半爲胥役占耕。僅每年收學租銀三十七兩六分二釐五毫，歸入外賦觧納司庫，而月課堂饌之禮廢，貧士不以時給，有名無實，美意虚矣。嘉慶二十三年，經紳士禀學詳府請徵本色，除給貧外，餘資存作興建書院費用，由府申詳。各憲於道光四年批准，飭知定案。詳載妙高書院款內。

養士田

明萬曆三十七年，邑人項應祥置田三百碩養士。自爲記曰：嘗聞賢才不擇地而生，實待養而成。遂雖蕞爾，不得比於大方，而俗尚淳龎，山川鬱繆，靈秀萃焉，未嘗無賢豪英傑之材生於其鄉。如昔張子智、周蓮峰、尹堯庵、應警庵諸先生，道學勛名，光映史册，渠獨非邑産也乎哉？是所謂不待文王而興者上也，其次則莫急於所養。惟是萬山深處，土瘠民貧，邇來青衿學士聰明特達者，雖不乏人，或沮志於東郭，或隱憂於北門，倀倀然日不暇給，無論講學明道，上追千古不傳之緒，即制科一途，中材所嘗試而習見者，亦落落若晨星焉。言之欷歔，令人短氣。先是，邑長有給田選秀以興學者，意非不甚盛也，顧茹吐惟上關白，苦於見帝；盤據惟下詰責，難於捕虎。藉令饑饉在郊，慶吊在閭，輒欲激西江而蘇涸轍，難已。果爾，雖有田與無田等，是非田不足以養士也。智者樹的，愚者仆焉；賢者藏府，不肖者竊焉。豈其始念至此哉？不佞發迹此中，稔知斯獘，每爲同志者扼腕久矣。頃歲以河洛之役，卧疴山中，馳疏乞身不報，而挂名容臺，日損大庾。辭之既非小臣所敢，受之又非病臣所安，因是量衡，以所入俸緡，置買腴田若干，送入學宫，以備多士不虞之需。雖竹頭木屑，媿非廣厦千間，而撮土寸壤，或裨泰山萬一，且於國家恩養臣子之惠，亦不至於虛縻而無補矣。顧其田租畝額，不必稟於院司，不必隸於督學，祇憑師長及通學友生，公舉有行誼能幹辦者兩人，司其出納，秋仲造册，呈縣稽查。凡遇多士有凶荒意外等事，斟量多寡，旋聞旋給，務使賢士得蒙實惠，而不類者不得汜濫其間，庶篤行者有所激，而雅操益堅，力學者得所資，而寒暑不輟。又幸有仁父母雅志振作於上，賢師傅正己表率其中，行見多士彬彬興起，异日者掇巍科，躋膴仕，道德勛業與日月争光，即張、周、尹、應諸君子，且虛左焉。不佞將藉手仰酬國恩，而俯逭伐檀之誚，在斯舉矣。多士勉乎哉！温陵洪啓睿記曰：粤稽古貴士，無若成周，而周養士，無若井田。井以中公養君子，而設爲庠，植俊民髦士。庠者，養也。士之駿碩者，從海濱來就養，文治適隆。逮其晚季，鍾尼山爲萬世師，迄今襟帶之士，斌斌養於學宫。顧士額漸增，縣官廪不能給，士有沐浴菁莪而不飽半菽者，於是廣置學田佐之。未久而實意漸湮，不以飽士，而以飾元黄之饉。或胥吏鼠潤其間，中丞遂昌項公有憂之。會以容垣里居，斥九百之羨，置養士田，比於與隣里鄉黨之誼，而爲之録與例，大都給助，則先力行篤學，而次病者貧者，存貯則於學宫，支收則於師友，隸籍則於邑令，而上弗聞也。若曰：吾以佐縣官養士，與他錢穀宜關白者不同爾。邑令學博琢貞珉，以其録來屬不佞爲之記。不佞承乏藩省，向又當爲諸生師，睹中丞盛舉，且喜且愧，而喜有感於范文正事也。文正以西帥入執，政歷年久，始克就義田千畝。中丞清卿里居，輒捐橐殯，置養士田，幾半文正，則文正難而中丞易也。義田贍族，僅不令子孫干其間耳。養士隸於學，於後人無所私，於公府毋敢奪，慮深而規密，則又文正易而中丞難也。文正家吴會，族指繁而俗靡，千畝之入，僅贍一家。中丞家遂昌萬山中，俗樸茂而士亦易，給粟叁百碩，贍一邑士，則又文正易而難，中丞難而易也。親親，仁也，倡之晚季，則激爲義。賢賢，義也，視邑若家，視士若一，又洽爲仁。要其自家而邑而天下，俾人無虞，俯仰勉修賢人君子之行，以庶幾三代遹隆之風，則文正與中丞其仁同也。即湖之成周，以井授田，而西伯之善養老，仁體亦同也。公方領中丞，節帥吴會，適當文正之鄉，而肩共任，旦暮樹保釐績，晋秉國成，他日勳名，當不讓文正。世世歌《菁莪》《棫樸》之化，乃自遂昌始，則遂昌固中丞周召哉。

土名列後

東鄉三都大橋門下丘田一丘，計租拾碩。

庄前田四丘，計租拾貳碩。

角口田一丘，計租拾碩。

鹿葱田一丘，計租柒碩

芝芋丘田一丘，計租肆碩。

吴突頭隴内田一丘，計租伍碩。

古院前山塢田一段，計租捌碩。

北鄉觀庄田一段，計租拾捌碩。
觀庄東青樹邊田一段，計租拾壹碩
木担黄瓜塢田一段，計租伍碩。
野味塢田一段，計租玖碩。
東梅龍王殿前田一段，計租柒碩。
小唐山田二丘，計租陸碩。
翁村頭田二丘，計租伍碩。
鹿葱田二丘，計租捌碩。
朱坑田二丘，計租柒碩。
布袋丘田七丘，計租玖碩。
黄坳田一段，計租拾伍碩。
恊下田一段，計租捌碩。
坑塢田一段，計租伍碩。
東横殿下秧田二丘，計租肆碩。
黄重頭田一丘，計租肆碩。

突光田二丘，計租拾碩。
馬潭田一丘，計租陸碩，内合叁碩。
馬潭田二丘，計租捌碩。
車下田二丘，計租伍碩。
社壇前田二丘，計租陸碩，内合貳碩。
石橋上田四丘，計租伍碩。
河頭後坳田一段，計租拾伍碩，内合伍碩。
南鄉小溪挾下田一丘，計租捌碩。
爐頭田一段，計租拾玖碩。
鳥橋田一段，計租壹碩。
西鄉楓榴坪大墺田三丘，計租伍碩。
暗下田一丘，計租參碩伍斗。
官尖下田一段，計租叁碩伍斗。
嶺根漆榴下田一段，計租玖碩。
嶺根石柱下田三丘，計租陸碩。

樓棚突頭田，計租叁碩。
大蔭周八塢田，計租肆碩。
大蔭殿下西塢口田一段，計租柒碩，内合叁碩。
大蔭處上長丘下田叁丘，計租叁碩。
大蔭處上礓頭丘後田一段，計租貳碩，内合壹碩。
大蔭吳塢臺口田一段，計租壹碩柒斗。
大蔭曲厄丘後田一段，計租叁碩伍斗。
大蔭曲厄丘下田一段，計租壹碩伍斗。
大蔭坳下田，計租叁碩。
黄坑橋頭田，計租肆碩。
官溪仁石埠頭三畝田一丘，計租拾貳碩，内合陸碩。
門前埠頭，租壹碩。
按：項中丞養士田，俸緡所置，送入黌宫。當時朝請夕給，士蒙實惠。中間胥吏爲政，半入私橐。今舉正直八人掌其事，公同赴學，印票給發，司出納者，可不顧名思義歟？
萬曆四十七年，邑人徐志雄捐田壹百碩養士。因嘉慶五年被水，僅存實租陸拾捌碩。推官袁遇春記曰：粤稽古者，大道爲公，養賢及民，而兢兢於隆。施廣濟之惠，蓋陶世作人，此其要務云。昔原思辭粟，夫子詔以與隣里鄉黨，道貴施也。施之則孰與夫鄉校中之子弟急於賑窮恤匱者哉。遂邑土瘠民貧，庠士一經株守，至有半菽不飽，而終窶興嗟。鄉先生項中丞，曾捐俸置養士租三百，迄今沐浴膏澤，慕義無窮矣。由是則有致仕上海縣縣丞徐君志雄，以租百碩奉之黌宫，爲諸生佐費，歲時一切公用，取給其中，亡侵嚮者。養士租碩，猗歟休哉。善施而濟，其合於孔門之懿訓，而企踵前徽者乎。余按徐君生平，節概茂敦，孝行夙著，官上海而青天之謡，聲稱籍甚，業已宦成身退矣。居恒自念，謂吾位雖不在，而約己奉公，由是也爲封殖乎，抑汎然市義，爲名高乎。總之，循私害公，無當於大義，吾不屑爲。惟是學校，實關斯文重地，幸二嗣子得厠宫墻，群譽髦而切磋究之，成德達材，緊是嘉賴，何愛此囷倉之長物，不以効涓埃耶。且濟濟多士，孰非我之閭里族屬，其忍遺之也。則徐君之曲爲施濟，意至殷矣。嗟嗟，末俗漸靡，世風儇薄，後義先利者，往往而是。其有都尊膴而軫寒素，斥囊橐而業貧窮，固空谷足音哉。然猶資適逢世勢，若建甌徐君，位非鼎貴，家非數馬量牛，又非儒術素嫻，而能一意崇文，不難捐糜以佐士，士得從容絃誦，菁莪樂育，在在咏歌。行且家有賢胄，邑多俊民，豪傑奮庸，翼我朝文明之運，所爲陶世作人，功豈尠鮮云爾哉。徐君高義，真能行古之道，敻絶群倫者歟。余不佞，樂觀厥成，亡庸置喙，亦惟是慎終如始，設誠致行。授田以後，儲蓄有法，制用有經，出入奇贏有數，偕二三賢士，正簿書而精覈之，毋參宵人，以滋乾没，將遂庠世受其賜，余實厚望焉。即徐君亦愈有義聞乎。適諸生敦請纂述，以記盛事，是用載筆揄揚，且風後來者，因勒之貞珉，志不朽云。

士名列後：

北門外高極，租叁碩。

西門外上田，租陸碩。
西門外鄭塢，租肆碩。
西門外項村頭，租肆碩。
苦宣畈，租叁碩伍斗。以上田□東鄉连頭。
上畈吴畝，租叁碩伍斗。
柘度，租陸碩。
柘度，租肆碩。
水路町，租拾碩。
學爐畈，租柒碩。
烏里垵，租叁碩。
梯齒，租陸碩。
内山畈，租捌碩。以上共實租陸拾捌碩。
嘉慶戊寅年後至道光年間，後裔徐夢熊、徐濬明、徐馨、徐受泰、經管王廷楷，累積贏餘，又續置租田貳拾碩肆斗，并山塲壹處。土名附後。
連頭塞門，租伍碩。

北門外尹村弄内，租貳碩肆斗。

南門外楓榴突下，租柒碩。

北門外古院恰下，租陸碩。以上共實租貳拾碩肆斗。

南門外袋根對門山塲上名纏梨坑三寶山雙坑。

頭洞下山場壹處。具山四至：東主安定橋山下垵合水直上僧家山合水爲界，南至洞下直上滎家山脚爲界，西至本家同出賣駱姓□梨坑山分水直上陜門横過小降根竹平田爲界，北至山腰横路駱家山爲界。

按：徐佐尹繼項中丞之美行，薄俸置田，送學養士。然奉行不實，終等具文。至乾隆九年，始以租爲科舉路費，合庠蒙惠焉。後之經理者，幸毋忽。國朝乾隆三十二年，邑人王曰謨捐助。坐落東鄉五都古亭庄，租田貳百伍拾碩伍斗，立王養士户册，爲合邑童生考試卷資，并捐倉厫壹座、住屋叁間，同基地一并捐入。基地上至弄直出，下至鄭同林屋墻直入，内至墻横過，外至街爲界。田段土名册額租數列後。

列字：七千九百四十三，新礌前，田二，實叁分捌釐玖毫肆忽。

七千九百四十四，仝，田三，實陸分捌釐玖毫捌忽。

以上田貳號，計租肆碩。

暑字：一千一百六十四，要基山，田三，實貳分捌釐陸毫柒絲伍忽。

一千一百六十五，仝，田三，實肆分叁釐捌毫叁絲捌忽。

一千一百六十六，仝，田三，實貳分捌釐柒毫捌絲叁忽。
一千一百六十七，仝，田三，實叁分陸釐陸毫。
一千一百六十八，仝，田三，實叁分肆釐叁毫壹絲叁忽。
一千一百六十九，仝，田三，實肆分零毫伍絲。
以上田陸號，計租捌碩。
暑字：捌百二十八，黄梯降脚，田三，實貳畝叁分柒釐陸毫零肆忽。
以上田壹號，計租柒碩。
暑字：七千八百三十九，釣畈，田二，實壹畝壹分貳釐貳毫伍忽。
七千八百四十二，仝，田二，實叁分壹釐柒毫玖絲貳忽。
七千八百四十三，仝，田二，實伍分陸釐貳毫零陸忽。
七千八百四十四，仝，田二，實貳分伍釐貳毫零捌忽。
七千八百四十五，仝，田二，實柒分零貳毫零捌忽。
七千八百四十六，仝，田三，實伍分壹釐叁毫伍絲壹忽。
七千八百四十七，仝，田二，實叁分陸釐零肆絲貳忽。
七千八百四十八，仝，田三，實叁分叁釐柒毫伍絲。

暑字：補丈，釣畈，田，實陸分正。

以上田玖號，共計租貳拾碩伍斗。

暑字：七千八百四十九，瓦瑶頭，田二，實陸分玖釐。

七千八百五十一，仝，田五，實玖分伍釐陸毫貳絲壹忽。

七千八百五十四，仝，田二，實叁分零陸毫貳絲伍忽。

七千八百五十五，仝，田三，實柒分伍釐玖毫貳絲伍忽。

以上田肆號，共計租拾碩。

署字：七千八百十二，楓榴畈，田二，實捌分伍釐伍毫貳絲壹忽。

七千八百十三，仝，田二，實貳分貳釐壹毫陸絲陸忽。

七千八百十四，仝，田二，實伍分貳釐陸毫柒絲玖忽。

七千八百五十七，仝，田二，實肆分壹釐貳毫壹絲。

七千八百五十八，仝，田一，實叁釐壹毫貳絲伍忽。

七千八百五十九，仝，田一，實肆分捌釐柒毫伍忽。

七千八百六十，仝，田一，實肆釐陸毫捌絲捌忽。

七千八百六十二，仝，田二，實陸分零玖毫叁絲捌忽。

暑字：一千八百六十三，楓樹畈，田二，實陸分伍釐壹毫肆絲壹忽。
一千八百六十四，仝，田四，實叁分捌釐壹毫伍絲。
一千八百六十五，仝，田二，實伍分貳釐伍毫。
一千八百六十六，仝，田一，實伍分貳釐捌毫壹絲叁忽。
一千八百六十七，仝，田四，實伍分零貳毫壹絲。
一千八百六十九，仝，田一，實捌釐伍毫。
一千八百七十，仝，田一，實肆分叁釐柒毫。
一千八百七十一，仝，田二，實陸分貳釐貳毫玖絲壹忽。
以上田拾陸號，共計租肆拾玖碩正。
暑字：一千八百八十，上塢，即毛桐垵。田二，實肆分叁釐零貳絲壹忽。
一千八百八十一，仝，田二，實壹分壹釐貳毫伍絲。
一千八百八十二，仝，田二，實貳分肆釐壹毫陸絲柒忽。
一千八百八十三，仝，田一，實壹畝壹分伍釐
一千八百八十八，仝，田三，實叁分陸釐。
一千八百八十九，仝，田三，實陸分叁釐伍毫捌絲叁忽。

一千八百九十，仝，田二，實壹分捌釐伍毫肆絲貳忽。
一千八百九十一，仝，田二，實肆分叁釐柒毫伍絲。
一千八百九十三，仝，田，實肆分伍釐零捌絲叁忽。
一千八百九十四，仝，田，實陸分陸釐肆毫伍絲捌忽。
一千八百九十五，仝，田，實陸分柒釐伍毫。
一千八百九十六，仝，田，實肆分叁釐叁毫叁絲叁忽。
一千八百九十九，仝，田二，實叁分玖釐零壹絲叁忽。
一千八百十號，仝，田二，實壹分捌釐伍毫貳絲壹忽
一千八百九號，仝，田三，實肆分叁釐壹毫貳絲壹忽。
暑字：補丈，上塢，田，實壹畝貳分叁釐。
暑字：一千八七十二，上塢，田，實叁分伍釐肆毫壹絲陸忽。
以上田拾陸號，共計租捌碩正。
署字：一千十三，暹塢口，田，實肆分叁釐。
一千十四，仝，田一，實陸分伍釐貳毫柒絲玖忽。
一千十五，仝，田一，實陸分壹釐捌毫柒絲伍忽。

一千十六，仝，田一，拍肆分肆釐陸毫伍絲肆忽。
一千十七，仝，田一，拍叁分肆釐伍毫伍絲。
一千十八，仝，田一，拍玖分玖釐壹毫叁絲貳忽陸微。
一千十九，仝，田一，實柒分伍釐玖毫叁絲捌忽。
一千二十，仝，田二，實陸釐陸毫陸絲零柒微。
一千二十一，仝，田二，實叁分叁釐壹毫柒絲零玖微。
一千二十二，仝，田二，實貳分貳釐貳壹肆絲陸忽。
一千三十一，仝，田二，實壹分叁釐叁毫叁絲叁忽。
一千三十二，仝，田二，實壹分叁釐伍毫。
一千三十三，仝，田二，實伍釐肆毫壹絲柒忽。
一千三十四，仝，田二，實肆分玖釐肆毫柒絲玖忽。
一千三十五，仝，田二，實壹分陸釐捌毫柒絲伍忽。
一千三十六，仝，田二，實壹分零肆毫壹絲柒忽。
一千三十七，仝，田一，實叁芬玖釐伍毫捌絲叁忽。
一千三十八，仝，田二，實壹分伍釐捌毫叁絲叁忽一千三十九，仝，田一，實壹分柒釐玖毫壹絲柒忽。
一千四十一，仝，田二，實捌釐柒毫伍絲。
一千四十二，仝，田四，實壹分零叁毫壹絲叁忽。
一千四十三，仝，田二，實壹分伍釐。
一千四十四，仝，田二，實壹分伍釐肆毫壹絲柒忽。
一千四十五，仝，田二，實壹分叁釐柒毫伍絲。
一千四十六，仝，田二，實伍釐捌毫叁絲叁忽。
一千四十八，仝，田二，實壹分零陸毫貳絲伍忽。
一千四十九，仝，田一，實貳分貳釐伍毫。
一千五十七，仝，田一，實捌分柒釐壹毫捌絲捌忽
一千五十八，仝，田一，實貳釐零捌絲叁忽。
以上田貳拾玖號，共計租貳拾伍碩。
暑字：一千八百二，社頭，田二，實壹畝肆分玖釐伍毫捌絲叁忽。
一千七百二十四，仝，田一，實壹畝壹芬壹釐柒毫柒絲捌忽。
一千八百二十三，仝，田一，實貳畝壹分陸釐柒毫。

以上田叁號，共計租拾柒碩。
暑字：一千八百二十九，坟前，田二，實肆分玖釐叁毫柒絲玖忽。
以上田壹號，計租叁碩。
暑字：一千八百一十九，社礓前，田一，實柒分陸釐叁毫玖絲陸忽。
以上田壹號，計租叁碩。
暑字：一千，坑内，田一，實壹畝零貳釐。
一千一，仝，田一，實壹畝壹分貳釐貳毫玖絲貳忽。
一千十二，仝，田一，實伍分零伍毫陸絲叁忽。
一千十三，仝，田一，實陸分貳釐肆毫捌絲叁忽。
一千十四，仝，田一，實叁分捌釐伍毫零捌忽。
暑字：一千九百九十七，坑内，田一，實壹分捌釐玖毫伍絲捌忽。
一千九百九十八，仝，田一，實壹畝貳分貳釐玖毫零捌忽。
一千九百九十九，仝，田二，實伍分捌釐叁毫叁絲叁忽。
以上田捌號，共計租貳拾貳碩。
暑字：補丈，清明山，田，實壹畝貳分正，仝，田，實壹畝叁分伍釐。

以上田貳號，共計租拾叁碩伍斗。
暑字：二千四百七十二，九畝，田一，實壹畝捌分捌釐捌毫叁絲叁忽。
二千四百七十三，仝，田一，實壹畝玖分正。
二千四百七十四，仝，田一，實壹畝玖分捌釐捌毫伍絲肆忽。
以上田叁號，共計租貳壹碩。
暑字：四百三十，角口，田一，實貳畝零叁釐陸毫肆絲伍忽捌微。
以上田壹號，計租捌碩正。
暑字：一千四百三十三，東司礓，田，實壹畝壹分零陸毫貳絲伍忽。
一千四百五十四，仝，田，實壹畝壹分玖釐零壹絲叁忽叁微。
一千四百五十五，仝，田二，實貳畝叁分陸釐玖毫叁絲叁忽叁微。
一千三百五十四，仝，田二，實肆分捌釐壹毫貳絲。
以上田肆號，共計租拾捌碩。
署字：一千九百二十，大齊塢，田二，實壹分捌釐捌毫壹絲貳忽。
一千九百二十一，仝，田二，實貳分陸釐貳毫貳絲壹忽。
一千九百二十二，仝，田二，實貳分玖釐零壹絲柒忽。

一千九百二十三，仝，田二，實貳分玖釐零伍絲叁忽。

一千九百二十四，仝，田二，實貳叁分壹釐貳毫伍絲。

一千九百二十五，仝，田二，實貳分柒釐叁毫叁絲叁忽。

一千九百二十六，仝，田二，實壹分壹釐貳毫伍絲。

一千九百二十七，仝，田二，實捌釐叁毫叁絲叁忽。

一千九百二十八，仝，田二，實玖壹釐玖毫柒絲玖忽。

一千九百二十九，仝，田二，實貳分正。

以上田拾號，共計租拾叁碩伍斗。

以上共計額陸拾柒畝捌分貳釐柒毫，共收實租貳百伍拾碩零伍斗，簽紳士經管。收租除完粮外，作爲合邑童生歲科兩試辦卷費用。道光三年，合庠會議，稟奉批准，將府試童卷歸入三良士項下承辦，以此項田租專辦院試與縣試生童考卷，餘資作爲鄉試路費，在案。基地額號署字六百六十六，内處礓地二，實伍分貳釐壹毫壹絲六百六十七，屋後□地一，實壹分伍釐。

三良士户田：乾隆五十六年，邑有辦考公事，需費頗鉅，一時無可措支。邑人葉勛、吴秉權、朱陵煥各墊出銀壹百兩，共叁百兩，作爲辦公費用。後議應試童生暫且自備試卷，將辦卷資費抽積銀叁百兩，□還勛等墊款。三人以既經墊捐，不便掣回。葉勛因將銀存蓄生息，積累置田，得浮租壹百叁拾肆碩伍斗，立三良士户册，仍作公項應用。田段土名册額租數列後。東鄉二都上江庄。
宙字：二百十六號，後山，即上岡。田三，丈伍分貳釐肆毫捌忽。
二百二十號，屋頭，田三，丈貳分貳釐零貳絲壹忽。
二百三十八，仝，田一，丈肆分陸釐陸放陸絲柒忽。
二百二十一，墓旺坑，田二，丈肆分陸釐壹毫貳絲伍忽。
二百二十二，仝，田二，丈貳分柒釐捌毫零捌忽。
以上田伍號，共收實穀捌碩正。
南門外
黄字：一千七百四十三，大塢，田，丈叁分零陸絲陸忽。
一千七百四十六，仝，田，丈捌分壹釐伍壹伍絲伍忽捌微。
三十八，仝，田，丈陸分玖釐零伍絲壹忽。
三十九，仝，田，丈壹分伍釐陸毫柒絲玖忽。
四十，仝，田，丈肆分叁釐貳毫捌絲。
四十一，仝，田，丈壹分肆釐貳毫叁絲壹忽。
洪字：二千一百七十，前塢大垵，即大塢。田，丈貳分伍釐玖毫柒絲伍忽。

一百六十七，仝，田，丈玖釐陸毫零伍忽。

一百七十一，仝，田，丈貳分伍釐叁毫柒絲貳忽。

一百六十八，仝，田，丈貳分玖釐伍毫壹絲。

一百六十九，仝，田，丈貳分伍釐柒毫捌絲。

以上田拾壹號，共收實穀拾肆碩伍斗。

黄字二千八百九十八，仙聖殿前，即仞□□。田二，丈陸分零貳毫柒絲壹忽。

黄字二千零四十八，茂坑，即炉頭畈。田三，丈壹畝壹分捌釐柒毫零捌忽。

七百五十九號，竹塢，即柳塢。田一，丈捌分零玖絲肆忽叁微。

五十二，仝，田，丈伍分壹釐肆毫貳絲柒忽。

五十三，仝，田，丈叁分貳釐肆毫陸絲貳忽。

五十四，仝，田，丈叁分陸釐伍毫。

五十五，仝，田，丈叁分捌釐陸毫伍絲陸忽。

五十六，仝，田，丈叁分零陸毫柒絲肆忽。

五十七，仝，田，丈壹分陸釐捌毫壹絲。

五十八，仝，田，丈壹分伍釐柒毫貳絲柒忽。

宇字：九百二十五，半坪坳，田一，丈伍分肆釐壹毫肆絲。
二十三，仝，田一，丈伍分叁釐叁毫陸絲伍忽。
五十二，仝，田一，拍叁分捌釐叁毫叁絲叁忽。
以上田拾叁號，共收實穀拾柒碩正。
西門外
宇字：
一千零二十一，水車口，即好川源。田一，丈陸分壹釐柒毫柒絲柒忽。
二十二，仝，田一，丈肆分肆釐陸毫貳絲伍忽。
二十四，仝，田一，丈壹分陸釐柒毫柒絲壹忽。
以上田叁號，租伍碩，共實穀肆碩。
高陂街
出字：三千一百四十二，前岸，田，丈壹陸分貳釐貳毫陸絲柒忽。
出字：五十七，英路，双溪口，田，丈柒分玖釐捌毫伍絲捌忽。
官山畈，田，丈壹畝貳分伍釐肆毫貳絲伍忽。
以上田叁號，共收實穀拾柒碩伍斗。

一千三百二十三，内庄，水碓下，即門前。田，丈捌分柒釐貳毫柒絲玖忽。

以上田一號，係造蓬。租肆碩，收實穀叁碩貳斗。

十三都

月字一千四百二十五，高及，田一，丈叁分叁釐柒毫捌絲壹忽叁微。

一千四百二十六，仝，田一，丈壹畝肆分伍釐叁毫陸絲柒忽。

九百五十七，高塘，即交塘。田，丈玖分叁釐柒毫肆絲貳忽。

五十八，仝，田，丈柒分肆釐柒毫壹絲。

五十九，仝，田，丈肆分陸釐伍毫陸絲叁忽。

二千一百四十九，唐塢，即上塢。田，丈叁分正；仝，田，丈玖分叁釐柒毫伍絲；仝，田，丈伍分捌釐貳毫柒絲。

八百八十九，古院門前，田二，丈柒分玖釐捌毫肆絲肆忽。

以上田玖號，共收實穀拾捌碩肆斗。

二千八百七十五，古院門前，田，丈肆分貳釐捌毫柒絲柒忽

七十六，仝，田，丈玖分壹釐零伍絲捌忽。

八百二十一，仝，田，丈肆分玖釐零捌絲叁忽。

八百十四，仝，田，丈壹畝零捌釐零叁忽。
以上田肆號，共收實穀拾碩。
霜字三千五百八十三，東峰班坑，田，丈伍分陸釐肆毫零陸忽。
八十五，仝，田，丈肆分伍釐肆毫柒絲伍忽。
八十六，仝，田，丈貳分捌釐零貳絲柒忽。
以上田叁號，共收實穀叁碩肆斗。

北門外槌樹窟

雨字：六十三，過坑，田十二，丈陸分柒釐陸毫肆絲貳忽。
仄字：六百四十九，大墓山，及路後。田一，丈陸分玖釐壹毫貳絲壹忽。
五十，仝，田一，丈陸分叁釐壹毫叁絲捌忽；仝，田一，丈叁分伍釐。
以上田肆號，共收實穀玖碩肆斗。
雨字：補丈，官山領頭，即東横嶺。田七，丈柒分零叁毫肆絲伍忽；仝，田，丈柒分肆釐；仝，田，丈伍釐壹毫貳絲貳忽。
雨字：補丈，排前，田二，丈伍分貳釐零捌絲叁忽。
以上田肆號，共收實穀柒碩貳斗。

以上共計額叁拾貳畝捌分叁釐柒毫壹絲壹忽肆微，共收實租壹百拾貳碩陸斗，簽紳士經管。原議除完粮外，作爲合邑諸生赴省鄉試路費。經學詳准，并令將田勒碑，以垂永久。道光三年，又經合庠僉議，禀奉批准，將此項田租撥作專辦府試童生卷資，餘資仍爲鄉試路費，在案。

秀升户田：此係童試零星捐助銀兩，積累置買田畝，另立秀升户名、田段、土名册額。租數列後：

宙字：一千二十七，判塘社𥐥下，田三，丈壹畝壹分零肆毫柒絲柒忽。

二十八，仝，田四，丈肆分伍釐陸毫壹絲玖忽

二十九，仝，田四，丈叁分零柒毫伍絲柒忽。

三十，仝，田四，丈壹畝零伍釐柒毫捌絲肆忽。

三十一，仝，田四，丈捌分零肆毫陸絲伍忽。

三十二，仝，田五，丈肆分伍釐肆毫玖伍忽。

三十三，仝，田二，丈壹畝貳分陸釐肆毫玖絲柒忽。

三十四，仝，田四，丈肆分柒釐柒毫叁絲玖忽。

三十五，仝，田五，丈壹分肆釐肆毫豈絲陸忽。

三十八，仝，田三，丈貳分貳釐貳毫伍絲肆忽。

三十九，仝，田三，丈肆分零柒毫壹絲伍忽。
四十，仝，四三，丈伍分壹釐柒毫玖絲伍忽。
霜字：三百九十五，塘塢口，田一，丈壹畝零陸釐叁毫叁絲叁忽。
出字：二千五百九十七，上塢，田三，丈壹畝玖分玖釐零柒絲。
九十八，仝，田五，丈肆分肆釐陸毫豈絲柒忽。
九十九，仝，田，丈肆分玖釐肆毫伍絲。
六百□□號，仝，田，丈壹分貳釐肆毫伍絲。
二千九百六十八，砝頭山，田一，丈叁畝零肆釐壹毫陸絲柒忽。
三千零六十二，田垵，田五，丈陸分零陸壹肆絲陸忽。
六十三，仝，田四，丈貳分柒釐叁毫肆絲陸忽。
六百七十二，屋邊，田一，丈壹分肆釐伍毫玖絲陸忽。
七十三，仝，田一，丈玖釐零柒絲叁忽。
盈字：三百十九，坊門前，田一，丈壹畝叁分捌釐柒毫玖絲陸忽。
三百六十五，仝，田一，丈捌分柒釐捌壹零捌忽。
日字：九百五十八，淤内，田二，丈伍分陸釐肆毫零陸忽。

黄字：一千二百五十四，桑淤，田一，丈壹釐陸毫肆絲。
五十五，仝，田三，丈貳分陸釐零伍絲伍忽。
五十六，仝，田二，丈壹分叁釐捌毫叁絲柒忽伍微。
五十七，仝，田三，丈壹分伍釐貳毫陸絲捌忽。
五十八，仝，田二，丈捌釐叁毫肆絲壹忽伍微。
五十九，仝，田二，丈叁釐玖毫壹絲貳忽伍微。
六十，仝，田一，丈柒釐壹毫捌絲柒忽伍微。
六十一，仝，田一，丈肆釐叁毫豈絲壹忽。
六十二，仝，田二，丈捌釐陸毫玖絲壹忽伍微。
六十三，仝，田一，丈壹分伍釐捌毫零捌忽。
六十四，仝，田一，丈叁釐陸毫伍絲。
六十五，仝，田二，丈壹分零肆絲陸忽。
六十六，仝，田五，丈陸釐貳毫柒絲伍忽伍微。
六十七，仝，田五，丈伍釐陸壹貳絲叁忽。
六十八，仝，田四，丈柒釐叁毫壹絲陸忽伍微。

六十九，仝，田二，丈捌釐捌毫伍絲肆忽。
七十，仝，田二，丈壹分貳釐貳毫柒絲伍忽。
七十一，仝，田二，丈肆釐零貳絲玖忽。
七十二，仝，田二，丈柒釐壹毫玖絲貳忽。
七十三，仝，田二，丈肆釐伍毫叁絲叁忽。
七十四，仝，田二，丈陸釐捌毫零捌忽伍微。
七十五，仝，田二，丈陸釐柒毫肆絲柒忽。
日字：一千一百八，外桑淤，田五，丈貳釐。
八十一，仝，田四　丈肆分陸釐貳毫零捌忽。
八十二，仝，田五　丈伍分陸釐陸毫柒絲柒忽。
出字：二千六百四十三，上塢口，即五聖殿前。田一，丈貳畝陸分零貳毫肆忽。
三千零七十七，前岸，田一，丈柒分伍釐玖毫壹絲叁忽。
八十三，仝，田二，丈柒分零陸毫捌絲捌忽。
一百四十三，丁口門前，田一，丈壹畝零壹釐柒毫貳絲壹忽。
九十九，定塢，田一，丈壹畝肆分壹釐叁毫玖絲貳忽。

九十五，仝，田三，丈壹畝捌分捌釐捌毫叁絲捌忽。

九十七，仝，田一，丈伍分捌釐陸毫壹絲壹忽。

以上共計額叁拾畝零貳分肆釐柒毫貳絲壹忽。

共收實租捌拾碩。內水漂壹碩伍斗。簽派紳士經管收租，以作諸生鄉試路費。

貢田坐落六都，一圖寺後庄。

土名春秋社，礨下，田二丘，收實租拾捌碩。

以上田壹處，租拾捌碩，名帮貢田。歷係恩、拔、優、副歲各貢，於當貢年每人輪收壹年，作爲考貢費用。前志未載，因附記之。

義學

邑舊有社學四所，始於前明正德六年，知縣張鉞撤慈仁廟、安樂王廟，創東西二社學，東名素教，西名預養，各置田七十畝，共計租三百六十籮。嘉靖二十九年，知縣洪先志增置南北二社學，將前租分給四社，以資教讀。縉雲樊獻科記曰：遂昌洪侯莅治之三載，政洽民和，乃修葺黌序，以敦士習，教化彰矣。既而恐小子無造，黨德或遺，稽昔正德間，亞卿張兩山公令遂日，嘗立東西社學，以訓子弟，取廢寺田，以贍塾師。歲久，舍宇傾毀，田租亦漸入豪室，乃捐俸新宇，任怨以復其田。又見民居稠集，止儲養於二社，未免教澤難周，遂請於督學阮公，建南北二學，藉舊租以分贍四隅，而請記於予。予聞先王以道德一天下之民，而宣之教化，自成均以至郡國鄉黨之學，莫不具備。王制：諸侯之學，小在內，大在外，以選士由内升外也。天子之學，小居外，大居内，以選士由外升内也。我國家援古定制，國學掌於司成，郡學列於諸藩，社學設於鄉井，即古大學、小學之義也。《學記》有大成、小成之別，《漢書》所載：八歲入小學，學六甲四方書記之事，始知室家長幼之節。十五入大學，學先聖禮樂，而知朝廷君臣之禮。其有秀异者，由鄉學而移之庠序，移之國學。若德行道藝，書於州長、黨正、閭胥，及鄉大夫之賓興，升於司徒，帥於樂正，辨論於司馬，皆自下及上，何莫非自小學始哉。我國家設教養士，非獨重於國學，而鄉社之典，載在令甲，寄其職於有司。比年以來，或視學校爲旅舍，而修舉之者已鮮矣。况社學址爲丘墟，寧有思教其子弟而養之者乎。今洪侯奮然以立學敦教爲己任，非其智識足以自達，才力足以有爲，能如是耶。余知侯之用心，殆將循名以責實，非徒侈觀以起譽，俾遂之子弟習於節文，□於蹈舞，明於講肄辯説，導之勤而春秋冬夏有其術，視之詳而一年二年有其等，發其心知以善其内，謹其視聽言動以善其外，循於事物，通於倫理，其涵濡鼓舞之化，足以敷宣道德，移易風俗，而上稱朝廷育士興賢之意，則侯之所建樹者，顧不偉哉！侯志邃而氣閎，其所務必遠且大者，余故繹古而爲之記焉。若塾田之數，附載碑陰，使繼此者得所考云。

厥後社館圮壞，租供迎送。國朝以來，知縣徐治國、韓武先後查覈，旋又湮廢。康熙五十年，知縣繆之弼清釐田租，復建義學四處：東義學在儒學前，南義學在南城門，戴姓所便。西義學在王巷，北義學在文明巷後溪城邊，童姓所助。延師教讀。知縣繆之弼記曰：予莅平昌，甫下車，即詢邑義學諸生，舉韓公武所建不息樓告，是時禦寇不遑。越明年，各憲駕臨，供給奔走，未暇及此。至五十年，始得捐薄俸延師，令邑之貧而有志者胥來學焉。時將舊有不息樓改建東義學，因於西南北三隅各置義學，置田一百二十畝零，每年每學各完編銀二兩九錢二分零。令司教者主之，額糧春夏秋免徵，俟收租後完納。但遂俗有典佃之弊，日久不無侵漁，曾經詳明立案，載藝文。今將四義學田土名號段開列於後，庶田可永存，而教可長施矣。

東義學，田租四處，共穀陸拾肆籮壹斗。

內：道堂下田六丘，租捌碩。計貳畝壹分伍釐伍毫玖絲肆忽。

胡石田二丘，租肆碩。計壹畝貳分貳毫貳絲壹忽。

崇光口田五丘，租肆碩。計捌分貳釐貳毫。

以上田坐洋澳坦，共收穀壹拾肆籮。

方門前田一丘，租叁石。計壹畝柒絲玖忽。

前車門田四丘，租五石。計壹畝陸分肆釐柒毫玖絲貳忽。

白墓下及三格田二丘，租陸石。計壹畝捌分叁釐叁毫伍絲肆忽。

屋邊即泒三畝田二丘，租陸石。計壹畝柒分捌釐陸毫。

石亭下田一丘，租壹石。計貳分叁釐伍絲肆忽。

以上田坐社後坦，共收穀壹拾肆籮。

官路邊田三丘，租貳拾石。計陸畝玖分貳釐伍毫肆絲陸忽。

師姑畈田一丘，租壹石。計肆分肆釐伍毫陸絲叁忽。

小屏風田一丘，租陸石。計壹畝肆分捌釐壹毫伍絲叁忽。

以上田坐二都坦，共收穀貳拾玖籮。舊小屏風堰水漂没，除貳籮。

舞獅山下田一丘，租陸石。計壹畝柒分壹釐肆毫伍絲。

占村大路前田一丘。計壹畝叁釐壹毫叁絲柒忽伍微。

沙田兒田一丘。計玖分叁毫捌絲叁忽，二項即内湖柒石。

以上田坐東門外，共收穀玖籮壹斗。

南義學，田租五處，共穀陸拾貳籮貳斗。

内：烏里即爐頭社礧前田十三丘，租拾伍石。計肆畝貳釐玖忽。

以上田坐烏里，收穀拾籮。

路頭畈田三丘，租陸石。計壹畝捌分肆釐壹絲捌忽。

吴岑田一丘，租叁石。計捌分貳釐柒絲伍忽。

十王殿前即路下田一丘，租肆石。計玖分陸釐陸毫陸絲柒忽。

大垵前即雙坑口田七丘，租肆石。計壹畝陸分陸釐貳毫玖絲貳忽。

以上田坐南門外，共收穀拾籮伍斗。

吴突頭門前下畈田三丘及殿頭山下田一丘，二項共租拾石。共計貳畝肆分壹釐壹毫柒絲肆忽。

後江田五丘租玖石。計叁畝壹分壹絲叁忽。

以上田坐北門外，共收穀拾捌籮。
蕭岑田一丘，租玖石。計貳畝玖分捌釐捌毫捌絲玖忽。此處收穀柒籮柒斗。
東岸即殿頂田四丘，租拾陸石。計伍畝肆分壹釐貳毫壹絲叁忽。
以上田坐金岸，收穀拾肆籮。
後潘社頭田四丘，租陸石。計壹畝玖分伍釐壹毫柒絲捌忽捌微。
以上田坐古亭，收米拾陸桶，作穀貳籮。原係壽光宫，撥入租田。
西義學，田租五處，共穀陸拾貳籮貳斗。
內：泗洲堂下田九丘，租貳拾石。計陸畝肆分捌釐柒毫捌絲壹忽。
代穗田十四丘，租拾捌石。計伍畝柜分肆釐叁毫玖絲壹忽。
水碓邊田三丘，租叁石。計壹畝玖釐叁毫玖絲陸忽。
唐塢口田二丘，租肆石。計壹畝壹分玖釐叁毫肆忽。
官山下田十八丘，租伍石。計肆畝叁分捌釐玖毫壹絲捌忽伍微。
石臼兒田八丘，租玖石。計叁畝壹分陸毫捌絲玖忽肆微。
以上田坐丁口，共收穀叁拾陸籮。原係壽光宫租田。
爐頭田一丘，租叁石。計玖分陸釐玖毫柒絲玖忽貳微。

考里殿前田五丘，租伍石。計壹畝肆分肆釐陸毫陸絲陸忽伍微。

以上田坐好川，共收米貳拾肆桶，收穀叁籮。

石角田九丘，租陸石。計壹畝玖分叁釐捌毫玖絲陸忽。

石江畈及排土田八丘，租捌石。計叁畝壹分叁釐壹毫伍絲肆忽。

以上田坐西門外，收穀捌籮捌斗。

舞獅山下田三丘，租壹石陸斗。計柒分捌釐肆毫柒絲肆忽。

舞獅山下即葉坦庵前庵後田三丘，租陸石。計壹畝貳分伍釐壹毫肆絲伍忽。

葉上田三丘，租柒斗。計壹分玖釐。

禁塢即社公橋田三丘，租叁石。計捌分壹釐柒毫貳絲陸忽。

以上田坐東門外，共收穀伍籮貳斗。

蕭嶺田二丘，租陸石，收穀肆籮伍斗。計貳畝壹分壹釐叁毫零。

東峰江下畈田一丘，租貳石，收穀壹籮貳斗。計伍分壹釐伍毫陸絲叁忽。

周家畈田二丘，租陸石，收穀叁籮伍斗。計壹畝玖分肆釐肆毫壹絲柒忽。

又周家畈田一丘，租伍石，收穀肆籮。計壹畝肆分貳釐壹毫。

歷來無收。

以上田坐北門外，共收穀壹拾叁籮貳斗。

北義學，田租五處，共穀陸拾貳籮貳斗。

内：東梅寺下田十丘，租貳拾石。計陸畝捌分柒釐壹毫肆絲陸忽。

西塢田十一丘，租玖石。計貳畝玖分捌釐陸毫肆絲陸忽。

羅漢橋頭田十一丘，租拾貳石。計肆畝叁釐伍毫肆絲貳忽。

沙墩田十三丘，租玖石。計貳畝捌分伍釐玖毫肆絲貳忽。

以上田坐北門外，共收穀貳拾陸籮。原係資壽院租田。

葉坳口頭田三丘，租伍石。計壹畝叁分貳釐叁絲叁忽。

姜山下田一丘，租捌石。計貳畝壹分捌釐捌毫玖絲貳忽。

古院門前即尹村田一丘，租貳石。計肆分肆釐貳毫伍絲捌忽。

古塘口及官陂堰頭田一丘，租陸石。計壹畝貳分叁釐玖絲。

水閣碓後即陂頭田一丘，計租肆石。計捌分壹釐柒絲伍忽。

以上田坐北門外，共收穀拾伍籮。

西角塢田三丘，租貳石。計肆分柒釐叁毫柒絲壹忽。

以上田坐北門外，收穀壹籮貳斗。

項村頭田三丘，租拾伍石。計伍畝貳分捌毫柒絲玖忽。

大覺畈田二丘，租肆石。計壹畝貳分捌毫壹絲叁忽。

以上田坐北門外，共收穀拾貳籮。

烏川源田二十六丘，租肆石。計壹畝貳分陸釐肆毫陸絲捌忽伍微。

横江源頭及大畈田十一丘，租拾石。計叁畝叁分捌釐柒絲柒忽捌微。

以上田坐北門外，共收穀捌籮。

以上四義學共租貳百伍拾貳籮柒斗。簽四經管，董理其事。遞年致送，延請四學館師，修脯銀各二十兩，餘租作爲學師食米及衙署歲修之用。迨後四學俱廢，年久并不延師，因將四學修脯銀兩禀請批准，撥入妙高書院。

古社學有四，明末皆廢。康熙三十五年，知縣韓武建公塾於泮池左，顔曰不息樓。五十年，知縣繆之弼改不息樓爲東義學，加建南西北三義學，以復古社學遺意。其時清釐社學租田一百二十餘畝，分給四義學，以佐館師教讀。繆解組歸，既而東學毁，改作節孝祠。後因被水坍塌，又改建文昌宫，移節孝祠於文昌宫前。西學圮。北學於康熙丁酉知縣何其偉借防守弁兵駐扎。南學僅存屋宇，絃誦無人，四學田租悉爲縣胥所踞。雍正二年，教諭陳世修於學左别建義塾，計屋二十八間，追四學之田并歸儒學經理，按年報銷。乾隆二十五年，教諭沈德榮、訓導王世芳添建大門一間，屋三間，即今之東學焉。又自乾隆十四年，教諭趙金簡請興北學。十五年，知縣黃培任動公項建營署，遷弁員。十九年，知縣宋世恒重修齋房，添構講堂五間，延師訓迪，撥天寧、精進等寺瘠田九十畝六分，每畝僅收租銀三錢，歸縣經理。除完糧外，餘租充北義學館師修脯。案未定，以外艱去，署縣劉復仁成之。其南學講席雖存，膏火無資，既不能同北學之薄脯，又不可分東學之餘光，因是子弟寥寥，名有實廢。乾隆二十六年，余莅茲土，徘徊瞻顧之際，適有盤坑無主田三畝五分，三寶山廢寺田二十九畝一分，撥入南學，聽館師自收其租。且念北學束修甚菲，撥心定庵田十三畝零，添給館師以自食。若西學文澤丘墟，僅留基址於荒烟蔓草中，舉目蕭然，未復舊績。余非敢弃也，蓋將有待也。嗚呼！古今事業，興廢靡常，然廢之易而興之難。遂之四學，由雍正二年至於今，幾及四十載，歷任備極經營，僅復其三，後學者宜守之勿失。乾隆二十八年，知縣王燈識。

謹按：四義學，西學久廢，乾隆五十三年，前縣彭起鵾闢地興建，以復四學。旋於六十年、嘉慶五年，遭水湮没。道光五年，已改建社倉。北學亦被水沖壞，無可修整。惟東學修葺完好，時作官寓。南學屋宇雖存，年久朽塌。二學俱借作蒙館，曠不延師。因四學租田爲學師食米及衙署歲修之用，至修脯租銀，虚懸無着，現已詳請撥歸妙高書院，其田畝改載書院項下。

相圃。在瑞山之麓。萬曆七年，知縣鍾宇淳創屋三間。二十三年，知縣湯顯祖加創大堂，顏曰象德，左右列舍二十八間，自二門至大門，有橋架於池，爲習射誦讀之處。并置租一百石。自爲記曰：今上二十有一年三月望後三日，予來遂昌。又三日，謁先聖廟，甚新。從學官諸生至講堂，堂敝，其後益庳。問所藏書，無有。問縣隅中或有他學舍，爲諸生講誦，無有也。四月朔，始克視事。發檄，有學使者廣陵陳公所爲書，命諸生射。諸生皆對不能，云無射堂也。按縣治南石梁，緣溪而迤，有斷垣負牛山，故令鍾嘗爲若堂者，今廢。而其旁壽光仙人有宮，壖蕪甚衍，可以相益。諸生言如此，爲之欣然。諏吉，乃授地形於學官。於君可成、周君思問、黃君繼先，直以報學使者，且營射堂矣。請以學租三千錢爲端。而予爲縣官，於祿入固無所愛，凡訟之獻金矢而不直者，賦其材，或以輸作。會夏五月，大雨水，諸山之材畢來，工作咸集。六月，堂成。瞰東山坡坻坨而蒼，其西有峰，遡澗而遙。門其空，夕陽也。門之中，引泉爲池。池之上，除道甚修。凡百數十步而垂堂，可以馳步射也。道左右各廣丈餘，而霤若繩。爲學舍者各十五，屬之門。其舍修，容二人，合之可坐生徒六十人，闇闇如也。繚以垣，六月耘，七月穫。作者告休，八月而後克成，費百金。其右旁，武射場也。尉率歲閱兵壯而肄射，餘月課捕盜賊。射虎尚不能中程，何以令士射？夫士射，亦禮射而可耳。六藝射，於禮樂爲附。天子選士，祭必射於澤宮。卿大夫歌采蘋。采蘋，言士有幽微而可采也。予所以爲射，將歌采蘋而薦士焉，非射而已也。君子始生，爲弓矢以射天地四方，有志於其事，勉所以不愧爲男子者。噫，豈惟射哉！又自置田記曰：余築平昌射堂二十八，列定其房。士相師友而游，至夜分，莫不英英然、言言然講於詩書六藝之文。相與爲文，機力日以奇暢，大變陳常。初，余以相圃名堂，蓋非專矍相義，殆欲諸生有將相材焉。徵於今，异時必多有副予望者。余幸斯堂之與人永也，裁道宮之田而食於斯，兼以時葺，爲勒移而示後人。又給相圃租石，移文曰：爲育養學校，以垂久化事。萬曆二十二年八月十八日，據本縣儒學廩、增、附生員徐榮、李春芬、華牧民等呈稱：臺下創建射圃，陶鎔士類，千載奇遘。復蒙發租資給修葺，已經學師會議，遞年諸生在圃肄業，輪推一人管收前租，除葺屋宇外，餘租照數分給諸生膏火之助等情到縣。據此，看得遂昌學宮隘窄，旁無書舍，有社學四所，俱淺小無房。本縣重建射圃，兩旁書舍共三十間，聚諸生有志者日夜誦習，僻邑得之，號爲盛事。但恐以後無人守視，容易圮壞。因查本縣城隍廟僅廟祝一名，食田二百三十籮；壽光宫道士三名，食田至二百五十籮。夫費國租以養游食之人，不若移以養菜色之貧士。今於城隍廟廟祝糧内撥田八十五籮，遞年遴擇諸生主之，以歲請教官查視修理，稽核實數，年終開報，以免欺冒。又於壽光宫中撥田一十五籮，與住相圃人看守門墻，庶射堂不致圮壞，而諸生永得矍相之觀矣。具由申蒙提督學政蕭批：據申，具見該縣作興教育盛心，如詳依行，繳。據此，牒學遵行。去後，所撥出廟宫、田租、土名、田畝，若不刻石備照，誠恐年遠，不無更易移換、冒費侵漁情弊。今將申允文移并撥過土名、田畝、租額，逐一備細開列其左，以示後來，毋負本縣作興學校至意，須至碑者。湯令去後，士民思之，尸祝於堂。知府鄭懷魁有記曰：序者，射也。矍相之圃維新；社而祝之，庚桑之祠斯在。豈非中多爲儁，斯賓禮以興；去後見思，廼神道成享。士各繹己之志，民知有父之尊。明平昌令、前祠部郎臨川湯公，諱顯祖，字義仍，學者所稱若士先生者也。掌祀鄉曹，屈居宰縣。中攖逆鱗於龍頷，終鎩長羽於鴻儀。可謂伯夷秩宗，直哉有惟清之節；子文令尹，已之無作愠之容。夫其目空塵寰，胸苞法象。探索賾隱，讀人間未見之書；窮極高深，垂身後不朽之業。故能貞教靡倦，邑如百昌之鼓惠風；樂善無私，沛若百川之歸巨海。宏開藝圃，高揭射堂。士有列次以居之，邑籍閑田而餼之。相如七經之學，遺愛通都；孟堅九流之文，收藏崇閣。二十八舍，寧止奎壁之圖書；三百六旬，不輟春秋之絃誦。爾乃講習多豫，較閱餘閑。豹侯設正，鹿中受算。决拾既佽，揖讓有儀。方鼓圓鼙，全用薛魯之奏；危弓安矢，合成唐史之規。正直無回，審固不撓。循聲而發，序賓以賢。引解就豐，釋弸交韔。溫溫秩秩，肅肅雍雍。將由射不主皮，當令觀者如堵乎。三宅三俊，成斯士之譽髦；六養六安，蘇群生之彫敝。擊柝待暴，伏莽無戎。釋獲但取乎和容，藏器何勞於解悖。方衆志赴寧侯之鵠，忽遁思動伊人之駒。已歲序屋周，風儀天遠，佩韘者徘徊於其地，執經者彷彿乎其人。爰即澤宫，立玆配社，官師率作，俊乂服勤。踵其事以增華，審厥象之惟肖，闕表尊經之舊，堂仍象德之名。恍從於公，旂鸞奉載笑之色；真遘之子，籩豆陳有踐之儀矣。於戲！行可質天地鬼神，而時逢事拙；文能安民人社稷，則學古功偉。萬鍾不入其心，三公寧易其介。代瞻清範，俗化元淳。温厚尊嚴，時行而氣已備；詩書禮樂，國入而教可知。斯事詘道伸，位輕名重者也。載稽銘典，詎闕鏤文，識虎蜼之吉金，鑱龜龍之貞石。庶使《采蘋》五節，思君子無爭之風；《茇棠》三章，流國人勿剪之咏。其詞曰：禮稱天紀，亦曰人綱。匡君弼違，範俗率良。湯公蹇蹇，諫顯祠郎。艱危百折，尹兹平昌。經曲咸秩，飲射有章。教時學士，繩立矩翔。君子之峰，相圃在陽。雙旌雲舉，三聘星行。手之柔矣，膂力其剛。省括於度，不吴不揚。發功祈爵，敬而無方。綢繆禮樂，式序衣裳。於越鄒魯，昭代周商。身兮既隱，道廼彌芳。飛矢無忒，儀的可常。子衿且佩，悠思難忘。我圃我社，有序有皇。貌公莅止，群趨侍旁。築匪道謀，公卜允臧。右臨演武，左界壽光。嘉名肇錫，公訓用彰。聖在六籍，男事四方。父師臨汝，饗祀烝嘗。德尊報遠，武城桐鄉。千里俎豆，蔚乎相望。甌歌越舞，鐘磬鏘喤。容輝儼若，燕譽無疆。

天啓四年，提學吴之甲移文建祠祀之，堂後建亭堂，以前租備祭，餘則備修理，年久租侵於役。崇禎十三年，知縣許啓洪據邑人朱九綸、周士廉、時可諫、徐朝偉、周應鶴具呈，杳追復還。迨後圃既圮，田歸湮没。

相圃租石創於湯令，恐垂久侵漁，開載勒石。公議六人輪流收租，向以田租所入分給諸生膏火，自尸祝湯侯於堂，遞年租價備供祭祀，餘則交盤積貯，用資修葺，庶幾此堂可永。但年久月湮，學租不無借端，而果腹仙令烝嘗幾於中斷，象德之堂構亦半傾頹，咎將誰歸？蓋前田委學查覈，非委學掌理，乃有攬收前租者，恬然爲橐中物也。許君啓洪清查侵冒，嚴追歸學，而報享復隆，堂構聿新，從此永永勿替。宜興之作人也，寧後於臨川哉？邑令徐治國識。

相圃創於前令鍾公，至湯公莅遂，擴充堂舍，撥租資給，籌畫盡善。不意射堂既圮，而此田不知歸於誰氏。世遠年湮，故老無存，册籍罔稽，真有負於湯公作人之盛舉也。悲夫！邑令繆之弼識。

書院

遂邑向來未立書院，前明創造相圃及國初所建不息樓二處，雖曾延師教讀，皆不能久。四義學亦興廢不常，其租田亦只敷學師食米及兩學衙署歲修之用，所有增置、修脯、田畝又甚微薄，以至漸次廢弛。道光初年，前縣咸理因地方紳士呈控貧生租田，查知其田俱收折色，徒飽佃胥私橐，詳請改收本色，除完粮給貧外，所得羡餘議建書院。奉批妥議，詳覆飭遵。咸隨病故，奸佃復赴省翻控，批飭會學議詳。經接任前縣鄭鴻文以四義學久不延師，將修脯租田并請撥歸書院，會同教諭童應賞、訓導顧乃德妥議具詳，由府轉申。奉院飭司核詳批准，并飭另籌一切不敷經費，隨簽董事分頭勸捐，并將無着田山一并歸作經費，令因妙高山、文昌閣兩傍空基添造講堂房舍，以作書院。工未完竣，鄭又緣事解組。道光八年冬，予莅任兹土，因先倡捐廉俸，傳諭董事催收緣款，補寫未捐，紳殷督飭，尅期竣工，并令清釐經費，籌議章程，通详立案。九年工竣，隨於十年爲始，延請名儒爲書院掌教。是事也，官歷三任，歲經十年，始得有成。現在章程可垂久遠，經費亦足應支，苟經理得人，自可樂育人材，丕振文運於無窮也。所有管收租田畝數，辦理章程條款，詳開於後。

計開管收租田畝數

霜字：一千五百零三，龍泉塢，田三，丈壹畝壹分叁釐，納實租叁碩。

五百零四，羅漢樹下，田一，丈叁分捌釐貳毫捌絲，納實租壹碩肆斗。

五百零六，砂墩，田十五，丈陸分肆釐，納實租貳碩。

黄字：二千十一，烏橋頭，田五，丈貳畝捌分捌釐，納實租柒碩伍斗。

霜字：一千二百零五，井頭塢，田三，丈壹畝叁分伍釐伍毫，納實租肆碩肆斗。

一千一百零六，翁村頭，田一，丈壹畝陸分陸釐貳毫貳絲，納實租伍碩。

三千三百五十一，下畈，即相公橋。田三，丈壹畝叁分叁釐貳毫，納實租柒碩叁斗。

三千三百五十二，角塢口，田四，丈壹畝陸分，納實租貳碩陸斗。

三千三百九十，庄前，田五，丈貳畝陸分肆釐叁毫，納實租捌碩壹斗。

辰字：三千一百十五，官路下，田三，丈伍畝貳分貳釐，納實租拾壹碩陸斗叁升。

黄字：二千二百十，岳畈，田二，丈壹畝叁分貳釐，納實租叁碩。

宇字：三千三百零一，白素，田二十五，丈貳畝，納實租陸碩。

黄字：一千三百五十一，礓頭丘，田一，丈陸分柒釐貳毫，納實租貳碩壹斗。

三千伍百零九，白蔴，田一，丈壹畝陸分陸釐壹毫，納實租伍碩伍斗。

宇字：一百二十，五橋，田一，丈陸分叁釐肆毫；二百二十九，仝，田一，丈壹畝零捌分陸釐，二共納實租肆碩柒斗。

王字：一千一百五十，傀儡垵，田二十，丈叁畝陸分壹釐貳毫，納實租拾伍碩。

閏字：伍百八十二，後潘，田一，丈壹畝柒分零伍毫貳絲捌忽，納實租伍碩貳斗。

霜字：二千一百十四，社禮前，田二，丈貳畝叁分伍釐陸毫，納實租柒碩叁斗。

黄字：三百零九，破泉，田七，丈貳畝伍分柒釐陸毫，納實租柒碩捌斗。

三千二百十一，茶山下，田二，丈壹畝柒分伍釐陸毫，納實租伍碩叁斗。

日字：二千三百十一，横路上，即緑柿丘。田一，丈陸分肆釐，納實租貳碩壹斗。

黄字：一千零二十一，處下，田十八，丈叁畝肆分叁釐，納實租拾貳碩。

二千零四十一，饅頭突，田四，丈貳畝壹分壹釐貳毫，納實租陸碩陸斗。

霜字：一千六百四十二，傳坑，田一，丈柒分叁釐陸毫，納實租貳碩叁斗。

一千六百四十三，長末口，田一，丈貳分柒釐貳毫，納實租玖斗捌升。

張字：三千一百十三，力其，田二，丈叁畝玖分陸釐伍毫，納實租拾柒碩柒斗。

一百十四，坑下，田二，丈叁畝陸分壹釐貳毫，納實租拾陸碩陸斗。

劍字：十號，周村，角塢口。田三，丈壹畝貳分貳釐，納實租伍碩；仝，下畈坑沿。田四，丈伍分正，納實租貳碩。

黄字：三千號，棉花地，田十三，丈壹畝玖分柒釐柒毫，納實租捌碩。

張字：三千二百五十五，社後，田二，丈肆畝陸分叁釐貳毫，納實租拾陸碩陸斗。

天字：四百號，葉上，田四，丈壹畝陸分正，納實租伍碩。

四百十，舞獅山脚，田三，丈壹畝貳分正，納實租叁碩。

四百十三，竹山下，田三，丈壹畝貳分正，納實租叁碩。

辰字：一千一百零六，義民里，田一，丈陸分柒釐貳毫，納實租貳碩壹斗。

閏字：五百八十二，后門前，田二，丈叁分貳釐玖毫陸絲，納實租壹碩叁斗。

六百三十，上角，田二，丈叁分貳釐玖毫陸絲，納實租壹碩壹斗。

五百八十七，後坑，田一，丈叁分叁釐，納實租壹碩貳斗。

黄字一千零五，百粟塢，田十八，丈伍畝伍分正，納實租拾陸碩陸斗。

一千零三十一，翁村頭，田五，丈叁畝壹分叁釐貳毫，納實租玖碩肆斗。

荒字：一千一百零八，西寺塢，即麒麟橋。田十八，丈貳畝柒分叁釐叁毫，納實租柒碩叁斗。

黄字：八百八十二，葉町口，即水角。田四，丈壹畝零叁釐，納實租貳碩肆斗伍升。

二千零十一，烏橋頭，田五，丈貳畝伍分捌釐，納實租柒碩捌斗。

霜字：一千二百零五，住坑，田十，丈貳畝伍分零壹毫，納實租柒碩陸斗。被水僅存伍斗。

月字：七百十二，新庵，田二，丈陸分柒釐貳毫，納實租貳碩壹斗。

天字：一千二百五十一，上唐口，田七，丈伍畝玖分叁釐玖毫，納實租拾貳碩壹斗叁升。

四百十一，舞獅山脚，田五，丈壹畝肆分玖釐玖毫，納實租叁碩伍斗陸升。

玉字：三千零三十六，瓦寮下，田七，丈貳畝壹分正，納實租陸碩。

三千零三十七，殿前，田二，丈壹畝叁分捌釐，納實租肆碩。

霜字：一千六百四十，大猫垵，田六，丈貳畝叁分伍釐伍毫，納實租柒碩叁斗。

二千一百三十四，鴨礱口，田二，丈貳畝叁分伍釐陸毫，納實租柒碩叁斗。

以上共租叁百拾肆碩玖斗伍升，係貧生租田，詳准撥入書院。除批觧給貧生銀外，餘作書院經費。

一、撥天寧、精進等寺瘠田玖拾畝陸分，每畝收租銀叁錢，共收銀貳拾柒兩壹錢捌分，歸縣經理。除完粮外，餘俱撥入書院。此項每年向架房歸收。

一土名盤坑，田十段，計租叁拾貳籮。計額叁畝伍分。

一土名爐頭，田一，計租肆籮，額缺。

一土名台根，田二十丘，計租伍籮。
一土名桑坑口桑坑，田二十七丘，計租拾貳籮。
一土名嶺頭，田二，計租叁籮。
一土名徐突頭，田四，計租伍籮。
一土名三寶山寺邊及竹根坪，田，計租拾籮。
一土名名前町，又名焦川張塢突。田一，計租伍籮。額柒分肆釐□毫。
一土名殿下，又名三岸田下。田一，計租叁籮。額伍分柒釐陸毫。
一土名塘溪及梘頭，共田□丘，計租貳拾肆籮□□□□零。
一土名大畈，田三，計租柒籮，額畝□陸□□毫。
以上係南北義塾修脯、租田。除天寧、精進等寺田玖拾畝陸分外，餘共計實租壹百壹拾碩。因兩塾久不延師，其田無着，將銀租一并詳奉批飭，撥入書院。
一土名蕉川角町，田一，實租柒籮。
一土名大碓丘，田一，實租貳拾籮。
一土名官山脚，田一，實租貳籮。
一土名社壇後，田一，實租柒籮。

一土名焦坑後，田一。
仝，田一，二共實租貳籮。
一土名黄泥春，田一，實租壹籮。
一土名上横口，田一，實租叁籮。
一土名上横，田五，實租叁籮。
一土名磴下，田一。
仝，田一，二其實租伍籮。
一土名上亭下，田二。
一土名水碓後，田一，二其實租伍籮。
一土名楓樹下，田一，實租貳籮。
一土名烏塘租，田三籮。道光十五年出便與葉姓便得租田一項，上名租數列後。
一土名大栗樹丘，田一，實租六籮。額糧即收人妙高書院□。
以上拾伍土名，實租陸拾叁籮，係本山無着租田，禀明撥入書院，額糧未經收除，仍以文昌閣户
聽糧，歲納實繳銀壹兩叁錢玖分玖釐。
一土名蔭樟源竹山下，田四，實租柒籮。

一土名蔭樟黄泥塢，田十四，實租拾籮。

一土名馬頭降，田四，實租壹籮。仝，田，實租玖籮。

一土名南門外鐘砿，田，實租肆籮。

一土名蔭樟黄泥夫，田，實租拾貳籮。

一土名蔭樟源樟塢，田，實租伍籮。

一土名蔭樟源蘇洋塢，田拾陸，實租柒籮。

一土名蘇洋塢口，田，實租陸籮。

一土名南門外半坪坳，田，實租伍籮。

一土名坊門前，田九，實租玖籮。仝，田二，實租貳籮。

以上十二土名，共實租柒拾柒籮，係鹿鳴寺租田。因寺僧不法，經華姓控告，將田仍斷歸華姓，而華姓愿助入書院，額糧載後。

宙字：九十一，楓樹垵□□，田三，丈伍分□釐□毫零□□。

九十二，仝，田二，實□□□。

九十三，仝，田三，實貳分釐壹毫□□□忽。

九十四，仝，田二，實肆分肆釐肆毫□忽。

九十五，仝，田三，實伍分零捌毫玖絲陸忽。
九十六，仝，田三，實壹分釐零伍絲捌忽。
九十七，仝，田二，實壹分肆釐毫陸絲□忽。
九十八，仝，田三，實叁分肆釐柒毫零肆忽。
九十九，仝，田五，實壹分釐零玖絲肆忽。
一百，楓樹垵，田五，實壹分陸釐伍毫柒絲。
一，仝，田三，實壹分捌釐柒毫伍絲。
二，仝，田一，實貳分柒釐玖毫柒絲壹忽。
五百三十，蕪洋塢，田三，實壹畝零捌釐貳毫叁絲捌忽。
六百三十六，半坪坳下，田四，實叁分捌釐伍毫零捌忽。
三十七，仝，田五，實伍分肆釐捌毫伍絲叁忽。
三十八，仝，田六，實柒分壹釐伍毫零捌忽。
一千三百七十八，張塢，田三，實玖釐貳毫捌絲。
七十九，仝，田一，實壹畝零壹釐捌毫玖絲陸忽。
八十四，仝，田一，實壹分肆釐陸毫陸絲柒忽。

八十六，仝，田一，實壹分肆釐。

六百七十五，庄砇，田三，實柒分壹釐肆毫伍絲貳忽。

七十六，仝，田三，實柒分肆釐肆毫捌絲叁忽。

四百八十七，蘇洋塢，田三，實壹分肆釐叁毫叁絲叁忽。

八十八，仝，田三，實捌分伍釐叁毫壹絲叁忽。

八十九，仝，田二，實壹分貳釐玖毫伍絲陸忽。

九十，仝，田二，實壹畝零叁毫伍絲肆忽。

九十一，仝，田五，實伍分柒釐零玖絲肆忽。

九十二，仝，田二，實柒分捌釐捌毫叁絲伍忽。

九十三，仝，田二，實伍分玖釐捌毫貳絲叁忽。

九十四，仝，田一，實叁分壹釐柒毫貳絲伍忽。

九十五，仝，田一，實叁釐壹毫貳絲伍忽。

九十六，仝，田一，實貳分肆釐壹毫捌絲捌忽。

九十七，仝，田一，實叁分柒釐伍毫伍絲叁忽。

九十八，仝，田一，實叁分四釐伍毫叁絲伍忽。

九十九，仝，田一，實叁分捌釐伍毫。
五百號，仝，田一，實肆分肆釐壹毫捌絲叁忽。
五百零六，仝，田二，實柒釐柒毫伍絲。
七，仝，田一，實貳分貳釐陸毫貳絲貳忽。
八，仝，田二，實貳分壹釐柒毫捌絲捌忽。
九，仝，田二，實壹分叁釐伍毫玖絲肆忽。
十，仝，田二，實肆分玖釐肆毫捌絲貳忽。
十一，仝，田一，實伍分捌釐柒毫。
十二，仝，田一，實壹分肆釐捌毫陸絲叁忽。
十三，仝，田一，實貳分玖釐玖毫壹絲捌忽。
十四，仝，田三，實叁分玖釐玖毫貳絲伍忽。
十五，仝，田二，實叁分叁釐貳毫陸絲陸忽。
十六，仝，田二，實叁分捌釐零壹絲零肆微。
十七，仝，田一，實壹分陸釐陸毫伍絲陸忽。
十八，仝，田二，實叁分玖釐貳毫陸絲。

十九，仝，田二，實叁分叁釐壹毫叁絲貳忽。
五百四十一，水碓後，田，實伍分柒釐叁毫肆絲柒忽。
三百四十五，癸上，田一，實伍分叁釐零叁絲叁忽。
四十六，仝，田一，實捌分肆釐陸毫貳絲叁忽。
四十七，仝，田一，實貳分伍釐捌毫肆絲。
四十八，仝，田一，實柒分壹釐伍毫柒絲。
四百七十六，齊塢，田一，實壹分陸釐捌毫貳絲叁忽。
一百八十五，楓樹垵，田四，結壹畝貳分柒釐貳毫伍絲。
八十六，仝，田九，實壹分伍釐壹毫玖絲捌忽。
八十七，仝，田一，實捌分叁釐壹毫玖絲伍忽。
八十八，仝，田一，實陸分玖釐伍毫陸絲叁忽。
宙字：補丈，蔴洋塢口，田二，丈貳分玖釐叁毫伍絲。
宙字：四百八十五，蔴洋塢，地二，實陸分零壹毫叁絲叁忽。
八十六，仝，地二，實叁分玖釐貳毫陸絲柒忽。
以上即係將鹿鳴寺斷入書院田額，詳載備查。

一土名柴坑頭，田，租叁籮。
一土名苦竹，田，租叁籮。
一土名西塢口，田，租玖籮。
一土名坑里口，田，租伍籮。
一土名木旦屋下，田，租捌籮。
一土名坳嶺頭，田，租陸籮。
一土名塢里口，田，租貳籮。仝，田，租貳籮。
以上九土名，計租叁拾捌籮，納實貳拾肆籮肆斗。
一土名丁口門前，田，實租伍籮。
一土名葉旺塢，田，實租貳籮。
一土名大成垵，田，實租叁籮。
一土名沙降即洋塢，田，實租拾籮。
一土名官路外，田，實租拾陸籮叁斗。
一土名村上，田，實租叁籮。
一土名梨樹瓦窑山，田，實租貳籮。

一土名虎舞丘，田十二，租壹籮肆斗。
一土名木旦屋邊，田一，實租貳籮。
一土名丁口門前，田，實租肆籮。
一土名猪頭塢，田，實租肆籮。
一土名丁口門前，田，實租叁籮。
一土名東峰嶺頭，吴店下。田，實租肆籮。
一土名丁口門前，田，實租伍籮。仝，田，實租肆籮。
一土名朱塢口官山，排丘。田，實租柒籮。
一土名葉旺塢，田，實租叁籮。
一土名葉婆塢，田，實租伍籮。
一土名绳□頭，田，實租叁籮。
一土名英路門前，田，實租貳籮。
一土名烏宅水碓邊，田，實租陸籮
一土名英路處下，田，實租叁籮。
一土名弓山下，田，實租貳籮。

一土名绳絡頭，田，實租壹籮。
一土名下嶺口，田，實租貳籮。
一土名新塘，田，實租伍籮
一土名華山頭，田，實租伍籮。
一土名前山石馬，田，實租貳籮陸斗。
一土名古井邊，田，實租陸籮。
一土名官路外，田，實租貳籮肆斗。
一土名高陂街屋前，田，實租叁籮。
一土名丁口門前，田，實租陸籮。
以上四十一土名，計實租壹伯肆拾柒籮壹斗。係北隅包國勛助入書院，額糧載後。
出字：一百五十八，丁口門前，田一，實壹畝叁分玖釐捌毫肆絲貳忽。
猪塘塢，田十二，丈柒分叁釐肆毫伍絲。仝，田八，丈叁分肆釐。
四百七十九，丁口門前，田二，丈壹畝壹分肆釐玖毫壹絲柒忽。
七十四，仝，田二，丈六分壹釐零叁絲叁忽。
一百五十九，仝，田二，丈壹畝捌分柒釐。

一百六十二，仝，田一，丈壹畝壹分捌釐零壹絲柒忽。
二百六十五，朱塢口，田一，丈伍分貳釐柒毫零捌忽。
六十，仝，田一，丈肆分伍釐叁毫絲叁忽。
六百九十四，葉用塢，田三，丈肆分叁釐玖毫伍絲捌忽。
二百八十四，官山，排丘。田五，丈壹畝分玖釐玖毫零玖忽。
二千八百十二，弓山下，田二，實壹分伍釐陸毫玖絲捌忽。
二千一百四十二，利樹，瓦窑山。田，實陸分捌釐零貳絲伍忽。
八十六，丁口門前，田一，丈壹畝零肆釐柒毫伍絲捌忽。
五十七，村上，即上蘇屋後。田一，實陸分釐捌毫絲叁忽。
五百五十七，沙降，即洋塢。田二，實貳畝零釐貳毫貳絲伍忽。
五十八，仝，田一，實壹畝捌分叁釐叁毫叁絲叁忽。
六百三十九。官路後，即官路外。田二，實壹畝陸分玖釐。
闕字：六百六十九，古井邊，田二，丈畝伍分零捌毫伍絲。
出字：葉旺塢，田二，實拍叁分正。
五百零八，鳥宅，水碓邊。田三，實捌分釐捌毫陸絲柒忽。

九，仝，田五，實陸分伍釐伍毫玖絲陸忽。

三千一百五十九，绳絡頭，田二，丈陸分伍釐。

六十，仝，丈壹分叁釐柒毫陸絲叁忽。

出字：補丈，大成垵，丈伍分正。葉婆塢，田八，丈壹畝零捌釐。英路，碓處下。田三，丈陸分貳釐叁毫壹絲。英路門前，田三，丈玖分正。下嶺口，田九，丈叁分正。官路外，即□下橋頭。田一，丈肆分伍釐。

霜字：一千八百五十，西塢口，田一，實伍分陸釐零肆絲壹忽陸微。

八十四，坑里口，田四，實伍分叁釐叁毫伍絲。

八十五，仝，田二，實伍分玖釐貳毫捌絲叁忽。

六百七十六，屋下，即木旦。田二，實壹畝零伍釐壹毫壹絲叁忽叁微。

六百七十七，仝，田一，實叁釐叁毫陸絲陸忽陸微。

七百九十一，紫坑頭，田一，實肆分柒釐。

七百九十三，仝，田一，實伍分捌釐陸毫貳絲伍忽。

一千四百四十六，坳嶺頭，田二，實貳畝零肆釐捌毫柒絲玖忽壹微。

七百七十一，苦竹塢，田二，實陸分捌釐柒毫柒絲零捌微。

六百七十七，屋下即木旦，田，丈捌分捌釐陸毫陸絲陸忽。

六十九，西塢口，田，丈肆分捌釐叁毫絲貳忽伍微。

一百七十七，烏里口，田三，丈玖分捌釐零柒絲柒忽。

五千七百二十二，聖塘，田八，丈壹畝伍分伍釐貳毫貳絲壹忽。

盈字：五百九十，華山頭，田一，丈捌分捌釐捌絲捌忽。

四十二，仝，田二，丈壹畝捌分伍釐伍毫柒絲柒忽。

霜字：三千六百八十七，虎舞丘，田八，丈叁分零叁毫。仝，田六，丈貳分伍釐叁毫捌絲叁忽。

仝，田二，丈叁分貳釐貳毫。

六千六百八十一，角塢，即高彼街屋前。田六，丈肆分正。仝，田七，丈伍分正。

三千八百五十，吴店下，田五，丈壹畝捌分捌釐陸毫壹絲柒忽。

補丈，查屋基，即屋頭。田一，丈肆分正。

月字：六十四，石馬前，田一，丈陸分壹釐零捌絲伍忽。

以上即前包國勛助入書院田額，詳載備查。

一土名舞獅山下，田二，實租伍籮。名吴嶺，田，租拾籮。大庵前，又名烏□。田，租伍籮。聖山前，又名枸子山脚。租伍籮。

以上三土名，共納實租拾捌籮。

一土名大角，田，租拾籮。獨山脚，望吴泊。田，租拾籮。以上二土名，共納實租拾陸籮。

一土名西寺塢，田，租貳拾籮。納實。

西寺塢麒麟橋，田，租陸籮。納實。

以上五土名，共納實租拾貳籮。

一土名寺後，半岩塢右邊。田。左邊頂上，田。半岩塢下，田。大鎌口，田。黄車頭，田。

一土名岩塢，田，租拾籮。加塘塢，又名黄塢。田，租肆籮。陳坑，即大畈。田，租捌籮。

以上三土名，共納實租貳拾籮。

一土名貝里，田，租玖籮。大覺，田，租陸籮。

以上二土名，共納實租玖籮。

一土名山頭，坐墓旺。田，租拾肆籮。墓旺下，田，租貳籮。加塘塢，田，租肆籮。

以上三土名，共納實租拾陸籮。以上統共租田計二十一土名，并地塘額畝及實租，總數撥歸因由，俱載於後。

天字：二百七十三，舞獅山下，田一，丈壹畝壹分零捌毫陸絲叁忽。

八十二，仝，田一，丈叁分壹釐叁毫玖絲伍忽。

黄字：四百六十七，吴嶺，田，丈壹分肆釐伍毫伍絲。
六十八，仝，田，丈伍分叁釐柒毫伍絲叁忽。
六十九，仝，田，丈貳分陸釐叁毫伍絲。
七十，仝，田二，丈柒釐柒毫壹絲柒忽。
七十一，仝，田，丈玖分伍釐零柒忽。
七十二，仝，田，丈貳分壹釐捌毫捌絲捌忽。
七十三，仝，田，丈貳分陸釐柒毫玖絲柒忽。
七十四，仝，田二，丈叁分玖釐叁絲零柒忽。
七十五，仝，田一，丈壹分柒釐壹毫壹絲。
三十四，聖山前，田，丈壹畝伍分零柒毫肆伍忽。
二百二十二，大庵前，田，丈壹畝壹分陸釐叁毫柒絲伍忽。
荒字：五十九，西寺塢，田，丈叁分零玖毫柒絲伍忽。
六十，仝，田，丈伍分柒釐玖毫壹絲叁忽。
六十一，仝，田，丈貳分玖釐伍毫零叁忽。
六十二，仝，田，丈壹分柒釐玖毫肆絲貳忽。

六十三，仝，田，丈分壹釐柒毫捌絲肆忽。
六十四，仝，田，丈肆分貳釐叁毫零貳忽。
六十五，仝，田，丈貳分捌釐貳毫伍絲陸忽。
六十六，仝，田，丈玖釐陸毫伍絲。
六十七，仝，田，丈叁分伍釐叁毫柒絲。
六十八，仝，田，丈壹分肆釐伍毫叁絲叁忽叁微。
六十九，仝，田，丈壹分釐肆毫捌絲柒忽伍微。
七十，仝，田，丈貳分肆釐陸毫玖絲捌忽。
七十一，仝，田，丈柒釐玖毫零捌忽叁微。
七十二，仝，田，丈壹分貳釐陸毫叁絲玖忽。
七十三，仝，田，丈叁分叁釐貳毫貳絲柒忽。
七十四，仝，田，丈壹分伍釐陸壹貳絲柒忽。
七十五，西寺塢，田，丈壹分□釐肆毫柒絲貳忽。
七十六，仝，田，丈釐捌毫柒絲伍忽。
七十七，仝，田，丈捌釐零叁絲叁忽叁微。

七十八，仝，田，丈壹分陸釐捌毫壹絲貳忽伍微。
二十三，仝，田，丈玖分肆釐貳毫貳絲玖忽。
二十八，仝，田，丈叁分肆釐壹毫貳絲伍忽。
二十九，仝，田三，丈肆分伍釐貳毫柒絲壹忽。
三十，仝，田四，丈壹分玖釐玖毫零玖忽。
三十一，仝，田，丈壹分伍釐玖毫叁絲捌忽。
三十二，仝，田二，丈叁分捌釐陸毫柒絲伍忽。
九十一，左邊下，田，丈貳分陸釐零貳絲伍忽。
九十二，仝，田，丈叁分陸釐零貳絲柒忽。
九十三，仝，田，丈貳分柒釐壹毫伍絲捌忽。
九十四，仝，田，丈貳分玖釐伍毫壹絲叁忽。
八十七，岩塢，田八，丈壹畝叁分叁釐柒毫捌絲零叁微。
八十八，仝，田十，丈貳畝捌分伍釐柒毫貳絲玖忽。
盈字：一千八百零一，仝，田三，丈壹分肆釐壹毫柒絲捌忽。
零二，仝，田，丈壹分貳釐柒毫壹絲伍忽陸微。

三，仝，田，丈壹分貳釐貳毫肆絲伍忽捌微。
四，仝，田五，丈玖釐陸毫叁絲玖忽陸微。
五，仝，田三，丈陸釐肆毫柒絲玖忽□微。
六，仝，田，丈柒釐肆毫柒絲肆忽。
七，仝，田，丈壹分伍釐零肆絲柒忽玖微。
八，仝，田二，丈貳分零壹毫。
九，仝，田三，丈貳分零肆毫柒絲伍忽。
十，仝，田，丈壹分陸釐零捌絲柒忽伍微。
十一，仝，田，丈捌釐捌毫肆絲貳忽。
十二，仝，田，丈壹分陸釐壹毫貳絲伍忽。
十三，仝，田，丈陸釐柒毫壹絲柒忽柒微。
十四，仝，田，丈柒釐貳毫壹絲零肆微。
十五，仝，田，丈壹分貳釐玖毫貳玖忽貳微。
十六，仝，田，丈柒釐壹毫捌絲玖忽。
十七，仝，田二，丈壹分柒釐玖毫捌絲捌忽。

十八，仝，田三，丈捌釐陸毫。
十九，仝，田，丈壹分貳釐玖毫貳絲捌忽。
二十，仝，田，丈壹分叁釐伍毫玖絲肆忽。
二十一，仝，田，丈貳分柒釐捌毫陸絲玖忽。
二十二，仝，田，丈柒釐柒毫柒絲零捌微
二十三，仝，田，丈壹分壹釐貳毫。
二十四，仝，田，丈捌釐零貳絲伍忽。
宿字：一千九十三，寺後，田一，丈貳畒伍分伍釐柒毫伍絲。
霜字：一千二百九十六，山頭，田七，丈壹畒壹分柒釐捌毫壹絲肆忽。
九十七，仝，田六，丈壹畒伍分貳釐捌毫貳絲伍忽。
九十八，仝，田八，丈貳畒壹分伍釐壹毫。
九十九，仝，田六，丈壹畒伍分柒釐貳毫零玖忽。
三百號，仝，田，丈壹畒肆分釐柒毫零肆忽。
十六，大畈，田三，丈壹畒壹分玖釐柒毫玖絲貳忽。
三十八，加塘塢，田五，丈伍分捌釐伍毫肆絲陸忽。

三十九，仝，田六，丈壹畝壹分玖釐壹毫零捌忽。
三十六，仝，田五，丈壹畝柒分伍釐叁毫零捌忽叁微。
王字：五千三百一十一，獨山脚，田三，丈捌分陸釐捌毫叁絲捌忽。
十二，仝，田十，丈叁分肆釐零陸絲叁忽。
出字：四千三百八十五，果樂，獨山脚。田，丈叁分柒釐壹毫貳絲伍忽。
八十六，仝，田，丈捌分柒釐捌毫壹絲叁忽。
闕字：一千四百七十五，貝里，田，丈叁畝貳分玖釐肆毫伍絲。
洪字：九十九，大覺，田，丈壹畝陸分貳釐玖毫柒絲伍忽。
一百號，仝，田六　丈叁分伍釐貳毫貳絲柒忽。
零一，仝，田六，丈捌分玖釐陸毫叁絲。
月字：補丈，寺後，半岩塢右邊。田七，丈壹分陸釐貳毫伍絲。
仝，田六，丈壹分壹釐。
仝，田七，丈貳分零柒毫零捌忽。
寺後，左邊項上，田五，丈壹分玖釐壹陸絲。
半岩塢下，田五，丈壹分伍釐肆毫。

仝，脚下，田二，丈柒釐伍毫。
半岩，田一，丈壹分捌釐零捌絲。
仝，田一，丈貳釐伍毫。
昃字：八百二十一，大鐮口，田一，丈柒分伍釐捌毫叁絲叁忽。
二十六，仝，即黄車頭。田一，丈壹畝貳分零壹毫伍絲陸忽。
盈字：岩塢，地二，丈壹分玖釐叁毫貳絲壹忽玖微。
仝，地三，丈貳分貳釐零捌絲伍忽肆微。
仝，地一，丈陸釐壹毫陸絲貳忽伍微。
黄字：三百七十一，吴嶺，地一，丈捌毫叁絲叁忽。
盈字：一百八十六，左邊下，地，丈壹畝伍分貳釐壹毫陸絲柒忽。
八十九，仝，地，丈壹畝壹分柒釐壹毫壹絲叁忽。
九十，仝，地，丈柒分陸釐伍毫伍絲肆忽。
荒字：一百八十七，岩塢，塘一，丈叁釐叁毫叁絲叁忽。
以上田地塘共壹百零五號，計實租壹百貳拾貳羅。係本山松隐禪院租田，因寺僧蕩廢，將田典當。經衆備價贖回，稟明撥入書院。

岡字：五百二十九，牛杇嶺，田六，實貳分零柒絲柒忽。
三十，仝，田，實壹畝伍分伍釐柒毫。
三十一，仝，田七，實伍分零柒毫叁絲□□忽陸微。
三十二，仝，田六，實貳畝壹分壹釐壹毫壹絲□忽伍微。
以上田四號，共計實租拾伍籮，係西隅葉聰房助入書院。
宇字：二百四十八，横路塢，田，丈壹畝貳分陸釐捌毫叁絲叁忽。
四十九，仝，田，丈陸分伍釐陸毫零叁忽壹微。
五十，仝，田，丈叁分肆釐貳毫零玖忽肆微。
五十一，仝，田，丈壹分伍釐捌毫玖絲肆忽。
五十三，仝，田，丈貳分捌釐陸毫叁絲柒忽。
五十四，仝，田，丈伍釐捌毫玖絲陸忽捌微。
五十五，仝，田，丈壹分叁釐零伍絲。
五十六，仝，田，丈壹分壹釐肆毫伍絲。
以上田八號，共實租拾籮，係南隅李氏助入書院。
黄字：三百九十三，担肉村，田三，丈柒分柒釐陸毫柒絲玖忽。

一千二百五十九，大庵前，田一，丈壹畝柒分零伍毫玖絲陸忽。

以上田二號，共實租拾籮，係二都王宗熹助入書院。

月字：二千八百七十三，古院門前即湖荒畔。田一，丈壹畝肆分肆釐叁毫捌絲叁忽。

以上田一號計實租六籮，係四都鄭成家官助入書院。

閏字：一百八十一，前畈方丘，即四相公。田二，丈玖分捌釐伍毫壹絲陸忽。

以上田一號，實租肆籮，係五都楊光裔助入書院。

盈字：一百十五，官畈，田一，拍陸分正。

以上田一號，計實租叁籮，係將斷充書院坐落邑比土名葉町山埸，稟明換入租田。

張字：三千三百四十四，下塢，田三，丈叁分肆釐柒毫玖絲貳忽。

仝，田二，丈叁分壹釐肆毫零捌忽。

仝，田二，丈伍分陸釐陸毫零叁忽。

來字：二千三百二十八，横坑，田一，丈捌分伍釐。

二十九，仝，田二，丈壹分零柒毫伍絲捌忽。

三十，仝，田二，丈貳分叁釐柒毫玖絲陸忽。

二十五，横坑口，田三，拍伍釐叁毫柒絲玖忽。

二十六，仝，田一，拍壹分叁釐陸毫伍絲陸忽貳微。

來字：四千零二十五，橫坑口，田三，拍伍釐叁毫玖絲玖忽。

以上田九號，計實租共拾叁籮，係將斷充書院坐落四都内源土名黄岩坑陰陽兩向山塲，稟明換入租田。

一土名東梅橋，前山兒。田一，計實租肆籮正。

一土名原口上田，田一，計實租肆籮正。

一土名吴突頭，水碓後。田二，計實租陸籮正。

一土名東峰梅教，田二，計實租肆籮正。

一土名楓樹坪，烏源袋。田二，計實租貳籮正。

以上五土名，共實租貳拾籮，係十九都柳村朱琪霖助入書院租田。

一土名池林柿樹下，楊梅樹下。田陸丘　實租伍籮。

一土名黄秋嶺，田伍丘，實租肆籮。

一土名柿樹下并下按，田捌丘，實租叁籮。

以上三土名，共租壹拾貳籮，係二都金岸朱元恭仝弟等助入書院。

出字：三千零八十五，前岸，田一，實貳畝陸分肆釐柒毫伍絲。

八十六，仝，田四，實柒分叁釐肆絲貳忽。

以上二號，租捌籮，係四都長濂鄭之熿仝侄等助入書院。

寒字：一百九十六，前畈，田一，拍壹分肆釐貳毫絲玖忽。

以上一號租叁籮，係將斷充書院，坐落四都長濂，土名逐壠，中間大小兩岡山塲稟明換入租田。

霜字：一百七十六，上末源，田，丈捌分伍釐叁毫伍絲。七十七，仝，田，丈叁分貳釐陸毫玖絲貳忽。七十八，仝，田，丈貳分柒釐玖毫壹絲陸忽陸微。

以上田三號共租伍籮，係將斷充書院，坐落三都大橋，土名大垵山塲稟明換入租田。

宿字：坟山後，田一，丈壹分伍釐。

暑下，田二，丈貳分正。

以上二號租貳籮，係將斷充書院坐三都高坪土名潘麻屋，後即俞垵山，山塲壹處，其山上至降頂，下至田，左至斷，給潘姓管業。楊梅降合水，右至高坪庄社内衆山合水硋为界。共計山塲貳岡，稟明換入租田。

一、四義塾經管，向例各送租銀壹拾兩，共肆拾兩，作東西塾師脩脯。近因久不延師，其銀無着，稟明撥入書院。其銀遞年向各塾經管歸收。

一、坐落四都普濟庵前，土名斗米嶺木魚山，山塲一處。其山後至嶺背地，前至山脚地，左至山脚路，右至山脚地。因周、陳兩姓争控無據，斷入書院，給人承佃。遞年納山租錢捌百文。

計開辦理章程一条款

一、每年租穀及各項租銀，俱歸本年值班經管催收。除應付本年費用外，所有餘蓄，於公算日結明，交下年值班經管收存，以作來年支銷。

一、議在鄉租穀，即着該鄉經管收存。俟應用之日出糶，繳付在城經管支發。

一、議立總簿一本，輪交值年。凡值班經管，先將一切收支，逐項登記小簿。至公算日，將細賬交衆算明，着下年經管謄入總簿。其簿即交次班收存，以憑來冬公算續記。

一、議每年公算，定於十二月初四日，會齊城鄉經管，面同結算。不得攢前移後，各經管亦不得推故不到。

一、議在城濕租，定限八折出倉。東北鄉濕穀，并無田課秤收，定限七折五出倉。其晾租定限九折出倉。惟盤坑租穀，山深水寒，曝折尤多，且歷年難收全租。俟另議下實後，限定七折出糶，以昭公允。

一、城鄉經管寄交銀錢，俱須開明交收數目清單，以憑查考。

一、遇荒歉年分，倘有減讓，俱須登記細賬，以憑核算。

一、公算日期，在鄉經管亦須携帶細賬來城，以憑經衆面結。

一、山長進出，俱歸在城，值年家住宿，其接風餞行酒席，議貼洋銀拾貳元，以免重賠。

一、倘遇開館日期尚遠，山長或住宿多日，其酒肴飯餐，及近處來往轎金，另記開銷。

一、算賬以在城經管作東，議貼酒飯洋銀八元。其在鄉經管轎金，各按程途，查照鄉例給發。

一、凡考取内肄業各生，膏火定議每月生員給錢四百文，童生叁百文。其非考取内肄業生童，凡一切外肄業附課各生，不得濫給。

一、每月朔望考課獎賞，議定生員超等一名，給錢四百文。自超等二名起，至特等一名，給錢三百文。又自特等二名，至一等一名，給錢二百文。一等二名以下，不准給賞。童生上卷一名，給錢三百文。自上卷二名，至三名，給錢二百文。三名以外，不准支給。

一、現在書院各租出息，支發統年經費，只能敷衍，并無盈餘。山長修金，議送洋銀二百元。每月膳金，議送八元。其修膳兩金，俱須按月致送，不得逾違。每節乾禮，議送四元，隨封二元。倘遇節間，應加送水禮，酌量時宜置辦，不得簡慢，亦毋許糜費。至山長應用銀錢，自宜送摺應支。倘支用過多，膳金不敷，應於修金内扣抵，毋庸格外叨好，以免掣肘不敷之患。俟出息充裕，再議應酬門面。

一、書院甫經創始，一切支應，不無簡略，亦不無浪費。一切規則，尚當隨時斟酌增減。并或有不在規則之内，而時勢有不得不支應者，不妨開明細賬，公算開銷，毋庸暗賠，以免後累，令人畏縮不前。

一、每年公算各賬，總簿算明後，即須呈縣查核蓋印，以免日久弊生。

一、册簿、總簿及田山租簿，挨次輪交值年收存，不得遺失。倘有遺失，定議公罰。

一、山長須敦請老成持重、品學兼優名儒。其關書定議，於公算賬務日，會齊城鄉經管，酌商公送，毋得草率早定，致有差池。

一、創立書院，原爲培植士子起見，自應先端士習。倘肄業生童，有品行不端，敗壞風化者，即應禀官斥逐，毋得狗隐。

一、各縣倘有生童仰慕，前來附課者，只給獎賞，不得概支膏火。

一、開舘日，城鄉經管，俱須齊集書院照料，不得規避。其輶金無論，城鄉查照鄉例給發。

一、書院辦卷寫榜，應歸禮房辦理。

一、在城值年經管，每年於開印後，即須擇日禀請出示考取。甄别赴試者，先親赴禮房報明，以便填寫花名册，聽點進考。如遇印官公出，禀學代考。試畢，禮房即將點名册及朔望課卷，一并送交經管收存。日後朔望各課來領卷者，經管查照點名册給發。其有未考甄别、續來附課者，須先親向經管報明，補填姓名於點名册内，始許領卷。倘有单開册内無名之人，混領課卷及續來附課，非親自報明者，不得濫給課卷。

一、奬賞本應給發花紅紙筆，因辦理不便，用錢代給，藉以表明優劣。名目原爲鼓勵人材起見，并非利藪，可以任人趨取。倘有不肖生童，頂冒他人姓名，混領多卷，一課呈進數藝圖利者，一經董事查出，即扣除奬賞，以杜絶混冒、頂替各弊。

一、内肄業准給膏火，其外肄業及附課者，勢固不能遍給。倘内肄業一連三課俱考，置末後五名，即須撥出爲外肄業。若外肄業一連三課俱考，列前首三名，亦須撥入爲内肄業。其膏火即隨撥分別給除，以示懲勸。

磐溪義塾，在二十都獨山，邑人朱子堯建。

項氏義塾，在北隅，邑人項應祥建，名觀瀾亭。

鳳池書院，在湖山，有明作堂、説于樓、歸咏橋，知縣池浴德建。萬曆六年，知縣鍾宇淳重修，建光霽亭於歸咏橋前，橋易以石。

兑谷書院，在北郊，邑人包萬有建，今廢。新建伯王承勛記曰：明興儒術，發事功，接武興者，吾浙兩文成。家文成倡學東南，良知一燈，炯如也。維時平昌後山包子，生栝文成之鄉，及家文成之門，有聲浙東西，道義往還，垂今猶昔。平昌蓋有君子山焉，豈其地多君子名耶？厥孫似之，克紹家學，綴輯遺書，繩筏當代，儻傳良知一炬，君子人與？建院講學，問記於予，世稱兑谷書院是矣。兑于位西，于行金，于時秋，于德禮。嘗讀《易》，至兑而感焉。兑者，説也。其象曰：『麗澤，兑。』似之集鄉之人講此谷也，以其習服衆人，集五方之巧者過其門，朱同陸异，疑義徵析。五典笙簧，三墳玉帛，在兑之和。此鵠彼彀，聚神於一，殿虎相下，心軌膠漆，在兑之孚。循委測瀾，因表揆景，獨帚衆轍，分蔑別稗，在兑之商。登斯堂也，如闢孔壁，咀百子之華而弃其粃，食衆書之古而吸其髓。蓋似之以正學爲之主盟，舉一切狐禪鼠聖，不必鑄金刻木，畫重明之鳥，斷無有引之厲者。似之真跫谷足音，虛其心，實其腹，爲天下谷者哉。谷静而虛，惟静能應，惟虛能受。時習朋來，説取諸兑，四方人士聞風來者，如萬物於秋而川鳴谷應者。夫芝蘭生於幽谷，無人自芳，而其芬通天下，平昌以君子名山也。兑之谷，有以風之，四子六經零星散爲萬花之春，似之。鐸以振之，如于闐鐘聲流入中土，應有漢武皇午夜聽之。夫目上於天，耳下於谷，世儒以循行數墨笑，似之。真海中鼈咳，未有不爲雷所嗤者也。况有兩文成之木主在，一以道脉，一以地靈，從中呵護此院，將媲鹿洞、鵝湖，與家九華、天真諸院，相與千古。予蕪言奚足記，兑谷聊記。似之能世其家，我兩人能世其交。一燈炯炯，平昌能世有君子也。

奕山書院，離治八十里。邑令繆之弼撥上名長塘田一十九畝零，以作膳田。遞年公舉文行兼優者爲塾師，收租以作修脯。其糧派在塾肄業諸生完納。計租五十七籮，實三十三籮田。係閩人楊輝升開墾。升爲彭寇脱逃，余丙壽竊種四載。五十年，朱姓首發。縣因朱姓係書禮之家，將田撥入奕山書院，以冀教化永久焉。乾隆癸未，朱姓於書院前創建文昌宫，以主書院之祀。

雅南義塾，在練溪。前明吴氏創造。乾隆間，祠孫重建。吴文炳《義塾偶成》詩云：遠峰何崷崒，環抱讀書關。地接龍湫塢，門臨筆架山。煙雲諧幽性，花鳥解愁顔。更喜同心侶，討論日往還。

鞍山書院，在四都長濂馬鞍山。里人鄭姓創建。前明萬曆甲辰，殿元楊守勤未遇時，流寓於此，設教有年。有《戲題池上小舟》詩云：碧水浮新沼，兒童芥作舟。有帆常不捲，無棹任漂流。去去沙爲梗，行行石又留。遥知蔽日艦，須向尾閭游。

里人鄭士楨《四時即景》詩云：萬仞奇峰抹翠烟，學眠新柳午風天。花明小砌迷蝴蝶，木蔭平林泣杜鵑。曲澗流清孫楚耳，方塘草入謝公篇。洞簫一拍精光下，彷彿吹笙緱嶺仙。不用尋涼水石邊，綠蘿分影障堦前。風清枕上羲皇侶，雲黑齋頭詩酒仙。淡墨描窗幾個竹，浮香入座一渠蓮。草茵坐久忘煩暑，始信山中別有天。遠山侵入碧雲天，霜葉漂搖落尚連。松吼怒濤虬拂髯，荷翻殘蓋鷺抛拳。疏桐欲敗蟬聲老，野蓼方開物色鮮。岩桂□香明月夜，恍疑身是廣寒仙。誰道蕭餘索寞天，小齋風韻更悠然。竹敲清響来嘯下，梅送幽芳到席前。静對寒山心有主，冷餐柏子骨□□。尋春踏雪饒餘興，不藉旁人割半氊。邑人吴國賢詩云：□裡通泉石上流，松林好鳥囀枝頭。蘭亭回水今無恙，此地流觴也可否。

深秀書塾，在邑西九十里琴溪。里人濮韜建。

附載遂邑各處公所會館。

遂昌公所。坐落省城杭州府仁和縣似蘭。四啚：懷字號鳳山門外、慶豐關前、興隆橋右，東至官街，南至前鄭家屋、後鄭家屋、官巷，西至張家墻，北至前鄭家屋、後高家屋。坐西朝東，基地壹叚，屋宇壹座。內計臨街臺門壹間，磚封腰墻壹帶，大石墻門壹座。進內海□石天井壹方，左右平廂叁間，大廳樓屋叁間，左右夾衖貳条，磚封縫墻貳帶，後軒叁間，碎石天井壹方，左右樓廂肆間，磚封腰墻壹帶，墻門外過廊壹帶，灶房叁間，天井壹方，土墻壹帶，後門壹座，腰墻壹帶，正廳檐下左首墻門壹座，內過廊壹帶，書樓屋肆間，平廂壹間，天井壹方，兩面土墻貳帶，腰墻壹帶，內平書屋叁間，過廊壹帶，灶披壹間，天井壹方，周圍上下門窗、板□、石鼓、石板、樓板、地板、几案、牀桌、太平水缸俱全。係嘉慶十五年買得仁和唐姓出售之業，統計價值及修葺并一切零用，共費銀貳千餘兩。立户：遂昌公所坐杭州府仁和縣似蘭四啚徵地漕糧壹畝零柒釐玖毫，其一切銀兩俱係城鄉寫捐及抽筝貨釐金所出，刊碑貳坐，豎於公所廳旁，詳記事由始末，俾合邑士商應試緣事赴省者，皆得有所棲止焉。所有早年置買本縣南門外及二都峽下源田租貳項，可爲修理費用。其户名、粮額、租數附開後：

一、户平昌棧，坐遂昌縣二十都，徵糧陸畝零陸釐，共實租貳拾肆石伍斗正。

本邑南門外田壹項。

黄字：二千零九十三，鳥□源，即白麻嶺脚。田七，丈伍分柒零玖絲捌忽。

九十四，仝，田十，丈壹畝壹分柒釐玖毫陸絲捌忽。

九十五，仝，田十，丈捌分柒釐壹毫陸絲肆忽。

以上共實租捌石伍斗。

一、本邑二都峽下源田二項。

宇字：一千三百六十二，翁塢，田三，丈叁分伍釐壹毫零貳忽。

六十三，仝，田三，丈貳分肆釐貳毫肆絲肆忽。

六十四，仝，田六，丈柒分叁釐壹毫柒絲柒忽。

六十五，仝，田三，丈肆分捌釐柒毫叁絲。

七十一，仝，田四，丈壹分壹釐零玖絲捌忽。

七十二，仝，田四，丈壹分壹釐零玖絲捌忽。

七十三，仝，田四，丈壹分捌釐伍毫肆絲貳忽。
七十五，仝，田六，丈叁分零貳絲玖忽。
七十九，仝，田七，丈貳分玖釐肆毫肆絲玖忽。
宇字：二百五十六，交洋，田一，丈壹分壹釐陸毫。
五十七，仝，田二，丈貳分捌釐零叁絲叁忽。
五十八，仝，田二，丈貳分貳釐伍毫陸絲。

以上二項共實租壹拾陸石。

以上公所絶賣印契壹紙，議单貼絶絶貼親供找契肆紙，入户錢糧知单壹紙，原業老契柒紙，及田畝印契貳紙，并遂昌二十都平昌棧户實徵親供糧册壹本，俱存邑東徐廷言手。

栝昌公所。遂昌隸栝蒼郡，在浙省之南，距省千里而近。遂西鄉水源有三：一王村口源，一周公源，一湖山源。皆於周公口合流出衢，達錢塘江入海。省城江干舊無公所，遂人抵杭者，皆寓於候潮門外平昌公墅。乾隆五十一年，余祖衷一公暨華浙三、季廷彰、嚴子堂、劉貢九，抽三源炭商釐金，在水墩橋右售得汪氏屋，爲栝昌公所。前臨大江，後枕玉皇山，地势宏廠，周垣鞏固，屋三進，皆層樓，僉稱善。然多朽腐，宜加修葺。木石工費，廷彰子萬和司其事，不辭勞瘁，三年始竣工。寸朽不留，厥費甚鉅，故抽釐外，不能不兼勸捐於邑。城鄉殷富，一時器皿咸備，茶湯膏火僱人掌其役，歲以爲常，居者便之。歷年既久，補葺數次，皆取給於釐金。嘉慶二十三年，萬和故，余兄秉衡偕鄭邇寳、黄孔美、濮元善同心董理，將歷年抽釐盈餘，權子母置田畝山塲，爲久遠計，傳諸不朽。余維創業難，守成難，而公産尤難。公所創自乾隆五十一年，迄今完好如故，非董理相繼之得人，何以致此？余不文，然於公所顛末知甚悉，書此以告來者。邑人戴縉識。

乾隆五十一年，置得汪申毓出賣杭州江塘水墩橋上首，坐北朝南客寓一座，取名栝昌公所。其四至：東至張姓墻心爲界，與張姓合半，契載明白，南至官街，西至墻，北至官河。即後河。

嘉慶八年，買得吴廣之本所大門外基地一片。其四至：東至周家屋，南至錢江，西至顧家屋，北至官街。

一置遂西大柘庄田山。

計開田土名租碩列後：碓後，租貳石。上馬石，租伍石。岳山下坑，租壹石柒斗。碓門前，租四石。上猴嶺蓬前，租肆石。樟樹下，租壹石。仰天盂，租肆石。流車，租陸石伍斗。大礱口，拍租伍石。岳山，租九石。篠塢，租伍石玖斗。黄家弄，租壹石。早厄，租玖石。楓前，租拾叁石。朱塢口，租肆石貳斗。大垵、黄垵埋共租柒石。石門陳，租肆石叁斗。道堂前，租伍斗。丁丘下，租玖石。

以上共實租玖拾陸石壹斗。

道光十五年，買得戴秉衡各處山塲，土名列後：上坦東坑山塲一處，小土名楓榴垵，即赤樹垵。其四至：東至大降分水，南至包兆科山小降分水直下坪，西至田，北至小降，直上雞冠。又土名蘇蓬後山塲一處，其四至：東至大降，南至包家山小降直下坑，西至田，北至田，包姓山降分水直上。又土名團羅垵山塲一處，其四至：東至大降，南至項家山降分水直下田，西至坑，北至包家山，直下雙坑。又土名直坑中柱、内柱、外柱、牛頭坪相連山塲一處，其四至：東至外柱横坑，自山大降分水直下金字山右角透下坑，南至雞冠案脚，隨坑直上坳，西至東坑坳，直上大降尖分水，北至牛頭坪後大降山頂分水爲界。

卷之三下

建置志

郵傳、坊塔、亭閣、橋渡、隄堰

郵傳

縣前鋪

航頭鋪在邑東五里。

資口鋪在邑東二十里。

坊

太平坊，在邑左，今廢。

宣化坊，在儀門外，主簿文英立，今廢。

興賢坊，在學左，今廢。

育才坊，在學右，今廢。

進士坊，爲蘇民立，在城隍廟下，今廢。
泮宫坊，知縣胡熙立，今廢。
澄清坊，在東隅，今廢。
仁壽坊，在邑東壽光宫，今廢。
安定坊，在南隅，知縣黄芳立，今廢。
通遠坊，在西隅，今廢。
公正坊，在西隅，今廢。
君子坊，在北隅。
春桂坊，在北隅，今廢。
范仙坊，在北隅，今廢。
義民里坊，在二都，明初知縣魏良忠立，知縣池浴德重修，今廢。
攀桂坊，爲舉人毛翼立，在南隅，萬曆年間，裔孫毛廷相、毛德淵重修，今廢。
登雲坊，爲舉人吴紹生立，在北隅，今廢。
晝錦坊，爲進士周德琳立，在十一都。
青雲坊，爲舉人蘇祥遂立，在南隅，今廢。

登第坊，爲舉人張璿立，在東隅，今廢。
步蟾坊，爲舉人王永中立，在南隅，今廢。
凌雲坊，爲舉人吴文慶立，在南隅，今廢
應麟坊，爲舉人徐景明立，在北隅，今廢
擢英坊，爲舉人俞宗進立，在西隅，今廢。
應奎坊，爲舉人張誠立，在東隅，今廢。
時英坊，爲舉人鄭傑立，在二都，今廢。
父子進士坊，爲吴紹生、吴志立，在北隅。
冲霄坊，爲舉人朱仲忻立，在二十都。
進士坊，爲朱仲忻立，在二十都。
翔鳳坊，爲舉人董晟立，在西隅，今廢。
騰霄坊，爲舉人王玘立，在東梅口，今廢。
進士坊，爲王玘立，在東梅口，今廢。
尚書坊，爲進士蘇民立，在東隅。
昂霄坊，爲舉人黄公標立，在縣前，今廢。

大司馬坊，爲蘇民立，在迎恩門内，今廢。
世科坊，爲舉人王煒立，在東梅口，今廢。
進士坊，爲應棐立，在十一都桃溪。
五馬坊，爲進士應果立，在東隅。
大文宗坊，爲進士應櫝立，在學左。
總督重臣坊，爲兵部侍郎應櫝立，在縣左，今廢。
獨持憲節坊，爲御史工黄中立，在縣右，今廢。
丹鳳坊，爲進士翁學淵立，在南隅，今廢。
大總憲坊，爲進士吴孔性立，在學右。
天垣諫議坊，爲進士鄭秉厚立，在司左。
天垣都諫坊，爲吏科都給事中項應祥立，在縣前，今廢。
文昌坊，在君子山，乾隆二十八年知縣王惾建，今廢。
貞烈坊，爲徐懋厚妻王氏立，在東隅徐祠門右，今廢。
節孝坊，爲毛檠妻周氏立，在南隅。
節孝坊，爲童巽妻朱氏立，在北隅。

節孝坊，爲劉光濂妻朱氏立，在石練。

節孝坊，爲王紹華妻朱氏立，在湖山。

節孝坊，爲葉嗣俊妻鄭氏立，在獨山。

百歲坊，爲賞六品頂帶百有二歲壽翁朱璡立，在二十四都奕山。

節孝坊，爲鄭祥采妻朱氏立，在二都東横。

節孝坊，爲吴國賢妻王氏立，在石練。

節孝坊，爲王國蘭妻俞氏立，在潘村。

節烈坊，爲陳兆福未嫁妻朱氏立，在三都葛坪。

塔

雙峰塔，紹興壬子，縣尉葉木、知縣朱元成建。堂名曾雲，以西有曾山。亭名知津，以臨大溪。有塔院以供洒掃。邑人張貴謨記曰：吴赤烏二年，立平昌縣。至晉太康初，改曰遂昌。地頗岩僻，聯巒層溪，有山水之勝。縣前瑞山，高壯盤鬱。曾山剡碧西峙，號文筆峰。南北兩溪，合流而東。邑多秀民，學耕文穫，以舉進士爲業。六邑戰藝，推而先登。名人魁士，踵袂相接。如龔武陵、周蓮峰，由太學登科甲，以經術文章行世傳後。城山之劉，柘溪之周，皆三世登科。其他持己居官者，多有風迹，不啻百年於兹矣。邇年，俊秀群試有司，往輒報罷。陰陽家謂風氣蕩泄，地與時之遭爾。紹興壬子，衆議於水口山，增卑益高，建七級浮圖。時葉邑尉來賓主之。越四年，邑有賢侯，下車之始，營治勤劇，剗刮弊源。因民有逋租匿役，及探借吏役緡錢過多，磨瑕補罅，不日辦治。又剖訟通决，民吏憚服，搜考得美財，遂訖塔事。塔勢騰突，拔地撐空，土枕龍角，衝接奎躔，與文筆相值。自此文祥秀氣，當復振發。學者宜與其群相爲師友，講古言道，從事於忠信孝友，蓄爲事業，奮爲詞章，躡足天庭，起取顯美，當自此塔始。塔旁駢以松竹，築堂植亭，輝映左右。塔名文筆雙峰之塔，堂名曾雲，亭名知津。東南偏有屋名塔院，給人以供灑掃。衆山横環，一水清瀉，景物四時嬉遨共樂。里有鉅公及時之名卿，俱以掄魁大手書塔名若記，以開文筆雙峰之讖云。乾隆五十七年傾圮，道光十年建而復圮，今石脚存焉。

鍾秀塔，在奕山。嘉靖十四年，里人朱姓建。今圮。

元魁塔，在湖山。萬曆十三年，里人王姓建。

亭閣

御書亭，在北義學左，康熙庚辰，知縣蘇𡌭建。碑載朱子詩：兩岸蒼峭石，護此碧泓寒。秋月來窺影，驪珠吐玉盤。今廢。改建於明倫堂後。

省氣亭，在縣前屏墻外，知縣繆之弼建，今廢。

熙皞亭，在濂溪三台山下。

平政亭，在東隅平政橋頭，今圮。

百歲亭，在長濂。

息亭，在奕山，康熙四十八年，里人朱宗瀛建。

明秀亭，在湖山。

西亭，在湖山。

偕樂亭，在長濂。

來翠亭，在西隅。

玉泉亭，俗名冷水亭，在長濂赤山下，嘉慶庚申被水冲没，道光己丑重修。里人鄭培椿記曰：濂溪，山莊也。其環峰聳翠，曲水縈流，山澗英靈，甲於遂邑。溪東有山曰赤山，巍然矗立，壅衛上游，一鄉之鎮也。山麓延亘里許，西爲赤山廟，供祀土神，頗著靈异。廟不甚宏厰，而氣象特偉，仰觀俯察，廓如也。其東則巉岩峭壁，樹木叢幽，岩腹有泉湧出，清冷异常，暑旱不竭，所謂氿泉穴出者是也。前人即其地建一閣，曰雙清閣。閣之下爲亭，曰玉泉亭。自亭以西，沿途桃李笑日，蘭桂迎風，雖蕞爾區，而幽勝殊絶。入吾鄉者，如行山陰道上，有應接不暇之嘆。予童子時，從先輩游覽其間，劇可賞也。嗣於庚申夏秋之交，山水暴漲，亭閣漂没，而予亦以被灾故，僑寓城西，衣食奔走，橐筆游幕，遍歷吴、楚、閩、蜀間，幾不知故鄉何處矣。己卯歸，得築廬舍，返居里門。暇則與二三知己，追尋舊游，見廟宇傾圮，岩壑荒凉，欲求疇昔風景之勝，渺乎不可復得。陵谷變遷，感慨係之。溯自庚申至己卯，上下二十年，凡廢者莫可舉，壞者無可修，吾鄉人力之凋敝又可知也。越十載己丑，里人始慨然有興復古迹之志，折修赤山廟，加建閑軒邃室，頗極幽折，視從前成式，有其過之無不及焉。又以餘資重建山之東麓玉泉亭。是亭背山臨水，翼然凌虚，易於傾危。因即前人之意而變通之，裁高閣，建回廊，飛檐曲檻，掩映山林，鑿池引泉，一泓可鑑。游人至此，挹清風而濯冷泉，塵氛盡滌矣。岸花隄柳，有則培之，無則植之，覺昔年景物宛在目前也。嗟乎！庚申之災，各處村落多半丘墟，而濂爲尤甚。仰賴國家撫字恤育，得以涵煦生息。曾幾何時，而恬熙如故，蓋休養之澤長矣。迄今農服先疇，人回故居，合村勝境，煥然聿新。流覽憑臨，幾忘頹敗之久，修葺之勞焉。故觀於鄉，而知王道之易易也。辛卯春，予應松川湯竹筠明府幕中之聘，歲時往來，輒經其處，睹□□物，深嘉其得我心也。天貺後六日，信來囑予爲記。是日時雨初過，几席生凉，啜茗乘爽，書此寄之，志喜也。

少憩亭，在東峰。

憑虚亭。

咏歸亭，俱在關川。

得月亭，在邑南，臨溪，有十八景。今圮。邑令黄德裕詩云：石笋樓空枕急湍，公餘登眺倚闌干。黄花對我添秋興，緑醑逢人戰午酣。山色數重雲外見，水光一片鏡中看。清凉味到天心處，自覺身輕振羽翰。

壽域亭，在邑西二里。嘉靖間，里人周慶養建。

嗣服亭，在石飛嶺。

凌雲亭，在邑西八十里。

仁風亭，在獨山。

望賢亭，在東川。里人黄鏐建。

需濟亭，在獨山。

覽勝亭，在邑西百里。

尚義亭，在邑西百里。
侵雲亭，在邑北二十里。
芳碧亭，在碧瀾橋側。今圮。
種德亭，在邑東三里。今圮。
留青亭，在奕山東三里。乾隆八年，里人朱夢麟、楫仝建。嘉慶年間，朱秉性重造。
留淳亭，在文昌宫前。葉姓建。
擁樹亭，在南門外。王宗瀛建。今圮。
清碧亭，在金岸。里人建。
平吁亭，在小谷嶺。俞滋建。
積翠亭，在邑北五里。俞長輝建。
德性亭，在關川。毛儀燾建。
濟孤亭，在大柘横街。遞年中元，里人祭孤於此。
且亭，在西嶺脚。陳天錫建。今圮。
幽嶺亭，在幽嶺寺前。嘉慶八年創建。
應運亭，在邑東三里。俞長淮建。今圮。

望遠亭，在文昌山前。乾隆二十七年，知縣王憕捐建。

朝暉亭，在文昌山水口。乾隆二十七年，知縣王憕建。

引亭，在文昌山。今圮。

留憩亭，在文昌山。乾隆二十八年，知縣王憕建。今圮。

聽泉亭，在文昌山。乾隆二十九年，邑人徐台年建。

四照亭，在文昌山。乾隆二十九年，貢生王鋆建。今圮。

文昌閣，在文昌山。乾隆二十八年，知縣王憕鼎建。自有記曰：文昌六星，其六曰司祿。説者以爲名祿之所從出，士之志科名者必祝焉。遂昌之士，名不挂於科目者，逾兩甲子矣。乃謀奉文昌神而祀之，庶幾陰相而默佑者，顧不得爽塏之地而建宇焉。邑西北四里有妙高山，秀拔孤峙，竦出雲際。癸未重九，余振衣而上，直窮其巔，群峰圍繞，如拱如揖，雙溪縈注，若襟若帶，天窅然而高，風冷然而清，蕭寥虚曠，超邁塵俗。絶頂之下，有田十餘畝，巒岫回抱，竹樹參列。有僧廬焉，老屋三楹，塵埃委積，荆蔓蒙翳。余慨然曰：山中景趣如此，而無以發之，幽奇勝妙，淪晦終古，是負此山也。盍闢之以爲文昌之宫乎？歸而謀之邑人，僉曰：善。於是鳩工庀材，徙僧廬於左，而建文昌閣於其中。閣之前濬池，廣二三畝，植以芙蕖。池上爲奎星樓，與閣對峙。樓下繞以回廊十二，屈曲相通。樓之外層列三亭，最高者曰望遠，稍下曰朝暉，再下曰聽泉。沿崖植松杉桃李，以補峰巒之不足。山半爲亭，曰引亭，以供休憩。山外立坊爲表，易山名曰文昌山，大書以揭之，所以兆是邑之祥也。甲申五月，率邑人奉文昌之像於閣，端儀有儼，睟容有穆，光華煥炳，如動喜色。憑闌而眺，則嵐翠濃淡，烟霏明滅，向之隱没於荒凉翳薈之中者，莫不争奇競巧，呈獻於指顧之下。

千年湮蔽，一旦軒露，群情歡忭，交口贊善，比之崑崙閬風，非塵壒中所有，斯真可以妥帝君之靈，而兆是邑之祥矣。乃以公田六十籮隸焉，以供春秋報享之用，且謀廣其齋廡，俾諸生得肄習焉。庶幾研摩講貫，學成業修，振詞鋒，拂文鋩，奮迅而出，吐百餘年來抑塞壅閼之氣，使人知神之休應，昭赫顯著，余亦得載名玆山，以垂不朽，豈不盛哉！諸生勉旃，余且拭目以俟。訓導王世芳記曰：平昌城北，山名妙高，岩石巉絶，屈曲紆回，人必傴僂策杖而登，有半途力竭思息者，掃葉席草而坐。予竊以爲高則高矣，妙猶未也。乾隆辛巳，邑侯王公諱憕，字平甫，號章伊，西蜀孝廉，來牧玆土。甫浹歲，廢興墜舉，紳士以文風不振，亟請於公，求祀文昌帝君。公欣然擇於妙高山之巔，相度形勢，經畫規宜，庀材鳩工，不期月而告成。於是游覽者有級可登，有亭可憩，徐步於茂林松柏間，不覺昔之苦高者，今已覺其妙矣。廼瞻臺閣，俯視清池，四顧峰巒向背，適意忘歸，則又妙而不見其高矣。且逍遥於塵俗之上，留連於烟霞變幻之境，酌酒吟詩，與我同游者，群呼爲文昌山，而并去其妙高之名矣。夫士人之崇奉文昌，欲開文運，會際風雲，以佐郅治之隆也。然文運之由闇而昌，必士人握管咿唔，得文入妙來之趣，則應昌時，膺高爵，不啻山之層級而升。故妙即隱於文之中，高亦寓乎昌之外。妙高也，文昌也，二而一之者也。況乎宇内名山不一，或以形傳，或以神傳也。昔之妙高者，山之形；今之文昌者，山之神也。公今從衆而命名文昌山者，公之意其在斯乎？

魁星閣，在文昌閣對照。乾隆二十八年，知縣王憕鼎建。邑令王憕記曰：文昌之星，與斗魁相連，故世以魁星爲主文之星。然北斗七星，一至四爲魁，魁爲璇璣。天文家言魁之所主者衆矣，獨不言其主文章。以予論之，主文者乃奎星爾。懸象之麗天者，莫非天文。然惟奎十六星，鉤連屈曲，有若篆籀，爲文字之象。故從來綴文之士，稱御製曰奎章，稱御書曰奎畫。蓋天文之麗密者，莫奎若也。奎之分野爲魯。魯，禮樂之國也，聖賢萃焉。宋之興也，五星聚奎，實啓文治之盛。學問文章，至宋崦極，後人論述唐宋之文，謂之瀛奎。徽宗時，道士奏章，久伏不起。上問其故，對曰：值奎宿方奏事。上問奎宿爲誰，對曰：本朝蘇軾。然則主文之星非奎星歟？予既建樓於文昌山，復正其爲奎而著其説。他日此邦之士，摛文掞藻，以近天子之光，和卿雲，賡卷阿，仰奎章之炳爍，捧奎畫之璀璨，然後知奎星之爲靈昭昭也。蓋天下之祠奎星者，自此始。

清華古閣，在二都西明山麓，基存。教諭鄭器記曰：海陽洪侯，服承明命，父母兹土。未下車，詢民利害，思興起釐革之。既莅任，明禮敕法，恪勤朝夕，示民以向方。廼修拓泮宫，創建社學，平徭薄賦，弭盗緩刑，百弛俱張，罔有奸宄以干法度者。適風和日舒，以農事循行郊野，出郭五里，過西明山，覽其風景之异，顧左右曰：峰巒蜿蜒，川谷融結，神靈棲焉。且高閣臨深，而地通衢栝，公私賓旅，尚有賴也，誰能爲我闢而新之乎？時有唐山沙門默照對者，侯首捐俸，命任其事。默照受法旨於東甌之中川寺，杖錫遠覽，偏訪名迹，見翠峰之幽奇，慕禪月之頓悟，遂投衲以居，而莊嚴乎梵宇。其方藥普濟，真慈雲甘露也。既受事，即結無量因緣，募一切法財，撤故易新，具諸色相，使民知所祈禳。改建清華閣於西北，遠環邑治，以爲關鑰，層檐翬飛，八窗洞啓，景物錯陳于檻外，偉乎一重地，且佳勝也。侯邀器及諸僚登焉，以聽民風，以廣惠施，以眺萬物，熙熙和樂，不减春臺。庠生王子僑輩侍曰：侯於家給人足之餘，爲順俗宜民之舉，任清修苦行之僧，尊禮尚施，先憂後樂，今而後知侯之善爲政也。先生其亦有言，以垂不朽。曰：器也陋，無以對揚休績，惟曰：是舉也，洪侯主之，默照成之。工始嘉靖壬子菊月，次年仲秋之晦竣事，以志日月云耳。邑令朱元成詩云：喬木深山野渡頭，敢窮勝事擬名流。經營悉似康成手，氣象端侔庾亮樓。塵碎尚憐三折臂，物華已度幾番秋。故人遠訪稱詩債，緣木欲魚未可求。邑丞余尤懷詩云：擁縣青山欲盡頭，傑然飛觀俯清流。寒潭渺渺疑滕閣，風月蕭蕭亞沈樓。嘉木數陰長在眼，孤舟横渡幾經秋。我來細咏清華句，更向清華意外求。郡守王崇銘詩云：群溪集翠激雲雷，孤閣凌霄破壁開。氣壯五丁回地脉，景浮三竺接天台。白鷗不盡涼烟浴，蒼葉無窮夕照摧。於此駐車閑選勝，一峰應醉一霞杯。司理趙霖吉詩云：峰回孤徑上幽磴，下視雪聲喧翠微。灌木助陰飛羽蓋，野花收艷傍輿帷。烟新隔岸知村合，僮散前陂放犢稀。耳目此時難應接，山陰豈獨擅聲希。邑令鍾宇淳詩云：古閣凌霄迥，林深野興投。穿雲千樹出，帶月一溪流。嵐氣晴猶濕，花香曙更幽。虚舟吾意愜，天地復何求。又：一道飛泉瀧瀧來，萬山深護白雲隈。禽言天籟虚相答，雨氣花陰閑欲開。卧聽松濤風乍入，行吟竹徑月初回。嗒然心地真空水，不是逃虚獨倚臺。林剛中詩云：閑從車騎問桑麻，路入西明境最嘉。借借蜃樓凌海市，飛飛鴛閣拂天涯。暮泉作雨催詩急，春樹當空送酒賖。不爲詞人饒興致，由來粉黛遜春華。邑人王炬詩云：西湖路上探祈晴，自詑年來尚有情。倚閣未能空萬象，臨流誰復悟三生。村中日正炊烟合，天外風高白露輕。莫去且舒長嘯齒，孫登原亦解清聲。徐昱詩：晚來徐步上危樓，極目滁湖一色秋。止水無痕清似靛，月鉤如釣下滄洲。黄中詩云：抱郭清溪樹裏來，倚天樓閣俯山隈。春回花逕香風細，雨霽珠林曙色開。白日雲腥龍欲起，碧枝露冷鶴初回。投禪未解無生訣，浪向人前説鏡臺。黄學詩詩：清華雅勝逐溪來，沙白流清映日隈。曉霧濛濛崖氣合，晚風拂拂鏡潭開。雲濤起處龍騰躍，竹律和時鶯囀回。可笑塵寰猶浪迹，登臨不异步虚臺。王季皋詩：覽勝懸崖上，嵐光碧樹隈。紆縈雙澗合，迢遞萬峰回。漫適登臨興，全憑作賦才。山雲如有意，長嘯許重來。徐應乾詩：雕閣憑虚俯湍流，朱明有約集名儔。薰風其對來清馥，皓魄高懸助勝游。堪笑浮萍難定據，不妨促席漫淹留。東山未副蒼生望，掀髯狂歌進酒甌。徐治國《清華古閣》詩：鴛閣巍巍俯碧涯，浮青挹翠果清華。西山佳氣朝來爽，北斗奎光夕倍賖。烟補竹疏先月到，雪添梅瘦帶雲斜。行行且止閑登眺，天外風高送晚霞。胡世定詩云：倚天積翠屹崩沙，曲檻盤空古道斜。控制兩溪屯屬玉，縈洄千嶺立丹霞。宜招黄鶴來芳樹，恰稱珠簾捲落花。小植竹籬容我卧，幾聲烟磬即爲家。朱家瓚詩云：岧嶤古閣簇雲封，翠矗清華擁貝宮。呼吸已知通帝座，樓臺了不礙虚空。水流檐影晴江上，波浸山容暮靄中。忽憶坡翁禪味語，欲追寒拾問崆峒。

擁青閣，在城東惠濟堂前，今廢。

雙清閣，在四都長濂玉泉亭上。嘉慶庚申，被水冲没。道光己丑，里人捐資重建，僅能建亭，而閣遂不可復矣。里人鄭家紱記曰：去濂不百步，有泉涌出於赤山之下，迅激清洌，沁人心脾，善鑒萬類，如端人正士，矯然自拔於流俗間。昔人澗其右以紆其勢，池其又右以蓄其流，亭其地以領其趣，閣其上以爲登高望遠之所。梯其兩旁之石以爲嶺，右先嶺而後橋，左先橋而後嶺。且依其側出之石以爲檻，踞其高大之石又爲小亭。前亭曰玉泉，名其水也；此亭曰宿雲，言其高也。亭制小於閣，而傑出於閣，類皆若天造地設，無可措人力者。由右小嶺而上，有橋曰步虚，可以俯聆泉聲，下窺清池。游者至此，已覺飄如登仙，煩穢盡滌矣。橋西爲閣，顔之曰雙清，上繪古佛，蓋舊制也。其左有大石特出，森如猛獸奇鬼欲搏人，踞其巔者，即小亭也。游人可相對與語。仰而視，僅尺餘，而山閣之亭則有飛虹橋。逾橋蛇行，有小嶺，可十許步，古苔靈菌，掩映左右，蔽以石檻，覆以重陰，睨若無窮。探奇者方多不盡之思，卒入於亭，陡然而住，遂不覺嘆觀止矣。大抵閣敞而亭幽，閣平夷而亭奇特，閣雄偉而亭高閑。凡來游者，可隨所得以爲淺深，詎僅誇耀林泉，躭樂讌賞，以取名一時哉！杜詩云：『在山泉水清，出山泉水濁。』有志之士，吾深望其顧名思義云。乾隆己巳，重修是閣，爰述其勝概而特志之。四明楊守勤《雙清閣》詩云：畫樓縹緲凌神壑，千尺巉岩巨靈鑿。銀潢煜爚不可近，仰面恍惚虚崖落。古樹懸崖自槎枒，開遍元都幾度花。玉洞玲瓏吐雷雨，深潭皛漾驚龍蛇。溪月雙清暎绿林，仙家白晝長陰陰。寒虹咽斷支祈泣，丹崖深鑠松韽吟。石鼎瑶梯在何處，徜徉願借漁樵路。鶴背乘來緱嶺風，作賦不愁山易暮。

媚清閣，在四都長濂。里人鄭一豹建，歲久傾圮。嘉慶年間，里人因其舊址，改建文昌閣。

柘溪文昌閣，在大柘。里人黄文經、黄文緯、黄維垣助基捐貲鼎建，并助土名大畈、心塘下二處，共田肆丘，以奉祀焉。知縣張翥有記曰：《史記・天官書》：『斗魁戴匡六星曰文昌宮』，實主科名，士之祈登通籍者，咸祠祀焉。稽諸記載，一則曰朱衣點頭，再則曰紅紗罩眼，蓋實有陰操文衡，匡主司所不逮者，非徒神道設教也。庚子歲，余宰遂，值邑西柘溪議建文閣，以基址未協，共質於予。余爲相陰陽，視原隰，採衆論，而定今所焉。洎余調任錢塘，距今年餘，而柘溪國學王生朝、庠士張生仕朝等，不遠千里，謁蹶會城，叩署而請曰：自明府相地定址，里人咸踴躍赴功，醵金粟，凡材料鳩工協作，暑雨無間。下爲文昌宮，上起奎樓，皆裝星像。始今年六月，四更晦朔而告竣。是役也，實里人黄氏文經、文緯兄弟，暨猶子維垣等，身董其事。即所募不給，亦黄氏獨捐重金，以速其成，更益沃産若干，爲久遠牲醪需用，計費逾六百緡，某等衆輸，猶未及十之一耳。初，明府勉成斯舉，今既卒事，用乞一言，以勒貞珉。夫宰官牧民，養之教之，良有司事也。余向在遂時，案牘勞形，弗遑他及，不謂黄氏好善樂施，亹亹不倦，幾有以助我矣。由是人懷振奮，士沐神庥，文光絢爛，上接台垣，科名之盛，駸駸乎不可量，實基乎此。蓋黄氏之勤，可以不朽，而衆人之請，亦非阿所好也。爰摭其詞而作記，并書以畀之。

文鑑閣，在奕山村口大塘，中間爲朱姓義塾。里人朱慕淵即景詩云：岑樓光四照，懸象自分明。曲岸烟村繞，方橋夜月行。門墻非過峻，名教欲扶傾。幾費經營力，難言結構成。何來源混混，會見水盈盈。達者期觀化，歸舟視壁瀛。一鑑清如許，年來照胆明。斯文皆利濟，吾道本夷行。流水知音少，梨花對雨傾。資深常自得，馳騖竟何成。風月乾坤大，鳶魚上下盈。舉頭星斗近，奮足即登瀛。

鎮西樓，在四都長濂村口，樓下築砌石門，門外兩旁懸崖峭壁，樹木蓊幽，濃陰夾道，有引人入勝風景。

橋

東關橋：在東門外，南北兩溪合流之下。乾隆二十九年，知縣王燈創建，下用石柱，上鋪澗板。又因平昌渡廢弛，將留存田畝撥入是橋，復增置租田數十石爲修理費，一時行旅稱便。至五十三年，洪水暴漲，石柱漂没無存，移於上流南溪塔潭，改用船橋，纜以鐵索。不數年，船橋又遭廢壞。今建架木浮橋，兼置渡舟一隻，水平架橋，水大用渡。厥後包玉章、葉勛經理多年，累積贏餘，又續置田十有餘畝。前後共計得租壹百零陸石，均入是橋，簽派董事隨時修理。邑令王燈記曰：平昌，山邑也。環城皆山，岩岫重複。雙溪自西北繞山而來，届東郭外而合。於其合也，昔人爲梁於其上，曰平政橋。橋之制，叠石以爲墩，孤峙特出，與水爲敵。溪流駛悍，勢不能勝，橋用以壞，屢作屢廢，迄用無成。於是維楫以渡，置田以贍之，歷有年所，未有修而復之者。余莅是邑閲四載，政之當爲者，略修舉矣。獨念邑在萬山中，三面皆峻嶺，而東獨下溪流注之，地勢所趨，氣用沮泄，靈淑之漸微，敦龎之漸漓，或繇于此。昔之建橋者，蓋有深意焉，非徒利濟涉、便往來也。今顧以橋之難成而廢之，可乎哉？抑又思水莫大於河，古今水患河爲甚，然可隄而固也。浙江之潮壯矣，而捍潮者爲坦水以緩之。今溪澗之漲，雖一時暴怒，固非河與浙江比，誠舉治河與治潮之術，參取而兼用之，事可集也。謀之士庶，僉以爲宜，輸材獻力，踴躍争赴。乃臨溪而營度之，自北而南，作爲横堤，高可十五丈，長可八十丈，於堤之中，逾十丈而爲之壨，壨旁立石如棖，棖之上覆板以成橋。凡爲壨者五，壨之高下，參錯不等，俾水得次第分流，以殺其勢。堤之前後，各布坦水，水來則迎之，水去則送之，或驟至，則任其漫堤而下，毋與角焉。經始於甲申之十月，不百日而竣，蜿蜒其長，侹侹其平，邦人聚觀，耄孺相慶，乃易平政之名，命之曰東關橋，以寓關鑠東流之義。復慮縣治十四等都，山深樹茂，民之孳孳求利者，伐木叢，委岸側，伺溪漲，猝然放下巨木，乘流直卸，大爲橋害，乃設厲禁而始勿敢焉。今年春，久雨綿積，溪漲奔溢，橋故無恙。余巡覽橋堤，顧而嘆曰：夫溪流非昔盛而今衰也，橋之制亦非大有异於昔也。惟是昔也逆之，今也順之；昔也蹙之，今也紓之。順其性，紓其勢，使之坦然以趨，暢然以達，而無壅閼迫束之困，則水無惡於橋，而橋於是乎無患。譬之人，方其盛忿疾怒，驟而抑之，必愈奮而不可解；款款而導之，徐徐而待之，則渙然釋矣。觀於此，可以悟應物之理焉，可以得治人之術焉，獨橋乎哉！予既幸斯橋之成，又願後之君子隨時而維護之，庶斯橋之不壞也。爰志其本末勒於石，樹之橋側云。又有詩云：南溪如奔螭，西溪如怒虬。合會東郭外，奮迅無停流。昔人梁其上，蕩激不可留。屢作輒復壞，日喚招招舟。我來俯溪湍，相度懷良籌。橋當順水性，勿與爭仇讎。築土爲長堤，宛宛虬蜿修。中開五石竇，磊磊魚鱗稠。甃疊互參錯，毋使高下侔。前後鋪坦水，導迓如相醻。覆版遂成梁，侹侹通遨游。不假瑞鵲填，安用神鼉浮。奔湍汹然來，注瀉得自由。詼諧釋憤鬥，一笑投戈矛。始悟逆順理，用剛不如柔。大哉隨時義，動悦行歸休。春來桃花漲，浩瀚迷沙洲。驚波冒堤去，無復衝齧憂。乘間步橋堤，景趣圍寸眸。右睨挹飛鶴，左顧呼眠牛。邦人共扶攜，謠舞喧道周。競説令尹功，惠利難匹儔。令尹亦何能，天造從人謀。琢珉勸勿壞，敢用誇經猷。訓導王世芳詩云：遠溪雙匯注城東，橫鎖長橋似卧虹。坦砌斜坡紓水性，疊開五洞任波通。奠安無恙桃花雨，鞏固何愁颶母風。此是吾家賢令德，碑留岸畔紀豐功。邑人徐台年落成詩云：東澗春流急，西山夕照明。江河方日下，砥柱忽中撑。兩岸蒼烟合，雙溪素練縈。魚鱗知石密，虹影覺堤平。勝造如神助，奇功不日成。但欣遵路穩，休卜涉川亨。淮堰譏梁武，溱輿惜鄭卿。招招今輟響，緩轡入山城。

橋產土名附後。

天字：二百五十六號，中央路，田一，丈壹畝伍分柒釐貳毫陸絲伍忽。

九百八十一，竹下，田四，丈柒釐陸毫絲叁忽。
八十二，仝，田二，丈伍分伍釐伍毫陸絲叁忽。
八十三，仝，田五，丈壹分壹釐陸毫柒絲。
八十四，仝，田一，丈叁分伍釐柒毫陸絲陸忽。
八十五，仝，田八，丈貳分捌釐貳毫玖絲肆忽。
八十六，仝，田一，丈叁分壹釐陸毫貳絲貳忽。
以上共租陸石。
地字：六百四十八，後垵，田三，丈貳分柒釐玖毫捌絲捌忽。
六百四十九，仝，田二，丈叁分肆釐零陸絲叁忽。
六百五十，仝，田三，丈陸分零肆毫柒絲玖忽。
以上共租肆石伍斗。
元字：一百五十五，養濟院，田一，丈壹畝零陸釐陸毫陸絲貳忽五微。
計租肆石。
洪字：三十三，大覺畈，田一，丈貳分叁釐捌毫陸絲伍忽。
四十六，仝，田一，丈壹畝伍分捌釐陸毫。

五十二，仝，田一，丈柒分肆釐零玖絲肆忽。
五十三，仝，田一，丈叁分叁釐玖毫零陸忽。
五十五，仝，田二，丈壹畝零伍釐壹毫柒絲叁忽。
六十三，仝，田一，丈陸分玖釐貳毫捌絲陸忽。
以上共租捌石伍斗。
九十二，大覺，田一，丈肆分柒釐陸毫伍絲壹忽。
計租壹石伍斗。
日字：三百四十八，觀音堂後，田一，丈壹畝零捌釐捌毫柒絲貳忽。
計租叁石。
三百五十四，吴樂，田一，丈壹畝叁分肆釐伍毫玖絲肆忽。
計租肆石伍斗。
月字：一百九十七，項村隴，下石馬。田一，丈陸分陸釐零捌絲叁忽。
九十八，仝，田一，丈肆分陸釐伍毫。
九十九，仝，田四，丈貳分肆釐伍毫壹絲伍忽。
以上共租叁石。

盈字：八百三十八，水碓後，田一，丈壹畝零捌釐柒毫伍絲。
計租肆石。
玉字：二百九十七，雙澳，田二，丈玖分壹釐伍毫肆絲捌忽。
九十八，仝，田二，丈伍分零壹毫零肆忽。
九十九，仝，田四，丈陸分玖釐壹毫伍絲。
以上共租陸石。
四百九十三，高坎下，田一，丈柒分貳釐叁毫叁絲叁忽。
四百九十五，仝，田三，丈貳畝肆分壹釐壹毫伍絲。
以上共租拾叁石。
出字：二千零陸十六，魚塘墩，田四，丈貳畝玖分肆釐伍毫貳絲伍忽。
二千零柒十一，仝，田三，丈陸分伍釐壹毫叁絲伍忽。
以上共租玖石。
霜字：三千零捌，羊尾，田一，丈捌分壹釐捌毫柒絲伍忽。
計租叁石。
三千二百十五，砿頭背，田一，丈壹分貳釐肆毫。

計租陸斗。

玉字：二千五百零叁，石下垵，田四，丈壹分柒釐捌毫。

二千五百零肆，仝，田六，丈叁分伍釐貳毫零肆忽。

五，仝，田五，丈叁分壹釐玖毫玖絲貳忽。

六，仝，田五，丈叁分陸釐貳毫叁絲叁忽。

七，仝，田五，丈壹分捌釐貳毫壹絲叁忽。

八，仝，田七，丈玖釐叁毫柒絲伍忽。

九，仝，田五，丈貳分壹釐壹毫。

十，仝，田四，丈貳分玖釐肆毫玖絲貳忽。

十一，仝，田四，丈玖釐貳毫。

十二，仝，田六，丈陸分伍釐叁毫叁絲捌忽

十三，仝，田二，丈壹分柒釐貳毫。

以上共租柒石。

玉字：補丈，山桑垵，田三，丈叁分貳釐。

計租叁石。

出字：四十八，丁口門前，田二，丈壹畝貳分零肆毫壹絲柒忽。
計租肆石。
五百四十五，倉角，田二，丈壹畝零肆釐壹毫陸絲叁忽。
四十七，仝，田一，丈叁分肆釐捌毫玖絲陸忽。
四十八，仝，田一，丈貳分玖釐壹毫玖絲貳忽。
四十九，仝，田一，丈貳分壹釐陸毫陸絲柒忽。
以上共租叁石。
五百六十，沙降，大定橋上墓。田二，丈壹畝伍分叁釐陸毫肆絲陸忽。
六十一，仝，田二，丈壹畝壹分陸釐陸毫柒絲壹忽。
以上共租肆石。
六百六十五，屋邊，庄門前。田一，丈叁分柒釐伍毫捌絲叁忽。
計租壹石。
三千百三十五，前岸，田一，拍五分叁釐叁毫伍絲肆忽。
三十六，仝，田一，丈壹畝貳分肆釐伍毫肆絲貳忽
三十七，仝，田一，拍四分正。

四十三，仝，田二，拍六分壹釐壹毫捌絲柒忽。

以上共租叁石。

出字：補丈，際下坑，田一，丈壹分捌釐貳毫貳絲玖忽二微。

仝，田五，丈陸分貳釐玖毫肆絲貳忽。

以上共租叁石。

出字：補丈，廟下，下塢墳山脚。田二，丈陸分正。

計租貳石。

以上土名共二十四處，共額六十號，統計實租共壹百零陸石壹斗正。

遂邑東門爲赴府進省通衢，前建東關橋，頗便行旅，被水冲廢難修，今移南溪出口，上流橋渡并用，亦可免病涉之虞，所架橋處，盖即從前平政橋舊趾也。

天字：八百零壹，關廟後，地四，丈貳分捌釐叁毫玖絲貳忽。

八百零貳，仝，地一，丈壹畝零伍釐伍毫肆絲貳忽。

天字：補丈，關帝廟基，地一，丈肆畝柒分叁釐叁毫伍絲叁忽五微。

天字：八百零貳，關廟後，塘一，丈肆釐捌毫。

一土名葉坦李祠前地一片。一土名接官亭基地一片。

平政橋，在碧瀾橋下，隆慶元年，知縣池浴德以橋圮病涉，改卜成之，前令蘇㝢重建。四十九年，知縣繆之弼倡修。後廢。邑令池浴德祭橋文曰：惟橋陸通蒼梧，水朝甌東。夙緣築石之未就，茲乃採木以鳩工。諏日既吉，大衆攸同。徒杠已先乎歲隙，輿梁不廢乎春農。徵宗坊之尚義，睹結架之增崇。虔告土社，默相經營。浴德等敢不正刑賞而僭濫以息，楚河無中返之悯；平紀綱而乘輿周事，鄭洧謝小補之功。有醴斯潔，有祀斯隆。今仍架木橋并置渡，以備大水壞橋之用焉。

瑞仙橋，在治南七十步，近東義學，因名登瀛，又名坡仙。元至大三年，達魯花赤暗打剌建。康熙辛卯，知縣繆之弼倡捐重修。邑人潘宗河詩云：十丈仙橋鎖鷺洲，淺深厲揭樂蒙休。梁成瑞氣連雲度，岸映高山共水幽。蔭廣有棠毋剪伐，官清何事弗遺留。政平萬户人懷澤，歌徹堤邊不息樓。今又傾圮。

安定橋，在治南半里。正德間里人創造建名，匾曰清趣，復構小亭以憩行旅，久廢。康熙庚寅，知縣繆之弼重建。

蓮花橋，俗称荷花潭橋。在治西羅公堤上。

碧瀾橋，在治東前溪，即河頭橋。

東泉橋，在南門外。

惠通橋，即碧瀾舊址。萬曆七年，知縣鍾宇淳因平政橋圮，值冬涸，見舊址下有石脚，遂募民創築。石梁下有洞門五，上有石欄，功垂永賴。舊有鐘鳴橋成之讖，果驗。康熙丙寅，洪水漂没。今改架木浮橋。

衆安橋，在邑北五十步，今廢。

董店橋，在邑北一里。

飛鶴橋，在治東北飛鶴山前，橋以山取名，下築石墩，上覆瓦屋。嘉慶五年，被水沖没，石脚蕩然。今移上數十步，改作小木橋。

王橋，在邑西王巷後溪。

吴樂橋，即吴皋橋。在西門外一里。乾隆年間，董事周剛德、林雙福置買，實租三十四籮。嘉慶、道光年間，葉秉恒又續置，實租拾柒籮。土名附後。

一土名内庄内坑，租伍籮。

一巫名後山垵，租叁籮。

一土名塘塢，租伍蘿。

一土名中央畈，租叁籮。另田租壹百斤，又另田租壹百斤。

一土名觀音堂，租陸籮。

一土名董家□后葛家基，共租肆籮。

一土名尖山西塢，租伍籮。

一土名社塢兒，租伍籮。
一土名黄降潘塘，内垵。租十籮。
一土名石角口，租伍籮。
一土名吴樂屋後，租壹籮。
一土名吴皋亭下，租貳斗。
以上共租伍拾伍籮五斗，收實租伍拾壹籮。
一土名吴樂五畝，田頭。租十籮。收實租柒籮，葉秉恒助。
一土名吴皋道堂後山地一片，周恒德堂助。
道光十五年，葉在東林竹養，續置租田伍籮。
一土名源口内湖，租伍籮。
濟川橋，一名河橋，即東梅橋，古名永安，在北門外一里許。宋嘉定間，知縣陳逵因木橋易圮，募民疊石爲址，改書濟川之梁。邑令陳逵記曰：縣衢四達，而北適京。越二百步，有大溪焉。昔人爲橋以濟涉，歲久木腐，前令欲改造，無所費而止。有獻策許富民輸金贖罪爲費者，予謂：幸人有過，以集吾事，非政也。濟人之心，誰獨無之？期日會議，人德吾語，咸賫金來會，一日得錢三十萬。聞者頗出所藏，以後爲愧。迺擇士之廉而才者司其事，以有位望者董之。掄工相地，謀易以石，中流沙瀨，基下實則不崩。工人欲盡屏去交木飛梁，而虚其下，惟兩石累埃與木，相資爲固。予然其言，使畫成規，修二十五步，廣十分之一，屋十有三間，中與兩端爲亭，餘爲廡，翼爲欄。棟高十有一尺，修儉五寸，亭加一尺，修加寸半。其端兩亭，高下修廣適侔，傍磚協檐，以茈梁木，文以藻繪，遠近駭觀如市。兹舉也，糜錢百九十萬而贏，廢日十二旬有奇，不藉官助，如期而成，既壯且麗，可經久遠。衆欲請記於名家，以傳不朽。予曰：若可傳，雖不記，庸豈能滅？不然，侈爲之辭，不能假之使傳也。如欲志其巔末，當自筆之。橋舊名永安，無所取義。藍田趙君書曰：濟川之梁，予聞李文定爲世名相，此其開端之地也。官於兹邑與生兹土者，方將追踵前修，必有紹其遺躅，而後當於兹名云。萬曆十年，知縣王有功修築用板，上覆以屋。四十一年，知縣林剛中重修。邑人項應瑞記曰：遂之北，距郭數百武，一溪瀠注，舊有橋，馳京省、出甌閩者絡繹爭涉，號通津焉。閱歲積圮，棟撓梁折，行道者以爲苦海安得慈航，迷津安得寶筏？望上之人，起而更新之，蓋岌岌矣。我侯林公下車問利病，間有以兹橋對者。不憚爲民規久遠，其庀材鳩工，在上年十有一月，所爲費不請上，不假民，皆侯節縮出之。而民好義趨事，畚鍤如雲，杵槖成韵，不數閱月，匠氏告竣，址仍舊而勢加峻，顔之曰濟川。蜿蜒軒翥，如長虹扦海，漢鵲横霄，履砥視平，凌風濤於趾踵之下，豈惟今日？將使歌坦途、利攸往者，實長子孫，抑何措慮周而成功速若是？噫！非橋之爲侯重，而侯實重橋也。侯故治《尚書》，以濟川名橋，亦本《尚書》曰：若金作礪，若濟川作舟楫，若大旱作霖雨，一時枯者潤而槁者蘇，特侯百度之一小試耳。崇禎丁丑，磡圮橋壞，知縣何廷棟重修。康熙十年，邑令韓武增修。五十五年，知縣何其偉重修。於乾隆二十九年，知縣王愷重修，改名北固橋。後覆屋朽壞，僅用架木小橋，屢修屢圮。嘉慶十五年，邑人徐文光捐資鉅萬，創建石橋，下築石洞，上建石欄，極其堅固，并築兩岍長堤，甚爲利便，仍稱濟川，以復舊名焉。知府任丘李昉記曰：遂昌縣治北雙溪，舊有橋曰濟川，地當孔道，路達三衢。昔人叠石爲墩，架木成梁，數百年來，民無病涉。嘉慶五年，被水冲坍，於是佈搭浮橋，每當春夏之交，山水漲發，隨流淌去，行人往往阻滯。里人徐文光者，欲復舊橋，積蓄十年，於嘉慶十五年七月，鳩工起建。適原址當港汊滙合之處，洄瀾湍激，所施樁石，隨下隨沖，望而咨嗟。邑令向君啓昌，臨溪營度，議於舊橋基址之下，就溪面寬闊處所，安墩另造，其工較前奚翅十倍。橋長三十有八步，面寬三軌參分軌之二，下分三洞，洞廣五尋，進深與面齊空，高四尋，兩旁護以石欄。橋之右岸，近城隅起土築石，以作長堤，內衛田廬，外禦山水。左岸依山開鑿，接橋築堤，直通大路，以便往來。於十七年十二月告成，共用折實紋銀萬柒千零。黎川涂瀹莊先生守郡，爲之詳請題咨。欽奉恩旨寵錫宏獎嘉猷我皇上如天之仁，有善必録，至矣極矣，合邑士民呈請勒石以記其事。奉方伯命撰碑文，爰詮次其始末，及橋堤之修廣，核實而爲之記，俾後之樂善好施者，知所程式焉。

鎮東橋，在二都靈泉洞口。

航川橋，在二都。

濟明橋，在二都。離治七里，舊名長川。

襟溪橋，在二都金岸。離治十里，兼置渡船一隻，遇大水壞橋，用渡濟人，水退，仍復架橋。并墾買田屋，爲修理費，頗稱利便。田屋土名附後。

一土名溪圩，田九丘。

一土名東丈，沙丘下。田一丘。

一土名高亨，田一丘。

一土名桑溪，田一丘。

一土名溪圩，地二片，額壹畝陸分。

共額拾肆畝貳分伍釐。

一土名後庄屋壹頭。年收賃租。

銀坑橋，在二都。貢生鄭家淳建，後圮。歷係長濂合里建修。

上岡橋，在二都。康熙間知縣繆之弼重建，今改小橋。

資口橋，在二都。資口松陽界，離治二十里，并置渡以備大水壞橋之用。共有租田數拾畝，爲修理橋渡費用及渡夫工食。

車頭橋，在治東十五里。歷係長濂合坦修建。

大橋，在三都，治東十五里。凡二，皆建瓦屋，今存其一。

太和橋，在三都，離治二十里。

連頭橋，在三都，離治三十里。康熙辛卯，知縣繆之弼重建。道光年間改建石橋。

上市橋，在六都，離治三十五里。乾隆間里人創建，覆以瓦屋。嘉慶五年，被水冲没，改建小木橋。

赫靈橋，在四都長濂，離治二十里。溪不甚寬，亦不過深。直下數十步即出口，與大溪合流。明嘉靖間，里人鄭秉厚爲童子時，往田餉農，涉水被溺，隨流漂出大溪約半里許，恍惚中見有四金甲神扶之登岸，得以不死。後及第通顯，於此處建橋，取名赫靈，并置修橋田租，以垂永久。溪之下流岸傍有一廟，塑四侯王像，親書『赫靈顯應』四字於殿額，至今尚存。

垻頭橋，在五都湖邊、社後兩庄交界之處，離治三十里。知縣繆重修。後又屢圮，附近各庄有十餘人捐資積聚，於溪中有石處所鑿孔立柱，架木爲橋，頗得穩固。又積置田、山爲修理費，可冀永久。

三溪橋，在五都古亭，離治三十里。知縣繆重修。

後潘橋。

張村橋。

墈下橋。

大務橋，凡二。一爲大橋，上覆瓦屋。嘉慶五年被水冲没，改建小木橋。

石西橋。以上各橋俱在六都。

知里橋，在六都，離治三十餘里。康熙辛卯，水，推知縣繆之弼督修。

後龍橋，在六都，離治三十里。里人黄裳督建。

久濟橋，在七都，離治三十五里。舊名滂嶺橋，後藴姓易之以石，因又名大石橋。近以洪水頻冲，石橋湮没，里人協力捐布，并置山田取息，以爲久遠修葺之資，爰名久濟。土名上馬頭，堤内及勝因寺前等處，田租共陸拾籮。又土名前山山塲壹處，東至山脚田，南至胖嶺路後山脚田，西至大降分水，北至嶺大路爲界。又土名西浙陽山塲壹處。又土名碓坑沙墩地壹段。又土名堤内應濟塘貳口。

楓橋，在邑北，離治十里。

鄭陂橋，在十二都，離治二十里，係石橋。

馬埠橋，在十二都，離治二十里。監生俞咨禹捐砌石墩架板。康熙辛卯，水漲衝没，知縣繆之弼重修。

大小頭坑二橋，在十二都，離治二十五里。

新路垵橋，在十二都，離治二十五里。知縣繆重修。

石鐘橋，在十二都，離新路垵二里，離治二十三里。原係木橋，康熙辛卯水漲推去。里民李日茂捐金修砌石墩，知縣繆之弼捐俸贊襄。茂又募緣成之，架木板焉。

黄坑橋、公赤橋，俱在十二都，離治三十餘里。里民李日茂易木墩以石，架以木板。

三峰橋，在十三都，離治十里，俗名三墩橋。下築石墩，上覆瓦屋，橋東有亭。雍正年間，僧宜明募重新之。至嘉慶五年，被水沖没，里人募捐重建木橋，置買租田，爲修理費。土名附後。

一土名水碓後，即三墩橋頭。租玖石。葉聰房助。

一土名濟塢，租玖石伍斗。
一土名上楄嶺屋下，租陸石。
一土名上添，租壹石。
一土名上簹屋下，即喬兒頭。租壹石伍斗。
一土名上楄嶺，租伍石。
一土名吉羊田，租壹石伍斗。
一土名垵頭，租壹石。
一土名三墩橋亭前，租壹石。
一土名平降，租伍斗。
一土名東門前，租貳石。
一土名高田，租貳石。
一土名苦槌樹下，租叁石。
一土名大淤，租貳石肆斗。
一土名上東坑，租貳石。
一土名石角，租貳石。

一土名蕪地垵，租壹石伍斗。
以上十七土名，共租肆拾陸石肆斗。
一土名白塔垵，租柒石。
一土名树坑，租叁石。
以上二土名，共租拾石。係王國芹助，現已撥入丁口橋，爲修理費。
大定橋，在十三都，離治十里。
丁口橋，在十三都，離治十里。近將三峰橋王國芹所助白塔垵樒坑二土名租拾石，撥入是橋，爲修理費。
嶺下高橋，在十五都，離治十五里。
好川橋，在十五都，離治二十里。
沙口橋，在十五都，離治二十五里。
牌前橋，在十五都，離治三十里。
萬石橋，在十八都大柘，離治四十里。里人尹時美等募捐鼎建，叠石墩，覆以瓦屋，并置橋田，爲修理費。里人尹時美記曰：實以名著，名由實傳。柘溪橋名萬石，載在邑乘，其來已久。所惜人往風微，其名猶在，其實盡忘。架木濟衆，漂傾時聞。乾隆甲午，時和年豐，爰商建橋，力追先進。議叠雁齒，上架虬梁，覆屋築隄，防沖避雨，兼潤道路，并砌墻垣。

費扣三千，勞集萬姓。工興乙未春仲，務竣丁酉嘉平，戌、亥兩年，建亭鋪石。因詳始末，勒之於石碑，後得考所自，并使知斯橋名則猶是其稱，情則自今以始。橋田土名附後。

一土名朱塢，田五丘，租肆石。

一土名雞鳴庵前，田七丘，租肆石。

一土名樓層坑，田三丘，租叁石。

一土名後象，夫人殿前。田二丘，租叁石。

一土名大畈屋上，田二丘，租陸石。

一土名倉澤，田三丘，租叁石。

一土名垵塢突，即柳岱坤。田二丘，租伍斗。

一土名大牛塢，田五丘，租捌石。

一土名雙溪路下，田一丘，租壹石。

一土名雙溪，門前大片。田三丘，租伍石五斗。

一土名均塢，田二十二丘，租叁石。

一土名白麻山下，田三丘，租壹石。

一土名茶子山脚，田二丘，租貳石三斗。

一土名弄内，即長峰。田二丘，租貳石。

一土名黄龍，田五丘，租陸石伍斗。

一土名唐上口，田二丘，租壹石伍斗。

以上共租伍拾肆籮叁斗。

横街橋，在十八都大柘萬石橋上流，離治四十里。

永穩橋，在十八都大柘雙溪，離治四十里。里人項德錦記曰：吾鄉東有溪曰雙溪，乃直源、射坑二水夾流處也。溪寬水急，漲落無常，村人於其地建浮橋，屢被漂没，臨流者動多却步，非隨圮隨設，無以免病涉之嘆也。而工費浩繁，既不能一人獨任，即沿門募捐，亦難爲再三之瀆，苟非預備不虞，□能□時應急。因將自置土名東山下畈心腴田兩丘，計大籮租肆石捐助入内，改其名曰永穩。另立永穩橋户册，收貯生息，日積月累。于今又置得租田十籮，統計子母，已有租壹十四石矣。此公産也，豈有意外之變歟？惟世遠年湮，人心不古，難免占竊之弊。爰述數言，建碑泉湖寺中，刊載田畝、簽號、糧額、土名、租數，以冀永垂不朽，交本寺保濟會諸親友管理。諸君皆吾鄉誠信君子也，後裔定多賢智，望爲世世保守，勿生染指私心。由是而□充增益之，造橋之外，若有餘資，復修四處要道，則多多益善矣。日後倘有覇占、盜賣等獘，儘可經公請追，則永穩橋自能永久穩固也。幸何如之！是爲記。橋田土名附後。

一土名東山下，畈心。田二丘，租肆石。

一土名蕭幽路邊，田三丘，租貳石。

一土名吴社前，田三丘，租壹石捌斗。
一土名街頭，東厮瀛。田一丘，租貳斗。
一土名緑塢口，田六丘，租肆石。
一土名石竹垵，田九丘，租壹石陸斗。
一土名游戲潭路邊，田一丘，租伍斗。
一土名陳村橋頭，田四丘，租十石。
一土名茶塢里，田三丘，租叁石。
一土名茶塢里，田四丘，租叁石。
一土名紫坑，田六丘，租柒石。
一土名上碓後，田六丘，租肆石。
一土名碓城，即大片。田六丘，租伍石。
一土名葉杏塢，田三丘，租貳石。
以上共租肆拾捌籮壹斗。
大田橋，在十八都，離治四十里。
湯溪橋，在十八都，離治四十里，橋上有屋。

方村橋，在十九都。方村溪水易漲，不時漂没，柳村官學徤同侄聖基颺等捐助，租田拾石，爲修橋費，得免傾圮。

濟衆橋，在十九都，離治六十里。

世濟橋，在邑西宏岡，離治五十里。邑令彭起鵾記曰：事莫難於創始，善莫要於圖終。非大有心力而爲計長久者，未足與議也。平昌之西，離治五十里，有村名宏岡，雖非通都大邑，亦各庄往來孔道也。村前一溪，曰小竹溪，高不及數仞，修不過幾尋，而迅流激湍，陡發暴漲，時有滅頂濡首之勢。旅客行人，恒病涉焉。康熙年間，諸生劉光濂自邑北徙宏岡，見臨流阻步者，心甚憫之。肇築一橋，時加修葺，行旅至此，不致嘆人涉卬否矣。嗣因光濂早世，伊妻朱孺人徙居石練，詳褒節孝，猶惓惓於是橋之役，相承勿替焉。既又慮久後之難繼也，爰勖其子若孫，以恪守先志爲事。予因公至練溪，適橋經新葺，其孫有明經劉瑩者來謁，請賜橋名。予深嘉孺人之相夫有成，而又喜其後嗣之克世濟其美也，遂名之曰世濟橋。今劉氏已有成議，將橋歸於宗祠經理，則歲修之費，自可裕如，而是橋之設，得與劉姓宗祠并垂不朽矣。是用志之。

壽星橋，又名代碇橋。在十九都石練，離治五十里，并置橋田，爲修理費。租田附後。

一土名庵前，田二丘，租叁石。

一土名埂上，田八丘，租十石伍斗。

以上共租拾叁石伍斗。

接衛橋，在十九都石練，離治五十里，墩七座，屋二十九間。乾隆二十六年，里人公建，并置田、山爲修理費。遞至五十八年，屋毀於火，石墩無恙。今於墩上加板焉。邑令王憕記曰：遂邑十九都曰石練者，邑西之名鄉也。其山有大樓、天馬之竦峙，其水有龍洞、練溪之瀠洄。去邑既遠，風會斯聚。明崇禎間，嘗欲建爲練溪縣，已而不果。然其村塢幽邃，氣俗淳樸，有可觀者。練溪之上，架木以爲梁，洪水奔激，旋作旋壞，行旅病涉，人用咨嘆。里人劉楫、吴國賓、劉國梓、吴國顯、吴文炳、應廷魁等，謀爲石梁，以奠永久。諏度既定，撓之者百端，黽勉艱瘁，乃克有濟。予來宰邑，實贊成之。經始於庚辰之秋，告竣於甲申之夏，閱再閏而橋始成。蓋功之鉅，而成之實不易也。予適以公事過焉，見夫屹然峻址，軒然華構，亘如虹連，赫如暈翔。偉哉！其是鄉之壯觀與？里中父老相率請名，且乞文以紀其事。予觀外塘之巒，蜿蜒若赴；案山之坡，逶迤若迎，而溪流間之，得斯橋而宛如聯合，顔以接衛，無以易也。抑予更有感焉。夫人之自爲也恒重，其爲人也恒輕。予所過城市聚落，烟火之稠密，甍宇之潤麗，有什百於此者矣。然而溪之湍，澗之瀨，猝然而漲，阻於濟涉者比比也。今是鄉特區區百餘户耳，謝以力所不及，孰有從而責之者？而廼謀之審，任之重，持之堅，不揺於浮議，不奪於豪力，綿歲積月，敦敏不怠，卒以成就。以視夫廣鄉大邑，席多藏擁厚資，坐視濡溺而不顧者，其人之賢不肖何如也？嗚呼！是足以風矣。繼自今，有聞是鄉之舉而興起者，則而象之，踵而行之，其爲利賴，曷有極乎？予故應里人之請，綜其始末爲之記，以爲樂善者勸。原置田山附後。

一土名新庵路下，田三十丘。

一土名接衛橋下，田三丘。

一土名古大橋下，田三丘。

以上共計額拾畝零伍釐叁絲玖忽伍微。

一土名上垵塢和尚突山場一處，主佃分扦杉木，以備修橋之用。其山東至吴姓山小降直下，南至屏鳳山大降直出，西至田，北至田。

蔡口橋，在十九都，離治八十里。

唐坑橋，在十九都，離治一百里。

永濟橋，在十九都，離治一百里。

磐溪石橋，在二十都，離治一百里。

濟川石橋，在二十都王村口中街舍溪，離治一百里。康熙年間，磐漢朱之挺、關川毛經道、毛彬捐資倡首重建。後圮。華日融兄弟重建，改名寶善橋。後又圮。里人募捐重建，覆以瓦屋，改名宏濟橋。錢塘費淳《寶善橋記》云：遂昌居萬山中，溪流峻險，非橋不足以資利涉。而規模之宏遠，工力之繁多，西鄉濟川石橋，其尤著也。是鄉爲栝蒼通衢，亦八閩要津，兩岸民居稠密，經由者接踵而來。康熙丙寅年，磐溪朱之挺、關川毛經道、毛彬等捐資重建。乾隆戊申夏，溪流暴注，橋復大圮。衆苦費用艱鉅，相顧錯愕不敢發，往來行人數數告困。華氏昆季慨然獨任，以爲是殆不可以已。遂鳩工庀材，夙夜從事，卒復舊觀，而又過之。是役也，一事而三善備焉：存心濟物，仁也；見義必爲，勇也；積而能散，智也。士君子之用財，當如是矣。爰易其名曰寶善，并撮舉其顛末，俾後之人採入志乘，知華氏世居是鄉，所以世德相承而綿延於弗替者，其來有自。橋高三丈六尺，長六丈五尺，廣二丈七尺，材與工計費三千一百兩有奇。經始於乾隆五十三年十月，告蕆於五十五年四月。重修者，華子日融、日南、日旗、日觀也。

闗川橋，在二十都闗川，離治一百二十里。原經毛姓重建，橋上有屋，復圮。貢生毛儀壽、儀點重建石橋。

源水橋，在二十都，離治一百二十里。

鎮西橋，在二十都金溪水口，里人黄崇本建。

鎮武橋，在二十都金溪水北，里人黄崇本建。

文昌橋，在二十都，離治一百四十里。

晝錦橋，在二十都金溪，離治一百四十里。

端應橋，在二十都金溪，里人黄國廉建。

垂虹橋，在二十都，離治一百四十里。

東川橋，在東川村首。

外橋，在東川村後。

内橋，在東川村后。以上三橋，俱里人黄崇本建。

梭溪橋，在二十二都，離治八十里。橋上有屋。

小溪橋，在二十二都，離治八十里。

石印橋，在湖山，離治八十里。溪石如印。

朱村橋，在二十二都，離治一百里。

大坑口橋，在二十二都，離治一百五里。

金竹橋，在二十三都，離治一百十里。康熙辛卯，俞通明募化，築墩蓋屋，知縣繆之弼捐資督建。後被水沖廢，移於上流，改架木橋。

恩市橋，在二十四都，離治八十里。里人朱姓於橋上建亭。

回龍橋，在二十三都回龍寨，離治八十五里。鑿礓砌脚，叠石爲洞，甃築石欄，徑十餘丈。道光年間，里人募建幾半，吴永德捐資成之。

永安橋，在北鄉十都荷塘，離治五十里，溪澗流急，涉水維艱。其沿溪右邊，土名後山一帶，俱係懸崖峭壁，路徑崎嶇難行。乾隆二十年，里人捐資創建橋梁，治平道路，往來稱便。又以餘資積置田山，爲修理費，并於橋邊山下設立祀孤壇，每遇清明、中元，備物祀之。

關連橋，在三都高坪，離治二十里，上覆瓦屋。嘉慶五年，被水沖没。十七年，里人陳占鰲倡率合坦捐資督建石橋，橋東建廟，祀關帝、文昌之神。

雙坑口石橋，在七都鄭坳，離治三十五里。道光十五年，里人蘇金壽鼎建。又同蘇水德修砌近橋、嶺頭、石磨、□塘内等處道路。

德澤石橋，在七都鄭坳，離治三十五里。道光十五年，里人章德優捐資新建。橋畔石船兒路道崎嶇，蘇炳章捐資修之。

渡

平昌渡，在治東眠牛山下，路通栝、甌兩郡，行旅如織，實爲要道。昔人起造橋梁，當急湍衝擊，屢興屢廢，每以舟楫濟渡。乾隆十五年，前縣黃培任據士民之請，復行建橋，命名平政，不一載而又付波臣。乾隆十八年，署縣雷廷鉽設官渡船二隻，并築兩岸，添造二閣，爲舟子棲身之所。又置渡田二十餘畝，每年爲渡夫工食及完粮之資，當給司事管理，立法非爲不善也。詎十載之後，司事易人，遂視爲公家之物，漫不經心，以致舟楫朽腐。每值洪水泛漲時，往來濟渡，殊深濡溺之憂。乾隆二十九年，知縣王憕因渡廢弛，移下半里許，於兩溪合流處創建東關大橋，行旅甚便，可以無需舟楫。五十三年，東關橋又被水冲廢，復移原處，改架木浮橋，仍置一渡，以備大水壞橋之用焉。

航頭渡，在邑東十里。今設義渡，里人置田，以垂永久。土名附後：姜塢，田叁畝。水閣園，田叁畝。安和院，租參籮。

襟溪渡，在二都金岸，離治十里。是處原有橋梁，置渡以備大水壞橋之用。租田已載橋内。

資口渡，在二都資口，離治二十里松陽界。水漲用渡，水平架橋。租田已載橋内。

斬蛟渡，在邑東前溪，舊易木橋名碧瀾，復架石梁。今廢。

梭溪渡，在邑北六十里。

北界渡，在邑北五十里龍游界。

焦灘渡，在邑西八十里柳村，官清造。

龍鼻頭渡，在邑西一百里奕山，西安縣界。

周公口渡，在邑西九十里。

定溪渡，在邑西一百里長定。

永溪渡，在二十都王村口王溪，離治一百里。乾隆三十六年，有附近八人倡捐修建。

福江渡，在二十都礱口，離治一百十里。乾隆五十八年，戴秉衡、曹奕明、曹奕文、傅登天、吴勝重、張良富、張功升、羅潤應、李永諧、曹奕會、曹奕兆、林成彦等捐造，并置田修理。土名附後。

一土名雞栖門，田一處，租肆拾柒碩。

一土名牛形地脚，月池。田三丘，租拾肆碩。

一土名川上亭，田三丘，租肆碩。

一土牛形左邊，田一處。又坐落半山，田叁丘，二共租玖碩。

永祚渡，在二十都埠頭洋。嘉慶二十三年，劉虛居、李開亮、賴乾仁、劉在權等捐資勸募建造，作爲義渡，置田修理。土名附後。

一土名甘都外塢洋落水，田，租拾捌碩伍斗。此號田李春霆捐助。

一土名外塢田蓬背，田，租貳碩。
一土名外塢洋落水河澮，田，租玖碩。
一土名黃瓜樓清明丘，田，租拾柒碩伍斗。
以上田三號，劉虛居等募資公置。

堤

胡公堤，在治南五十步，今名大堤街。宋縣丞胡涓所築。
羅公堤，在西南隅界。雍正三年，知縣羅秉禮築，一邑賴保障焉。有碑亭，顏曰『羅公遺澤』。
王公堤，在邑北後溪。乾隆二十八年，知縣王橙捐建，共三十餘丈，爲北之屏翰。
航淤堤，在二都金岸，離治十里，本係官道。乾隆初年冲塌爲河，架橋濟涉。三十三年，一長官過此橋，木中斷，幾遭溺斃。里人因各捐資，築成是堤。
方村堤，在十九都方村。道光八年，溪水暴漲，一村幾遭漂没。柳村朱霖捐資，官學愼、學健仝侄聯捐米築建，合村賴爲保障。

堰

大堤堰，在邑南學前，水通儒學泮池，近圮。
葉坦堰，在邑東，亘四十四丈，灌田二百五十餘畝。

龍磹堰，在邑東，亘三十一丈，灌田二百五十餘畝。嘉靖間，圮於水。隆慶元年，知縣池浴德捐築。久圮，近復再築。

吴皋堰，在東嶽廟上，亘三十餘丈，灌田一百餘畝，通西郭南隅官溝，至縣前及儒學前。

官潭堰，在邑南，爲學前護砂。

獨山堰，在邑西，亘二十八丈，灌田五百餘畝。

尹村堰，在邑北，亘一十八丈，灌田一百餘畝。

官陂堰，在邑北，亘一十八丈，灌田一百餘畝。乾隆二十八年，知縣王燈開渠引泉入城，以禦火患。邑令王燈記曰：西郭官坡堰，水北流而入溪，東郊有田百餘畝，十日不雨則苦旱。然西堰地高，水北趨，其勢順，故東郊常爲灌溉之所不及。辛巳歲，余莅平昌，客言：前之官斯土者，屢議決堰溉田，迄無功而止。余疑之。夫水性無常，決於東而東，決於西而西，皆人力爲之耳。昔史起鑿漳水魏之河内，以富鄭國；鑿涇水關中，遂成沃野。今人縱不及古人，豈區區一疏瀹之勞，而亦諉之乎？越數月，祀北壇，過官陂堰，徘徊瞻眺，終未了了。於是息輿駕，却僕從，履草莱，歷阡陌，察蹊徑之紆回，度阪隰之隆庳，農夫牧子翹首而訝，不知余爲何事也。已復沿山麓入拱宸門，過君子坊，繞北隅街，歷縣署後，徐步而至東郊，見地形漸趨而下。余竊計曰：得之矣。然下車伊始，民不吾信，遽興是役，是未惠民而先擾民，非計也。及癸未秋，時和年豐，訟簡獄空，政事閑暇，適有公財納庫。余喜曰：是可以成吾功矣。亟招民夫，懸以重賞，負鋤荷蕢，集於村墟，循余徒步之所周，并力而疏濬之。壘石爲溝，深廣各五尺，延袤十里，不日而成。導西堰之水，洄漩曲折，而達之東郊。東郊之人，方疑水之從天而至也，夫而後可無慮於炎暵矣。然不僅東郊之田蒙其潤也，水出拱宸，過北隅，徧繞民舍，清泉當户，滔滔汩汩，可濩可澣，取攜甚便，挹注不竭。昔宋丁氏鑿井於庭，自謂日得一人之力。今北城之民，不日得千人之力乎？是役也，雖不如鑿漳、涇二水之功，而已較勝於鑿井之利矣。姑志其本末，以無忘此日之勤。

長安堰，在二都，亘五十丈，灌田六百五十餘畝。

高路堰，在二都，亘二十六丈，灌田六十餘畝。

野航堰，在二都。

雙港口直堰，在北隅上坦原，童志禹築。

石頭堰，在三都，亘二十丈，灌田二百五十餘畝。

蕭嶺堰，在十三都，亘十六丈，灌田六十餘畝。

石郭堰，在十四都，亘三十二丈，灌田三百五十餘畝。

楓屏堰，在十四都，亘三十丈，灌田一百一十餘畝。

礌安堰，在十四都，亘十丈，灌田一百五十餘畝。

窑頭堰，在五都，亘二十一丈，灌田五百餘畝。

梧桐堰，在四都，亘一十三丈，灌田三千七百畝。

鄭墓口堰，在五都，亘二十二丈，灌田二千五十餘畝。

查渡堰，在七都，亘二十三丈，灌田一百五十餘畝。

石柄堰，在七都，亘二十六丈，灌田二百五十餘畝。
土地口堰，在七都，亘二十丈，灌田一百餘畝。
河頭堰，在十都，亘二十八丈，灌田三十餘畝。
外磅堰，在十都，亘二十六丈，灌田二十餘畝。
欄頭堰，在十都，亘十八丈，灌田二十餘畝。
周坂堰，在十都，亘十五丈，灌田二十五畝。
溪泠堰，在十一都，亘十五丈，灌田二十五畝。
岩進堰，在十二都，亘六丈，灌田八十餘畝。
石體堰，在六都，亘十五丈，灌田三千七百餘畝。
嵩伯堰，在十六都，灌田八十餘畝。
舊溪堰，在十七都，亘十六丈，灌田四百餘畝。
馬夫人廟前堰，在十八都，亘七十五丈，灌田三百五十餘畝。
船埠頭堰，在二十都。
石纓堰，在三都。
六峰堰，在八都，析入湯溪。

日食嶺脚堰，在八都，析入湯溪。
峰上堰，在八都，析入湯溪。
磨石堰，在三都，今廢。
鄭家堰，在二十一都，亘六丈，灌田一十餘畝。
方村堰，在十八都，灌柳村、石練一帶畈田。
石倉堰，在十八都。
宏山殿前堰，在十八都湯溪，灌田一百餘畝。
□下堰，在湖山，長三十餘丈，灌田一百餘畝。
陳村畈堰，在二十四都王川，灌田一百餘畝。
江溪巒堰，在二十四都，亘三十餘丈，灌田九十畝。
升口堰，在二十三都，灌田一百畝。
塌礓堰，在二十三都金竹，灌田一百餘畝。
湖山堰，在二十二都，亘五十餘丈。
山歸堰，在二十二都，亘四十餘丈，灌田一百餘畝。
超潭堰，在二十四都。

十畝堰，在金竹。

官堰，在邑西十三都石板橋上首，亘十六丈，灌樟塢畈田一百六十畝。

壩

繆公壩。今圮。

卷之四

禋祀志

文廟、關帝廟、文昌廟、祠壇、愛祠、群祀、寺觀

邑之大事，厥惟秩祀，所以崇德報功，非徒効駿奔、供故事而已。先聖先賢，垂教萬世，次或有關社稷民生，捍禦災患，理幽治明，功不可没，并宜詳稽典故，以昭肸蠁云。志禋祀。

文廟

在縣治東南，正中爲大成殿，前爲露臺，東西列兩廡，前爲戟門，又前爲泮池，跨以石橋，左爲致齋所，爲名宦祠，右爲土地祠，爲鄉賢祠，爲崇學祠。舊主龔原，配以張根、華岳，年久傾廢，遷主於鄉賢祠內。又前爲欞星門，門外爲下馬石，前臨半月池，環以石欄。廟左爲崇聖宮，禮門左爲省牲所。興修詳學校門。

明嘉靖九年，改稱大成殿爲先師廟，撤塑像，以木爲主。邑未撤。稱孔子曰至聖先師孔子，四配曰復聖顔子、宗聖曾子、述聖子思子、亞聖孟子，十哲以下稱先賢某子，公羊高以下稱先儒某子。歲以春秋二仲上丁日子夜致祭。

明嘉靖九年，改定禮制，較成化間籩豆各損其四，樂用六佾。

國朝用天子禮，增爲八佾。祭器、樂器部頒俱有定式，然祭器未全，樂舞不行。至雍正九年，學憲李清植始頒發祭、樂二器，一時禮舉樂作，焕然維新。

殿廡位次。附歷代封號。

正位

至聖先師孔子。周敬王四十二年，魯哀公誄稱尼父。西漢平帝元年，追謚褒成宣尼公。東漢和帝四年，封爲褒尊侯。後魏孝文帝十六年，改謚文宣尼父。後周宣帝二年，追封鄒國公。隋文帝贈爲先師尼父。唐太宗二年，尊爲先聖，以顔子配。高宗永徽中，改周公爲先聖，孔子爲先師。顯慶二年，以周公配武王，定孔子爲先聖。乾封元年，追贈爲太師。天授元年，封爲隆道公。玄宗二十七年，追謚文宣王。宋真宗三年，追謚元聖文宣王。大中五年，以聖祖諱，改謚至聖文宣王。元武宗元年，加號大成至聖文宣王。明洪武三年，封號如故。嘉靖九年，輔臣張璁請正祀典，始定今稱，罷封爵。

四配

復聖顔子。唐總章贈太子少師，太極贈太子太師，開元贈兖公。宋大中祥符進封兖國公。元至順贈兖國復聖公。明嘉靖九年去封爵，改今稱，後同。

宗聖曾子。唐總章贈太子少保，太極贈太子太保，開元追封郕伯。宋大中祥符加封瑕丘侯，政和改封武城侯，咸淳加封郕國公。元至順加封郕國宗聖公。

述聖子思子。宋徽宗崇寧封爲沂水侯，大觀二年從祀，端平升列十哲，咸淳加封沂國公。元至順加贈沂國述聖公。明正德以衍聖公次子世襲五經博士，奉子思子廟祀。

亞聖孟子。宋元豐封鄒國公，七年詔配享，位次顔子。元至順加贈鄒國亞聖公。

東西哲

先賢閔子損。唐開元從祀，又追贈費侯。宋大中祥符加封瑯琊公，咸淳改封費公。

先賢冉子耕。唐開元從祀，封鄆侯。宋大中祥符改封東平侯，咸淳加封鄆公。

先賢冉子雍。唐開元從祀，封薛侯。宋大中祥符加封下邳公，咸淳改封薛公。

先賢宰子予。唐開元從祀，封齊侯。宋大中祥符加封臨淄公，咸淳改封齊公。

先賢端木子賜。唐開元從祀，封黎侯。宋大中祥符加封黎陽公，咸淳改封黎公。

先賢冉子求。唐開元從祀，贈徐侯。宋大中祥符加封彭城公，咸淳改封徐公。

先賢仲子由。唐開元從祀，贈衛侯。宋大中祥符加封河内侯，咸淳加封衛公。

先賢言子偃。唐開元從祀，封吴侯。宋大中祥符加封丹陽公，咸淳改封吴公。

先賢卜子商。唐貞觀從祀，開元贈魏侯。宋大中祥符加封河東公，咸淳改封魏公。

先賢顓孫子師。唐開元從祀，贈陳伯，宋大中祥符封宛丘侯，政和改潁川侯，咸淳加陳國公，升十哲。

先賢有子若。唐開元從祀，封汴伯，宋咸平加封平陰侯，今制特升十哲。

先賢朱子熹。宋慶元謚曰文，寶慶追封信國公，紹定改封徽國公，淳祐從祀，元至正改封齊國公，國朝康熙五十一年，以道承先聖，功冠諸儒，特升主十哲。

東廡先賢嘉靖九年，改稱先賢某子。

先賢蘧子瑗。唐開元從祀，追封衛伯。宋大中祥符加封内黄侯。明嘉靖以孔子所嚴事不當在弟子列改祀，於鄉，今制仍從祀。

先賢澹臺子滅明。唐開元從祀，追封江伯。宋咸平加封金鄉侯。

先賢原子憲。唐開元從祀，封原伯。宋咸平加任城侯。

先賢南宫子适。唐開元從祀，封郯伯。宋咸平加龔丘侯，政和改封汝陽侯。

先賢商子瞿。唐開元從祀，封蒙伯。宋咸平加須昌侯。

先賢漆雕子開。唐開元從祀，封滕伯。宋咸平加平輿侯。

先賢司馬子耕。唐開元從祀，封向伯。宋咸平加楚丘侯，政和改封綏陽侯。

先賢巫馬子施。唐開元從祀，封鄫伯。宋咸平加東阿侯。

先賢顔子辛。唐開元從祀，封蕭伯。宋咸平加陽穀侯。

先賢曹子卹。唐開元從祀，封曹伯。宋咸平加上蔡侯。

先賢公孫子龍。唐開元從祀，封黄伯。宋咸平加枝江侯。
先賢秦子商。唐開元從祀，封上洛伯。宋咸平加鄄城侯。
先賢顔子高。唐開元從祀，封瑯琊伯。宋咸平加雷澤侯。
先賢壤駟子赤。唐開元從祀，封北徵伯。宋咸平加上邽侯。
先賢石作子蜀。唐開元從祀，封郈邑伯。宋咸平加成紀侯。
先賢公夏子首。唐開元從祀，封元父伯。宋咸平加鉅平侯。
先賢后子處。唐開元從祀，封營丘伯。宋咸平加膠東侯。
先賢奚子容蒧。唐開元從祀，封下邳伯。宋咸平加濟陽侯。
先賢顔子祖。唐開元從祀，封臨邑伯。宋咸平加富陽侯。
先賢句子井疆。唐開元從祀，封洪陽伯。宋咸平加滏陽侯。
先賢秦子祖。唐開元從祀，封少梁伯。宋咸平加鄄城侯。
先賢縣子成。唐開元從祀，封鉅野伯。宋咸平加武城侯。
先賢公祖子句兹。唐開元從祀，封期思伯。宋咸平加即墨侯。
先賢燕子伋。唐開元從祀，封漁陽伯。宋咸平加沂源侯。
先賢樂子欬。唐開元從祀，封昌平伯。宋咸平加建城侯。

先賢狄子黑。唐開元從祀，封臨濟伯。宋咸平加林慮侯。

先賢孔子忠。唐開元從祀，封汶陽伯。宋咸平加鄆城侯。

先賢公西子蒧。唐開元從祀，封祝阿伯。宋咸平加徐城侯。

先賢顏子僕。唐開元從祀，封東武伯。宋咸平加宛句侯。

先賢施子之常。唐開元從祀，封乘氏伯。宋咸平加臨濮侯。

先賢申子棖。唐開元從祀，封魯伯。宋咸平加文登侯，唐與黨并祀。明嘉靖以重名去黨存棖。

先賢左子丘明。唐貞觀從祀。宋祥符追封瑕丘伯，政和改中都伯。

先賢秦子冉。唐總章封彭衛伯。宋咸平加新息侯。明嘉靖罷祀，雍正三年復祀。

先賢牧子皮。雍正三年增祀。

先賢公都子。宋政和追封平陰伯。從祀。

先賢公孫子丑。宋政和追封壽光伯。從祀。

先賢張子載。宋嘉定賜謚曰明，淳祐追封郿伯。從祀。

先賢程子頤。宋嘉定賜謚曰正，淳祐追封伊陽伯。從祀。元至順加封洛國公。

西廡先賢嘉靖九年改稱先賢某子。

先賢林子放。唐開元從祀，封清河伯。宋祥符加長山侯。明嘉靖以《家語》《史記》不列弟子，改祀於鄉，今制仍從祀。

先賢宓子不齊。唐開元從祀，封單父伯。宋咸平加單父侯。
先賢公冶子長。唐開元從祀，封莒伯。宋咸平加高密侯。
先賢公皙子哀。唐開元從祀，封郳伯。宋咸平加北海侯。
先賢高子柴。唐開元從祀，封共成伯。宋咸平加共成侯。
先賢樊子須。唐開元從祀，封樊伯。宋咸平加邑都侯。
先賢商子澤。唐開元從祀，封睢陽伯。宋咸平加鄒平侯。
先賢梁子鱣。唐開元從祀，封梁伯。宋咸平加千乘侯。
先賢冉子孺。唐開元從祀，封紀伯。宋咸平加臨沂侯。
先賢伯子虔。唐開元從祀，封聊伯。宋咸平加沐陽侯。
先賢冉子季。唐開元從祀，封東平伯。宋咸平加諸城侯。
先賢漆雕子徒父。唐開元從祀，封須句伯。宋咸平加高苑侯。
先賢漆雕子哆。唐開元從祀，封武城伯。宋咸平加濮阳侯。
先賢公西子赤。唐開元從祀，封部伯。宋咸平加鉅野侯。
先賢任子不齊。唐開元從祀，封任城伯。宋咸平加當陽侯。
先賢公良子孺。唐開元從祀，封東牟伯。宋咸平加牟平侯。

先賢公肩子定。唐開元從祀，封新田伯。宋咸平加梁父侯。

先賢鄡子單。唐開元從祀，封銅鞮伯。宋咸平加聊城侯。

先賢罕父子黑。唐開元從祀，封乘丘伯。宋咸平加祁鄉侯。

先賢榮子旂。唐開元從祀，封雩婁伯。宋咸平加厭次侯。

先賢左人子郢。唐開元從祀，封臨淄伯。宋咸平加南華侯。

先賢鄭子國。唐開元從祀，封滎陽伯。宋咸平加朐山侯。

先賢原子亢。唐開元從祀，封萊蕪伯。宋咸平加樂平侯。

先賢廉子潔。唐開元從祀，封莒父伯。宋咸平加胙城侯。

先賢叔仲子會。唐開元從祀，封瑕丘伯。宋咸平加博平侯。

先賢公西子輿如。唐開元從祀，封重丘伯。宋咸平加臨朐侯。

先賢邽子巽。唐開元從祀，封元陸伯。宋咸平加高唐侯。

先賢陳子亢。唐開元從祀，封潁伯。宋咸平加南頓侯。

先賢琴子張。唐開元從祀，封南陵伯。宋咸平加頓丘侯，唐與琴牢并列。宋撤重祀，政和改平陽侯。

先賢步子叔乘。唐開元從祀，封淳于伯。宋咸平加博昌侯。

先賢秦子非。唐開元從祀，封汧陽伯。宋咸平加華亭侯。

先賢顔子噲。唐開元從祀，封朱虚伯。宋咸平加濟陰侯。

先賢顔子何。唐總章封開陽伯。宋咸平加封唐邑侯，明嘉靖罷祀，今制復祀。

先賢縣子亶。唐開元從祀，封鉅野伯。

先賢樂正子克。宋政和配享孟廟，追封利國公，從祀。

先賢萬子章。宋政和封博興伯，從祀。

先賢周子敦頤。宋嘉定謚元公，淳祐封汝南伯，從祀。元至順加封道國公。

先賢程子顥。宋嘉定賜謚曰純，淳祐封河南伯，從祀。元至順加封豫國公。

先賢邵子雍。宋元祐謚康節，咸淳從祀，追封新安伯。

東廡先儒嘉靖九年，改稱先儒某子。

先儒公羊子高。唐貞觀從祀。宋咸平追封臨淄伯。

先儒子國子安國。唐貞觀從祀。宋咸平追封曲阜伯。

先儒毛子萇。唐貞觀從祀。宋咸平追封樂壽伯。

先儒高堂子生。唐貞觀從祀。宋咸平追封萊蕪伯。

先儒鄭子康成。唐貞觀從祀。宋咸平追封高密伯。明嘉靖改祀於鄉，今制復祀。

先儒諸葛子亮。雍正元年從祀。

先儒王子通。明嘉靖九年從祀。

先儒陸子贄。道光五年從祀。

先儒司馬子光。宋哲宗追封温國公，謚文正，成淳三年從祀。

先儒歐陽子修。宋熙寧五年賜謚文忠。明嘉靖九年從祀。

先儒胡子安國。宋紹興謚文定。明洪武以其《春秋》列於學宫，正統從祀，成化封建寧伯。

先儒尹子焞。雍正三年從祀。

先儒吕子祖謙。宋嘉泰賜謚成，嘉熙改謚忠亮，景定追封開封伯，從祀。

先儒蔡子沈。明正統元年從祀，謚文正，成化三年追封崇安伯。

先儒陸子九淵。明嘉靖九年從祀，謚文安。

先儒陳子淳。雍正三年從祀。

先儒魏子了翁。雍正三年從祀。

先儒王子栢。雍正三年從祀。

先儒許子衡。元大德謚文正，至大追封魏國公，皇慶詔從祀。

先儒許子謙。雍正三年從祀。

先儒吴子澄。嘉靖九年罷祀，今制復祀。

先儒王子守仁。明萬曆十二年從祀，謚文成。

先儒薛子瑄。明弘治九年祀於鄉，隆慶五年從祀。

先儒羅子欽順。雍正三年從祀。

先儒黄子道周。道光五年從祀。

先儒湯子斌。道光三年從祀。

西廡先儒嘉靖九年，改稱先儒某子。

先儒穀梁子赤。唐貞觀從祀。宋咸平追封龔丘伯，政和改封睢陽伯。

先儒伏子勝。唐貞觀從祀。宋祥符追封乘氏伯。

先儒后子蒼。明嘉靖考古求禮，以蒼爲禮宗，詔令從祀。

先儒董子仲舒。元至順從祀。明洪武追封江都伯，成化改封廣川伯。

先儒杜子春。唐貞觀從祀。宋咸平追封緱氏伯。

先儒范子寗。唐貞觀從祀。宋咸平封鉅野伯，明嘉靖罷祀，今制復祀。

先儒韓子愈。唐長慶謚曰文。宋元豐從祀，封昌黎伯。

先儒范子仲淹。康熙五十五年從祀，謚文正。

先儒胡子瑗。明嘉靖九年謚文昭，從祀。

先儒楊子時。宋紹興謚文靖。明弘治封將樂伯，從祀。
先儒羅子從彦。宋淳祐謚文質。明萬曆間從祀。
先儒李子侗。宋淳祐謚文靖。元順帝追封越國公。明萬曆間從祀。
先儒張子栻。宋嘉泰賜謚宣，景定追封華陽伯，從祀。
先儒黄子榦。雍正三年從祀。
先儒真子德秀。宋端平謚文忠。明正統從祀，成化封浦城伯。
先儒何子基。舊祀於鄉，雍正三年從祀。
先儒趙子復。雍正三年從祀。
先儒金子履祥。雍正三年從祀。
先儒陳子澔。明弘治十七年從祀。
先儒陳子獻章。明萬曆十二年從祀，謚文恭。
先儒胡子居仁。明萬曆十二年從祀。
先儒蔡子清。雍正三年從祀。
先儒劉子宗周。道光二年從祀。
先儒陸子隴其。雍正元年增入從祀。

先儒吕子坤。道光六年從祀。

先儒孫子奇逢。道光八年從祀。

崇聖宫，在明倫堂左。原爲啓聖祠，雍正二年增封，改建中祀。

五王，孔子前五世祖。以四氏配，從祀五人，歲以春秋二仲上丁日子夜致祭。

中位

肇聖王木金父公。

裕聖王祈父公。

詒聖王防叔公。

昌聖王伯夏公。

啓聖王叔梁公。

四配

先賢顔氏無繇。

先賢曾氏點。

先賢孔氏鯉。

先賢孟孫氏激。

從祀

先儒周氏輔成。
先儒張氏迪。
先儒程氏珦。
先儒朱氏松。
先儒蔡氏元定。

名宦祠在泮池左。祀

梁

縣令江子一。

宋

縣令張根。
縣令李大正。
縣丞胡涓。

明

知縣何鉞。

知縣顧岩。
知縣張鉞。
縣丞周恂。以上八位，嘉靖三十四年，知縣洪先志申請學道阮入祀。
知縣段宏璧。萬曆四十五年，知縣林剛中申請學道周入祀。
知縣池浴德。
知縣湯顯祖。二位俱萬曆四十六年，士民公請學道蔡入祀。
知縣胡順化。崇禎十年，知縣何廷棟申請學道劉入祀。
國朝
知縣趙如瑾。順治十二年，知縣徐治國申請學道張入祀。
知縣李翔。康熙二十八年，士民公請知縣柳滋溥，申請學道王入祀。
訓導朱永翼。康熙三十六年，合庠呈請學院張入祀。
巡撫范承謨。謚忠貞，康熙三十年公請增祀。
督撫李之芳。康熙四十年公請入祀。
巡撫朱昌祚。謚勤愍，康熙三十年公請增祀。
提督李塞理白。康熙三十年公請增祀。

總督郭世隆。
總督王隲。
按察使楊宗仁。
鄉賢祠在泮池右。祀
宋
龔原。正德七年，知縣張鉞立祠以祀。
華岳。乾隆十三年，知縣黃培任申請撫院方入祀。
尹起莘。與龔原同日祀。
周縮。
周南。
元
鄭元祐。以上三位，嘉靖三十四年，知縣洪先志申請學道阮入祀。
明
應櫝。
朱應鐘。以上二位，嘉靖三十八年，署縣湯玠申請學道畢入祀。

鄭還。嘉靖四十一年，知縣黄德裕申請學道范入祀。
項森。萬曆三十四年，知縣蔣履申請學道李入祀。
項應祥。萬曆四十六年，知縣林剛中申請學道洪入祀。
朱景和。萬曆四十八年，知縣林剛中申請學道洪入祀。
國朝
包萬有。康熙元年，知府周茂源申請學道胡入祀。
按：名宦、鄉賢二祀，標往哲之芳徽，垂後人之楷範，甚盛典也。張東沙云：衮舄於一時易，俎豆於百世難。宜何如慎重者。乃或高賢而湮没，或凉德而濫竽，循名覈實，幸無爲識者扼腕也。

殿廡牌位主式

先師主。身高二尺三寸七分，廣四寸，厚七分，硃地金書。座高四寸，長七寸，厚三寸四分。木用栗。先賢、先儒同。
配主。身高一尺五寸，廣三寸二分，厚五分，赤地金書。座高四寸，長六寸，厚二十八分。
哲廡先賢主。身高一尺四寸，廣二寸六分，厚五分，赤地緑書。座高二寸六分，長四寸，厚二寸。
兩廡先儒主。身高一尺三寸四分，廣二寸三分，厚四分五釐，赤地墨書。座高二十六分，長四寸，厚二寸。
崇聖祠五代主，同先師。
配主，同四配。

從祀主，同先儒。

名宦、鄉賢主，身悉同先儒，惟座止厚一寸。

祭樂圖章

文廟。用幣三、羊二、豕二、犢一。東西二配各用幣二、羊一、豕一。十哲共用幣二、豕二。兩廡各用羊一、豕一。廡各三壇，祭器詳左。

正位。坐爵三，獻爵三，登一，鉶二，簠二，簋二，籩十，豆十，俎三，篚一，祝版一，雲雷尊一，香鼎一，大燭臺二，大花瓶二，小香爐一，小燭臺二，檠，廟門廟内各六。挂燈，廟門四。庭燎。階下四門四。

配位。坐爵四，東西各二。獻爵六，東西各三。簠四，東西各二。簋四，東西各二。籩十六，東西各八。豆十六，東西各八。牲盤四，東西各二。篚二，東西各一。壺尊一，東西與哲共一。中香爐二，東西各一。中燭臺四。東西各二。

哲位。坐爵十二，東西各六。獻爵六，東西各三。鉶十二，東西各六，缺一。簠二，東西各一。簋二，東西各一。籩十六，東西各八。豆十六，東西各八。牲盤四，東西各二。篚二，東西各一。中香爐二，東西各一。中燭臺四。東西各二。

兩廡。坐爵一百二十四，獻爵六，東西各三。簠二，東西各一。簋二，東西各一。籩八，東西各四。豆八，東西各四，俱中壇用。邊壇，東西各二壇，每壇籩三，共十二。豆三，共十二。小香爐、小灼臺共六副，東西各三。壺尊二。東西各一。

崇聖宮。正位用幣五、羊一、豕一，餘各用幣一、豕一。

正位。坐爵五，獻爵三，鉶五，簠二，簋二，籩八，豆八，牲盤二，篚一，祝版一，尊一，花瓶二，中香爐一，中燭臺二，小香爐一，檠四，小灼臺二，挂燈四，庭燎。階下四。

配位。坐爵四，東西各半，下同。獻爵六，鉶二，簠二，簋二，籩八，豆八，牲盤四，篚二，小香爐二，小灼臺四，壺尊一。

從祀。坐爵五，東三西二。獻爵六，東西各半。簠二，簋二，籩六，豆六，牲盤四，小香爐、小灼臺四，篚二。

附舊祭器

鐵香爐二個，石香爐二個，銅爵，原一百十一個，今存九十六個，籩豆、鉶、登等俱無存，錫、香爐、花瓶。

名宧祠祭，用春秋二仲上丁日，祭儀：羊一今省、豕一、籩豆各四。

鄉賢祠儀同名宧祠。

土地祠學宮戟門西。祀

學土地之神。丁祭畢，即日致祭。祭儀：羊一、今省。豕一、籩豆各四。

文廟正位陳設圖

先師

坐爵 獻爵 □和羹

坐爵 獻爵 登太羹

坐爵 獻爵 鉶和羹

黑餅 白餅

栗 榛 菱 芡

形鹽 槀魚 鹿脯 棗

黍 稷

簠二 簋二

稻 粱

韭葅 芹葅 菁葅 笋葅

醓醢 鹿醢 兔醢 魚醢

脾肵 豚胉

帛香 祝香

花 燭 燭 燭 燭 花

羊 犢 豕

縣學配位陳設圖

菱 芡

棗 栗 榛

形鹽 槀魚 鹿脯

配位 坐爵 獻爵 和羹

黍 稻

獻爵

黍 稻

配位 坐爵 獻爵 和羹

韭葅 芹葅 菁葅

筍葅 醓醢 鹿醢

兔醢 魚醢

較府學省籩二豆二

帛

灼 香 灼

羊肉 豕肉

文廟哲位陳設圖

府縣學同

哲坐爵　和羹
哲坐爵　獻爵　和羹
哲坐爵　獻爵　和羹
哲坐爵　獻爵　和羹
哲坐爵　和羹

菱　芡
棗　栗　榛
形鹽　稾魚　鹿脯
黍　稷
簠二　簋二
稻　粱
韭葅　芹葅　菁葅
笋葅　醓醢　鹿醢
兔醢　魚醢

帛　香
灼　灼
羊肉　豕肉

按例每位一壇，但多案陳設不開，今擬合爲一。

○兩哲應增坐爵一鉶。

文廟兩廡陳設圖

邊壇坐爵　　中壇坐爵　　邊壇坐爵

棗　形鹽　韭菹　獻爵　獻爵　和羹　獻爵　棗　形鹽　韭菹

醓醢　鹿脯　芹菹　棗　形鹽　黍　稻　韭菹　醓醢　醓醢　饜脯

栗　鹿脯　芹菹　魚醢

灼　香　灼　灼　帛　香　灼　灼　香　灼

羊肉　豕肉

崇聖宮正位陳設圖

五代坐爵　和羹

三代坐爵　獻爵　和羹

一代坐爵　獻爵　和羹

二代坐爵　獻爵　和羹

四代坐爵　和羹

菱　芡

棗　栗　榛

形鹽　稾魚　鹿脯

黍　稷

稻　粱

韭菹　芹菹　菁菹

笋菹　醓醢　鹿醢

兔醢　魚醢

帛

灼　香　灼

羊肉

豕肉

配位陳設圖

配位坐爵
獻爵
獻爵
和羹
配位坐爵
獻爵

菱
芡
鹿脯
棗
形鹽
槀魚
黍
稻
韭菹
芹菹
醓醢
兔醢

灼
帛
香
灼
羊肉
豕肉

從祀陳設圖

儒 坐爵 獻爵

獻爵 和羹

儒 坐爵 獻爵

棗

形鹽 稾魚

黍

稻

韭菹 菁菹

鹿脯

羊肉

灼

帛 香

灼

豕肉

文廟樂舞人數

麾一人，歌工六人，搏拊二人，琴四人，瑟二人，柷一人，敔一人，笙四人，簫四人，排簫二人，笛四人，塤二人，篪二人，編鐘一人，編磬一人，楹鼓一人，節二人，舞二十四人，合共六十四人。

先師位

麾
歌工 歌工 歌工 搏拊
琴 琴
柷 瑟
笙 笙 簫 簫
排簫 笛 笛 塤 篪
編鐘
楹鼓
節
舞 舞 舞
舞 舞 舞
舞 舞 舞
舞 舞 舞

工歌 工歌 工歌 拊搏
琴 琴
柷 瑟
笙 笙 簫 簫
排簫 篪 笛 笛 塤
編磬
節
舞 舞 舞
舞 舞 舞
舞 舞 舞
舞 舞 舞

陛

樂章

迎神：咸和之曲。

大哉孔聖，道德尊崇。維持王化，斯民是宗。典祀有常，精純并隆。神其來格，於昭聖容。

初獻：寧和之曲。

自生民來，誰底其盛。維師神明，度越前聖。粢帛具成，禮容斯稱。黍稷非馨，惟神之聽。

亞獻：安和之曲。

大哉聖師，實天生德。作樂以崇，時祀無斁。清酤惟馨，嘉牲孔碩。薦羞神明，庶幾昭格。

終獻：景和之曲。

百王宗師，生民物軌。瞻之洋洋，神其寧止。酌彼金罍，惟清且旨。登獻惟三，於嘻成禮。

徹饌：咸和之曲。

犧象在前，豆籩在列。以享以薦，既芬既潔。禮成樂備，人和神悅。祭則受福，率履無越。

送神：咸和之曲。

有嚴學宮，四方來崇。恪恭視事，威儀雝雝。歆兹惟馨，神馭還復。明禋斯畢，咸膺百福。

望瘞：樂章同送神。

丁祭禮儀。祭前一日，執事者設香案牲房外，獻官常服詣省牲所，省牲膳夫宰牲，盛毛血少許於盤。是日，觀樂、習儀、齋宿。及期黎明，鼓三嚴，樂舞生就位，執事者各執其事。正獻官、分獻官與祭官各以次就位，瘞毛血。樂舞生執羽籥，迎神生舉麾擊柷，樂奏咸和之曲。奏畢，四拜。今行九叩禮。樂盡，麾生偃麾，櫟梧樂止。奠帛，行初獻禮。詣盥洗所，盥洗畢，詣酒尊所。司尊者酌酒詣至聖前，麾生舉麾擊柷，樂奏寧和之曲，跪。獻帛、獻爵，俯伏，興，平身。詣讀祝位，麾生偃麾，樂暫止，跪。衆官皆跪。讀祝文畢，俯伏，興，平身。麾生舉麾，樂舞生接舞，奏先未終之曲。詣顔子位前，跪。奠帛、獻爵畢，俯伏，興，平身。詣曾子、子思、孟子位前，俱同前儀。獻畢，行分獻禮。各分獻官詣盥洗所，盥洗畢，詣酒尊所。司尊者酌酒。詣東西哲、今增朱子位前。東西廡神位前，俱跪。奠帛、獻爵畢，俱俯伏，興，平身，復位，樂盡。麾生偃麾，櫟梧樂止。行亞獻禮，儀如初獻，不盥洗，不司尊，不讀祝，樂奏安和之曲，儀同初獻。行終獻禮，樂奏景和之曲，無迎尸以下諸事，故禮止。三獻，樂止，跪飲福受胙畢，俯伏，興，平身，復位，鞠躬，興，四拜，興，平身，各官俱拜訖。徹饌，麾生舉麾擊柷，樂再奏咸和之曲，執事者稍動籩豆，司節引舞生序立，樂盡，麾生偃麾，櫟敔樂止。送神，麾生舉麾擊柷，奏咸和之曲，鞠躬，興，四拜，興，平身。各官俱同拜訖，樂盡，麾生偃麾，櫟敔樂止。讀祝者捧祝，進帛者捧帛，各詣望所，望麾生舉麾擊柷。樂再奏咸和之曲，捧祝帛詣望位，正獻官、分獻與祭各官俱至所，祝版一、帛一，數至九，焚訖，樂盡。麾生偃麾，樂止，禮畢。祝文。

至聖先師孔子。配以四配。德隆千聖，道冠百王。揭日月以常行，自生民所未有。屬文教昌明之會，正禮和樂節之時。辟雍鐘鼓，咸恪薦于馨香；泮水膠序，益致嚴于籩豆。兹届春秋仲，祗率彝章，肅展微忱，聿將祀典。

附舊祝文。德配天地，道冠古今。删述六經，垂憲萬世。

崇聖宫祝文。配以東西配。奕葉鍾祥，光開聖緒。盛德之後，積久彌昌。凡聲教所覃敷，率循源而溯本。宜肅明禋之典，用伸守土之忱。兹届仲春秋，聿修祀事。

附舊祝文。誕生至聖，爲萬世王者之師，功德顯著。

關帝廟。舊在瑞山麓。乾隆二十一年，知縣熊鎸改建西隅，中爲大殿，旁列兩廊，前爲儀門，又前爲大門，後堂五楹爲三公廟。原廟亦在瑞山，乾隆七年署知縣譚肇基鼎建，今并遷化。祀忠義關聖帝君，歲於二月、八月吉日，五月誕辰致祭。祭品用羊一、豕一、犢一，簠簋籩豆之數，略與文廟同。三獻用北禮。

祝文。神武凌霄，丹心貫日。扶正統而彰信義，威震九州；完大節以篤忠貞，名高三國。神明如在，徧祠宇於寰區；靈應丕昭，薦馨香於歷代。屢徵异迹，顯佑群生。恭值嘉辰，遵行祀典。筵陳籩豆，几奠牲醪。

三公廟，在武廟後殿。祀關帝之曾祖光昭公、祖裕昌公、父成忠公。歲於二、八、五月同日，先行致祭。祭用三壇，羊一、豕一，簠簋籩豆之數略與崇聖宮同。

祝文。世澤貽休，靈源積慶。德能昌後，篤生神武之英；善則歸親，宜享尊崇之報。列上公之封爵，錫命攸隆；合三世以肇禋，祀章明備。恭逢諏吉，祇事薦馨。

文昌廟，舊在儒學門左名宦祠遺址。萬曆十二年，知縣王有功建。縉雲鄭汝璧記曰：循邑東而巋然宮者，遂昌縣儒學也。循儒學泮池之左而翼然閣者，文昌閣也。先是，泮池右故有聚奎亭，創自前令鍾侯，而虛其下，似於風氣弗完。姑蘇王侯來蒞視，始捐俸倡師生，而稱爲今閣。閣凡三楹，高可數十武，其上貌梓童帝君像，下爲諸生講業之所。翬飛藻飾，煥乎有文，而不侈於度。鳩工於萬曆丁亥春，迄秋竣事。既成，則群集譽髦其中，月爲文會者再，咸餼廩於侯，品騭陶甄，多士彬彬然起，相與歌棫樸，頌侯之德。而博士徐君朝陽、金君彬、周君思問，命弟子徐生應乾輩請余文以記焉。《詩》不云乎：『倬彼雲漢，爲章于天。周王壽考，遐不作人。』我國家右文崇化二百年，於茲人才濟濟，輝映明時。作人之效，登三五而軼宋唐，猗歟盛矣！雖然，國祚締造之始，文運初闢，氣完而厚。斯時也，先天開而川岳效職，生甫降申，似無資於贊助者。至於綦隆之久，精日以洩，而氣漸漓，寖明寖昧，絀伸相倚，於是有裁成輔相之功，藉地利以回天運，而靈淑始鬯。以余耳目所睹記，大抵然矣。遂昌萃黃山白鶴之勝，建學以來，英賢輩出，自昔稱盛焉。乃邇者間亦少絀，則及時相助，非今育才首務哉？侯之建茲閣也，相地宜，昭天光而新景運，有三善焉，作人之功偉矣。雖然，閣必名文昌，則又何也？夫諸生亦知文昌之所爲三爲一，必經天緯地焉而文，殿邦淑世焉而文，然後能掀揭宇宙，而聲施永永。若鉛槧，特其餘耳。我國家文教極盛，在高、孝兩朝，而勛賢名世，亦無如兩文成公，劉伯温翊運贊謨於龍飛日月之初，王公伯安戡亂定功於鼎運豐中之日。道德功業，揭日行天，銘旂常而炳燿今古，寧獨文章擅世乎哉？夫二公皆余鄉人也，劉公生同郡，高山在望，而王公從祀廟廡，多士羹墻見焉，文不在兹乎？多士日夕考業於斯，相與睹日星之昭回，望宫墻之美富，乘維新之景會，循名懋實，進德修業，昌于而家，以光被于國、于天下，接武鄉之兩文成公，用垂休耀靈於後世，則庶幾哉無負王侯作新之意矣。第令規一，第以取世資，即如梓潼一十七世爲士大夫，其説杳渺，固非余所敢知，抑豈王侯屬望多士之盛心？爾多士其尚勖之哉！順治七年，教諭鍾天錫重修。雍正二年毁。教諭陳世修創建義學，奉像於樓。乾隆年間，知縣王憕復建於妙高山。道光二年，合庠捐資，於半月池左鼎建宫廟奉祀。

文昌帝君神位。春秋二祭，用羊一、豕一、犢一、爵三、蔬果脯醢各四。祝文：維神迹著西垣，樞環北極。六匡麗曜，協昌運之光華；累代垂靈，爲人文之主宰。扶正久彰夫感召，薦馨宜致其尊崇。兹届仲春秋，用昭時祀，尚其歆格，鑒兹精虔。

文昌後殿。即在文昌宫左，東義學之後，添建一堂。奉祀文昌帝君，先代之神，一切祭儀，與三公廟略同。祝文：祭引先河之義，禮崇反本之思。矧夫世德彌光，延賞斯及。祥鍾累代，炯列宿之精靈；化被千秋，緯人文之主宰。是尊後殿，用答前庥。兹值仲春秋，肅將時事，用申告潔，神其格歆。

魁星閣。舊名聚奎亭，在半月池右。萬曆七年，知縣鍾宇淳建。自有《聚奎亭》詩云：闌干北斗夜珠明，華氣微薰酒力平。高處不勝凉似水，冷然清露濕金莖。後主簿張自新重修，改今名。順治七年，教諭鍾天錫加修，後圮，改建於東學前。乾隆年間，知縣王憕復建於妙高山。至道光二年，因建文昌宫，遂於宫前創造一閣，以祀武曲奎極星君，祭儀與文昌祠略同。

祠壇。社稷壇，在北門外一里，舊有門厨齋所。祀縣社之神。縣稷之神。設主北鄉，右社左稷，歲以春秋二仲上戊日，陳主而祭，用羊一、豕一、爵三、登一、鉶二、簠二、簋二、籩四、豆四，無樂。祝文：奠安九土，粒食萬邦，分五色以表封圻，育三農而蕃稼穡。恭承守土，肅展明禋。時届仲春秋，敬修祀典。庶丸丸松栢，鞏磐石於無疆；翼翼黍苗，佑神倉於不匱。

風雲雷雨山川壇。在邑南瑞山麓。舊有門四架，神厨三間，齋所一間。祀風雲雷雨之神，右山川之神，左城隍之神。設主南向，歲用春秋二仲上丁第三日，陳主而祭。今亦用上戊日。用幣七，牲視社稷加二之一爵，與鉶、登、簠、簋、籩、豆亦如之，無樂。祝文：贊襄天澤，福祐蒼黎。靈化流形，生成永賴。憑依鞏固，實資捍禦之功；磅礴高深，長保安貞之吉。幸民俗之殷盈，仰神明之庇護。恭修歲祀，正值良辰。敬潔豆籩，祇陳牲幣。

先農壇。在邑東鶴山麓。雍正五年，原建於城東北隅，七年遷今址。正殿三間，齋房井貯田器二所，大門三間。乾隆二十七年，知縣王憕重修，後被水傾圮。道光初年，知縣咸理重建，祀先農厲山氏，配以炎帝神農氏、后稷氏。祭期：每年用三月亥日。祭品：羊一、豕一、帛三、鉶一、簠二、簋二、爵三、籩四、豆四，儀如他祭。祭畢，午時行耕耤禮。祝文：創修穡事，奠厥寰宇。播時百穀，垂法萬古。功同覆載，澤遍黎庶。

城隍廟。在邑東，明洪武年建。嘉靖二十八年，知縣洪先志重建。兩廊立六曹土地祠，旁建齋所。四十五年夏澇，盜起，分守道勞堪遣官致祭。文曰：堪受職於皇朝，謬典二郡；神承符於天帝，永護一方。疆土司存，陰陽表裏。怠職弗任，厥罪惟均。堪莅兹土以來，夙夜戰惕，惟此下民是憂。乃者雨暘愆期，夏麥浥爛，災青交境，赤子流亡，固堪之弗職也。然神血食兹土，以爲我民主，抑獨無念乎？竊聞之，郡神擬郡大夫秩，邑神擬邑長吏秩，則堪又僭附總守之責矣。乃敢與神盟，自今伊始，若旱乾水溢，歲罔有秋，以困我民，則是神之不靈，以忝天帝也。堪將齋戒虔告於太元以請罰，神其無悔。若黷貨剝衆，敗乃官常，以殃我民，則是堪之不肖，以忝皇朝也。神亦虔告於太元以請罰，余又何悔。幽明互鑒，曷容欺焉。菽水定盟，庶幾聽只。謹告。隆慶元年，知縣池浴德修葺。萬曆十八年，知縣萬邦獻重建。康熙丙寅大水，有錦現於袍之异。四十二年，知縣蘇[illegible]重建。乾隆年間，合邑捐資重修。後屢被水。道光初年，合邑捐資大加整葺，添建參拜亭及東西廳後楹，倍加壯觀，以祀城隍之神。其供奉規儀，以遂邑城中向以東南西北分爲四隅，照隅輪年承值。南隅地段較寬，民居尤密，派值兩年。東西北三隅各派值一年。每歲上元值年，視人貧富分認燈祭，陳設供享，品物豐腴，燈彩鮮明，奉神慶賞元宵，一連數日始散。五月十三日係神生辰，凡值年及經紀人等俱各輪日演戲賽愿，虔備牲牢酒醴，致祭慶祝。清明、中元及十月朔祀孤之期，亦先祭之。所有合邑捐置及撥助供奉田租土名額號附後。

宇字：一百三十八，天師殿前，即楓樹後。田二，丈肆分陸釐。

黃字：八十三，南門外，恩山前。田一，丈伍分貳釐貳毫。

三千三百七十三，吴嶺横甸，田八，丈壹畝壹分肆釐。
宙字：七百八十一，水碓塢，田四，丈柒分柒釐捌毫伍絲。
桃榴垵，田，丈壹分伍釐。小垵頭，田一，丈壹分伍釐。
日字：五百九十六，龍頭垵，田四，丈伍分伍釐貳毫陸絲肆忽陸微。
九十七，仝，田四，丈肆分壹釐壹毫伍絲壹忽。
九十八，仝，田一，丈貳分玖釐伍毫陸絲柒忽。
九十九，仝，田二，丈叁分壹釐。
十二，牛欄垵，田四，丈叁分壹釐伍毫陸絲柒忽。
洪字：七百四十六，吴山頭，田二，丈叁分捌釐肆毫叁絲柒忽。
四十七，仝，田二，丈叁分陸釐伍毫。
四十八，仝，田二，丈肆分壹釐叁毫壹絲柒忽。
四十九，仝，田一，丈貳分陸釐捌毫貳絲伍忽。
五十，仝，田一，丈貳分柒釐貳毫壹絲柒忽
五十一，仝，田一，丈壹分零柒毫玖絲肆忽。
一千一百十一，竹章，田一，丈壹分壹釐捌毫陸絲伍忽。

十三，仝，田一，丈伍分柒釐壹毫肆絲壹忽。
十五，仝，田三，丈肆分陸釐伍毫貳絲壹忽捌微。
五百四十二，圳古下，田三，丈壹畝零壹釐伍毫玖絲伍忽。
四百七十八，樟兒樹下，田二，丈貳分零伍毫玖絲伍忽。
水字：□號，大濟下，田二，丈壹分壹釐。
玉字：一千八百四十五，道堂前，即楓樹坪。田一，丈壹畝零柒釐公毫玖絲壹忽。
一千九百零貳，大路下，田一，丈伍分陸釐叁毫肆絲捌忽。
一千四百五十，大坑，田四，丈叁分貳釐捌毫壹絲叁忽。
五十二，仝，田六，丈陸分壹釐壹毫叁絲叁忽。
黄字：九百九十七，十王殿前，田一，丈伍分叁釐伍毫柒絲玖忽。
四百三十三，堰頭，田一，丈壹畝零貳釐。
三十四，仝，田一，丈叁分陸釐。
三百零柒，大嶺頭，即石嶺頭。田一，丈叁分貳釐捌毫伍絲柒忽。
零捌，仝，田一，丈壹畝貳分叁釐玖毫玖絲肆忽。
天字：四百零柒，葉上，田一，實二畝貳分伍釐玖毫捌絲。

十五，仝，田一，實八分壹釐叁毫壹絲伍忽。
十六，仝，田一，實六釐捌毫玖絲捌忽。
二十五，仝，田一，實四分貳釐貳毫零肆忽。
二十六，仝，田一，實六分柒釐壹毫壹絲。
月字：二千六百六十六，尹村殿下，大畈。田一，拍三畝零陸釐。
黄字：三百八十一，碩嶺頭，大路下。田二，丈壹畝貳分玖釐肆毫。
霜字：九百五十一，上畈，田五，實二畝叁分捌釐捌毫柒絲伍忽。
補丈：上垵，即苦竹坑。田六，丈玖分玖釐玖毫。仝，田一，丈貳釐。
以上共田肆拾貳號，坐南都肆圖立資敬會户，共計額貳拾柒畝肆分伍釐零。
天字：一百零壹，東陽橋下，即岳嘴山垎下。田三，丈貳畝貳分捌釐伍毫伍絲叁忽。
一百零貳，仝，田一，丈貳畝貳分柒釐叁毫伍絲捌忽。
一百零叁，仝，田一，丈貳畝貳分柒釐伍毫伍絲柒忽。
一百零肆，仝，田二，丈貳畝貳分叁釐伍毫肆絲陸忽。
一百零伍，仝，田二，丈貳畝貳分叁釐肆毫肆絲捌忽。
一百零陸，仝，田二，丈貳畝壹分壹釐貳毫伍絲捌忽。

一百零柒，仝，田二，丈叁畝壹分伍釐伍毫肆絲柒忽。
一百零捌，仝，田三　丈貳畝叁分叁釐叁毫肆絲陸忽
一百零玖，仝，田二，丈貳畝肆分捌 釐柒毫伍絲捌忽。
一百零十，仝，田二，丈貳畝叁分肆釐伍毫叁絲伍忽。
一百十一，仝，田一，丈壹畝伍分陸釐柒毫捌絲玖忽。
以上共田壹拾壹號，坐南都四圖立開元户，共計額拾伍畝肆分壹釐。

忠孝祠。舊在半月池左。雍正年間，奉旨建造。後被水傾圮。道光二年，合庠捐資改建文昌宫前，以祀忠義孝弟之靈。歲於春秋二仲上丁日致祭。祭品用羊一、豕一、爵三、蔬果脯醢各四。祝文：賦性貞純，躬行篤實。忠誠奮發，貫金石而不渝；義聞昭宣，表鄉閭而共式。祗事懋彝倫之叙，性摯莪蒿；克恭念天顯之親，情殷棣蕚。模楷咸推夫懿德，綸恩特闡其幽光。祠宇維隆，歲時式祀。用陳尊簋，來格几筵。

節孝祠。舊在半月池左。雍正年間，奉旨建於西隅。西義學舊址。乾隆十四年，教諭趙金簡遷建於半月池左。後被水傾圮。道光二年，各節婦後裔捐資改建於忠孝祠前，祀節孝之靈。歲於春秋二仲上丁日致祭。儀禮同忠孝祠。祝文：純心皎潔，令德柔嘉。矢志完貞，全閨中之亮節；竭誠致敬，彰閫内之芳型。茹冰蘖而彌堅，清操自勵；捧盤匜而匪懈，篤孝傳徽。絲綸特沛，乎殊恩於祠宇；歲祀祗循，

昭永垂於令典。謹修粢盛，式薦牲醪。

尹祠。舊在學宮之東。明萬曆初年，學道蘇公濬建。二十七年，知縣段宏璧捐修。國朝順治十五年，知府周茂源重修。康熙三十一年，訓導朱永翼倡捐重修。乾隆九年，教諭趙金簡重修。二十七年，知縣王憕、訓導王世芳創建後楹，後又被水傾圮。道光二年，後裔捐資改建半月池右，祀堯庵尹先生，歲於春秋二仲上丁日致祭。祭品用羊一、豕一、帛一、爵三、籩豆各四。

邑厲壇。在邑北門外一里。每歲以清明、中元、十月朔三次致祭。先期二日，縣先牒告城隍，至期導城隍於壇，榜無祀鬼神列於壇下以祭之。用羊二、豕二、蔬果各四、飯各數石，酒亦如之。

愛祠

遺愛祠。在東隅報願寺左。建祀知縣湯公顯祖。記曰：臨川湯公諱顯祖，海内名士也。其詩歌文詞，卓冠藝林，即莅平昌，善政善教，軼越凡吏，專祠祀之宜矣。舊祀之射堂，詎堂圮而祭典亦廢。予與湯公生同鄉，仕同地，入境即草創專祠，以棲其肖像，且以名宦段公宏璧附焉。舊祀於報願寺右。每朔望必躬詣以肅瞻拜，無非是則而是傚也。壬辰冬，捐資建大堂以壯觀，且置田三十九畝零，立官遺愛户。其租每年派禮生一名、誠實禮房一名收管。其糧春夏秋免徵，十月完納。每名除銀二兩修蓋祠宇，餘資供春秋兩祭。有司每年稽查，以杜侵漁之漸。祭畢，送主祭胙十斤，兩學各三斤，防守、典史各二斤，庠生與祭者各一斤，禮生每名二斤，輪值收租者倍之，禮房各一斤半，與收租者加一斤。其陳設餚饌，司事者共領神惠。

原段公祠，賴首事周吉人、周欽瑞、華世采、徐辛、華發祥五人匡維。今祠廢，奉段公與湯公同享。每祭每名頒胙一斤，以酬其勩。鄉老遇公事竭力効勞者，每祭亦頒胙六斤，均沾神惠。乾隆二十一年，因前田爲吏胥乾没，久已失祭，署縣劉復仁、僉生員葉蓁、毛勞芳等經理收租，永垂勿替。平昌令繆之弼識。

今開祭田號段租額於後。

雙坑路，田一丘，租肆籮肆斗。額壹畝玖釐柒毫陸絲柒忽。

又田二丘，租參籮陸斗。額玖分捌釐。

又田一丘，租伍籮。額壹畝貳分貳釐玖毫貳絲伍忽。

又田二丘，租肆籮捌斗。額壹畝壹分捌釐柒毫玖絲陸忽。

又田三丘，租肆籮肆斗。額壹畝壹分壹釐陸毫捌絲叁忽。

又田二丘，租捌斗。額貳分陸毫壹絲。

又田二丘，租參籮陸斗。額捌分玖釐肆毫伍絲肆忽。

又田一丘，租貳籮捌斗。額陸分玖釐。

米缸丘田一丘，租貳籮肆斗。額陸分伍毫叁絲貳忽。

又溪邊田一丘，租壹籮叁斗。額叁分貳釐玖毫伍絲捌忽。

又上原挖靛塘。田二丘，租叁籮額。原八分捌釐柒毫肆絲貳忽，今玖分壹釐。

高丘田二丘，租壹籮捌斗。額肆分肆釐捌毫柒絲伍忽。
又田一丘，租壹籮陸斗。額肆分壹釐叁絲叁忽。
又田一丘，租貳籮。額伍分玖釐柒毫叁絲捌忽。
又田一丘，租叁籮壹斗。額柒分捌釐肆毫捌絲捌忽。
高丘下田二丘，租貳籮貳斗。額伍分伍釐叁毫叁絲叁忽。
又田一丘，租貳籮。額陸分柒毫柒絲壹忽。
高丘田一丘，租柒籮貳斗。額壹畝柒分捌釐肆毫捌絲捌忽。
高丘上田一丘，租叁籮玖斗。額玖分陸釐玖毫叁絲捌忽。
魚山脚溪邊田三丘，租壹籮肆斗。額叁分肆釐壹毫叁絲捌忽。
魚山下田四丘，内荒三丘。租肆斗。額壹分壹毫陸忽。
魚山脚頭田一丘，租貳籮。額肆分捌釐陸毫捌忽。
魚山脚過坑田二丘，租貳籮。額伍分貳毫。
又田一丘，租肆籮肆斗。額壹畝壹分伍毫。
雙坑路頭墾田三丘，租壹籮陸斗。額肆分壹釐壹毫陸絲柒忽。
又墾田二丘，租貳籮捌斗。額陸分玖釐叁毫柒絲玖忽。

又墾田二丘，租叁籮伍斗。額捌分柒釐叁毫柒絲伍忽。
又墾田一丘，租壹籮。額貳分肆釐肆毫捌忽。
米缸丘溪邊墾田四丘，租壹籮玖斗。額肆分壹釐。
高丘下溪邊墾田二丘，租壹籮貳斗。額貳分玖釐。
魚山下田五丘，租貳斗。額伍釐叁毫貳絲玖忽。
魚山脚田三丘，租伍籮叁斗。額壹畝叁分肆釐柒毫玖絲貳忽。
又田二丘，租柒籮。額壹畝柒分伍釐壹毫叁絲捌忽。
又田二丘，租捌斗。額壹分玖釐伍毫柒絲玖忽。
又田二丘，租貳籮貳斗。額伍分伍釐玖絲陸忽。
又田二丘，租。額叁分肆釐，荒。
又田二丘，租壹籮。額貳分伍釐肆毫壹絲柒忽。
魚山下墾田二丘，租壹籮伍斗。額陸分肆釐肆毫絲叁忽。
嶺後田二丘，租壹籮陸斗。額肆分貳釐壹毫陸絲柒忽。
又田一丘，租柒籮。額壹畝柒分陸釐叁毫叁絲叁忽。
嶺後七畝田一丘，租伍籮柒斗。額壹畝肆分貳釐玖毫玖絲貳忽。

又田一丘，租捌籮肆斗。額貳畝捌釐陸毫陸絲柒忽。

又田一丘，租捌籮。額貳畝貳釐壹毫貳絲伍忽。

又田一丘，租貳籮。額肆分柒釐伍毫。

又田一丘，租貳籮肆斗。額陸分壹釐玖毫伍絲。

又田丘，租壹籮肆斗。額陸分捌釐柒毫捌絲陸忽。

又田一丘，租叁籮貳斗。額叁畝叁分壹釐貳絲伍忽。

嶺後寮前溪邊田一丘，租陸籮捌斗。額壹畝柒分柒釐壹毫壹絲叁忽。

又田一丘，租肆籮陸斗。額壹畝壹分伍釐叁毫壹絲叁忽。

嶺後七畝同處墾田一丘，租壹籮肆斗。額叁分陸釐叁絲伍忽。

嶺後寮前溪邊同處墾田二丘，租壹籮。額貳分陸釐柒毫柒絲叁忽。

又墾田一丘，租陸斗。額壹分伍釐。

雙坑荒處下租陸籮，額壹畝伍分肆釐。收實穀叁籮。

以上共租一百六十籮六斗，實收七十八籮六斗。

每歲於春秋二仲上戊日，合祀湯段二分，祭用羊一、豕一、爵三、籩豆各四。

池公祠。在二都清華閣。士民建，祀知縣池公浴德。今廢。

黃公祠。在碧瀾橋南。士民建，祀知縣黃公道瞻。今廢。

段公祠。舊在報願寺右。士民建，祀知縣段公宏璧。邑人項應祥記曰：金壇段侯，去遂昌十有五稔矣。士民惓惓焉，思慕不能釋，相率修葺其祠宇而恢廓之，勒貞珉以垂無朽，而詣余請爲之記。余固舊沐波潤者，奚敢以不文辭。次洲段侯，金壇世家也。弱冠掇魁名，雄才卓犖於江左。年甫强仕，念太夫人年高，冀以祿食其親，遂上天官，選授遂昌令。甫下車，即洞燭民間利弊，而差次舉廢之。革額外之派用，而里甲蒙惠。禁税糧之增耗，而合邑頌廉。杜狐鼠之骫法，而訟牘不下胥曹。防狼虎之噬民，而勾攝不遺隸役。時值礦務擾攘，税使恣睢，則請公廩給其食，持禮法馭其横，而東鄙藉以安堵。李直指按部歷邑，時多徬徨莫措，則治塗置署，百務綽有宜適，而道府詡其材諝。且鋭情膠序，嚴試優遇，茂植榜山，以振文運。建義倉，聽民樂輸，儲穀千餘石，以備不秋。大都以勺水之操，抒游刃之略；以抱嬰之愛，濟拔薤之威；以空鑑之明，宏汪波之度。公庭間凜如秋肅，四封内藹若春噓。在官不越一載，而德政芳猷已章章若是，則以純孝爲之本耳。侯奉太夫人於公署，入則進甘肥，色養備至；出則勤乳哺，覆露必周，内外稱兩全焉。無何，以太夫人八十考終，哀毁骨立，將輿櫬以歸。士民攀卧不能得，則謀建祠肖像，以尸祝之。侯固辭，既而曰：吾母逝於斯，無已，則祠吾母，勝祠吾也。乃創祠於藩署廢址，而并祀焉。迨侯補任大田，寄俸十金，置田爲太夫人饗祀需，不欲以歲時煩遂邑也。歲甲寅，順德黎侯至，聞侯之風，慕侯之政，謁其祠而贊嘆，欲修飾之。允庠士增廓門堂之請，而慨然主維，屬幕廳周君董其役。邑薦紳士庶，咸捐輸以爲工役助。由是奉太夫人於内寢，妥侯像於中堂，闢重門於左壖，以便士民之時祀者。越三月而工竣。夫侯以己亥之夏莅遂，以庚子之夏離遂，臨民僅期月耳，何以得民至此哉？昔聖門推政事者最由求，然而有勇足民，非三年則不能致，惟尼父乃自謂期月而可耳。侯也固可，尼父之可而致，由求不能致哉？余不佞，敬採輿頌而記之，以俟之傳循良者。後因建遺愛祠於寺左，以祀湯公顯祖，遂遷主於遺愛祠内合祀焉。其舊址改造爲守備衙署。

辜公祠。在報願寺東，祀知縣辜公志會。邑人項天慶題額：風抗雲垂。今廢。

林公祠。在濟川橋北，祀知縣林公剛中。邑人項應瑞記曰：邑大夫林侯以陟行也，民遮道弗獲留，謀祠之，以片石志不朽。噫嘻！畏壘桐鄉，何以再睹？然予從政兩邑間，每撫循良傳，代异人，人异政。嘗以三言括之，如昔稱衆之慈母，國之神君，學士之師者盡矣。栝阻山，而國隸十九，遂稍稱劇。其民困於輸，將致貧而赤，胥緣爲奸，士泥帖括氣，奢靡不振。令遂者養嘉穀容稊稗，則仁而不斷；逐鷹鸇及鳥雀，則嚴而不撫；間能平成束吏，則齪齪簿書期會，閑又俗而不文。侯甫下車，已燭知之。夫民貧，字未至也；胥奸，弊未釐也；士靡，誨未周也。俗用里甲，十年一更。民每留，十年積辦一歲役。一貴人行部，便有朝金滿橐，暮赤手還者。民甚寃之，侯一切報罷。屬直指兩至，不需民間一物，竟無譁傳廚不飭者，問之民，民不知有直指來，所知者輸將以時耳。聽訟若禹鑄鼎，即有魑魅，亦夔夔睢睢畢露，莫逃其折而低昂之也。猾無以狐，胥無以猱，祇凜凜重足訟庭。嘗虛諸縫掖，以文藝至隆，重於貴客，句摘字商，移甲乙不置。士蒸蒸起，主文者謂旂鼓足當一面也。則予所稱三言，侯合爲一政。若夫潁川之惠，萊蕪之介，山陰之懷來，朝歌之斷理，成都之訓迪，詩以唐，字以晉，文以漢，琴以元亮，花以安仁，鶴以清獻，酒以次公，亭以永叔，侯又合爲一人也。三年政成，考上最。民豫恐其去，留之當道。主爵者以國家多事，邊餉旁午，處侯于士安存中之任。侯行矣，民失慈母，國失神君，士失良師，棠蔭甫茂，峴淚方新，不以予不文，屬之記。夫民，千萬人言也，碑於口；予一人筆也，言於石。千百世後，且有爲侯傳循良者。今廢。

傅公祠。在碧瀾橋南，祀知縣傅公恪。郡人王一中記曰：今皇帝元年，江陵傅侯來宰平昌，政成化行，擢貳東昌。

東昌會妖左蠢動，烽烟告警，東昌急侯甚。捧公檄迓旌者道相望，侯殆不可一日留。而遂父老子弟戀戀弗忍舍，攀轅卧轍，且歌且泣，謀所以祀侯者。醵金若干緡，創祠於邑東孔道，俾歲時往來獲瞻依焉。不旬日告成，鄉紳青衿請記於予。夫甘棠致咏，淇竹興歌，非夫實心實政大有以感人，豈易言哉！侯治平昌四載，膺薦剡者五，曾擬調麗水，兼攝松陽，美政懿行，未易枚舉。乃甫下車，適當審編之役。爲民十年，重負稍不當，至破資產者有之。悉心釐正，務令賦與役稱，民罔不心服無譁。且清隱田六百，寬其積逋；豁重額三百，蘇其累賍。侯初政，輒樹不朽績若此。至催科，常懷撫字，而無藝之徵，纖毫弗濡。大書加耗神殛之五字於神祠。時有滑書藉口青衿，冀須臾緩。侯疑，爲設二匭，合士民分投其中。久之，核其數，稽其候，則士實先，且溢於民也。侯報之學使者，而諸逋爭輸恐後。民故醇少訟。侯一意與民休息，苐操三尺，使人人自遠。圜中草常青，間有質成，不入贖鍰，至以冰俸佐積貯，恬如也。遂俗輕生，一訟往往委驗於僚屬，不借題修飾，則蔓引株連，受者家立析焉。侯洞悉其害，必慎重而不輕委，亡賴之習，因之漸消，所生全者衆矣。而尤加意多士，額税之外，仍優寬徵二錢。又時與横經討藝，娓娓不倦。有悵北門者，厚贍之。甚有苦餉無措，袖俸給櫃代完。所謂豈弟君子，遐不作人，非耶？會歲旱，侯深自刻責，以身禱焉。車未旋，甘澍如注。蓋其精白誠一，足通帝座，如響應云。大率侯之爲政，類以經術飭吏治，以故凝重不遷，若山峙嶽立，百折而百不窮，若淵澄鏡委。至於介嚴素絲，皭然不滓，則又北海峻潔之操，其天性然也。猗歟休哉！今廢。

李公祠。在湖山槐亭。里人建，祀知縣李公翔。

高公祠。在十八都柘溪。里人建，祀温處道高公其佩。

繆公祠。附主遺愛祠内，與湯、段二公合祀知縣繆公之弼。

羅公祠。在邑西南堤内。邑人建，祀知縣羅公秉禮。今廢。

群祀

廣福堂。在北隅縣治右。祀元帝。原廟狹小，萬曆年間，士庶鼎新拓建。

東嶽廟。舊在邑南百餘步。後改建於西門外二里許，祀東嶽之神。廟前有芙蓉亭，今廢。

滅虎祠。在報願寺法堂東。知縣湯顯祖建，今圮。邑令湯顯祖記曰：丁酉冬十月，虎從東北來，甚張。忽夢指有二碎迹登堂，有言虎嚙其鄉兩牧豎子。予嘆曰：余德不純，氣之不淑耶？余刑不清，威之不震耶？何以烋氣如是！下令將以十月望吉，告城隍之神。文曰：吾與神共典斯土，人之食人者，吾能定之，而不能於止虎。民曰：有神。夫虎亦天生，貴不如人，神無縱虎，吾將殺之。呼吾民任兵者，簡其銳以從，搜之葉塢。是夜見有一冠幞袍靴、白鬚團頤長者，見夢。若予與同爲法官治獄，持一文書示予。予曰：必殺此二渠以償。長者微笑，指文書中一處示予，若前所云虎亦天生之句，意望予寬之。余正色争不可。長者知不能奪，復微笑曰：徐之，觀樞密公意何如耳。予覺，知神有意乎咻然者，然已戒，不可止之。葉塢午至昏，見虎，虎奔，一虎倨高隅，薄不可近。予曰：知之矣。旬餘齋居，夜念樞密公，兵象也，有得虎者，與當祠之。是夜不能寐，覺外汹汹有聲，問之，獲巨虎，雄也。虎首廣尺餘，長幾二尺，身七尺。驚其雌，三日遶而號其山中，伏矢，走死松陽界中。東北抵萬山，忽夜震如裂，民曉視之，得巨虎首二八股，草血沫漬，縣人嘆异甚。然以公出郡中月餘，歸忘立祠也，復報有虎。予嘆曰：神其罪予。老氏曰：佳兵不祥，莫如以慈衛之。遂於報願寺傍大樹下，建爲滅虎祠。祀樞密公，非真能滅虎也，虎滅無迹，則亦滅之乎！爾祠之後，獲虎三五，向後虎聞遂稀。神之能有兹祠也，爲之銘。銘曰：惟山之叟，有猫有虎。神其司之，甚力而武。神來見夢，予爲立祠。以衛吾人，依然大慈。遂伐三彪，薦五文皮。孰震於幽，徵其腦髀。丁壯出作，翁孺群嬉。非我德民，神滅其菑。菑由人興，非虎非豺。我去其苛，物象而和。神其安之，與民休嘉。

黃塘廟。在邑南君子山麓。祀五聖靈官。舊廟狹小，神亦靈异。被壞木壓倒，而神像依然。萬曆甲申，士庶樂輸，恢拓重建。崇禎丙子，前濬池蒔荷，東建横樓二十四間，後又圮。乾隆十一年，士庶復捐資重建。邑令湯顯祖詩云：山空流火亂螢飄，池上風清酒氣消。四顧沉林雨初歇，平昌令尹聽吹簫。邑人葉澳詩云：碧水蓮香霧雨飄。黃塘廟裏篆烟消。晚風乍入南園竹，散作城間百玉簫。

天師廟。在邑東四十里牛頭山九雲峰下。縣南東泉、葉家田三都，鄭村十一都天師壇皆立廟。祀葉法善真人，鄉人稱爲天師。凡遇災旱，祈禱輒應，本縣四方争相迎賽。每歲秋冬，牛頭山進香酬愿者，男女接踵，松陽尤甚。順治己丑，僧寂德、大閏師徒於山麓建冥陽庵，顯應尤著。分載山川、寺觀、靈异各門。

曾雲堂。在邑東塔山下，今廢。

明善堂。即吴皋道堂。在西門外。邑人鄭還詩云：吴皋山下悄禪關，竹木扶疏遶四村。春盡不知千佛冷，煙消惟見一峰尊。鐘聲隔水過吴泊，雲氣尋幽度石門。黃鳥已催花落去，有階秖上碧苔痕。

白馬廟。在邑西二十里丁公山下項村。因廟圮基侵，移建山巔。祀白馬之神。萬曆初年，靈應如響，四方祈禱絡繹，松陽尤甚。男女徒步至寺，一時廟宇鼎盛，四圍叠石如垣，晝則雲繞足下，夜則巖風颼颼，即盛暑亦寒甚。後被雷擊，遂成荒丘。

元通庵。又名功厚。在邑西二十里丁公山。

天后宫。在溪南壽光宫右。祀天后之神。嘉靖四十年，縣丞翁琚建。萬曆二十年，里人募建前堂兩翼大門。乾隆年間，復在東隅建造一宫，輝煌宏敞，倍加壯觀。嘉慶四年，劉訓典等捐資勸募，又另建一宫，在二十都王村口，亦頗壯麗。

萬壽宫。在治西隅。嘉慶、道光年間，黄有發爲首倡捐，叠加修葺，門墻壯麗，宫殿宏深，奉祀西江許真君之神。

馬夫人廟。在邑南五龍山麓。祀馬氏夫人。舊廟在十八都柘上。萬曆己酉，寺僧募建於五龍山下，有祓麟橋，祈嗣者禱無虚日。十八都大柘溪東亦建一廟，里人賴福聰捐助神慕山頭、坑上二土名，共田二丘。共租三石，共額九分五釐。

麗陽行祠。在邑北官陂，今廢。

四大王殿。一在邑南隔溪，一在北隅山麓，一在四都長濂赤山麓，一在十八都大柘西山麓。祀金鐘洞主四相公之神。

魚袋山殿。在得月亭上五十步。祀五聖之神。崇禎元年，知縣胡順化建。見靈异。康熙丙寅，洪水漂没，居民復建祀焉。乾隆壬申，大木壓廟，神像依然，里人鼎新之。又前建得月亭，以留勝迹。

蔡相公廟。在邑西十九都，離治五十里，名元沙廟。世傳蔡氏兄弟二十四人，五代時避地居此，殁而爲神，至今血食一方。异迹分載靈异門。近里各助租田附後。

一土名廟上溪邊，田二丘，租伍石。

一土名外塢，田四十三丘，租拾石。張里保助。

一土名殿角，田二丘，租伍石。全維岳助。

一土名右邊厨房地基及大門回堂前。田，共租捌石。毛天瑞珙助。

一土名殿上，田三丘，租肆石。周大綸助。

一土名殿上，田四丘，租肆石。周大成助。

一土名池塘，田一丘，租叁石。吴明樞助。

一土名殿前，田二丘，租貳石。毛紹堪型助。

一土名殿前路内，田一丘，租壹石伍斗。朱琪琳助。

一土名左邊厨房蔡王殿角，田，租壹石陸斗。毛炳如助。

一土名樟樹下，田二丘，租伍斗。官三合助。

一土名廟上，社繼頭。田一丘，租陸石。吴守圭、官聖基、葉欽晴經置。

一土名埂上，田二丘，租肆石。

一土名大栗淤，田十一丘，租叁石伍斗。

一土名垵山脚柿树礱路下，田四丘，共租壹石。

一土名石坑口柑樹下石坑口路邊，田十二丘，共租肆石伍斗。

一土名蔡王殿角，田一丘，租叁石。
一土名庄下銀錠丘下孤魂壇，田十一丘，共租捌石。以上廟祝顧阿九置。
一土名社巒頭，田一丘，租壹石伍斗。廟祝周彩壽、尹谷明置。
一土名龍山下，田，租肆石。
一土名桑園，田一丘，租壹石肆斗。
一土名方村屋後，田一丘，租壹石玖斗。
一土名吴畈，方村門前。田一丘，租陸石陸斗。
一土名吴畈，方村門前。田二丘，租叁石貳斗。
一土名赤支礱，田二丘，租壹石肆斗。
一土名定村，樟树下。田二丘，租貳石伍斗。
一土名碓坑后畈心，田二丘，租貳石伍斗。以上廟祝尹谷明、徐茂盛置。

又二十都王村口亦建有是廟。

蔡相殿。在十二都馬埠。爲松川、殿口兩處香火。里人吴光裕等捐置，土名外山松江潭，田十一丘，計租肆石，額壹畝零。周坑張姓助殿后地一片。

溥濟廟。在邑北二十里。即三井龍湫之祠。自宋以來，禱雨響應。紹興己未賜額，至今靈异如昔。

陳府君廟。在邑北五十里。神名備，唐處州刺史文德初，與盜盧約争州不克，殁而靈异，鄉人建廟祀之。今廢。

慈仁廟。在邑東百餘步。知縣顧寧建，後改爲東社學。今廢。

徐偃王廟。在邑東城外百步。今廢。

華使君廟。在邑東十餘里。神名造，唐景福間爲處州刺史，死於賊，鄉人立祠祀之。當時居民嘗見馬飲於池，未知來踪，及觀廟門塑馬，蹄吻皆濕，因名飲馬池。

安樂王廟。在邑西三百步。後改爲西社學。亦廢。

何相公廟。在邑西二十五里。唐末，有永嘉何氏兄弟以道術居其地，殁而爲神。紹興間，鄉人爲之建祠，祈禱輒應，民争祀之。近廟毁而祀不絶。

吴僕射廟。在十八都大柘溪東。神名珂，唐末爲保義鎮遏使。黄巢倡亂，董昌攻越，盧約攻處州，珂集義勇，積餱糧，守遂之北鄉金石岩。盜至，見有備而去，地方賴以無恙。五代時，筮仕吴越，以功拜工部尚書檢校郎。殁後，鄉人立廟祀之，謂之吴僕射廟，即今城山殿故址也。蓋取衆志成城，軍令如山之義。逮明嘉靖間，朝廷有毁淫祠之議，鄉人恐，遂毁公廟而改祀東嶽，至今城山殿匾名猶存。查公有保護地方之功，仍應復祀，庶有合於有功則祀之義云。武林張翼詩云：沉沙鐵戟皆消歇，愚智猶瞻僕射祠。欲識精英千載色，石屏雲斷葉殘時。練溪黄衣照《城山殿》詩云：一片高臺處處通，垂藤古木蔭青葱。座中鳥語聽無盡，檻外溪流去不窮。遠岫翠嵐籠曉日，近村烟靄落晨風。相傳僕射猶留額，應溯當年保障功。租田附後。

一土名塘根門前，田一丘，租肆石。
一土名塢里垵，田八丘，租肆石。
一土名長峰墩後，田一丘，租壹石伍斗。
一土名均塢口，田四丘。
一土名石埠頭，田二丘。
一土名高坎頭，田一丘。
一土名山邊，田六丘，共租拾陸石。
一土名溪東店前，田一丘，租壹石。
一土名横山泥淡，田二丘，租壹石伍斗。
一土名石柱邊，田一丘，租貳石。
一土名石竹垵，田三丘，租壹石。
一土名塘垵，田七丘，租貳石。
一土名塘均塢，田一丘，租肆斗。
一土名泥淡，田一丘，租壹石。

一土名井塢，田一丘，租叁斗。
一土名象耳頭，田一丘，租壹石伍斗。
一土名浄嶺坤，田四丘。
一土名龜山路下，田一丘。
一土名觀上，田一丘。
一土名茶子山，田四丘，共租拾叁石。
一土名徐里口，田二丘，租肆石。
一土名遠山後弄，田六丘，租叁石。
一土名楓坪路下，田二丘，租叁石。
一土名浪里，田五丘，租伍石。
一土名扒塢口，田二丘，租肆石。
一土名和尚寮，田七丘。
一土名繩絡頭，田。
一土名茶垵，田九丘，共租叁石。
一土名丈百丘，田七丘，租貳石。

一土名全塢社前，田三丘，租叁石壹斗。

一土名下山塢，田七丘，租玖石。

一土名石柱下，田一丘，租壹石。

一土名大畈，田，租貳石。

一土名趙塢，田，租捌石。

一土名大垵坤，田二丘，租貳石。

一土名清魚潭，田，租肆石。

一土名省口橋，即河下。田，租伍石。

一土名浄潭，田，租貳石。

一土名石塘，田一丘，租叁石。

一土名蕨地坪，田一丘，租伍斗。

一土名眉口路下，田一丘。

一土名弄塢，即黄嶺頭。田一丘，共租伍斗。

一土名舊夫人殿下，田二丘，租壹石。

一土名高山，即增邊。田一丘，租叁石。

一本廟基地，一段。一官地後，地三片。

一丁塢口，栒子山一處。一下山塢，竹山一處。

一廟下，房屋一座。一下山塢，房屋一座。

岩王殿。在十二都馬埠。里人吴光裕、章長愷等十四人捐資重建，并助租田，聚永禬會爲奉祀費。神即吴僕射，祈禱輒應。邑令鄭鴻文記云：禮有功，則祀義綦嚴矣。近世鄉立廟宇，禮奉神明。問係何人，初無可考。問有何績，又無所指。若是者，皆淫祀而無福也。遂邑北去三十里，有一村曰殿口，係往省通衢。村有一岩爲金石岩。建廟祀神曰岩王，遐邇供奉，非一日矣。壬午冬，余莅任兹邑，因公至殿口，適里民吴光裕、章長愷等，以廟傾圮，捐資重修，叩余請叙勒石。余詢其神爲何人，僉云姓張。余首頷之，而不得其詳，未敢隨聲以附和也。回署後，查檢案牘，適有張氏宗譜，爲别事呈案者在焉。隨細閲之，圖序世系，尋源遡派，縷析條分，確鑿可據。乃知岩王張公，即文獻公五世孫也。公諱軻，字希孟，咸通中，襲廕任平昌主簿。逮乾符、廣明間，遭寇猖獗，公乃發粟賑饑，倡義率民，駐金石岩以禦之。賊知有備，乃去，民賴以安。轉升上軍曹參軍兼府衙推官。卒贈左武大夫。譜中之敕命昭然，源流甚詳。核之邑乘，無不符合。神之爲張公可無疑已。迨宋端拱，追封金石岩王，制詞以嘉之。吁！公之忠義邁衆，實有乃祖遺風，宜其追封立祀，血食千秋也。隣村松川張姓，爲公後裔，人頗繁衍，世澤之長，蓋有自來矣。是爲記。租田附後。

一土名師古寺，田四丘，租叁石。

一土名大溪灘，田三丘，租陸石。

一土名墓嶺頭，田一丘，租伍斗。
一土名周記墩，田二丘，租捌石。
一土名犬槽丘，田二丘，租壹石。
一土名亭下，田一丘，租叁斗。
一土名金雞坳，田三丘，租壹石。
一土名亭下，田三丘，租壹石貳斗。
一土名岩下垵，田九丘，租貳石。
一土名亭後，田一丘，租貳石。
一土名周接垵，田二丘，租貳石。
一土名麻連，田一丘，租壹石。
一土名窑頭塢，田一丘，租壹石。
一土名小殿前，田一丘，租叁石。
一土名西山，田一丘，租壹石。
一土名桑塢口，田一丘，租壹石。
一土名石墓下，田一丘，租壹石。

一土名周塢後垵，田二丘，租叁石。

以上共租叁十八石，爲奉祀費用并廟祝口食。

謹按：吴僕射廟與岩王殿同是一神，姓張名軻。盖因其曾仕吴越，故稱吴僕射，以國與官名也。惟所叙官階，則各不同。查保義係遂邑鄉名，而舊志《官師題名録》内實有張軻其人，載入唐主簿中。詢之土人，彼此咸云：駐北鄉金石岩，守禦賊兵。則其官於遂禦寇有功無疑也。松川張姓是其後裔，伊族宗譜備載源流甚詳。至珂與軻同音，蓋一時訛寫爾。

關帝廟。在十八都大柘。近里周師吉捐助浪里黄泥丘、苦竹塢三土名，共租叁拾石伍斗，共額拾畝。

禹王廟。在十八都溪。

東嶽殿。在十八都大柘街首。

五聖殿。在十八都大柘，舊名招提庵。宋治平二年建，里人置田十四畝，爲中元祀孤費。

五顯廟。在二十都王村口中街外。

復興社徐王廟。舊名安吉社。在北鄉十都殿前，離治五十里。爲殿前、周村、岱畔、油竹、東記、後山各坦香火。原廟狹小，乾隆五十三年重建。前殿後廳較爲宏敞，并積置田租爲奉祀費用，可垂永久。

百寶廟。在二十都關川，離治一百二十里。宋初里人立廟，祀蔡相公神。其靈异響應，與石練蔡王殿同。

永安廟。在北鄉梭溪庄，離治六十里。里人田峻、傳祥、申藍、維珠合助水田，土名十一都嶺下門前，又魚塘前橋頭，又黑橋頭，又皮刀丘，又旺下，共田五處，額拾肆畝陸分零，計實租肆拾肆籮，爲奉祀香燈費用。

寺院

報願寺。在邑東。陳太建元年建。宋大中初賜額。慶元間，僧清心重建，扁曰釋迦殿。後僧惠新建彌勒殿。元初圮。至正二年，僧文惠重建。明正德間，山門西廊毁。嘉靖初，知縣蕭質令僧募建後殿。萬曆間，知縣辜志會命募建重修之。後漸傾壞。國朝康熙年間，僧森明重建，并建山門。雍正年間，建造三官堂。乾隆年間，僧永準仝徒志立重修鐘樓，又建後客堂，并建山門。沈晦《寓報願寺》詩云：久厭官居車馬喧，乍投禪榻喜安便。起來却面青山坐，静聽風林一曲蟬。平生野性便林麓，假榻僧窗清意足。飄然踪迹似孤雲，後夜不知何處宿。古寺蕭蕭六月秋，綸巾羽扇對滄洲。四圍樹帶祇園色，一道泉分石竇流。堂上客星明似斗，山中雲氣白于鷗。何時整頓乾坤了，有酒如澠寫我憂。齊鼎名詩云：懶性偏宜静，禪房獨掩扉。迸窗新笋出，繞砌落花飛。夜月間僧梵，煙嵐灑客衣。心清宜有悟，春盡亦忘歸。

崇教寺。在邑東三十里。唐會昌年間，僧野雲建，名重光。宋治平二年改今名。以下二寺改名，亦俱係治平二年。

定光寺。在邑西一百里，先名清林，唐乾元二年建。

興覺寺。在邑北五十里，先名圓覺，唐長興二年建於絶頂。宋紹興丁巳，僧明慧改卜山麓，僧曇侁繼建。今廢。

安福寺。在邑西練溪，五代時創建，釋彦俅持戒行，吴越王錫『光福』額。宋紹興改名安福，後坍廢。明正統間，里人吴宗義捐資重建，并撥助水田五十八畝，虔奉大士，祝頌豐年。里人黄衣照《安福晨鐘》詩云：右刹開雲境，常懷覺世情。夜闌傳佛語，一百八聲清。

净明寺。在邑西四十里大柘，舊名香城，宋紹興二年，僧惠肇重建。國朝乾隆五十三年被火，僅留觀音堂。租田附後。其基地并及餘地。四至：東至官倉墻，南至，西至大街，北至黄祠墻。

一土名蒲蔓塢，田七丘。租拾碩。

一土名東坑，田一丘。租壹碩。

一土名緑塢口，田二十五丘。租拾貳碩。

一土名朱塢，田三丘。租貳碩。

一土名香爐下，田二丘。租肆碩。

一土名磹邊路下，田二丘。租壹碩。

一土名白麻前，田一丘。租壹碩。

一土名後壟，碓坑下。田一丘。租叁碩。

一土名下溪灘，田一丘。租叁碩。

以上共租叁拾捌籮，額拾貳畝二分。又地額壹畝玖分。

雲峰寺。在邑東，離治四十里，即牛頭山天師廟。寺建山岩，高處九雲峰下。從山脚至寺有十餘里，中爲正殿，即葉法善修煉庵基遺址，塑真人像於其中。旁爲大士閣、羅漢樓，勢甚高聳。寺田玖拾餘畝，山塲竹木寬濶茂密。乾隆年間，寺僧定山將竹木擠砍殆盡，蕩廢寺産，田多没失。今糧額仍存玖拾畝零，而租穀尚無三分之二，無可查追，致廟宇朽壞，久未修整。道光年間，住持僧益能邀集四、五、六都紳耆，勸募寫捐，重新建造開山，加竪後殿，并添右邊樓房、客廳，築葺門道，焕然一新，飛昇仙境，倍加壯觀焉。分載山川、群祀、靈异各門。寺山四至附後。本寺山塲名九雲峰，東至岡頂後爲天師墳盤冢。從盤冢左手直出斜下，與南至應補垵外平岡分水交界。右手横過土名九里欄、五里欄、螺螄嶺，與北至牛角尖交界。盤冢爲四處發脉，祖龍與天師墳對峙，中間有坳水流三縣，面臨本處。過坳後路直通宣平，向左斜出，路達松陽。路下有草湖塘，天門水向右横出，土名平坑。俱係東至界内之山，南至應補垵外平岡分水。垵内有土名深坑、老鼠梯、沉山道、鐵爐基，直上與平坑相接，陰陽兩向，深山一源，俱係寺山。直下至土名鷄鳴坳後爲界，西至令公堂下横鋪塔田爲界，北至石佛岡直上牛角尖爲界，其南至平岡分水界外山脚下爲黄岩坑，其水出口與本山深坑水出口滙聚處爲百坑，乃四都源水也。查寺山甚寬，因前僧定山廢弛寺産，各處土豪遂亦屢生覬覦，故詳志之。

冥陽庵。在邑東九雲峰半山，俗称令公堂。乾隆二十七年，僧志立，徒文錐建造。

廣仁院。在邑西曾山下，先名報恩。唐清泰元年，僧道琦建，後圮。國朝乾隆年間，僧貫璧、貫益重建。邑丞張咸詩云：三年客宦事何補，兩入招提春又來。麥隴層層翠浪起，桃溪艷艷紅雲堆。勸農好語自令尹，佐邑徒勞慙不才。喜與老癯相對語，不知身亦在春臺。邑人周池詩：石泉飛玉出雲端，剪剪輕風掠地寒。寄語籃輿須緩進，欲留山色静中看。委蛇細路入蒼煙，萬壑松聲響夜泉。怪得詩情清到骨，尚餘殘雪隱山巔。

妙法院。在邑東十五里。唐乾符二年，僧紹雲建。

隆因院。在邑東十五里。唐乾寧元年建，今廢。

禪宗院。在邑東二十五里，先名禪林。唐咸通二年建，後廢。道光十六年，里人因舊址重造矮屋三間，以祀觀音、伽藍舊神，額仍題稱古禪宗寺。

勝居院。在邑東二十里，先名東岩。咸通二年建，今廢。

禪定院。在邑北六十里，先名恩德。唐長興二年建。

勝果院。在邑西七十里黄羅。唐乾寧二年建，今廢。

金田院。在邑北一百二十里。唐長興二年建。

寶光院。在邑西一百里。唐乾寧元年建。

妙靖院。即安靖院，在邑北一百二十里，唐咸通八年建。邑人龔原記云：妙靖院，在處州遂昌桃源鄉，始唐咸通八年，曰安靖，今額治平中所賜也。嘉祐初，予嘗講學於其法堂之西偏，而院僧奉思者，方以行業智辨，能服其鄉民，募緣取給，惟所顧指。每與予語，舊陋爲甚，今之法堂寶殿，實新爲之，然未愜也。閑循山而下上，環指而謾言曰：异時爲文室於是，爲經臺於是，爲鐘樓於是，既成，願得一言刻之，使後人識舊時之地，亦勝事也。方是時，左右皆荒山，斷塹莽梗，人不可行。予雖壯其志，疑非易成者，徒意許之而弗答也。後數年，予游學京師，不復見奉思。自桃源至者，必問其院如何，皆曰：院成矣，施者日益衆，且耕鑿有收，屢以力易度牒，今其徒甚盛也。又數年，予竊第東歸，奉思相迓道旁，雖不及游，隔溪望之，比舊增麗矣。熙寧中，予奉親之官京師，宿焉，觀基面勢，率如昔言規度。竊自謂事無劇易，特志弗彊與力不及，故每廢而莫興，或有爲而不就。若奉思，可謂有志而能成矣。適予方事行役，未暇書也。後予遭家艱，既葬，出淮南，復過其院，觸目悵然久之。比官於朝，緣元祐四年明堂恩封贈及泉穸，去秋促予記歸焚黄，而奉思復援平昔言，屬記甚迫，且曰：今老矣，幸一觀石刻，雖瞑目無憾。予聞而悲之，且念自初及今，日月纔幾，而忽焉三紀，院僧獨奉思在。而予初弱冠，今亦白髮滿頭，落筆稍緩如昨，則後此數十年，尚誰知本末哉！因書以遺之。

惠衆院，在邑東二十里，先名佛隴，梁大同元年建，後圮。唐乾寧元年，僧紹惠建。邑人翁高詩云：昔日嘗爲惠衆游，芙蓉花發正清秋。重來不覺流年度，僧與吾儂俱白頭。午風吹雨過招提，催促山花次第開。游客不歸心正樂，禪窗卧榻白雲隈。

延壽院。在邑北二十五里。梁大同元年建。國朝乾隆年間，僧指千募捐重建。

白佛院。在邑北三十里。梁大同元年建。今廢。

慈濟院。在邑東二十里。晉天福元年建。今廢。

净梵院。在邑北一百里。晉天福元年建，名崇福。宋治平二年，改今名。今廢。

悟性院。在邑東七里。周顯德元年建。

保寧院。在邑南五里。寶正二年，東泉錢氏建。元毀。明永樂元年，邑人翁高重建。邑人鄭還詩云：不遂平生十載前，曾攜萬卷向東泉。靈林日静開茅塞，禪榻時閑擬草元。轉眼風光成夢寐，委形身世累塵緣。依然事業今如許，愧我星霜欲滿顛。

崇梵院。在邑北十餘里。周顯德五年建。今廢。

光教院。在邑北二十五里。先名三衛，周顯德五年建。

香嚴院。在邑西四十里。周顯德五年建。國朝道光十三年，僧印梅重建。邑人王景夔詩云：晚入招提路，山風冷透裳。寒鴉互分合，霜稻半青黄。習訟傷嚚俗，思閑慰故鄉。牧童如有感，扣角唱斜陽。王鎡詩云：地爐煨火栢枝香，借宿寒寮到上方。山近白雲歸古殿，風高黄葉響空廊。敲門僧踏梅花月，入夜猿啼楓樹霜。夢醒不知聰日上，時逢經磬出松堂。租田附後。

一土名寺前，田十二丘。租貳拾碩。

一土名荷塢，田一丘。今失。

一土名全墓，田十四丘。租叁碩。

一土名香嚴寺，田九丘。租陸碩。
一土名横山垵，田五丘。租叁碩。
一土名水龍，田二丘。租貳碩。
一土名潭塘，田九丘。租叁碩。
一土名庄前，田二丘。租柒碩。
一土名香嚴寺，田六十三丘。租叁拾捌碩。
一土名殿山，田一丘。租壹碩。
以上共額叁拾壹畝陸分肆釐，租捌拾叁籮。
又土名寺後、大塢、蔴地垵、萬嵩山庵基、大畈心、二十三都白礌垵山塲，共六處。

翠峰院。在唐山。五代時僧貫休建，後圮。嘉靖間僧惠宰重建。邑人王養端詩云：奇觀出天維，高凌拊雲岡。盤空際飛鳥，曠蕩極扶桑。乘間一眺覽，憑虚寄昂藏。戀彼仙人迹，渺然嘆荒唐。衣傳禪月衲，寺古貫休堂。蜀尼既好道，豈復憚梯航。不謂萬峰寂，乃能見懸光。梵語落秋壑，天空元鶴翔。經壇生象樹，天花散幽香。物變景猶昔，時和遇自良。慕此聽法者，有懷從龔黄。修修立萬仞，吁吁見四疆。望岱不在魯，記峴還思羊。古人重感遇，不以風物傷。所資豁塵况，毋爲世徬徨。歸路出松檜，林深留夕陽。山翠不可挹，蒼蒼照衣裳。愓然際斯遇，解帶命霞觴。佩以瓊瑶管，寫之雲錦章。願言駕靈鶖，扶摇行諸方。

崇孝院。在邑東三十里龍口。

普澤院。在邑東三十里。乾德三年建，今廢。

勝因院。在邑東三十五里七都。僧文瑞建，即尹氏故宅，舊稱騰仙大殿。龔原有記。國朝乾隆年間，僧信儒募緣重建。道光十一年，里人重建外堂奎閣。

妙高院。在邑西五里，即以山名。元大德間，僧可守建。隆慶二年賜額，後廢，僅存小庵。

寶嚴院。在邑西二十里。先名多寶，宋乾符二年建法堂。後有羅漢閣，北有彌勒殿，甚偉。額係理宗御筆，後圮。明崇禎九年，僧性元募建，未就。

永福院。在邑東二十里。宋延祐二年建，今廢。

精進院。在邑西二十五里。先名白馬，宋咸平二年建。國朝康熙年間，僧青雲重修。宋亡時，文信國曾寓宿寺中，題詩寄慨，紙墨真迹，年久猶存。教諭陳世修《題文信國墨迹後》云：西郊精進寺，泉石深秀。暮春望後三日，偕毛克亭、周鶴城往游焉。信宿禪房，寺僧了悟出文信國墨迹視余。紙似羅紋，歲久塵侵，色微黑，長八寸許，濶尺餘。書曰：夢破東窗月半明，此生雖在只堪驚。一春花裏離人淚，萬里燈前故國情。龍去想應歸海島，雁飛猶未出江城。旅愁多似西山雨，一任蕭條白髮生。右夜起一律，文天祥題并書，共六十七字。題字上有『文山』二字小印，書法秀硬，正氣奕奕。按公自伯顏軍逃歸時，二王已至福州，公間關至温州，『龍去雁飛』一聯，疑是時所作。甌栝地連，宜經歷至此，偶題寄慨，了悟寶此，以鎮山門，遠勝金山寺之坡公玉帶矣。詩云：我昔曾見摩崖碑，芒寒色正忠義垂。平原以後惟信國，兩公异代支傾危。信國大節光史册，法書過眼雲煙没。竭來山寺愜幽尋，五十六珠光夜發。側理黝黑印沫紅，奕奕生氣日貫虹。神物何緣忽墜此，雁飛疑在甌江東。本穴世界公柱石，《遺民録》載：宋亡，鄭所南顔其室曰『本穴世界』，謂以本之十置下文，則大宋也。軍國平章藉謀畫。一朝出使惑庸言，公身北去君銜璧。艱危賴有滸從行，杜滸從公北行，事見《宋史·忠義傳》。計賂守夜劉老兵。夜得官鐙共亡命，間關海道達江城。龍去倉皇歸不再，北望山河都破碎。徘徊中夜拔劍起，淚落徵袍歌當慨。崖山詩與《正氣歌》，此詩情景寧争多。大水茫茫烟務隔，六丁攫取藏山阿。國家養士應食福，試看寶祐登科録。忠節居然萃一榜，首列從龍次謝陸。宋寶祐四年登科録：第一甲第一名文天祥，字宋瑞，小名雲生，小字從龍，年二十。第二甲第一名謝枋得，第三甲第二十七名陸秀夫。見《偃曝餘談》及《筠廊偶筆》。心丹不愧汗簡青，遺墨無多炳日星。山僧藏弆神鬼護，等大無工十空經。鄭所南著《大無工十空經》一卷，造語奇澀，蓋空字去工而加十，寓爲大宋。見《寶顔堂筆記》。乾隆年間，僧泳準、徒文錡建造五聖殿。嘉慶五年，山水湧漲，沙塌石崩，殿宇俱被漂壓冲坍，僧月中、僧廣雯重新開建。

安和院。在邑東七里。元延祐三年〔一〕，僧智元建，自有記。

金仙院。在邑西一百四十里。先名金堂，咸平二年建，今廢。

元通庵。在邑西二十里丁公山。

無相院。在邑西一百一十里。宋延平三年建。武林張翼詩云：相相原無相，相從相者生。能知相相因，相即是無相。

資壽院。在邑北十里，又名東梅。宋治平中賜額。紹興甲子圮於水，僧智積復建。邑人鄭還詩云：峰巒圓轉密林間，一半禪房一半閑。雨過泉流春白石，雲來天上接青山。追尋勝迹千年古，看遍名花萬樹殷。不覺平生諸慮息，頓令名利不相關。

妙智禪堂。在邑河橋頭。釋真可訪知縣湯顯祖寓此。邑令湯顯祖《觀音大士像贊》云：稽首大悲觀世音，百千手眼利群小。譬如明月當秋空，隨所有水皆現影。此影離聞不可得，出聞而覺名聖人。因聞而迷名凡品，聖凡若離聞性有。一切木偶應聞道。我思菩薩未覺時，初與衆人無异同。衆人忽有一覺者，亦與菩薩無同异。衆生菩薩但是名，究始聞始寧真實。明月如不假浮雲，清光終古誰奇特。浮雲若非以明月，世入謂光有生滅。性光天地萬物君，紂非疏兮堯非親。知而能用千眼至，日用不知光霾塵。菩薩以此垂慈憫，知而能用手快眼清無量數。廣接群生入普門，人入與佛無有等。緣象得象象豈忘，自是衆人欠痛想。一輪明月唾霧中，嗜慾淺則天機廣。敢勸諸來觀象流，無多手眼翻爲障。

清修庵。在邑西十里。康熙年間建。雍正辛亥建前堂。嘉慶四年，僧傳聖重建後堂大殿。二十三年，前堂毀於火。道光年間，僧光鑄重建。

蓮臺山。在清修庵後山頂。明崇禎年間，僧正松開山建造。國朝乾隆五十八年，盡毀於火。嘉慶五年，僧傳印重新建造前後大殿及客廳禪房，具有莊嚴幽勝風景。

西林庵。在邑西八里。崇禎年間建。國朝康熙二年，僧十如重建。今廢。邑人華一岩《秋日西林晚眺》

詩云：清秋紫翠滿晴巒，躡蹬穿林路幾盤。白鳥一雙林外度，青螺十二座中看。藍輿西社來元亮，絲竹東山想謝安。不盡此時游眺意，斜陽萬樹碧烟寒。毛儀點《攜琴游西林庵》詩云：偶因散步到西林，歷盡松岡轉竹陰。古刹苔痕殊世路，老僧道貌絕塵襟。遍游金地三千界，爲鼓冰絃一曲琴。解得六根清淨理，且從午梵結知音。

菩提庵。在三峰橋頭。崇禎年間，僧傳秀建。後圮。國朝道光年間，僧覺益募捐重建。

静修庵。在縣治後。雍正十年，僧森明建造。乾隆四年，僧泳準建造後殿。

雙溪庵。在北門外河橋中。康熙三十二年，僧森明建。

梅溪庵。在治北三里。康熙三十二年，僧法照建造。

卉隱庵。在治北五里。明崇禎元年，僧貫一建造。國朝康熙二十五年，僧法照重建，後毁於火。嘉慶初年，僧三乘仝徒朝嶂重新開山，鼎建山門、大殿、後楹、禪房，俱極莊嚴幽勝。寺山附後。

本寺山塲總土名葉町内，小土名庵後。又蕪嶺下，又砿垵内，又礌垵下，又瓦窑坪，又大税垵，又苦竹垵，又洋垵口，共八小土名。其全山四至：東至礌垵下當隆分水爲界，南至大税垵外本寺田壠爲界，西至蕪嶺下山脚人行大路爲界，北至寺後直上岡頂爲界。四面水流歸内，俱係寺山。又本寺山背後土名周塢山塲壹處，其四至俱載契内，不贅。

吉祥庵。在治北五里。順治十年，僧隆智建。後因寺僧蕩廢田産，廟宇傾圮。乾隆年間，僧三乘贖回寺産，重新鼎建，并添置田畝，共租貳百餘籮。

永樂庵。在治北十里。順治十五年，僧傳見建造。

定觀堂。在治北十里。順治二年，僧海藏建造。

龍華庵。在治西四十里大柘。康熙八年，僧青雲建造。乾隆十七年，僧崑林重建，後圮。五十三年，僧方達重建。嗣住持僧印梅置買租田二十六畝，地額貳畝。土名附後。

一土名新路頭，田一丘。今失。

一土名夾均，田三丘。租叁碩。

一土名樟樹根，田一丘。租柒碩伍斗。

一土名省口，田八丘。租拾碩。

一土名長降脚，田七丘。租壹碩。

一土名坎頭嶺，田三丘。租捌碩。

一土名妙塢，田一丘。租叁碩。

一土名旱塘，田六丘。租貳碩。

一土名山後源，田一丘。租壹碩。

一土名周處，田十二丘。租拾壹碩。

一土名垵坳，田二丘。租伍碩。

一土名牛欄塢，田三丘。租肆碩。

一土名大畈心，田二丘。今失。

一土名赤豆塢，田二丘。租肆碩。

一土名長峰角内，田四丘。租貳碩。

一土名西畈，田一丘。租伍斗。

一土名射坑，菁鋪下。田二丘。租壹碩。

一土名石埠頭前，田一丘。租伍斗。

一土名獅子下，田一丘。租叁斗。

一土名魚山雙溪，田一丘。租壹碩。

一土名筆嶺，田一丘。租柒斗。

以上共租陸拾陸碩伍斗。

瑞蓮堂。在邑南君子山麓，乾隆十六年，里人重建。

法華庵。在邑西二十里，順治元年，僧成信建造，乾隆九年，僧指乾重建。

聖覺庵。在治西二十里，順治年間建，乾隆十年，僧雲修重建。

普濟庵。在邑東二十里斗米嶺，邑人項天慶題額。

廣祥庵。在西門外隔溪吴樂，離治三里許。道光十年，僧法藏重建。

三寶山。在十五都好川，離治二十五里。康熙年間，好川有一諸生晚年習禪，棲隐吴處寺，因寺將傾，移此開山建造。其寺基、來龍、竹山、地坪，俱係里人李漢輝捐助，寺産附後。

一土名内雉嶺，租伍碩伍斗。

一土名寺前垵脚，租伍斗。

一土名吴處屋下，租叁碩。

一土名樓處後，租肆碩，僧奎山置。

一土名木坑口，租貳碩。

一土名横橋，小野塢口。租貳碩，王伯所助。

一土名外雉嶺，租拾貳碩。

一土名外雉嶺，即垵頭。租伍碩，童潤野助。

一寺前山塲，僧明修賢置。

一寺邊地一片。周初昇助。

泉湖寺。在邑西四十里大柘溪東。上首租田附後。

一土名殿前，田三丘。租伍碩。

一土名全湖，田十丘。租貳拾玖碩。

一土名大片，田一丘。租肆碩。

一土名岳山，四十五丘。租肆碩。

以上共租肆拾貳碩。

幽嶺寺。在邑西四十五里。乾隆三十七年建。

吉祥庵。在二十都埠頭洋。康熙十三年建，并買埠頭洋大丘田、庵左右地基、庵後至黄塔口山塲，後圮。道光七年，劉虛居、李開亮、賴乾仁、劉在權等募捐重建。寺租附後。

一土名黄塔口庄，後塢。田，租拾碩。

一土名苗山岡，田，租叁碩。

鎮南樓。在邑東三十五里。七都寺田共計租肆拾壹籮。

三台寺。在邑東一里含輝洞上、靈泉洞左。宋紹興年間建，以寺後有三台岩，故名。

高路寺。在邑東十里。久已傾坍。道光元年，北鄉徐文光重建。先年，上江徐祠捐助山塲一處，永爲寺業。土名二都蓮花山。東至直上、降尖、大降、分水、潘姓山，南至坳頭、王姓山，西至大降，北至林姓山爲界。

校注

〔一〕延祐：底本作『乾祐』。元無此年號，徑改。

宫觀

紫極壽光宫。在瑞山麓，唐葉法善真人煉丹之地。宋元符三年，老君塑像眉端，神光現，郡邑表聞。徽廟政和三年，降御容於宫，宸翰天書『紫極壽光』之宫額賜之。宣和辛丑經寇，紹興甲子圮水，後重建。宫中道士章思廉、范子珉、項舉之俱登仙籍。舊爲道會司，後邑人并祀太保之神於觀中，故又稱爲太保廟。宫中唐宋古遺及大觀年間所賜田産，極其廣多，因歲久没失過半，業已無可查追。兹將現存田業土名、租數詳載于左，庶免日後重遭遺失也。

一土名二都街坎頭，租叁籮。

一土名項經，租叁籮。

一土名鋪下，租叁籮。

一土名苦竹，租叁籮。

一土名長濂力其畈，租肆籮。

一土名古亭西山下畈道士丘，租肆籮。

一土名馬埠，租伍籮。
一土名蔡村，租陸籮。
一土名覌村，租拾叁籮。
一土名塢山脚，租肆籮。
一土名井頭塢下末，租拾伍籮。
一土名坎頭沙畈，租叁籮。
一土名下榴坳，租陸籮。
一土名洞康黄塢，租肆籮。
一土名岱根。大茆山脚。
一土名磹上畈。
一土名雙坑口。
一土名孟村前。
一土名孟嶺。
以上五土名，共實租拾伍籮。
一土名惠民庵，租拾籮。

一土名九盤嶺，租拾肆籮。
一土名娘娘廟，租捌籮。
一土名太保廟，租肆籮。
一土名大覺莘處，浮租肆拾籮。
以上共計二十四土名，统計浮租壹佰陸拾柒籮。現收實租壹佰拾伍籮正粮額，另有徵册可查。
一土名關聖廟邊，地一片。
一土名娘娘廟邊，地十片。
一土名項庵口，地五片。
一土名太山廟内，地二片。
一土名宫内，地□片。
一土名九盤嶺，地八片。
以上共陸土名，俱收地租糧額，另有徵册可查。
查壽光宫肇自唐宋，迄今千有餘年，現存田地尚敷奉祀修理費用，特載諸志，以期保存僊迹焉。

邑人龔原詩云：經年法力直通幽，乘輿還爲帝里游。符筆共傳神水妙，服章新學紫雲浮。上清地勝猶能到，温浴身輕肯暫留。歸去爲言梁范客，故情長憶好溪頭。錢端禮詩云：尋師莫更待餘年，大用縱横識善權。臢喜四禪超物外，斷無一語落聲前。嵬嵬道價初無意，籍籍高名不泛傳。他日九霄雲路穩，願陪游戲恐無緣。周綰詩云：少年耻點龍頭額，曾向楓宸同發策。宦途轉足昇雲泥，虛作梁園曳裾客。兵戈契濶幾星霜，萍蓬各遇天一方。我已賦歸厭束帶，公亦肥遯思括囊。忽逢羽客詢安否，珠玉燦然欣入手。西風漫漫庾公塵，舉扇誰能免汚人。路長想像不可越，淵涉浩渺碧無津。金堂玉室知誰住，浪水桃花在何處。冷然安得御風行，長逐飛鳧天外屨。王養端詩云：眠牛峰抱壽光宮，紫極宏開緑樹中。脱屣不逢章道士，揮毫猶説宋徽宗。丹爐火伏龍初卧，碧海書遲鶴未逢。欲拂風塵了踪迹，負苓賫石待黄公。朱應鐘詩云：仙境通靈室，林香落斷霞。鳥啼丹洞竹，人掃玉壇花。上士譚元秘，名山貯法華。塵居如可脱，從此覓丹砂。錢塘孫仁岍詩云：我今到官已一月，日坐空齋苦兀兀。二月已過三月來，似羽春光去飄忽。今朝飽飯無一事，散去逍遥清興發。忽聞簫管隔溪聲，欲去渾難覓津筏。奚童導我東向行，略彴橋横勢搖扤。流水湯湯舄下過，俯視凌兢聳毛髮。須臾竟獲彼岸登，歷盡陂陀入林樾。紫極名觀舊額無，崇祀明神凛袍笏。太保威嚴里俗欽，瓣香我未光時謁。後聳層臺拾級登，大夫祠宇書官閥。傳是仙人項彦昇，能致神龍救旱暍。瞥見前楹立斷碑，政和年下莓苔殁。是時道君嗣位初，干戈釁未開胡羯。深宫習静事修真，璽書徵赴朝京闕。何期一日帝蒙塵，五國城中憾難歇。法師此際走何方，曷不挺劍誅獫玁。豈竟神仙事渺茫，不然世運遭顛蹶。南渡河山代幾更，壽光宫尚留殘碣。始信仙家日月長，好乞靈丹换凡骨。

太虛觀。在邑西象岡東樓峰下，唐乾寧二年建。邑人尹廷高詩云：路入煙蘿別有天，我來散髮坐風軒。玉壺積翠花香潤，石洞藏丹雲氣温。水影倒栖松頂鶴，谷聲遥答嶺頭猿。個中妙趣誰能畫，寫入篇章當草元。盧襄詩云：兒時腦満膽力壯，欲挫萬象窮經騷。江山老大費彈壓，煆煉雖工心匠勞。今直造化一剩物，黄帽赤藤隨所遭。絜如撲面臙花軟，遂挽隣翁俱出遨。僊官樓臺青突兀，猿聲鶴意相扳招。雖無木客與木耳，日有土鉎賫溪毛。長松嘯風醉石冷，夢去飀飀聞海濤。我生自少足靈氣，日思采秀來山椒。

中年雖被世緣誤，巾屨過從皆老樵。果然閑健得蕭散，把方竹杖懸詩瓢。願爲初平叱白石，不學曼倩偷蟠桃。年久傾圮，康熙年間再建，改爲竹隐禪院，後復廢弛。嘉慶二十三年，僧法藏募捐重新開山建造。邑人俞颺記曰：物有成毁，時有廢興，名耶？實耶？世固有名存而實亡者，問其名則是，求其實則非，可得而記之耶？亦有名亡而實存者，問其名而非，考其實則是，可得而記之耶？二者將何取擇焉？遂昌在萬山中，由治西四十五里，連峰聳峙，其高大而端正者樓峰。樓峰之麓，平衍寬坦，岡嶺環合，中有新寺，名曰竹隐。稽其實，即郡志所載唐昭宗乾寧二年所建之太虚觀也。遂之有觀，蓋自唐始，而其他無傳，獨傳太虚觀。太虚者，太極也。道家以金來歸性，始乃得稱還丹。解之者曰：金，先天一氣也；性，初元神也。元氣上與元神相戀凝合，渾如太極，居南方，以色言，故曰丹。是長生亦元神不滅，與形骸無與，在可知不可知之間，儒者弗道焉。獨計此觀，自唐乾寧創始以來，迄今千餘年矣。前而六朝，爲榛莽之所翳穢耶？爲虎豹之所遁藏耶？吾不得而知也。後而五代，爲羽流之所久棲耶？爲蘭若之所更迹耶？吾不得而知也。詢之故老，但傳有葉真人惟龍者創造，置座飛梟於此，宋末毁於兵燹，明初鼎而新之，其後屢圮屢修。國朝康熙初年，山寇竊發，民避兵兹山之顛，號擂鼓岩，蓋下取樵汲，以鼓召其趨避。想連山絶壑，長林古木，蒙蔽深邃，而此睹之傾圮坍腐者，蓋亦僅存。嗣是久爲程子所居，梟飛者易而爲衣衲矣。乾隆以來，山名漸著，蒙雜險阻，鑱削芟除，士之挾策習舉業者，多寓於此，蓋又屢經修葺矣。然墻垣榱桷，猶未能無圮腐之患，且規模卑隘，不足以增勝概。至嘉慶十九年，里人整頓追産，招延松山上人住持，于是協力募緣，循舊址而鼎新之。寺之内，梁棟崔巍，軒楹明敞，佛像莊嚴，鼓鐘修治。寺之外，竹木疏，石泉流，烟霞爲藪，風月爲窟。其左爲芥莽，方池蕩日，景色空明，則方丈延賓之所也。其右爲閑軒，堂房竈舍具備，增而葺之，則士人講肄之地也。以千年就盡之址，造七級不朽之基，厥功偉哉！噫！吾疑造物者之廢興成毁久矣。昔之榛莽荒穢，虎豹竄伏，當是時，豈知有太虚觀耶？既已遐棲羽客，茹芝鍊鼎，又易而爲浮屠、招提，廢興成毁，相尋於無窮。則此寺之復爲觀，未可知也，豈不以其時哉？吾是以感太虛觀之名，載在栝州郡志，不可得而没也，爲實亡而名存，不得不記。又以感竹隱寺之實，成于松山上人，不可得而誣也，爲名亡而實存，不得不記。且又以慨郡縣志之徒載其名而無記，爲藝文所缺，後之人不知其始末也，又不能不記。他若名山勝地，光景流連，則又在游人之自得，吾焉得而知之？吾又烏從而記之？江山姜典三《同人游太虛觀》詩云：細路躡修蛇，邨煙入嶺斷。偶攜雲外侶，陟此谷中觀。澗水澮鴻濛，秋聲發汗漫。林間樵採出，亦作諸天看。祇樹昔開園，佈金傳善信。如何尊者往，藐爾一孤愁。祝髮事空王，袒衣權佛印。杯茗感宿因，惆悵不能進。隨嬉入上方，僧侶經初蓋。曲徑蘚苔引，空庭冥色會。厨齋供積香，池石净纖蓋。坐看練浦雲，杳藹虛無外。竹影粉將夕，出門思莽瀁。一聲清磬流，萬壑疏烟上。香社媿前賢，虎溪慚獨往。舉頭眺八極，天宇何蒼莽。縱少登前岑，林鳥催我下。亦知歸路長，其若愛難捨。象外走風雷，雲端躍卧馬。何時舒絆紲，來此任瀟灑。

慈福觀。在邑北二十五里。章思廉故居。元至正間建。

延福觀。在邑西二十五里。元至正十八年建。寺産土名附後。

劍字：四百六十六，劉畈，田一，丈肆分壹釐玖絲捌忽。

六十八，仝，田二，丈叁分肆釐柒毫零捌忽。

七十，仝，田二，丈伍分叁釐伍毫。

七十八，仝，田一，丈柒分柒釐玖毫叁絲捌忽。

共租貳拾壹籮。

六十二，月塘丘，田一，丈伍分陸釐陸絲陸絲。
計租貳籮。
十號，陳塢口，田一，丈伍分柒釐捌絲叁忽。
計租壹籮。
二百十一，童於，田八，丈叁分叁釐伍毫伍絲叁忽。
二百十二，仝，田七，丈壹畝零叁釐貳毫伍絲叁忽。
十四，仝，田三，丈陸分貳釐陸毫捌絲玖忽。
十四，仝，田八，丈叁分陸釐玖毫肆絲柒忽。
十五，仝，田三，丈肆分零捌毫叁絲叁忽。
十六，仝，田三，丈肆分零玖毫叁絲柒忽伍微。
十七，仝，田六，丈叁分肆釐伍毫壹絲柒忽。
十九，仝，田三，丈壹分玖釐壹毫伍絲壹忽。
二十，仝，田五，丈叁分捌釐壹毫伍絲貳忽。
二十一，仝，田五，丈壹分捌釐叁毫壹絲柒忽。
二十三，仝，田六，丈叁分捌釐陸毫壹絲捌忽。

二十四，仝，田三，丈肆釐玖毫玖絲柒忽。

二十五，仝，田八，丈叁分零捌毫壹絲伍忽。

二十六，仝，田五，丈叁分柒釐肆毫伍絲。

二十七，仝，田五，丈陸分壹釐伍毫叁絲叁忽。

共租拾貳籮。

以上共額拾叁畝柒分伍釐，租叁拾陸籮。

劍字：二千四百六十七，劉昄，地，丈伍分叁釐貳毫叁絲伍忽。

一土名觀後，竹木山場一處。東至田，南至王家山崗，西至王家山合水，北至觀田。

卷之五

官師志

職官、政績

邑有令，職親民牧，總以弼成化理。至於佐以僚幕，聯以師儒，共宏政教，皆士習民風所由繫也。前志遺逸未載者，無考。後隨世代臚列姓氏。若政績茂著，則別有傳焉。志官師。

職官

縣令

六朝宋梁。

元嘉潘綜。烏程人，見傳。

江子一。考城人，見傳。

唐無考。

宋

雍熙侯慶，劉文紀。

天聖李迪，濮州人，見傳。郭知新，趙端，彭有隣，江日宣，蕭大有，李希逸，劉賦，徐昭回，劉單，袁道成，鞠佾，吴德，王仲思。

皇祐何辟非，建安人，見傳。施肅，毘陵人。李喬，毘陵人。鄧舜卿。

嘉祐李宗孟，毘陵人。朱祐之，吴卞。

熙寧王淵，海陵人。錢長侯，長城人，見傳。丁琬，許通，陸若思，王瑗，錢仲侯。長侯弟。

元祐張根，清河人，見傳。錢康侯，長侯弟，見傳。尹復臻，方佩，丁禧，葛先，包永年，韓古，李偕。

靖康徐幾，俞先，何繼。

建炎董伋，健陽人，見傳。曹仙，李剛中，王傅，晁公耄。

紹興鄭必明，閩人，見傳。胡仲文，朱兢，李宗質，見傳。趙善示，見傳。劉邦光，高公挺，王宗，魏興邦。

乾道李大正，建安人，見傳。木昪，莊藴。

淳熙林采，閩人，見傳。向濡，吴柟，李逌，章濤。

慶元朱元成，平江人，見傳。富嘉猷，趙仲立，陳武卿，司馬巡，楊與立，蒲城人，見傳。趙汝濬，胡□，林士宗，葉莫，葉知剛。

嘉定陳逵，三山人，見傳。司馬掀，見傳。吴垕，趙宗譽，曹黼，黄華，趙與廉，徐申，何堂，趙汝楷，薛從龍，龔宗尹，趙椅夫，趙必宷，陳晟。

景定趙旴夫，寶婺人，見傳。趙必靖，徐天驥，章湜，馬子南，陳恭。

元

達魯花赤

克釋密尔哈班，交住，暗都剌。

縣尹

樊璋，王極，郭義道，完顔從中，孔楷，郄衡，毛勝。

至元石谷。南陽人，見傳。

至正杜伯思，見傳。季任安，司時舉。

明

知縣

龍鳳魏良忠，李訥。通許人，見傳。

洪武馬玉，見傳。郭貞，青州人，見傳。鄭肇。許忠。秦孟和。姚澤。榜清。周淵。

正統顧寧，張翔。大興人。

景泰趙因，王貴。

天順何錢，臨清人，見傳。蔣達，張汝華。

成化李瓚，鳳陽人，見傳。胡熙，李璡，顧岩，常熟人，見傳。俞黼，李緒，歐陽琞，泰和人。胡綬。貴溪人。

弘治黃芳，見傳。趙結，嘉定人。邵文忠。閩縣人。

正德張鉞，安仁人，見傳。曹環，顧梗，常熟人。楊世賢，當塗人。張淵。江浦人。

嘉靖黃金，莆田進士，二年。蕭質，清江人，見傳，五年。徐九經，江寧人，八年。賴璋，十二年。江宇，番禺人，十四年。曹守貞，江都，進士，十九年。黃養蒙，南安，進士，見傳，二十二年。鄭澤，二十四年，平賊有功。王一貫，莆田人，二十六年。洪先志，海陽人，見傳，二十九年。李章，亳州人，三十四年。施霖，長洲人，三十六年。黃德裕，浮梁人，三十九年。楊郇，無爲州人，四十三年。池浴德。同安進士，見傳，四十五年。

隆慶黃應霖，延平人，四年。鄭惇典。宜黃人，六年。

萬曆方亮采，莆田人，見傳，元年。黃道瞻，晉江，進士，見傳，四年。鍾宇淳，華亭，進士，見傳，五年。王有功，吴縣，進士，見傳，十二年。萬邦獻，南城，舉人，十七年。湯顯祖，臨川，進士，見傳，二十三年。段宏璧，金壇，舉人，見傳，二十七年。王焯，懷寧，舉人，二十八年。辜志會，晉江，舉人，見傳，三十一年。蔣履，武進，舉人，三十五年。史可傳，□縣，貢士，三十九年。黎來亨，順德人，見傳，四十二年。林剛中。莆田人，見傳，四十四年。

天啓傅恪，江陵人，見傳，元年。胡順花。景陵人，見傳，三年。

崇正康晉，合州人，見傳，二年。何廷楝，廣西，舉人，六年。許啓洪，宜興人，見傳，十二年。劉曰鎰，南昌人，見傳，十五年。張建高。遼東人，十七年。

國朝

知縣

順治趙如瑾，雄縣人，見傳，三年。胡然翰，安東衛，貢士，見傳，六年。徐治國，遼東，恩貢，見傳，八年。李時能，尤溪，舉人，十四年。劉景栢，遼東，恩貢，十七年。董景范。華亭，歲貢，十七年。

康熙楊楫，寧夏，選貢，元年。王道震，順天，廕生，三年。王獻明，潁川，歲貢，四年。馬豸，真定，進士，六年。李翔，漢中，進士，見傳，八年。諶紹洪，南昌，進士，十三年。徐越，遼東，恩監，見傳，十五年。柳滋溥，蓋平，廕生，見傳，二十年。韓武，大興，監生，見傳，三十一年。蘇燮，遼東，監生，三十九年。陳思溶，奉天，監生，見傳，四十四年。王毓德，遼陽，監生，四十六年。丁宗益，通州，監生，四十六年。繆之弼，崇仁，舉人，見傳，四十八年。楊春芳，融縣，奉人，五十三年任。戴世祿，監生，五十四年署。何其偉，石屏，舉人，五十五年任。任世泰，五十八年署。姚啓文。淳化，舉人，五十九年任。

雍正王維紀，黃旗，貢生，元年署。羅秉禮，正白旗，舉人，二年任。趙仕，南寧州，進士，五年任。許鼎，候官，舉人，五年。許藎臣，鼎子，舉人，六年署任。向牧，衡山，舉人，七年任。許藎臣，八年復署。陳如錫。南海，歲貢，十年任。

乾隆王夢弼，商丘，恩拔副貢，元年署。路覲，宜興，進士，元年任。耿址，慶都，舉人，三年任。譚肇基，廣東，進士，七年署。杜棟，山西，舉人，七年任。張士標，江南，監生，八年署。王履坦，蓬萊，舉人，八年任。戴鈞，順天，監生，十年署。王翊，河南鄭州，進士，十一年任。李升階，四川，舉人，十二年署。黃培任，江西新城，進士，十二年任。紀從樸，北直，附監，十六年署。戴椿，江南，監生，十六年署。李肯文，廣東，進士，十七年署。雷廷鉽，順天，監生，十七年署。何元鼎，福建，貢生，十七年署。宋世恒，四川，舉人，十八年任。劉復仁，貴筑，舉人，二十年署。熊鐫，湖北，貢生，二十一年任。李元，寧國，進士，二十三年任。李林桂，直隸，舉人，二十三年署。范楣，河南，舉人，二十四年任。王憕，四川，舉人，二十六年任，見傳。黃宗伊，大興，舉人，三十二年任，見傳。羅興禧，三十五年任。鮑祖幹，安徽，監生，三十六年署。胡師亮，湖南，進士，三十六年任，見傳。程開源，安徽，監生，四十年署。楊先儀，四十二年署。張翥，四川，舉人，四十二年任。鄧曰治，廣東，拔貢，四十四年署。陳河圖，雲南，舉人，四十五年署。錢維喬，武進，舉人，四十五年署，見傳。李元位，直隸，舉人，四十六年任。繆元輔，蕪湖，議叙，四十七年署。陳德純，四十七年署。彭起鵾，雲南，舉人，四十八年任，五十二年復任。裘世璘，江蘇，監生，五十一年署。繆汝和，江陰，舉人，五十八年署。申雲鵬。雲南，舉人，五十八年任。

嘉慶蘇世傳，桂林，解元，元年署。舒泰然，廣西，舉人，元年任，四年復任。殷起瀛，江陰，副榜，二年署。傅秀漳，金堂，舉人，五年署。劉紹縉，南豐，進士，五年任。白蕚聯，營山，拔貢，十年署。陳三立，大興，進士，十一年任，見傳。向啓昌，廣安州，舉人，十五年署。戴廷選，江西，進士，十七年任，見傳。王源，雲南，舉人，十九年署。楊鶴書，福建，進士，二十年任。史默，江蘇，拔貢，二十年署。咸理。漢軍，舉人，二十一年任。

道光鄭鴻文，廣東，舉人，見傳，二年任。單朝詔，湖南，進士，見傳，八年署。朱煌，直隸，舉人，八年任。李玉典。鹽山，舉人，十五年任。

縣丞

宋

元祐史才。

靖康胡涓。鄱陽人，見傳。

乾道韓允寅。山陰人。

景定余允懷，丁舉，陳黼，張咸，趙南夫。

明

洪武劉振，蕭庸，劉驛，駱叔文，周彦英，張智，與指揮弓禮同死陶得二之難。王玠，常敬。

正統周恂。見傳。

景泰謝教。舒城人。

弘治萬顯，李光祖，耿怡。

正德迮宇，馮守仁，袁鉞，丁愷，楊春。舒城人。

嘉靖林北，當塗人。朱鵬，華亭人。魏重，江都人。劉鑰，大城人。張銀，曹相，通州人。俞叔櫝，江都人。

汪諭，休寧人。盧植，黃岡人。翁琚，將樂人。芮汝備。旌德人。

主簿

唐

張軻。

宋

雍熙房從善。清和人，見傳。

淳熙常濬孫。

景定葉禹，鄭昆，鹿昌運。

元

齊福榮，李居中，侯宗圭，張輔。

至元徐思道，馮德秀，楊廷瑞，明文德。

明

龍鳳潘雍。

洪武李惟孝，見傳。黃道俊。見傳，邑人。

宣德何宗海。

成化文英，楊彦旭，王彬，陳錢，吴延，陳保。

弘治李昇，陸任通，李祥。

正德劉俊，李仁，陳述，楊正立。六安州人。

嘉靖劉拳，陳州人。陳聰，張鎬，南陵人。范鑛，泰和人。劉希哲，新城人。容瑀，新會人。余芳，楊炳，豐城人。張尚義，劉闓，陳璫，武寧人。杜時達，上海人，見傳。辜輝。南昌人。

隆慶邢守轍，吴橋人。毛彩。枝江人。

萬曆曾備，吉水人。李嘉賓，陽山人。揭暘，建昌人，見傳。陳文明，南昌人。郭公襄，冠縣人。江景邦，旌德人。張自新，華亭人。張大化，江西人。江朝宗，江西人。金棟，謝朝宰，龍南人。汪士賓，歙縣人。程先登。宣城人。

天啓吴日昇，南城人。程士熙，歙縣人。吴正樞。巢縣人。

崇禎韓鳴治，惠州人。吴顯忠，雲南，貢士。朱可久，福州人。胡端肅，歙縣人。朱毓俊。江寧人。

縣丞、主簿，今裁。

縣尉

宋

朱大正，孟猷，馬驤，葉禾。

典史

元

刁翰，馬進，陳景春，韓惟忠，衛琮，馬宗。

至元夏宗，周源，張光祖，李元紀。

明

洪武余夢昭，三十四年。趙寧，胡本宗，陳堡，李仲器。

弘治王安，蔣益，劉通。

正德黄九成，產鐘，英賢，潘定，楊楚。

嘉靖曹珙，姜裕，鄧奇環，澧州人。嚴伯遠，嚴録，龍溪人。鄧萬斌，彭溪，安福人。吴廣，徽州人。何京，邵武人。易準，南海人。林文明，莆田人。丁時雍。黄岡人。

隆慶王汝平。鎮縣人。

萬曆潘鎰，當塗人。劉侃，靖安人。揭世夔，福建人。姚清，閩清人。王應科，當塗人。何志沂，莆田人。嚴見麒，韶州人。徐雲程，枝江人。韓應期，廣東人。李本照，江西人。周應選，湖廣人。張汝容，桐城人。顧諟明，南直人。熊汝良，江西人。夏一鳳，當塗人。劉一讓，閩縣人。黄穀，莆田人。

崇禎丁應宿，古田人。焦思達，宣城人。李世華，莆田人。戴德潤。丹徒人。

國朝

順治朱翼，武進人。邵允文，北京人。田產玉，三原人。蕭國輔。大興人。

康熙楊廷芳，陝西人。竇昭孔，富平人。陶振琳，宛平人。麗瑾，陽曲人。劉日章，順天神武左衛人。李方區，山西人。余國鼐，順天騰驤衛人。陳元亮，大興人。汪兆尹，直隸通州人。易大有，江南江都人。胡明德。順天宛平人。

雍正耿珩，真定人。張昉，順天霸州保定人。姚祖樞，順天宛平人，署。張極。寧國旌德人。

乾隆林豐澤，順天宛平人，署。楊文佐，順天宛平人。曾士琮，湖南長沙善化人。高芝，鑲黄旂人。劉焜，順天大興人。陳思朝，四川直隸資州人。丘開泰，上杭人。羅永培，劉邦彥，高儀賓。

嘉慶鄭鈺，武平人。萬啓均，江西人。蔣逢辰，陳治安，署。楊兆清，江西人。周省，河南人。温淳華。廣東人。

道光李覺濂，河南人。顧慶生，署。潘克權。北平人，九年任。

教諭

宋

鄭欽若，邑人，居西隅。周晳，華成。

元

葉立里，潘初，葉繼祖，劉周士，劉煸，詹原恭，應雄。

至元陳補，林棨。

至正余在兹，宋奎崇，王因孫，王正甫，張國寶，袁炳如。

明

洪武蘇天奇，白俞。

永樂李榮，七年。齊宣，十五年。邊繼善。

宣德林渭，七年。丘福，何清，朱旭，魏莪。

天順劉世傑，見傳，六年。林智，華夫。無錫人。

正德藍英，江寧人。戴鑾，見傳。孫瑶。丹徒人。

嘉靖歐涇，巢縣人。紀穆，見傳。劉瓛，廖鶚，臨川人。邢屺，當塗人。鄭器，寶應人，見傳。丁鶴，句容人。

康雲程，莆田，舉人。譚孔。樂安人。

隆慶毛鋭，武昌人。陳一厚，程鄉，舉人。林若桂。南安人。

萬曆洪一鵬，壽昌人。虞廷高，臨海人。徐朝陽，建德人。朱龍，定海人。于可成，仁和，舉人，見傳。楊士偉，天台，舉人，見傳。朱允若，上海人。鄭維嶽，南安，舉人，見傳。孫懋昭，烏程，舉人，見傳。沈思相，杭州人。徐應箕，淳安人。趙成宣，太平人。馬希曾，餘姚，舉人。陳元暉。諸暨，壬戌進士。

天啓葛應秋，績溪，舉人，見傳。章大行，蘭溪人。王士倫。永嘉，舉人，見傳。

崇禎黄九功，遂安人。程啓祚，廣西人。陳士瓚，餘姚，丁丑，進士。沈金鑑，德清，舉人，見傳。劉啓賢，分水人。孫振圖。東平，舉人，見傳。

國朝

順治戴雲程，遼東人。鍾天錫，德清，舉人，見傳。張期振，會稽，舉人，見傳。葉朝忠。嵊縣，歲貢。

康熙蔡遵生，蕭山，歲貢。趙凝濬，諸暨，拔貢，見傳。陳灝，仁和，歲貢，見傳。陳雲鍾，永康，壬子，拔貢，見傳。方衢。壽昌，拔貢，五十七年任。

雍正陳世修。海寧，舉人，二年任，有傳。

乾隆徐宏坦，臨安，恩拔副貢，元年署。張錫理，慈溪，恩貢，二年任，有傳。趙金簡，上虞，己未進士，四年任。平奇新，會稽，舉人，十四年任，有傳。邵人傑，錢塘，舉人，十六年署。趙金簡，瑞安，拔貢，十七年任，有傳。周履培，仁和，舉人，十八年任。沈德榮，桐鄉，副貢，二十三年任，有傳。沈越凡，仁和，舉人，二十七年任。沈夢龍，湖州，舉人，二十八年署。詹能成，遂安，恩貢，二十九年任。孫士蓉，錢塘，舉人，三十四年任。胡于錠，鄞縣，廩貢，五十五年署。陸以謙，海鹽，舉人，見傳，五十五年任。洪鼎瑄。臨海，拔貢，六十年署。

嘉慶黄鴻飛，永康，恩貢，元年任。葉時，慈溪，舉人，七年署。孫溁，杭州，副榜，八年任。祝長青，海寧，廩貢，十七年署。姚儒熣，常山，拔貢，十八年任。朱文佩，海鹽，舉人，二十一年署。應培，淳安，舉人，二十二年任。章均，餘杭，廩貢，二十五年署。童應賞。龍游，拔貢，二十五年任。

道光陳春華，仁和，舉人，八年署。王椿照，平湖，舉人，九年任。孫仁淵，仁和，廩貢，十五年署。葉詒，仁和，廩貢，十五年署。周愛棠。仁和，舉人，十五年任。

訓導

宋、元俱不設。

明

洪武蕭保，翁得昇，邑人，居西隅。劉錫用，邑人。趙汝德，邑人。梅熙，縉雲人。程賜。

永樂湯新。

宣德汪寅，汪繼宗，游悌，葉璣，董瑢。

天順卓越，陳福，唐嵩，孫敬，池陽人。蕭玉，莆田人。陳鏊，段瑶。廬陵人。

正德徐朝儀。黄珊，浮梁人。江大倫，宣城人。周文昌，光澤人。丘志廣。徐州人。

嘉靖施志廣，廣德州人。陸銘，長洲人。吳潔，南昌人。丘鳳，崇安人。陳永昌，高安人。盛繼，見傳。李師曾，見傳。徐鑑，惠安人。張秉齡，古田人。黃國順，順德人。馮邦瑞，襄陽人。夏璧，建平人。毛鍔，馮持衡，茌平人，見傳。李溢，和州人，見傳。李上達，玉山人。葛侗，溧陽人。林瓚。莆田人。

隆慶王惠，丹徒人。陳良誠，羅源人。宗洪造。嘉興人。

萬曆林朝列，福清人。趙廷信，隨州人。王廷俊，江西舉人。傅恕，慈溪人。金彬，金華人。周思問，餘干人。黃繼先，壽昌人。夏薊，平陽人。吳從善，淳安人。馮雅言，仁和人。周士麟，嵊縣人。程大亨，高明人。洪有觀，南安人，見傳。董用威，桐鄉人。蘇復生，陽江人，見傳。李思謹，汀洲人。稽汝淇，德清人。楊應迪。宣城人。

天啓田養純，湖廣人。蔣治，永嘉人。朱子華，偏橋人。周官，會稽人，見傳。周鼎臣，樂清人。張淑載，興隆衛人，見傳。葉九。西安人，見傳。

崇禎劉生春，河南人。黃玉璜，豐城人。李崇德，臨湘人。毛國祥，遂安人。陳一新，侯官人。王家臣，分水人。傅光日，鄞縣人，見傳。錢輔國，永嘉人。沈士麟，黃岩人。王希乾。桐廬人，見傳。

國朝

順治馬世正，紹興人。童一相，義烏人。王士義，淳安人。沈大詹，秀水，歲貢。王愷之，新昌人。朱永翼，嘉興人，祀名宦，見傳。高宏緒，仁和，歲貢，見傳。許天植。嘉興，捐貢，五十七年任。

雍正朱廷荃，永嘉，歲貢，四年任。周逢吉，海寧，歲貢，七年任。王逢泰，遂安，歲貢，九年任。李俊良。東陽，歲貢，九年任。

乾隆陳士恂，石門，歲貢，元年任。洪德颺，浦江，歲貢，五年任。方兆鷺，開化，歲貢，八年任。吴淶，湖州，舉人，十一年署。王宗衍，樂清，歲貢，十一年任。卜廷榮，秀水，歲貢，十七年任。王世芳，臨海，歲貢，二十年任。乾隆二十六年，一百三歲。奉文引見，留京恭祝皇太后七旬萬壽，欽賜六品頂帶，賞賚有加。方淇，仇啓昆，寧波人，署。胡元凱，陸銘，嘉興，廩貢，署。陳廷獻，海鹽，舉人。袁鈞，朱鴻愷，桐鄉，廩貢。周師會，錢塘，廩貢。鄔智教，奉化，舉人。陶奎聯，會稽，舉人。陸夢熊。仁和，廩貢。

嘉慶馮開詒，杭州，舉人，元年任。周汝珍，嘉興，舉人，十一年任。張衡青，永嘉，廩貢，二十一年署。葉煌。上虞，舉人，二十二年任。

道光倪綬，海寧，廩貢，三年署。顧乃德，海寧，舉人，四年任。孫嵩，山陰，廩貢，七年署。鄔宗山，餘姚，歲貢，八年任。洪鼎元，錢塘，副榜，十四年署。湯咏。仁和，舉人，十五年任。

政績

南北朝

潘綜，吴興烏程人，宋元嘉中，以孝行除遂昌長。見《宋書·孝義傳》。

江子一，字元亮，濟陽考城人，晉散騎常侍統之七世孫。少忼慨有大志，以家貧缺養，蔬食終身。仕梁，自尚書儀曹郎出爲令，著美績。後爲侍郎，啓求觀書秘閣，武帝許之，有敕直華林省，復爲南津校尉。侯景攻陷歷陽，子一赴建鄴，及弟子四、子五并力戰死。祀名宦。《南史》本傳，入《通志》。

宋

房從善，清河人。雍熙二年任主簿，建文廟，設聖像，興教化，正風俗。通判梁鼎嘉其能，立石記之。入《通志》。

李迪，字復古，其先趙人，後家濮州。天禧四年拜相，謚文定。先嘗宰邑。陳逵《永安橋記》有云：若李文定公，爲世名相，此其開端之地。公有《龍潭秋月》詩。入藝文。

何辟非，建安人，皇祐中宰邑。興學立教，得爲政大體。初，邑未有學，而夫子廟在西郭。至是，乃於邑之東南隅創立殿堂齋序，後令施肅、李喬、李宗、孟玉淵相繼成之。入《通志》。

錢長侯，字元之，長城人。熙寧中爲邑令，迎母就養。初政尚威嚴，及奉母教飭，濟以慈恕，獄多平反，全活者衆，吏民畏而愛之。又周諏前爲邑者姓名，記於石。

張根，字知常，饒州德興人。清河舊志云：甫冠，第進士。元祐四年，調臨江司理參軍，來知邑事。下車初，積案數十，不閱旬而決，曲直情僞，無不曲中。由是猾吏革心，獄訟衰息。既又築二堤，創三橋，立四門，興利除害，治績顯著。及去，邑人相率立石頌德，建祠於學。晚參大政，入名宦。子熹，誕於令舍，登進士第，爲時聞人。入《通志》。

錢康侯，字晉之，長侯弟。元祐中，後兄二十五年知縣事。博學治聞，議論施設，弗違禮義，廉平不苛，民獲安養。

胡涓，字霖卿，鄱陽人。靖康中應神童科，後登進士第。來丞縣事，以生民利弊爲念。縣治距溪不數武，而儒學切近於其側，每霖雨，溪流漲溢，則堤湍齧害叵測。公因仿舊龍圖張公根所築堤址而修甃之，身自董役。堤成，百姓蒙其利。祀名宦。入《通志》。

董伋，饒陽人。建炎中任知縣。爲人豪邁尚氣節，處事舉當情法。時苗傅叛，亡奔七閩，朝廷遣觀察使張以兵追，道於邑，倉卒供餉不給。張怒，驅伋軍前，行不易服，神色自若，張莫能沮。逮龍泉境，釋之。邑民夏賦輸綢，舊用絹絲，伋不忍重困民，曰：是給諸卒，雖麻何傷？諭輸綢者悉以麻。郡從例責吏亟易，伋即詣郡白其故，郡不能强。後守至，諸邑宰畢參率獻無名金，伋禀命而旋，力陳已之。其庇民以身如此。入《通志》。

鄭必明，字南仲，閩人。紹興中宰邑。以儒雅飭吏事，好賢下士，爲政以名教爲先。修學宫，謹課試，風動四境。入《通志》。

李宗質，字文叔，文定公之後。紹興中知縣事，善裁斷。甲戌，芝溪餘寇竊發，有奸民乘隙倡亂，騷動一邑。公遣人擒至，杖殺之，合邑帖然。

李大正，字正之，建安人。乾道中始爲邑尉，去爲會稽令。念遂民不忘，求知邑事。既至，得滯案數十，判決如流，無不快人心。先是，丁役不均，科折違法，丁產與税乘除不以時，公盡革其弊。凡學之宫室器用廢壞者，悉整新之。見張左史《雙峰記》，入《通志》。

林采，字伯玉，閩人。淳熙中知縣事。始至，一新學舍，請還贍學金於郡，括匿税田於鄉以廩士。旬有課，季有考，靡不如式，學者翕然向風。核隱户，定税名，置都籍，事無不舉。去後，民思之，立祠學宫。閭丘景憲爲記。入《通志》。

趙善示，字君舉，竇婺人。紹興中知縣事。公嚴介潔，有异政，致物產之祥。去之日，民爲立德政碑。

朱元成，字少翁，平江人。慶元中知縣事，練達吏治。縣之役錢累，至積壓預借及三科計一萬三千五百緡，乃根括舊逋，撙節浮費，補填其數，自後邑無預借之擾。創常平倉，儲粟米以備凶荒，皆利民經久之計。建雙峰塔，以培風氣。見《雙峰塔記》，入《通志》。

楊與立，字子權，蒲城人。受業朱子之門，來知邑事，因家蘭溪。學者多宗之，稱爲船山先生。所輯有《朱子語略》二十卷。

司馬掀，字仲舉，嘉定初，自左藏出宰，撫字教化，上格于天。是年有嘉蓮一柄雙花，粟一本十八莖，莖生八九穗，觀者如堵。民爲立堂，匾曰『嘉瑞』。既去，民思慕之。見《一統志》。

陳逵，三山人。嘉定間知縣事，首謁學宫，引試士子，一時士風丕變，囹圄空虚。既去，民繪像立祠祀之。入《通志》。

趙旴夫，婺州人。景定間知縣事。政教兼舉，籍奸吏之田，歸學養士，民感化焉。

元

石谷，南陽人。至元二十年知縣事。興學校，施善政，有訟者輒諭以理，民感化之。入《通志》。

杜伯思，至正十七年知縣事。歲大旱，箬川盜杜仲光聚衆殺人，公率弓兵禦之，爲賊所執，罵不絶口，遂死于難。入《通志》。

明

李訥，字近仁，汴梁通許縣人。明初知縣事，時值元季山寇跳梁，官莫能制。公下車，興利除害，討賊安民，以恩信感化山砦七十餘所，招復離民萬有餘家，政績爲最。甫二年，徵知蘄陽府，民懷其德，作《去思碑》，齊志冲爲之記。入《通志》。

李惟孝，山東青州人。洪武初主簿。狷介不汙，恒甘淡泊。有材幹，勤政事，凡廳宇廨舍，皆其創造。後秩滿去，民咸感之。

馬玉，鳳陽人，洪武間知縣事。有幹略，善經畫，廉以自持，惠以及下，邑人稱之。

郭真，青州人，洪武間知縣事。卓有風力，鋤擊强梗，時有絶户鹽糧難於追納，覈實除之，民頌其德。

周恂，正統間縣丞。先是，閩寇作耗，騷動本邑。公來慰安，統率民快，勦絶其害，百姓安業。教授毛翼爲撰《去思碑》。

劉世傑，泰和人，天順間教諭。待士公恕，教有成規，寒暑不易。士子景仰之，嘗立《鄉貢進士題名記》。

何鉞，臨清人。天順間舉人，知縣事。專尚德教，不事刑罰，有父母心。以疾卒，郡守周祺惜之，遣官致祭。邑人祀于東泉葉真人祠。

李瓚，鳳陽人。成化間舉人，知縣事。廉能果斷，擿奸鋤强，訟不越宿而決，豪横慴伏，囹圄空虚。以疾卒。人皆稱之。

顧岩，常熟人。成化間舉人，知縣事。先是，俗尚争鬬，自公莅政，民漸屏息。未久，以憂去。

黄芳，字士英，莆田人。弘治舉人，以雲和令調邑。才識通敏，决獄如流，凡學校、城門皆其創建。督民葬埋，禁作佛事，清理田糧，罷徵商税。爲政知大體，綜理之周，小事亦不遺焉。擢太僕寺丞。庠士鄭還掇《十政詩》歌之，景寧潘琴爲之序，永嘉王瓚爲撰《去思碑》。入《通志》。

張鉞，字文黼，安仁人。正德進士，知縣事。剛明果斷，鋤强扶弱，毁淫祠，興社學，禁絶左道，創築城堞。時科第不振，公獨加意振興。江西窑源盜發，四境騷動，公捧檄率兵進討，寇遁，設寨守險，爲久遠計。累擢至南京工部侍郎。

戴鑾，字時鳴，馬平人。正德舉人，任教諭。身率諸生，教誨不倦。修葺學宮始竣，值火患，公力救，不能遂，抱先聖先賢廟主及祭器而出，私舍器物罄毁弗顧，復力請郡守重建。士子追思立石，鄭還爲之記。見藝文，入《通志》。

蕭質，《省志》作萬質。字宜文，清江人。嘉靖舉人，知縣事。性行端方，人不敢干以私。節用愛民，省刑薄斂，民有争者，諭而遣之。五月，政通事簡，日惟書札而已。時按察副使行邑，見其獄中草長過膝，深加嘆賞。三年，境無盜賊，豪猾屏息，庶幾刑措。入《通志》。

盛繼，字朝善，福寧州人。嘉靖間選貢，任訓導。禔〔一〕身務學，訓迪不倦，嘗以『尊賢』匾其堂，銘『勇克軒』以自省。升廣東興寧教諭，將行，民餽金爲道路費，竟謝却之。後升太平府教授、國子監助教。

黄養蒙，字存一，福建南安人。進士第二，嘉靖間知縣事。寬厚誠慤，見學前湫隘，鑿隙地爲外泮，濬官溝，通活水。縣譙樓卑陋且壞，樓之前紆曲而逼，次第開闢，偉然壯觀。造次無疾言遽色，人擬其量爲劉寬焉。在任六載，升吏部稽勳司主事，累官至户部右侍郎。

紀穆，字希文，永豐人。嘉靖舉人，任教諭。年富才敏，修飭學政，諸生材質可進者，加意作成。或有事，必扶持全安之，不許輕至公府。士風揚厲，有司取重。升奉化知縣。

李師曾，字元魯，從化人。嘉靖歲貢，任訓導。性資温雅，敦樸無僞，言如不出口，孜孜以講學爲務。弟子有事求直者，餽金，事解，竟弗受。升麗水教諭、國子監學正。

容瑀，字廷圭，廣東新會人。嘉靖歲貢，任主簿。公勤廉，謹愛民，禮士勛〔二〕，遵古道。去任，囊無餘資，父老攀送不忍捨，多至垂涕者。居家事親以孝，喪偶不再娶，朝廷旌其閭。見《新會志》，入《通志》。

校注

〔一〕禔，底本作『禔』，形近訛字，據文意改。

〔二〕勛，底本作『動』，據文意改。

洪先志，字克肖，海陽人。嘉靖舉人，知縣事。嚴謹明決，修政勤民。黄册均徭，舊多猾弊，悉心釐革，人服其公。時巨盗搆黨剽竊，緝而殲之，民始安。修治儒學，建名宦、鄉賢二祠，闢西北社學，修城隍廟，規畫整然。見各碑記。升南京工部屯田主事。

鄭器，賓應人。嘉靖歲貢，任教諭。悃愊坦易，飲人以和。諸生優於學行者，輒津津奬借不置口，不受貧士餽，且助之。升登州教授，未赴，卒於遂，士醵金葬之瑞山。

馮持衡，字平仲，茌平人。嘉靖歲貢，任訓導。剛方不阿，質任自然。教學必先器識，揚善勸俗，亹亹不倦。却貧士脯，語及利，羞形於色，其義概類如此。升雄縣教諭。

李溢，《府志》作鎰。和州人。嘉靖歲貢，任訓導。平易恬静，勤學好禮，講論必本道義。凡利欲嗜好，未嘗出諸口。升深州學正。

杜時達，上海人。嘉靖間吏員，授主簿。廉謹節愛，一毫不取。初，邑多積逋，以漸追徵。攝篆期月，聲稱大起。餘俸悉以新衙舍，築垣宇。去任，囊篋蕭然，士民攀留涕泣，歷久尚有餘思。入《通志》。

方亮采，莆田人。隆慶舉人，知縣事。實心實政，表裏如一。雅重學校，日課諸生，躬爲品題，寒暑弗輟。乘量田後，行扒平新法，歸額定里，手自裁定。折獄，每諭以人倫大義，聞者感悦。官舍蕭條，長子病滯下，括囊金市參朮不得。萬曆二年入覲，麾筦庫羨餘弗納。先是以哭子遘疾，至京轉劇，遂卒。訃聞，士民哭臨，賻奠無虚日。入《通志》。

池浴德，同安人。嘉靖丙寅進士，知縣事。志操循卓，多异政，如清丈量、設防守、置木皂、澤枯骨等事，未可殫述。因翁丹山稿本創輯縣志。擢銓部，士民不忍捨，送至龍游。建曳舟亭以寄思慕，尸祝於西明山。祀名宦。入《通志》。

黄道瞻，字對兹，晉江人。萬曆進士，知縣事。賦性廉貞，丰裁英毅，斷獄明决，黠胥讋慴。值歲荒，發粟賑饑，規處得宜。時苦兇盗，廉其實，殲之，四封安堵。課諸生，評隲詳敏，識拔得人。

甫一載，以憂去。士民立石志愛，三十年後，復建祠河頭橋東。

鍾宇淳，華亭人。萬曆進士，知縣事。廉明剛斷，庭無滯牘。築通惠石橋，創寅賓館、貯册庫、瞻華公館。尤鋭精造士，修學宫，建聚奎亭，置學田以贍貧生。又立石西安縣界，革巡檢司木排常例，夙弊頓除。擢南兵垣給諫。入《通志》。

王有功，吴縣人，萬曆進士，知縣事。渾厚練達，砥節開誠，雅意振作士風。建文昌閣，六載治平，擢監察御史。

湯顯祖，臨川人。萬曆癸未進士，授博士，升南儀郎。建言謫尉徐聞，升縣令。才名節概，海内想望丰采。下車惟較文賦詩，訟獄庶務，迎刃立解。創尊經閣於學中，建象德堂於射圃，置滅虎祠、啓明樓，種種美政，士民就射堂而尸祝焉。督學吴公飭建祠於堂後，以建言，追贈光禄寺丞。祀名宦，復祀遺愛祠。入《通志》。

段宏璧，金壇人。萬曆舉人，知縣事。才猷敏達，以德化民。開採内監，至調度有方，不爲民害。課士置饌，月三試之。創小亭直指堂後，革火耗，清衙蠹。奉母至孝，以内艱去，士民哀慟，如失所生。祀名宦，又祀遺愛祠。入《通志》。

宰志會，晉江會昌人。萬曆舉人，知縣事。醇雅有介操，釐弊剔奸，刑清政舉。會山賊劫掠，修葺城垣，爲民防禦，邑有保障。前任臨川湯公聞之，爲作《土城記》。升萬州守。記載藝文。

入《通志》。

揭暘，廣昌人。萬曆監生，任主簿。精幹練達，識大體，善決獄。署篆剛介無染，支費悉均平，不復科派，寬省里役。升縣丞去。厥後按院李、守道馮廉知節省事，移檄江右行獎，以風勵邑佐。子振昌，生於遂，舉于鄉。

王希乾，桐廬人，崇禎訓導。坦易謙和，不妄交謁，介節翛然。逾年，弃職歸。

于可成，字林鶴，仁和人。萬曆舉人，任教諭。器度軒豁，才思優長，集譽髦課藝，并坐共構，爲多士楷模，人競思奮。郤饋周貧，德施尤渥。先是，學宫火，公至，督新聖廟，徙啓聖、名宦、鄉賢三祠，創祀土地，恢廓舍宇，規畫適宜。擢彭澤令。

楊士偉，字循齋，天台人，萬曆舉人，任教諭。悃愊坦夷，推誠接物，會課諸生，時出嫻義，式之。丁酉，聘典廣西分試，減膳堂除例，厚贈貧生之壯年不能婚者，寒暑延接不倦，厚施而不責報，俸餘增置學田，多士德之。擢令電白。

鄭維嶽，南安人，萬曆舉人，任教諭。夙學負重名，生徒執經受業，開導盡誠，脱略形迹。所著《知新日録》則在遂庠時，與諸生問難者也。升五河縣令。

孫懋昭，烏程人，萬曆舉人，任教諭。雅意造士，置饍堂，設會課士較文。又廣闢泮池，通引巽水，以毓秀氣。升南雍學正。士慕其德，建亭於文昌閣右，勒碑志思。官至楚雄郡守。

洪有觀，晉江人，萬曆訓導。儒雅質朴，待人以誠。諸生修脯不計，惟以德行道藝相勖。久之，以内艱去，士多思之。升定南縣令。

蘇復生，陽江人，萬曆訓導。品行端純，賦性和惠，訓士以身爲則，得敬敷之道。署邑篆，豈弟宜民，行所無事，訟庭無人，園草常青。任滿，士民同切攀轅，匪直良師傳云。

黎來亨，順德人。萬曆舉人，知縣事。醇樸端厚，加意愛士。舊制生員免差徭，因積棍混呈概派，公力持申文除之。攝篆郡丞，曾免長解外，餘差一應免半。士類戴德，勒碑戟門之右。

林剛中，莆田人。萬曆經魁，來知縣事。器度端嚴，才猷練達，愛士右文，釐奸祛蠹。五載間，利興弊革，邑人立祠梅溪之畔，尸祝焉。

周官，會稽人，恩貢，任訓導。雅意好修，實心訓士，砥礪者嘉奬，不率者督懲。升雲夢教諭，臨行，紳衿送者載道，依依不忍捨去，爲立石文昌閣，以志去思。

葛應秋，績溪人。萬曆舉人，任教諭。器度軒昂，才猷曠達。文名久噪兩都，而誘掖後進，飲人以和，講學論道，娓娓不倦。惜未竟教澤，以疾隕于官。

傳恪，字仲執，江陵人。天啓舉人，知縣事。慈祥愷弟，潔己字民，禮賢好士，賞奇析疑，間復唱咏爲樂，晉接無倦色，於世味淡如也。問民疾苦，時加噢咻。在任四載，刑清訟簡，贖鍰不足額，佐以俸緡，有『無驚鄉外犬，敢集案邊蠅』之句。升東昌府同知，去日，行李蕭然。士民尸祝，建遺愛祠於通於惠橋東，郡人王一中記。載藝文。

胡順化，景陵人。天啓歲貢，知縣事。歷練博雅，教士愛民。捐俸鼎新縣堂，民不知勞。考滿，升慶陽府同知。祀名宦。

王士倫，字培竹，永嘉人。萬曆舉人，任教諭。學富才敏，能肅士範，談文論藝，如坐春風。與胡邑令同心作人，考課無倦，一時人文蔚起，慶得所宗焉。子萬珏，隨任入平昌籍。孫錫因家於遂。

張淑載，字一渠，興隆衛人。萬曆訓導。博學宏才，性行倜儻，而謙以自牧。與及門學行相資，成道義之交。遇貧士，非惟不責修脯，且損資賑濟之。有貸不能償，悉焚券以贈。署宣平篆，亦廉惠有聲。

葉九秩，字會虞，西安人。萬曆訓導。慷慨磊落，視諸生若家人父子。飲食教誨，孜孜不怠，士林一時稱得師云。

康晉，合州人。崇禎恩貢，知縣事。清貞絶俗，儉約自甘，訟牒以原告勾攝，緩於催科，民間寧謐。待士若子弟，僅二載，以艱去。入《通志》。

許啓洪，字任宇，南直宜興人。崇禎舉人，知縣事。襟懷磊落，才智過人。值攢造編里，聽民自相朋便，以府差擾害，申請府廳各撥縣役聽差，村落無擾，民甚便之。時值閩寇據西鄉，中文撫臺，題命主政熊人霖、司理陳子龍日夜謀勦撫，得靖，且不廢與諸生談文咏詩。考滿，升欽州知州。入

《通志》。

傅光日，字復旦，鄞縣人。崇禎訓導。腹笥博洽，才致伉爽，落筆即灑灑千萬言。許邑令啓洪極心折之，時相過從，問奇者屨滿户外，悉心啓牖。著述甚富，惜未行世。

劉曰鎰，南昌人。崇禎舉人，知縣事。心慈政簡，初下車，釐剔一二蠹弊，後一意與民休息。時值國變，文武鼎沸，驛路酬應，以静鎮囂，民用不擾。調松陽，士民攀轅塞道。子一經等，僑居松陽，甘貧守道，不愧父風。

沈金鑑，德清人。崇禎舉人，任教諭。體貌魁梧，居心廉静。課士外，不與民間一事。且精玄學，善調攝。庚辰會試，復中乙榜，擢寧國府同知。

孫振圖，東平州人。崇禎舉人，任教諭。端方正直，雅意振作。其子光祀，亦舉於鄉。出與諸士教藝，恂恂若處子，弗率教者，則懲而示之。值胥江弗守，拂袖而歸。

國朝

趙如瑾，字卧齋，直隸雄縣人。順治三年舉人，知縣事。學窮典墳，才優經濟，慈腸偉略，兼而有之。下車集士民，博詢利弊，逮一二巨憝置之法，豪强斂迹。時初鼎革，群不逞嘯聚逼城，竭力堵禦。遣役從間道走婺，請出奇兵，殲擊蕩平，不動聲色，黎民晏然。歲饑，設策賑救，全活萬計。尤隆禮學校，鼓舞多士，蒸蒸向風。徵賦不加纖耗，訟獄不事桁楊。以循卓聞，擢西臺御史，歷巡西江、三河、兩陝、八閩，誦聲馳萬里焉。入《通志》。

鍾天錫，字予可，德清人。順治舉人，任教諭。端静和易，廉隅自飭，不以賢書自滿，寒暑咿唔不輟。兵燹之餘，宫墻蓁蕪，課士不懈。上臺廉其學識，聘修郡乘，重修明倫堂、文昌閣、奎星亭，焕然一新。壬辰，以内艱去。

胡然翰，安樂衛人。順治歲貢，知縣事。時值草昧群寇蜂起，修城垣，築敵樓，晝嚴盤詰，夜密巡警，勦撫互用，動應機宜，保障居多。

徐治國，號輔聖，遼陽人。戊子恩貢，知縣事。武毅果敢，山寇不靖，得警即奮勇撲勦，賊不敢近境。桑土綢繆，民得安堵。又續修縣志，功亦不小云。

張期振，字文起，紹興人。丙戌經魁，任教諭。資性純潔，行誼敦篤，以興文造士爲己任，遇有用之才與貧而有志者，更破格優恤之。

李翔，字天羽，號漢鳳，陝西城固人。順治辛丑進士，康熙八年知縣事。課士愛民，實心實政。邑遭兵燹，人逋田荒，官民胥困。公申請中丞范公履勘，題咨豁荒徵熟。時苦現年賠累，又申請革除。因田定里，滚籖挨催，積害盡捐。至今業無混淆，家鮮逋負，皆公賜也。没於任，囊橐蕭然，遠近哀慕，如失怙恃，醵錢助襯，始得歸里。祀名宦，有崇祀録。入《通志》。

徐越，遼東人。恩監，知縣事。精明果斷，人莫敢奸。胥役稍玩愒，輒置之法，弊絶風清。與士民接，豈弟慈祥。以艱去。

柳滋溥，字廣生，蓋平人。廕生，任知縣。廉静篤實。邑遭洪水，權宜發廩，全活甚衆。在任十載，涵濡優裕，貧民逋賦千餘，悉爲貸填，民困得蘇。後升六安州，士民爲之攀轅。

趙凝濬，諸暨人。歲貢，授教諭。年富才敏，勵廉隅，重然諾，常推解以周貧士。不久，以外艱去。

朱永翼，字亮肱，號吕辰，嘉興人。任訓導，博雅名宿。值洪水，泮宫傾圮，竭力捐修。暨啓聖祠、文昌閣、奎星亭咸葺焉。重建鄉賢尹堯庵先生祠，補梓《綱目發明》。勤月課，設辨難，啓發不倦。卒於任。

陳灝，字滙公，仁和人。歲貢，任教諭。所學得濂洛正傳，教諸生以實學實行爲務，且勤講性理諸書，多所發明。遵朱子白鹿洞條規，爲諸生訓。以疾去，有去思記。

繆之弼，字勷一，號勔岳，江西撫州崇仁人。庚午舉人，知縣事。甫莅任，流匪猖獗，居民驚怖，親統鄉勇，且守且敵，奮不顧身，多所擒獲，邑無城垣，賴保障焉。官兵至則措置有方，欽差臨則供億得體，雞犬無驚，貼如也。既平寧，首飭學宫，備祭器，設義學，復鐘樓，嚴季課，編審均圖，以蘇積困，三載内功績懋著。續修縣志，典籍尤賴不墜焉。

陳雲鍾，字道吕，號淳夫，永康人。壬子拔貢，任教諭。敦謹温雅，諸生受教，如坐春風。言行動静，罔非矩矱。月課論文，廣爲啓發，晰疑辨難，備極精詳，寒暑不輟。

高宏緒，字泰凝，號魯峙，仁和人。歲貢，任訓導。豪邁雋爽，秉性簡易，不事紛華。學有本源，不尋章句。與諸生講論，先德行而後文章。有問難者，詳晰開導，娓娓不倦，多士咸景從焉。

高其佩，字韋之，號且圓，謚曲謹公，奉天鐵嶺衛人。由難廕官至刑部侍郎。康熙四十八年，公爲温處道時，閩賊温顯靈等嘯聚衢龍，潛入遂境。都司張朝臣奉檄追勦，至十八都高山遇害。欽命撫軍巡視，當事者擬統兵至，公慮擾民，隻身諫阻，請先勘而後議兵。當事按兵境外，命公先往。時民心惶惶，咸思逃竄。公至，遍訪得悉張都司被害情由，與民無涉，極意撫綏。及各憲親臨，復力爲剖晰，事隨寢。當事咸器重公。邑人德公，立祠於柘西，尸祝弗替。公善書，蒼古瘦勁，有顏魯公筆意。間作指頭丹青，亦生動可喜。蓋本其忠君愛民之氣，鬱鬱芊芊，發於楮墨間，故爲世所珍云。

何其偉，字天民，石屏州人。由舉人知縣事，性嚴而鷙，鋤奸去盜，不遺餘力。日理詞訟，數案立決，由是四境以靖。公餘之暇，惟誦讀簡篇而已。舊治倚山爲墉，闕禁不設，且三面距河，民皆病涉。自前令辜志會築土爲垣，架木爲橋，日久復毁。公爲之重建城樓，築橋樑，一邑咸利賴焉。以親老，拂袖歸。

羅秉禮，字學夫，松山人。由舉人知縣事，清修絶俗，苞苴不入其門，甫期，囹圄一空。治之西南舊堤坍毁，每遇霪雨，水勢汹涌，震及民居，公爲築堤百餘丈，號羅公堤，至今猶稱保障。三年，調永嘉令。

趙仕，南寧州人。由進士授永嘉令，改知縣事。廉明威重，御下以禮，綱紀肅然，讞定如山，人頌神明。期年，惠義并行。以秩滿去。

陳世修，字勉之，海寧人。由舉人任教諭。家富藏書，胸復敏博。遂邑故家文獻，無不搜羅考訂。諸生晉謁，接以禮貌。而校課極嚴，甲乙不稍假借。至若除劣行，振單寒，又不遺餘力。以故在任十三年，賢者樂其造就，不肖者亦憚其檢束。他如新文廟，建書院，編緝《平昌詩鈔》，功澤尤偉。

朱廷荃。字蓀友，永嘉人。由歲貢任訓導。謙和縝密，不炫己長。諸生課藝外，日與陳教諭詩酒倡和，一時競稱勝事。

許鼎，字伯調，侯官人。由舉人知縣事。工詩善畫，爲政簡易不繁，吏民安之。半載，調任上虞令。

向牧，字翼虞，衡山人。由舉人知縣事。明廉勤，慎案牘，親裁夫役陋規，禁革殆盡，士民戴德。及解任日，束薪把菜，接踵而饋，公亦受而弗却。

陳如錫，字德光，南海人。由歲貢銓知縣事。慈良樂易，不設城府。操履潔白，苞苴不入。每庭訊，一以好言勸諭，令其解釋，非盜賊不用扑責。邑人化之，亦鮮爭訟者。後以挂誤去職。

任奉化。

路覲，字來北，江南宜興人。庚戌會魁，銓知縣事。值鄉闈賓興久廢，公首先舉行，人競詫爲异事。其臨政，清以律己，嚴以束下，稍涉舞文，雖小必責，吏胥凛凛，無有敢肆其奸者。以才調任奉化。

耿址，字天培，號屺思，慶都人。由舉人知縣事。才裕綜理，静鎮不繁，以故政有餘閑。與趙教諭延師課士，評定甲乙，一時士氣蒸蒸。時有盜刼近郊，捕獲盜至，公疑詰問，旋即放釋。時皆以縱盗爲公危，公曉之曰：三木之下，何求弗得？若以假爲真，己可責塞，如人命何？不數日，遂獲真盗，人咸服其明恕。再期，以瞽廢。

張錫理，字少范，慈溪人。由恩貢任教諭。家世清寒，素性恬静，諸生挾册燕見者，相與講論不輟。暇則爲言立身行己之要，聽者忘倦，外此一無所與。明倫堂敝壞，前任議修未果，公至即捐俸修葺，工畢期年，遂解組去。

杜棟，山西人，由舉人知縣事。莅任三日，洪水衝没田廬，公聞，執躬親往勘，山陬村落無不周歷，遇濘淖即跣足行，雖勞瘁弗恤。未久以疾卒。

趙金簡，字玉書，號石函，上虞人，己未進士。先由明通銓授教諭，時文風未振，詩學失傳，公至，親爲訓迪，諸生質疑，自經史及稗乘，凡可引証曲喻者，兼舉靡遺，聽之滔滔若江河，一時士風丕變，爲十屬冠。暇則搜名山之藏，訪金石之遺，流覽憑吊，一寄於詩，以抒其浩瀚磊落之氣。大約公取材極富，運腕極靈，文才詩品各臻其妙，而書法遒勁，尤爲時所重。後升授河南通許令，復改杭州教授。

王翊，字子相，河南鄭州人，由進士知縣事。學醇養邃，動必以正，處私室無异大庭。與同官燕集，或語涉詼諧，則正襟危坐若弗聞。間與紳士接，務勖以道義。然外嚴内寬，爲政簡而不苛，故吏民相安無事。丁外艱，囊槖蕭然，步行以歸。時兼綰松篆，兩邑人士追賮於百里之外，皆却弗受。

平奇新，字瑶圃，會稽人。由舉人任教諭。恬淡清介，不以家累自隨。諸生請業，歡然相接，稍干非分，拒弗納。或有過當戒飭者，亦婉論使之愧悔，未嘗輕加詈辱。後以縣累削職，士林咸惜之。

金豫，永嘉人。由選貢任教諭。時年已周甲，猶手携一編，閉門誦習。大約學研朱、陸，教宗蘇、湖，而制藝則以慶曆爲法。歲科之期，向有陋規相沿，公悉裁革。或諸生言及，惟勉其加厚同寮而已。

沈德縈，號朴庵，桐鄉人。由副榜銓授教諭。爲人温厚和雅，不露圭角，取與絲毫不苟。接見諸生，課文之外，務勖以敦品，情誼最爲肫切。至如修書院，清學租，除陋規，美舉咸可稱述。未滿任，以疾卒。

王憕，字平甫，號章伊，四川漢州人。中明通榜，授遂昌知縣。才識豪爽勤敏，課農桑，築隄堰，疏濬城溝，引流灌溉，無不親自巡督。禀請添設弁兵於遠處界口，藉防奸宄。善觀形勢，就城東二溪合流之下，創造東關大橋爲鎖鑰。城中妙高山，一縣之鎮，建文昌閣於半巔，沿途設亭，蒔花種竹，延請名儒課士其間，修縣志以續文獻。解組歸，士人即於文昌閣後庭立位祀之。

王世芳，號芝圃，台州人。生於順治己亥。少讀書，遭兵亂。飛礮穿屋而過，得不死。投營充兵丁，久復弃去。應童子試，補諸生，食餼於庠。以歲貢需次教職，銓授遂昌訓導。舊例，秩滿當引見。乾隆辛巳入京，年一百三歲，蒙賜六品章服，還遂昌任。朝士多贈詩，一孫隨侍，已六十餘歲。錢塘陳句山太僕有『獨留佳話傳臺閣，曾與耆英大父游』之句。又數年，武進錢文敏公視學浙江，按試栝州，贈诗云：我愛王廣文，古貌過百齡。蒼松成勁骨，野鶴爲性情。考滿朝上都，矍鑠群公驚。歸來守青氊，肌體日益輕。時時據鞍馬，欲作長楸行。膝下盡皓首，堂前色如嬰。郤笑濟南老，年少稱傳經。乙酉，恭逢聖駕南巡，迎至杭州，年百有七歲，御書『黌席期頤』額賜之。庚寅秋，詣闕恭祝萬壽，復蒙賜百有十二歲老人詩，并加國子監司業銜，在籍食俸。其還山也，道經蘇、秀及杭州，人争迓之，輒書『壽』字以贈，大如擘窠，得者與陳希夷所書碑本并竇貴焉。

黄宗伊，字淳甫，號紉蘭，直隸大興人。壬申舉人，任縣事。慈祥愷悌，精明藏於渾厚。不濫施刑罰，有蒲鞭示辱遺風，而勤敏果斷，曉諭剴切，得情則哀矜勿喜，大亦不忍欺之。經年後，訟獄漸息，閭閻安堵。以政績升調繁劇，沿途祖餞，竟有攀轅卧轍者。至今言及循吏，群推崇焉。邑人思其德，立木主奉祀書院内廳。

胡師亮，號南畊，湖南湘潭人，以進士知縣事。儒雅謹飭，博學善文詞，長於書法，深得趙文敏筆意，往請者求無不應。爲治不求急效，而經濟有方，清釐有緒，雖事甚繁劇，無不漸次就理，故民氣不擾，而地方自靖。

陸以謙，字鳴貞，號太冲，海鹽人。由拔貢鄉榜中式，任平昌教諭。體貌豐盈，有偉丈夫之目。博學工詩文，尤善古文詞。書法蒼秀，翛然遠俗。課士制義，力追前輩典型，字句稍有差訛，悉爲評定，一時英材盡羅致門下。暇則與同人游覽名勝，形諸觴咏。諸生有過，面責不少假。若當道無故欺凌，則執法争之，無所畏避。整肅庠序紀綱，屏絶匪類溷廁，啗以重利，力持不可，即觸怒權勢，弗恤也。學問人品，爲栝郡廣文翹楚。

陳三立，字象川，號樹堂，直隸大興人。由進士授遂昌知縣。學問淵博，氣度安閑，一種清雅謙和德意，令人藹然可親。爲政以慈愛爲本，莅民聽訟，從不倨慢怒駡，委曲婉諭，善於排解。或不得已用刑，即有跼蹐難安之狀。尤喜培植善類，優禮儒生，士林咸感戴之。

周汝珍，號東杠，嘉興人。由舉人選授平昌訓導。資性聰明，勤於誦習。工制藝，清雅典鍊，兼而有之。教勖諸生，必以品學兼優爲言。課士子講學評文，皆有規矩準繩，廣文中之謹厚純飭者。

戴廷選，字捷三，號立齋，江西人。由進士授遂昌知縣。博覽群書，工制藝，聰敏果斷，人皆憚其精明。振勵圖治，不稍自逸。每遇士子謁見，即以敦行勵學激勸獎勵之。體恤民隐，平治訟獄，幾於政簡刑清。緣事赴省而卒，聞者恒嘆息焉。

顧乃德，號雲溪，海寧州人。由舉人選遂昌訓導。甘淡泊，不尚華飾，日以詩文自娱，并無奔競俗情。訓諸生以敦行，勸課皆有法度。循循善誘，未嘗大聲疾呼。晉接時，惟覺和氣宜人。惜遇暴疾，卒於署，人咸悼之。

鄭鴻文，號南湖，廣東潮州人。以舉人挑選知縣。性既慈祥，操復堅定。凡士民争訟，以理曉諭斷折之，不漫施鞭朴。既成讞，絶不爲請託奸健所撓。遇利益地方，事雖艱鉅，見必勇爲，始終不渝。倡捐社倉義穀，合城鄉五十餘處，詳建書院，督捐興修，規模大具。惜因公詿誤，未及竣事。溯厥成勞，當從其朔。觧綬後不數月尋卒，士民思之，立主祀於邑城社倉之後軒。

單朝詔，湖南岳州平江縣人。年未滿三十，以名進士署縣篆。馭吏嚴而待民恕，聰穎明達，長於聽斷。每折一獄，退必詳細尋思，稍有未洽，即自平反之，無難色，大有清釐庶獄之士。乃未及瓜期，遽以嘔血卒於署，人咸惜之。

鄔宗山，號仙坡，餘姚人。以歲貢補遂昌訓導。静默寡營，接見諸生，惟以勤課藝、飭廉隅諄諄爲勖，并無一語言及他事，晉謁者如坐春風。性不喜營求，無事則獨憩静室，怡養天和，雖苜蓿盤空，晏如也。以年老俸滿，告歸，囊槖蕭然，有淡泊寧静遺風。

錢維喬，號竹初，江蘇武進人，文敏公之季弟也。由舉人署縣事。世家貴介，絶無塵俗紈袴態。

明敏儒雅，淹貫古今，工各體詩文詞，善書畫，精音律。長于吏治，談笑剖决，破奸發隐，即積蠧亦不能欺。而宅心純厚，政不繁苛，故人憚其神明，而亦樂其和易。喜與文人學士游，講經義，校課程，琴書觴咏，備極雅趣，儒生咸親暱之。每仿宋、元人筆意，寫林巒泉石，幽情逸韻，時流露於楮墨間。暇以歌曲自娱，嘗著《碧落緣》《鸚鵡媒》《乞食圖》，傳奇樂部，競相演習。惜未逾年，即以才績調任鄮山，大展驥足，益著鴻猷。纂修鄞縣邑乘，亦可爲作志者。

卷之六

選舉志

進士、舉人、歲選、職銜、仕宦、吏員、武績、封廕、徵辟、監生、鄉飲附、賓興附

國莫重於得人。選舉，人材所自出也。時异世殊，年科云邈，晉唐無考，宋明彬彬輩出，理學文章，勛猷節義，後先輝映，可謂盛矣。邇者華户緇經，芸窗讀史，窮二酉，對三策，乘運而興，以踵宋明之盛，匪异人任也。志選舉。

進士

宋

嘉祐龔原，癸卯科許將榜。

治平周沃，乙巳科彭汝礪榜。

熙寧孟閎，庚戌科葉祖洽榜。周池，庚戌科，沃兄。葉之恕，庚戌科。葉遵，癸丑科余中榜。周述，癸丑科。鄭乂，丙辰科徐鐸榜。吴寶。丙辰科。

元豐劉賁。己未科時彥榜。

元祐吳嘉成。戊辰科李常寧榜。

紹聖趙顒。甲戌科畢漸榜。

元符尹暉。庚辰科李釜榜。

崇寧周綰。丙戌科蔡嶷榜。

大觀周煥。己丑科賈安宅榜。

政和劉伯憲，賁之子，壬辰科莫儔榜。鄭遼。壬辰科。

宣和周贊，辛丑科何涣榜。毛世顒。辛丑科。

建炎吳芑。戊申科李易榜。

紹興周綷，贊之叔，壬子科張九成榜。周炤，戊午科黃公度榜。鄭榮年，戊午科。畢宰，壬戌科陳誠之榜。王汝翼，壬戌科。鄭俅，甲戌科張孝祥榜。周仲昌，池子，甲戌科。翁方中。庚辰科梁克家榜。

乾道王政，丙戌科蕭國梁榜。張貴謨，己丑科鄭僑榜。劉鼎，己丑科。葉先。壬辰科黃定榜。

淳熙華延年，辛丑科黃由榜。翁伯貴，辛丑科。周若思，贊子，甲辰科衛涇榜。鄭師尹。俅侄，甲辰科。

紹熙王文，庚戌科余復榜。鄭企。庚戌科。

慶元葉梓。己未科曾從龍榜。

開禧鄭克寬。師尹子，乙丑科毛自知榜。

嘉定葉克，甲戌科袁甫榜。葉賁，克弟，甲戌科。葉宗大，丁丑科吴潛榜。潘材。庚辰科劉渭榜。

淳祐潘起岩，材之子，辛丑科徐儼夫榜。葉實，先之孫，甲辰科夢炎榜。劉瑄，丁未科張淵微榜。董榆。丁未科。

寶祐陳厚，癸丑科姚勉榜。尹棟。癸丑科。

紹兴周景慶。

元

至正〔一〕翁道久，乙酉科。鄭元祐。乙酉科。見《文學》。

校注

〔一〕至正，道光及光緒《遂昌縣志》均爲『至元』。乾隆《遂昌縣志》作『至正』。應以『至正』爲是。翁道久生卒年無考，然與鄭元祐同爲乙酉科。鄭生卒年可考，爲至正年間人。

明

永樂吴紹生，乙未科陳循榜。周德琳，戊戌科李騏榜。吴文慶。辛丑科曾鶴齡榜。

成化吴志，紹生子，丙戌科羅倫榜。朱仲忻，壬辰科吴寬榜。王玘。辛丑科王華榜。

弘治蘇民。乙丑科顧鼎臣榜。

正德應棐，辛巳科楊維聰榜。周綜。辛巳科。

嘉靖應果，癸未科姚來榜。應櫝，丙戌科龔用卿榜。翁學淵，壬辰科林大欽榜。葉以蕃，壬戌科申時行榜。吴孔性。壬戌科。

隆慶鄭秉厚。辛未科張元忭榜。

萬曆項應祥。庚辰科張懋修榜。

舉人

宋元以前舊志未載，俱附見《仕宦門》中。

明

永樂毛翼，乙酉科。吴紹生，戊子科。周德琳，甲午科。蘇祥遂，甲午科。謝處貴，丁酉科。張璿，丁酉科。王永中，庚子科。吴文慶，庚子科，順天中。王原復，癸卯科。徐景明。癸卯科。

宣德俞宗進，己酉科。張誠。乙卯科。

正統鄭傑，丁卯科。

成化吴志。乙酉科。朱仲忻，戊子科，順天中。董晟，辛卯科。王玘，辛卯科，順天中。朱海。甲午科。

弘治蘇民，乙卯科，陝西籍。黃公標。戊午科。

正德王煵，丁卯科。應棐，庚午科。周綜，庚午科，順天中。應果，丙子科。王翰，丙子科。潘九齡，丙子科。

黄公校。己卯科。

嘉靖戴憲，壬午科。黄公梅，壬午科。應檟，乙酉科。翁學淵，辛卯科。黄中，辛卯科。周應宿，丙午科，順天中。王養端，乙卯科，順天中。吴孔性，戊午科。葉以蕃，戊午科，順天中。鄭秉厚。辛酉科。

隆慶黄二琮。丁卯科，順天中。

萬曆黄九鼎，癸酉科。項應祥，己卯科。朱景和，壬午科。黄國廉，戊子科。項應瑞，戊子科。葉澳，甲午科。尹樂堯，甲午科，順天中。鄭九炯，壬子科。王一麒。戊午科，西安籍中。

天啓項天慶。辛酉科。

國朝

道光吴世涵，戊子科。朱渭。辛卯科。

恩拔　副歲　優貢

明

洪武潘允武、鄭桂，十二年。董岐生，十七年。潘伯成，十九年。葉溱，二十年。潘守謹，二十四年。潘留，二十六年。王明登，二十七年。傅景原，二十八年。徐瀾，二十九年。丁子濟，三十年。

永樂翁闇得，二年。周汝賢，三年。鄭與進，四年。徐志達，五年。戴與□，六年。蘇用，七年。蘇原浩，八年。鄭德著，九年。應景亮，十年。吴正齊，十一年。沈廷壽，十二年。王祀增，十三年。董景鷺，十四年。鄭德順，十五年。徐文，十六年。華希浩，十七年。吴文慶，十八年，永樂辛丑進士。王永甫，十九年。劉原洪。二十年。

宣德潘立敬，元年。董景鳳，三年。華文輝，六年。徐昌齡、鄭憲宗，九年。王思清。十年。

正統鄭如蘭，三年。張昭，四年。蘇瑛，七年。劉慶，九年。翁守文，十一年。張文盛。十三年。

景泰張武，元年。周賢，二年。徐泰，三年。潘賢，四年。俞晟，五年。葉玘。七年。

天順王塤，二年。王銘，四年。尹馨，六年。宋文鋭、時謐、朱彪、周魯、潘圭、潘贊、王哲，俱開貢。王斌。八年。

成化劉循，二年。徐昭，徐璧，四年。王玘，六年，成化辛丑進士。葉蓁，八年。俞珏，十年。蘇謙、潘明，十二年。駱巽，十四年。劉麟，十六年。鄭璧，十八年。項明，二十年。葉清。二十二年。

弘治周佐，元年。章錫，三年。周庠，四年。劉芳，五年。趙纘，六年。王鏢，七年。華宗武，八年。蘇義，九年。鄭還，十年，見《理學》。王理，十二年。華緯，十四年。朱璿，十六年。朱瑛。十八年。

正德葉參，二年。王炬，四年。朱復，六年。王和，八年。王繡，十年。朱烓，十二年。尹椿，十四年。葉雲，十五年。應第。十六年。

嘉靖王庠，元年。葉棟，二年。劉良貴，四年。周卿，六年。蘇滿，八年。應概，十年。應檣，十一年。華鼎，十二年。徐棠，十四年。王一元，十六年。華鼐，十七年。華鎰，十八年。朱自强，十九年。潘晟，二十年。潘環、徐棣，二十二年。華紡，二十四年。徐潮，二十六年。葉大有，二十八年。王守中，三十年。應李，三十二年。

王養端，三十三年，嘉靖乙卯舉人。翁桔，三十四年。蘇廷栗，三十六年。周慶養，三十八年。華天民，四十年。應恩，四十二年。黄二琮，隆慶丁卯舉人。葉香。四十四年。

隆慶葉德恭，元年。朱公諫，二年。王僑，三年。翁選。五年。王鳴鳳，六年。

萬曆周秉制，元年。鄭秉鍊，三年，選貢。葉一經，府貢。葉仁民，五年。黄九章，七年。應紹普，九年。黄明傳，府貢。鄭秉鐸，十一年。王鳴佩，十三年。王季同，十五年。王之臣，十七年。鄭一舉，府貢。應德進，十九年。黄一陽，二十一年，選貢，見傳。潘文穆，二十二年，府貢。王之翰，二十三年。鄭一點，二十五年，選貢。鄭秉券，二十四年，府貢。周大業，二十七年。徐榮，二十九年。徐應乾，三十年，見傳。李春富，三十一年。葉克應，三十四年。吴孔雍，三十五年，見傳。吴廷鎰，三十六年。包志道，三十七年。黄九方，三十八年。鄭一第，四十年，見傳。王季禕，四十年，府貢。葉繼康，四十二年。周士彦，四十四年。王文中，四十六年，見傳。徐應亢。四十八年。

泰昌葉一櫝。元年，選貢。

天啓鄭一豹，二年，恩選。翁之恩，二年。黄德懋，四年。朱九綸。六年，見傳。

崇禎葉長坤，元年。朱家瓚，二年，恩貢。徐朝偉，三年，見傳。王文雅，三年，府貢，見傳，《府志》作天啓。朱民藩，五年。時可諫，五年，府貢，見傳。葉伯俊，七年。周士廉，七年，府貢，見傳。黄德徽，九年。周應鶴，十一年。包經文，十三年。王國鼎，十五年。包經邦，十七年。王敏教，恩貢，復學。包蒙吉，恩貢，復學。黄懋學。府恩貢，復學。

國朝

順治包經都，四年，恩貢。華知京，四年。鄭元偉，六年，選貢。鄭元幹，六年，選貢，見傳。鄭之騄，六年，見傳。包宇平，六年，選貢。李仕道，八年，恩貢，見傳。鄭元聘，八年。翁大經，八年，府貢。周士鰲，九年，府貢，見傳。劉應時，九年，見傳。王輝祖，九年，選貢，見傳。包蒙吉，十一年，恩選，見傳。周旋，十二年。王震世，十四年。黃德遜。十六年。

康熙王紹鼎，元年，恩貢。華國儀，元年。王敏教，九年，見傳。鄭元量，十一年。周自豐，十一年，拔貢，考授縣丞。鄭九恪，十三年。鄭九楫，十五年，府貢。王正化，十七年。鄭九祝，十九年。童任大，二十一年。王錫，二十三年，見傳。朱敞，二十五年。毛以澳，二十五年，拔貢。鄭登宏，二十七年。毛以濬，二十九年。周翰，三十一年。王日瑞，三十二年，府貢。俞洛舜，三十三年。鄭元玾，三十五年。鄭元珊，三十七年。華啓童，三十六年，拔貢。鄭元漼，三十七年，府貢。鄭士楨，三十九年。朱得舉，四十一年。翁濤，四十三年。毛棐，四十五年。華文津，四十七年，恩貢。鄭士儼，四十七年。鄭逢辰，四十九年。鄭士璣，五十一年。朱宗濂，五十三年。鄭元燿，五十五年。鄭國林，五十六年，拔貢。朱炯敬，五十七年。王日匡，五十九年。毛儀燧。六十一年。

雍正王啓緒，元年，恩貢。童國柱，二年。葉培蘭，府貢。戴廷俊，四年。毛桓，拔貢。徐龍，六年。華文濂，八年。鄭國光，十年。王業，優貢。朱元球，陳天錫。十二年。

乾隆朱立，拔貢。徐來學，恩貢。徐來章，元年。毛儀壽，三年。周欽隣，五年。葉起，拔貢。朱宗基，七年。毛梓，九年。王之綸，十一年。葉有瑛，府貢。王蛟，十三年。鄭德彰，恩貢。童汝舟，十五年。毛儀點，恩貢。葉連鶯，十七年。董澍霖，拔貢。華明樓，十九年。徐台年，二十一年。鄭家燕，二十三年。王隆相，二十五年。王隆友，恩貢。蘇錦雲，二十七年。毛儀熿，二十九年。葉起泮，拔貢。朱宗孔，三十一年。童鉉，三十三年。劉霞，府貢。俞天珏，三十五年。童汝礪，恩貢。吴林恩，府貢。童晉，三十七年。王式聖，府貢。鮑德俊，三十九年。項景儀，四十一年。朱奎，四十二年，拔貢。尹纘，四十三年。王隆榜，恩貢。尹國梅，四十五年。王景雲，四十七年。周澍，四十九年。周觀鎬，恩貢。華朗，五十一年。鄭有時，五十三年。華日融，五十四年，拔貢。李延玢，五十五年。吴恒，恩貢。尹時泰，五十七年。吴心恬，優貢。王夢篆。五十九年。

嘉慶童邵，元年。周世德，恩貢。以年逾七旬應試，欽賜舉人。朱慕淵，三年。王謨，府貢。李樹萱，五年。王凌雲，恩貢。鄭家堡，府貢。朱瑗，六年。拔貢。俞集，七年。王儒鏊，九年。俞蓮，十一年。毛斌，府貢。王慶雲，十三年。葉菁，恩貢。周貫，府貢。謝崧，十五年。濮觀瀾，十七年。華家本，十八年，拔貢。王谷，十九年。華奕榮，二十一年。黄熉，二十一年。俞颺，二十三年。包華朝，二十五年。吴秉琛，二十五年。戴縉。恩貢。

道光劉尚玫，元年，恩貢。濮觀濠，二年。童應華，四年。華柱，恩貢。官承誥，五年，拔貢。濮翥鴻，府貢。華日功，六年。華源，八年。黄金墀，十年。李廷榮，十一年，副貢。周英拔，十二年。葉鴻飛，府貢。俞襄，十四年。吴守基，十五年，恩貢。朱璀。十六年。

例貢

國朝

康熙王錫袞，例貢。朱宗瀛，例貢。王隆夏。廪貢。

雍正俞長輝，增貢。李樫，附貢。俞長江，附貢。周應枚，附貢。俞滋，附貢。俞長淮。附貢。

乾隆周西，增貢。王之縉，增貢。葉正棠，增貢。鄭家淳，附貢。劉楫，附貢。吴國賓，附貢。華紱，附貢。徐台鼎，府附貢。葉正模，府附貢。李杰，附貢。周輔，附貢。徐階，府附貢。朱路，附貢。王鋆，府附貢。葉震，附貢。王式堯，府附貢。包文俊，附貢。吴文炳，增貢。朱泗，附貢。俞岳，府附貢。朱梃，愈天珍，戴禮，王文光，李柱，俞天篤，王隆枚，俞天樹，王極，陳祚堯，翁宗彦，周豐，王式曾，葉家煌，以上監貢。葉均，吴秉權，朱榭，朱熡，劉藜，鄭培椿，謝齡，朱達，以上廪貢。朱宗瀛，葉光陸，劉芳，濮毓章，賴承恩，以上增貢。劉瑩，尹楷，朱象正，朱志學，王正業，朱楫，潘利賓，華日暹，鄭明揚，官承宣，鄭寶杞，以上附貢。朱元恭，劉蘭，王國芹，劉廷彦，黄維城，姜伯元，以上監貢。朱型。廪貢。

職銜

明

鄭文誥，考授太醫院吏目，有傳。鄭昌祚，字宗遠。例授内閣供事廳候選縣左堂。李文俊。以勦寇有功，授主簿。

國朝

俞咨禹，廩貢。考授縣左堂。華啓文，附貢。考授縣左堂。鄭元珏，附貢。考授州同。李枝蔚，附貢。考授州判。毛璉，附監。例授縣主簿。朱之挺。監生。考授州同。

王紳，監生。例授縣主簿。葉正棣，監生。例授縣主簿。徐台位，監生。例授縣主簿。劉國梓，監生。例授縣主簿。李枝煒，監生。例授縣主簿。華應琮，監生。例授縣左堂。張鯤，監生。例授縣主簿。周學，監生。例授縣主簿。王式謨，監生。例授縣主簿。王之獻，附貢生。候選州同，補授同知。雍正六年截取引見，以親老辭。王曰謨，附貢生。例授州同。黄文經，例授清軍州同知。吴林，恩貢。候選教諭。王極，貢生。例授布經歷。敕授儒林郎。葉燧，武生。例授衛千總。敕授武信郎。黄紹緒，武生。例授衛千總。葉震，附貢生。例授清軍州同知。敕授儒林郎。葉放，武生。例授按照磨。官正相，敕授迪功郎。徐文光，監生。議叙州同。周觀鎬，恩貢生。授直隸州州判，改授布政司理問。劉振，附生。例授按照磨。俞紹佺，例授縣左堂。葉勛，武生。例授布經歷。官學慎，附生。例授府同知。誥授奉政大人。李樹萱，歲貢。候選訓導。王鈐，附生。例授府經歷。劉華，例授布經歷。葉蒸，附貢。例授布理問，敕授儒林郎。鄭培椿，廩貢生。議叙八品，紀録二次。葉光培，例授府知事。華柱，恩貢。候選教諭。葉光第，從九，議叙八品，紀録三次。葉光堯，監生。例授州同。官學健，武生。例授衛千總。華日融，拔貢。候選教諭。俞颺，歲貢。候選訓導。戴縉，恩貢。候選教諭。劉尚玫，恩貢。候選教諭。童應華，歲貢。候選訓導。徐華，附生。議叙直隸州州判。黄鑑，例授按照磨。劉芬，例授州判。官寅，議叙府正堂，誥授朝議大夫。華日旗，例授布理問。吴守燦，按照磨，例授文林郎。葉久芳，例授按照磨。王天機，監生。議叙八品。劉尚夔，例授按撿校。葉光堉，例授布理問，敕授儒林郎。官聖朝，例授鹽庫廳。王朝英，廩貢生。候選訓導。李廷榮，副榜。候選州判。華日功，歲貢。候選訓導。葉鴻飛，歲貢。候選訓導。葉永英，廩生。議叙鹽知事，紀録二次。王紹紀，例授布政司理問，敕授儒林郎。華日覲，候選典史。華家誠，監生。議叙州吏目。俞汝霖，醫學訓科。王仕，例授掌書官。徐來宣。醫學訓科。

徵辟

宋

華岳，見理學。吴沂，周憲，王晉，王仲傑，鄭高，潘景山，閭丘景憲，尹韶，張霄周，劉贊，王景夔，尹楠，范洪禧，劉員，董鵬，吴大有，蘇如淮，周應龍，王用之，劉芳發，葉亮。俱特奏名。

王鎡，選舉。周仕賢。詩賦科。

紹興翁遇，丙午科鄉舉。鄭欽若，朱作霖。

元

尹廷高，茂才。徐良，黄愈之，朱仲暘，王鉉翁，朱得寧，朱惠，黄道俊，徐仲新，黄道傳，黄道佺。以上官階俱載《仕宦門》。

明以下仕宦官階一并附敘。

王濬，字九淵，鑑翁次子。由賢良任江南營膳提舉司副提舉，升荊州知府。徐伯良，字祐觀，東隅人。由賢良除北平主簿，轉雲南小興州右衛屯田。王景善，東梅口人。由人材任直隸華亭縣主簿。葉以濟，由儒士任金華浦江縣學教諭。郭紀，由賢良任承敕郎。徐濟翔，二都人。由儒士任河南舞陽縣學教諭。有傳。劉錫用，字希禮。由儒士任本縣儒學訓導。趙汝德，字世銘，南隅人。由儒士、郡守累辟任本縣儒學訓導。畢浩然，由人材任福建福州府織染局副使。潘彥真，由人材任江西萍鄉縣税課局大使。王寧，字宗安，東梅口人。由人材任直隸揚州府萬安巡檢。劉則濟，由人材任江西德興縣知縣。俞榮中，由人材任福建建陽縣縣丞。翁德昇，西隅人。由儒士任本學訓導。有傳。祝子成，由人材任江西宜春縣縣丞。潘允祥，由人材任廣西平樂縣知縣。楊伯潤，由人材任湖廣寶慶府判官。徐伯貞，字祥叔，東隅人，伯良弟。由儒士任荆州遠安縣典史。俞得濟，字公廣，東隅人。由楷書除兵科給事中，坐累謫縣丞，後轉刑部主事。有傳。葉則仁，由老人任直隸和州吏目。趙汝賢。由老人任寶定府清宛縣縣丞。

監生

朱章，吴秉綸，黄舉，葉光堅，毛鳳翎，朱元寬，黄建，周忻，潘發莪，葉始蕃，姜志蛟，周文銓，朱瀅，吴守模，潘人表，王天性，潘文藻，葉正舒，姜鵬，以上從九。毛以濂，鄭應昌，周廷璧，黄崇本，朱永棠，黄文緯，黄維垣，黄世禮，黄維培，戴顯，黄夢圖，鄭悠久，黄奕，程鑫，王正氣，朱森燧，周景鰲，項德錦，黄錫琳，載紀，黄裳，鄭大觀，戴綸，鄭英，黄雲，王正鑾，鄭寶柟，李郁堂，王正棟，黄培，鄭榮蘭，周光裕，王瓚，徐均獻，包華元，黄離，項衍慶，朱境，程□球，鄭寶桂，姜遇文，葉孔山，朱振紱，葉啓善，朱□璠，吴守祚，王天挺，黄以璜，王天煥，毛醇，王天權，鄭以珩，汪浩，徐台廉，吴守乾，朱琬，潘可仁，包國涵，姜志鶴，鄭光澤，黄錫琦，徐立，吴世範，傳霖，姜鷺，邵致遠，黄榮椿，葉以封，王天植，鄭鴻飛，黄誥，毛鳳翥，鄭溱，王錫疇，葉永芬，鄭積忠，賴廷光，鄭俊，毛以熊，包書升，吴世表，葉秉寬，黄章著，王錫基，黄鏐，王翔，毛以華，黄耀祖，姜光齡，徐受泰，鮑俊，毛久泰，何豐，潘人諒，周聯藹，張運亨，周文溶，周振珊，徐芳，周京亭，毛鼎臣，潘紹瑞，周文彬，翁承裕，毛興泰，毛鳳韶，潘永滋，毛維鳳，毛九皋，翁宗淮，毛鳳章，徐蘭，葉芬，朱峻，王本淳，姜翹熊，朱坊，周源，潘國賓。

仕宦

宋

龔原，字深之。由進士爲國子直講，仕至兵、工二部侍郎，除寶文閣待制，知盧州。奪職，和州居住。周述，字從古，一字太古。進士，官至太常寺丞。華岳，字元鎮。由特奏名官至台州刑曹。有傳。閭丘景窗，由特奏名爲本邑學職，後爲監酒稅，有傳。葉遵，字守中。熙寧間五甲進士，授陳州司户。元豐初再舉進士出身，移楚州團練推官，知真州。周綰，字彦約。由進士爲國子祭酒，仕至吏部侍郎，敷文閣待制。有傳。鄭乂，字充道，航頭人。熙寧間登進士第，授將作監主簿，調玉山尉。有傳。劉賁，字元貞。由進士爲越州理掾，仕至青州、常州，轉正郎奉祀。有傳。尹暉，字子亮，柘溪人。由進士授安仁縣丞。張貴謨，字子知。由進士授吴縣主簿，仕至朝議大夫，特封遂昌縣開國男。有傳。葉先，高橋人。由進士任江州府知府。翁方中，字德矩，西隅人。由進士授將作監主簿，遷秘書郎。劉伯憲，賁之子。游上庠登第，授衛州學職。周贊，字襄仲，柘溪人。由進士歷大理寺丞及正奉祀。有傳。周仕賢，西隅人。宋慶曆間，由詩賦科官至左司諫，充右文殿修撰，知制誥。鄭俅，字端夫，航頭人。分教盱眙縣，改茶陵簿。鄭克，元祐之曾祖。由□□仕至西川經略使。見蘇大年《鄭元祐墓志》。鄭開先，元祐之祖，克之子也。由□□仕至朝奉郎，知道州永明縣。華延年，字慶長，南隅人。淳熙間進士，授閩邑丞。有傳。王景夔，南隅人。慶元間特奏名，知錢塘縣，轉淳王宮教授，儒林郎。有傳。王仲傑，梅溪人。由特奏名知星子縣。有傳。潘材，三都西岸人。由進士仕至光禄大夫。潘起岩，材之子。由進士仕至簡閲。劉鼎，字公器，北隅人。中特科第一人，賜進士出身，除東陽郡教官。有傳。尹棟，號竹坡，柘溪人。宋寶祐間由進士任隆興府武寧縣主簿，升紹興府參軍。鄭克寬，字伯厚，航頭人。由進士授陵郡博士。有傳。葉克，字正叔。由進士任建寧府教授，仕至起居舍人。葉賁，字明叔，克之弟。由進士仕至監察御史。翁遇，字達夫，西隅人。由鄉舉任衢州府教授。翁伯賁，西隅人。由進士除朝奉郎，集英殿修撰。鄭欽若，西隅人。任本縣儒學教諭。朱作霖，字商佐，奕山人。由人材舉嘉定戊辰科。初授成忠郎，仕至知貢院判。王鎡，字介翁，湖山人。由選舉授金溪縣尉。宋帝昺播遷，掛冠而歸。蘇天璧。字伯東，七都龍昌人。由□□授浙江富陽縣尉，奉贈迪功郎，秩滿，避寇龍昌，不求仕進。

元

鄭元祐，字明德，航頭人。由進士薦授平江路儒學教授，升江浙提舉。有傳。尹廷高。由茂材掌教永嘉，後升處州路教授。有傳。翁道久。字良弼，西隅人。由進士授江山縣儒學教諭。徐良。字良卿。由人材任帝師位下財賦總管。徐仲新。由人材任徽州路吏目。朱仲暘。字伯輝，奕山人。由人材舉至元乙亥科，授成節郎，南康路軍税。王鉉翁。字中實，南隅人。由人材仕平江路吴縣主簿，轉兩淮都轉運，黄岩州判官。有傳。朱惠。字天濟，奕山人。由人材舉至治辛酉，仕至衢州常山縣尹。朱得寧，字彦良，奕山人。至順庚午科鄉試三十五名，授江西信州學録。黄愈之，字景淵，金溪人。由人材仕福建路常平茶鹽提舉。黄道佺。金溪人，元至正間，與兄道俊、道傳，以俘賊功授松陽副簿。洪武初，復以材略徵，授襄陽同知。見黄道俊傳。

明

鄭桂，字楚材，二都人。由歲貢任行人司行人。蘇仁安，字康之，七都人。由□□授英山縣丞。黄岐生，字允昌，漳州人。由歲貢任江西貴溪縣儒學訓導。潘伯成，三都西岸人。由歲貢任廣西桂平縣主簿。葉溱，由歲貢任山西平陽衛主事。潘留，北鄉茶圩人。由歲貢任江西鉛山縣千户所吏目。王明登，歲貢生。適太祖夢值幽暗，一生以明燈前引。次日幸太學，唱明登名，甚喜，敕往賞邊。徐潤，由歲貢任江西鄠都縣知縣。金岸人。應景亮，五都漳州人。由歲貢任宣州衛經歷。毛翼，南隅人。由舉人任同安縣訓導，升梁府教授。有傳。周汝賢，字希聖，溪淤人。由歲貢任禮科給事中。有傳。徐志達，由歲貢任上林苑監嘉蔬署署丞。吴紹生，字繼賢，北隅人。由進士試庶吉士，轉行人，仕至工部屯田司員外郎。有傳。周德琳，字廷獻，十一都錦川人。由進士除刑部主事，歷郎中，升雲南布政司參議。見傳。謝處貴，白麻人，舉人。任州府儒學訓導。張璿，東隅人。由舉人任山東茌平縣儒學訓導。蘇祥遂，字功成，南隅人。由舉人任應天府六合縣儒學訓導。吴文慶，字應章，號釜山，南隅人。由進士除行人，升兵部員外郎，轉漢中府知府。後裔遷居大忠莊。蘇原浩，北隅水閣人。由歲貢任江西大庾縣知縣。徐文，字焕章，東隅人。由歲貢任陝西布政司簡校。董景鳳，字希韶，五都漳州人。由歲貢任福建寧德縣知縣。劉原洪，字孔殷，北隅人。由歲貢任忠義衛經歷，升廣東湖陽縣知縣。董景鷺，字希潔，鳳弟。由歲貢任南康府照磨。鄭還，字復正，航頭人。由歲貢任曹州訓導。有傳。華文輝，由歲貢任山東武定州判官。徐昌齡，二都人。由歲貢任淮安府海州判官。鄭顯宗，二都人。由歲貢任薊州判官。鄭如蘭，二都人。由歲貢任南通州儒學訓導。劉慶，東隅人。由歲貢任廬州府英山縣縣丞。王思清，字克明，東梅口人。由歲貢任山西代州同知。張昭，西隅人。由歲貢任廣東海南衛清瀾守禦千户所吏目。蘇瑛，北隅人。由歲貢任福建鹽運司判官。張誠，字克明，東隅人。由舉人任雲南道監察御史。尹馨，由歲貢任湖廣荆州府儒學訓導。張文盛，東隅人。由歲貢任福建南靖縣知縣。徐泰，由歲貢任福建龍岩縣主簿。潘賢，北隅人。由歲貢任常德府桃溪縣知縣。吴志，字味道，號介庵，紹生子。由進士除兵部主事，差守山海關，歷郎中，升惠州府知府。俞晟，字思晦，東隅人。由歲貢任江西贛州府推官。朱彪，字文炳，奕山人。由開貢任北京南城兵馬，升江西撫州府通判，轉順天府通判。周魯，十一都下坦人。由開貢任遼東定遠衛經歷。王塤，南隅人。由歲貢任山東商河縣知縣。時謐，字孔寧，東隅人。由開貢任羽林右衛經歷，升蘄州同知。王銘，字克新，號古朴，南隅人。由歲貢任大名府内黄縣縣丞，有政聲。以年老乞致仕。朱仲忻，字德輝，磐溪人。由進士除直隸當塗縣知縣，轉含山縣知縣，升太僕寺丞。徐璧，字元玉，五都人。由歲貢任崑山縣主簿。董晟，字明夫，南隅人。由舉人任山東沂水縣儒學教諭。王玘，字德潤，東梅口人。由進士除南京刑部主事，升郎中。葉蓁，由歲貢任高郵州吏目。劉芳，字廷桂，北隅人。由歲貢任江西樂平縣儒學訓導。王鏢，字廷器，南隅人。由歲貢任福建興化府儒學訓導。周庠，字繼敎，西隅人。由歲貢任福建龍溪縣縣丞。朱海，字德容，磐溪人，仲忻之兄。由舉人任清河縣知縣。駱巽，字士讓，南隅人。由歲貢任湖廣澧州州吏目。劉麟，字應祥，北隅人。由歲貢任廣平府推官，升南康府同知。章錫，字天與，馬埠人。由歲貢任湖廣邵陽縣訓導，升新化縣教諭。葉青，字培之，新路垵人。由歲貢任福建連江縣知縣。項明，字德著，南隅人。由歲貢任貴州都司斷事。蘇民，字天秀，陝西儀衛司軍籍。由進士除山西榆次縣知縣，擢御史，仕至刑部侍郎。贈尚書。有傳。王理，字紀之，湖山人。由歲貢任福建連城縣知縣。潘九齡，字德徵，三都西岸人。由舉人任陝西儀衛司，升登州府推官，又升工科給事中，轉刑科右給事中，升湖廣右參議，歷副使、雲南右布政、四川左布政。翁學淵，字原道，南隅人。由進士除南京刑部主事，轉郎中，升貴州左參議，謫真定通判，轉邵武同知，歷福建、湖廣僉事。有傳。朱烓，字國信，號九峰，奕山人。由歲貢任河南涉縣知縣。葉雲，字民望，號湖山，湖山人。由歲貢除江西建昌府推官。有傳。華鼎，字銘勳，號春江，南隅人。由歲貢任江西寧都縣學訓導。徐棠，字子昇，號古心，東隅人。由歲貢任江西建昌縣學訓導。華宗武，字臣周，南隅人。由歲貢任湖廣沔陽州儒學訓導。華緯，字邦經，南隅人。由歲貢任福建樟平縣儒學訓導。朱珙，字朝獻，磐溪人。由歲貢任江西贛州府儒學訓導。葉參，字希曾，湖山人。由歲貢任福建順昌縣儒學訓導。王炬，字以明，號梅川，玘子。由歲貢任江西星子縣知縣，遷湖廣安遠縣知縣。王焨，字以哲，號梅塢，玘子。由舉人任湖廣衡州府推官，升懷慶府通判。朱復，字伯仁，彪子。由歲貢任江西彭澤縣儒學訓導，升廣東保昌縣學教諭。王和，字達道，號節齋，西隅人。由歲貢任大名府滑縣儒學訓導。黃公標，字廷儀，號友竹，金溪人。由舉人任和州知州，升南康府同知。王繡，字文甫，號澗松，南隅人。由歲貢任福建莆田縣訓導，補山東樂陵縣訓導，升靜海縣教諭。應第，字士元，桃溪人。由歲貢任福建福安縣儒學訓導。尹椿，字大年，南隅人。由歲貢任山東東昌府儒學訓導，升肥城縣儒學教諭。葉棟，字克隆，湖山人。由歲貢任揚州府寶應縣訓導。應棐，字子中，桃溪人。由進士任江西餘干縣知縣。周綜，字仲儀，十一都人，陝西儀衛司軍籍。由進士任江南儀封縣知縣。王庠，字伯賢，號恕軒，南隅人。由歲貢任應天府溧水縣訓導，升福建連江縣教諭。劉良貴，字敏修，南隅人。由歲貢任南京武學訓導。周卿，字德佐，西隅人。由歲貢任揚州府學訓導，升河南河陰縣學教諭。蘇滿，字善持，南隅人。由歲貢任湖廣桂陽州學訓導。有傳。應果，字子陽，號春壑，桃溪人。由進士除廣平府推官，升大理寺評事，轉寺正，汀州府知府。黃公校，字養賢，號澗水，金溪人。由舉人任湖廣攸縣知縣。

王一元，字太初，南隅人。由歲貢任江西萬安縣訓導。有傳。黄公梅，字鼎叔，號後溪，金溪人。由舉人任直隸徽州府通判。應檣，字子通，號晴川，桃溪人。由歲貢任應天府學訓導，升河南滎澤縣教諭。應槩，字仲平，號虞溪，桃溪人。由歲貢任廣西平樂縣知縣。華鼐，字汝和，號坎泉，南隅人。由歲貢任福建詔安縣學訓導。華鎰，字時重，號東樓，北隅人。由歲貢任蘇州府長洲縣學訓導，升湖廣鄖西縣教諭。有傳。朱自强，字體乾，獨山人。由歲貢任莆田縣學訓導。有傳。潘環，字良璧，北隅人。由歲貢任江西龍泉縣學訓導。徐棣，字子登，號虚谷，東隅人。由歲貢任福建福寧州學訓導，升永福縣學教諭。有傳。黄中，字文卿，金溪人。由舉人任鉛山縣知縣，擢貴州、河南二道監察御史。有傳。應櫝，字子材，桃溪人。由進士授刑部主事，仕至兵部侍郎，總督兩廣。有傳。葉大有，字謙夫，湖山人。由歲貢任直隸宣城縣學訓導。有傳。翁桔，字敬夫，號西城，西隅人。由歲貢任福建汀州府學訓導。徐潮，字孟信，號雙溪，東隅人。由歲貢任直隸臨青州吏目。王守中，字時用，號齊峰，湖山人。由歲貢任福建福寧州同知。蘇廷栗，字良玉，號曉谷，南隅人。由歲貢任江西樂安縣教諭。周慶養，字德充，號栢泉，西隅人。由歲貢任廣東高安縣學訓導。華天民，字子行，號仰山，北隅人。由歲貢任江西湖口縣學訓導。華以蕃，字承叔，號筆陽，獨山人。由進士除工部主事，升員外郎。吴孔性，字梓卿，號若川，北隅人。由進士除刑部主事，升員外郎，歷郎中、雲南參政。有傳。黄二琮，字□玉，號南明，金溪人。由舉人任開建縣知縣。鄭秉厚，字子載，號蒼濂，長濂人。由進士除江西南豐縣知縣，歷吏科左給事中、福建布政司參議、貴州按察司副使、江西布政司參政。有傳。王僑，字□□，湖山人。由歲貢任直隸滁州學訓導。周秉制，字□□，西隅人。由歲貢任直隸海州儒學訓導。葉德恭，字□□，練溪人。由歲貢任直隸通州判官。葉一經，字□□，湖山人。由歲貢任費縣學訓導。鄭秉鍊，字泉曲，長濂人。由選貢任直隸蕪湖縣縣丞。有傳。應朝普，字□□，桃溪人。由歲貢任嘉興府桐鄉縣學訓導，轉廣東茂名縣學教諭。黄九章，字叔範，金溪人。由歲貢任福建龍溪縣學訓導，轉華亭縣學教諭、海州學正、江西南昌府學教授。有傳。葉香，字□□，湖山人。由歲貢任荆州府學訓導。鄭秉鐸，字時振，長濂人。由選貢任温州府平陽縣學訓導。翁選，字□□，西隅人。由恩貢任福建永春縣知縣。黄九鼎，字禹鈞，金溪人。由舉人任河南陜州知州。有傳。朱景和，字其順，獨山人。由舉人任滋陽、茌平教諭，升廣東憲恩縣知縣。有傳。王季同，字□□，湖山人。由歲貢任湖州府學訓導。王之臣，字□□，湖山人。由歲貢任金華縣學訓導。有《心葵堂詩稿》。鄭秉券，字錫卿，長濂人。由歲貢任衢州府開化縣學訓導，轉本學教諭。有傳。應德進，號深山，桃溪人。由歲貢仕至桐廬縣學教諭。項應祥，字元芝，北隅人。由進士除建陽、丹陽、巴縣、華亭四縣知縣，歷户、禮二科給事中，刑科右給事，吏科都給事，太常寺少卿，通政司右通政，巡撫應天，都察院右僉都御史。有傳。王之翰，字文川，湖山人。由歲貢任金華府東陽縣學訓導，升江西廣昌縣學教諭。黄一陽，字太初，金溪人。由選貢任直隸滄州判官，轉廣西梧州府藤縣知縣。徐榮，字仁卿，東隅人。由歲貢任直隸江陰縣學訓導，轉江西南豐縣學教諭。有傳。鄭一點，字台嶽，長濂人。由選貢任山東莒州同知。項應瑞，字汝昭，北隅人。由舉人署建陽學教諭，轉直隸盱眙縣知縣、福建福寧縣知縣，升雲南蒙化府同知。有傳。吴孔雍，字堯卿，北隅人。由歲貢任台州府天台縣學訓導。有傳。徐應乾，字以清，南隅人。由恩貢任寧波府學訓導，轉廣東清遠縣學教諭、雷州府學教授。有傳。黄國廉，字爾礪，號砥隅，金溪人。由舉人任金華府學教諭。周大業，字少石，西隅人。由歲貢任湖州府長興縣學訓導。吴廷鎰，字暘谷，馬埠人。由歲貢任常山縣學訓導。鄭一第，字斗光，長濂人。由歲貢任開化縣學訓導，轉建平縣學教諭、寧波府學教授。葉繼康，字伯阜，號景垣，東隅人。由歲貢任鄞縣學訓導，轉杭州府昌化縣學教諭。有傳。徐應亢，字時龍，號含輝，東隅人。由歲貢任峽縣學訓導，轉江西新昌縣學教諭、福建延平府學教授。王季樟，字文茂，號心古，湖山人。由歲貢任台州府黃岩縣學訓導，轉浦江縣學教諭、金華府學教授。鄭一豹，字文蔚，號南台，長濂人。由恩貢任四川重慶府通判。黃德懋，字君顧，號念慈，金溪人。由歲貢任台州府臨海縣學訓導，轉直隸清河縣教諭、温州府學教授。鄭一舉，字慕雲，長濂人。由歲貢任四川西充縣知縣。王文雅，字時正，號景逸，南隅人。由歲貢任常山縣學訓導，補龍游。朱九綸，字廷重，奕山人。由歲貢任台州府臨海縣學訓導，轉廣西柳城縣學教諭、紹興府學教授。有傳。鄭九炯，字美中，長濂人。由舉人任直隸靈壁縣知縣，轉應天府江寧縣知縣、北京刑部山西司主事。有傳。徐朝偉，字士雅。由歲貢任紹興府新昌縣學訓導，轉江西新昌縣學教諭。有傳。尹樂堯，字蒼元，錦衣衛官籍。由舉人任國子監學正。時可諫，字君可，東隅人。由歲貢任江西進賢縣學訓導，升安寧縣學教諭、紹興府學教授。有傳。項天慶，字季石，北隅人。由舉人任河南懷慶府武陟縣知縣。有傳。朱民藩，字維价，碧礱人。由歲貢任福建永春縣學訓導，補吴江縣學訓導。朱家瓚，字元□，奕山人。由恩選兩中順天副榜，授廣東保昌縣縣丞。有傳。周士廉，字介夫，南隅人。由歲貢授湖州府學訓導。有傳。周應鶴，字邦聞，南隅人。由歲貢授温州府平陽縣學訓導。黃世普，字宗濟，金溪人。由監生任廣西蒼梧縣主簿，升廣東陽江縣縣丞。王養度，字子憲，號古泉，湖山人。由監生任直隸涇縣縣丞。翁軫，西隅人。由監生任福建邵武府經歷。黃學詩，金溪人。由監生任直隸海州判官。包志英，北隅人。由監生任上林苑監蕃育署署丞。王之棟，湖山人。由監生任福建甌寧縣主簿。葉焯，獨山人。由監生任北京瀋陽衛經歷，轉廣東都司經歷。鄭九官，長濂人。由監生任廣西鬱林州判官。王正國，湖山人。由監生任南京留守衛經歷。葉幹，獨山人。由廩監任廣東歸善縣主簿。鄭爾敏，定溪人。由例貢任光祿寺大官署署丞，辦鴻臚寺序班事，咨送吏部考選，鳴贊請假省親。王國泰。湖山人。由附監任鴻臚寺序班。

國朝

黃德徽，字慎甫，金溪人。由歲貢任於潛縣學訓導，升餘杭縣學教諭，轉嚴州府學教授。有傳。鄭之騄，字仲良，長濂人。由歲貢任衢州府學訓導。鄭元幹，字嗣宗，號觀聲，長濂人。由選貢任別駕，改授陝西永昌衛經歷，升蘇州府同知。有傳。鄭元聘，字君求，長濂人。由歲貢任奉化縣學訓導。每與諸生談文吟詩，有《去思記》。周士驁，字驎長，南隅人。由歲貢授烏程縣學訓導。師生相得，解任，多垂涙送別。劉應時，字瑞生。由歲貢任四川滎縣知縣。有傳。李仕道，字見可，南隅人。由恩貢授知縣，改選餘姚縣學教諭，轉衢州府學教授，升山西翼城縣縣丞。有傳。王錫，字禹功，南隅人。由歲貢選奉化縣學訓導。有傳。鄭士儼，字若思，長濂人。由歲貢選溫州府瑞安縣學訓導。鄭士璣，字玉衡，長濂人。由歲貢選嘉興府石門縣學訓導。鄭元燿，字蘊生，長濂人。由歲貢任嚴州府分水縣學訓導。王啓緒，字統傳，號繼齋。由恩貢任紹興府上虞縣學教諭。童國柱，字崑石，北隅人，由歲貢任杭州府餘杭縣學訓導。徐龍，字友雲，東隅人。由歲貢選杭州府海寧縣學訓導。王業，字肇禹，號立堂，南隅人。由優貢任金華府東陽縣學訓導，升杭州府錢塘縣學教諭。鄭國林，字天植，號竹村，四都長濂人。由康熙丁酉拔貢在籍，需次有年。選授湖州府孝豐縣學教諭，秩滿告歸。見傳。毛儀點，字聖與。由恩貢任金華浦江縣教諭。朱奎，字星聚，奕山人。由拔貢充四庫館校録，武英殿行走，任武義縣教諭，歷四任候選知縣。吴林，字帝培，練溪人。由貢生選授臨海縣儒學教諭。王鋆，字貢南。附貢生，考授州吏目，借補登州府招遠縣典史。陳祚堯，字聖佐。任廣東惠州府永安縣典史。華潮，字浙三，王村口人。任廣東肇慶府經歷。官文濬，字鏡涵，柳村人。邑庠生，例授鹽塲大使，升任汀州府連城縣知縣。吴心恬，字養冲，練溪人。由優貢任台州府黃岩縣訓導。華日南，字復堂，王村口人。廩貢生，試用訓導，歷署永康、山陰教諭，昌化訓導。葉煓，字青然，城西人。廩貢生，試用教諭，歷署武義、建德、鎮海、仙居教諭，續署紹興府學上虞縣學訓導。以倡捐社倉紀録三次，倡捐書院記大功一次，儘先拔委。朱霖，字沛蒼，練溪人。任長蘆歸化場大使，歷署富國、興國場事。官承誥，字薇垣，柳村人。由拔貢授廣西州判，代理天河縣，歷署安平、養利、奉議等州。朱培元，字晋齋，練溪人。例授布庫大使，分發江蘇，署寶山縣丞。包國勲，字拱宸，北隅人。由附貢生分發廣東鹽課大使。

吏員

明

蘇閻安，由吏員任廬州府英山縣縣丞。時昌，東隅人。由吏員任江西浮梁縣縣丞。董景良，字惟善，五都漳州人。由吏員任江西永豐縣巡〔檢〕。駱允華，十四都人。由吏員任湖廣東安縣浩陂市巡檢。鄭宣，南隅人。由吏員任北直隸遞運所大使。吴田，北隅人。由吏員任湖廣武光州倉大使。周珦，字廷潤，南隅人。由吏員任揚州府邵伯遞運大使。王檠，字君用，南隅人。由吏員任廣東尤溪縣倉副使。王瑞，字國珍，南隅人。由吏員任雲南楚雄府税課司大使。姜世德，南隅人。由吏員任福建侯官縣典史。葉克清，字子乾，北隅人。由吏員任廣東石橋場鹽大使。葉德良，字克復，練溪人。由吏員任福建莆田縣縣丞。死倭難。有傳。周珊，字廷珍，南隅人。由吏員任福建甌寧縣巡檢。朱和卿，字用敬，獨山人。由吏員任四川雅州判官。尹澤，字民沛，官溪人。由吏員任廣平縣典史。繆經，字伯常，馬埠人。由吏員任淮安府倉副使，升巡檢。吴尚敦，字德厚，東隅人。由吏員任江西建昌府永盛倉大使，升福建同安縣烈嶼巡檢。丁以賢，字勉之，上江人。由吏員任汶上縣典史。朱蘭，字子馨，馬埠人。由吏員任山東德平縣典史。葉可，字子宜，南隅人。由吏員任淮安府宿遷縣典史。葉恩，字天錫，號東泉，南隅人。由吏員歷任蘇州府吴江縣主簿，升蒙化衛知事。有傳。葉思，字得之，南隅人。由吏員任華亭縣典史。毛文錦，字汝繡，南隅人。由吏員任山東商河縣縣丞。徐洪亥，字壽卿，二都人。由吏員任江西新城縣典史。黄燦，字子華，金溪人。由吏員任福建光澤縣主簿。周紳，南隅人。由吏員任福建惠安縣典史。有傳。王孟熙，湖山人。由吏員任福建泉州府司獄。劉恩，北隅人。由吏員任廣西蒼梧縣巡檢，升福建永安縣主簿。周梁，南隅人。由吏員任江西南康府遞運所大使，轉福建南靖縣典史。朱文盛，字用化，奕山人。由吏員任福建仙游縣典史，仕至桂林府經歷。有傳。俞光顯，字榮我，南隅人。由吏員任廣寧衛倉大使，轉江西新喻縣水北墟巡檢。有傳。朱繼善，奕山人。由吏員任福建福安縣典史。張文耀，北隅人。由吏員任福建閩清縣典史。朱日新，獨山人。由吏員任山西雁門所吏目。朱允修，奕山人。由吏員任廣東惠州府興寧縣巡檢。吴光裕，字深竹，北隅人。由吏員任四川綿州吏目。蘇一默，七都人。由吏員任湖廣鹿頭店巡檢。劉梁，北隅人。由吏員任河南魯山縣典史。徐一雷，東隅人。由吏員任廣東茂名縣縣丞。朱明心，奕山人。由吏員任直隸定興府宣化驛驛丞，轉山東兖州府武城縣典史。王汝善，湖山人。由吏員任山東費縣典史。葉有生，東峰人。由吏員任蘇州府吴江縣汾湖巡檢。劉世禄，金岸人。由吏員任湖廣辰州府崇盈倉大使。徐朝北，上江人。由吏員任南直隸貴池縣典史。俞中立，南隅人。由吏員任河南伊陽縣典史。黄緝，金溪人。由吏員任福建鹽運司知事，轉廣西南寧衛經歷。有傳。黄景伋，金溪人。由吏員任山西平遥縣典史。徐朝蓋，東隅人。由吏員任北直天津衛經歷。王之京，湖山人。由吏員任江西萬載縣縣丞。朱德修，奕山人。由吏員任江西袁州府萍鄉縣典史。黄思晦，金溪人。由吏員任福建盆亭司巡檢。葉一賓，北隅人。由吏員任南直隸瓜州鎮巡檢。蘇廷榜，字朝元，號雲五，七都人。由吏員任福建德化縣典史。朱德輔，奕山人。由吏員任福建葉坊驛驛丞。周秉桐，西隅人。由吏員任廣東蓬州所吏目，轉南雄府清化司巡檢。王民皞，湖山人。由吏員任直隸睢陽驛驛丞，轉山東館陶縣典史。毛懋和，南隅人，由吏員任□□。黃應科，金溪人，由吏員任直隸完縣典史。劉世學，金岸人。由吏員任杭州府遞運所大使。王舜召，南隅人。由吏員任浙江象山縣廣積倉大使。周應騏，南隅人。由吏員任山東德州梁家庄驛丞。朱邦瑞，奕山人。由吏員任江西清江鎮稅課，轉山東萊州府倉大使，歷廣東沙村巡檢、江西雩都縣主簿。毛德淵，南隅人。由吏員任廣東湞陽驛驛丞，轉江西龍泉縣典史。朱邦珍，奕山人。由吏員任湖廣港口驛丞，轉江西禾源巡檢，四川巴縣主簿，陝西蒲城縣丞。有傳。駱文奎，南隅人。由吏員任貴州鎮遠縣典史，升定番州卧龍司吏目。有傳。徐志雄，東隅人。由吏員任南直隸上海縣縣丞。有傳。徐一貴，東隅人。由吏員任南直隸華亭縣典史。有傳。王之員，湖山人。由吏員任北京瀋陽衛經歷，轉廣東都司經歷。吴邦諫，練溪人。由吏員任山東東平州吏目。吴邦紳，練溪人。由吏員任廣東歸德場鹽課司大使。王所學，湖山人。由吏員任四川奉節縣典史。有傳。包經濟，北隅人。由吏員任四川松潘衛知事。吴志英，馬埠人。由吏員任温州府平陽縣倉大使。鄭邦相，字珍之，南隅人。由吏員任河南南召縣典史，轉山西大同府照磨。有傳。周應聘，南隅人。由吏員任寧波府廣盈倉大使。鄭邦棟，字隆之，南陽人。由吏員任四川岳池縣典史。有傳。周顯時，黃礃人。由吏員任廣東文昌縣典史。童一宏，北隅人。由吏員任湖廣沙鎮巡檢。朱櫟，奕山人。由吏員任中都留守衛經歷，轉廣東都司經歷。吴大南，南隅人。由吏員任北直隸徐州倉大使。張成勳，東隅人。由吏員任廣東惠州府司獄，轉福建興化縣巡檢。葉仲春，北隅人。由吏員任江西廣信府管界寨巡檢。宋應遷，馬埠人。由吏員任□□。童一善，字應揚，北隅人。由吏員任福寧州大篔簹巡檢。王文榮，南隅人。由吏員任鎮江府丹徒縣姜家司巡檢。有傳。朱九賦，字廷貢，奕山人。由吏員任湖廣沅江縣典史。王居敬，湖山人。由吏員任南直隸婺源縣典史。有傳。王邦敬，字安宇，柘溪人。由吏員任河南温縣典史。王邦瑆，湖山人。由吏員任北直隸大興縣典史。朱國仁，奕山人。由吏員任福建福寧州麻嶺寨巡檢。朱文標，奕山人。由吏員任湖廣永州府白水司巡檢。朱從信，奕山人。由吏員任江西撫州府稅課司稅課。徐日靖，南隅人。由吏員任江西臨江府新喻縣典史。潘起貴，馬埠人。由吏員任江西九江府瑞昌縣典史。王國懋，湖山人。由吏員任福建泉州府圍頭鎮巡檢。有傳。徐應烈，字時揚，東隅人。由吏員授江西撫州府臨川縣典史。徐鼎臣，南隅人。由吏員授江西鄔子驛驛丞，升江西餘干縣黄丘埠巡檢。葉愔。字敬夫。由府掾授寧國府，照磨升荆經歷。

武科

武進士。舊制武舉鄉試中式，會試於兵部，又中式，即拜官，而無廷試。自崇禎四年辛未科，始廷試傳臚，賜進士及第出身，與文科并云。

明

嘉靖周敖。錦衣衛校尉，中乙卯科順天鄉試，復中丙辰科兵部會試第一名。建狀元坊於省城北關門内大街。

萬曆尹思忠。錦衣衛籍，中乙酉科順天鄉試，復中丙戌科兵部會試，官至山西都司僉書。

武舉

宋

紹興周景慶。

明

正德周綬。大同衛百户，中丁卯科山西鄉試。

國朝

乾隆黄光祖，黄萬年，官志忠，乙卯科。鄭永時，唐大川。壬子科。

嘉慶官揚。癸酉科。

武績

宋

紹興周景慶。西隅人。宋紹興武舉，授武節郎。二年，隸都統呂頤浩，駐鎮江兵馬都監，從徵伐金有功，升左武大夫。

明

葉彦輝，九都人。任陝西寧夏衛鎮撫。朱存，任廣西平樂守禦千户所千户。李欽，任直隸安慶衛千户。翁唐盛，任晉府典伏。朱從宸，從越國公徵陳友諒，授温州府楚門千户所千户。葉亮，錦衣衛校尉。永樂初，升本衛千户，歷松盤衛指揮僉事。陳包，錦衣衛校尉。永樂初，升本衛千户。周琳，錦衣衛校尉。永樂初，升本衛百户。周宗，錦衣衛校尉。永樂初，升本衛百户。周福，錦衣衛校尉。成化六年，勦捕功升本衛百户。十八年，從徵大同，升千户。周源，錦衣衛校尉。成化十八年從徵大同，功升本衛百户。周綬，襲伯父源職，錦衣衛百户，中正德丁卯科山西武舉，升本衛千户，尋以邊功升指揮僉事。蘇瓊，字君瑞，號蓮峰。由陰陽學訓衛。正德八年從徵江西窑源洞，授處州衛百户，從奉例革。周敖，錦衣衛校尉，中嘉靖丙辰科會試第一名。朱榮，錦衣衛校尉，升本衛千户。尹思忠，錦衣衛籍。中萬曆丙戌進士，擢守雁門關，官至山西都指揮僉書。

國朝

周祚興，字宏圖。雍正七年由廩貢，遵例授台州衛千總。九年，調署杭州前衛中所屯政。朱琪，字士玉，練溪人。由武生例授江西吉安守禦所千總，歷署南昌、袁州、九江等衛，鉛山守禦所。恩加二級，軍功隨帶加三級，封昭武都尉。王樑，字國林，南隅人。由武生考授處鎮左營青田把總。周永清。字□□，大田人。由監生例授衛千總，歸班即用。

貤封

元

黄愈之，以子道俊貴，封奉政大夫，襄陽府同知。

明

吴仁濟，以子紹生貴，贈工部員外郎。

朱彌彬，以子惠貴，贈温州府同知。

周高，以子德琳貴，贈刑部主事。

時應昌，以子謐貴，贈羽林右衛經歷司經歷。

吴惠可，以子文慶貴，贈奉直大夫、協正庶尹、南京兵部武庫清吏司員外郎。

吴紹生，以子志貴，進贈知府。

朱可汪，以子彪貴，封南城兵馬司副指揮。

王思武，以子玘貴，贈南京刑部郎中。
應湛，以子果貴，封大理寺評事。
應世鑑，以孫櫃貴，贈兵部右侍郎兼都察院右僉都御史。
應江，以子櫃貴，贈刑部主事，累贈兵部右侍郎兼都察院右僉都御史。
翁奎，以子學淵貴，贈刑部主事，加贈郎中。
黄澤，以孫中貴，封嘉議大夫，山東按察使司。
黄公棠，以子中貴，封貴州道監察御史。
葉宏淵，以子以蕃貴，封工部員外郎。
吴文轅，以子孔性貴，封奉政大夫、刑部郎中。
鄭廷康，以子秉厚貴，贈南豐縣知縣，加贈吏科左給事中。
項森，以子應祥貴，贈華亭縣知縣，累贈吏科都給事中、太常寺少卿。祀鄉賢。
鄭一桂，以子九炯貴，贈靈璧縣知縣，加贈南京江寧縣知縣。
王季皋，以子正國貴，贈南京留守衛經歷。
葉以萃，以子焯貴，贈北京瀋陽衛經歷。
鄭秉律，以子一豹貴，封四川重慶府通判。

國朝

王紹之，以子國泰貴，贈登仕郎。

鄭家駒，以子元幹貴，贈承德郎。

王祚熙，以子啓緒貴，贈修職郎。

王鍾圭，以子業貴，贈修職郎。

童愼，以子國柱貴，贈修職佐郎。

朱夏，以子奎貴，贈修職郎、金華府武義縣教諭。

朱泗，以孫琪貴，贈武德佐騎尉、江西吉安守禦所千總。

吴林，以子心恬貴，贈修職郎、台州府黄岩學教諭。

朱書，以子霖貴，贈修職郎、長蘆歸化場大使；嗣以次子琪貴，贈武德佐騎尉、江西吉安守禦所千總，晉贈昭武都尉。

唐國鴻，以孫錦標貴，贈武信騎尉。

唐靈川，以子錦標貴，贈武信騎尉。

葉紹淙，以孫蒸職，贈朝議大夫。

葉正模，以子蒸職，贈朝議大夫。

官正榮，以子學慎職，贈奉政大夫。
官清，以子寅職，贈朝議大夫。
官學慎，以子文濬貴，贈文林郎、汀州連城縣知縣，晉贈奉政大夫。
王啓緒，以子極職，晉贈儒林郎。
官學陶，以侄文濬貴，贈文林郎。
葉正森，以子燧職，贈武信郎。
葉正棠，以子震職，贈儒林郎。
葉家燦，以子光培職，贈登仕郎。
朱深，以子英職，贈登仕郎。

補載

明

黄灝，以子公標貴，贈奉政大夫、南康府同知。
黄潛，以子公校貴，贈文林郎、長沙府攸縣知縣。
黄瀗，以子公梅貴，贈承德郎、徽州府通判。
黄公棣，以子緝貴，贈南寧府經歷。

黄昇，以子璨貴，贈瑞州府經歷。
黄恕，以子九鼎貴，贈奉訓大夫、陝州知州。
黄世曾，以子二宗貴，贈文林郎、肇慶府開建縣知縣。

恩蔭

明

應文煓，兵部右侍郎，贈尚書櫝次子，以父蔭任直隸廬州府通判。
應崇元，兵部右侍郎，贈尚書櫝長孫，以祖蔭任太僕寺主簿，轉安慶府通判。
葉鳳翔，莆田縣二丞，贈太僕寺寺丞德良嗣子，以死倭難蔭授刑部照磨，升江西按察司簡校。

恩壽附。

國朝

朱璉，字錦玉，號器之，奕山人。生於康熙三十四年。乾隆五十九年百旬，蒙恩欽賜承德郎冠帶，并棉絹荷包，給帑建坊。
吴秉源，年九十二，恩賜七品。
華明倬，年九十六，恩賜七品。
黄衣崇，恩賜八品。
黄衣乾，恩賜九品。

黄書林，恩賜九品。

黄冠个，恩賜七品。

毛氏。龍藏葉百齡，安生於雍正九年，終於道光十一年，壽一百一歲。五子十三孫，曾孫十五，元孫二人，五世同堂。因居山鄉務農，未能報，請建坊。

鄉飲酒禮附載

鄉飲，古禮也。教孝教忠，胥於是乎。在浙中諸郡邑多舉行之。遂雖彈丸，而煌煌鉅典，張在令甲，苟行之而不替，將見秀者足以樹風聲，頑者有以起觀感。考而録之，使知此禮之委曲繁重，非無爲也。

鄉飲禮，每歲以正月十五、十月初一爲期，於儒學明倫堂行禮。舉邑中致仕有德望者一人爲大賓，年高有德者爲僎介、爲庶賓，或三五人，不拘其序。僎介次於大賓，庶賓次於僎介。府州縣正印官爲主，學員爲司正。先七日出示，使知某日行禮，届期來觀。先五日，主肅啓印官，啓賓僎，學員啓庶賓。先一日，習儀，須坐次於明倫堂：賓主執事贊禮者皆集，大賓位西北，僎位東北，介位西南，庶賓位正西，主位東南，司正在主之後。本日黎明，宰牲具饌，每案各五豆。及期，主人率僚屬司正詣學門，遣使速賓介，以賓至庠門。執事報曰：賓至門。主人僚屬迎於庠門外，主東賓西，行過門閾，三揖三讓，而後升堂。既升，東西相向立。贊者唱：行兩拜禮。賓坐。執事又報曰：僎至。

如前儀。介庶隨僎而入，如前向，三揖，皆坐。執事唱：司正揚觶，就東楹盥所，濯手洗爵。執事引司正就西階升詣堂中，北向立。賓以下皆立。執事唱：揖。司正揖，賓以下皆揖。執事者以觶酌酒，授司正。司正舉酒向北曰：恭惟朝廷，率由舊章。敦崇禮教，舉行鄉飲。非爲飲食，凡我長幼，各相勸勉：爲臣盡忠，爲子盡孝。長幼有序，兄友弟恭。内睦宗族，外和鄉里。無或廢墜，以忝所生。讀畢，執事者唱：司正飲酒。飲畢，以觶授執事者，唱：揖。司正揖，賓以下皆揖，司正復位，賓以下皆坐。執事唱：讀律令。舉律令案於堂中，賓主皆拱立，贊者、引讀者詣案，北面讀曰：《大誥·鄉飲酒禮》：序長幼，論賢良，别奸頑，抑罪人。其坐序間，高年有德者居於上，高年淳篤者并之，以次序齒。其有曾違條犯法之人，不許干與善良之席。主者若不分别，致使貴賤混淆，察知發覺，罪以違制。奸頑違亂正席者，全家移出化外。讀畢，復位。執事者舉饌案至客前，主人獻賓，薦脯醢，設折俎。賓酬主人如之。獻僎介，僎介酬亦如之。賓僎介庶子侄等，許侍側酌酒。工入，升歌，鼓瑟，歌鹿鳴。執事者唱：飲酒，供湯。工歌《四牡》，執事唱：飲酒，供湯。工歌《皇華》，執事唱：飲酒，供湯。笙生奏《南陔》，又奏《白華》，又奏《華黍》。詩歌《魚麗》，笙奏《由庚》。詩歌《南有嘉魚》，笙奏《由儀》。於是合樂，奏《關雎》《鵲巢》又《葛覃》《采蘩》，又奏《卷耳》《采蘋》，每詩先歌首章。飲訖，執事者唱：徹饌。賓、僎以下皆出位，主偕僚屬居東，賓以下居西。執事者唱：北面謝恩。各向北行三跪九叩首禮，畢。執事唱：送賓。以次下堂，分東西行，仍三揖，出庠門而退。

國朝

鄭國燕，庠生。乾隆三十五年介賓。鄭梁，庠生，介賓。鄭時行，廩生，介賓。鄭開宰，監生，介賓。華日清，翁丞夏，監生，介賓。童人鳳，增生，介賓。戴炳璉，戴顯，監生，介賓。戴綸，監生，介賓。宋志樓，項士斌，戴紀，監生，介賓。戴覃恩，方廷獻，周仕紳，徐有惠，黃□德，周元燦，戴颺，鄭家漢，葉伸，張清選，葉潤，周名恩，黃閣。以上□賓。

賓興禮儀附載

凡值子、午、卯、酉年，例應起送赴科。前三日，縣具啓致各赴科生員。至期，設席大堂，儀門外搭綵橋，生員齊由橋進，縣主出迎至橋，賓由東階，主由西階，三揖三讓，至堂上一揖，分坐。茶畢，主告奠安席，賓酬，主答拜，入席。飲席畢，起辭，向主一揖，主各贈桂花一枝，披紅，鼓樂出送至橋，生各乘馬出拱極門，主送至門外，仍各送酒三杯，畢。揖諸生上馬北行，主乘輿歸。詰朝，諸生齊詣縣謝後，治裝赴省，三場畢，揭曉歸家。内有中式者將到，縣具儀仗花紅，出城迎送歸家。次日，具匾禮造門賀，舉人隨詣縣謝。

卷之七上

人物志

理學、忠義、孝友、仕功、循良、宦迹、篤行、文學、隱逸、尚義、貞節

周禮：大司徒以鄉三物教萬民而賓興之。小司徒之職，掌建邦之教法。至於鄉大夫群吏獻賢能之書於王，王再拜受之。人物之關於天下大矣。故士乘時而奮，則邦家光；龍先蟄而處，則山林重。孝義彰於往迹，貞節樹爲女儀，皆風化所繫也。志人物。

理學

宋

龔原，字深之，一字深父。舉進士。哲宗即位，爲國子監丞，遷太常博士。會議秦悼王之後應襲封者，原曰：秦王嫡絶，立庶自合禮。方議祀北郊，原曰：合祭非禮也，願亟正之。加秘閣校理，除王府記室、兩淮轉運判官。紹聖初，召拜國子司業。入對，帝問曰：卿歷除邸官，何爲補外？得非大臣私意乎？對曰：臣出使鄉部，知民間事宜，臣素志如是，不知其因也。旋兼侍講，遷秘書少監、

起居舍人，擢工部侍郎。安惇論其直講時事，以集賢殿修撰知潤州。徽宗初，入爲秘書監，進給事中。時除郎官五人，皆執政姻戚，悉舉駁之。又論郝隨罪不得居京師，鄧洵武不宜再入史院。朝論謂帝於哲宗服，當循開寶故事，爲齊衰期。原曰：三年之喪，自天子達於庶人，一也。主議者斥其妄，黜知南康軍，改壽州。俄用三年之制，乃復修撰，知揚州。還，歷兵、工二部侍郎，除寶文閣待制，知廬州。陳瓘擊蔡京，原嘗與瓘同師，陸佃謂原實使之。落職和州，居三覺堂，蕭然晏坐終日。起爲亳州，命下而卒，年六十七。紹興間，高宗知其忠賢，深痛惜之。親製宸翰，追復其官，敕曰：『朕惟賢者之進退，豈關軒冕之去來，在國家之盛衰所係。元祐以來，忌嫉善類，忠賢名士，籍爲黨人，具禍以燼。自一身觀之，所係微矣。以天下之勢論之，國無君子，云亡殄瘁，安危治亂，豈不重哉。故朝奉郎紫金魚袋龔原，器宇沉厚，經旨粹深，三絕韋編，宗師後學，例遭黨錮，流落以死。肆朕纂紹，慨念典型，人百其身，痛惜何贖。并舉厚終之茂典，仍還次第之近班，庶國是之攸存，知朕心之所向，永光幽穸，不昧寵休。』初，邑人未知學，原篤志明經，致身通顯，由是翕然化之。是時周、程諸先生猶隱濂洛，原以經學爲世表倡，凡永嘉先輩以經學鳴者，淵源皆出於此。著《易解》等書，頒布天下，號武陵先生。邑人繪像立祠於學，入鄉賢。宋淳熙乙巳，主簿常濬孫有《崇學祠記》，載《藝文》，入《通志·儒林》。

華岳，字元鎮，由特奏名官至台州刑曹。嘗從武陵先生游，傳其學。元祐間，令張根興學校，延岳爲師，教訓諸生，趙顥、鄭遼皆其高弟。後邑人祀武陵先生於學，以令與岳配享。入鄉賢。

周綰，字彦約。年十七入太學，崇寧五年中進士甲科。五剖符持節，再領大藩，爲國子祭酒、吏部侍郎，以敷文閣待制致仕。出藩入從六十餘年，始終以廉節著名，爲王十朋見慕。號蓮峰先生。入鄉賢。入《通志·介節》。

張貴謨，字子智。由進士〔任〕吴縣主簿、撫州教授，宰江山縣。會亢旱閔雨，因覽鏡有詩云：「不見片雲頭上黑，頓添一夜鬢邊霜。」遂蠲其賦十之八。郡守怒詰之，力陳其害，不能奪。光宗即位，謨投匭進書，極言民力已窮，邦本不固，凡科斂之繁，宜一切罷去，以廣維新之澤，剴切幾萬餘言。後轉朝奉郎，輪對敷陳三扎及民間疾苦一十八條，光宗嘉納之。三年，除太常主簿。五年，除司農寺丞，轉朝散郎。一日，以扎子袖見時宰，論易革與大過之義有忤。是歲，西浙旱災，毗陵尤甚，城邑騷動，遂出知州事。陛辭，奏陳饑民之數及給降米斛，光宗曰：『米未多，卿且好去賑濟。』故謝表有曰：『聖慮紅粟之未多，面奉玉音之甚切。』莅任，講行荒政，饑民賴以全活者五十萬衆。次年，轉朝奉大夫，賜對便殿，論人君之心與陰陽之氣相感，實歲之豐歉所係，上皆嘉納。除吏部員外郎，升郎中、樞密院檢詳諸房文字。奉使金國，回内殿，因論禮莫重於分，分莫重於親，今北虜犯分而夷其親，雖欲不亡，得乎？願朝廷爲内修外攘之備。極言時弊，凡二十餘條。轉朝散大夫，會行郊禮，極言郊赦爲小人之幸，不可爲常，上可其奏。後遭煩言，奉祠歸里，以磨勘轉朝議大夫，特封遂昌縣開國男，食邑三百户。所著有《九經圖述》《韻略補遺》。子二：如説，文林郎；如咏，迪功郎。太史陳希烈狀其行。入《通志·名臣》。

尹起莘，字耕道，别號堯庵，居柘溪，隱居不仕。學問該洽，有感於古今治亂興亡之變，因朱子《資治通鑑綱目》，爲著發明五十九卷行世。樞密魏了翁爲之序曰：三晉之事，直據《史記》爲自相推立，實未嘗請命於周。曹操篡於漢末，實未嘗畏名義而敢於篡漢。深得文公秉筆之意。邑人建專祠於學左。入鄉賢。入《通志·儒林》。

周南，字南仲，自號知常叟。壯歲束書游四方。宋建炎初，見李易作狀元，遂無意仕進，乃受潘子醇《忘筌書》以歸。與邑士子論學，其講《易》由静極生動，乾生於坤，因歸其説於坤之六二，大抵皆祖《忘筌》而暗合於《歸藏》，時人稱爲知常先生。以《易》學著名，後祀於學。入《通志·儒林》。

鄭克寬，字伯厚，居航頭。游松陽頖庠，就項平甫得聞朱子之學。由進士授嚴陵郡博士，積階至朝議大夫。學士高夢月志其墓。入《通志·儒林》。

明

黄灝，字季榮。博學自淑，不樂仕進，人多與之游。嘗語人曰：爲學大要在慎徽五典而已，捨此皆贅疣也。有《慎徽遺稿》，言多簡要。門人私謚爲慎徽先生。入《通志·儒林》。

鄭還，字復正，號半翁。幼孤，育於外家。性資聰悟，志尚高邁，行己峻潔。年十八，從松陽進士盧璣學，粹然一出於正。爲文務期實用，仕曹州訓導。《州志》載云：存心制行皆不苟，尤好學，博通經史子氏百家之書，教人亹亹忘倦。在任五年，稱疾懇致仕，上官諸生留之弗得。家居談道自樂，足未嘗輕至公府。郡守林公富重其名，堅請一至。自後郡邑官以不能致爲耻，雖在疾中，必就訪以政事。都諫魏良弼先宰松陽，嘗越境求所著《鄉黨須知》，頒布令民行之。郡人鄉賢鄭宜修入《古栝遺芳》，著其有誠正功，與龔武陵、尹堯庵二先生并稱。所著有《圖學蒙談》《理氣管見》《一元付笑》諸書行世。入鄉賢。入《通志·儒林》。

應櫝，字子材，號警庵。學問純正，才識練達。嘉靖丙戌進士，授刑部主事。惠安張某以贓敗下部，客有爲張私謁者，夜遺金七百，峻拒之，嚴駁如法。歷郎中，奉使南直隸，恤刑，平反獄囚，全活者衆。升濟南知府，遷知常州。適當定册，櫝究極利弊，詳定規畫，丁據黄册，糧據實徵，其所更賦役二法，最爲精善。歷賓慶、辰州，卓有風力，權貴斂迹。常州有《去思碑》，尚書許讚嘗宣言於朝，稱其爲天下第一知府。尋升湖廣提學副使，轉陝西行苑馬寺卿，升山東布政使，擢山東、山西巡撫。會北虜入寇，即千里勤王，朝廷嘉之，錫以燕賞，升兵部侍郎，總督兩廣軍務。桂平等處猺獞雜處，半爲盗藪，積五十年餘。櫝至，諭以德意，樊家屯、馬江等劇賊悉款服，惟七山諸寇怙亂自若。櫝親督精鋭擊之，賊敗衄，弃巢走。遂封其山，籍其田廬畜物，令官兵屯住耕作焉。捷聞，賚金帛，蔭一子。卒於官，贈兵部尚書，遣官祭葬。所著有《慎獨録》《讞獄稿》《大明律釋義》行世。祀鄉賢。入《通志·名臣》。

朱應鍾，字陽仲，號青城山人。天資警敏，篤學勵行，恬静寡欲。嘗結青山白雲樓，讀書其中。善古文詞，尤工唐人詩，家故饒，一委之兄弟，侈用廢業不問也。聞王陽明先生倡道東南，趨而就學，先生器重之，語曰：以子之沉重簡默，庶幾近道。予方以聖賢之徒，期女文人之雄，非所望也。一時名公若開化方豪、青田陳中州輩，皆與之游，著聲吴越間。年三十二卒，士林甚惜之。侍御黄中爲梓《陽仲詩選》五卷。入鄉賢。

國朝

童國柱，字崑石，號磊峰，北隅人。少孤，能自力學，事母極孝。十五補博士弟子，每試輒冠其曹。與弟國梁讀書唐山僧舍，朝夕親誨之，不令就外傅。攻苦食淡，堪人所不能堪。學益邃，文益高，從游者日益進。前令繆君之弼興起義學，延請爲師，即捨舊塾爲邑學舍，今北義學是也。試於鄉，屢爲同考官所薦，竟不售。由歲貢授餘杭訓導，誘迪士林，葺治黌舍，盡職無曠，合郡稱最。餘杭被水災，奉檄檢勘，復董賑卹，巡視勤密，摘除冒濫，惠公而均，民用感誦。秩再滿，杭守申請保題，引年辭歸。居家簡淡，不問生業，學徒有貧者，以修脯至，悉還之。生平著述甚富，群經皆有詮釋，尤注意於四書，研味不輟。有講説十卷，長洲彭大司寇爲之序，梓以行世。

忠義

宋

龔楫，字濟道，工部侍郎原之子，潁州文學敦頤之父也。因原謫和州而卒，楫遂家焉。仕至兵部侍郎，容貌如不勝衣。建炎初，聞金人陷郡縣，忿恚不食。兀朮據和州，以偏師萬人築堡新塘，遏絶濡須之路。楫率家僮往襲之，鄉里從者三千餘人，獲千户二，係累者數百人，輜重稱是。金兵大至，乃取道圩上，金騎兵據其衝，不得前，衆多赴水死。楫麾其衆曰：今日鬬死，亦足稱義士，自弃溝壑，無益也。戰敗，爲金人所獲，猶挺劒刺其一人，罵不絶口，金人臠割之。見《宋史·忠節傳》。入《通志·忠臣》。

鄧熹，其先三衢人，客遂昌梭溪七寶山，採鑿爲業，因家焉。熹有勇略，善文章。宣和辛丑，睦賊倡亂，其黨洪載侵犯松、遂，熹與父將仕郎昌特捐家資，集鄉民，繕甲兵，入邑禦侮，與賊百餘戰，獲俘馘數千級，降其首洪載等，部送制置軍前，授進武校尉。郡守黄葆光上其功，改昌承節郎，熹遂昌尉。時史丞相浩隨季父才爲邑丞，見其事。紹興辛巳，孝宗時位儲宫，浩爲太子詹事，語及之，記其名。及即位，擇恭王宫僚，詔處州津遣赴闕。比恭王爲太子，擢熹爲春坊。久之，丐老力辭，增秩賜金紫榮歸，官其一子。入《通志·義行》。

趙育才，政和中爲武學生。身長七尺餘，膂力絶倫，挽弓至數石。方臘叛，與鄧熹父子集趫壯，相犄角以衛，邑人恃以不亂。時松陽群盜侵掠及邑，乃率所部相格於孟山前，賊勢張甚，育才顧其徒不能禦，手麾弓射殺數輩，死於礧下，聞者莫不嘆息。入《通志·忠臣》。

閭丘觀，字民表，倜儻有大志。宣和癸丑，睦州寇變，賊首洪載據松邑，攻遂昌，勢張甚。朝廷下詔安之，觀慨然請行，以義屈賊，成約而還，授承信郎。靖康初，本路帥命部衢、婺、處三州兵赴雄霸州，及還，遇高宗渡江，領兵勤王。特旨轉三官，凡歷九任，積官至武翼大夫。入《通志·武功》。

元

黄道俊，字彦傑，金溪人。元至正間，緑林賊寇建陽，震動郡邑。道俊倡募襲之，俘於官，以功授本邑簿，轉江山令，建寧判官。兄道傳，弟道佺，俱協濟有功。道傳授本邑巡檢，道佺授松陽縣副簿。洪武初，復以材略徵，授襄陽同知。入《通志·武功》。

劉葵，字崇三，號春暉，龍丘江潭人。元世祖朝，以宣議大夫繼乃祖恬守遂河頭。閩寇擾境，率兵守隘於牛角尖之山脚，旁有深潭，殺賊至千餘人，遂名爲千人潭。終以敵多兵寡，退保於葉坦嶺下，力竭自刎，其尸不殭，賊駭不敢犯。邑人舁瘞城東，立廟祀之，名其地爲慕恩衕，盖不忘當日禦寇恩也。惜未得旌獎，忠烈不著，而英爽每顯露於星月之下，故土人於嶺下壙壇皆設龕祀之，其子孫遂居於遂之襟溪焉。

時哲，東隅人。正統間，礦賊突攻縣治，哲散金募兵，率弟志邀擊於麻車嶺，志死之。哲力戰，賊却。郡司上其功，授馬埠司巡檢，俾鎮其地，當時賴之。入《通志·武功》。

時志，字孔舉，東隅人。正統間，礦賊突攻縣治，百姓倉遽奔竄，莫能敵。兄哲散金募兵，率志邀擊於麻車嶺脚，殺傷甚衆，志死之。哲以武功著聞。入《通志·忠義》。

蘇民，字天秀，號一峰。洪武初，大封親王，博選東南巨族，以充侍衛，民曾祖與焉。從秦愍王之國，遂爲秦人。弘治乙卯，舉陝西鄉薦，乙丑登進士。初授山西榆次知縣，徵爲兵部職方司主事。時逆瑾擅權，搆口落職爲四川梓潼驛丞。瑾誅，復官工部，歷吏部考功、文選郎中。上疏諫止武宗巡游，罰俸。後升南京太僕少卿、太常卿，歷兵、工、刑三部侍郎，卒贈尚書。清修自持，所至以廉幹稱，翰林陸深爲之狀。見《獻徵録》。

葉德良，字克復，由吏員任莆田縣丞。嘉靖中，倭寇福建，時知縣、簿、尉弃城走，獨德良堅守旬日，力竭城陷，死之。及戚總戎提大兵至，倭遁。撫按以事聞，贈太僕寺丞，蔭一子入監，官刑部照磨。入《通志·忠臣》。

黄德徵，字幼元，金溪人，郡廩生。性粹學博，詩文矯不猶人，行誼尤硜硜自好。世代多聞人，一門師友，屢蹶闈試。將以次年貢，遭姚、馮二賊倡亂，入其里，人皆奔，徵獨後，執焉。以兵脇之，不屈，且罵辱之，遂遇害。士林咸嘆韙之，謂古義烈不是過也。

國朝

尹可郎，西鄉十八都大柘人。康熙四十九年，閩寇擾大柘，居民騰沸。可郎禦之，婦女藉得脱逃。厥後獨力難支，卒飲其刃，鄉人痛之。

葉澄武，柘溪人。康熙四十八年，彭寇擾亂，武統率鄉勇力禦，被執。賊脅之，不屈，隨被殺於柘西橋頭。

孝友

宋

鄭千義，保義鄉人。宋景定辛酉，母葉氏病，刲股救療，未效。或曰：人肝可救。遂自刲其肝，既死復蘇，母尋愈。邑令趙旴夫聞於郡守趙崇絢，移獎有云：刲肝療親，雖非孝道之正，然一念之切，上通乎天，而能起其母於垂死，非平日克盡孝道，豈能感格如此之速。又迎引榜示諸縣，作詩以旌之曰：多少愚民不愛身，傷身未必爲其親。願聽太守殷勤語，學取昌山孝行人。因改其鄉曰孝行鄉。

明

周思立，洪武末，父閏宗畏爲掾，自斷其指。時法當徙，事覺逃匿，官執思立詣獄。會大雪數尺許，思立被拷掠，置雪中幾死，復蘇。旬月會赦，乃求得父。父意思立必死，悲泣喪明。思立日舐其目，卒以復明，人稱孝感。入《通志》。送主入祠。

周子輝，字彦華。弟子忠，永樂初被誣坐死，罪連妻子。彦華謂妻俞曰：吾弟死，二子尚幼，未能保其必嗣，若侄與其母俱死，吾忍弟弗嗣乎？俞泣曰：盍以吾次子代之。彦華曰：是也。遂以孟曉往。曉方十四歲，慨然從命，竟刑於市。彦華與妻愛其二侄孟曦、孟顯，若己生。鄉人義之。入《通志》。兹以孟曉童年，就命稟送入祠。

黄原照，字伯亮，金溪人。洪武初，覲天下印官，以空印事詔獄。父道俊時任襄陽同知，署印及焉。方上怒甚，無敢言者，照詣闕擊登聞鼓，愬之，死其下，情詞剴切。上悟霽怒，釋照父，得謫永豐丞，并盡釋印官，僕裹屍歸葬。照孫鐸痛祖死非命，乃建望雲庵，塑像其中，終身廬墓，哭泣不輟。父生庶子，鐸妻乳之，迄成立。至今人稱其居爲孝友堂云。鐸自號澹泊軒，有遺稿。《通志》標鐸名。

尹彦賁，弟彦章，岩溪人。隱居養母。母年七十，朝必率諸婦左右佐飲食湯藥，甘旨惟所命，執出告反面禮。退則躬耕稼，治場圃，歲時烝嘗，女事紡績，一時咸稱其孝。空同子書其事於文集。鄭宣南《郡志補遺》。

朱濙，字德淵。性謹厚，敦於孝弟，贊父盼修築橋梁道路，費以萬計，殫竭心力。父殁，執喪如禮，奉遺命重築王村口石橋，卒成父志。鄉里稱爲朱孝子。送入祠。

徐瀟，字士澄，東隅人。少業儒，以兄商於外，乃弃儒奉親。親病劇，晨昏焚香籲天，求以身代。刲股嘗糞，躬調藥石，衣不解帶者經年。居喪哀毁，廬墓守制，皆遵古禮。家貧，教授爲生，操行益勵。郡丞湯公价廉之，賓致鄉飲本學，扁其門曰孝友，雖童孺皆稱之。送入孝子祠。

葉宏淵，少業儒，每遭父病，籲天求以身代。父年六十，妾生一子，弃之，竊取乳育成人。分產則曰：倶父一體，何肥瘠爲？與之均析。長兄早逝，遺一孤，撫字不啻己出。又創家塾，置義田，建義店，以宿行旅。其善行種種足稱云。

吴一鵬，年十七，同巷失火，鵬在外念母，奔回家，已在烈焰中，至則狂號突火。人以火勢甚熾，殺身無益，力挽之。一鵬大呼曰：母死，何以生爲？挺身而入，火斷出路，母子倶斃。有司白諸當道，建坊送入祠。入通志。後裔遷居大忠庄。

王仲芳，字汝久，湖山人。性至孝，九歲侍父疾，終夜徬徨不寐。既卒，哀毁如成人。事二母誠敬不衰。尤好施濟，貸人金不責其償，推產以讓弟侄，宗族鄉黨多賴以舉火。歲疫，市藥救療，存活甚衆。居鄉平心率物，排難解紛，遠近咸服。邑大夫欲錫以鞶帶，固辭不受。家資故饒，以好施費盡，處之泰然。一介不苟，惟以詩書忠厚訓其子孫。王節婦，其家女也，終年七旬。廣文會稽周官爲之立傳。

葉志，字希尹。性孝友，族黨推敬。母病，割股以療。後己身病篤，子尚木方割股以進。孫克芳甫九齡，亦割肉煑羹，持甌避人。至祖帷，群异之，索其甌，方知子父輕生行孝，不謀而合。人謂世孝傳芳，足志异德貽謀云。後尚木、克芳均舉鄉飲。壽七十餘。入《通志》。與尚木俱入孝子祠。

徐文洪，號龍山，東隅人，徙居龍疃。周歲失怙，母楊氏孀居，文洪孝養純備，以庠士游太學。母以二子連逝，悲慟失明，京邸聞之，即日陳情終養，旦夕號天露禱，精誠所格，母目復明。妻鄭氏夭折，義不再娶，躬親侍養，不離左右，逮選期屆，亦不赴，人謂有李令伯之風。

周應鳳，南隅人，孝友性成。家世食貧，拮据買藥，佐父治生，助弟應鶴，負笈下帷。母病篤，割股醫治，至誠所格，延母壽一紀。弟應鸞亡，貧不能殮，爲任殯葬，仍以子士鯉爲嗣，鄉評益推重之。生平正直不阿，而睦婣任恤，更孚遐邇，賓薦黌宮。弟應鶴，子士鰲，俱以明經爲士林望，皆其玉成也。壽七十一。

包可大，北隅人。十歲喪父，即知孝。侍孀母，晨昏定省，不離左右。母六旬病篤，可大割身籲天，母因而復蘇，復能義方式訓。三子經邦、經都、經郊，俱膺恩歲薦。經邦自有傳。經都年七旬，猶朝圖暮史，好學不倦，恂恂端方，爲士林矩式。經郊亦以割股救母稱孝云。

國朝

王紹華，字景元，邑庠生，啓泰之嫡子也。弟紹萃、紹莘俱庶出，奉父遺命，善撫之，教養婚娶，備盡心力。族有圖呑虎噬者，造謗言，且訟之官。紹華力辨，邑侯繆公偉之。萃、莘名復載譜，人不得垂涎焉。華友于之愛，根於天性，至是益篤。析産均財，里人咸稱云。

吴德謙，字亨吉，邑庠生。父病危篤，割股救愈。丙寅，洪水衝漂母柩，哀尋經七日夜，不遑食息，竟得之。人咸謂孝心所感。庶弟三，教以文學，皆有聲庠序。縉紳先生每指述其事，以告鄉子弟云。

葉克芬。祠位存《舊志》，事實失載。或云葉志孫克芳，姑存之以備考。

華啓童，字恂然，號鮮民，北隅人。本童姓，自幼乳哺於華。少積學，遂爲文社祭酒。教人先器識，甚嚴而摯，遠近咸奉爲師範。性最孝，色養備至，尤篤於本生父母，邑人稱純孝焉。以選拔終，年三十五。妻黄氏，亦耐貧守志，辛勤撫孤，歷三十年，全操而終。

華文溥，字棕一，南隅人。幼穎异，十四游庠食餼，試輒冠軍。天性至孝，親老家貧，以館修娱二老，并爲諸弟婚。一堂孝友，人無間言。父病篤，每夜露禱，願以身代，父疾獲痊，人咸謂孝感。年二十八，賫志殁。

朱家選，字元凱，號省齋，邑庠生，世居奕山。閩寇包鳳起入遂，逼助餉，選匿其兄弟獨往，包怒將斬，色不變，包義而釋之。寇退，遇大旱，斗米錢三百文，選質田園，遠販以賑，存活甚衆。後白寇據遂，有木城祝氏從總兵馬公入剿，意在復仇，而馬勿禁，選晉謁力諫，乃得免。及歸里，收暴骨而撫其孤。壽七十有八。人思其德，今祀於鄉。

徐冀，字北也，號介石，東隅人。年十七娶趙氏，十八生子來章。十九趙歿，父母欲爲繼娶，冀不肯從，躬執爨以養親，推產讓其兄。親歿，負土營葬。清純介潔，教子孫立身讀書，尤嚴而摯。年八十一歲，守義六十二年。

徐啓澤，字德溥，東隅人。天性真摯，母華疾，刲股以療，不起，號慟哀慘。適邑繆令過其門，嘆爲孝子，遣使贈賻，固却不受。康熙壬辰，洪水衝漂母棺，啓澤抱棺水中三日夜，足爲之爛。養老父，傭力負擔，備極孝敬，喪葬竭力措置。年五十九歿。子來泰，忠厚醇謹，無愧孝子後云。啓澤入孝子祠。

徐來章，字豐五，號魯庵，歲貢生，東隅人，冀之子也。十月失恃，父抱以長舌耕，養親垂老如嬰兒。父染瘵疾，衣不解帶者三年，每夜露禱，卒以無恙。當五旬，念母，終日哀慕，悲泣達旦，兩目盡腫，及門咸爲感動。尤敦正學，嫉浮華，因材成就，一邑髦髦多出其門。所著有《東溪詩草》《不息樓課藝》。

俞長發，字其祥，號紹庭，南隅人，邑庠生。體弱不勝衣，然當大節，輙奮勇直前。痛父母早逝，撫兩庶弟有加恩。弟疾，日夜守視，親治湯藥，月餘不懈。情誼剴切，聞者無不感動。終年三十四。

王曰瑚，字夏鼎，南隅人。年十三游庠。家貧訓蒙，孝友獨摯，雖凶荒，甘旨無缺。母病，刲股以療。親怒，則長跪膝下，解而後起。弟璉，幼患風疾，轉側需人；瑚務得其歡悦，以慰親心。年四十三終。其父曰：兒死，吾何以生！慟哭七日，亦逝。遺命與子同壙。子之垣，克遵先志，人咸謂孝子有後云。

吴明玠，字彦挺，邑庠生，練溪人。制行端慤，至性過人。自幼出繼堂叔爲嗣，繼父母早殁，繼祖母責望過急，勞以力役，艱苦萬狀，卒能得其歡心。喜讀書，年十八始就鄉塾，數歲即蜚聲庠序，爲知名士。心勤行勉，館穀奉養，甘旨勿缺。後復以祖母命，貿易四方，途次遭風，舟覆者數四，俱得不死。又嘗入山，爲虎所攫，時弟明龍在側，努力奔救，舉巨石投虎，虎遂逸去，賴得生全，人咸謂得孝友之報云。生平敦宗睦族，捐置祀田，以報生父。信友恤隣，以身教人，人多化之。雪溪閔峙庭中丞爲之立傳。

鄭士竤，字翊文，號溪村，府增生，長濂人。父席豐厚，治生計漫不經心。年十五，即理家政，養親志。鋭意勤讀，十九入府庠。而父性任俠，遇不平事，輙面斥人非。屢爲群少所睚眦，因而日夜伺釁，搆興大獄。時家少餘丁，一庶弟方在懷，昏夜奔走，膚裂趾腫無所苦，出萬死一生計，傾家營救，卒脱父難。事庶母與己母絶無毫髮异。弟揮霍千金産，不逾年，典質殆盡，隨暗出己資潛爲經營，已失珠俾還合浦。後弟缺乏，俱陰濟其急而不使之覺。逢親朋遠在他鄉而有事本處，倘或缺需，無不立解囊，錯稱爲伊家寄到財物，背地遣人遥致之，亦終不令其人知也。才識宏遠，里中事咸取決焉。而儉樸純厚，若吶吶無他長。人之稱孝友、頌厚德者至今弗衰。

童汝梅，字鼎和，號燮齋，邑廪生，北隅人。誠心孝友，敦厲名行。弟妹婚嫁，一力措置，不貽二親憂。造就諸弟，皆成令器。父母寢疾，忘餐廢寢，情狀黯然。視弟有病，一如己病，雖炙艾分疼之剴切，亦不是過。子以誠、以諴，俱邑廪生。以諴早故，以誠痛弟之亡與親之歿，哀感成疾，孝友之篤，鮮有及者。至其家學淵源，父子兄弟間文章器字，爲時所推重，猶其次云。

戴中孚，字衷一，郡庠生，王溪人。秉性純篤，得親歡心，尤友愛諸昆季。親没，析產讓肥居瘠。嘗臘月，隣人不戒於火，兄弟屋皆延燒。己倉舍無恙，出穀分與諸昆季，并賑族隣，以度殘臘。徙西溪，建家祠，延師課諸孫成名。省城舊乏公寓，因炭業鳌金，倡首勸捐，命次子得鳳售江干周姓屋，爲栝昌公所。生平急公，大率如此。

鄭醒世，字超倫，邑諸生，岕三子也。幼不事嬉戲，及長，嚴氣正性，令人見憚。家不中貲，事親能體志入微，甚得父母歡，叔父亦最鍾愛之。叔無子而豐於財，常許立爲嗣，告諸親族，已久有成議。時仲氏家中落，及叔卒，讓於仲，仲固辭，讓益力。仲議雙承，又以母老執不可，即爲請於叔母。叔母雅不欲，則委婉涕泣勸諭之，卒以仲氏爲叔後。叔家人多與仲不相能，復爲之竭力周旋，必使彼此相安，内外無間而後已。居恒恪守古訓，治家嚴肅，教子弟先器識而後文藝，諄諄以刻薄寡恩爲戒，世澤之長，其未有艾云。

吴經，字理緒，號峰霞，以庠生入太學，練溪人。少失怙，事寡母綦孝，服勤左右，愉色婉容，數十年如一日。母歿，年已衰，哀毁骨立，人咸以孝子稱之。兄早歿，撫侄如子，俾各成立。爲人寬厚寡言，隱惡揚善，而制行高潔，足迹未嘗至公庭。性慷慨好施，求無不應，以是落其家，未嘗悔也。嗜酒，工詩，吟成輒弃去，其不事虚名類如此。

吴秉中，字允傳，號燧圃，邑庠生，練溪人。家貧，藉館穀養家。父壯，瘵不娶，竭誠奉養侍疾，致廢寢食。居喪哀毁過情，年逾八旬，歲時祭祀，常見隕涕。弟病瘵，親調湯藥，憂形於色，及歿，慟哭幾絶，思弟之切，終身弗衰。教育兩侄，俱得成名。經理鄉黨宗族公事，勤慎清釐，經久不怠。秉性淳朴，立身敦謹，待人忠告善道，雖素稱悍戾，見之莫不抑抑受教，皆由至誠感之也。

劉振，字巨成，號約齋，練溪人。由庠生例授按照磨。博通經史，天性純孝，儒慕終身。年逾古稀，四時步行掃墓，從未有間。撫孤侄如子，訓育成人。姊死無後，爲立祭田，命子侄輪流奉祀。睦姻任恤，望重一鄉。生六子，俱列膠庠，孫、曾林立。殁之夕，毫無疾苦，子孫侍飲，猶宣講《綱鑑》數則，飲畢，趺坐而逝，足徵善人之報。

吴秉權，字景周，號星岩，廪貢生，練溪人。生未周而孤，孝事寡母，承順惟恐失意。敬兄如父，奉兄命肄業數文書院。未幾，兄殁，哀痛絶食者數日，遂絶意功名。家居奉母撫侄，不啻己出。平生不矜己之長，不揭人之短，樂成人美，誘掖後進，娓娓不倦。與同人捐積三良士户田，以爲士子鄉試路費。事關宗黨，莫不踴躍首倡。壽逾古稀，遺命與兄合墓。

葉蒸，字秉恒，號芳亭，西隅人，庠生，敎授布理問。生母早故，事繼母以孝聞。定省視膳，寒暑無少間，常依依膝下，能得母歡。及卒，哀痛逾所生母，家中表亦甚親愛之。幼勤學，不問家事。逮分析日，田宅什物請兄恣所取。伯氏雅不欲，讓愈力，必如所請而後已。侄有揮霍者，解囊濟之，無少吝。家庭雍睦，綽有祥覽遺風。至恤族惠隣，周急窮困，置義冢，修橋道，乃其餘事耳。爲人伉爽，慥慥無華，面折人過而即解。與人交，久而彌篤。遇公事，力任之無難色。歿時，隣里多爲出涕者，共惜其潛光未耀云。

朱英，字邦彦，號粲三，練溪人，邑庠生。例授按照磨，以孝友重於鄉。父歿纔七齡，哀毁如成人。稍長，事母益謹。母病劇，願減算以增母壽。兄弟俱早卒，竭力撫孤，俾皆成立焉。

華濤，字雪帆，太學生，王溪人。制行醇潔，事父勤謹，寢食不離左右。父病篤，籲天願以身代，人欽其孝。凡利於人、俾於世者，無不慷慨倡先，如造橋梁，修道路，建廟宇，立社倉，種種美舉，人咸稱道。嘉慶元年，詔天下舉孝廉方正，前任蘇明府中之大吏逮□至問，□徵之不起。津津樂道，東籬一枝，北窗一枕，寄情於羲皇之上者，不得專美於前矣。

仕功

元

王鉉翁，字中實，鑑翁之兄也，南隅人。由人材任平江路吴縣主簿，英邁敏達，莅政不苟。郡守杜某素知其材，大小政務悉以委之。豪民顧、鍾、朱、郭四大姓怙勢爲不法，則發其罪惡，咸置於理。轉兩淮都轉運，除黄岩州判官。亭户洪甲恃不統于有司，恣爲暴横，殺平民。吏白不宜問，鉉翁曰：殺人之人，乃可置不問耶？逮捕繫獄，坐罪不少貸。奸民有挾僞鈔板詣官自首者，覬事發，因得誣連富人。鉉翁察其情，詰之，果自服，立命焚其板。居三年，庶績具舉。遷忠顯校尉，尋以昭信校尉、中山府判官致仕。入《通志·循吏》。

明

尹思忠，字藎卿，起莘之裔孫。其先以扈從入京，世襲錦衣，四傳至公。豐儀博學，蚤游膠序，相者謂公貌當以武貴，乃投筆登萬曆丙戌武進士，擢守鴈門，官至山西分閫。天性孝友，愛士卒，言行取予，動合古人，所至延章縫之士，談詩説劍，有儒將風。辛卯，給事張公貞觀閲邊，聞公賢，虚心諏訪，公條上六事，皆籌邊大計，邊人至今頌之。

黄中，字文卿，號西野，先名忠，穎异不凡。由乙科令鉛山，冰蘖自勵，一意保民。弋陽業，奪驛馬，訾弁官復之，省歲貢千數百金。擢貴州道監察御史，出按晉、滇及留都，持大體，多异績。補天津兵備。妖人張道仙聚衆數千爲亂，一夕勦而殲焉。招集流移，歸業者萬户。錢塘田汝誠序其集，謂栝蒼詩派倡自郁離子，郁離子殁，凡二百年無聞，而有黄西野出焉。著述有《西野奏疏》《南窗紀寱集》《吹劍集》《易經紀蒙》。入《通志·文苑》。

吴孔性，字粹卿，嘉靖壬戌進士。器度純慤，篤行孝友。任刑曹，贊决大獄，簡刑密雲，多所平反。守安慶，定兵變，著節愛聲。備兵閩漳，禁市舶，肅清海甸。歷雲南參政，致仕家居。力挽頹靡，分産二兄，賑施宗黨，修譜牒，創祠宇。所著有《管見訓俗》等書行于世。

鄭秉厚，字子載，號蒼濂，長濂人。嘉靖辛酉鄉薦第二，隆慶辛未進士。始令南豐，撤悍兵，均田賦，人頌神明，立石建祠祀之。行取入諫垣，彈劾京營侍郎孟重，疏中并及張居正、馮保，直聲震世，聞者辟易。副憲閩、滇，持風裁，殲叛夷，糧儲江右，節用通濟，區畫惟宜。以督運勞，終於淮次。有奏疏、文集行世。

項應祥，字元芝，號東鰲，森長子。萬曆庚辰進士。初令建陽，勵志冰蘖，力雪寃獄。《縣志》有『抱案吏從冰上立，訴寃人向鏡中來』之語。復補丹陽、巴縣，調華亭，主勘勢恶，定以大辟，聲震南都。擢司諫，有翼儲、請冠、請婚七疏，功在國本。掌天垣，秉公矢慎，海内想望丰采。時南北黨興，挺然不阿，甘心者思欲中以奇禍，遂假妖人書誣巇之。賴神廟素鑒其忠赤，終始無他，詳見疏中。捐俸給養士田三百石，方伯温陵洪公啓睿爲之記。贍族田三百石，塾田五十石，并有録。累升應天巡撫。卒於家。祀鄉賢，并祀建陽名宦。所著有《問夜草》《醢雞齋稿》《國策膾》行于世。

項應瑞，字儀明，號麟郊，森仲子。萬曆戊子鄉薦，以兄應祥兩分考南宮回避，乞署建陽諭。丙午聘江右分試，升盱眙知縣。邑當南北孔道，無城郭、倉庫、獄司，防守爲難，盡心拮据。僅一載，調繁建寧，革火耗，裁里甲，一以廉明簡易爲政。遷蒙化府同知，遂賦歸來，放情棋酒，不問外事。長子天慶辛酉舉於鄉，後二歲乃卒。臨逝賦詩：『未必南面樂，未必刀山苦。魄散魂自升，茫茫還太古。』精爽不亂，識者偉之。

鄭一舉，字應科，長濂人。儀容偉岸，動履端莊，由選貢授四川西充知縣。廉明仁恕，崇孝慎刑，庠士多所造就，成獄重囚得平反者四人。郡守饒公景暉目爲循吏，直指趙公標，稱曰福星。致政家居，捐資賑族，厭世俗紛華，躬行節儉，爲鄉閭之表率云。

黄一陽，字旋化，九鼎之弟。萬曆癸巳選貢，授滄州判官。築堤理鹽，極著茂績。庚戌，發銀賑畿輔民，設策分給，一時稱惠政。升藤縣令，地産异草，人食之立死，惡少每恃以誣人。一陽下車，首著爲禁。在任二年，鮮有以人命訟者，告致當道，不允，殁于官。所著有《嶽立軒稿》。入《通志·循吏》。

鄭九炯，字美中，號三莪，長濂人。萬曆壬子舉人，授靈璧知縣。邑當南北孔道，輪蹄絡繹，供給浩繁。裁夫役，革火耗，葺城堡，平盜寇，修學宫，旌節孝，士民德之。升江寧令，如治靈璧時，發舊令任内奸吏侵欺錢糧壹萬零，兩院題留追餉，四載告竣。遷刑部主事，清查淹禁，全活者衆。附列考選，上疏抗陳銓政，朝議以其侵官，謫德安府推官。肅清囹圄，多所平反。遷工部員外郎，念母逾九旬，致仕歸養。

國朝

劉應時，字瑞生。究心理學，力闢异端，尤不喜佛老家言，不隨時俯仰，言動嚴正。以明經除四川榮縣令，免運茶税、鹽引、折色，卓有廉名，以詿誤報罷。所著有《易經解》《四書講義》等書。

王文榮，號達宇，南隅人。業儒不就，爲邑掾，奉公守法，當事咸信重之。上考授鎮江丹徒縣姜家司巡檢，給由應授主簿，以家政冗不及赴。年七十而逝。

駱文奎，號百泉，南隅人。幼篤孝友，長諳法律，性行狷介。授鎮遠縣典史，愛民奉公，縣令倚爲左右手。升定番州卧龍司吏目，不貶節以媚上。一日，州守有能言鸚鵡、香臍、雞㙡之取，迕意弗阿，投劾而歸。官卑品卓，人咸欽之。家居課子若孫，樂丘壑以終老，壽逾古稀。

俞光顯，字榮我，南隅人。髫年給事縣庭，立行方便。初選廣寧衛倉大使，革耗惠民，撫按交奬。轉江西新喻縣水北墟巡檢，平官價，除陋規，墟城歡呼，巡按旌奬。以勞瘁終于官，年僅四十六。衣棺無措，商民輸資，紳衿舉祭，道府縣給路費回。

徐一貴，字良之，東隅人。廉讓朴誠，敦尚孝義。任華亭尉，治煩理劇，事上撫下，綽有賢聲。

致仕家居十餘年，睦婣任恤，儉素自如，壹意式穀。子應文，蜚英黌序，以德行稱。

循良

明

葉雲，字民望，由歲貢除江西建昌府推官。爲人砥礪名節，居官廉介。捐俸修曾南豐祠，執法忤當道，遂致仕。居家甘貧，有司以蔡相公廟基地遺之，計直數十金，辭弗受。湖山所建鳳池書院，即其地也。入《通志·介節》。

朱九綸，字廷重，號惛士，奕山人，用化冢子。慕薛文清學，作止奉則，以文章受知丁哲初、湯若士兩公，爲吴伯霖首座，與徐子卿齊名。泰昌庚申，覃恩應薦，讓一老友。乙丑始以歲例訓臨海，苜蓿泊如，仍慷慨慕義。有貧士王生以逋賦爲縣卒辱，即逮躬親杖之，隨出俸代輸，邑令欽重。遷諭柳城，以南方學開誠砥切，士得所宗。時義烏沈尉夫婦闕殯，即搜橐數十金畀厥子，以櫬歸。教授紹興，捐資刻《功過録》，學道劉頒行十郡。喜與人善，若敗類不能以多金免也。生平不解貨殖，饘脯之入〔一〕悉歸公帑。五十執親喪，哀慕如孺子，析箸，聽三弟取腴。甲申國變，率鄉人爲曹君服。夙善古文詞，工八法，晚尤折節丹鉛不倦，著《懶雲窩》等集。子家鑽。

校注

〔一〕入，底本作八，據文意改。光緒文作『廉俸所入，不私諸己』。

周德琳，字廷獻，十一都錦川人。由進士除刑部主事，歷郎中。廉謹平恕，不阿權貴。正統間，清理江西刑獄，多所全活，升雲南布政司參議。時宦官金姓者要其一見，更以美官誘之，不往，遂乞歸。入《通志·介節》。

國朝

鄭元幹，字硯聲，長濂人。學有淵源。順治戊子恩貢，考選通判，改授陝西永昌衛經歷，掌酒泉郡事。居官稱職，遷江南蘇州府同知，弭絶盗源。視崑山縣篆時，漕項嚴緊，民有賣男鬻婦者，捐俸代之，恩威并濟，兵民安堵。解組歸，行李蕭然，爲鄉里推重。舉大賓，壽八旬，無疾而終。所著有《覺世金繩》《含馨齋隨筆》《歐陽文忠公讀書法》。

李仕道，字見可，南隅人。篤行力學，有得即書户牖間，皆心性格言。廷試授縣令，改選餘姚教諭，升衢州府學教授。廉隅峻潔，守令甚雅重之。遂西北水入衢，鄉人貿遷材木必經焉。會修黌宇，仕道董工採度。時諸販慮其或私鄉人，仕道皆權其値售之，人服其公。尋升山西翼城縣丞，署縣三月，致仕歸。

朱家瓚，字元鬯，號穎海，奕山人。聰慧博學，由邑廩生膺戊辰恩選，肄業北雍，兩中副榜。初，庚午試房考擬元，主司以策語忤當道，抑之，士大夫咸惜焉。銓授廣東保昌縣丞，正直不阿，拂衣歸里，談經論道，後學宗之。邑侯徐治國延修縣志。所著有《螺青漚言》諸集若干卷。

宦迹

宋

閭丘景憲，由特奏名，初爲本縣學職，時知縣林采重修儒學，景憲贊之。後爲監酒税。

鄭乂，字充道，航頭人。嘉祐初，胡公瑗主太學，連預薦名，以學行稱。熙寧間，登進士第，授將作監主簿，調玉山尉。武陵先生志其墓。

劉賁，字元貞，伯憲之父。少力學，受業於武陵先生。由進士爲越州理掾、鎮江軍書記。改秩知建平縣，通判青州、常州，轉正郎。奉祠。

劉伯憲，有學行，游上庠登第，擢衛州教官。

周贇，字襄仲，綰之孫，柘溪人。由進士歷大理寺丞及正奉祠，徙居永嘉。族子煥與子若思俱擢進士。

鄭俅，字端夫，居航頭。少以學問稱，居鄉教授，從者如雲。紹興間登第，分教盱眙縣，改茶陵簿。秩滿引年，賜五品服。張貴謨、華延年等皆其門人。

華延年，字慶長，南隅人。磊落有志操。淳熙間進士，擢丞閩邑。當路交薦之，未及啓行而逝。

王景夔，南隅人。慶元間特奏名，以文藝稱，知錢塘縣，轉淳王宮教授、儒林郎。

王仲傑，東梅口人。由特奏名知星子縣，有善政。朱子創白鹿書院，屬令董事，及與吕東萊書，稱其老成忠厚，民甚愛之。見《白鹿洞記》。

潘起岩，三都西岸人。材之子。由進士仕至檢閲。

劉鼎，字公器，北隅人。中特科第一人，賜進士出身，除東陽郡教官。子贊、賁，俱特奏名。

明

徐濟翔，二都人。由儒士任何南舞陽縣儒學教諭。建文中被黜。永樂二年復召用，以年老辭職，奉敕致仕。

翁德昇，西隅人。由儒士任本縣儒學訓導。所著有《燕石藁》若干卷。

周汝賢，字希聖，溪淤人。由歲貢任禮科給事中。永樂九年，差四川，撫按軍民。十年，差廣東，接釋迦佛真身舍利子，兼盤番貨。

王一元，字太初，號曾山，南隅人。由歲貢任江西萬安縣儒學訓導。家居嗜學，閭黨咸欽，屢賓鄉飲焉。

葉大有，字謙夫，號東湖，湖山人。由歲貢任直隸宣城縣儒學訓導，屢以學行蒙獎，終于官署。

蘇滿，字善持，號草窗，南隅人。誠篤淳朴，讓貢至再，任湖廣桂陽州儒學訓導，致仕歸。

翁學淵，字原道，南隅人。由進士除南京刑部主事，歷郎中。明刑飭法，以敏幹稱。升貴州左參議，以試録謫真定府通判，轉邵武同知，歷福建、湖廣僉事。草創縣志，至今則之。

吴孔雍，字堯卿，北隅人。由歲貢任天台縣訓導。性孝友，睦族好施，力行古道，授徒於鄉，弟子甚衆。筌奥旨，工大書，屢辟賓筵。所著有《振世希聲稿》，門人中丞項應祥、太史楊守勤、同鄉王一中爲之序。

朱文盛，字用化，號月塘，奕山人。正直廉謹，豁達大度，爲邑令池公浴德所重。謁選銓部，授仙游、合浦倅，歷寶慶、桂林幕，所至百姓安之，上臺交薦。在寶慶時，節推丁公啓濬有疑獄，力平反之。節推亟稱於御史臺，有『守身不染一塵，折獄立服兩造』之語。家居三十年，凡鄉族諸事，悉爲處分，不抵郡縣。壽逾八旬，兩薦賓筵。

項天慶，字六吉，號季石，北隅人。性倜儻不羈，由舉人授武陟縣令。迎吏至都門，醵金二百爲行李資，舊例也。天慶艴然曰：『此何名？徒累吾民耳。』峻却之。下車，邑民頂香迎候，益自矯厲。終以傲放不諧於上，解組歸。

徐志雄，字士英，東隅人，授上海丞。海俗尚氣習侈，有打降、鬭寶兩陋規，往往欺懦，致傷人命，且啓寇劫。志雄力請上臺革除，民賴以安。又築城濠禦寇，創黄浦渡，善政種種，海人德之，建立生祠。以親老歸養，待族戚有恩義，助學田。司理袁公重之，勒石學宫。郡侯陳公旌爲宦林清品。年七十有五，無疾以終。

黄緝，號古愚，金溪人。悃愊惇厚，制行純良。以例授廣西南寧府經歷。居鄉三舉善行，五推賓筵。壽八十七。

王居敬，由掾爲婺源尉，政尚寬慈，士民共仰。時解南糧過岩峙街，鄉民適與工部吕因黄山爲難，揭旗大譁。居敬恐激變，委曲勸諭，民始靖，且爲申説道府。返役，歡呼道迎者十里。又婺人與江右樂平人爲難，婺故食饒郡米，因嗾饒守閉糶。公单騎至饒，陳説曉暢，疏通船貨，民大銜感。比告歸，婺人思之，立祠頌德焉。

王所學，號華峰，湖山人。由掾吏任夔州奉節尉。勤慎仁愛，不以位卑曠秩。素精岐黄，施藥餌，全活數千人。按臺吴從先薦擢主簿，以父喪歸。徜徉山水，好吟咏。任蜀時，有《蜀游紀勝草》。居鄉義直，族弟孤单，代聘以衍嗣續，有古人風。

國朝

黄德徽，字慎甫，金溪人。襟期磊落，學問典贍，尤工于古文詞。幼失怙，事母兄極孝謹，課幼弟成名。兄殁，復育孤侄，有聲庠序。中乙卯副榜，歷訓於濳，諭餘杭，教授嚴州，所至督課有方，砥礪行誼，多士咸得所宗。卒于官，壽七十三。

王啓緒，字統傳，號柳亭，南隅人。自少篤學，以恩貢任上虞縣學教諭。教士育才，勤於舉職。捐俸八修學宫，崇聖宫、明倫堂焕然一新。且創建義學，置田延師，克著成效。年七十餘，致仕歸。

王業，字肇禹，號立堂，南隅人。少孤貧，天資穎敏，游庠食廩餼，以優行貢成均，文品爲國子冠。銓東陽司訓，懋著惠政，士人深愛之。後升錢塘教諭，及卒，猶贈賻不絶云。

鄭國林，字天植，號竹村，長濂人。性質直，學問淹博，文情恣肆，如激湍怒濤，沛然莫禦。面斥人非，退不加貶。丰骨矯矯，不隨人步趨。由選拔任孝豐教諭，申嚴學政，督課不倦，人咸畏而愛之。缺泠風清，釜甑塵滿，猶裁汰陋規，餽遺悉屏弗受。室人交謫，置若罔聞。屢鬻産以佐薪水，秩滿而家産已盡。上官慰留，竟拂衣不顧，徒步歸里。時年逾古稀，食貧自甘。好讀史，弗自知疲，遂至失明。怡養歲餘，僅能見字，而勤讀如故。因復致盲，仍默誦自遣，幾忘昏曉。壽八十餘令終。

毛儀點，字聖與，號悠齋，關川人。以恩貢任浦江教諭。性孝友，幼失怙恃，事兄如父。鄉黨有不率教者，諭以道義，莫不感化。里中山溪高深，架橋輒圮，與兄儀燾捐資千金，建以石梁，人皆德之。在官砥礪名節，有古人風。日與諸生講學，亹亹不倦。致仕歸，紳士戀戀不忍捨。家居數年，談經論史，後學咸宗之。壽至八十有二。

朱奎，字星聚，號思亭，奕山人。由拔貢任武義教諭。言行可師，勤於課士，事關學校，靡不修舉。歷四任，與諸生情誼浹洽，咸霑其化。年七十卒於官，合庠皆痛悼之。所著有《易經心解》《四書約義》《詩韻音義註》行世。纂修《金華府志》《武義縣志》，金守嚴少峰爲之立傳。

吴心恬，字養冲，練溪人。由優貢選授黄岩訓導。資禀過人，讀書目數行下。弱冠食餼，竇東皋宗伯甚奬許之。莅任黄岩，飭躬訓士，整頓學綱。有諸生以歉積課被繫，令將懲之以法，聞其事，亟赴縣署，力爲承認，約限完納，因得釋歸。而該生赤貧，至期仍無措辦，乃解囊代爲呈繳，合庠德之。

官文濬，字鏡涵，號秋渠，柳村人。邑庠生，援例署山東鹽大使，升任福建連城知縣。慈和平易，不以矜氣凌人，勤政治，絶苞苴。有貴介來謁，敘談間微及公事，臨别遞一固封密函，拆視則千金券也，即擲還而力拒之。一富商爲事株連，檄提有名，甚疑懼。僚屬謀乘機取利，偵知其故，立召至前，諭以無恐。商出傳頌，合邑稱爲神明父母。既而衆欲未遂，復思有以中傷之，動以飛語，絶不爲撓，卒脱其人於禍。地方有無賴犯法，緣坐者幾至十人，廉得其情，置爲首於法，餘俱原宥，而極力曲全之。平恕廉明，合屬稱最。上游深相器重，屢擬保薦，以親老，決意辭歸。

朱霖，字沛蒼，號雨亭，練溪人。性孝友，嗜學。官歸化場，人使莅事，廉明不可干以非義。督煎催課，加意撫綏，有昌黎縣竈丁苦差役，亟爲陳請裁免，各竈感戴，愛如父母。上游器之，將列保薦，以母老辭。解組之日，祖餞載道，皆泣下。家居侍奉慈幃，色養備至。與人坦率好義，排難解紛。喜詩古文詞，經游名勝，見諸篇叶。著有《雨亭吟草》。訓子渭，嚴正有方，膺辛卯鄉薦。

補遺

明

李尚璣，字虞衡，南隅人。由邑掾任江南溧陽縣典史，遷山東青城縣主簿。萬曆三年，署縣事。

李文俊，字彦修，官溪人。從父勦寇有功，授主簿。

國朝

李枝菁，字茂生，南隅人。由吏掾考授候選經歷。

舊志評曰：爵列王朝，績著郡邑，非徒以顯榮其身而已。論定之後，將與鄉賢之祠祀者同爲不朽。若夫蠹政壞俗，漁獵爲計，生濫朝紳，没玷鄉評，則其人品反出齊民之下，雖登仕籍，亦奚補也。觀者當知所鑒戒矣。

篤行

元

黄愈之，字景淵，金溪人。少孤，事母至孝。博學行義，素有鄉曲之譽。至順間，以人材授福建路常平茶鹽提舉。秩滿乞歸，創義塾，聘名士，教授子弟。至正甲申，歲大祲，道殣相望，設粥賑飢，全活甚衆。卒年五十九。奉敕賜葬于本里塢裏庵。鄉人思其德，刻像祀之。

明

朱子堯，字仲穆，獨山人。讀書好古，以義槩自持。鄉人有鬭者，就質其是非，一言而決。與其弟子理少俱孝謹，長敦詩書。正統間，宣寇入境，慕其德義，以劍書諸門曰：積善之家，相戒勿犯。一鄉獲全，其行誼所感如此。時多火葬，子堯與棺埋之，治喪悉去緇黄，有古遺風。入《通志·義行》。

項森，字子秀。祖泗，父孔賢，累世積善，至森益大其烈。業儒弗售，弃去。精岐黄術，每以醫藥濟人爲事，雖傾橐勿恤也。萬曆初，邑旱、饑，乃鬻田賑粥，多所全活。幼時，祖所置四茶亭田若干，歲久爲豪强侵没。及長，悉贖之。課二子，咸以經學顯。邑有相搆争者，得其言立解，人比之王彦方云。入《通志·義行》。

華鎰，字時重，號東樓，北隅人。由歲貢任蘇州府長洲縣儒學訓導，升湖廣鄖西縣教諭，以母老致仕，不赴。孝謹事親，明於醫道，鄉人稱之。

朱自强，字體乾，號曾山，獨山人。博學好古，事親孝。母故，以試詣武林，不得，面訣跣奔，慟哭幾絶，執喪皆如禮。季叔早世，竭力殯葬，撫其子，俾有成立。弟逋負獲罪，輒罄産解之。平生手不釋卷，好誘掖後進，朝夕延文士談經史，析疑義，至老不衰。以貢授莆田學訓，飭躬却餽，士論重之。越期年，謝病歸。著《易經破愚》四卷。入《通志·文苑》。

包熺，字子昭。少游郡庠，博通經史。嘗從龍溪先生私淑良知之學，發明朱、陸同异之旨。生平好施濟，歲疫癘盛行，艱得藥物，往衢貿賑之。又遇窶人鬻妻償債，將别號慟，因出囊金以銷券，妻得不鬻。晚年置家塾田産，延師以訓宗族，採周、程、張、朱要語梓行於世。知縣湯臨川重之，爲序。

朱景和，字其順，號抱冲，自强之子。孝友根於天性，言動準諸古人。萬曆辛巳，以六人考貢當首選，因念正貢老而且貧，遂讓之。壬午中鄉舉，署滋陽學諭，彌月丁内艱，復除茌平。談經程藝，多士敬信，有《去思碑》。擢感恩令，雅尚德化，徙舊城，禁採礦，創九龍書院，皆大利於士民。以勞瘁歿于官，合邑請諸當道，特建名宦祠祀之。所著有《求我齋類稿》《學邵窩迂談》等書。祀鄉賢。

徐棣，字子登，東隅人。寬厚簡默，喜怒不形。嘉靖癸卯歲貢，授福寧訓，復除閩縣，皆以作人流聲。轉諭永福，值縣令缺，當道檄署邑篆，惟以清白自持。或有以子孫謀勸者，即面赤却謝之。所著詩文甚富，有《虛谷集》。

鄭補，字國補，鄉賢鄭還之子。幼得家傳，長崇正學，且禀性至孝。父疾，籲天求以身代，執喪哀毀骨立。既葬，廬墓側者三年。道府以禮旌獎，邑令池浴德親撰像贊。其爲當道所推重如此。所著有《學庸衍義》等篇，而《綱目管義》一書，尤有補於尹氏之發明云。

葉恩，字天錫，號東泉，南隅人。以吏員累官吴江主簿，升調蒙化衛知事，以老不赴。處鄉里，持論質直，鄉人搆詞者，得一言而解。人有過，面折嫚罵不能容。然意本無他，以故人無憾者。

周紳，字文佩，南隅人。褆身敦謹，夙以孝聞。少嘗業儒，既長，從事邑掾，奉公守法，令君多器重之。以考中授惠安尉。時劉公宏道爲之宰，諸所規畫，相與謀議，民心胥悦，有劉父周母之謡。及居家，遇荒歲，出資貸人，不取其息，負不能償者，焚其券，不使兒孫知名。後劉公以臬使莅浙，屢致書存問。及殁，親爲文遣祭焉。

包志學，字而時，儒學增生。友于好施，視侄猶子。歲荒，出穀賑鄉民。瘟疫流行，買參普濟，貧者多賴以生。有族女孤孑無倚，撫而爲之嫁，及疾殂，焚券示不復取，人咸慕其高誼焉。

鄭一桂，長濂人。家貧無子，訓蒙回里，途聞哀哭聲，詢知爲鬻妻償債者，即贈以修金。抵家頗不懌，妻詰得故，力爲慰解。夜夢神抱與一兒，遂生子九炯，爲顯宦焉。

徐榮，字仁卿，號静庵，東隅人，朝偉之父。孝友醇雅，外母家貧無歸，奉養終身，祭葬悉以禮。髫年游泮，試輒冠軍。由歲貢除江陰訓，懃懇訓迪，課士有軌度。升南豐諭。

鄭邦相，字珍之。天性孝友，仗義解紛，有古彦方稱。任河南南召尉，上臺重其廉能，升山西大同府照磨。奉委兵糧及查各堡軍器給賞、撫夷、召買等差，清慎多賢聲，晉民德之，鐫石誦焉。致仕歸，事繼母色養不倦，讓産以厚其侄，敦倫樂善，壽逾古稀。

周一楝，南隅人。孝友敦樸，平生好施與，凡親族婚喪，匍匐相周，常施藥療疫，全活者多。間拾人遺金，坐守待還，無德色。縣創學宫，以公義，委董其事，不憚勤勞，延師教子及孫，俱成明經。邑令王侯旌爲良民。重義睦族，能輕財，不爲家計，迄今子孫繁昌，遠邇咸欽。

徐朝偉，字士雅，號毓文，東隅人，榮之子。質禀純和，性篤孝友，嗜書史，薄聲利，生平無疾言遽色。由歲貢訓江右新昌，年已七十，砥切多士，一本至誠。轉新昌諭，未浹季而又一諭踵至，蓋部選誤也。生徒等皆勸争之憲司，曰：吾老矣，安能與若輩競此雞肋哉？遂賦歸來，杜門課讀。邑令許君延之賓筵，旌爲德門人瑞。

周士廉，字介夫，號玉壺。少餼郡庠，雅負俠骨，髫年與友徐懋厚俱受知湯若士，懋厚病瘵不起，屬以嗣事，廉慨諾。厚妻王氏爲立孤事，間關百楚，廉挺身左右，以女字其孤。迨王氏從容就節，復爲申控三院，題請邀旨旌表貞節，人以程嬰義之。事詳《奇節録》。遂邑大害在用里甲，廉極陳諸弊，申呈撫按，頒示嚴革。嗣後實意奉行，至今思其良法。以歲薦訓湖府，諭湯溪，補任漳州漳平縣教諭，享年七十五。

王文雅，字時正，號景逸，南隅人。以歲貢授常山訓。雅意好修，飲人以和，諸生束脯不計，惟以德行道藝相勖。後赴京改選，生徒不忍舍捨去，爲之立石文昌閣下，至今猶頌教澤無窮云。

時可諫，字君可，東隅人。生而穎雋不凡，長益沉心食古。弱冠餼郡庠，邑令湯若士重之。由歲貢訓進賢，諭安福，授紹興，三任師席，德造譽髦，多士咸立碑誦德。投老林泉，應賓筵，足迹不入公庭，年七十二而終。

黄聞樂，金溪人。質厚行端，禮賢好施，建宗祊以崇先，尤能惠及親里，至有待以舉火者。士林延譽，府縣交旌之。男甲選，幼列黌序，旋登府黌堂，人以爲劭德好學之報。

朱九武，字維周，奕山人。郡增生，爲士林翹楚。性篤孝友，志趨爽邁，遇公事慷慨直前，棘闈屢蹶，遂懶意科名。娛親教子，樂善好施，令聞著於婣黨。年六十而殁，人僉惜未竟其才云。

徐一静，號霽宇，東隅人，郡增生。敦行孝友，博學不售，義方式穀。教子應芳、應美，俱一時才俊，爲邑侯湯公所深器。時郡守吴公舉賓薦旌，額曰：『事父聚百順，有割股之奇行；課兒明一經，并游泮之彦士。』以耋壽終。

徐懋卿，字太階，應乾冢子，郡增生。性行端愨，家學淵源，與堂弟懋厚俱以弱冠錚錚士林。厚家貧篤學，病瘵，託後於卿而殁。厚妻王氏矢志爲夫立孤，卿生次子光孚，即以爲厚後。周士廉復以女字孚，成氏節，人以雙義稱之。更沉耽經史，工古文詞，受業于若士湯公，分相圃半席。樂育後進，數十年，凡游其門者，咸有成立。十上棘闈，以數奇賫志而殁。子孚能讀父書，亦有聲郡庠。

王堯棟，字士正，南隅人。嗜學好古，博聞强記。弱冠，蜚聲黌序，尤篤孝友。兄弟三，次兄榜早世乏嗣，長兄相生一子，棟已舉二子矣。棟以昭穆故，欲待長有所育；入繼後，讓産與兄均分，而獨任祀事。次兄血食不替，人咸義之。治家嚴肅，敦行誼，周急扶危，毫無德色。子耀祖、輝祖，俱餼於庠，有文名。輝祖拔辛卯萃科，部取知縣，亦善報一徵云。壽六旬終。

李廷賓，字子守，南隅人。敦樸古雅，以孝友著。侍父疾，不解衣者月餘。於昆弟藹如也，處族黨有長者風。歲饑，出粟賑活多人。生平操履不苟，居城市，垂老不識公庭。兩薦賓筵，以壽考終。義方訓子若孫。季子士道，以貢舉授縣令。

俞中孚，字汝信，南隅人。賦性孝友慈和，居家勤儉，甘澹泊，好賑貧窮，周患難，輕財重義，樂善崇儒。課子以道，有聲于庠。壽八十有三。

國朝

項宗旭，字旦華，號復齋，中丞公孫也。敏妙博學，能詩善琴，彬彬有儒雅風。事庶母以敬，撫孤侄以恩，謙和誠篤，古風可挹。晚益恬退潛修，著書自樂，多行善事，推舉介賓。年古稀而逝。

徐應貫，字宗一，號聖岸，東隅人，上海縣尉志雄之子。爲人篤志詩書，力行孝弟。補禮部儒士，析家產，悉以腴者讓諸昆。好義樂施，義方啓後。順治間，歲屢饑，捐穀賑米，惠濟者甚衆。復舉介賓，邑令趙公以清標碩德旌焉。享壽八十有四。

王敏教，字□舉，號敬庵，以歲貢廷試授訓導。篤志好學，多士咸景仰焉。凡婚喪必如禮。立身砥行，典型後進，前郡伯暨令尹咸欽之。及耿亂，檄授雲和教諭，守志不屈。享年七十有三。

華國昌，字卓君，邑庠生。爲人孝友可風，慷慨好義，平糶焚券，皆人所難者。順治初，劉游擊率兵勦寇，駐華祠，役夫四百餘，需供給不及，將肆掠，昌一人餉之，乃止。

鄭元調，長濂人，郡庠生。年登八旬，古風道貌，遠近心儀，孝友朴誠，俱從真性流出。急公好義，施予無吝，庭訓尤不離醇謹。以故子士儼壯年歲薦，兩孫有聲庠序，足徵德厚流光云。

周之駉，年十歲，父母俱喪，依兄嫂撫育。年十三，值順治己丑之亂，兄嫂故，貧甚，不能具棺，願爲人傭牧，得所値殯葬兄嫂。及壯，辛苦成家。後稍温飽，捐己産百餘爲兄立嗣，里黨稱之。終年七十四。

華啓炯，南隅庠生。幼侍繼母，備極孝敬，撫從子如己出。家不饒裕，而時欲周急扶危。素行淳篤，舉鄉飲介賓。子五，壽七十八。

俞長輝，字含芳，號楚畹，南隅人，貢生。孝著崇祖，澤存濟衆，雖竭家資，樂施不倦。當事自制府以至郡牧，叠加優獎。學憲李公以才品兼優，選舉約正。年僅五旬，賫志而卒。

葉培蘭，字百東，歲貢生，練溪人。自幼勤學，至忘寢食。經書子史，靡不淹貫。屢躓科場，毫不介意。讀書之外，心無他用。問以家計，茫然不解。以教授爲業，來者不拒。修脯有無，不計也。性孝友，行誼端謹。教人孝弟力田，諄諄不倦。不問賢愚，皆欽敬之。康熙間，彭逆擾亂，驟至村居，生徒倉皇奔走。問何故，答以寇至。詑曰：『清平世界，焉有此事？我當諭之以理。爾等自顧讀書，毋廢業也。』群匪至，聞百東先生在此，相戒勿犯，德之足以感人如此。

葉萬里，字聲遠，獨山人，武庠生。頗精韜略，性孝友。乾隆十年冬，堂弟雲爲虎嚙仆地，倉猝間徒手奔救。虎捨雲，人立撲頂鬨噬，因蹲身保腦，以左手抉虎吭，展勢傾推，人與虎俱仆。被爪傷左肱腹，以右手扼之。虎仰卧，拳脚交加，遂斃虎。聞見者莫不咋舌驚駭，稱爲奇勇。而要由於情切救弟，天性勃發，實有以激而成之。時趙石函學博有《搏虎圖記》，前輩名人多題咏。督學聞之，考校日令於案前演試，稱賞不置，一時傳爲异事。

葉起泮，字飛黌，葉塢人。性慷慨，博洽經史。乾隆辛酉拔貢，一時英俊多出其門。與弟同爨四十餘年，一家雍睦，學品兼優，一方奉爲楷模。

吴國顯，號桂軒，邑庠生，練溪人。幼繼堂伯爲嗣，事繼父母極孝敬，居喪哀毁，不异所生。家無恒産，而周卹同堂兄弟子侄，無時或倦。砥行弗求人知，嚴氣正性，不侮闇室。居鄉有還淳反樸、激薄停澆之化，故出其門下者皆成端士。教子有方，刑于足式。鰥居四十餘年，享壽令終。

徐台睿，字明遠，東隅人。秉性謙和，篤於孝友，嗜書史，薄聲利。生平無疾言遽色，排難解紛，人咸敬服。由歲貢授訓導。前學博孫士蓉贊曰：孝恭胥篤，驕諂兩忘。見紛必解，聞義斯揚。業揮東郭，迹斂松塘。澹臺流品，敬叔行藏。皆實録焉。

葉燧，字之鑑，號丹溪，西隅人，武庠生。例授衛千總。幼失怙恃，克自樹立，豪邁有至性。周月喪父，未得遺像，倩畫史借己貌追摹父容，圖成畢肖，咸謂孝感通神。營父葬地，辛苦備嘗，竟以無意得吉壤，自是積累成家。好施樂善，有已離夫婦出資成全之，親朋無不受其周濟。施棺以斂路斃，置租田列入祭規，俾垂久遠。慈藹可親，無疾言厲色，一邑稱爲善人。年逾古稀，無疾考終。

劉瑩，字琇偕，號淇泉，附貢生，練溪人。立身敦行，謹飭廉隅，不肯和光同塵。執親喪，哀毁骨立。篤志經書，品學兼優，家教嚴肅，爲鄉黨所矜式。滇南彭明府贈詩有『寒暑簾前雙好客，風雲窗外兩名家』之句，慶元姚芝佃爲撰行傳焉。

毛天珙，字聖璧，邑庠生，淤頭人。内盡其心以事雙親，外崇禮讓以接鄉黨。喜人有福，惡人有禍，口不臧否人物。篤行淳備，修整閨門，教養子孫，可以爲法。夫婦俱年登九旬。長子際明，入邑庠，現年八十，恂恂有父風；次斌，歲貢生；三炳如，國學生。諸孫多列膠庠，可云積善流光。

鄭國賢，字序賓，號梅二，邑增生，長濂人。襟懷磊落，如八窗洞開，制行端嚴，而天性肫篤。善事高堂，和睦家庭，兄弟無間言。喜爲人排難解紛，即竭己財弗恤也。正直不阿，人皆仰之。鄉里有雀角事，得其一言，無不立解，遐邇稱善士焉。

王極，字尚虞，號隱崖，南隅人。由貢生，例授布經歷。幼年失怙，扶柩歸里，悉秉教於長兄，不違禮節。婚娶後，寄居岳家，規矩束身，絶無紈絝習氣，遂致巨富。壯年失恃，旋賦悼亡，哀感獨摯，誓不再娶，鰥居終身。教育子女，嚴慈備至。三子俱早克樹立，操持堅定，言出不移。終年七十有八。

葉震，字春華，號松岩，南隅人。附貢生，例授清軍州同知。慷慨有志略。幼失怙，孝以事母，不欲遠離。終母喪，擇地合葬，經營墓廬，以致孝思。爲族兄婚娶，以延支派。處鄉隣，排難解紛，肝胆相示。内既端嚴，外復整肅，足爲表率。年近古稀考終。有丈夫子七人，長光升，恂恂儒生，以善書名，髫幼能作擘窠大字，遐邇稱能；仲光第，有父風；餘俱克樹立。曾、玄衍慶，可謂充閭。

吴林，字帝培，號芝麓，練溪人。恩貢生，選台州府臨海教諭，未赴任卒。少孤貧，事母至孝，躬耕以養，耕暇輒讀，卒成通儒。平生不持齋拜佛，惟父母忌辰及己誕日，則茹素哀痛，終身弗衰。謹事寡嫂，撫侄如子，業儒業農，俾各成家。性儉約，不靳施與。同里有尹、周兩姓，貧將鬻妻，傾館穀以全其夫婦。教人以敦行爲重，貧而有志者，助以膏火，不令輟讀。嘗語門人曰：吾輩一日間必有一二善言善行，有濟於世，方不虚過。年逾八旬，尤能燈下書繩頭細楷。所著有《求心堂集》《庭訓》。二子：長秉純，府庠生；次心恬，由優貢任黄岩教諭。

鄭養賦，字培資，邑庠生，長濂人。父母早故，能自刻苦。弱冠入膠庠，儉約辛勤，不敢自恣。事涉非義，則毫不苟取。年既壯，家日以裕。親隣有急時，節省分潤之。有堂兄老而無子，產頗饒。兄殁，以己子承其後，將所有財産半歸於公，與衆輪流奉祀。晚年以負欠者多，恐後人索擾，悉取券焚之。

王國芹，字維泮，號碧崕，排前人，例貢生。藉父遺蔭，勤儉擴充，以底豐大。長兄早故，乏嗣，以子承祀。奉嫂而居，敬事嚴育，使嗣子早克樹立，孫、曾衍慶，成一大支，壽富而康，皆其悌恭之所致也。子正業，恢宏先業，作德無量。子姓穎异秀發，稱爲族望焉。

戴炳璉，字介然，王溪人。事親至孝，性正直，彊禦不畏，鰥寡不侮。國初，彭寇既殲，設保甲法綦嚴，極力調護，遠近諸村賴以保全，鄉人德之。乾隆丙辰歲，行鄉飲酒禮，舉爲首。子七，俱列膠庠，人以爲修德之報云。

李樹萱，字北堂，上旦人，歲貢生。選義烏縣訓導，未及捧檄而卒。醇雅簡默，喜怒不形，砥礪廉隅，學問淵博。少失怙，事母以孝，人言無間。生平不解會計，喜購書籍，家藏頗富。肄業敷文有年，因屢蹶棘闈，遂歸授徒，不問修脯，遇寒士反濟恤之，求無弗與，因此家落。晚年雖受窘迫，處之泰然，洵稱學行兼修焉。

官學慎，字啓緒，號棠齋，柳村人。庠生，誥封奉政大夫。純謹樸厚，不立崖岸，出語煦煦，惟恐傷人。而操履端方，治家整肅，教子嚴立課程，不令稍自暇逸。喜讀書，以數奇屢躓棘闈。及子宦遠方，遂同之任所，日以忠君愛民爲勖。節儉自奉，并無封翁習氣。布衣疏食，恒如平日。

鄭惠，字東里，邑諸生，長濂人。勤學攻苦，恒日夜弗輟。年幾壯，始遊庠。弟没於水，號泣尋屍而葬之，以己子爲之後。撥産歸衆，以爲中元奉祀。生平未嘗疾言遽色，或以非禮相加，和顔受之，有唾面自乾氣象。

周廷鏘，字瑞昌，石柱人，鄉賢周綰後裔。幼失怙，母尹氏茹荼撫育，教訓成人。後鏘與妻范氏亦能竭誠奉養，鄉黨共欽其孝。居家勤儉，不事浮華，敦行樂善，待人接物，情誼極其周摯。生八子，教以義方，皆醇謹克家。孫十五人，教習耕讀，各能勤業。曾、玄十餘人。一家男女七十餘口，五世同堂，一門雍睦，有張公藝遺風焉。年終八十有九。

潘紹璽，字碧玉，茶汙人。父故，伯兄早世，璽率諸弟耕作，勤勞必先。四十喪偶，遂鰥居不娶。事母宋氏，孝養備至，喪葬如禮。賦性友愛，與諸弟分爨，毫無所私。姊家貧，給衣食贍之終身。地方遇有公事資費，俱力任不辭。居心正直，待人謙和，里黨有紛争者，多爲解釋。前令咸採訪輿論，褒舉鄉飲。歿後，子姓化之，一門雍睦，有足欽者。邑人俞集爲之傳。

鄭暉，字麗春，號曉園，邑增生，長濂人。勤學問，有才識，居鄉處俗，不肯苟同於人。整飭家庭，訓誨子弟，嚴而能和。與人交，久而彌篤。治躬率物，大德未嘗逾閑。

鄭士楨，字藎臣，號東岩，歲貢生，長濂人。英靈卓犖，讀書目數行下。幼遭寇亂，荒逋叠積，邑令奉檄嚴徵，懼父被辱，以身往應。令訶斥之，答以應試儒童。試以文，走筆立就。令奇之，詢得其以身代父狀，益嘉嘆而寬恤焉。撫叔氏遺孤，爲之婚娶。勤儉克家，遇貧而負者，舉券焚之。少年食餼，試輒冠軍。邑中名士多半出其門，耆年望重縣邑，暨隣封賢宰，咸折節禮之。繆侯纂修邑乘，請爲領袖。生平雅量春風，歡笑浮白，爲人排難解紛，談言微中。綽有東方曼倩及晋人灑洒高致。子國光，亦爲士林翹楚，尤能以孝行世其家焉。

潘國賓，字維善，三都倉畔人。生母早故，事繼母淳謹無少懈。家不中貲，侍養甘旨無缺。自奉甚儉約，勤力操作，日漸充裕。中年以後，倉儲盈積，而賦性質朴，不以既富稍易其素。忠厚待物，告求者率如其意以去。周恤隣里，荒年出粟，減價糶賣，毫無德色，人以是多之。五旬始育子，七旬舉報耆賓，壽至九十五卒。屢邀恩賚，子家相貢入成均，孫、曾林立蔚起，至今猶守祖風焉。

文學

宋

龔敦頤，字養正，原之孫。博通群書，撰《元祐建中列傳譜述》一百卷。淳熙間，修國史，洪邁請甄録，從之。授潁州文學，仕至宗正丞。入《通志·文苑》。

元

鄭元祐，字明德，航頭人。元初，父石門高士，字希逸，徙家錢塘。十五能詩賦，是時咸淳諸老猶在，元祐徧游其門，質疑稽隱，充然有得。父歿，僑居平江，從學者衆，省臺交薦。至正丁酉，除平江路儒學教授，轉江浙儒學提舉。居九月，疾終，年七十三。元祐兒時傷右臂，比長，能左手作楷書，規矩備至，遂自號尚左生。爲文章滂沛豪宕，有古作者風，詩亦清俊蒼古。晚年自彙其所作，以授謝徽，名《僑吴集》。又有《遂昌山人雜録》《山居文集》若干卷。入鄉賢。入《通志·文苑》。

尹廷高，字仲明，號六峰。父竹坡，當宋末以能詩稱。仲明遭亂轉徙，歷二十年始歸故鄉。嘗掌教永嘉，復任處州路學教授。尋歸隱，日以詩酒自娱。有《玉井樵唱正續藁》，奎章閣學士虞集爲之序。入《通志·文苑》。

明

毛翼，南隅人。由舉人任福建同安縣儒學訓導，升梁府教授，以文學稱。

俞得濟，字公廣。幼孤，長克勵於學。涉獵既博，從先生長者習詩律。永樂六年，詔翰林集四方儒學士纂修《永樂大典》，濟以能書薦。書成，被賜賚詔，就翰林，益進其藝。十八年，擢兵科給事中。勤慎詳敏，克舉其職。坐累，出爲邯鄲縣丞。縣當孔道，濟爲之有方，民不困而事集，尤以寬厚得民心。洪熙元年，轉刑部照磨。宣德初，升刑部廣西清吏司主事。盡心察理，獄無寃滯。及歿，大學士楊士奇爲志銘。見《獻徵録》。

吴紹生，字繼賢，號默齋，北隅人。永樂乙未進士，以習譯文，考選翰林院庶吉士，轉行人司行人。使琉球，升禮部儀制司員外郎，歷工部屯田司郎中。所著有《默齋集》。子志，亦進士，官知府。

朱朝正，字克正，號庸齋，奕山人。性敏悟端方，襟期磊落，議論高博，以詩文雄世。有史才，曾聘修各郡縣志及輯家譜，爲人亦有司馬子長風，以故兩浙名公皆折節焉。自號野史山人。嘗繪浩然騎驢像，隨所之攜置篋中，諸公競爲贊，有興溢灞橋風雪，筆司太史斧衮，其無懷葛天之儔，抑晨門荷蕢之流等語，想見飄然風塵之表云。

王養端，字汝推，一字茂成。倜儻負意氣，抵掌談古今事，亹亹如懸河東下。工古文辭，作詩若出唐人口。舉順天亞魁，大學士袁煒每推轂下之。與濮州李先芳、揚州宗臣諸公相結甚驩。生平著述極富，有《震堂集》《山居論》，其《遂昌三賦》載《明史》云。入《通志・文苑》。

黄九章，字叔範，號樓岩，中之子。性資疏朗，學問宏深。由貢授龍溪訓、華亭諭、海州學正、南昌教授，所至造就人材，於士有恩。每署縣，輒著聲績。尤長於詩文，所著有《秋水齋集》。

葉澳，字爾瞻。齠齔時即負大志，縣令黄道瞻一見异之，負笈從明師游，尤受知於臨川湯公。萬曆甲午領鄉薦，因抱疴，不獲顯於世，人咸惜焉。所著有《四書註翼》《易通》《淇筠志感》并詩集行于世。入《通志・文苑》。

黄九鼎，字禹鈞，號象州，中之侄。萬曆癸酉舉于鄉，除陝州守，多惠政。未幾解職歸，劇愛西湖之勝，遂家焉。名山异迹，題咏幾遍，尤善於樂府擬古諸體。結社湖山，與名公互相倡和，督撫劉公一焜尊爲人倫楷模。捐俸梓《湖山百咏》《七二草》行世。入《通志・文苑》。

徐應乾，字以清。行誼端謹，學問淵宏。家貧，課生徒束贄奉父，均予諸昆，不入私室。夙著才名，由恩貢授寧波訓、清遠諭、雷州府授，所至作人訓士，一本蘇湖。董修府志事，筆削允當。復續修族譜。所著有《昌岩藏稿》《士林正鵠》行世。

包志伊，字惟任。孝讓正直，睦族恤隣，有古麥舟風。髫年游泮，倜儻負大志。自舉業外，經史諸子，過目成誦。作詩歌古文詞，娓娓數千言，爲邑侯湯公玉茗所器重。讀書唐山，無疾而歿，葬于山。有樵童忽見襴幞者降，語曰：上帝以吾賫志而殁，敕爲英靈公，主此山。於是邑人禱祀，輒著靈异，肖像寺中。

潘覺民，字任卿。幼孤，事母至孝。早歲失偶，一子賴母育之，終身不再娶。待兄弟甚友愛，家貧舌耕，弟子以百十數，不以少長分勤怠，不以寒暑輟講誦，皓首賫志，邑稱人師、經師云。

鄭秉鍊，字泉曲，號心樂，長濂人。以歲薦授蕪湖丞。處膏不潤，日與諸生爲文社。以清操見忌免歸，囊槖蕭然。讀書彈琴，齊家睦族，鄉人化之，一時名公如焦漪園、楊崑阜皆推重焉。

鄭秉券，字錫卿，長濂人。髫年入郡庠，太守張公器之，因贅於麗。端方勤學，以《毛詩》教授門徒，一時監司守倅多延之賓館，爲子弟師。以貢訓開化，轉分水諭，兩邑俱得士心，終于任。

王文中，字紹泉。秉性孝友，禔躬端樸。讀《易》，精陰陽妙解，游其門者歲常滿。少食餼，試輒冠軍。閉户好學，足不一履公庭。戊午歲貢，恬退自甘。年八十五終。

童進思，字懋忠。弱冠游庠，九入試闈，偃蹇不第，志益壯，一時名士皆出其門。課子一經，善吟咏，有《溪上吟》《童子離騷》。

朱明誠，字聚敬。性孝友，善詩文，操行耿介，嶷然嶽峙，鄉黨有不率者，卒服其化。樂道安貧，郡縣景範如山斗，有陳太丘風。終年七旬。

葉繼康，字伯阜。事二親先意承志，撫幼弟提携友愛。與人無競，御下有恩。讀書一目數行，自經史子集，靡不淹貫。髫年游庠，即膺餼廩，數薦于鄉。萬曆癸卯中浙闈副榜，以歲貢授鄞縣訓。待士作人，甚爲紳士所敬重。升昌化諭，逾年致政歸。屢應大賓，壽七十五考終。著《梅菊百韻》。

包經文，字君質。力學好修，善事後母，撫諸弟。早歲餼庠，試輒冠軍。崇禎十三年歲貢赴京，時國步方艱，上親閱試策，拔其尤者百人，加以欽賜之額，獲中第三十七名。以疾歸，賫志而殁，士林惜之。

葉梧，字于陽，獨山人。幼穎悟好學，博涉今古，舞象即餼于庠。與兄澳、弟幹俱爲湯令若士鑒拔，代贄負笈黄貞父、岳石鍾兩先生門下。辛卯，浙闈中副榜。志愈矯厲，家故饒，悉委叔季理，不問家人産，數奇不售。晚年食貧，恬不介意，惟怡怡以承母歡。居鄉正直不阿，輕財好義，童叟咸欽，士林推重。惜將貢而終。

鄭九州，字鼎卿，長濂人，郡廩生。穎悟絶倫，博極群書，工古文詞詩賦，啓扎咄嗟而辦。郡守朱公葵檄修郡乘，司李王公明汲欽其學行，延登皋座，朋誼師道，俱追古型，未及貢終，人咸惜之。

包經邦，字君佐。豐姿偉度，天性孝友。由崇禎十七年歲貢赴闕。值寇氛猖獗，至山左而旋，弗獲展厥抱。沉醉輒歌老驥伏櫪之句以寄慨。終年七旬。

黄德璩，字瑩郎，父廉。家學淵源，倜儻宏博，文辭詩賦，咸取法秦漢。弱冠餼郡庠，屢試高等，尤敦孝友，篤朋誼。家金溪，歲壬午、癸未，萑苻躁際下，距其鄉咫尺，會侍御熊伯甘、司李陳卧子監紀合勳，檄參帷幄，招寇投誠，邑令許君器重之。

童問禮，字用和，郡廩生。舞勺登黌選，赴棘闈十二科，終始念典，而皋比尊肅，出其門者多名士，且訓嚴義方。子任良、任重、任大，俱爲邑名儒，文行兼優，堪爲後學楷模。

徐應泮，字鵬池，東隅人。弱冠游庠，有至性，晨昏定省，色養無違。親亡居喪，行文公家禮，閭里悉稱其孝，文宗樊公重之。平生著作甚多。

項天衡，字舜齊，中丞祥次子。生而穎悟，過目成誦，中丞公深器之。髫年游泮，餼於庠，錚錚有聲。而温文謙藹，無貴介氣。家富書史，衡酣枕其中，俗緣不滓。尤資友朋爲講習，問奇析疑，肺腑洞澈。惜賫志而歿。所著《閩中游草》，聲律可追唐人。創延芳、介祉兩茶亭，凶歲煮粥濟饑，種種義舉，尤足多云。

華知京，字汝統，南隅人。博聞强記，弱冠餼於庠，屢試高等，樹黌序赤幟。孝二親，居喪哀毁盡禮，時以五十而慕稱之。好行德，施藥餌，賑貧乏。又善古文辭，詩有盛唐風。乙酉、戊子屢取充貢，俱不就。優游皋比，樂育自適，壽至古稀，終之夕猶飲酒歌詩。所著有《適居集》二卷。

朱九綬，字廷若，奕山人。賦性警敏，居心醇慤，孝養備至，尊師崇道，與姻黨交甚厚。幼頗席豐，欿然自下，人樂飲和。爲郡增生，勵志舉業，不治生産，屢躓棘闈，卒致困乏。然不以貧改節，尤欲課子大成。壽六十，賫志而逝。

葉文舉，字爾知，東隅人。幼敏慧有文聲，弱冠游庠，即有志觀光，北游太學。爲人謙厚孝友。嫡伯繼康，文行爲一邑冠，事之如父，師法不違。不幸早歿。妻鄭氏，勤瘁守家，長子幼，次子遺腹，氏撫訓咸得成立，聿新堂構，人謂文舉盛德之報云。

國朝

徐一孚，字爾信，號中白，朝偉之子，東隅人。生而岐嶷，髫年誦讀，過目不忘。弱冠補弟子員，蜚聲黌序。爲人篤孝友，秉誠直，一庠清議，一邑利弊，皆身任以教。敷陳宣達當道及親友，俱諒其果慤。惜蹇於數，賫志以歿，士論惜之。

鄭之騄，字仲良，長濂人。温厚和易，壯年食餼，父子兄弟相師友。由歲薦訓衢府，以文行勖多士，蒸蒸向化。未竟用，遽終于官。

黄豸聲，字姚臣，坑西人。才高識邁，迥不猶人。與族弟黄懋學，字修來，俱以童子游泮。豸聲幼即能詩文，多奇警句。性復好游，過豫章，與艾東鄉、陳幼升結社吟咏，刻《韵江草》，黎博庵爲之序，極稱其『奇拗尖冷，不從人間來』。吴興蔡正庵督學以戴紀延爲其子訓制義，刻有《苕溪冷筆》。歸游温州，歿年二十七。家貧未及娶，巡道謝公等深爲嘆惜，各爲詩悼之。懋學髫年餼庠，乙西選貢，亦能詩，多散逸，未刻，歿年二十四，亦以貧未娶。

項天琦，字韓仲，中丞公幼子。以庠生游北雍。性謙厚慎重，且多才藝，事上接下，俱克盡禮。

中丞公器之，家政悉委綜理，親情交誼，更極周摯。以祖封翁墓在長抝方山，創橋濟渡，建亭施茶，皆名之曰祖德，尤其孝思之不匱也。生平漁經獵史，能詩善書，爲翰墨林之逸仙，惜未𦁷舉。有丈夫子四，皆克家云。

李春富，號竹樓，南隅人，邑廩生。忠厚正直，博聞强記，敦倫睦族，尤篤義方之訓。厥子成童，即皷於庠，文行爲士林宗仰。德造所及，遂、松兩邑名雋半出其門。居鄉以道義砥誘後進，有古君子風。以廷試終于京。

項世臣，字非喬，邑庠生，中丞公之孫也。資禀穎敏，博極群書，著述甚富。《論易》凡十卷，剖晰微奥，足以羽翼四聖。工於詩賦，足迹所經，耳目所遇，莫不悠然興會。若梅花百咏，清新俊逸，雖庾、鮑無以過之。惜癖於選佛，竟以禪隱，暮雨秋烟，慨慕隨之云。

包萬有，字似之，號敬衡，北隅人。六歲失怙，事繼母如所生。居繼母喪，啜粥茹蔬三年。十八補弟子員，屢試優列，入棘闈。主司命題，曲意媚逆璫，遂投筆而出。弃青衿，放浪山水，博極群書，經史百家、内典丹經，靡不淹貫。建兑谷書院，會同志講學焉。又捐輸義倉穀一百石以賑饑。兩應修郡志聘，修邑乘者三。所著有《編年合録》《五經同异》《範數贊辭》《小學遺書》《食貧録》等書。殁，郡伯周宿來先生讀其撰述，慨然想見其爲人，詳請祀入鄉賢。入《通志·義行》。

包蒙吉，字聖修，號介石，北隅人。以恩貢考選州同，改迪功郎。後奉取選，堅辭。著《古史補》，惜未授梓，僅存稿，亦殘。其爲諸生時，文名爛然，婺州司理李公之芳延之西席。及升浙閩總制，駐扎三衢，復延之，以屬轄，不赴。前浙江巡撫王公國安乃其門下士，請往見，至再三，一見而返，其高風清節如此。督學張公衡旌曰『潛德象賢』，逾古稀而終。

王錫，字禹功，號懷雲，士倫孫也。以歲貢選奉化訓導，辭疾不赴。性情恬澹，操守端嚴，試輒冠軍。所爲文章，四方爭誦之。廷試歸，潛修三十年，足迹不履公庭。著書自娱，有《偶時吟詩》一卷。壬辰夏，邑令延修縣志，以目疾不赴。未幾捐館，年七十有六。

葉茂林，字秀也，北隅人，廩生。甲午鄉試薦魁，以策涉嫌疑見遺。爲人高曠瀟灑，能詩善翰，兼工水墨。曾入浙東五友社，著有《飛鶴閣詩略》《卧竹亭稿》《甬上吟》。戊子饑，鬻妻自活，質子爲奴者，捐金贖完之，時人仰其高義。

包蒙亨，字穉嘉，北隅人，郡廩生。爲文得先輩法脉，屢試冠軍，十戰棘闈，厄於數。康熙庚午，郡伯劉公召延修府乘，秉公無私。所著詩賦多不傳，其《易經衷統合參》《心齋詩集稿》尚存，邑人士莫不景仰焉。

毛桓，字克亭，號荔園，南隅人。孝友嗜學，弱冠聲名籍甚。文矯健沉雄，詩亦精琢工穩，兼工書法。貢入北雍，讀書敷文書院。兩舉優行，一薦鴻博，又再掌昌山教，延課南明書院。所著有《荔園文集》《遠抱樓詩集》《四書解義》，惜蹇於數，以選拔終。

朱楷，字翰仙，號梅岡，奕山人，邑廩生。有雋才，工吟咏，終歲一室，漢魏唐宋無不研究，雖疾病不少輟。性好施與，遇寒士即罄囊弗恤。所著有《梅崗集》。終年五十八。陳教諭吊之以詩，『有斯人今地下，文章自千古』之句。

王正化，字熙世。由歲貢授訓導。博學善詩，有《茂槐堂詩集》《紀游詩草》行世。生平慷慨好施，樂善不倦，嘗刊《慕善録》《牛報篇》，廣行規勸。子瑛，弱冠食餼，亦著有《數園稿》《芥納軒詩集》。

鄭家燕，字鳳城，號丙南，歲貢生，長濂人。器宇軒昂，氣度閑雅，經書子史無不研究精微，長于解析書義。每擁皋比坐講席，談論娓娓，聽者忘倦。父授原鄉教諭，隨之任，一時名士皆執經請業焉。性嗜酒，晚以飲醇賦詩自娱。

華明樓，字鴻書，號東籬。由歲貢選嵊縣訓導。穎悟過人，沉酣於學，文宗醇正，不入時人蹊徑。趙石函司訓深罄折之。有幹才，能任事，高明磊落，議論風生，名重一時。前王令聘修邑乘。

童汝礪，字資先，號魯成，北隅人。由恩貢授教諭。端莊醇厚，不苟言笑，文法高古，得隆萬衣鉢。授徒惟崇實學，居家嚴肅，内外秩然。而待人以恕，雖僕婢未嘗施朴責，姻黨不吝周恤。告貸者輒罄所債與之，遇囊澁不能應人之求，則貸以册券，任其典貢。善細楷，手録經史諸名家詩賦文藝及古昔格言，累架詔箱。年終七十三，子孫皆有聲庠序。

劉霞，字超然，號赤城，襟溪人，府貢生。幼聰敏，熟讀群書，諸子百家無不流覽。性勤於筆，所閲書無不一一詳加評註。作文援筆立就，不加點，試輙冠軍。武進錢文敏公考校栝郡，閲其文，贊賞不置，取爲榜首。問其考幾榜首矣，答以不能記憶，公笑以老榜首目之。數過奇，秋闈屢薦未售。著作甚富，惜家貧，後裔零落，未梓行於世。乾隆乙酉，分修縣志。

華日瓚，字在中，號汲古，南隅人。鋭志於學，游庠後，右臂以瘋廢，不甘告休。左手學書，仍應試焉。秉性温文，篤於孝友，立心制行，人咸奉爲楷模。

王景雲，字文郁，號晚圃，南隅人，歲貢生。幼穎异絶倫，童年食餼，蜚聲黌序，一日能成制義三十餘藝，衆以明季陳大士比之。家貧授徒，合庠諸生多半出其門下。幼失恃，撫養於祖母俞氏，後俞得節孝旌表，手鎸百壽磚甓於坊上，尤見報劉之孝思不匱云。遺稿散失不傳，士林惜之。乾隆乙酉，分修縣志。

周觀鎬，字繼豐，號西垞，南隅人。由恩貢授州判，改授布理問。秉性倜儻，淵度冲和。家故貧，克志潛修，淹貫經史，善詩文，精楷法。壯年游幕，才識高邁，噪聲遠邇。教授生徒，以立身砥行爲重。二子皆弱冠游庠，亦各就幕。積舘穀，漸致豐裕。晚年家居頤養，左圖右史，取經史百家，摘其要者而手録之，耄年不倦。平生胸襟洞豁，謙藹温如，人有飲和之樂。事關風化，則中立不倚，有毅然不撓之概。年終八旬。

周謙，字益之，號好山，邑廩生，長濂人。體羸弱若不勝衣，而姿禀過人。喜讀書，日數行下。嘗從章北亭太史游，北亭以大器期之。作詩文古今體無一不工，楷法仿《多寶塔》，筆意頗能酷似，臨懷素草亦遒勁有機勢。爲人雅秀而文，惜不永年而卒。著有《賓月樓詩稿》，未及梓，庚申失於水。

王夢篆，字文沙，號窺園，南隅人，歲貢生。幼承庭訓，篤志好學，貪餼於庠，制義之外，酷好吟咏。應前羅蘭塘明府之聘，薄游并、冀，經歷所及，輒留篇什，得山川之助，詩益工。晚年就正於學，師陸太冲，迭相酬唱，爲武林梁山舟太史所賞識，以手書集序相遺。有《窺園詩鈔》四卷行世。

黄衣照，字孔章，號儀亭，邑庠生，練溪人。孝友性成，與人無争，與物無競，珪方璧圓，人與交接者不啻如飲醇醪。生平安貧守善，服膺簡策，不知老之將至。坐卧處典籍之外，别無長物。工吟咏，善書法，著作甚富。年終八十有四，洵爲一鄉善士。

葉均，字作先，號月坡，燧之子，廩貢生。少穎异，善默識，過目不忘，出語每驚長老。壯年食餼，有聲黌序。因得風疾手顫，遂援例入成均。自是怡情棋酒，以岐黄術濟世，十不失一。更周以藥資、口食、星命、堪輿諸書，無不畢覽。超悟精微，詩文不多，有矜貴氣。教四子俱爲膠庠碩士，長子世鏞，季子世銘，俱純謹無疵。好施與，勇於爲義，邑中公事多賴之，咸謂善人有後云。

王錀，字守寅，號京門，邑廩生，南隅人。夙智早成，舞勺游泮。幼失恃，號踊過度。事父以孝稱，友于兄弟，終日怡怡。家素豐，無驕奢之習。性合元和，身齊律度，不妄交游，而篤志好學。每虛室獨坐，游心墳索，博涉多通，名行爲時輩所重。惜不永年，人咸悼之。

朱熡，字正陽，廩貢生，奕山人。敦孝友，尚節義，樂善好施，無吝色。與人相接，温容雅度，所得於學問涵養者深也。教子重躬行，而後文藝詩文以性情理法爲宗，書法學顔魯公而得其神。宗黨老幼咸愛敬之，謂有先民榘矱。

俞蓮，字賓于，號雨薌，南隅人，歲貢生。自幼閉户讀書，從不問門外事。能尋思試帖制藝，刻意攻苦，有一往獨得之趣。食餼後，與文人學士交，日以吟咏詩文相往來，餘無事也。文多雋雅，詩有新意，書法秀勁，能自出機杼，不落前人窠臼，筆墨間時若别有一天。性耿直，晚年多不能諧俗，擬以蘇子瞻之不合時宜，多半近之。

華日融，字煦亭，號春圃，王溪人。由拔貢候選教諭。學優文麗，名欽雅俗。有《蕉石堂詩鈔》，粹然儒者之言。歷主滇江、開陽講席，多所造就。以廬墓居衢邵西鄉，讀書之餘，雅好施與。嘉慶壬戌大饑，傾囷周卹，自與家人食菽療飢，全活無數，乃於是年病故。鄉人慕德，時聞巷哭，旋爲立主於社祀之。陳傳經有詩輓之曰：『孝弟兼慈和，爲善曷有極。鄉人無智愚，咸頌君之德。』皆紀實也。

童邵，字雋心，號春樵，北隅人，歲貢生。幼敏捷，塾師教讀數過，即能記憶成誦。博洽多聞，片刻成數藝，毫不費力，大有張曉樓白茅氣味。早歲入泮食餼，屢試冠軍，名大噪。肄業敷文，多列優等，名公宗匠咸重望之。家素豐，以不理生産，因而中落，甚至衣食不給，□不介意也。晚年精於岐黃，亦稱國手焉。

隱逸

宋

葉可權，字國衡，號平齋。隱居桃源，讀書樂道，澹如也。邑嘗起爲教官，能誘掖後進，人咸景慕之。尋歸隱。

周與昂，字天常，隱居桃源五峰之下。通史籍，精卜筮，以耕雲處士自號，終老丘園，未嘗入城府。手蒔松竹梅於屋側，以養歲寒之志，有古逸民風。

王鎡，字介翁，湖山人。宋末由選舉授金溪尉。帝昺播遷，即弃官歸隱，與尹綠坡、葉柘山諸人結社賦詩，匾所居曰月洞。後族孫王養端爲之序。

明

潘永滿，字天澤。隱居桃源，孝義著於鄉邑，博學善詩文，御史中丞章溢屢薦不起。壽九十三。

王鑑翁，字子明，賢良濬之父也。性純丰儁，弗徇功名。有勸之仕者，曰：吾自度之審矣，岩容澗姿，豈堪飾之章服？或以聞於集賢，曰：是能樂天者也。遂號之樂天處士。趙待制雍名其園曰『田園任趣」。及終，太史宋濂撰銘，誠意伯劉基篆額，學士陶安吊以詩，有「直道追三代」之句。王禕以《孟》之「善士」、《易》之「幽人」稱之。其見推于名流如此。入《通志》。

周頊，字成珍。性恬澹，不樂仕進。侍讀楊萬里疏名，上宰相，薦於朝，詔徵不起。與鄉人進士華延年、周若思講明經義，隱居西郭。入《通志》。

包夢吉，字維祥。讀書慕古，不欲仕元，自甘隱遯。洪武十五年，以賢人君子徵，疏辭母老，不赴。

鄭邦棟，字隆之。性孝友，内外無間言。少熟内經，濟人疾病，一介不取。吏隱歸養，與兄邦相承先志，修葺定溪渡、石馬嶺、洞峰嶺、榴岱嶺亭，增置膳夫，人咸德之。

王季种，字文起，湖山人，養端第三子也。性敦孝友，善詩。游庠後，即遍訪名山，採芝深谷，有塵視軒冕意。所著有《真樂處詩集》，集中句佳處絕類陶、白，洵無愧震堂遺風云。

尚義

明

葉以然，字懋春。讀書善記，以母久病，偏請諸名醫，因得其術。兄弟五人，不异爨者五十餘年，家始清素，晚稍充裕，仍以均諸同氣，有餘則以周貧乏。婚葬及修諸橋梁道路，生平用藥所活者多，而不責其報，且賑其不能具藥者，鄉人咸敬信之。

華存理，字仲察，南隅人。孝友敦行，内外無間。正統七年歲凶，出粟賑濟，旌爲義民。子孫繁衍，多列冠裳。享年八十七。《通志》作存禮。

吴潭，字源潔。少爲諸生，嘗出行道上，見一人號泣赴水，潭詰其故，曰：縣官徵租急，無以償，適鬻産得金，將以輸官，因醉道遺，覺而覓之，不得也，不死何得？潭立止之，因紿曰：拾金者我也，爾第隨我歸。其人收涕謝，潭止而飲食之，急令人鬻家具，如其數以償。未幾，領北闈鄉薦，司理常德，終吉安通判。補《通志》。

包秉鑑，字孔明。世有隱德，博雅娱詩酒，喜拯人患難，周人急乏。時馬埠司久缺，縣令借以管攝，鄙夷不屑。正統壬戌，連歲大饑，奉詔出粟賑濟，尋遣行人賜敕旌之。入《通志》。

蘇廷榮，家世業醫，至榮益精其技。歲大疫，遍行診治，其貧不能具藥者，施之。龍泉陳令得疾請療，道拾囊金七十兩，坐候失主，半日不至。前行十里許，有赴水幾危者，拯起，飲以藥，俟少蘇，詰之，云是徽州木商汪榮，即失金人也。驗數皆合，遂畀之。龍泉令贈以詩，有『常施篋内君臣藥，笑擲人遺子母錢』之句。壽八十終，與鄉飲一十三次。入《通志》。

周李，篤于孝友，尚義好施。族黨中婚葬有不舉者，親爲經紀。歲祲，輸粟備賑。有佃户逋租積百餘石，納女充婢以償，郤不受，更予衣米以遣嫁之。或負錢者貧不能還，即焚其券。當道屢加獎額，與蘇廷榮俱書名于旌善亭。入《通志》。

華化民，字子與。天性孝友，學諭孫懋昭廣闢泮池，界其地，欣然予之，不受值。建茶亭於茂林堂，捨租濟渴。平生得异人授治心氣方，修令普施。理刑袁公遇春舉之賓筵，鹽院胡公繼升賜匾給冠帶。年八十有三。

葉以萃，字仲秀，獨山人。好善樂義，建育英樓以教族姓，捐租七十餘畝爲膳。置渡船龍口、獨山、焦灘三處，各捐租倩給舟人。邑北東梅橋、二十都獨口橋圮壞，咸以石易之，往來始免病涉。讓吉穴以厝其兄，爲煢侄婚娶。按院金公忠士嘉其善行，給匾旌之。以子焯贈京衛經歷。入《通志》。

包志道，字惟一。幼穎异，一覽數行。髫年餼廩學宫，聲名鵲起。中歲嬰疾，嘗築侵雲嶺脚石橋、大柘西嶺茶亭，邑人以義槩稱之。甫及貢而終。

鄭文誥，字天章。幼讀《素問》《靈樞》諸書，忻然有得，遂精醫術，不責報，尤急貧寠人疾苦。晚授太醫院吏目。嘗置定溪義渡以濟病涉，洞峰嶺茶亭以便往來，人咸德之。入《通志》。

王可諒，字友卿，弱冠補弟子員。生平重然諾，負意氣，尚義輕財。嘗葬族人之暴露者，宗族稱之。延請賓筵，不赴。年八十六而終。

朱一紀，字文肅，奕山人。佐父拮据治生，餘力輒從事於學。腹笥頗富，究爲貧徙業。晚年益好學不倦，且殷殷課子，獎誘後進。居家孝友有則，好施尚義，尤以直道爲鄉間重。邑令榮錫鞶帶，兩薦賓筵。壽七十餘。

鄭廷康，長濂人。禔躬古朴，淳懿有長者風。安貧教子，孝友型家，義敦然諾，駿發所生，人以爲厚德之報。以子貴，封給事中。

鄭秉貢，字文元，長濂人。年十五，遭父被仇害，身徒跣，哭訴當道。縣令池公浴德鑒其誠，杖斃三人，孝聲動一時。然自是家益落，遂服賈。每歲必延名儒訓子，一課一讜，俱有聲庠序。

包可成，字汝材。天性孝友，與人謹厚。家貧，習舉子業弗售，遂弃去。篤志實修，授徒鄉里，訓子及孫，并飆於庠。生平仗義釋紛，每周人患難，所全活者甚衆。閭黨欽爲彦方，肅然推戴。兩沐院奬，屢舉賓筵，以壽考終。

華知良，號恒宇，理之孫。孝友睦族，接物謙和，好義樂施。戊申夏，置蘭江婦爲保姆。五載，其子來訪，哀不忍離，憐而還之，又贈以贐。丁卯秋夜，火延比屋，同居族侄倉皇遺匣金，家人亦倉皇拾得，擲破器中，遺者自分已燼。數月後，檢知即歸還，有古俠烈風。紫溪劉公高其誼，迎賓筵。

朱國泰，字于保，奕山人。性孝友，六歲失怙，即嗚嗚孺慕。事節母黄氏至九旬，備極色養。輕財周急，有逋負不能償者，輒焚券免之。中丞高公嘉其孝友，給冠帶奬勵，旌匾曰『孝隆義重』。逾六旬終。

朱九職，字廷任。性孝友，輕財好施，生平與物無競。崇儒重道，捐資義塾，造就鄰俊。造舟龍鼻頭濟渡，置租貳拾畝，凡茶亭、橋梁、道路圮廢者，修建不惜重費。遇歉賑饑，施藥救病，捨棺掩骼，解紛息訟，人稱其樂善不倦云。

王國懋，字士勉，湖山人。篤儒業，不售，寄迹公門，積仁潔行，通邑咸推重之。授晉江圍頭巡檢，爲郡守孫公朝讓所器重，委以泉州獄務。受事三載，饑疫并至，懋割俸施藥，分饘賑饑，闔閭賴之生全。甲申春，病乞歸，圍人起祠碑祝。尤刻意教子。子正化，弱冠餼庠，有文名。

鄭一寰，字調元。體貌魁梧，學識該洽，爲人排難解紛，族里推爲祭酒。晚課三子，并有聲庠序。

包經武，字君揚。秉性純厚，好義樂施，事父母以色養，更以舉業成。昆弟壎篪攸協，且喜周人急。崇禎丙子歲歉，北鄉尤甚，全活百餘人。有盜其家者，不較。至途遺金，候失人而歸焉。其子生員長明，克念厥紹，品行卓异，亦有父風云。

包英濟，號後川。性朴行端，夙以孝友聞鄉里。搆鬪多勸息，更好賑施，待以舉火者數十家。足不履城，惟家塾勤訓課焉。子尚雲，孫家駿，繼登黌序，迄今家有古風。

毛存紀，號盛宇，性好行義。鄉中饑，發穀賑施，貧民多賴全活。壽高，冠帶鄉飲，爲當事推重。

王惟立，字栢軒，性孝行慤。少失怙，事孀母温清定省，色養加隆。勤儉起家，淡泊居身，賑貧濟困，遇義舉則勇往紓人于難，至横逆相加者笑受之。剛而不撓，寬而有容，且涉獵書史，有儒者風。式穀貽謀，一子五孫俱游黌序，閭里仰德，三叨賓飲。壽至古稀。

俞中御，字汝寵，南隅人。賦性醇朴，行己温恭。少食貧，拮据治生，漸至殷饒。稔知窶人之苦，以濟世利物爲念。有乞假者，不厭頻富，而能勤儉不廢禮。行善于鄉，義方訓子。邑侯兩舉賓筵，胡鹽憲行部莅遂，廉訪耆良，特行旌奬。壽七十終。

國朝

周如嶽，字拱宇，祥川人。七歲喪父，事母盡孝。敬庶兄，撫幼弟，悉本誠心。長而克家，睦族敦宗，排難解紛，鄉邦推仰之。壽七十三終。

俞日高，邑南隅人。生平慷慨，捐修馬埠橋石磡，經久不敝，行人德之。遇歉，設粥侵雲，多所賑恤。至間道請兵禦寇，叛逆威不能屈，尤人所難。巡憲劉公及柳令俱給額旌奬。子孫濟美，年逾耄耋。

朱圭敬，庠名霞，字丹若，號素庵。性穎而豪，讀書善詩，走筆甚捷，所著有《安遇草》。少尚義俠，有商於龍游者失水，貲喪盡，不能歸，將自溺，霞傾囊與之。後數年，獨行山中，悮陷深穴不得出，忽有人呼儔挽之，即前失水者。每好奇計，甲寅亂，爲才名被繫，不受僞扎，歲餘，以計脱歸。

陳天錫，字公純，歲貢。性友愛，好周人急，嘗贈金完貧人之室。父母皆八十餘，喪葬盡誠。撫幼侄，教養婚娶如己子。落拓不妄交游，詩淡遠有致，人争誦之。

鄭家淳，字載熙，號樸埜，長濂人，附貢生。家豐於財，施濟一出誠心。乾隆辛未夏，大饑，淳急出囷積，分建粥厰。體訪病疾，捐施藥石。間有强悍者，力勸厚給，以安其心；三、四、五都帖然，淳之力也。義行善舉，歲以爲常。學憲帥、鄧二公曾以優行咨部，縣亦以樂善示奬云。

濮應乾，字以貞，號曰恒，周公口人。經史百家，罔不涉覽。早失怙，事母以孝聞。軒昂磊落，膽略過人。康熙甲寅，遭寇，率鄉人力禦，民得袵席。甲申，歲祲，運廣米以濟急，償者免息，貧者不問其償。越癸巳，復饑，賑亦如之。丙寅，一村遭水，遍成丘墟。恐世系失考，手録宗譜以存之。生平飭躬自淑，所行不求人知。禮義素孚於鄉，有争論者，片言輙釋。前任柳、楊二明府俱延請賓筵。壽六十一，無疾而終。

朱宗瀛，字翼堂，增貢生，奕山人。慷慨急公，無分人己。造渡航，建路亭，施丸散，濟人最多。復於里中創造義塾，建閣其上，以祀文昌。滇南何明府爲撰《文鑑閣記》。

朱挺，字彩虹，號巨川，例貢生，奕山人。質性醇厚，品行温恭，樂成善美，悉本至性。遇公事，踊躍贊勷，不靳財力。雍正癸丑，續修郡志，共襄厥事。郡伯炳庵曹公顔其堂曰：聖世耋英。

葉繼亮，字應明，號憶溪。隱居篤學，以花木自娱。遇修築橋路等事，慨施不吝。壽逾八旬，屢與賓筵。

王曰謨，字大文，號岐庵，南隅人。邑庠生，例授州同。常折節讀書，凡名人學士，無不虛心結納之。工詩文，著作頗富。性恬淡，家豐於財，不甚理生産。自奉儉約，而獨喜施與。親族待舉火者不少，遇飢寒可憫及義所當爲事，慨然推解無難色，其天性然也。地方事，無論遠近，知無不捐，捐無不足。滿城街道，出鉅資以石板鋪之，助租爲修理東關橋費，捐倉莊并田爲童試卷資，至今士人皆利賴焉。

劉國梓，字佐周，號逸庵，例授縣主簿，練溪人。正直不阿，古道照人。急公好義，倡造橋梁，不吝重資。排難解紛，邺貧周急，族黨咸欽敬之。

黄紹緒，字繼統，武庠生，例授衛千總，練溪人。才情練達，振拔有爲。輕財仗義，拯人之難，不靳傾囊。豪俠中寓有藴藉儒雅之概。壽逾八旬，爲一鄉之望。

吴文炳，字鴻章，號燕山，增貢生，練溪人。髫齡失怙，克自成立。事孀母，撫二弟，孝友兼至，人無間言。性豪邁，見義必爲，絶無畏避。與兩弟捐資數千金，倡建宗祠。相度村庄形勢，於練溪下流倡造石梁，築長堤以衛一鄉。往衢郡，大道橋路盡已朽壞，獨力甃築，竟三十里而遥，以濟行旅。宗黨中有貧乏者，悉周恤之。凡有義舉，莫不慷慨集事。惜年未艾而卒，人咸痛之。

官正相，字長壽，號延廷，例授迪功郎，柳村人。天性孝友，樸素無華，以睦姻任邺爲己任。乾隆四十五年，歲旱，煮粥濟饑。有恃刀筆者，以未饜慾壑，輒興雀角。四十九年，又值歲祲，因改濟爲借。貧寒缺食者，貸以粟，弗責償，即間有償者，仍留以待借，蓋藉借以避施名也。生五子，皆列庠序。季子忠，孫揚，俱中武鄉榜。曾孫承誥，由拔貢任粵西州判。曾孫林立，多在黌門，咸謂陰德之報。

朱統治，字允一，號定園，邑庠生，磐溪人。居家孝友，處世温和，慷慨好義。贖墳山以保祖墓，築隄防以捍地方，爲宗祠增建寢室，種種懿行，有乃祖子堯遺風焉。

包玉章，字德佩，號涵石，例授縣主簿，北隅人。早失怙，能勤苦自給。稍長，即習經紀，遂成家業。爲人慷慨，不較錙銖，重然諾，鄉里咸欽仰之。尤篤孝友，撥己業爲父母胞兄立祭產，復置租田爲同堂子侄婚娶之資。重建宗祠，增置祠產，經理公事，不辭勞瘁。以鄉試士子無所棲止，倡置遂昌公所，士商皆受其惠。壽終八十有一。

官清，字時舉，號鑒泉，柳村人。性孝友，質直無翳障。家豐於財，而自奉儉約，布衣蔬食，晏如也。好施與，毫無德色，告貸者接踵於門。遇游閑輩，即面斥其非，而仍應其求，人是以服其量焉。過蕉灘，見渡船朽壞，即捐資重造，至今數十年，遇壞即造，人甚便之。乾隆四十一、九兩年，歲祲，煮粥濟饑。道光元年，運米濟糶，全活無數。四年，郡城試院將圮，檄十邑捐資重建，慨然獨任，命子寅賫資往郡，創造東西文場，并儀門內甬道等處，一切材木石料，俱以重資購運。屋宇廊舍，務極堅緻，號舍桌凳，俱以石爲脚，蓋以堅厚木板，鐫定字號，以垂永久，計費萬餘金。又以郡中有書院，而無義塾，復捐資建造，并輸修脯，以爲養蒙所。郡人德之，立位以祀。尤自謂無德以堪，辭讓再三，好善亦誠矣。侄文濬，宦游缺資，解囊助之，遂得出宰方隅。晚以子寅議叙，誥封朝議大夫。妻包氏，亦樂善好施。道光十一、二年叠災，俱賑粥濟饑，置宏岡山場一處，助爲義冢。夫婦皆逾八旬。長、次兩孫俱食餼於庠，寖寖日上，正未有艾。

徐文光，字仁良，號綺園，蕉川人。自幼卓犖不群，年二十，以父兄孱弱，不欲復勞其心力，輒弃儒業，理家務。豁達大度，綽有經濟才，人無知者。居恒食脱粟，衣疏布，訥訥若無能。及遇事所當爲，雖甚艱鉅，力任之無難色。蕉川爲遂邑東北交界地，自東徂北，道路崎嶇，山澗溪流，不一其處，目之所擊，無不修築。嘗與人同建之橋二，獨建之橋三，此猶其小焉者。邑北有橋名北固，舊名濟川，下安石墩，上覆瓦屋，後圮於水，石脚蕩焉無存。輿論紛紛，僉議興築，乃於橋旁設廠，日與道謀，久之，事弗成。因排衆議，獨任其事，相山形，度水勢，去故址下四百步，建立橋基。其南爲平岸，苦無石脚，北則懸崖峭壁，又無餘地。爰鑿其北，開通道百數十步，移石於南，以便砌脚，命子華董其事。越三載而橋成，建三洞，高數仞，廣等之，長四倍，共費金萬有七千餘，洵不負濟川與北固名義。府縣嘉之，以事上聞。欽旌議叙直隸州州同。又於橋南高埠處，購置一山爲義冢，而無主枯骸，皆得塋葬焉。所謂誠不以富，亦祇以异者，其殆斯人歟？

吴秉源，字樟福，號松岩，北隅人。幼務農，壯事懋遷，得置田産。念先世遺澤，贖回前明參政公舊第。邑北吴祠亦參政公所建，歲久朽壞，極力鼎建之。祠無産，復撥田爲祭祀費。胞弟秉淵早殁，子幼，携與同居。及長，自置産，悉與平分。侄守華，念産由伯置，亦助祠租十之二。後次子飛鵬游庠，督令刊修譜牒，以聯族屬。終年九十三歲，人謂其壽而康。

鄭明揚，字子盛，附貢生，長濂人。質直不喜華靡，家故饒，而節儉逾平人。聞戚里有吉凶事，貧弗能舉者，無不解推以成之。遇災歉，則煑粥發粟，以濟窮困，俱若行所無事也。性善飲，雅量豪爽，無齷齪態。與同人讌集，每達旦無倦容。

包文鑣，號碧雲，國學生，大忠人。幼失怙，勤儉持家，克繩祖武。家少康，糲藿自甘，而不吝周急。遇歲歉，則運米平糶，鄉人德之。倡建宗祠，不惜重資，興利除弊，增置祀産，幽明共賴。夫婦俱八旬令終。

黄崇本，字書文，國學生，金溪人。髫齡失怙，事母盡孝，持身接物，有古人風。宗祠頹圮，獨力修葺。置祀田，修古墓，孝思不匱。修道路，造橋梁，平糶濟荒，施與恤田。苟利於人，毫無吝色。彌留之際，取平日借券悉焚之。卒年七十有八，人皆感德。子璜，能承父志，庚辰、辛巳歲叠歉，亦運米平糶，事關宗祊，力任恐後，咸謂有父風焉。

黄夢圖，字河升，國學生，嗣厚人。淳樸不識機械，家僅中人産，而儉約好義，能濟人困，親隣多利賴之。每臘月，待其錢米度歲者幾百家。慷慨渾厚，有古人風。

鄭之熊，字作周，國學生，長濂人。狀貌魁梧，美鬚髯。童時與弟之熙嘗作苦，以孝養厥父母。辛勤蓄貯，廣置田園。前明參政蒼濂公，先世嫡祖也，舊第爲人所踞，力購回而葺新之。助田畝爲合族童試路費，倡捐義穀，築砌橋梁道路，不遺餘力，豐儉各當其可焉。

葉勲，字覲揚，號香林，南隅人。例授布政司經歷。爲人豪俊英爽，有肝膽，尚意氣。親朋危困，多爲排解。辦公事極其精勤，備嘗辛苦不少辭。嘗有公事缺需，立出百金以成之。後公中有餘蓄，并不取償，即以前捐永爲公項。其慷慨類如此。

戴祥，號靈昭，邑庠生，王溪人。幼穎异，年十八冠童子軍，受知於竇東皋先生，屢赴棘闈，數奇不遇。平生慷慨好施，鄰村被火，賑恤惟恐或後，遇貧乏不能葬者，施棺周恤之。遂、龍交界處地名西灘，爲浦城要道，舊無渡，每逢溪漲，多溺於水。遂捐置義渡，并給舟人工食，行人迄今受其利焉。

朱象吉，字介石，號幾庭，奕山人，邑庠生。好讀書，秉性公直，重然諾，有膽略才識，善爲人排難解紛。親族交游有雀鼠之争者，尤極力理處勸息，人感而不至，終訟者居多，望重一時。晚年嘗作一聯以示族人，有曰：『百忍相承兄弟樂，一經遺教子孫賢。』可想見其家範。

吴正儒，字自立，一字紹庭，二十都山前人。其先本練溪吴，國初時播遷山前，與練溪吴祠久不聯續，至正儒遠追世系，始知爲練溪所分。正儒少壯時綦貧，以撑木筏食其力，漸積貲爲炭木商，以致豐裕，乃遂創建宗祠於本村，修明家譜，獨力承辦，不責貲於房分。義方啓後，規模宏遠，故得大振家聲，子孫書香相繼，争光黌序，蔚然於練溪宗祠外，成一小宗派焉。

蘇雲漢，字倬章，琴溪人，郡庠生。少孤，事母孝，烈婦王蘇氏，其女弟也。生平耿介仗義，爲鄉隣排難解紛，時周人急，遠近稱爲長者。延師課二子潮、海，皆有聲庠序，咸謂積善之報云。

華日暾，字焕東，郡庠生，王溪人。爲人慷慨有大度，和睦婣隣，遇有嫌隙，必力爲勸解，甚至傾囊囊以代予，而人不之知者。王溪山多田少，每逢荒年，運糴甚難，嘗倡捐社穀，設倉廒，借人春放秋入，不數年積穀加倍，惠周貧乏，鄉人咸尸祝之。

黄維城，字宗輔，號卓屏，例貢生，柘溪人。情性軒豪，生平矜孤恤寡，濟困扶危，出自天性。遇歲荒歉，穀米昂貴，即減價平糶，以救貧民。已穀不敷，甚且告貸以賑，雖遭賠累，弗恤也。素精岐黄鍼灸，能起膏肓。貧人有病，苟可醫愈，即不惜重資，觧囊施治，弗取其值。鄉里咸稱醇樸長者焉。

朱永棠，字召遺，國學生，二都金岸人。小失怙，事母至孝。秉性和惠，慷慨與人交，温厚可親。以勤儉成家，而獨好施與。橋渡道路，修造築砌，不一而足。歲荒歉，即出穀碾米，減價糶濟貧民。遇親隣有急難，無不觧推周恤之，受惠者幾遍一鄉。二子早逝，延師以教諸孫，得入成均，游庠序，分甘自娱。年逾古稀而卒，至今里人尚感頌之。

卷之七下

人物志貞節。

貞節

元

李氏，王延洪妻，名淑貞，處州教授之女。年方艾，歸邑王延洪，生三子。洪歿，擇傅就學，每親課其所誦，探其課對工拙爲賞罰，三子克有成立。至正戊戌，鄉亂，爲椎埋剽奪，李挈孥避地松陽。長子死於兵，故廬毀于火，李氏憂悸成疾終。

王氏，葉杭妻，名妙泳。至正丁酉，山寇作亂，將殺其夫而汚泳，泳以二子屬之姑，自刎而死。郡縣上其事，旌雙節門。

明

周貞女，二都周滿女。永樂間，許嫁蘇仲善。未婚，仲善死，滿欲別嫁之，遂號慟至夫家，衰麻事姑，撫夫前子。後家日迫，而守益堅。鄉里以童老安人稱之，謂其至老尚室女也。年七十餘而歿。

鄭氏，王固鐸妻。年二十三，有容色。正統間，賊劫縣，人悉逃匿，鄭氏匿於山。賊搜出，逼行至清潭，臨崖曰：寧死於此。隨投下，夫從後撈得之。賊怒，脅以刃，見其無所屈，索資而去，得不死，以壽終。

楊氏，徐維讓妻。年二十二，夫逝，長子四歲，次子二歲，三子在遺腹，諸伯皆亡，家無擔石，煢然孑立，形影相吊，紡織餬口，力育三孤，辛苦備嘗。次子文洪工儒業，入太學。氏在家，以二子連逝，哭喪明，文洪籲天露告，目忽復明，壽終七十三。

朱氏淑貞，王叔可妻。年十九，夫客死王事。生子冕甫周歲，守節撫孤，壽至九十六歲。建坊府治東。

王氏，周應熊妻，名思員。年十七歸熊，生一子，甫八月，夫病革，屬王曰：『能不吾負，善養吾母，保吾孤。』王嚙指出血，泣曰：『必無負，天鑒之』。後一如夫言，孀居六十餘年，始終無玷。歿年八十七。邑太僕朱仲忻詩曰：『有心懸皎月，無行負蒼天。地下良人會，應知不赧然。』

姜氏，吴渭妻。生一女，夫死，年二十四。鞠庶生子若己子。孀居四十餘年，未嘗出門。夫兄弟以事見，則闔門與語。後庶子家日落，藜羹不繼，姜處之無怨言。

應氏，葉某婦。年十八，夫從戍二十餘年，信音不聞。人傳其夫在戍，已别娶生子，父母信之，逼令改嫁，氏堅執不從。後夫終不返，而志竟不渝，清苦自持，鄉人稱爲節婦。

葉氏，蘇長益妻。性恬素，年二十二，夫喪，舅姑憐其年少無子，令再嫁，婦泣，願守志。至老一節，瑩徹無瑕。歿年六十七。

葉氏，獨山朱子方妻。年二十夫故，慟哭幾絶，遺二孤，長琱，次𪰂，尚在襁褓，朝夕撫訓。私室所有，悉舉奉舅姑。衣食窘乏，而所志益勵，五十餘年，始終一節。

鄭氏，東隅徐廷巩妻。年二十六夫故，家貧，一子甫六歲，一子在娠，旬月方產。鄭日夜哀毁，不離柩側。適隣家火逼，乃抱柩大慟，須臾返風獲免，見者莫不慘异。母欲奪其志，悲泣咬指，呼天自誓。紡織撫孤成立，四十餘年，操若冰蘗。郡守高公超扁其門曰『完節』。邑御史黄中贈詩，有『心事青天鑑，綱常赤手支』之句。

項氏，西隅周黼妻。黼故，項年二十三，無嗣，日夜悲啼，誓死靡他。獨處一室，雖至親不得見，白首無玷，年躋八十而終。

柴氏，金溪黄鍋妻。夫蚤世，柴年二十八歲，一孤方匍匐，誓志守節，蓬垢不出門户。通《孝經》大義，教子宛如嚴師。常静坐吟曰：『日落西山留不住，水流東海并無回。』言此志不渝也。壽九十五而歿。子濶，出金建祠。孫公栴，值歲大祲，抹券減租，賑濟貧乏。世篤善行，皆柴懿教所遺也。

陳氏，徐朝紱妻。朝紱早世，兩兒尚在髫齔。家貧甚，紡績度日，撫孤成立。復能茹苦減粒，蓄餘資與伯叔輩均價買地，安葬翁姑。許邑侯以『節凛冰霜』額獎之。壽七十而終。

吴氏，長濂鄭廷器妻。年二十一，生一女，夫亡，哀毁幾絶。母憫其年少無子，勸易志，吴誓死不從。伯叔兄弟有事相告，則隔簾而對，不出户庭者三十餘年。

俞氏，西隅生員葉讓妻。家貧無子，讓死，氏斷髮翳目，誓不再適。痛夫未葬，躬爲人紡織，并日而食，經歲僅積微資，始克舉葬。隣嫗有憫其貧而勸易志者，輒慟哭自縊，如是至再。或授之餐，堅不受。年七十餘，竟饑而死。

華氏，官陂舉人戴憲妻。憲方中式，即罹疾，藥石莫治，華封股救療，竟弗起。時年二十五歲，遂剪髮自誓，撫育遺孤，雖饔飧不給，而孀操益堅。郡守吴公仲憐其苦節，嘗給學田租贍之。後以壽終。

周氏，大務徐舜滄妻。年十七，舜滄故，即置柩於卧室，晝夜悲哭三年。遺腹一子，乳養訓誨，俾克成立。家貧，傭紡自給。姑劉氏，屢逼他適，誓志不從，竟以完節殁。

鄭氏，包潭妻。性至孝，精於女紅。父母殁，繡容以祀，宛然逼真，人謂精誠所感。既嫁，事寡姑盡孝，姑亦愛之如女。年二十六，夫故，哭踊幾絶。以姑老子幼，忍死紡績，膳姑育子。孀居五十四年，壽七十九。邑令池浴德旌其門曰『孝節』。

尹氏，朱璘妻。年二十二夫故，長子方呱呱，次子尚在袵，遺田僅給飦粥。人或竊議其不能完節者，尹以死誓，煢煢苦守，足迹不履閫外，勤勞織紝，撫孤成立，至老益堅，壽八十三而終。

黄氏，朱明訓妻。聘而未婚，氏母聞壻有心疾，欲奪改適，氏即斷髮，誓死靡他。及于歸，孝養舅姑，調理病夫，舉子國泰。夫亡，年二十二，哀毁欲絶，不出户庭，績紡撫孤成立，七十餘年始終一節。按院彭公應參表其門曰『貞節』。郡伯李思敬以詩挽之曰：『七旬孀操冰霜潔，九十遐齡名壽長。』

蘇氏，長濂鄭廷儀妻。年二十七，夫故，遺有三子。氏哀毁籲天，矢志守節。家計蕭踈，恒以紡績針紉佐給，撫育諸孤，各得成立，壽至九十有九。一生操凜冰霜，白首無瑕，遠近周仰。病革日，手持牀頭錢一千，以示子孫曰：我守節七十餘年，每遇窮困煩悶時，將此錢傾散房中，一一俯而拾之，藉消憂鬱。而今而後，吾其免夫。視其錢圓滑無比，是真能苦志堅忍者。卒後，撫按司道府縣各送『百齡完節』等匾以旌之。里人爲建百歲貞節亭焉。

王氏，廩生徐懋厚妻。幼好讀書，語及貞烈，人目爲常事。歸徐五載，夫病，割股療治，不能起，遂絶粒求死。其父引程嬰事爲喻，始誓志立孤。孤歿，復立冠。婚甫畢，率子婦告廟。次日，抱夫像自經。哭夫詩七首，中有『傷懷慚看陳情表，夢魂猶記栢舟詩』之句。知縣林剛中親爲文祭之，上其事於當道。御史張公素養題請竪坊，旌曰貞烈。

鄭氏，儒士華志遠妻，參知鄭秉厚仲女。年十五歸華，屬夫病，刲左右股以療。夫故，從卧内設巾履相對哭泣。妯娌知其欲以身殉，更番守之。值新歲，乘間投繯而逝。中丞項應祥上其事於當道，督學陳公大綬扁其門曰節烈。

周氏，葉應善妻。家四壁立，清苦自守，隣里罕覯其面。夫病故，誓以從死。夫兄强其再醮，引刀自裁，覆卧衾，手足整然不亂，通邑誦异。邑令胡順化爲之給銀竪石，題曰葉門周氏貞烈之墓。

華氏，生員項宗孔妻。歸宗孔六年，宗孔入泮而殁，氏悲痛幾絶，以死自誓，伺家人防衛稍疏，竟投繯死。

鄭氏，生員包志伊妻。年十九歸包，逾年而夫殁，撫前妻兒女若親生，爲之婚娶，教訓成立。子亦克孝，宗族鄉黨稱之。執節四十餘年，有司表其廬曰『節孝流芳』。

李氏，黄九宫妻。宫故，氏年二十二，家徒四壁，矢志撫孤。親戚慮其年青，勸令再醮，李誓死靡他。紡績度日，撫一子苦讀，得入黌序。栢舟之操，畫荻之風，人共稱之。

吴氏，黄伯康妻。夫故，氏年二十一，欲以身殉，衆諭撫孤，勉志苦守，事姑孝養，課子成名。經撫按學道旌表，名列憲綱。

周氏，時可訓妻。孝事孀姑，三載夫亡。時氏方逾笄，絶食欲從死，孀姑泣持，始勉强爲立孤延祀計。事姑益聚順，生事葬祭俱盡禮。邑令林公剛中匾旌節孝，爲申上臺，歷有旌奬。終年七十三。

王氏，朱懋孝妻，即節母黄氏孫媳。夫故時，方二十五歲，矢志撫孤。孤亡，復立繼嗣，鞠育義方，至授室産一孫。繼嗣又亡，復撫孤孫，百苦備嘗。年踰六旬，猶課孫書，率孫婦紡績，操作不疲，人咸稱其可繼祖姑芳躅云。

周氏，駱佛喜妻，居楊門口，爲農家女婦。秉性貞潔，不妄言動。丁亥冬，大兵勦寇，氏爲所掠，挾坐馬上，行五里至三墩橋，有崖塹下臨深澗，筭石削立，忽飛身投崖，裂膚血濺崖石而殞。

徐氏，包烱妻。青年孀居，玉節無滓。撫按屢奬，壽至八旬有八而終。

潘氏，王文仲繼室。相夫勤苦，克敦婦道。盛年守節，家政肅清。許令君因有『節如冰映』之旌。中年有疾，子國靖割股療之。後至九十一終。

毛氏，周一詔妻。年二十六，詔弃世，長子之奇纔能趨走，次子之貞方半周。礪志守節，百折冰霜，訓育二孤游庠，甘心荼苦。歷任令君，俱賜額旌奬。

周氏，徐元福妻。福貧，揭本爲商，氏甫産一男，七日即出外，一去不返。氏撫子懷慶，竭盡荼苦，上奉孀祖姑與孀姑，晝夜爲人紡績，甚至不能備燈火，暗中辟纑，指節腐去其半。先是，祖姑守節撫孤，孤又夭，同其姑貞守，撫其夫元福。後福離家，存亡不卜，一門三代孤嫠，煢煢貧苦，見者酸鼻。懷慶幼失學而能孝，割肉救親，治三喪，俱克盡禮云。

徐氏，長濂鄭一桂妻。幼婉静，適鄭有子，夫婦相莊，克盡婦道。未幾，稱未亡人。子九烱，竟得發科。氏身膺花誥，壽九十一。鼎革間，九烱告歸，猶得承歡膝下者半載。

王氏，庠生童一春妻，刑部郎中王玘孫女。生而淑慧，嫺内則，兼曉經書史鑑，端莊静一，言笑不苟，動合矩矱。于歸時，年未及笄，益敦孝敬。三歲未孕，即勸夫納媵，連舉三子，氏亦自舉一子，人咸謂樛木之報。夫故子幼，一體撫育，四子亦依依如一母，不自覺嫡庶。比就外傅，躬授句讀，有丸熊畫荻風。諸子皆雋才，次第游庠。次志舜，爲氏出，尤恂恂篤行。諸文宗皆以德行旌，人以孟母比之。氏性秉清虚，精虔事佛，年逾花甲，無疾而逝。

葉氏，包萬正妻。嫁甫三載，正即亡。長子宇彦方二歲，次子宇龍猶在腹。産子後，矢志貞守。家貧，極飲茶苦。甫爲長子娶媳徐氏，三月，長子又亡。徐氏遺腹胎墮，遂矢死。又撫次子，娶妻生孫。前後備嘗諸艱，凡四十六年，冰操如一日，當道交獎焉。

徐氏，包宇彦妻。未嫁時，已知宇彦飲博狂蕩。既于歸，悉出其簪珥以償債，勉令讀書，而宇彦不肖如故。歲杪，爲人索逋，勒逼自縊。氏曰：夫既死，婦亦當從。投繯，得救而蘇。姑慰以育遺腹，留夫一綫。有頃，父母以其悲哀，俾之歸寧。所親有諭之曰：爲蕩子婦未逾年，情好既疏，繫戀安屬。青年慧質，何苦乃爾。唾之，不應。一日，墮胎，復求死。父母日夜守之，號泣，頭觸床壁悉腫，黑血從口鼻出。别父母曰：兒不求死，且死矣。得姑一面，無恨也。不能乘肩輿，舁置酒桶中，與姑一慟而絶。時年十七也。

徐氏，長濂鄭九鵬妻。年二十而寡，却箸絶粒，誓不獨生。翁姑以有遺腹數月，勸其衍祧百世，勝於從死一時，遂勉稱未亡人。孝事翁姑，果舉子元忠。家徒四壁，百蓼備嘗。有强以他適者，氏呼天籲地，矢志靡他。日將夫遺髮一束，泣對紡績，教子得游黌序。至老奇窮，而清操勁節，不少衰云。

王氏，朱門振妻。于歸逾年，懷孕三月，振以貧，外游客死，遺腹生一子，苦志守貞。未幾，翁姑亡，田廬俱盡，煢煢獨守，織紝度生。及子長成，訓以安貧，負薪食力，一切慶吊飲宴槩不赴，足不逾閾，四十餘年如一日。惜僻處山中，貧無立錐，未獲旌典。

周氏，王志昂妻。夫亡纔二十五歲，無子，矢志守節，請命翁姑爲夫立嗣。嗣方髫齔，氏鞠養勤瘁，撫孤成立。年七十五，猶矍鑠健飯，督訓子孫無倦。邑令許、趙二公均旌其栢舟遺風。

翁烈婦，華國治妻，貢生翁之恩女也。勤操井臼，婦道無忒。國治少游蕩無檢，家殖盡落，勒氏改醮。氏遂操刀剄頸，幸未洞喉，衆亟護得蘇。刀痕未愈，復行强逼，輒加刃而殞。

周氏，儒士王堯相妻。于歸一載，舉一子，未周而相殞，氏方及笄，哀毁欲絶。翁姑以撫孤勉之，遂矢志育孤，顧復有加。比就外傅，尊師重道，教子成名，勤儉起家，内政肅然。院道府縣莫不賜額旌奬。五孫森立，垂老猶督誨不倦，壽七十一終。

王氏，俞中倫妻。年二十居孀，長子甫三歲，次子遺腹，父母欲奪其志，矢死靡他，至投繯，始寢其謀。一意撫育兩雛，謝絶慶吊，足迹不逾閫閾，勤儉自立，不負蓼苦。鄉間推仰，郡縣請旌，壽七十二終。

蘇氏，長濂鄭一升妻。年十八適鄭，逾二年而升故，長子僅歲餘，次子遺腹生。家貧，與老婢紡績相守，教二子咸克成立。明季胡鹽臺行部旌奬苦節。氏守貞四十年，足不逾閾，雖至親亦罕識面，里中稱女師。逾六十而終。

鄭氏，葉文舉妻。年十九適葉，五年而夫死，長子纔離襁褓，次子遺腹生。氏能甘澹泊，茹辛苦，不與宴會，稱未亡人者三十年，即至親罕睹其面，人皆稱之。

吴氏，省祭駱日皋繼室。年十九歸駱，逾年生子，再逾年而駱亡。氏刻苦紡績，撫前子與所生子，咸克成立，竭力婚娶，鄉人稱其得婦道母道焉。年七十餘終。

吴氏，庠生華允宜妻。秉性貞静，夙嫻内則。年十九歸華，家貧，盡出奩具爲夫助讀。夫疾，刲股救，不治，哀慟幾絶。撫六歲孤，荼苦備嘗，燃燈紡績，令子隅坐讀書，聞者憯然憐之。教子成立，苦操四十餘年，其事志於郡乘。

葉氏，敕贈登仕郎王詔妻。氏年二十五歲，詔故，遺子甫一周，極貧，以女工易粟，歲饑，煎粥撫孤，義方式訓。六十年孀守，節操凛然，壽八十五終。子國泰，入太學，授鴻臚寺序班。

國朝

周氏，徐一旭妻。十六于歸，不三載，夫染沉疴，禱天願以身代，割肉烹羹進之，不治。氏屢欲求死，姑曰：當憐我。乃止。無子，立幼侄奉祀。停夫柩於室，朝夕一蔬一飯，食於柩側，食且泣。

喪畢，移柩後園，每食攜往如故。家貧，蓬頭跣足，織紝治圃，易粟供寡姑，終身不食油鹽。壽七十終。繼子貧不能葬，歷二十二年，棺將朽。康熙辛卯，邑令繆公捐資以葬。

蘇氏，四都鄭元果妻。夫故無子，伯潸以歲饑難度，促之嫁。氏潸然告曰：『吾以有妯娌可倚，幼侄可望，故不遽從死耳，寧能改事他人耶？』及伯氏夫婦俱故，遺子九歲，氏代撫如子，希得存一脉，乃復夭亡。氏哀告族人，爲更推立。家貧，諸苦備嘗，公姑夫伯遺柩，拮据營葬，且竭力爲繼侄婚娶。壽七十終。

華氏，廩生葉茂林妻。茂林詩文翰墨膾炙人口，大抵得之賢助居多。氏稟質聰穎，鼓琴知書。順治戊子，邑大饑，貧民有鬻妻以活者，氏助夫還債，至簪釧不吝。及喪所，天矢栢舟，或奪其志，操刀乃止。撫孤九歲，燃松紡織，令子坐其旁，訓以句讀，得成名。邑令韓公給『賢節母儀』之額。

劉氏，華作霖妻。艾年孀守，忍飢耐寒，不蒙點汚。子被寇虜，有廹之改適者，投繯得免。子逾年歸，又歿。遺孫世采在襁褓，氏紡績撫孫，且養且教，猶及見入泮而逝。

包氏，徐懋明妻，鄉賢包萬有長女。知禮義，嫻壼德，二十歸徐，未五載夫亡，矢志靡他，瘁十指奉舅姑，供滫瀡，訓孤光晉，增廣邑庠，壽至八十有五。學憲張公希良以『青年勵節，白首完貞』獎之。

徐氏，生員潘自伸妻。年二十四夫逝，欲從死，以孀姑鄭氏命稱未亡人，養姑撫孤，紡績爲活。

姑病，刲股不治，勉力殯葬，訓子入庠。韓邑侯旌以『節孝可風』。享年六十有二。

王氏，生員包運亨妻。年十七于歸，四載夫亡，生一子甫二月。守志撫孤，勖以義方，子得成立。常捐嫁資煑粥賑飢貧。年五十四終，守節三十三年。雍正四年，建坊旌表。

王氏，潘時積妻。年二十七夫亡，六十六歲終。王、潘世皆業農，氏獨知禮。夫病篤，子生數月，截髮誓必守節。有勸之者，即操刀裂項，血漬淋漓，已死復蘇，卒能守節以終。雍正四年，建坊旌表。

朱氏，生員童巽妻。年二十四夫亡，子國柱方七歲，國梁方七月，誓死守孤。無伯叔娣姒，獨事舅姑，孝養備至。舅姑老，扶侍疾病，晝夜不懈。缺藥餌，出嫁奩市，甘脆怡之，喪葬盡禮。訓二子學行兼優，爲邑士冠。雍正三年，建坊旌表。

趙氏，周宜清妻。年十八于歸，夫以涉水没，氏披髮河壖，晝夜哀號，始得屍歸葬。家貧，撫孤守節，壽八十四。學憲馬公給『空谷芳蘭』匾獎之。

徐氏，庠生王湛妻。年二十五于歸，三十六夫故。家極貧，奉翁姑，撫幼子，艱苦備歷，蓬跣終身，未嘗温飽。年六十八終。學憲馬公獎以『節勁松筠』之額。子樾亦克孝，居喪茹素守靈，三年不入内室，人稱頌焉。

周氏，徐懋棐妻。年二十二夫亡，家極貧苦，躬給薪水，孝養舅姑，義方訓子，始終如一。歿年五十二。

周氏，儒童毛檠妻。年十七于歸，未三年夫故，矢志不渝，撫孤成立，守節三十年歿。乾隆九年，建坊旌表。

黄氏，周宜新妻。年二十二嫁於周，未期夫故，撫一孤，養一媳，以傭績爲生。言笑不苟，饔飱不給，竟成疾以殞，隣里哀之。

葉氏，廩生華文溥妻。年二十二夫病，割股以進。及亡，痛苦撫孤，家貧如洗，足不逾閾，聲不出户。歷節四十七年，冰潔無瑕，終年七十八。

鄭氏，儒童項景燦妻，廩生鄭鰲之女。年二十二歸景燦，甫七月，夫故，有遺腹。冀得子，比生，乃女也。氏偃卧絶食，日爲死計。家人防衛極周，乘間吞金死。士大夫多以詩文褒其貞烈，學憲李公題『九逝魂芳』旌之。

徐氏，長濂鄭元蟄妻。年十九于歸，二十八夫故，數日不食，願以身殉。有勸以子幼無托，隱忍就生。紡績糊口，備嘗艱苦。守節四十五載，終年七十五。

朱氏，生員俞長發妻。年二十四歸俞，三十六夫亡，遺孤在懷，辛勤撫養，刻苦教誨，早歲有聲郡庠，竟先氏亡，二孫復賴氏成立，終年七十。雍正二年，詔訪節烈，氏以守志乃婦常分，不願舉報，其知大義如此。善吟咏，著有《自悼詩》藏於家，其《憶昔》及《春景》二詩，選入《平昌詩抄》。

葉氏，生員周彬妻。年十八于歸，未幾夫故，撫孤不育，復繼孫。兵燹流離，艱苦不折，壽八十二。

王氏，周理妻。年十六歸周，三十三，夫歿，力事寡姑，恩撫幼子，煢煢苦節，終年四十六。

鄭氏，周聖琳妻。年二十歸琳，未三載琳故，遺孤周歲，守志立節不移，年四十八終。

章氏，生員吴德巽妻。于歸甫一載，夫患瘵，氏悉脱簪珥以供藥食。夫亡無子，欲從死，忍哀立後，撫子成名。翁姑營葬，伯叔以氏寡，不令勸助其費，氏盡易奩具佐之，不少減，人稱其孝。後以壽終。

朱氏，吴克焕妻。二十一歲歸吴，夫故，矢節萬苦不辭，爲舅姑營墳，親自負土成之。兩聘媳未娶，子夭，立孫承祧。婦道母儀兼備，苦節四十九年，壽九十一。

王氏，生員毛森妻。年二十四夫故，生子甫五月，繼姑以家貧逼嫁，氏抵死不從，姑加酷責，受之恬然。閲四載，值夫誕日，懸夫像，一慟而绝，救蘇，隨自縊死，時年二十八。學憲馬公給匾旌獎，進士張德純爲立傳焉。

朱氏，生員王紹華妻。年十九于歸，夫病，割股以進。夫死，二子俱幼，家釁叠作。氏上事舅姑，下撫二子，且舉葬七代遺骸，人咸以女丈夫目之。乾隆間，建坊旌表。

朱氏，生員劉光濂妻。二十九夫故，諸子幼孫皆親督責成名。氏性孝，父死弟幼，遺寡母，姑知其志，命迎母養焉。姑與母没，喪葬如禮。乾隆十二年，建坊旌表。

鄭氏，生員葉嗣俊妻。年二十六歲夫故，生二子，幼穉。勵志冰霜，善事翁姑，教子有成。乾隆九年，建坊旌表。

何氏，故民王昌孝妻。夫歿，氏年二十三，挈兩孤依伯姆以守。伯貧，或勸改適，氏以死誓，雖乏衣食，志益堅，凡糞濯婢妾之役，甘爲之。姆素悍，嘗扑二孤，氏不敢怨，暗泣而已。無何，伯姆繼歿，亦遺一孤，氏殯葬如禮，撫侄猶兒，鄉人義之。年七十八卒。

尹氏，生員毛紹堂妻。年二十于歸，二十四夫故，一子甫七月。家計蕭條，無親可倚，紡績度朝夕，母子相依。葬夫娶媳，十指辛勤，備極艱苦，氏處之怡然。年六十一。

潘氏，故民徐懋仕妻。仕以幼孤贅氏家。仕故，氏年二十九，子幼苦守。氏弟逼嫁，氏夤夜逃回夫故里，僅存破屋二間。氏截髪自誓，紡績樵蘇，以延餘喙。族親憫之，量周以米，母子得活。終年七十五。

鄭氏，故民華世武妻。孝事翁姑，年三十夫故，撫侄承祧，翁姑及夫喪葬，備極艱辛，年六十一卒。

周氏，故民何秉悌妻。歸六載而悌亡，生一子一女，僅遺瘠田數畝。伯氏屢廹之嫁，不從，乃潛受某金，構黨謀奪。氏覺，急攜子女訴縣，截髮明志。邑令蘇公痛治之，因鐫『終身守志』四字于簪，以旌其節，且命氏依母苦守。母故，始返舊宅，婚男嫁女，荼苦萬狀。年六十二卒。

王氏，故民華啓淑妻。淑本翁姓，淑殁，氏年二十九，族有迫之更嫁者，氏誓死不從，遂借端興訟，驅淑子歸宗，邑令姚公審斷獲全。氏紡績課子，後子弃讀事商，氏以大義勤勉，不使放逸。年六十八卒。

宋氏，生員華文濤妻。年二十九夫故，矢志守節，上事老姑，生事死葬，下撫弱息，俱克成立，歷三十載而殁。雍正甲寅，學憲帥公以『幽畹貞操』旌之。

鄭氏，故民尹來麟妻。年十七歸麟，二十五夫故，兩子一女俱幼，翁又老而疾，氏呑聲苟延，縫織種藝，靡不躬親，以供朝夕。時堂伯無子，應氏子承祧，翁嫌貧弗許，氏婉轉白以大義，翁始允。及翁殁，哀毁盡禮，且舉先代之未及葬者而并葬之。治家復極嚴肅，卒年六十有九。

俞氏，生員王筤妻。年十六于歸，二十三夫故，生二子俱襁褓，氏慟哭欲從死，姑泣以撫孤勸勉。時家道零落，氏蓬垢茹辛，黽勉事姑，殷勤訓子，兩俱成立，娶媳生孫。姑疾，躬親湯藥，衣不解帶者逾月，喪葬哀毁，人謂婦兼子職焉。冢媳徐氏殁，又撫二孫克長，悽楚萬狀，終年六十六。

毛氏，儒童王坦妻。坦應府試，疾殁，氏搶地欲死，翁姑諭以撫伯幼子爲嗣。上事翁姑盡孝，訓誨嗣子成名。守節三十五年，終年六十有二。乾隆十七年旌表。

姜氏，長濂鄭家鎬妻。年二十二，夫暴亡，氏懷孕八月，欲以身殉，翁泣諭緩死，生男，延夫一脉，逾月果産男。遂一意撫孤，改卜夫墳，善訓孤兒，得獲成立。乾隆辛未冬，夫墳被人盜葬，氏日夜椎泣，遂成疾，終年五十一。子養中匍匐籲扦，不果。辛巳，王侯莅任，朝訴夕扦，是可慰氏於地下矣。

鄭氏，儒童王維庸妻。二十于歸，二十三夫故，以姑老子幼，矢志苦守，紡績事姑，辛勤教子，卒獲成名。年五十一終，學憲雷公以『松筠勁節』題額。

尹氏，故民朱鷺妻。年十九歸鷺，二十一夫故，生子方周，氏欲殉死，舅姑責以大義。苦守逾歲，父微言改志事，氏即痛哭，取刀斷左手小指，以明不二，鄉間有斷指寡婦之稱。孝養舅姑，竭力喪葬，子有小過必責。居孀從無笑容，及生孫始一哂。享年五十四。

俞氏，生員華日榮妻。十六歸榮，孝敬備至，紡績以助夫讀。五年不孕，即納媵婢，婢連孕不育，而日榮殁。氏年二十五，絶粒五日，百計從死，翁姑以繼嗣勸，始勉存活。數年，叔得一子，躬親撫養，四歲又夭，自是號慟成疾。逾年復得侄，又撫養之。疾遂劇，終年四十七。

吴氏，廩生葉廷槐妻。年二十七夫故，家道寒苦，勉事孀姑，菽水承順，婦修子職，攜女抱子，備極艱辛。其後婚嫁子女，埋葬翁姑，克遂厥志。孀居四十餘載，司訓王公世芳錫以『節孝足嘉』額。子澍，爲邑庠生。

李氏，故民項鼎業妻。年十六于歸，越十載，夫客死於外，氏孤孑無倚，矢志守節。族衆遞年給以祠穀，更爲按譜立嗣。嗣夭，復爲立孫。氏備嘗艱苦，年六十有八，始終如一。

吴氏，生員劉國槐妻。其姑朱氏，已褒節孝，氏年二十八夫故，朝夕依倚姑側，跬步不離，畫荻和熊，教子誦讀，子必成青年游庠。年逾六十一，孝慈兼備。

張氏，故民翁樹穀妻。年二十二夫故，痛欲從死，姑苦諭乃止。然無嗣而家復貧，氏紡績供姑，倹叔舉子甫周，即抱養爲嗣，未長而亡。再繼次侄爲後，殷勤訓育，苦守有成。今年逾六十，清操艱苦，閭里共稱勁節。

鄭氏，故民周永洛妻。年十八歸洛，十年夫故，二子尚幼，氏矢志守節撫孤。無何，長子夭亡，幸次子輔游庠，無負義方之訓云。

王氏，生員葉連鶴妻。十九于歸，年二十七夫死外郡，奔喪剪髮，事姑撫子，守節四十四年歿。學政鄧公賜『栢心荻字』匾額。

童氏，儒童王遺昌妻。昌本遺腹子，故名遺昌。既冠，赴縣試，死於寓。童氏年十九，奔喪，號痛欲從死，隣以姑老子幼解之。姑歿，徙居母氏，子得成立。

鄭氏，王之藩妻。年十九夫故，堅貞自矢，備歷艱難，持守不怠，至老而防檢彌篤。學憲雷旌以『松筠勁節』額。乾隆戊子，奉旨建坊旌表。

吴氏，蕉川潘志相妻。年二十四而寡，僅一子萬新在抱。時當明季，饑饉洊臻，流寇猖獗，鄉隣室家，咸不自保。氏撫遺孤，冰霜自矢。有以時勢艱難，勸其再醮圖存者，拒曰：『我若嫁，則此孤難保，潘氏之宗祧絶矣。』于是蓬首垢面，毁容力作。子稍能耕，恒躬率以往，寒暑朝暮無間，顛連困瘁，有難以言語形容者，積誠動天。萬新生子紹玉，玉生六子，瓜綿椒衍，裔孫分居蕉川、古亭兩處，共成一族。惜村居僻遠，世安耕鑿，當時未邀旌典。乾隆甲申，纂修邑乘，華明樓惜其遺未採入，曾另作傳，刊於其譜以志之。兹爲補載，庶不致令偉節終晦也夫。

王氏，礦坑儒童葉宗鸞妻。生一子朝東，方五月，夫殁。氏年二十三，剪髪毁容，矢志不移，孝奉孀姑，勤撫孤子，忍飢耐寒，歷有年所。邑令王旌以『志潔冰壺』匾額。壽至八十一。乾隆甲寅具題，奉旨建坊旌表。

王氏，李熙泳妻。年二十八，夫故，遺孤延禮尚在襁褓，矢志堅貞，歷盡艱辛，撫孤成立，力爲娶媳徐氏，得育一孫。氏方自慰，而延禮又没。時徐氏方二十歲，與姑同守苦節，誓死靡他，侍奉孀姑，備極孝養。王氏至八十二壽終，喪葬盡禮。遺子樹萱，從師督訓，得成通儒。卒年五十四，有司詳請旌表。

王氏，北鄉大侯周諸生周錫瓚妻。瓚赴郡應試，抱病入塲，得優等，未及覆而病篤，輿疾回家而没。氏方盛年，遺一子一女，悲痛撫育，俱得立成。女適名門，子入膠庠，娶媳鄭氏，方稍慰懷。無何，子又以應試卒於郡，櫬回，一慟昏絶。伯仲妯娌勸以立孫，慰解之。時媳鄭氏年正妙齡，屢思改醮，氏堅執不允。媳恚甚，肆意凌忤，氏甘受挫辱，百折不移，以此相持歲久。氏年至七十八始卒，而媳亦五十餘矣。及喪百日，媳忽登樓失足，墜折成廢，亦得完節以終。人咸謂一節保全兩節云。

王氏，邑南錢塘教諭王業幼女。年十九，歸二都亭根楊士傑爲妻，育一女而夫亡。家貧甚，忍飢耐寒，堅守苦節，奉養孀姑，備極辛勤。爲夫繼侄樟貴承祧。壽終六十五，守苦節四十一年。

烈女朱玉姑，三都葛坪朱發龍女。許字隣村西岸陳兆福爲婚，未嫁而福因樵採被石壓斃。時姑年二十一，痛夫死於非命，矢志堅守。俄聞父母有别議，即閉户自縊死。後有近里貢生劉霞，設帳于其經死之原屋。每夜聞步履聲，意其精靈未泯，遂偕同人呈請旌表，後遂寂然。

貞女尹氏，吴塢尹秉侯女。幼字練溪葉正春爲妻，未娶而春病故。女以姑老無依，登門守節。家無立錐，紡績度日，甘旨無缺。喪葬之費，皆出自十指間。立嗣承祧，以延似續。時或凍餒，而貞操益堅。忍痛百年，比之殉烈爲尤難焉。壽終八十三。有司上其事，奉旨建坊旌表。

周氏，長濂廩生周鑑女。適同里庠生鄭蘭爲妻，育一子二女。年三十二而寡，哀苦勞瘁，鞠養兒女。後爲子驥娶媳華氏，連育二女，而驥旋殂。時華氏年未三十，幸遺腹得一男，而氏竟以過哀成疾卒。華氏撫遺腹子，至五歲而又殤，遂感成癆瘵，醫治數年不愈。病革時，繼堂侄鴻飛爲嗣。飛入太學，娶室生子，足慰泉下幽魂。

王氏，練溪廩生吴國賢妻。母家故饒，于歸後，親搽井臼，勤苦逾于寒素。夫殁，子幼，氏茹荼守志，孝養舅姑，喪葬哀禮兼盡。治家有法，克振先業，尤性好施與。嘗創宗祠，置義冢，捐祀田。貞操淑德，矜式一邑，人咸稱爲女師云。長子文炳，次經，三秉權，均入黌序，貢成均。壽終七十七。孫、曾游庠食餼者十餘人。曾孫世涵，舉戊子鄉榜亞元。嘉慶五年具題，奉旨建坊旌表。

徐氏，周振傳妻。幼嫻内則，年二十九，夫殁，家綦貧，孝奉孀姑，生養死葬如禮。撫遺孤觀鎬，勤於課讀。時肄業者惟習一經，氏教子必讀十三經，旁及古文書法，朝夕嚴督，卒成碩士。平居績紝勤劬，足不逾閫。母家故殷富，任窘迫，絶不請貸。遇婚慶及父母誕辰，登堂賀拜即返，從不與宴。及子游庠食餼，欲爲請旌，諭曰：『汝能上進，揚名顯親，方償吾志，請旌非吾願也。』後觀鎬得敕授六品，貞魂可稍慰焉。

劉氏，練溪生員周卜龍妻。于歸五載而寡，其時三齡孤子在抱，垂白孀姑在堂，生計日促。氏茹荼泣血，作苦勤勞，丸熊訓讀，得立門户。姑兩目喪明，氏殷勤調護，朝夕以舌舐之，後竟復明。迨姑殁，伯仲無力舉葬，氏出己資，獨力承辦。家有祀産，因分房漸多，群議出售，氏弱質難持，分價絲毫不取。歲時伏臘，一力承祀，没世不衰。以生平齒積，爲子納粟入太學，娶媳生孫。嘉慶八年具題，奉旨建坊旌表。

周氏，練溪生員劉沅妻。沅有聲黌序，爲前任王公諱憕者所器重。及有疾，氏衣不鮮帶者半載。

疾篤，作疏籲天求代。迨沉歿，慟絶而蘇者數次。念姑邁子幼，强爲未亡人。事姑竭盡心力，育孤則畫荻丸熊以訓之。子三：尚筠，入太學；尚觀、尚鵬，均入膠庠。平生贈娶周貧，賻喪濟葬，鄉黨共仰。嘉慶八年，欽褒建坊。終年七十三，微疴數日，謂兒媳曰：迎我者至矣。遂命更衣，從容而逝。時沉檀撲鼻，舉家共聞。人謂善氣所感，自成善果云。

應氏，生員童以誠繼室。于歸數載，生子周歲而寡。未幾，姑又繼歿，伶仃孤苦，力主兩喪，艱辛備歷。孤子孱弱多病，撫育惟艱，俾至成立。娶媳生孫，藉延一線。孫司訓爲撰贊。

曹氏，柳村太學生官寬妻。性貞静，勤操作，事姑舅惟謹。年二十九，夫故，無子，誓以身殉。登樓投繯〔一〕，家人覺救，逾時始蘇。姑再三勸慰，諭令爲夫立後，廼飲泣忍死。繼立侄雲爲嗣，教養成人，入太學。守節五十餘年，壽終八十四。道光三年具題，奉旨建坊旌表。長孫承選妻葉氏，亦艾年孀居，勵操撫孤，大有祖姑遺徽焉。

校注

〔一〕投繯，底本誤作『投環』，據文意改。下同。

鄭氏，長濂鄭家勲長女，奕山朱象羡妻。年十八于歸，逾年生一子，甫三月而夫亡，幾不欲生。孀姑勸育遺孤，囑勿死，因稱未亡人三十餘年，事姑以孝聞，鄉里咸重之。子瑗，弱冠游庠，欲以節孝請，氏諭之曰：節孝吾分内事，汝爲我計，獨不念爾父乎？須能上進，使吾與爾父得叨誥命光，方愜吾願。毋亟亟以此請也。瑗承命力學，膺嘉慶辛酉拔萃科，惜未及銓期而卒，迄今待請旌焉。

周氏，邑南生員王田齡妻。年二十歸王，結縭一載，生一女，田齡即抱沉疴，謂氏曰：『余命苦短促，親老家貧，累汝供養，復不能續一線之延，其如祖父之奉祀何？』氏泣曰：『如有不諱，當竭力圖之。』閱五月夫歿，氏勤女紅以膳翁姑，生養死葬如禮。堂侄文濠生纔八月，繼爲嗣，教育有方，後入庠序。年逾七十而終。

王氏，華明鐘妻。年二十二歲，夫故，子日漣方在孕，舅姑俱年邁。氏刻志守節，奉事舅姑，孝敬不衰，撫孤成立，劬勞備至。冰霜之操，終身常如一日，年六十七歲壽終。嘉慶十七年，詳請具題，奉恩旌表，入享祠。

葉氏，儒童華日泰繼室。年十八于歸，二十二而夫故，投繯得救而蘇。姑以保遺腹勸之，乃自誓靡他，撫前妻女如己出。彌月生子名剛，教以義方，入邑庠。事姑曲盡孝道，喪葬有禮，守節五十二年，完璧而逝。嘉慶十一年具題，奉旨建坊旌表。

李氏，王川口太學生華明壎妻。二十歲夫故，欲以身殉，親族勸勿輕生，得能爲夫似續，則視死節有泰山鴻毛之别，遂勉進飲食。繼侄日南爲嗣，教養兼至，早歲即蜚聲庠序，歷任訓導。氏壽至八十，具題奉旨建坊旌表。

官氏，練溪國學生朱書繼室。年三十夫故，矢志守節，營葬姑舅，訓育幼嗣，艱苦備嘗。二子琪、霖，均登仕版，累封太恭人。勤儉自苦，而樂善不倦，施寒衣，建橋梁，築隄防，助書院，獎賞經費，捐族中婚娶義田。人咸稱之，欲以貞操上聞，氏曰：吾一老嫠，屢荷國恩，方期子孫努力圖報，若再邀旌典，是希名也。乃已。壽七十八。親見長孫筮仕，次孫登第。

俞氏，邑南俞長鉅女，潘村儒童王國蘭妻。年二十三而孀，繼子抱養，撫之成立，從師力學，爲國學生。以一經遺後，孫三人俱入庠序，子姓繁昌。守節五十二年，奉旨建坊旌表。

華氏，上旦生員王錫龍妻。十八于歸，二十一而寡。生遺腹子，甫周歲而殤，哀號不欲生，翁姑諭以撫侄爲嗣。家綦貧，茹荼紡績，足不逾閾，聲不出户，事上撫下，艱苦備嘗，守節三十一年。嘉慶十八年具題，奉旨建坊旌表。

徐氏，徐懋健女。事後母以孝聞，適儒童李熙源爲妻。夫病，告天乞以身代。及歿，屢不欲生，重翁姑之命，立嗣守節，仰事俯育，不辭艱苦，衣食不周，而生養死葬，皆能盡禮。積苦守貞數十年，足迹不出户庭，内外稱頌，咸無間言。有司詳請具題，奉旨建坊旌表。

王氏，生員吴國榛妻。生二女，夫故，氏年二十七，矢志靡他，立嗣承祧，守節五十餘年，白首完貞，阨窮堪憫，族黨咸共仰之。

項氏，儒童包華鑄妻。翁姑早故，歸包逾年，生子不育，夫患血症，氏百計調護，病卒不起。一生食貧甘苦，惟織紝自給，薄産數畝，不肯妄費，積貯增置，以爲嗣續計。卧室中設夫木主，朝夕焚香相對，白髮青燈，數十年如一日。年四十九，以積勞成瘵疾卒。奉旨建坊旌表。

徐氏，生員包才章繼配。于歸數載而寡，稚子復殤，僅一女，家徒壁立，誓死靡他，茹荼三十餘年，家稍康。族人欽其貞範，爲立嗣焉。年六十二終，奉旨建坊旌表。

尹氏，生員王宗才繼室。生子本仁，夫故，氏年二十，號痛幾絶，以懷中呱呱，不敢輕生。育孤成立，全受全歸，得膺旌典。

葉氏，職員周振圭繼妻。圭與原配華氏伉儷綦篤，因失耦致疾。娶氏時，已羸弱不勝衣，閲四年，竟以瘵亡。有弟振璧，未得子，氏守志以待繼嗣。次年，娣舉子觀位，氏稍慰。無何，璧亦亡，兩孀共撫一孤。不十年，娣又亡。氏撫之成立，娶媳生孫。及身沐旌表，壽終七十歲。

王氏，奕山朱仁陶妻。二十八歲，夫歿，三男三女均在提抱，既無立錐，復無兄弟。老翁八旬，上事俯育，備歷艱辛。翁壽至百有二歲，養送無虧，節孝兩全。壽終七十三歲。

濮氏，生員王廷熙妻。濮本世儒，氏幼嫻詩禮，歸王，敬事夫子，有舉案相莊之雅。夫得風疾，調護周至。不數年，卒以斯疾亡。家故寒，紡績度日，撫孤成立。生孫男六人、孫女三人，可謂衍慶。壽終八十。

葉氏，生員王兆珽繼室。原配葉氏故，繼娶謝氏。珽年登强仕，謝氏又殂，鰥居無耦。應湯溪葉姓聘，往訓讀。居停重其人，以女妻之。珽長氏二十餘歲，氏不以爲嫌，静好相得。無何而夫故，氏正艾年，柏舟自誓，爲夫立嗣。足迹不出閨門，逾十年終。時成例年五十請旌，氏未及期，咸共哀之。

陳氏，練溪貢生吴文炳副室、節母王氏媳。王家法嚴肅，氏承顔色，獨得歡心，事嫡如母，諧問笙磬。生子三：長守圭，次暄，均在提抱，三守基，生甫數月，夫歿。有磨笄之志，因不敢重貽姑戚，偷息將雛，兩世青燈，相依爲命。後十年，姑病，衣不解帶，手滌厠牏，經久不倦。嫡歿，氏已六旬，哀毁致病。教子以禮法，惇行爲重。家不中貲，喜周貧濟困，故委蜕之日，孀嫠摽擗，隣媪淒欷。及見子孫游庠食餼者七人。嘉慶二十四年具題，奉旨建坊旌表。壽終七十九，守節五十年。

方氏，大田儒童葉朝勲妻。二十于歸，二十五而寡，事姑孝，撫孤成立。嘉慶二十四年，具題奉旨建坊旌表。守節四十一年。子菁華、孫鼎銘均入庠，咸謂苦節之報。

魏氏，柳村生員官學敏副室。年十五于歸，十九歲生子，甫二十八日，夫病故於衢。氏聞訃哀號，欲以身殉，因髦姑在堂，苟存一息，吞聲飲泣，孝養無虧。嫡生一子，承祧長房，夫故，傷感成疾，氏奉事惟謹，四十年無少閑。教子颺，有義方，以庠生援例入成均。孫枝亦振振挺秀，一脉相延，氏之所全者大矣。有司詳請具題，奉旨建坊旌表。

許氏，方村姚建龍妻。年二十四夫歿，二子尚在襁褓，家徒四壁，有勸之改醮者，截髮自誓。爲人紡織縫紉以奉姑，生養死葬盡禮。子長，教以食力安命，洵稱苦節。

吴氏，太學生王權妻。年二十七夫故，矢志柏舟，遺孤鉽，撫育成人，爲國學生。壽終八十四，白首完貞，鄉隣共仰。鉽妻宋氏，亦年三十而寡，上事孀姑，下撫幼子，竭誠致慎，辛苦備嘗。教子雲，出就外傅，力學得入庠序，補增廣生，强年寢疾殞命。其繼室蘇氏，又在艾年，以姑老子幼，義難捐生，仰事俯育，克紹芳徽。子淇，孫泰來，均英年食餼，允稱醇儒。雖云荼苦，益顯蘭馨。道光十四年，詳請具題，奉旨建坊，旌爲『一門三節』云。

朱氏，東横鄭祥采妻。年二十一歸鄭，六載夫歿，子甫三齡，撫之成立。聘媳兩載，子復夭亡，號痛成疾，爲子繼孫，疾甚而卒。道光八年具題，奉旨建坊旌表。

許氏，前溪王正璣妻。二十四歲夫故，立志守節，積苦不移，壽至八十四卒。

毛氏，柘溪尹家修妻。年二十一夫歿，守節四十九年，茹荼守志，貞操堪欽。

華氏，邑南俞益妻。青年矢志，家無擔石，撫孤成立，荼苦備嘗。孫召棠，弱冠入泮，得續已斷之書香，不僅延俞門一線而已。

俞氏，長濂鄭養鑭妻，城南俞天任女。年十八于歸，生一子榮萱。二十一夫故，立志守節，教子義方，入庠食餼。白首無瑕，治家有法。終年六十三歲。

周氏，張寶照妻。年十七適張，四載夫亡，生一子必光，甫五月。氏矢志堅貞，撫孤成立，娶媳汪氏，亦數載而寡。以姑老子幼，隱忍不死，苦持家政，奉姑訓子。季男漢、孫榮，皆先後游庠。周壽終七十有七，汪年亦至六十有九。有司詳請具題，奉旨建雙節坊。

黄氏，石練生員吴秉和妻。和世儒寒素，得瘵疾，氏鬻簪珥以備湯藥。病二年，氏晝夜扶持，未嘗解帶。及卒，長子守素、次守約皆幼，藐孤煢獨，號痛幾絶。以遺命囑奉舅撫孤，勢難即殉，迺忍泣吞聲，婉容勸餐，不敢以夫故傷舅心。居舅喪，克盡哀禮，典奩具以葬。居恒織紝爲生，飢寒并迫，秉節愈堅。力勤女紅，爲兩子修脯，俾得均入膠庠。孫世醇，亦克奮志下帷，冠年食餼。年七十九，無疾而終。道光十四年，詳請具題旌表。

周氏，大忠太學生包咸章妻。二十六歲夫故，遺孤在懷，老親垂白，責任非輕，乃能奉養高堂，壽考令終。孤子華元，名登太學。孫國謙，早歲游庠。可償苦節之報。道光十一年，具題奉旨建坊旌表。

董氏，儒童華日濬妻。年十八于歸，未幾濬病，氏默禱求代，病卒不起。氏年二十一，誓死相從。姑多方慰諭，囑待伯氏生子，即與承祧。以姒次女，先與撫育，慰伴寂寥。及伯氏生子家齊，遂立爲嗣。而家齊孱弱多病，鞠育維艱。夫兄弟早析居，兄家計日落，氏奉孀姑，孝養極誠。及歿，喪葬之費，多己任之而不較。夫兄歿，家愈窘，氏按月給米，歷久不倦。親族中有貧乏者，歲時周濟，無吝色。守節五十四年。道光十一年，具題奉旨建坊旌表。

毛氏，吴秉恭妻。艾年居孀，遺孤在抱，家無擔石，父母恐難存活，令改醮。截髪自誓，依伯姑同居，晝夜操作，心力交瘁。因凍餒積勞，不能永年。孤子賴堂叔收養，教之務農，得婚娶成家焉。

周氏，奕山生員朱智晉妻。二十歲歸晉，周年而寡。時方有娠，冀延似續，乃生一女，慟不欲生，翁姑爲立嗣以慰之。氏上奉甘旨，下勤教育，俯仰無虧。後子媳相繼亡，兩孫俱幼，家徒四壁，氏躬親撫養，勞瘁備嘗，二孫各娶室生子。守節五十九年。道光十五年，詳請旌表。

黄氏，張士傳妻。年十八夫故，冰蘖自守六十餘年。有司詳請具題，奉旨建坊旌表。

李氏，生員程鵬妻。年二十九夫殁，苦守不渝，現年八十五歲。

鄭氏，廪生華冕妻。三十歲夫故，生一女，茹荼苦守，繼侄承祧，守節四十年卒。

包氏，生員黄文瀚妻。年二十九夫殁，冰操凜守，六十四歲卒。

俞氏，儒童周誥妻。年二十六夫殁，守節三十七年，冰蘖如一，壽至六十三歲。

張氏，獨山葉萬通妻。戴氏，萬通子桐妻。張年二十八夫亡，撫孤成立，名登國學。戴年二十四夫亡，孝養孀姑，撫二孤佩蘭、佩蓮，均入庠序。蓮娶華氏，復二十六歲即寡，奉姑備極誠敬，躬執麻枲，教子有方，治家有法。二子秉宣、秉寅，俱國學生。卒年六十五。寅娶同村介賓鄭梁女。鄭氏又二十二歲而寅殁，亦誓守不移，辛勤艱苦，育養其子成人。娶媳生孫，四節萃于一門，遠近稱之。

羅氏，西山頭華文貴妻。年二十歸華，三載夫亡，遺孤新富在懷，撫之長成。而富又愚樸無一能，屢爲惡少簸弄，氏忍耐飢寒，獨支門户。每於殘燈敗帷之下，背人掩泣，堅守四十餘年，始終如一。卒以憂憤成疾，至七十四歲而終。

黄氏，周仕緯妻。歸周時，年方十五，事舅姑承順惟謹，相夫治家，敬戒備至。生一子文興，甫周歲而夫亡，氏時年二十三，以撫孤爲重，不敢輕生。次年，翁姑繼殁，姑遺三齡穉子，氏伶仃孤苦，與子一同乳哺，叔侄均撫成立。平生縞衣疏食，淡泊自甘，若遇困窮，遺贈不吝。居孀三十餘年，冰清玉潔。嘉慶二十四年具題，奉旨建坊旌表。

葉氏，練溪黄致中妻。家貧，以負畈爲業。上有老母，氏健持門户，擘畫經營，孝養孀姑，不貽中以内顧憂。生二女而夫旋殂，氏以婦兼子職，生養死葬，立嗣嫁女，惟持十指，未嘗廢禮。捋荼況瘁，幾四十年，鄉黨有巾幗丈夫之目。

吴氏，練溪生員朱林妻。年二十九，夫殁，遺孤璠尚幼，氏立志撫孤，殫心教育，俾至成立。年逾古稀，曾、玄繞膝，不衣綵，不笑言，時猶感慟。有欲以節孝請者，氏曰：『吾事親不能孝，事夫不能久，夫死守節，義固然也，何褒爲？』堅拒乃止。鄉人嘉之，以爲純於節者。

黄氏，王世傳妻。傳亡，氏年二十七，痛不欲生，飲藥以殉。姑見而奪之，慰諭再三，勖以立後大義，乃飲泣撫侄爲嗣。織紝終身，未嘗現齒，戚里咸稱苦節。

華氏，項德升妻。幽閑貞静，二十一歲歸項，越七年夫殁，冰霜勵節，備嘗孤苦，卒年七十九。

道光十四年，詳請具題旌表。

李氏，華日泮妻。青年孀守，紡績自給，勤儉銖積，漸至少康。立嗣承祧，終年八十三，名溢鄉評。道光五年，詳請具題，奉旨建坊旌表。

黄氏，巫光曉妻。年十七歸巫，三載而寡，生一子作霖，方兩月。氏號慟絶粒，幾不欲生，以呱呱在抱，忍死撫孤。子長娶媳，連舉七孫。霖亡，與媳共矢堅貞，持家撫孫。卒年七十歲。

潘氏，金岸朱正煒妻。年十七于歸，逾年即寡，慟絶而蘇。時上有舅姑，夫弟森燧未娶，中饋乏人，勢難死殉，輙復苟活。舅姑哀其早寡無子，急爲森燧娶婦姜氏。姜年方十五，幸一索得男元恭，遂繼與潘爲嗣。後姜連舉四子，寬信敏惠，方共欣慰。無何，森燧服賈東甌，病回旋殁，時姜年二十九。娣姒矢志保孤，上事下撫，竭誠致慎。翁病篤，姜典鬻釵珥，竭力醫治不效，清夜焚香，籲天割股作羹以進，翁病竟瘥。月餘復病，遂不起，喪葬如禮。越五年，潘亡，姜隻身支持奉姑，逾八旬令終。教子游膠庠，貢成均，皆成令器。後元寬妻姜氏，歸寬五載而孀，年二十四。元信妻鄭氏，結褵未周歲而信故。二氏均未育子，俱克嗣徽音，貞操并勵。姜立惠子振紳爲嗣，鄭立恭子振繡爲嗣，各能上奉孀姑，生終無愧，下撫繼嗣，庠序有聲，青燈相對，已三十餘年。一門濟美，四節流芳，洵前史所罕聞，爲近世所僅見者也。道光十四年，詳請具題，奉旨建坊旌表。

鮑氏，生員華日昉側室。年二十五歸昉，逾年生一女，嫡俞氏生一子金南，未滿月而俞氏亡。

氏撫育勤慎，無分毛裏，乃未周歲而昉復故，環堵蕭然。氏砥節保孤，伶仃孤苦，挫折不移，朝炊夕汲，夜剪晨機，艱辛備嘗。且念切箕裘，延師課子，束修之費，惟藉十指，俾孤子早列膠庠，累世家聲，賴以不墜。道光元年，詳請具題，奉旨建坊旌表。現年八十有七，百體康健，將風詩所謂壽母燕喜者矣。

烈婦蘇氏，小字杏姑，西鄉琴溪蘇宗軾女。幼習内則，不苟言笑，鄉隣罕識其面。字三歸儒童王開煦爲室，年二十二，婚有期矣，而夫適病，因而改期。初，婚期訂五月，後改爲十二月。及期，夫病益劇，母欲止不嫁，婦堅執請往，以視夫疾，且以死自誓。母不得已，遣之。曁嫁，登堂行禮畢，即卸粧詣夫所，恭問疾苦。晝則躬親藥珥，夜則焚香祝天，願以身代。雖未同枕席，而侍奉勤懇，不啻如十年伉儷者。越數日，夫殂，婦痛暈頓絶，姑救始蘇。蘇後，轉以好言勸其姑與大姑，囑勿過哀。及夫就殮，姑與大姑意稍懈，氏潛入卧房，引刀自刎其頸。姑覺，奔救不及，遂死。死時屹然端坐，顏色如生。有司上其事，奉旨建坊旌表。朱相國石君時按考處郡，聞之，曾著有《蘇烈婦傳》。

烈婦朱氏，柳村武生官聖欽妻，奕山朱樓女。年二十四夫故，夫屬纊時，盥櫛禮拜畢，潛引石擊額，家人持救得不死。數日後，投繯幾殞，又爲人覺救。自此氏母日夜守之，不暫離，終無計尋死。乃爲夫立嗣，佯寬慰其姑，示無死志，然飲食終廢。及夫葬有期，撫棺號慟，絶粒數日而亡。夫婦合壙。邑前令陳君樹堂爲立傳，即上其事，奉旨建坊旌表。

劉氏，東岸姜紹新妻。于歸五載夫亡，氏年二十六，未育男女，一心從死。家人勸立嗣以承夫祧，乃立夫兄次子鳳騰爲嗣，教育成人。守節四十六年，搡比冰霜，壽終七十二。

黄氏，練溪庠生周肇芳繼室。德容兼美，孝養公姑，撫前妻女如己出。年二十九夫故，哀痛欲以身殉。老翁年逾八旬，曲諭爲夫立嗣，飲泣從命。繼侄承祧，男婚女嫁，謹守先業，守節二十一年。道光十五年，詳請旌表。

葉氏，俞紹价妻。价二十五歲亡，氏毁容堅守，始終一節。

濮氏，柳村太學生官承恩繼室。年及笄于歸，夫病已篤，氏親侍湯藥，曲慰舅姑，私禱願以身代。逾年夫故，慟求自盡，舅姑力勸止之，卒以晝夜哀毁，嘔血而死。

賴氏，葉順魁妻。年十八歸魁，不數載夫亡，以孀姑在堂，遺孤孑立，不敢死。無何，連遭回禄，艱苦獨嘗，甘旨勿缺。後稍充裕，命子培援例入國學，侍姑疾，湯藥必手親調。及殁，喪葬盡禮。今年逾古稀，人言無間。

華氏，周承鵬妻。青年孀居，生三子一女，尚在提抱，矢志撫育，男婚女嫁，荼苦如飴。今已望八，貞静如初。

陳氏，周栢芳妻。夫殁，子甫二齡，孝奉孀姑，撫孤成立，治家整肅有法，漸致饒足。姻族屢擬請旌，謂分屬當然，無求彰著。苦節六十餘年，現年九十四。

林氏，三井潘目明妻。年二十四夫故，上有翁姑，兩子在抱，家如懸磬，氏立志不移，仰事俯育，備嘗艱苦，現年九十有一。

李氏，東川太學生黄奕妻。因連歲大祲，奕奉母命往長安運米濟糶，舟行江心，風潮大作，舟將覆，驚悸成疾。氏侍奉湯藥，衣不解者四年，病卒不起。氏年二十九，立志守節，撫孤成立，人頌奕之仗義，而稱李之貞潔也。

金氏，周國選妻。年十九于歸，諸弟皆未娶，翁有痼病，姑亦多病，常偃息在牀，氏侍奉盡職。越九年夫殁，撫一子一女，至於成立。男婚女嫁，孝行無虧，貞操足式。

黄氏淑貞，年十五字周維基爲妻。父衣璋病篤，日夜籲天，衣不解帶。一夕，聞伯言：若璋亡，其妻年艾，勢必改醮，兒輩難免離散。氏聞之，愈加憂慮，晝夜悲啼。一日，獨坐父傍，恍惚有神諭以割股之方，遂默禱于神，割股進湯，父飲而愈，内外莫知。氏股腐半載，復夢神教以香粉調治，如諭而痊。後璋壽過古稀，氏歸周，孝奉舅姑。今年已望八，猶精神矍鑠，人皆謂孝感云。

李氏，周聚耀妻。年十七歸耀，生一子，方四歲。耀往江右省舅，猝殁舅家。氏聞訃，哀號絶食，以上有髦翁，下有孤子，不敢輕死。家徒四壁，親績紝以膳老幼，勤儉持家，教子成立。翁故，喪葬盡禮，鄉父老咸稱道之。

吴氏，長濂生員鄭煬和妻。住屋臨溪，庚申大水，室中水深丈餘，和負父登樓，欲再下梯，失足而没。時氏年二十八，撫棺哀痛呼天，矢志靡他。奉高堂，撫孤子，不啻乳姑之唐，丸熊之柳。而井臼操作，朝夕辛勤，省惜米薪，視如珠桂，而義所當爲，則毫無吝色。今年届古稀，家以漸裕，而淡泊勞苦，守如一日。子寶枏，名登國學，孫、曾林立，志遂名成，皆謂完節無瑕之報。

張氏，監生毛紹春妻。年三十夫故，老姑在堂，矢志靡他。茹荼如飴，撫育三子，備極艱辛刻苦，教誨次子鳳昌，青年游庠。現年六十八歲。道光十五年，詳請旌表。

貞女葉氏，大田生員葉龍旂之女。自幼字柳村鹽庫廳官聖朝爲室。朝分發長蘆，翁姑挈氏赴任完姻，中途得朝訃音，翁姑哭幾喪明。氏惟謹恪，婉言勸慰，朝夕侍奉，得保翁姑無恙回家，氏之力也。及靈櫬旋里，氏具祭哭奠，决意捐軀，父母妯娌莫能挽回，翁姑苦言勸止。即以長孫承銓，命氏撫育以似續，氏飲泣從命，恩勤倍至。迄今三十餘年，娶媳生孫，名成志，遂仍時痛存没异路，唧悲無已。十四年，詳請具題，奉旨建坊旌表。

劉氏，社後彭吉琳妻。年十九適彭，夫早抱病，入門未滿月而夫亡。氏懷貞弗二，上奉孀姑，色養無虧，爲夫繼嗣成家。村多務農，鮮禮儀，氏内政嚴肅，足不出户，里人罕見其面。

葉氏，松邑葉秀潤女、社後彭吉琅妻。十九歲歸琅，生一子昌，期而琅殁。氏年二十四，家中落，奉姑極孝。姑卒後，生計益窘，而母家固素豐，因挈子依兄弟以居，辛苦勞瘁，自食其力。子亦勤儉操作，朝夕弗懈，得以成家。道光十四年，詳請旌表。

葉氏，潘村職員黄鑑繼室。賦歸時，黄前妻子甫八齡，氏撫之如己出，毫無异心。數年後，生二子。夫歿，氏年二十七，復生遺腹子，上有老姑，養生送死如禮。諸孤教育成人，子復生子，清操已三十年。

華氏，邑南華日璜女，儒童徐金珮妻。歸珮，年方十七，越六載，珮故，氏哀痛，决意從死。賴家環守勸慰，徐解之。有以無子諷令改適者，涕泪交流，以死自誓，足不逾閾，終身未嘗見齒。後以憂鬱成疾，四十二歲卒。松筠節操，氏其有之。

鄭氏，長濂增生鄭養賦幼女，二都潘可俊妻。年十七于歸，舉一子文藻而俊殞，氏年二十四，哀毁欲絶。妯娌甚和諧，群以撫孤勉之，遂矢志育孤，蓬垢不出門户，井臼織紝，不辭勞瘁。孀姑在堂，承歡如子，教育孤兒，慈嚴兼至，家計因以漸裕。氏年已五十餘，猶自精勤不息，清風苦節，内外無閑言。子亦善承母訓，搸履不苟，納粟授職，以慰母心，并爲報詳請旌。

朱氏，練溪儒童周家序妻。生一子日新，夫故，氏年二十九，夫無兄弟，雙親垂白，飲淚撫孤孝養，舅姑均以壽終，喪葬無廢禮。日新名登國學，謹言端行，皆由母教所致。現年五十有九，足不逾閾，貞静如一。

吴氏，柳村太學生官文治妻。治聰敏勤學，年方弱冠，賫志而没。氏年二十，方有娠，號痛幾絶者數四，舅姑慰勉得全。彌月誕子，承宣乳養誨訓，備極辛勤，俾得髫年入泮，援例入成均，以償夫志。孝奉翁姑，治家勤儉，歷節三十餘年，貞操無玷。

官氏，奕山儒童朱璞妻。年十九于歸，璞已抱病，氏侍奉，夜不交睫。越三月疾劇，氏亦骨瘦如柴，璞屬曰：吾死命也。能事吾親，續吾後，雖死猶生。若徒死殉，吾目不瞑也。叮嚀而没。氏承夫命，飲泣吞聲，極誠奉養，悲痛不形于色。奉舅命，立侄振鴻爲嗣。道光十五年，詳請旌表。

鄭氏，長濂貢生鄭培椿長女，古亭潘人顯妻。顯體弱，以勤讀嘔血死。遺一子文治，方周歲。氏號痛絶粒，孀姑以撫孤勉之，始進食飲。文治頗愚騃，因挈子依父以居。遞治長成，娶媳數年後，方回故里。猶自撑持門户，勤勞内政無少懈。清操勁節，戚里欽仰。伯仲議呈報節，氏力拒之。父哀其志，强爲報，詳請旌焉。

周氏，儒童吴世炯妻，節母陳氏孫媳。結褵一載而寡，生遺腹子甫周而殤。氏無屬望，引刀自刎，家人救止之。翁姑以家貧，恐累荼苦，勸諭改適，誓死不從。祖姑哀其志，以長孫次子命嗣育之。未幾又殤，呼天搶地，嘔血絶食，决意捐生。祖姑飭家人環守，百端勸慰，復爲立嗣，忍死從命。上事兩代姑嫜，曲全孝道。後舅姑繼喪，家計愈窘，惟藉十指度日，自奉饘粥療飢，嗣子務令飽餐。今年逾五旬，守節三十餘年，請旌有侍，因以『累世貽芳』額表其閭焉。

貞女潘氏，柳村潘朝相女。幼字同里官聖輔爲妻，年未及笄而聖輔病故。貞□未偶，無事成雙，寡鵠自甘，相誓從一，即洗鉛華，涕泣易服。父母舅姑因成其志，遂歸官門，爲立嗣子。氏撫育以承夫後，冰霜自厲。與姒葉氏可云雙璧無瑕。

黄氏，生員葉世鏞側室。生子永荃，在襁保而夫故。氏年二十三，矢志育孤，足不逾閫，州里稱之。

童氏，名尚錦，諸生童勉次女，生員周偉人妻。于歸後，孝事舅姑，克諧妯娌，姑最鍾愛之。未幾姑卒，氏哀毁不已。乃逾年而夫又亡，一切釋珥典鬻殆盡。遺一子芳林方周歲，氏悲號欲以身殉，父諭以事舅保孤大義，始涕泣從命。有利其改適者，婉言勸誘之，氏誓死不移。既而居屋什物，悉不能入分，父故子病，四顧無依，日夜抱子悲泣，幾乎并命。偉人業師周慕溪，聞而哀之，遂析屋以居之。氏得所依，辛勤操作，齒積寸累，家因漸裕，而清苦猶昔。子既成人，聘名家女爲媳，群稱其爲能重振門户云。

李氏，邑南李熙滄長女，適同邑華日萱爲妻。年三十三夫故，生三子俱幼，家徒四壁，織紝度活，幽静貞潔，或終日僅得饘粥一餐，或并無之，未嘗言苦，亦不向人告借。子漸成人，教令務農習藝，始得爲餬口計，允稱苦節。

吴氏，儒童劉筠縉妻。年二十四夫殁，立志不移，繼嗣奉祀，克苦成家，貞静勤勞，兼而有之。

鄭氏，邑南貢生王式堯繼室。青年居孀，家計蕭條，與妾林氏紡績爲活，備極艱辛。林氏舉子尚幼，鄭視之如己出，十指辛勤，雖饔飧不繼，氏處之晏然，矢志靡他。撫孤成立，即爲婚娶，守節四十餘年而終。

黄氏，邑南儒童王儒億妻。年二十六夫故，生二女一子，子甫三齡，家極貧，紡績糊口，艱苦備嘗。續子夭亡，二女嫁畢，煢煢孤守，雖鶉衣藿食，安之若素。終年六十有二，以胞兄次子庠生學醇承祧。

毛氏，練溪劉錫輿妻。世代寒儒，貧無立錐。輿故，氏方艾年，僅一幼女，甘茹荼苦，歷久彌堅。年逾六旬，惟縫紉自給，人共憫之。

雷氏、馬氏，俱邑南貢生王文光之側室也。嫡早亡，馬氏數乳不育，雷氏生子職貢王思敬，甫周歲。夫故，二氏青年苦節，撫孤成立。學憲史公旌匾『節著一門』。

周氏，十六都北山周攀賢女，適際川故儒童張殿颺爲妻。結褵數載，而夫抱病，氏典鬻衣飾，延醫調治，侍奉湯藥，時刻弗離。夫卒，呼天搶地，不欲獨生，時年二十七歲。親隣慰解再四，勉强苟活。從此冰霜自勵，足迹不出閨門，清風亮節，孀居已二十餘年，毫無瑕玷。

黄氏，十三都潘村貢生黄金墀女，許字十八都淤頭儒童毛廷選爲妻。年十九于歸，越三載而選，遽染沉疴，竭力救治，卒不能起。氏痛哭昏絶數次，屢欲自盡，相從地下，日夜防守，終不得閑。遂爲夫繼侄承祀，而堅貞自矢，清操始終如一。同里親舊罕見其面，洵不愧爲未亡人。

王氏，傅林保妻。年十八適傅，僅越一載而夫亡。時氏年十九，産一遺腹子容頂，而家無恒産，全賴織紝度活，撫頂長成，爲之娶婦，方稍自慰。乃不數年而頂又夭，幸亦遺腹得孫，而媳旋改醮去。遺孫與氏孤苦零丁，形影相吊，氏頭顱如雪，節操彌堅，後孫亦得成立。氏年八十二歲，守苦節六十餘年而終。士林多賦詩頌之。

烈女王愛兒，七都馬頭龍昌莊王舛之三女也。生未周旬，母病産乏乳，爲同里張姓抱養，許與其子張蘭葱爲妻。女自幼孝慧，合家歡愛，因以愛兒名之。後年十歲，翁姑相繼病亡，母家將女領回。蘭葱孤貧無依，出外傭工，時將傭蓄寄交岳家爲小妻資。女年及笄，父母漸有悔婚意，女知之，悲不敢言，時時背人掩泣。蘭葱欲迎女歸，輒遭窘辱。後父母設計誘葱至家，欲逼令退婚，女乘間引葱潛逃。父母恚甚，愈逼改醮。女窺親意終不可回，葱又無力，此志必爲所奪。甲午夏五朔，霖雨徹夜不止，女意溪流必漲，次日晨餐畢，即沐浴更衣，縫緊衫裙褲履，提筐紿母赴河澼濯，含笑出門。至溪投水，而近岸流淺波平，不没其頂，復起登岸淋立，號泣呼天者三，躍入中流巨浪而死。時隔岸農夫見欲赴救，而波漲洶湧，莫可施力。屍流里許泊岸，尋得之，面色如生，隨殯葬於祖塋域中。遠近聞之，無不感悼。合邑紳耆擬爲具報請旌，尚未及行。其堂伯名協贊者有詩哭之曰：『愛兒愛兒，真吾侄女。吾有數言，聊堪慰汝。梅方賦摽，志氣獨超。捐軀守義，女德孔昭。烈烈節操，全貞全孝。閨女芳徽，不媿名教。白璧無瑕，清名獨耀。泉路茫茫，爾應含笑。』

王氏，儒童傅德才妻。于歸數載，德才即病，氏侍奉弗離左右。見病勢日甚，暗自飲泣吞聲，及卒，慟哭幾絶。以翁姑在堂，未敢殉死。時氏年二十七歲，未育有子，爲夫繼侄承祧。孝養公姑，勤撫繼嗣，矢志堅守，之死靡他，苦心孤詣，人共閔之。

鄭氏，太學生劉邑繼室。年二十八夫故，撫側室子如己出，教養兼至，以至成立，備嘗艱苦。歷五十餘年，壽終八十五。

華氏，邑南徐台錦妻。年十七于歸，克全婦道，事翁姑至孝，執姑喪，哀慟异常。二十九歲夫故，以有老翁稚子，勢難從死，朝夕奉養，必謀甘旨，生養死葬，辛苦難狀。生六子，俱教育成人。現年七十歲。道光十五年，詳請旌表。

劉氏，十二都章茂槐妻。年十七于歸，十載而寡，毀容守志，奉事舅姑，生養死葬，竭誠致慎，不使少有遺恨。生四子，提攜撫育，備極艱苦。屢欲遣就外傅，奈家計維艱，不能如願。因專務農業，俱能成立，亦可償苦守之志。

朱氏，琴山應宗堯妻。應本農家，氏躬操井臼，事舅姑曲全婦道。生三子一女，年二十九夫故，視斂畢，即欲捐生。翁姑苦勸，稚子哀號，勢難身殉。上事俯育，孝慈兼至。卒年八十有三。白璧無瑕，諸孫改農爲儒，人謂苦節之報。

葉氏，長濂儒童鄭國儒妻。事繼姑以孝聞，姑甚鍾愛之。年三十而儒歿，哀毀誓守，撫養子女成立。身爲冢婦，力持中饋，能以禮義勤儉倡率諸娣，閨門雍肅，允稱婦道無虧，四德俱優。

葉氏，城南王景惠之室，葉世鏞之女也。景惠幼失怙恃〔一〕，依祖母劉以成家。室體羸弱，祖母弃世後，叔不安分，承業維艱，焦勞成疾，壯年憂鬱殞命。氏痛澈骨髓，即欲捐生相從，因念夫係長支，未有嗣續，兩世先靈，能無怨恫，勉存殘息，爲夫繼嗣。親支乏推援，立四服房叔振文子久祥承祧，并捐己租田助入宗祠，爲祖翁姑、翁姑兩代配享，惠及合族儒素，懇族房議立規条，以垂永久。夫心其用，慰於九泉也。

藍氏，北鄉應村儒童鄭燦之室也。鄭燦幼習騎射，弱冠膂力過人，技藝絶倫類，縣、郡試俱冠軍，邑中咸推其英武，以科甲期之。詎近院試於衢之江山習藝處，得暴病，肩輿至家輒殞命。氏五内崩摧，誓不欲生，而邁姑悲慟更甚，氏勉力承顔，繼姒子鄭臣爲嗣。自是上事姑，下撫子，延未亡之歲月，遞鄭臣得入文庠，氏洵可謂慰亡夫於地下矣。卒命蹇臣，亦不永年，遺孫幼弱，未克報請旌獎。秉筆修志，急録以垂奕禩。

應氏，北鄉十一都周元厚妻。年十六于歸，甫二載，夫病故，遺孕在腹，數月産一女。舅姑憐其年少無子，令再嫁，婦堅執不從。夫兄弟各有子，憫其守志不渝，爲立雙祧承祀。清苦自持，始終如一，瑩徹無瑕，年四十五，疾終正寢。

貞女鄭氏，小字敏秀，前塘鄭邦仰之女。襁褓中，字稅頭葉昇三子敬奎爲室。奎年十歲而殤，氏時方五齡。後稍長，知曾字葉，即立志守節。俄聞父母有別議，乃寢卧絶食，家人勸慰百端，志終不移目。後别字之議雖寢，而居常欝欝，竟致不起。至彌留之際，請於父母，願與夫同穴。父母許之，遂含笑而逝。翁姑哀其志，爲迎柩合厝焉。

王氏，儒童尹之勷妻，邑南王霖之女也。夫故，子清臣甫三齡，氏撫孤子，事舅姑，恩勤備至。舅姑没後，以子尚幼，自吴塢遷居邑城，卜築於北隅君子坊。暨清臣成立，始以家事付之。壽八十餘。嘉慶四年，具詳請旌。六年，送入祠祀。

葉氏，長濂故生員鄭家綬之妻，邑城故增貢生葉正棠之女也。氏年二十一歲，于鄭門佐夫誦讀，得入邑庠。越三年，氏二十四歲，家綬力學攻苦，兼以親死未葬，家無儋石，隱憂成疾。病日漸，囑托氏曰：家貧難以存活，而葬親無資，嗣續無人，設不起兩事，累少君矣。氏涕泣以承，果殞命。氏肝腸并裂，欲以身狥，念及夫托，勉作未亡人，守志以俟。越五年，始得侄鴻生，甫彌月，即鳴族議繼，抱養爲嗣，恩勤鞠育，并以義方訓誨。及冠，亦備博士弟子員。奩具盡行變賣，不計冬衣，無以禦寒，積蓄經營。卒葬鄭門兩世坟墓，以慰夫於泉下。終年五十八歲，守節三十四年。嘉慶七年，邀請旌表入祠，洵爲節孝無虧。

校注

〔一〕恃，底本作『持』，據文意改。

卷之八

兵戎志

兵防、武功、紀事

國有兵，不得已而用之者也。方今統一寰宇，□養久矣。然安不忘危，有備無患，實經世遠圖焉。況遂僻處山陬，寄籍人繁，防衛之功，亦非淺小。至若運籌決策，烽火不燃，是又干城有寄，一邑所賴以保障也。志兵戎。

兵防

國朝

原制遂邑把總一員，汛兵四十五名，以爲防守。因康熙四十八年，流匪竊發，盤踞村落，民不獲安。四十九年，總督梁公世勳、巡撫黄公秉中會疏具題，將處之協鎮調平陽，平之總鎮調處州，兼鎮衢、金二府，增兵一千五百一十五名。處總鎮共管兵二千六百三十一名，各縣俱添兵防守。遂昌設守備一員，千總一員，增設把總一員，兵三百名，内二百名駐縣，餘分防各隘口。乾隆二十八年，邑令王憕因西鄉王村口離縣窵遠，棚民雜處，北界毗連三衢，稟請總鎮各添外委把總一員，駐扎巡防。

守備一員。

千總一員。

把總一員。

北界汛外委把總一員。新設。

王村口汛外委把總一員。新設。

新建守備衙門一所。在縣東，舊爲段公祠基，今建。□門一所，兩旁東西各三間，爲字識房，一爲馬閑儀門。大堂内堂廂房飼廳大堂之東書房一所，書房後樓房一所，樓房旁厨房三間。

駐防衙門一所。在北隅。

新置北界駐防衛門一所，共五間。知縣王憕捐建。

新置王村口駐防衙門一所，内堂三間，外堂三間。同時捐建。

縣内守備署旁及頭門外東西北三隅關口舊建營房一百間。

西北兩鄉隘口、關塘、高坪等處共建營房五十間。

北界舊營房十間，知縣王憕新捐建營房十間。設兵二十名。

王村口舊營房十間，知縣王憕新捐建二十間。設兵三十名。

教場。舊在縣東瑞山麓，今在東門外吕川，中爲演武廳，右爲關帝廟，前爲旗竿、石臺。

舊設馬步巡檢司，弓兵二十二名。久裁。

舊遂昌縣設民兵一百一十七名，歲徵銀一千六百零五兩六錢。久裁，充餉。

康熙四十八年，添設練總三十名，連舊共四十名，農隙官爲操練。今裁。

今設民壯一十四名，支給地丁銀八十四兩，縣給。外增工食銀一十六兩二錢四分。司庫領給。

武職

從前止設把總一員，遞年輪换，名不及詳。自康熙己丑始，增守備一員，仍設把總，應載姓氏，以備採覽。

守備

康熙吴豹。號文峰，福建泉州人，康熙四十九年任，五十一年調温州水師營。爲人恬静閑雅，撫兵愛民，有儒將風。

謝錦文。號唐章，山西大同人，康熙五十一年任。

雍正劉斌。山東人，元年任。

王紹宗。江南進士，三年任。

姬隆周。山東人，難廕，九年任。

周之棟。廣東人，難廕，十三年任。

乾隆陳宏亮。滿洲正紅旗人，二年任。
李塏。山西進士，六年任。
朱一宏。貴州人，十年任。
黄紹培。福建進士，十二年任。
張邦仁。襄陽人，十七年任。
高廷柱。湖南進士，二十一年任。
鍾玉。二十九年任。
樵有鶴。四十一年任。
王士明。四十四年。
吉□。四十七年。
得敏。四十八年。
頼光輝。五十一年。
海得。五十四年。
楊金財。五十七年。
嘉慶張國太。二年。

李濤。九年。
王□楷。二十三年。
馬辰。二十五年。
道光劉國瑞。八年。

駐防

雍正蔡先捷。把總。
田士英。把總。
頗時乾。千總。
乾隆李廷柱。把總。
鄭高。外千。
何朝貴。把總。
蔡中。外把。
趙國宰。千總。
張朝。外把。
熊羆友。福建武舉，千總。

張顯。把總。
金溶。外千。
鄭國樑。外把。
鄭國佐。千總。
馬勝國。外千。
馬正國。千總。
袁瑞雲。外把。
馬之瑞。把總。
高崧。把總。
單愈。外把。
傅繩武。福建武舉，千總。
趙利山。外把。
吴高榮。外把，駐北界。
王得名。外把，駐王村口。
袁清。千總。

端木林。外委。
張秉榮。把總。
黃文勇。外委。
馬建功。千總。
李國印。外委。
嘉慶金國標。千總。
秦世富。外委。
高廷表。千總。
馬成仁。外委。
項建勲。千總。
王福標。外委。
金殿鰲。千總。
郭耀宗。外委。
吴光宗。外委。
王金榮。額外。

道光袁君恩。千總。
黄朝棟。外委。
馬國麟。外委。
鄭殿林。額外。
王金貴。把總。
項懋勲。外委。
黄金相。外委。
袁君定。額外。
胡世勲。千總。
馬端鵬。外委。
陳邦國。外委。
單金標。額外。
高國榮。把總。
陳雲龍。外委。
秦文傑。外委。

吴大林。額外。

張恩。千總。

鮑汝勲。把總。

趙培槐。把總。

黄成標。外委。

胡朝龍。外委。

王元。額外。

武功

明

成紹譽，杭州前衛指揮，任衢州守備。崇禎戊寅，閩人種麻靛者發難於金華。撫臺羅公親勦，寇陡至遂昌，命紹譽自衢躡其蹤。寇已走石練，譽迫之，大戰溪灘，爲寇所害。士民哀之，醵金以殮。撫臺聞於朝，贈驃騎將軍。

國朝

劉登瀛。前屯衛人，世昌公猶子。由世職升游擊，换扎守處州，統領游騎。性剴直沉摯，遇事奮决，勇冠三軍。自閩寇流突，援勦殆無虚日。往來屬邑三十餘陣，摧堅取勝，寇皆望風宵遁，而於遂邑尤保全數四，士民咸以父母戴之。按臺、鹽臺題薦旌獎，皆云精神大於其身，所向無前，可稱飛將，洵實録云。

史成有，遼東蓋州衛人。處州右營守備，實署千總，調防遂昌。能嚴紀律，兵民相安。八月會勦，殺賊有功。

張朝臣，北直人，處協右營都司。康熙四十八年，閩人温顯靈、廖雲山等寇，龍游遁至遂昌大柘高山。十二月初十，率兵追勦，天尚未明，死于賊。

鄭目炯，字旭光，號善慶，定溪人。好仁尚義，果敢有爲。當康熙初，盜賊蜂起，牧令徐公奉憲檄，令爲勦撫，賊稍斂迹。民之逃竄者，續招徠之。分巡道佟獎以『干城重望』額。二十九年，胡台坑惡黨張衡先等抗提，拒殺捕役。憲委典史陶親臨拘提，仍抗拒，并强勒陶金，肆惡愈甚。邑令柳委炯緝拿，賊氛稍息。八月間，復擾石練，設謀擒獲賊首黄文卿等，餘黨逃散。右營王守府以正直堪嘉，獎之。三十七年，邑令韓特委盤詰蓁厰面生可疑等輩，巡緝有方，盜源漸靖。四十六年，時值亢旱，匪類潛踪叵測。丁令飭行團練，炯協領鄉民，巡查防禦，地方寧静。丁令獎以『勤慎可嘉』。四十八年，山賊擾害，官兵捕勦無功。復率領鄉勇奮擣巢穴，獲賊首吴贊東、廖里飛等五人。道憲高據實詳明，兩院議以營員叙用，以母老辭不受職，乃給『竭盡忠誠』額，并厚賞之。四十九年，道憲高委令嚴弭，奸宄撲滅殆盡。凡异籍棚民，逐一清查，編入保甲，備造清册。間有不軌者，驅回原籍，遂西賴以安靖。

黃珍禮，字日盛，號新春，金溪人。少倜儻，負奇氣，技勇絶倫。所居金溪在萬山中，康熙初，盜賊群起，據深谷爲巢穴，時出入爲民害，官兵勦不能絶。十二年，乃募鄉勇與練總鄭旭光同應召，奮不顧身，數年間搜勦無遺，賴以安全。鎮守愛其才，令從軍金華，屢立功績。事平，授千總職，以母老丁單辭歸，旋收殘骨千餘瘞之。

紀事

唐

中和元年，遂昌賊盧約攻陷處州，據城以叛，刺史施史君破約，誅之。約乘黃巢亂，攻刦青田等縣，命侄佶陷處州，即留守之。及吴越王錢鏐遣兵取温州，捕逮佶，至臘口而卒。約來據州爲刺史，自鎮一方，多所建置。刺史施史君率兵屯寨，收拾義勇，討約，誅之。

元

至正十七年五月，縉雲、松陽、遂昌、麗水、青田亡賴各嘯聚爲盜，石抹宜孫、胡深討平之。縉雲黃村，松陽白岩村，遂昌大社村，麗水浮雲、泉溪村，各群聚刦掠，勢甚猖獗。以石抹宜孫爲行樞密院判官，鎮處州。既至，置胡深行軍都事。深攻泉溪，拔其寨，浮雲亦敗，白岩賊懼，遂降，黃賊望風遁去。深移師攻大社，賊首周天覺、方友元傾其精鋭迎戰，深分部接戰，伏奇兵夾擊之，别遣游擊入山，搜其伏匿，賊大敗，斬首數十級，生擒八百人，獲方友元，梟其首，周天覺降。乘勝移兵討青田，賊黨金德安殺潘惟賢兄弟以降。

秋七月，寇犯龍泉。胡深集鄉兵於湖山拒守，尋撫降之。山民乘流賊之亂，群聚爲盗，由蒲城、松溪直入龍泉。胡深檄屬縣募壯士屯竹口，因下令賊中曰：爾等因驅迫爲亂，弃仗即良民。賊知胡深長者，其言可信，盡毁兵仗以降。

明

永樂二十二年五月，龍游、柯山諸賊作亂，劫掠郡縣，勢逼松邑，士女逃奔。鎮撫陳滋出擊，官兵繼至，勦之。

時賊勢猖獗，東南震動，所過遭其殺戮，剽掠至松陽縣境，民皆逃匿，縣治幾爲所據。陳滋統所部兵出擊，繼官兵四至，合力并戰，賊潰敗，遂勦平焉。

正統十三年冬十二月，寇掠遂昌，官兵擊斬之，餘黨遁走。

遂昌報有强賊萬餘，竪旗僞稱王號，乃宣寇陳鑑湖、朱闓八、齊熓，先在實峰坑盗採銀鑛，後肆劫掠，沿至遂昌。李俊命葉鉅詣松陽，督典史杜英、社首毛孔機等抵街亭橋，賊出迎，大敗，斬齊熓等首千餘級，鑑湖遁宣鄉。

陶得二陷遂昌，指揮弓禮、縣丞張智死之。

賊至縣竢頭，官兵迎戰，敗績，殺軍快五十餘人，禮、智俱死。賊乘勢陷縣治，焚廨舍，縱獄囚，市落爲墟，脅從者至數萬。後都御史張楷討降之。

嘉靖二十四年，慶元賊吴主姑嘯聚千餘人剽掠，縣民騷動。知縣陳澤引兵邀擊於蓬塘，殲其衆，平之。

賊自號八先生，出入閩、越，劫掠松浦間，得勝長驅，景、慶、龍、遂之墟悉爲震駭。知縣陳澤引兵劫殺。先鋒吴元備鼓勇先驅，獨斬數人，以大兵後至，遇害。繼衆至，并前賊衆悉爲所斃。後論殺賊功，立祠祀元備，扁曰『義勇』。

隆慶元年，鑛徒潛匿謀爲亂，撫按議遣指揮領兵屯遂昌湖山縣，立鄉兵以守。

先是，常山鑛徒西陷婺源，多松、遂無賴，事敗潛回。議者以湖山當衢、婺之衝，特委萬户一人領兵駐守，以制不逞者出入。既而兵多騷擾，地方益患之。縣令池浴德議置保長，撤官兵，俾藉鄉兵自爲守，至今稱便。

崇禎十一年，閩寇自金華陡至遂昌，撫院遣守備成紹譽戰于石練，死之。

崇禎初年，閩人來浙東諸郡種靛、麻、蔗者，布滿山谷。久之，與土人爲仇。汀州人丘凌霄父子與金華人陳海九有隙，勾海賊稱兵作亂。巡撫羅公新莅任，親至勦賊。賊懼，以義烏、湯溪皆有備，陡至遂昌縣中，殺傷相當，走石練屯駐。撫院遣衢州守備成紹譽躡其後，追至石練，大戰于溪灘，衆寡不敵，紹譽死之，寇遁入浦城界。撫院上其事，贈紹譽驃騎將軍。

十四年，靛賊屯磜下，守備葛邦熙禦之。

賊出入罟網潭，邦熙追之，不克殄。靛賊結巢在廿一都磜下上臺，移礱坑守備葛邦熙守禦坑西。賊又移巢罟網潭、江山浦城界，劫殺村落，出没無常。臘月，將入邑，過大柘，聞許令君親宿西門城樓，督士民晝夜防守，遂繞道至湖山，燒毁房屋。葛守備提兵追之，擄掠至十之三四，殺死鄉勇四人，仍返罟網潭。

十五年，閩寇聚遂昌。茶園主事熊人霖、推官陳子龍勦之，尋招撫平，立防禦廳于王村口，移温州府通判春冬駐防。

閩寇在浙者，將歸福建浦城縣。防守戒嚴，甚不得過。由是積累多人，嘯聚于遂之西鄉茶園。而江西之永豐、衢之江山并震。知縣許啓洪申院，題留義烏縣升工部主事熊人霖、紹興府推官陳子龍來勦。寇懼，大半詣浦城降，其餘并降軍前。解撫院，以地界遼遠，議析石練爲練溪縣，升遂昌爲平昌州，以縣丞駐王村口，并龍泉隸之，不果。因立防禦廳于王村，移温州府通判一員陸昌蝦來，春冬防禦，夏秋仍回温州。復取處原額兵二百名，借在温州蒲圻所者來縣，永爲防守。甲申，京師陷，各縣并立義兵，遂罷。

國朝

順治二年六月，故明督撫田仰，同勳鎮方國安等，標下兵入處州，散處鄉城，大掠，男婦皆逃匿。

時江東糧盡，兵自內潰。田仰兵尚萬人，方國安標下方國泰、屠埒鰲等各兵俱不下數千，乏食需索，掠人家產，甚者綑綁獻銀始免。民苦之，逃匿殆盡。

五年四月，何兆龍及朱匡明等犯青田、遂昌界。宣平九峰岩賊起，官兵禦之，宣賊伍昌篪、徐可畏、吴用等被擒。

青田、油竹、彭栝等地方何兆龍等聚衆作亂，犯縣城界，陳光魁等應之。游擊劉登瀛同防將史成有帶兵禦戰，始退。朱匡明屯扎遂昌界紫山、苧土坑、馬戍嶺等處，又屯金竹地方，官兵禦之，擒江應雄、許世勳等。宣平九峰岩及金公岩賊起，亦勦平。

十月，朱匡明、曹飛宇等犯龍泉、遂昌界，官兵禦之，擒王九妹等，斬魏國波。

朱匡明屯王村口，曹飛宇屯澤賽，遇官兵戰敗，王九妹、湯仰溪、呂伯川被擒，國波死。馮生舜等衆屯龍泉西山，官兵進勦，復擒呂廣生、方永用、陳壽等。

七年二月，遂昌赤葉源盗起，撫院嚴遣官平安國降之。

六年冬，帶捕鐘典史往鄉，拘詐金華吃齋人，指稱無爲教，株連不已，遂致激變。會招降，衆乃散去。

八年閏二月，賊徐應愷等散掠馬頭、破𥗽等處，游擊劉登瀛率官兵會勦，夏平之，或殺或遁，至夏方得寧静。

九年三月，閩賊葉茂龍等流突遂昌，劫掠湖山等處，劉游戎敗賊，追至福建茶地，前後斬級甚多，餘孽星散。

十年冬，寇王必高猖獗，劉游戎擊走之。

是年冬，遂邑寇勢猖獗，士民請游戎劉公鎮勦，賊不知也，正從北而東掠，離城僅二十里。公適至，不及駐足受餐，即飛騎入山馳勦，斬馘無算，寇皆望風宵遁，一邑賴以保全。冬杪歸師，士民號泣部院以留。

十一年春，王必高仍據山四掠，劉游戎擊擒之。

是年春，賊仍負固四擾，督院遣别駕彭應震入山勦撫，賊破膽者借名散遁，元兇王必高仍潛擾掠。劉公復至，入山犁穴，計擒必高并其父母兄嫂，械送院殲焉。士民德劉公，建祠祀之。

康熙十三年五月，閩地耿逆據叛，僞黨馬勝入踞遂昌，井邑爲墟。十五年九月，大兵鱗次蕩平，餘黨悉降。

時僞黨胡聯啓尚拒命，據駱山頭，當道命生員華發招之降，不血刃而解。

四十七年八月，閩人黄清蘭等爲盜，鄉練平之。

時游食之徒嘯聚山林，不數日就縛。

四十八年三月，閩匪彭子英爲亂，官兵及鄉勇擊斬于奕山坳頭嶺，悉擒之。

賊至雲和七赤地方，千總張君聘禦之，復走龍泉，犯遂界，官兵尾其後，遇于大柘，金百總挺身赴國，死之。分巡道高公恐其出没，滋爲民害，檄温、處、金、衢四府兵及鄉勇勦之，殲其黨于坳頭嶺。各處鄉勇踴躍踞險以守，賊窘餓，士人吴時科生縛子英，械之邑，越月悉平。

冬十二月，閩人温顯靈等由衢遁入遂昌。處協都司張朝臣統兵追勦，遇于大柘高山，死之。金協孫都司復統兵會勦，斬其渠魁，衢、處兵亦集，餘黨悉平。

十一月十七日，龍游廟下紙蓬内，閩人温顯靈、廖雲山等因饑荒相聚爲盜，衢郡官兵追至高坪嶺。時縣防兵少，人民震驚，知縣繆之弼一面請兵徵勦，一面制造軍器，統率鄉練壯丁把守隘口。十二月初八日，賊自高坪遁至大柘高山，處協都司張朝臣統兵追勦，天尚未明，遂遇害。既而金協孫都司統兵至，斬其渠魁十餘人。衢兵至，賊已遁入深山矣。隨後處郡把總協同本邑練總鄉兵，於上且源斬其黨羽數十人。邑侯繆公統率鄉練入山追擒，獲盜三十九人，廖雲山乃其渠魁也，由是根株盡絶。是役也，繆君不惜身，不吝費，賊勢猖則奮以威武，官兵至則勞以豬酒，民不滋擾，户得安寢，公之德也。

卷之九

藝文志

宸翰、碑記

邑有乘，考獻而徵文也。詞壇騷客，賦景攄懷；藝苑通儒，歌風述事。已隨類採輯，開卷瞭如指掌矣。其有謨猷宏遠，頌論汪洋，未可限以門類，及繁縟未能悉載，零遺未經兼收者，集爲藝文一册。首尊宸翰，用昭訓典，而記序詩歌，以次及之。昔賢著作，無問傳否，備録其目。凡散見各門者，仍另輯小紀于後，便繙閲也。志藝文。

宸翰

順治九年，命禮部因明舊制，復刊卧碑文於學宫之右，以示生員。文曰：

朝廷建立學校，選取生員，免其丁糧，厚其廪膳，設學院、學道、學官以教之，各衙門官以禮相待，全要養成賢才，以供朝廷之用。諸生皆當上報國恩，下立人品。所有教條，開列于後：

一、生員之家，父母賢智者，子當受教；父母愚魯或有非爲者，子既讀書明理，當再三懇告，使父母不陷於危亡。

一、生員立志，當學爲忠臣清官。書史所戴忠清事迹，務須互相講究。凡利國愛民之事，更宜留心。

一、生員居心忠厚正直，讀書方有實用，出仕必作良吏。若心術邪刻，讀書必無成就，爲官必取禍患。行害人之事者，往往自殺其身，常宜思省。

一、生員不可干求官長，交結勢要，希圖進身。若果心善德全，上天知之，必加以福。

一、生員當愛身忍性，凡有司官衙門，不可輕入。即有切己之事，只許家人代告，不許干與他人詞訟，他人亦不許牽連生員作證。

一、爲學當尊敬先生。若講説，皆須誠心聽受，如有未明，從容再問，毋妄行辨難。爲師者亦當誠心訓誨，勿致怠惰。

一、軍民一切利病，不許生員上書陳言。如有一言建白，以違制論，黜革治罪。

一、生員不許糾黨多人，立盟結社，把持官府，武斷鄉曲。所作文字，不許妄行刊刻。違者，聽提調官治罪。

康熙九年，頒上諭十六條，每月朔望，有司偕紳衿齊集明倫堂，及軍民人等，俱聽宣講。

一、敦孝弟以重人倫。

一、篤宗族以昭雍睦。
一、和鄉黨以息争訟。
一、重農桑以足衣食。
一、尚節儉以惜財用。
一、隆學校以端士習。
一、黜异端以崇正學。
一、講法律以儆愚頑。
一、明禮讓以厚風俗。
一、務本業以定民志。
一、訓子弟以禁非爲。
一、息誣告以全良善
一、戒窩逃以免株連。
一、完錢糧以省催科。
一、聯保甲以弭盜賊。
一、解仇忿以重身命。

康熙二十年，御製《至聖先師孔子贊并序》

蓋自三才建，而天地不居其功；一中傳，而聖人代宣其蘊。有行道之聖，得位以宣猷；有明道之聖，立言以垂憲。此正學所以常明，人心所以不泯也。粤稽往緒，仰溯前徽，堯舜禹湯文武，達而在上，兼君師之寄，行道之聖人也。孔子不得位，窮而在下，秉刪述之權，明道之聖人也。行道者，勳業炳于一朝；明道者，教思周于百世。堯舜文武之後，不有孔子，則學術紛淆，仁義湮塞，斯道之失傳也久矣。後之人，而欲探二帝、三王之心法，以爲治國平天下之準，其奚所取衷焉？然則，孔子之爲萬世一人也審矣。朕巡省東國，謁祀闕里，景仰滋深，謹擒筆而爲之贊曰：

清濁有氣，剛柔有質。聖人參之，人極以立。行著習察，舍道莫由。惟皇建極，惟后綏猷。作君作師，垂法萬古。曰惟堯舜，禹湯文武。五百餘歲，至聖挺生。金聲玉振，集厥大成。序書刪詩，定禮正樂。既窮象繫，亦嚴筆削。上紹往聖，下示來型。道不終晦，秩然大經。百家紛紛，殊塗异趣。日月無逾，羹墻可晤。孔子之道，惟中與庸。此心此理，千聖所同。孔子之德，仁義中正。秉彝之好，根本天性。庶幾夙夜，勖哉令圖。溯彼洙泗，景躅唐虞。載歷庭除，式觀禮器。擒毫仰贊，心焉遐企。百世而上，以聖爲歸。百世而下，以聖爲師。非師夫子，惟師於道。統天垂世，惟道爲寶。泰山岩岩，東海洋洋。宮墻萬仞，夫子之堂。孰窺其藩，孰窺其徑。道不遠人，克念作聖。

御製《四賢贊》

顔子贊

聖道早聞，天資獨粹。約禮博文，不遷不貳。一善服膺，萬德來萃。能化而齊，其樂一致。禮樂四代，治法兼備。用舍行藏，王佐之器。

曾子贊

洙泗之傳，魯以得之。一貫曰唯，聖學在兹。明德新民，止善爲期。格致誠正，均平以推。至德要道，百行所基。纂修統藉，修明訓詞。

子思子贊

於穆天命，道之大原。静養動察，庸德庸言。以育萬物，以贊乾坤。九經三重，大法是存。篤恭慎獨，成德之門。卷之藏密，拓之無垠。

孟子贊

哲人既萎，楊墨昌熾。子輿闢之，曰仁與義。性善獨闡，知言養氣。道稱堯舜，學屏功利。煌煌七篇，并垂六藝。孔學攸傳，禹功作配。

康熙四十一年，御製《訓飭士子文》，頒行學宫

國家建立學校，原以興行教化，作育人才，典至渥也。朕臨馭以來，隆重師儒，加意庠序，近復

慎簡學使，釐剔弊端，務期風教修明，賢才蔚起，庶幾棫樸作人之意。乃比來士習未端，儒教罕著，雖因内外臣工奉行未能盡善，亦由爾諸生積錮已久，猝難改易之故也。茲特親著訓言，再加警惕，爾諸生其敬聽之。從來學者，先立品行，次及文學，學術事功，原委有序。爾諸生幼聞庭訓，長列宫墻，朝夕誦讀，寧無講究？必也躬修實踐，砥礪廉隅，敦孝順以事親，秉忠貞以立志。窮經考義，勿雜荒誕之談；取友親師，悉化驕淫之氣。文章歸于醇雅，勿事浮華；軌度式于準繩，最防蕩軼。子衿佻達，自昔所譏，苟行止有虧，雖讀書何益？若夫宅心弗淑，行止多愆，或蜚語流言，脅制官長；或隱糧包訟，出入公門；或唆撥奸猾，欺孤凌弱；或招呼朋類，結社要盟。乃如之人，名教不容，鄉黨弗齒，縱倖脱褫扑，濫竊章縫，返之於衷，能無愧乎？况乎鄉會科名，乃掄才大典，關係尤鉅。士子果有真才實學，何患困不逢年？顧乃標榜虚名，暗通聲氣，夤緣詭遇，罔顧身家。又或改竄鄉貫，希圖進取，囂凌騰沸，網利營私，種種弊端，深可痛恨。且夫士子出身之始，尤貴以正。若茲厥初拜獻，已作奸犯科，則异時敗檢逾閑，何所不至。又安望其秉公持正，爲國家宣猷樹績，膺後先疏附之選哉。朕用嘉惠爾等，故不禁反覆惓惓。茲諭言頒到，爾等務共體朕心，恪遵明訓，一切痛加改省，爭自濯磨，積行勤學，以圖上進。國家三年登造，束帛弓旌，不特爾身有榮，即爾祖父亦增光寵矣。逢時得志，寧俟他求哉。若乃視爲具文，玩愒弗儆，毁方躍冶，暴弃自甘，王章具在，朕不能爲爾等寬矣。自茲以往，内而國家，外而直省鄉校，凡學臣師長，皆有司鐸之責者，并宜傳集諸生，多方董勸，以副朕懷。否則職業不修，咎亦難逭，勿謂朕言之不預也。爾多士尚敬聽之哉。

碑記

重修崇學祠自記

主簿常濬孫

宋淳熙乙巳，主簿常濬孫記曰：吾夫子廟于學舊矣，通天下若郡若邑，以無廟學爲闕文，則我朝之盛典也。故高弟顔、閔以下及軻氏，凡十有二人，得陪於座。而七十子之徒，與後之大儒公羊高、穀梁赤之流，得像於壁。而以經學行天下者，不間今昔，皆得厠迹於其間。豈氣類相從，千載猶一日與？然則行修于鄉，經明于時，易袴襦爲衣冠，化鄙薄爲敦厚，立先賢之祠，表通德之門，視古無媿者，顧可於學弗祀。玆非一人之私也，吾道之公也。惟我朝以忠厚長者之心，陶冶天下之士，一洗淺近俳優之習。未及百年，名儒輩出。又五六十年，通經講學之士，出爲公卿大夫者，總總也。遂昌之爲縣，山深而土瘠，農末力竭，俱不足以自贍，爲士者又貶於他業。嘉祐八年，龔先生原字深之，始出應進士，登甲科。蓋力學於耕桑之下，而自奮于韋布之中。峨冠絲衣，歸掃墳墓，拜親膝下。而鄉邑之頗有知者，莫弗歆艶，津津相賀。已而召爲國子監直講，且爲丞，入太常爲博士，談經議禮，翕翕兮聞于時。則向之賀者，知飭子弟爲學。及持節鄉部，剔蠹興善，稍行其志，具酒殽，延父老相勞苦，引後生秀士勉以學，曰：吾不徒作會稽買臣輩自衒鬻爲也。則子弟之爲學者，知所以自勵。迨夫出藩入從，始終可觀，爲名儒臣，則鄉邑之俗曠然大變。今蓋七十餘年，邑之爲士者，視他業且倍蓰矣。第進士爲美官，自先生而下，紀名氏于碑，日益以衆，又皆於德無媿。鄉之長上知訓其子弟以禮義，而士之刻意於學者，不但爲科舉計也，曰：庶無負吾龔先生之道乎！始，縣無先生祠，士往往貌其形於家。元祐中，鄱陽張公根，字知常，令此邑，有异政。未及下車，先訪龔之墓而禮於學，曰：邑有龔先生而徒不繁，令之耻也。於是台州刑曹華公岳元鎮，邑之儒老，而先生之所從游也。令乃造請致其意，華公爲之領袖諸生，發六經之藴，以先生之未言者終其説。自是士益知勸，遂昌之俗益以美，先生之學益以傳，蓋二公之所以左右先生者。其後邑人祠先生於學，以二公配，禮也。祠久且敝，而又不以識之，懼無以傳。濬孫充員簿領，日與爲士者游，輒至祠下，未始不凛凛也，乃撤而新之。先生晚以元祐黨籍謫居歷陽，有曾孫敦頤流落西浙，博雅好修，頗世其家。而居鄉由義輩，亦於學弗替。國史有先生傳，而趙郡李之儀常狀先生之行。濬孫特書其有德於兹邑者，而作詩以相其祠曰：若有人兮，山之垠。冰玉爲骨兮，蘭蕰爲神。空谷傳響兮，生香著人。鬼神呵護兮，烏敢自珍。縱使東游兮，推車御輪。閶闔太清兮，千里一瞬。筆補造化兮，黼黻天雲。容與聖域兮，凝神道真。樓成白玉兮，鈞天問津。意或下顧兮，翩然絶塵。肅肅廟貌兮，殽蔬具陳。以幸吾邑兮，吉日良辰。酒泉如飴兮，公其飲醇。青衿拜下兮，敢忘公仁。千秋萬歲兮，惟公是親。少留亟往兮，我涕酸辛。儌福天下兮，久而益新。

進宋儒朱子次于十哲配饗記

邑人鄭士楨

恭逢皇上御極之五十一年，特焕綸音，布告天下，以宋儒朱熹次于十哲，配饗文廟。士楨一介儒生，俯伏思維，知我朝崇儒重道，實遠軼乎前代也。蓋從來功德極盛，與日月争光，即不得以時代論，而功之所以稱盛，則莫大于正人心、維名教。我至聖先師雖處窮阨，而惓惓之意至老不衰，不得已而托之著作，此其心爲甚苦，而其功乃在于萬世。至《春秋》一書，尤幾希之存，危微之介所由係也。及其門者親炙至德，闡發微言，允宜俎豆千秋，同垂不朽。若子思、孟子固已自居私淑之班矣，而其明道統，闢邪説，使悖亂者流怵然若雷霆之震懾，則其駕諸賢而與顔、曾并列也，誰曰不宜？逾千百載後，得朱子考亭發憤傳述，昌明道學，發孔孟之秘鑰，揭今古之迷燈，其《集註》《集傳》固已爲功至聖，而《綱目》之作又復直接麟經，不既與子思、孟子同爲繼述者哉？乃世之學者以濂、洛、關、閩同稱，而聖意特隆，則以萬世之名教，首在君親，而萬世之人心，無過忠孝。朱子之盛于諸儒，猶思、孟之盛于諸賢，皆不可以時代論者也。歲在壬辰仲夏，邑父母繆侯欽承詔旨，飭主偕邑博紳士，潔牲幣而奉之。適當纂修邑乘，士正得參史筆。謹以此盛典，恭紀梨棗，垂不朽焉。

新建土城記

邑人項應祥

遂故不列墉，蓋西北枕妙高之麓，矗矗千仞，若負扆棋布其下。穆、昭二流，夾肩抱膝，而東滙泓淲湝，若天設之塹。至環域數百里，危崖絶壑，交牙錯距。在昔季劫，大盗飈起，延之莫敢入。

以故彈丸黑子不克墉，亦不必墉，往往椓約及肩，足捍已。明興，化日舒長，露積寢殿，無賴仄目揶揄，陰援暴客於境外，爲同室蠹。又操割者不戒于篚篋以和之，緑林胠篋，實繁有徒，幾不免有李涉暮雨之嘆。比癸卯冬，公然礫閭左而攫之金，則前兹所罕覯矣。邑侯莘公甫下車，巧與事遘，會冶金使者踞近郊，亡命烏合，闤闠益凜凜重足。侯憮然曰：有是哉！是尚可不亟完牖户，計桑土哉。迺下令屬諸父老黔首，謀繚垣以備不虞。肇自西南暨東北，延袤數里。削土盈仞有咫，趾廣三尺，冠木其上，冒以瓦，啓便門若干，通採汲籍，三户丁年，晨而昏之。西北則緣山麓，以仍其故，百姓懽然子來，畚鍤雲集，百堵具作，不再朔而功告成。蜿蜒逶迤，望之巋然雄鎮也。迄今五閱歲，士寧其家，民安其業，無復昔時萑苻宵柝之警，莫非侯賜青衿。士大夫争繪圖詩歌，喁喁頌侯德。不佞業已俚言，引其端已。丁未秋八月，郡伯鄭公移檄下里，申厥令。蓋計侯將飛舄，而垣或壞，無復固護吾民者。學博孫君懋昭、洪君有觀、董君用威，率諸生周稅輩，仍屬余記，以勒諸石。余不佞，復唯唯執簡，爲識歲月如此。

前令題名碑記

宋邑令錢長侯

凡邑稱長民之官曰令者，主於有所守也。上有命而令能守之，以宣布於下，使一邑之民皆知上之有德於我，而不失其所受之善，此令之所以名官之意也。夫如是，則令之所職豈輕也哉？余不材，熙寧甲寅春，被命來爲是邑。始至，首稽圖志，考風化之美惡，視夫家之衆寡，求前之爲令有所守而可以爲法者，所得一人而已，乃梁江子一者也。梁至吾宋，寥寥五百載矣，由江而下，豈復無一賢令耶？豈有之而失所記耶？然自唐武德，遂昌已并隸松陽，迄五代紛紛，皆無可考。吾宋帝天下，興國前，二浙令猶假攝，興國後，朝廷始專補令。距今求於民，訪於吏，自端拱所見名氏者二十五人。遂昌雖土狹山稠，生齒之籍，今已不下二萬，非六聖仁恩洽浹，而爲令者能有所守，教養而宣布之，又曷至于斯盛耶？梁之江雖曰夙有美政，惜乎予不得見其實也。若是二十五人，其間能直己惠民，存見愛而去見思，或狥時戾俗，民速其去，去久猶恐，則所見之迹有野夫田老存焉。今予一一鑱其名氏于石，欲提其名氏而稽問之，則是二十五人賢不賢，歷歷可詳。見其賢，則余不敢不勉；見其不賢，則予不敢不戒。亦以告來者，使知予言也。夫言，心聲也。知言則可以知心，是言于有道君子，亦冀有補也。

進士題名記

邑令張根

括蒼在浙之東，而遂昌爲支邑。民衆土狹，率皆力農，初無讀書者。天聖以來，劉、孟、吴、葉數家十餘人，間與計，輒報罷，以故益不勸。嘉祐中，今奉常博士武陵龔先生，羈旅嬴糧，游學京師，聲譽籍籍。太學取甲科，衣錦南還，拜親堂上，煌燿里閭。鄉人父老，始知詩書之貴，教子之榮，力學之效，莫不奮然勉其子弟，而以不能爲耻。於是詔下，應者百數，美材間出，迭魁鄉評。而翹然登科者，接武不絶，文物之盛，彬彬郁郁，與他郡争衡矣。本其風化，實自武陵龔先生始也。今記先生及諸登第者名氏歲月，刻諸石，以爲題名記。來者附之于左，俾觀覽者有所考云。

進士題名記

蘭溪人唐龍

進士何始乎？大樂正論造士之秀者，以告於王，而升之司馬，曰進士。司馬論進士之賢，而定其論，然後試之以官，命之以爵，詔之以祿。故進士之注籍天府，皆三物聿修，四術既成，行備而業全者也。自辟舉、中正、限年、停年，諸科興而進士之制格矣。及隋大業中，乃建進士科，其名仍周，而法异之。唐用隋法，盛於貞觀、永徽之間。宋又焚香取進士，斯彌重矣。明興定制，有司獻賢而與計偕，天子臨軒以發策問，亦惟進士科是重。凡積行君子，與明當代之務，習先聖之術者，非策名無以自階，而俊乂忠鯁，名德鴻勛，亦彬彬胥於此乎出。遂昌進士，唐以前無考，宋得四十有八人，我朝自吴紹生而下方十二人，然而來固未已也。維揚曹子守貞，以進士令茲邑，廉潔剛直，奉職循理，尤務先教化，横經鼓篋，日進諸生而胥誨之。且揭石黌宫，哀進士名氏品官，勒而昭之，介門人朱應泰以記。問於山居，無亦以非文不著，不著不勸也，可謂勤於諸生矣。諸生不聞乎？惟嶽降神，生甫及申，山川之關於人也尚矣。邑土鼓、魚袋、筆峰、飛鶴諸山，叠屺拔巘，含精布氣，草木生之。而梓桐松栢，維條維喬，摩雲庇駟，斲之則琴瑟也，剡之則弧矢也，青黄之則犧樽也，繩墨〔二〕之則雕榱傑棟也，夫豈於人獨鬱乎哉？故起莘尹氏，發明綱目，蔚稱鉅儒。周德琳以曹官不阿宰執，蘇公民建猷宣節，致位列卿。又類有稱賢師帥者，謂非地之靈，固不可也。古之功令，率廣風勵之術，而昭遜志而敏學，邁迹而敦行，敬業而懋厥修。由是菁莪之士，棫樸之賢，林立而茹拔焉。庶幾地之所鍾，衆木輕而真材重，挺然翹然，其廊廟之餘，國之柱石乎。記曰：君子之德風。然則曹子渢渢乎，其風也哉斯石，典型垂焉。翼翼俊髦，仰止思齊。相觀以善，相摩以義，相師以道，相迪以德。

嘉靖庚子孟冬記。

校注

〔一〕繩墨，底本誤作『繩黒』，據乾隆志改。

鄉貢題名記

明 陳質

遂昌縣儒學，居栝郡之西山水窟也。自吴至宋，人材間出，若侍郎龔原、周綰，士人尹起莘，皆邑人。原嘗著《易解》，起莘作《綱目發明》，其間由科目而顯於宋者，悉載諸書。歷元至我朝，纍科不乏鄉貢士。厥後自正統丁卯鄉貢一人，迨今成化丁酉，垂十有八載，始得吴志，高中前列。泰和世傑劉先生掌教是庠三年矣，拳拳以科目爲心，既嚴教條以督課業，復易門道以利風水，至是而副其心焉。喜不能已，乃謀邑令李侯瓚，立石題名，庶幾顯前感後，遂致書請予爲之記。於戲，國家之於賢材，立學校以教之，豐廩餼以養之，設科目以進之，無非欲得真材以致治也。然賢材之成，必藉師之善教；學校之盛，必待上之作興。而文運之在天下，固無一日不泰，其或否於一郡一州一邑，時有適然耳，非終否也。苟得其人，能轉否而爲泰焉。若先生可謂善教而轉否者也，上之人庸有不作興之耶？吾知斯石之立，賢材源源繼出，將不勝其書矣。予雖髮禿齒豁，尚拭目以俟焉，於是乎記。

舉貢題名記

縉雲人 李寅

栝蒼去西北百餘里，望之蔚然而森秀者，遂昌也。降神維嶽，自昔稱才。我明興，擢秀於鄉，而通籍於朝者，爲尤盛。惟甲科某等計若而人，惟賓薦鄉貢某等計若而人，例得題名氏以傳。時曹君以英年進士來尹，駿才蘖操，厥聲振拔，一邑樂育髦士。顧瞻學宫科貢題名缺典，俾華生紡屬予記言。夫士生天地間，凝道飫德，發而噴芳摛英，素履往徵，至名存焉。蓋三代下人愛名而疾不稱，名可愛也，亦可懼也。本朝徵士善制，庠有貢以資簡，鄉有舉以彙薦，陛試其顯陟矣，舉貢其階梯也。士方敬業樂群，月覈歲稽，儲育一耳。及時值而赴功名之會，有异位焉，有异體焉，使樂尚友，懼下人德彰，厥有常出，奮庸熙載，以俟諸後。後之人必指稱曰：某選也，而某士也。不惟其人，惟其賢，又奚甲科？奚舉？奚貢？异哉，穆叔以立德、立功、立言爲不朽，其德、功、言爲實也，立則其名焉。苟弗蓄實而徒藉名傳，俾後遡名而實罔稽，不猶弗名愈乎！遂歷世薦紳，由前至今，名足徵。曹君無亦誘之愛、愓之懼也耶？余大曹君造士至意，用弗克辭，請肆筆以記其事云。

邑令李訥去思碑記

齊志冲

民生之休戚，係守令之賢否，古有是言已。漢二千石有治理效，輒加榮賜爵，不輕移擢，欲其與民相安而成化。責成褒美，以厲其餘，則在位者慕之而興起，故風移俗易，幾致刑措。後世欲致隆平，非重守令之選不可也。皇宋中興，英雄四起，有將略者專軍旅，有才德者任治民。栝郡自近年山寇跳梁，官莫能制，據壁立之險以爲府庫者，在在皆是，致出者不免流離之苦，居者不免科徵之困，望治阽於飢渴頓踣之地，其孰恤之？龍鳳五年冬十月，大兵定安南，李公知遂昌，既下車，躬入其阻，告以恩信，旬月之間，山砦相望，蕩析者七十餘所，歸田業者萬有餘家，治荒穢而謀棟宇之安，弁荆棘而忠耕鑿之利。公撫字以仁，猛斷以義，聽訟必得其情，決獄每依於典。葺宮廟之未完，開肄之有方，勸鄉社立學，凡百有餘區，以豈弟慈祥之心，爲興利除害之計，故民之歸之，不期自至。然國家方以徵伐復疆土爲事，軍需百出，無非毒民者，令下，郡邑莫不承風。至於賣物產、受鞭笞、自經于戶者有之。獨公審察緩急，酌量民力，涕泣以請于上，願乞減罷。所以吏無督責之病，民無愁怨之聲也。又明年五月，江西寇誘隣境頑民，陰構群不逞者，出不意突入邑殺掠。公歷其巢穴，得首惡姓名，復以計脱。即聚義勇數百，親將之，以行招捕，兵不濫殺，擒不輕縱，不逾月幸平定。以議事异上官意，行且觸罪矣。父老數百人泣訴金華，以明公之無罪有德。公於是得還邑，民交相慶，迎拜道路，恨其去而幸其來也。公莅邑未及二年，憲使之車凡三至，民以名爲文薦者無慮數千，而隣邑之民亦且與焉。冬十一月，使者至，徵公蘄陽府，民告留且哭。擁使者雖塞衢巷不得請，相與涕泣而已。樞掾九淵王濬謀于學賓曰：仁愛若李侯，廉明若李侯，剛果有斷若李侯。濬往來燕粤萬餘里，出入仕途十數年，未見有若人也。今去我矣，盍書政績於石，以寫吾民去思之情。屬吾故人江東齊志冲爲之辭曰：昔子產爲政於鄭，夫子稱以古之遺愛。今遂昌素號難治，而李公爲之一變其俗，至於如此，則當移大惠施於一郡，遂昌之民可專之乎？然漢之用人，出爲郡守，入爲九卿，則公他日上參鼎鉉，又將施此大惠於天下，遂昌之民抑又何幸耶？請以此慰爾父老之思可矣。公名訥，字近仁，汴梁通許縣人。賢而文，有智略。乃爲之詩曰：岩邑用柔，其俗素偷。李侯之來，教以鋤耰。匪怒而威，不營以嘻。德施務行，直如理絲。事上臨下，不畏不侮。厥聞四馳，乃升大府。侯來何遲，侯去何速。安得叩閽，還我良牧。蘄水漢陽，彼美西方。悠悠我懷，地遠天長。

明縣丞周恂去思碑記

邑人毛翼

天眷大明，命我太祖高皇帝肇開萬世全盛之基，聖聖相承，仁聲洋溢，浹于人心，極天蟠地，咸遵至化，迄今民不知兵，太平之盛，古所未有。邇年，閩寇鄧茂七作耗，麗水民陶得二糾流民數百，往彼投趂，不遂回還，道經水邑，沿途剽掠，所至殘破，一邑騷動。正統十三年十一月，至二十四都淤頭，猖獗尤甚，有司請調官軍勦捕，本縣委官率傾民快輔助，賊殺指揮弓禮、縣丞張智、軍快五十餘人，攻入縣治，燒毀司房，縱放獄囚，搜劫村落，脅從愈繁。復往攻城府，刧松陽，大肆荼毒，略無忌憚。事聞，詔下，聽其自首，不分魁脅，悉宥其罪。十四年二月，欽除撫民縣丞周侯恂，下車之初，憫生民之久困，憂隣警之不息，每遇賊至，即冒鋒鏑，不避艱險，諭以上意，善言化導，開禍福之端，宛轉勸諭，賊遵其化，悉自退散。未幾，而麗水强賊朱必森復發，害及衢、婺。侯承委命，統率民兵，徑進鮑村，破之。數月，斬馘無算，而民快不傷一人，生擒賊首陶永三等，餘悉殄滅之。即日班師還治，詔令回朝。耆老鄭朝牛、戴嵩等，羡侯之計謀勇鋭，賊服其威，民懷其德，惜其不可留，屬予文以紀其實，勒于堅碣，以昭功德於無窮云。

邑令黄芳去思碑記

東甌人王瓚

遂昌去栝城西北幾二百里，南聯福，西抵婺，北接三衢，山巒踵絡，溪水流駛，無曠野沃壤，民多積弱，俗幾凋敝。弘治乙卯，莆田黄君士英來知邑事，廉介通明，斥私秉正。初下車，即詢風察習，集利芟弊，一滌其故而新之。自夫邑治夾流多山，而難以城築也，於是乎相度形勢，而於東西南北隅拓基樹門，駕樓以壯觀望，則邑民可循守以奠其居矣。自夫庠校因陋就簡，而風教之寖衰也，於是乎掄材以營堂齋，鑄銅以備祭器，躬講季試以導進庠士，則士習勃然奮興矣。自夫市隘室稠，而火患之數值也，於是乎鑿渠作堰，引水灌田，逶迤貫旋于泮池分司之際，則火患雖見，得以近取而急拯之矣。自夫沿溪叠石之田，非蓄水無以灌溉也，於是乎增築三堤之廢墜，則堰陂完固，山田藉焉，而恒有秋矣。自夫民信風水之説，而葬埋每不以時也，於是乎定安厝之程期，立萬松之義冢，則死無暴露捐毁之患矣。自夫田額課税之失實，而塌崩賠貱之爲害也，於是乎量田畝以均課税，覈新墾以補崩塌，而富貧强弱各獲其平矣。自夫倉廩有豫備之名，而儲積之曠虚也，於是乎相時措置，設蓋列厫，積穀及萬餘，則荒歉足以濟矣。至於重鄉飲而淑慝別，理訟獄而奸伏明，開銀場而爭竊熄，戢吏胥而漁獵泯，户口日增，流徙日歸，政績宣炳，最於十邑，其可書者尚多也。邑父老及士夫王君理輩，德君之爲良父母，請余記其事。余史官也，有善則法宜書，况甌栝孔邇，郡邑賢否，悉相知聞，蓋嘗嘉其克副聖天子簡令保民之至意，何可不旌一以勸百也？侯誠賢矣哉！使天下之令，咸屏其假官營私之心，而爲君之所爲，奚慮天下之不治也？爰掇邑民所頌言而詩之，將永永咏歌君之善政，以與張根、李訥齊傳休焉。君名芳，年十九，領閩鄉薦。初分教新安，丁内艱，補任新昌，嘗兩典文衡，擢宰雲和。僉憲王公薦其才，徙治遂昌。壬戌之夏，詔以風憲闕員取赴京師，其勛爵方昌而未已也。詩曰：

皇眷下民，惟令之寄。令之弗淑，皇心焉恃？遂昌之政，徙自雲和。利起弊革，膏澤孔多。惟克親民，民感猶親。百世頌歌，豈曰堅珉？紀績載功，誠出父老。我爲特書，百城斯表。弘治十五年，歲在壬戌，八月既望。

邑令池浴德曳舟亭碑記

郡人何鏜

亭曰曳舟者何？遂之民爲舊令明洲池侯立也。舟曰曳何？志愛也。夫此溪之濱，三衢所有之土也。此溪之舟，南北往來之人也。遂何以得亭於此，而侯又何以得此於民哉？蓋侯以嘉靖乙丑進士，筮令遂昌者三年，英年偉度，慧察寬容，約己愛民，興學造士，清丈田畝，以燭欺隱。創修邑乘，以昭風厲。木皂去追攝之蠹，土著易客兵之擾。政成民安，百廢具舉，民之德之，真不啻赤子之戀父母，弗能頃刻離也。越隆慶乙巳，侯以考績稱最，擢官銓曹。民恐其去，具疏乞留。巡撫近滄谷公上其情，荷特旨勉留數月，俾稽定黄册。册事竣，乃行。遂之士民送至亭埠，遮立水滸，望舟之行不忍捨，復相與曳其舟，冀少緩須臾，以盡繾綣。其詩人白駒之意歟。夫侯於是時也，德之入人者方深，民之愛慕者方切，其舟之曳也宜也。及歲癸酉，正今上改元，距前行已四載矣。侯以外艱服闋，再赴天官，舟復過亭埠。遂士民聞之，又相率往候。侯眷眷曳舟之情，視昔有加無已。當其時，見者聞者皆以爲曠古一覯也。遂民王積中、朱文盛等乃相與謀曰：吾侯功德雖平，政有録，遺愛有碑，量田修廢，種種异政，歷歷有紀，猶曩時事耳。今此之盛，無以記之，可乎？顧土非吾土，地莫吾與也，奈何。時有光禄尹君光大者，素景侯德，廼慨然曰：人之秉彝，好是懿德。若侯，即吾侯也。吾亦豈惜尺寸地，不爲侯彰盛美哉？且普天率土，同爲王臣。今日海内之民，得賢守令以布王澤者，侯與有錫，即樹之碑，豈獨爾民志乎？遂捐溪干地，廣袤十數丈，爲之址。而遂民乃得立石其間，并創亭其上，以垂不朽。且即嘗挽舟之意，名其亭曰曳舟。噫！往過來續，孰無此舟？使人人見之，人人得而懷之，則侯之舟遍天下矣。猗歟盛哉！工成，請記于余。余亦郡之人，同是念者，敢以言之不文辭乎？乃爲之志曰：龍溪之水，汩汩清流。池侯之德，適與之侔。遂民懷之，豈曰私侯？深仁厚澤，咸被其休。三載考績，天子曰優。錫以殊命，入贊皇猷。民不忍捨，載送載謀。願言借寇，終莫之繇。兹率水滸，號泣而留。留之不得，至曳其舟。舟不可挽，曷寫其憂。爰勒諸石，以永春秋。侯諱浴德，福建同安人，明洲其別號也。四十年後，遂民思不忘，復建祠西明山以祀之。入名宦。子顯京、顯方，舉于鄉。

知府周茂源去思碑記

松陽人王汝棐

太守周公，丁酉夏四月來莅栝州，在事凡六載。方公之下車也，利者興，害者除，賢者起，奸者伏，强勁者畏志，貪墨者聞風解去。期月而政成，逾年而歌呼，載滿道路。漸久之，又若出作入息，鼓腹熙恬於衢壤之間者，并不知誰之力也。識者謂公之才，宜位置台垣，作左右丞，秉鈞軸，光鼎鉉，以慰蒼生所禱祀，庶兩無負。若其筆椽舌河，駕潘江而淩陸海，允足歛席木天，簪筆承明，上備聖天子之顧問者，又其餘耳。顧何屈之一麾，俾勞勞於浴鐵摐金、簿書鞅掌之會，使天下共賴之人，若獨有私於一方也，毋乃有遺憾。公且處之坦如，亦且裕如，然後知公之積蓄存養者有素也。栝人士撫召棠而睠然，亦既發爲聲歌，播爲輿誦，摭拾其事，以備輶軒採風之萬一，猗歟盛哉！公之得此於栝人士，非實有入人之深不至此。至若遂邑，栝十屬之一也。其地其人，沐公之膏澤，一如諸邑，而歌思爲尤切焉。來暮之謠，未能去念，去思之慕，旋復縈懷。見公之戀戀尊鱸，匆匆琴鶴，鬱林壓舫，遵渚鴻飛，以爲借恂不能，扳攸不可，將持錢贈寵，又恐汙公之清名也。無已，則謀所以志不忘者。紳衿輩相率緘書，請於余曰：我郡侯周公之卵翼栝土也。栝之被德懷仁者，類能言之，而無煩贅也。獨是公之功在吾遂，與吾遂之思存於公者，固不可以已。子盍爲增美一言，以存不朽？蓋遂雖處栝之尤僻，其先有賢人君子者出，蕘庵尹先生之有功於名教是也。舊澤宫旁有特祠奉祀，歲久傾圮不復存。值公有事過兹土，聞先生之風，索先生祠而展拜焉。故址依然，傷心鞠草，爲徘徊感嘆不能去。因捐冰俸，特爲重新，前賢之靈光，恃以不墜。邑之人顧祠宇之燦然，而嘆公之光我前賢爲斯文主者，不易得也。至若《綱目》一書，紫陽之嚴詞，宣尼之遺意，於是乎在。有尹先生發明，而微文大義，朗如日星。邑人曾協爲修梓，冀垂之億萬斯年。無如詩書厄運，回祿肆災，前賢遺編，半沉滅於劫灰矣。公慨然捐梓，補散失，復成全書，庶後之讀是編者，當奉公爲尹先生功臣也。又遂邑舊有總書，紙户陋弊，假公行私，貪狡者視爲奇貨，邑之口食稍敷者，輒報充役，陳陳相因，害匪淺鮮。公剔其弊，更其舊，而民賴以安。更可思者，栝州壘石爲田，遇旱則焦枯立見，一有洪潦之患，則石上之土蕩然無有，十城皆然，遂爲尤甚。加以魏羅渠寇蹂躪一載，緑林白幘聚而譁，民之無衣食者群起而應之，弃田不治，又使人不得治蒺藜葶藶，盈盈荒畝。嗟哉！貧民賦將安出？自公至而親身莅勘，心爲之惻，力請憲達宸聞，遂蒙將八年至十三年荒賦槩從蠲恤之典，復爲給牛招墾，而哀鴻漸集，荒畝復增。而遂邑徵比里排衙門人役，各挾其私，算比延年，相沿成例。公躬親臨縣，精心剖晰，以十六字爲約曰：分比排年，摘追頑户，嚴查荒田，不漏遠鄉。而民互相鼓勸，黽勉樂輸，其恩全遂人爲何如？凡此皆公之功在遂人，而遂人之思存於公者，不可以已也。余曰：咨！是誠不可以已也。夫公之重建尹先生祠也，能重道也，賢人藉光也；公之補鋟綱目發明也，斯文未喪也，功不在作者下也；公之申革陋弊，請蠲荒賦，而條晰户子也，克廣德心，惟慎生公，惟公生明也。是公之功在遂人，與遂人之思存於公者，有以哉！詩有之：高山仰止，景行行止。若爲公咏也。异日者，應求枚卜，秉國之鈞，作太宰公輔行，且以澤及天下，而仍有以澤及一方，是又遂人惓惓望公之意耳。用報遂之諸君子，請書是言，勒之貞珉，以見遂之人不忘夫公有如此者。公諱茂源，字宿來，號約庵，己丑進士，江南華亭縣人。

治灘記

邑人 龔原

栝屬縣大溪三，皆會於麗，由芝達甌入海，暗崖積石，相蹙成灘，舟行崎嶇，動輒破碎。蓋嘗變色而惴栗，失聲而叫號，冀得萬一無他，以訖所濟。然爲上者，每聞覆溺事，則曰：此險也，殆非人力可施，恬不爲怪。元祐六年冬，左朝散郎會稽關公來守是邦，視事之暇，披諸邑圖而觀之，曰：噫！奚灘之多也，水行阻深，一至於是，欲去害興利，顧有甚於是耶？使俯有力，仰有餘，余不敢後言。一傳旬日，浹四境，聞者欣然曰：吾州灘會平矣。明年春，龍泉民出錢，願治其事，聞他邑亦繼有請，冀與龍泉比。公以上部使者，且願農隙行下。及期，按圖以事屬令，以役付尉，隨遠近劇易，并作疏濬排鑿，繼以淬鍜，顧力不可加乃已。爲上下港，以便往來。或兩岸巉絶路斷，則劚以通挽，并城者躬往省焉，而犒其勤起。七月戊申，逮十二月壬申畢，合百六十有五灘，龍泉居其半，縉雲亦五之一。凡昔所難，盡成安流，舟晝夜行，無復激射覆溺之虞。郡人相與語曰：遺此險幾百千年，歲敗舟幾百，至以溺死者又幾何人？自今計之，其利爲何如？舊傳縉雲、麗水間苦水怪，有惡溪名。唐太守段成式至，害遂息，更稱好溪。今灘復治，何斯民之重幸也！君子之於事，苟可以爲人，務盡心焉而後已。漢之治水者，嘗鐫砥柱矣，而水益怒，以不善其事也。公於是役，因民之力，授吏以方。未半歲，諸邑告就緒，而水行者賴焉。惟存心仁，處事當，故成功不難。余方與郡人蒙賜無窮，復言操筆載始末，竊懷不自已，系之以詩曰：維處多溪，溪屬山行。石激成灘，詭狀殊形。浪波相激，面勢相傾。互爲起伏，劍立岡橫。舟經其間，盤折繞縈。瞬息不支，命鴻毛輕。豈實安此，惕日幸生。諉曰地險，誰爲經營。有倬太守，洞徹物情。顧事無難，患在弗誠。興言念茲，大小具聽。效智陳力，來應使令。按圖鳩工，坐須厥成。功成百日，徹險爲平。水行如砥，馴伏不驚。泝沿無虞，棹歌相迎。昔病晝涉，乃今宵徵。濟我利我，太守之明。惟唐段公，德茂政清。水怪不作，溪更惡名。今灘復治，功利實宏。較勤昔人，异世齊聲。我爲公歌，亦助斯甿。形容本末，與後作程。

胡左丞堤記

邑人鄭必明

胡公，鄱陽人，諱涓，字霖卿。幼應神童舉，後以進士嘉靖中貳遂昌。一日，父老請曰：邑介兩溪，每霖雨霶霈，溪流漲溢，則堤岸湍齧，而濱溪之民不安枕。矧縣治去流百數武，而儒學又切近其側，茲尤不可緩者。元祐間，龍圖張公根嘗興葺是堤。閱時既久，堤亦寖壞。公能訪舊迹，起而築之，百姓蒙利厚矣。公慨然有間，曰：『吁吁嘻嘻！夫水利農田，予之職也哉，其敢不勉。』由是晝度夜思，乃募民出丁役，具畚鍤，累石爲址，矻然盤固。及今十五年，無奔衝突蕩之患者，公之賜也。先是，創堤處曰官潭，横跨一里餘，其深可數尋許。興築之始，有竊笑其旁者曰：『是潭豈易實哉？』公毅然不顧，曰：『人之處事，患志不立，有志者事竟成也。』乃身自董役，日不下數千人，官給之直，是以民不告勞，役不逾月，而堤成矣。古之人，其行事有一便於民，有一利於公者，咸得書名信史，以垂不朽。今胡公能建不拔之基，貽無窮之利，回視古人，可以無愧，予故樂爲之書。

雙溪橋記

邑人鄭還

雙溪在縣治之東，上官使客所必經，行旅居民所必由，誠遂昌之要津。杠梁爲怒濤壞去，卧槎接朽，過者重足。正德丁卯，邵公文忠知邑事，思橋梁用木易朽，莫若以石，下搠洞門，上錯石板，築飛閣，設横檻，使其愈久愈堅。於是謀諸判簿、典史，復諭合邑鳩石，未畢而遷去。新令張公鉞因視其所未逮，而周張之。是以横空贔屭，宛若巨鰲，往來馳驟，坦然通道，行者忘險阻，憩者宜暑雨。咸以疇昔之橋，設棧施釘，礙足沮履，人猶爲便。豈知今日有橋石之底平，梁屋之间爽也，譬若履君子之庭，睹隆平之化，始知驩虞之政爲不足。橋之今昔迥别，不猶是歟。正德甲戌暮春記。

重建前邑令湯顯祖名宦祠記

邑令繆之弼

事有曠百年而相感者，余不知其何心。苟非能爲斯世之所异，則亦不能使人欷歔而不可禁。若臨川顯祖湯公若士先生，資英敏，學閎博，其所爲文章詩歌，海内知名士誦讀不輟。至如薦紳諸公，日想望其丰采，願一見弗得者。噫，其才名與節操，可不謂异乎哉。及萬曆間，成進士，由博士轉祠部郎，以言謫尉，旋遷令，故平昌得有先生之迹焉。夫以先生之文，其精瑩足以華國；先生之學，其綜該足以經世。他如號令政刑，無不可出入廟堂，佐天子布之優優也。而必屈以百里之寄，置於萬山之麓，且使之鬱鬱久居兹土，其所遇异乎，不异乎。乃先生獨不以此介諸懷，治績日益懋，政聲日益彰，暇則與士君子課文較射，優游自適，异矣。復何容心於當年之華膴，與後世之思慕耶。獨是予與先生，生同鄉，志同道，官同方，而未獲親承下風於一堂，余之恨事也。然猶幸去先生之世，僅百有餘歲，且讀玉茗堂所著，又曷嘗不遙而憶之，而奉以爲師資也哉！况遂人士在今日，心焉繫之，日能道之。惜乎當日所構之射堂，付之蔓草荒烟，秖得瞻拜其肖像於義學中，其祀也亦寄焉而已。然則庀材鳩工，用妥厥靈，非余之責而誰歟？竊又聞先生喜縱談古今事，苐非其人，寧獨居而寡和。余熟爲先生計，如金壇段公宏璧，踵先生後而至者，其治績政聲，大都可與先生相頡頏，先生稔悉焉。原有祠，寖久而廢，後因其址爲營壘，段公何所適從乎？今將舉而祠之。先生應點首曰：得此一人，可以不孤矣。於是乎記。

重建遂昌鐘樓記

邑令繆之弼

八音各自爲聲也。鐘以金，其聲洪，聞足以達遠，聲復從樓出，達又倍焉。余將有事於鐘樓，且止，客問之，余具以實對。夫聲主於虛，聞則聞矣，實將安在？兹余務所聞，得毋虛聲入耳而令人厭聞耶？客曰否否。古明王建大中之極，按域之亢爽，以棲鐘樓，掌於挈壺氏，伺日晷之出內，以爲晨昏節。扶桑啓曙，衆革靁動，疾徐三止，金奏爰作。節以數，凡百有八。聲之所震，無遠不格，天闕以開，地户以闢，人文以啓，崦嵫景昧，數亦如之。於是戒百司，飭群隸，令於衆曰：凡興作休偃，毋先時，亦毋後時，敢有不恭，罰無赦。蓋以不如是，則天時不正，人紀不修也。厥後郡邑間有傑其構，巨其鏞，亦所以遵成制，俾民靡或逾於防爾，夫豈侈壯麗而飾觀聽也哉？况考平昌鐘樓，始於宋真宗咸平初年，顔曰啓明。宋元之交，毀於盜。後歷建者，若湯公顯祖、許公啓洪、李公翔，俱歷歷可數。詎辛巳冬，仍前付之祝融氏焉。今觀於屢廢屢建若此，然則諸公皆務爲虚聲者乎？且君吏平昌三載，予將曰循吏，予將曰良吏，知不我受也。易之曰勤勞，當亦無辭解矣。且亦思頖璧生輝，崇報有祠，菁莪得所，伊誰之力？何至於關氣運、奠地脉、昌文明者而偏諉之？是亦未聞以虚聲而收實效之説也。矧聞屠隆氏撰《平昌賦》曰：昏曉天上無常期。語果不誣。假無鐘爲警醒，將使遂之人癡癡幻夢中而未有已，欲其正天時、修人紀，又豈可得哉？試問鐘聲所啓，旦暮有常，而旅迹怯踏板橋之霜乎？簑笠懶鋤西疇之雨乎？深閨倦織機杼之月，芸牕不點愛蛾之燈乎？雖然，尤有進剛愎者知警，柔懦者知奮，漓者使之淳，困者策之舒，頽者振之起，豈非聲教四達而收實效於虚聲歟？予敬聽之，爰購材木於山，就瓦石於陶，經始於壬辰孟夏，趨事者衆，不日告落成，予即以『聲教四達』額之矣。噫！然猶虚焉者也。

浙閩總督范公諱承謨減荒蘇累記

邑令繆之弼

田所以利民也，豈病民者哉？然土地分沃瘠，而民之受利與病者亦因之。其在受利於田者，含哺鼓腹，日相習而不覺，姑不論。獨受病於田者，無限疾痛，無限呼號，其情不忍聞，其形不忍見；苟有從而憐之且蘇之者，疾痛日以減，呼號日亦息，而其心極不忘，不啻終身，且將傳之子若孫，世世稱述，永不忘其再造也。然而其病有難於救藥者，莫過於遂昌。遂爲處郡支邑，環處皆山，十邑中惟遂尤甚。菁峭盤阻，無可井授之區，壘石積砂，杯盂成丘，土不盈三尺，機器無所用。且無深溪大瀦，雨霪猝漲，即溝渠支分，終不足以殺澎湃。宜其旱則憂涸，潦則憂崩，而田不抵價值，空投無受主也。故十赤九貧，貧必逋，逋則束手無策。其始因田瘠而弃者半，繼以田熟而逃者亦半，不惟瘠田荒，而熟田亦荒，此虚絶所由來，而官累所從起也。令惟考成懼勉，據租充賦，而麻縷卵臬皆得抵正供，縱有善催科者，止能徵有人之實糧，不能徵無人之荒額。一奉起徵之日，即令解任之時，曾誰久於其官，而不苦傳舍乎？前案查除積荒，雖奉蠲而弊竇兹起，故壘之思，民尚猶豫。兼以邃岩僻谷中，蟻聚竊發，不時縱横蹂躪，村懸覆巢，庭鞠茂草，田之荒如故，賦之逋如故，其不忍見聞之情形如故。即疾痛刺心，呼號沸雷，誰復從而憐之，復從而蘇之耶？幸天不遺斯民，賜以福星。范公來撫兩浙間，襜帷初駐，善政難以覼縷。最廑念者，浙荒逋是急，爰簡騎傔從，按行屬州縣，凡所經歷，靡不感湛恩之溥暨也。迨入遂，履畝清丈，舉實在荒額悉減除之，而康熙六年所蠲銀六千二百四十兩之數，不中飽於豪强猾吏，民咸得沾實惠矣。又查出水壅砌塞者盈千畝，爲民請命，幸允所請，又蠲除焉。二者數載《賦役全書》，班班可考。遂民沉疴，如蠲功德之水，而向之疾痛呼號、不忍見聞種種情形，竟銷歸於無何有。夫民既不苦荒逋，則樂業安居，官不苦參罰，得盡展所長。弼雖來也晚，亦藉沐波潤矣。斯時歌者不輟於口，頌者猶入於耳，且流連思慕，似遲之世世子孫而不能忘若是，其在當日之民，其爲感嘆，其爲鼓舞，又豈若是而已哉！且聞之民爲邦本，本固邦寧。爲國保民自足，上邀帝眷而遠格蒼穹者。故當年以經文緯武之才，膺出將入相之任，槖鑰八閩，寄重元老，信非偶矣。兹於修乘之日，邑士民請弼言，以志不忘，敢不具述公之德與民之情，載之編，以垂於不朽，且自勵，并使後之令兹土者相觀感，而民享利於無窮也夫。

檢踏災傷記

邑令繆之弼

旱與潦皆災也，惟潦爲更甚。此古聖人所以溺若己溺，無日不惄焉神傷而亟亟爲之補救也。予少時讀孟氏書，慨然想見神禹之勞，而拯溺之志不覺悠然興矣。詎意來宰於遂，崇山環抱，當年橇乘所不經，雨傾水汜，民胥苦溺焉。然而遂之苦溺也，又奚啻於水哉！自民之溺於潢池，流離失所矣；自民之溺於逋賦，俯仰不給矣；自民之溺於畏葸，氣運弗振矣。以至溺於頑殘，而小忿不顧頂踵；溺於刁健，而公庭枉罹箠楚；溺於貨利，其逡巡退縮，即義舉當爲，每釀至於廢墜。民溺若此，予焉敢自溺厥職而不爲之拯乎！以故折衝禦侮，而鯨浪静也；查墾抵荒，而財源疏也；建學設教，而道脉澄也。挽其末流，民知保身之爲大；息其風波，民鮮架雪以滋擾。若不吝薄俸以倡諸建置，俱於遂民少有濟，夫復何溺焉？無何，秋七月，雨。雨且霪，四方來告衝突者紛紛，豈人事，抑天道耶？乃按所報，履其畝，土裂而石塞，沙漬而苗没者，雖不多槩見，然此實下民脂膏所從出，粒食所自來，軟言以慰，安得不開造請抵，稍拯其溺乎？及至新路垵，地形勢最窪下，農人悉蓬居，水至知避者，蓬所有咸歸於陽侯。稍不及，左右無援，人抱蓬隨波逐流而去。此閩人盧于成一家五人斃焉，何其慘也！他於是集物溺者，量給銀米，以安其生，爲人溺者，厚資埋葬，以恤其死。則所溺者，於我兩無憾。他如堤堰溺於水，勸民以預爲之防；橋梁溺於水，凡十三道，估其費而半率之。利有攸往，誕先登岸，而於力補地維，庶幾近之。夫然後嘆曰：遂之溺，己溺也，己之溺，寧獨無有視爲己溺者哉？

查熟抵荒記

邑令繆之弼

遂邑本山城，鮮大村落，連阡陌平疇罕覯也。杯丘盂畝，半受陰障於山麓，農人常嘆嗟五穀不豐茂。及天雨滂沱，山水夾發，漂其苗，且没其田，較逼近江河者更慘。以此遂民困苦於虛賦，不得不有抱田而哭之勢也。自康熙九年，少保范公撫浙，稔茲累，按畝得實，具題恩豁，并康熙六年所蠲，共減除荒額，而瘡痍由此一起，遂民感戴弗休。奈二十五年，天復不愛斯民，又雨如向所云，漂苗没田者殆過之，顧安所得少保公再來而起其瘡痍乎？於是田荒者不得不逋，逋積者不得不逃，逃則并其熟者皆荒，任有力者侵踞，彼且以爲樂事，而不知虛額仍存本户，官每按額催徵而已，安計其某多熟而某多荒耶？前令有行之者，其於荒不招墾，不勸開，間查有熟浮於額之户，每畝利其入，有力者咸得抵除。獨有朝夕不飽之窮民，囊無餘貫以從事，是以其荒永荒，民累不已，官累無休，何以爲官之後至者地哉！余自入平昌，幸沐皇仁，將四十七年以前之積欠而蠲免之，民不苦桁楊，官不罹參罰，何浩蕩一至於此？第荒額之根柢未除，上下交困，不旋踵而至。欲善其後，則莫若查熟以抵荒。乃於五十年正月内請詳各憲，均蒙許可。隨布諭自首免罪，力矯前弊，錙銖不染，民樂從已。得首墾田一千三百餘畝，而所呈報有額真荒數浮於熟，又不憚履畝親看，以次按之魚鱗册籍，所報符同者將首墾田抵之，而且先及窮民小户，清册呈報允行在案矣。又嘗入鄉勸民開墾，至三十畝者給以獎賞，若赤貧者，牛種是資，民盡力於耰耡。三年内得報墾田五百餘畝，俟之六年升科，將爲大户抵補焉。余雖不敢曰瘡痍頓起在此舉也，然而私開者得免於隱匿，逋欠者得免於追呼，徵收者不累於考成。愚者一得，頗堪自信。客曰：憂國憂民，寧外是哉？盍記之附諸乘，以示將來乎？余因得吮墨而命管子。

東義學記

邑令王燈

東方，生氣也；義學，發蒙之地也。物生必蒙，蒙而無以發之，則生機窒矣。發生之氣在東，故發蒙之地必於東。周禮小學在王宫之東，諸侯避天子亦在公宫南之左，皆以迎發生之氣也。故賈誼言旦入東學，蓋學必于是乎始焉。遂昌社學舊有四，已而皆廢。康熙三十八年，知縣韓武建義塾于泮池左，顔曰不息樓。四十八年，知縣繆之弼改爲東義學，其有見於發蒙之義歟？其後繆公重興南、西、北三義學，以復古四社學之舊，置田一百二十畝爲之資而分給之。及繆公去，東學毁，餘三學亦廢。雍正三年，教諭陳世修于儒學左建學舍二十八間，收四學之田悉歸于東學，而儒學經理之。乾隆二十五年，教諭沈德榮、訓導王世芳復廣其廬，大其閎，延師以主教事，於是東義學之制始備。歲辛巳，余莅是邑，亟爲之塈茨丹雘，而揭發蒙之説以告之。夫東方爲仁，惟仁者爲能教不倦，願司教者本之以仁，爲九二之包蒙，毋爲上九之擊蒙，庶幾其協時中之亨，而有以成養正之功焉爾。

南義學記

邑令王燈

東學爲發蒙之地，余既著其説矣。然物之生也，必待其長，故春生而夏長之。夏於卦爲離，於行爲火，於位爲南，萬物相見，有文明之象焉。惟學亦然。然則南學其可闕歟？遂之南義學雖僅存，而脯修膏火之資闕焉，故學存而實廢。余乃延名士以爲之師，招邑之子弟使就學焉。適有盤坑無主田三畝有奇，三寶山廢寺田二十九畝有奇，即取以爲南學修膳之資，且俾爲之師者自收其入，庶侵漁乾没之弊無自作焉。經畫既定，乃以愛蓮表南學之堂。夫蓮之爲華，發于盛夏，禀正陽之色，處于卑下而自耀于光明，芳艷絶世而不失其爲高潔，故昔人以爲花之君子。余以是命之，將使游是學者，咸自勉爲君子，彬彬焉以揚盛世之文明，此余興起南學之意也。學者其可不勖？

北義學記

邑令王燈

北學，古有之矣。先儒之説禮者，皆以虞庠爲北學。《記》曰：書在上庠。上庠，虞庠也。書以載事，事爲質，北方幽陰亦爲質，故書在焉。又曰：冬讀書，典書者詔之。冬爲萬物之所藏，太陰之所居，故於北學爲宜。《大戴禮》又言：夜入北學。蓋冬者歲之餘，夜者日之餘，冬也夜也，皆誦讀之候也。觀此，則北學之爲益也昭昭矣。遂之北義學舊爲戎伍，假以居詩書之府，久爲弓馬之塲矣。乾隆十五年，知縣黄培任始復之。十九年，知縣宋世恒始延師以掌訓課，而以天寧精進寺田爲之資。然田甚瘠，所入單尠，不足以充修脯，故講學者怠。余知其然也，乃以心定庵田十二畝有奇增益之，其制如南學。由是北學聿新，絃誦無輟。《易》之説曰：坎，正北方之卦也，勞卦也，萬物之所歸也。今而後，其勞之而得所歸乎？

文昌山王邑令生祠碑記

嘉善章愷

皇上四幸江浙之歲，平昌令王公延予主文昌山講席。三月既望，遂臻乎是山。山去邑四里而近，初陟山麓，有亭翼然，曰引亭也。行一里許，翠壁迴立，飛泉懸注，曰聽泉亭也。歷磴而上，岡巒敞豁，拱揖群岫，曰朝暉亭也。再上，則萬松攢列，聲動竽籟，危檐疏檻，掩映林木，曰望遠亭也。循亭而下，忽爲平田，坦然而夷，窈然而深，衆山環之，如垣如墉，傑閣峻起，屹乎中央，曰文昌閣也。飛樓前聳，與閣對峙，曰魁星樓也。樓之下，泓澄演漾，不鑿而成，曰翰墨池也。由閣後而升，則公之生祠在焉，邑人感公德而作也。訓導王先生爲之記，揭於壁，述公之德政略備。居二月，邑人礱石祠下，請予文之。予謝曰：王先生記之矣，予何言？邑人固請，乃按其記而次第之，曰：公寬厚仁恕，不尚徼察，而物無遁隱。律躬清峻，苞苴不行。鋤强暴，植良善，拯單寒，卹鰥獨，易直慈愛，力敦惠化。訟鮖稀簡，獄犴虚問，乃搜訪利病，百廢具舉。城北溪岸就圮，患及廬舍，乃築堤捍之，居宇奠焉，民號爲王公堤。城中畏火災，乃疏城溝以爲之備。東郊地高亢，常苦炎暵，乃鑿渠引官陂，堰水而溉之，田用膏沃，歲比有秋。東廓外雙溪滙流，舊嘗有橋，屢作輒壞，乃作爲横堤，堤之中爲之亹者五，亹旁立石覆板以成橋，堤前後各布坦水，水無怒激，橋用完固。王村口去縣遠，棚民雜居，北界與衢郡接，宵小伏匿，乃建營廨，請益軍戍，資衛禦焉。邑故有三義學，皆曠廢，乃延師督課，收廢寺田以贍之，膏脯有加，絃誦增勸。復闢文昌山，簡諸生之秀异者，俾肄習焉，月再課之，躬自董閱，士争嚮學，儒風丕粲。邑志不修且久，乃開局纂輯，發潛闡幽，不漏不濫。凡此皆公政之炳然者也。方今天子仁聖，治道明備，郡縣吏奔走率職，且幸無過，才略稍异，則美遷峻陟隨之，視其所治，常若傳舍。獨公以沉默簡靖，不思表暴，安於下邑，不鄙夷其民，日求其所欣厭而罷行之，孜孜汲汲，常恐不及，視謀其家事，反有逾焉。此古循吏之用心，匪可求於今也。邑人何幸而遇公哉！然公政日有聞，徽懿昭焯，終不可掩，美遷峻陟，行即及公。邑人戴公德，思久依芘焉，將不可得。拜公祠者，如見公焉，此祠固不可少也。抑予更有説，公之政以實不以文，邑人誠德公，當益相濯磨，父戒子，兄勉弟，士奮於學，農勤於業，毋酣嬉，毋鬬辨，敦龐粹茂，進風俗於醇古，俾公之澤益延而長，益恢而昌，以著公德於不朽。凡所以報公者，當以是爲鉅，區區一祠，未足云也。

於是邑人合辭言曰：敢不勖。遂書之。山舊名妙高，曰文昌者，公所命也。公名憕，字平甫，號章伊，蜀之廣漢人。乾隆三十年歲在乙酉秋七月，賜進士出身、翰林院編修、加一級、紀録三次魏塘章愷頓首拜撰。

王邑令生祠碑記

訓導王世芳

遂邑侯王公，諱憕，字平甫，號章伊，西蜀漢州孝廉。來牧兹土，于今三年，政通人和，百廢具舉。民感之于心，而思存之于目，搆生祠于文昌山，請一言爲記，刻石以垂後，公勿許。民曰：公自乾隆辛巳下車，以邑之四義學久廢，乃延師分課，撥寺田而益修脯，貧苦單寒之子得以就業焉。以城北溪岸漸坍，民廬將付波臣，乃築塘捍禦，今稱爲王公堤焉。以東郭之田百餘畝常苦旱，乃開渠引官陂堰水而灌溉之，此日已成膏沃焉。以王村口離縣窵遠，蓬民襍居，北界下接三衢，匪竊潛來，乃請調營員，建弁署，添兵房，就彼駐劄，而地方得以敉寧焉。以文風不振，科目無聞，乃于妙高山建文昌閣、魁星樓，繞以亭池，植以樹木，一時盛事，而多士奮興焉。以東城外要津，雙溪合流之所，昔人建橋無功，行旅病涉，乃獨創奇謀，築横堰，鋪坦水，竪條石，洩狂瀾，上覆板以成輿梁，竟爲千秋不朽之基焉。以邑乘年遠，事未備而善未彰，乃設局纂輯，搜括無遺，而發忠臣義士孝子節婦之潛德幽光焉。凡此皆公三年内之美政也。至若禮賢士，絶苞苴，鋤强暴，恤孤寡，片言而獄折，外嚴而内慈，此又公之游刃事耳。昔我邑若士湯公揚名于前，口碑猶在，今我王公繼美于後，食德方新，豈湯公有生祠而王公可無生祠乎？豈湯公之民是民知有所去思，而王公之民非民獨無所思于今日乎？公雖不欲，民何能已也。于時相率而請于余。余思夫子曰辭達而已，孟子曰勿以辭害志，余學淺才陋，不能文藻富麗，且恐工于富麗而反失真實之美，故就民所言公之持身行政而記之。今公三年報最，倘遂人有幸，借公數年，其惠民之績必更有加焉。余當續爲之記。

附王邑令生祠詩

嘉善章愷

中和樂職文章手，來綰山城長官綬。不嫌蕞陋拂牛刀，起廢扶優滌瑕垢。西陂引水溉東郊，壘石成梁壓怒蛟。夜雨一編搜志乘，春風三塾聚絃匏。更念儒科荒未破，開山高列文昌座。盡招髦士入山堂，菡萏香中程夏課。邦人戀德起生祠，便就山頭架畫楣。望遠亭邊萬松樹，枝枝總入召棠詩。諸生愛公願公住，公亦頻來覈章句。鹿鳴譜罷有餘功，更學公裁洞簫賦。

社倉記

邑人葉熇

常平倉之名，始於漢宣帝，其實乃古法。周官司稼以年之上下出斂法，出則減價糶，入則增價糴是也。管子李悝師其意以濟一時，後世建立常平倉，至今不廢。社倉之法，始於唐武德五年，終唐之世，曰轉運倉，曰義倉，特异其名耳。至宋朱子而其法美備，遼、金、元、明及國朝皆因之，而常平倉遍設於天下。社倉或間有未舉行者，夫常平設於府州縣，而不設於鄉村，遂邑亦有鄉倉數處，不能遍設，所惠止於市井游惰之輩，而不及於深山長谷力穡之民。其職之也，以官吏而不以鄉人，士君子又爲法太密，吏之避事畏法者，雖遇歉歲而不敢發，緩急難恃，此其所以不如社倉之便民也。特是常平在官，社倉在民，而在民之社倉，又必稽核於官，否則計數億萬有餘，責實百拾不足，其弊有不可勝言者，此社倉之所宜官民交督者也。此朱子之立法，斂散必申諸府也，而要以經理得人爲急務。我遂邑雖山多田少，而地廣人稀，一年之耕，足敷一年之食，兼之林木茂密，泉源藴畜，旱乾少見，間有災歉，隣邑松陽可以糴運，所以邑鮮蓋藏，不致饑餒。近今篷民四集，林木砍伐，泉源傷損，易致旱乾。嘉慶二十五年遇災，食米缺少，越杭境運米，艱苦難言。適後數年，遇制府檄各州縣建設社倉，是以人思昔時之艱，樂從今日之役，踴躍輸捐，得建倉至五十餘所。而在城則建倉於義塾，基址規模，可爲諸鄉式，斂散如法，蓋非偶然也。竊以成此非偶，後之從事而守之者，當亦思其不易，此經理斂散之必慎其人也，朱子所謂責與出等人户者也。士君子處而在下，無事權之屬，以其才力惠及隣里鄉黨，則固聖人之所許，非冐出位之戒，與好事者等也。鄉黨中如此等事，類非輕浮儇薄之子所能勝任，必家世殷實，居心純正，慮事周詳，克任勞怨者，互相舉薦，以爲替代，歴久不失其人，俾善政行之無弊，豈不懿哉！或有計私害公，輕浮儇薄之子羼列其中，是又在官長之屏而去之夫。是以斂散申請於官，以資其考核也，此官民交督之爲得也。夫事期各得其宜，如有鄉俗土風之不同者，更許隨宜立約，申官遵守。如邑城多附郭村庄，不比各鄉之丁户可稽，是散糶又當别設良法也。至各鄉大小不同，貯穀多寡亦异，俱當斂散專其責成，經理肩其調劑。至十五都數村，合爲好川一倉，又當分任經理，輪年交代，互相稽察，俾無虧歉，此又因地權宜者也。遂邑先於乾隆三年及二十三年民捐，合計有社倉穀五十八石三升，附常平倉，例得附記。統遂昌一縣社倉，勸捐於道光四年冬月，實貯於道光五年秋成，共得原捐穀一萬一千九百二十一石。至各年斂散，其有盈餘者，俱載於籍，一以爲後來經理社倉者勸一以核實，俾後有所稽考云。

妙高書院記

邑人葉煓

詩有之：豈弟君子，遐不作人。此周才所以盛也。我朝聖聖相承，以經術造士近二百年，凡省會郡城及各州縣俱設書院，雖遠鄉僻壤，誦讀之聲等萬家十室如一轍，直軼成周之黨庠，遂序國學而上之，蓋教思之及人深矣。遂昌自赤烏建縣以來，歷魏晋六朝以及唐代，世遠無稽。至宋，深夫龔氏首以理學開先，自後名賢輩出，代不乏人，而其講學處所亦湮没無傳。至明湯義仍先生宰是邑，葺建射堂，集諸生肄業其中，以烏程孫見元先生爲之師。國初建不息樓，可爲射堂嗣響，然皆未籌及久遠經費，以故流風易於歇絶，則興建書院得經久之費，使膏火奬賞修脯膳金齊備無缺，蓋遂昌從前所未有也。今以賢明府相繼振興，機會輻凑，有可屈指陳者。邑舊有貧生學田九十七畝，爲奸佃侵蝕，止折作銀叁拾柒兩零解給貧生，同人控諸大憲，邀准歸學徵收穀石，以餘資作書院膏火。又鹿鳴山寺僧與華姓後裔争佃，經明府鄭斷撥租田二十餘畝歸入書院，及撥包姓租田四十餘畝并爲修膏之用，以爲始基。自是各紳董繹絡，捐銀捐租，遂得興建講堂學舍，規模略具。鄭明府旋以事告休而去，衆咸太息，恐事廢半途也。兹幸復得明府朱莅任，以垂成之功虧於一簣，非計也。慨然倡率，重爲勸捐整理，乃得經費贍足，章程釐定，延師課讀，井然可以垂之久遠，以仰副熙朝作人雅化之盛，豈不休哉！竊以遂昌分太末一隅，爲浙東上游幹龍發脉之區，山川聳秀，甲於處郡，泉甘土肥，閭閻樂利。一畝之宅，上矚青山，下聽流泉，花卉竹木，布置楚楚，風氣固殊。而卓犖之英，雋异之才，時見輩出，乃勛業文章不逮前朝，良由提唱無人，離索以處，師範友資，靡所取益故也。兹以名師指授，萃聚一堂，相與講貫。心妙于静，而不流于异學敂虚索隱之途；志趨乎高，而不雜以俗學急功近名之念。山舊以妙高名，即以山名名書院，蓋有望於肄業其間者，以文而進於道，俾深夫堯庵，畏及後生。則所以厚期諸生，與諸生所以自待者，宜居何等也？

關川記

龍泉章溢

往歲石抹公以孤軍破賊，揚威福建，予稍稍効贊勷之勞。既而拯臨海之窮民，敉寧海之狂寇，亦微有力焉。公乃深信不疑，命鎮守竇定，招撫松陽、遂昌之不靖，水陸往還，竭蹶靡寧。至正二十四年，自龍泉曉發，窮日之關川。關川者，去我邑境土十里許，屬遂昌西鄉之源。余見其山峻拔而水清冽，由里門而入，崗巒菁欝，竹樹扶疏，疑其爲隱君子之所棲也。既而接其人，其老者皆龎眉皓首，鼓腹以嬉；其少者則風流俊雅，皆率教子弟；其樸者則負耒荷鍤，趨事不暇；其秀者則與語經書古籍，原原本本。余乃知扶輿清淑之氣，磅礴欝結，將來必克昌厥後，而大發其秀，非尋常村落，苟謀衣食，聚二三隣曲，歲時伏臘，斗酒歡呼而已也。是夕，毛君志光爲予具雞黍之歡，以事阻不得即行。再宿信，信與商摧時事，因託交焉。既而相見於金華，握手道故舊，爲書一紙，以紀往昔云。

湖山月洞山居記

嘉興周汝珍

古來佳山水，必有隱君子居之，而其地始傳。如淵明之栗里、司空之王官是也。余覽平昌詩鈔，讀月洞先生作，知其世居湖山，生當宋季。鼎革後，弃官歸里，隱居月洞，戴黄冠，抒赤衷。故其詩抑塞磊落，突兀孤撑，回環雒誦，想見其爲人，然猶未知月洞遺址之在何所也。後與其裔孫爲梁上舍交，以《月洞全集》見贈，展卷披圖，始悉湖山四面皆水，月洞在對山之麓，窈然深藏。當日先生駕一葉舟，遯迹於斯，謝絶塵世，盖深恨夫賈秋壑之半閑，而又媿爲趙承旨之松雪矣。在昔江山半壁，蕞爾難留，而月洞一圖，至今尚在，即比之栗里、王官，何多讓焉。因濡筆而爲之記。

碑記目

邑令李翔，詳革現里碑記。

邑令丁宗益，詳革樂輸碑記。并載卷二賦役門。

縉雲鄭汝璧，文昌廟記。載卷四禋祀門。

邑令繆之弼，遺愛祠記。

邑人項應祥，段公祠記。

邑人項應瑞，林公祠記。

郡人王一中，傅公祠記。以上載卷四禋祀遺愛門。

邑令湯顯祖，滅虎祠記。

邑令鄭鴻，文岩王殿記。并載卷四禋祀群祀門。

邑人龔原，妙靖院記。

邑令湯顯祖，妙智禪院觀音大士像贊。并載禋祀寺院門。

邑人俞颺，太虚觀記。載卷四宫觀門。

邑令胡順化，修造縣署記。載卷三建置公署門。

郡丞梁鼎，創建聖廟記。

邑人龔原，修聖廟記。

邑人周綰，修學宫記。

邑人鄭佽，修學宫移向曾山記。

邑人鄭琳，補修學宫請回學田記。

邑人吴志，弘治八年修學宫記。

縉雲周南，正德己卯修學宫記。

邑人鄭還、教諭戴鑾，修學宫記。
武林高儀，嘉靖年間修學宫并建名宦鄉賢祠記。
郡人何鏜，萬曆六年修學宫記。
仁和張瀚，萬曆十八年修學宫記。
縉雲鄭汝璧，萬曆二十五年修學宫記。
邑令繆之弼、邑人翁濤，康熙五十年修學宫記。
學憲帥念祖，雍正十年修學宫記。以上載卷三建置學校門。
邑人項應祥，養士田記。
温陵洪啓睿，養士田記。
推官袁遇春，養士田記。以上載卷三建置學田門。
縉雲樊獻科，義學記。
邑令繆之弼，建四義學清釐田租記。
邑令王熤，興修南義學并撥田租記。
邑令湯顯祖，創相圃并置田租及移文記。
知府鄭懷魁，相圃祀湯公記。

邑令徐治國，請查相圃田租小記。以上載卷三建置義學門。

新建伯王承勛，兑谷書院記。載卷三建置書院門。

邑人戴縉，栝昌公所記。載卷三建置公所門。

邑人張貴謨，雙峰塔記。載卷三建置坊塔門。

里人鄭培椿，重修玉泉亭記。

邑令王燈并訓導王世芳，文昌閣記。

邑令王燈，魁星閣記。

教諭鄭器，清華閣記。

里人鄭家紱，雙清閣記。

邑令張翥，栢溪文昌閣記。以上載卷三建置亭閣門。

邑令王燈，東閣橋記。

邑令陳逵，濟川橋記。

邑人項應瑞，重修濟川橋記。

知府李昉，創建濟川橋記。

里人伊時美，萬石橋記。

里人項德錦，永穩橋記。
邑令彭起鵾，世濟橋記。
邑令王燈，接衛橋記。
錢塘費淳，寶善橋記。以上載卷三建置橋渡門。
邑令王燈，官陂堰記。載卷三建置隄堰門。
邑人包萬有，唐山記。
邑人王養端，大樓岩記并詩。以上載卷一輿地山嚴門。
邑人王養端，靈泉洞記。載卷一輿地泉洞門。
邑令鍾宇淳，立石禁嚴博司索木排常例記。載卷一輿池川隘門。
邑令湯顯祖，土城記。載卷一地城池門。
邑人潘材，嘉瑞堂記。
邑人張貴謨，對吟軒記。
邑人王養蒙，廓然亭記。
邑人張貴謨，雙峰閣記。
邑人項應祥，尊經閣記。以上載卷一輿地古迹門。

卷之十

藝文志

文、論、賦、頌、志銘、序、書目

文

創立義學清田養士詳文　邑令繆之弼

爲詳請分給田糧，永贍義學，以廣教思，以垂久遠事：竊照我皇上崇儒右文，菁莪棫樸，久道化成，而又於各省鄉試屢行加額，且際六十萬壽之年，特諭另舉鄉、會兩試，其所以鼓勵人才者，雖極之前古後今，而不能媲美其盛者也。兼以憲臺造士念切，作人化溥，多士罔不樂其陶鎔。卑職一介俗吏，百里岩封，敢不振興文教，以實心而行實事乎？查遂邑自宋迄明，人文蔚起，不期九十年來，鄉薦無聞，士風頹靡，令人不勝今昔之感。此固爲學者之不力，抑亦司牧者其於鼓勵未嘗加之意焉爾。考遂從前亦曾建有社學四所，廢弃已百餘年。後邑令韓武於三十八年間，東隅創義學一所，從來無人肄業，空存其名，故行之亦未盡善。卑職於抵任後，即捐俸延師三人，立學三處。其在東者，則仍韓之舊，加以葺修，是爲東義學。其二處尚假民館從事，豈計之長遠者哉？爰捐俸銀，鳩工於西南北各隅又創義學者三，約計共費銀一百餘兩。於是學廣而教宏，四方有志者可以負笈而相從矣。然而義學雖設，非有恒産以作延師之費，其曷能久？卑職查遂原有贍田，向爲葉讃父子侵吞其半，自四十三年間蒙府審斷歸學，遞年生員八人輪值收租，借以修學爲名，多爲經管中飽。卑職力矯前弊，清查出贍田一百二十畝七分，每年該編銀壹拾壹兩壹釐伍毫，以四股均分，每學得田叁拾畝壹分柒釐伍毫，該納糧銀貳兩玖錢貳分伍釐叁毫柒絲伍忽，按額立爲東西南北義學之戶，令遞爲師者掌焉，外此者不得干也。第其田有限，除供賦外，而所羡無幾，益其束修之不足，是又責在有司矣。獨是有司莅兹瘠土，又值弊剔風清之會，探囊維艱，除收羡租外，自後酌議每學再給修金捌兩，不亦易舉而經久可行乎？卑職管見若此，煩乞憲臺敕批舉行。現在續修邑乘載入其中，以杜侵蝕。庶義學永遠不廢，士子咸知奮勵，踵接前武，盛復當年，不惟遂人士長沐浴於憲臺教澤汪濊之中，即卑職一片作興苦心，亦庶幾無負矣。至於學校，自卑職視事之初，已經倡率修理完備，雖不能金碧輝煌，而丹臒塗墍，亦可謂焕然一新。其或歲久年遠，不無飄摇之患，又在遂人士與有司共圖之。况又有項、徐兩姓所助之學田，在後之人斷不得藉口修學，而於此學復萌希冀之想。其四處義學，掌教有司同儒學擇其學問淹博、行履端方、克盡厥職者司其事，諸生中毋得覬覦以滋弊端也。

禱雨白馬山祭文　邑令朱煌

惟山高本天作，廣爲地基，源從閩境，脈注越山。贇乾始以資生，助坤元而育物，爲全昌之主宰，即四境所瞻依。列岫朝來，勢如星拱，高峰聳出，氣若雲飛。白馬亭前，秀作神仙之府；青龍潭底，靈爲風雨之根。兹當禾苗待澤之時，佇望八月其穫；正值黎庶盼思之會，群思三日爲霖。雖西南得雨，時霑雷電之恩；而東北向隅，尚切雲霓之望。即松川隣境，猶希冀夫三井恩膏；况洓水封疆，更情殷乎重泉沾潤。或宰政之多苛，既改占夫澤觧；念民生之可憫，豈取象于膏屯。甘霖速沛，億萬人之性命以蘇；陰雨時來，廿四都之生全可遂。念焚香祈禱之極誠，求大雨滂沱之即應，民多焦思，神其默鑒。

文目

分守道勞堪，祭城隍文。卷四禋祀祠壇門。

邑令池浴德，祭平政橋文。卷三建置橋渡門。

按院龎尚鵬，請蘇里甲疏。

邑人鄭秉厚，議賦役疏。

合邑請行公費呈。以上載卷二賦役門。

論

大易統論　邑人項世臣

太極之理，實而無形，惟其附於氣而形見焉，六十四卦是也。自人生而後，則形顯而理隱，故人日習於形而昧於理，與形親則與理疏。然衆人役於形而爲形用者，聖人純是理而踐其形。理者，統遠近古今而一於常者也。形者，有遠近有古今而不一於常者也。一於常者，斯爲天之明命，人之恒心，即《易》之太極，非形之生而始生者也，非形之滅而隨滅者也。不一於常者，則有生有滅矣。有生有滅者，交易變易之謂也。吾於此知莫大莫至者，太極也。太極可以生群卦，而群卦孰能生之乎？太極可以易群卦，而群卦孰能易之乎？故曰：太極本无極。六十四卦莫非太極所在，而不可執一卦以限之，惟有交易變易之理，而六十四卦乃生焉。此非他也，一太極之用而已矣。惟有不易之理，而太極乃名焉。此亦非他也，一六十四卦之體而已矣。然而畫前原有易也，六十四卦乃其凡例，而無容以筌蹄盡之也。書不盡言，言不盡意，神而明之，存乎其人，此无極所由稱乎？凡屬可見可聞有聲有臭者，悉在六十四卦中，而不睹不聞無聲無臭者，則群卦之體是也。體者，太極也。體原不可捉摸，惟從發用處得之。故六十四卦悉太極之理，發動而爲太極之氣，互相摩盪以成者耳。理之根柢處，原不可名，强而名之，則曰太極。聖人發出无首二字，妙矣哉！實指太極而言也，非定指六陽變爲六陰也。《周易》全經劈頭説一『乾』字，而乾實何所來乎？則曰：无首宜也。煞脚説『未濟』二字，而未濟實何所終乎？則曰：无尾宜也。所謂迎之不見其首，隨之不見其尾也。此則全易之體也。

賦

石棊子賦并序

邑人張貴謨

平昌牛頭山，世傳天師跨虎之地。山行十數里，下蟠一水，號梧桐溪。溪之陰有石岩，劚其大者剖之，其中復有小石，包絡重重，與禹餘糧相類。又次第剖之，子生其中，紺白而圓。或謂天師棋子之所化也。若有物守之，不可妄求。异時土人往往薦秬黍，焚楮幣，或諷梵咒而後得，今不可復得矣。按《圖經》載太一餘糧，其怪亦類此。陳藏器云：太乙神君，禹師也。天師豈其徒歟？偶得三百六十一爲之賦，詞曰：物有萬不同，一爲之祖。得一者相禪以生，而不息者未嘗死也。且以五行論之，金得乾一而生水，火得坤一而生土。然生水者不能生木，生土者不能生金，由以一而生一，故五者各有所主。若艮爲石則不然，蓋受數多而氣之聚也。是以體具五色，中含五味，沙而金，虛而水，擊而火，化而土，不灰而木，此以一而生五也。雖然，生與生者俱一，則生者不能返，惟石生數多，爲五行之府也。故木之松，水之沫，金之神，火木之魄，皆能復變爲石，乃五返而爲一，世人或未之睹也。所以經世皇極之書，以變爲用，於五行或有所去，於石有所取也，豈不然哉！今夫牛頭之山兮，偉而雄峙。龍翔鳳翥兮，綿亘數里。下蟠梧桐之溪兮，有僊靈之磈礧。剝而視之，以石腦爲母兮，石膏以爲子。或曰：此天師之幻化兮，爛柯之所委。如太一之神兮，化餘糧以爲异。余曰：此其是也，非耶？天下之事，自其不可詰者觀之，容或有此理也，而又何議乎？若用之於棊，而投之於廣武之塲，鬭以奕秋之智，决雌雄於劉、項，較强弱於蜀、魏，路一兮三千六十，局萬兮五十有二，此猶用申之變，涉於數而可紀。彼羽化者弃而去之，又將離數而進乎道，極變而返乎正也耶？或人曰：唯。

頌

進朱子次十哲配饗頌

邑令繆之弼

洪濛既闢，放勛御世。執中相傳，重華協帝。三代嬗興，統有攸繫。玉吐尼山，蒙開木鐸。剛定贊修，葩經爰作。斯文之歸，燎原火爝。百有餘歲，聞知克繩。距楊黜愚，絶學一燈。左氏公穀，遞至炎漢。唐宋以還，英雋綿貫。純雜互异，是非兼半。涑水探源，百宗匯淵。印月澄澈，羽聖翼賢。掃雲撥霧，清輝麗天。惟皇濬哲，道契魯鄒。大西小西，八索九丘。沉潛研極，旁矚遐搜。緬懷考亭，生是使獨。闡發微奥，註疏綱目。盧寂不淪，法術弗録。孔孟干城，功高化育。豈無表彰，榮及苗裔。豈無祀事，告虔牲幣。念兹勿釋，俾膺嘉惠。爰咨公鄉，議新厥制。僉曰俞哉，蕩潏罔竭。聿稽神棲，廊廡參列。出類升階，席虚十哲。帝乃曰都，位置允當。卜從其吉，夏六之望。度材惟良，司空命匠。詞苑摛華，秖薦卣鬯。豫次鵷班，秉禮是尚。届期遷櫝，登于廟堂。且瞻且拜，以享以將。笙鏞協律，鼓鐘煌煌。觀者環橋，斯道有光。復頒鉅典，萬方攸同。克配丁祭，鑒兹鬻毄。崇儒德厚，勵學化隆。軌咸趨正，理必蹈中。寧辭道遠，遑諉任重。昌期五百，發祥繼統。鞅掌簿書，罕接其踵。用志歡欣，稽首獻頌。

志銘

兵部尚書應檟墓志銘

蘭溪唐汝楫

明少司馬警庵先生應公，以嘉靖癸丑七月七日卒。明年，仲子文煓具疏陳情，詔賜諭祭，命有司營葬，贈兵部尚書，蓋崇德報功之殊數也。公風格峻整，操節貞肅，望重中朝，功著邊圉，屹稱社稷之臣焉。公諱檟，字子材，處之遂昌人。先世家僊居，始祖竇一判衢，道經遂之桃溪，悦而居焉。曾祖存倫，祖世鑑，父江，皆有隱德，賢於鄉評，并從公貴，贈兵部侍郎。公孝友天至，年十六，考因役搆，爲有司所譴，責公以身代僕。僕道途極備艱苦。既考伯兄相繼亡，其季藐而孩，公撫伯二遺孤及幼弟，咸賴以成立。公少即端重殊异，刻勵於學，長益肆力經典，工文詞，爲督學栢齋何公所器重。嘉靖乙酉舉於鄉，登丙戌進士，授刑部主事。時惠安伯張以賍敗下部，屬公訊理，按得其狀。客有爲張私謁者，夜遺金七百，公峻拒之，竟駁正如法。太宰許文簡公署公之績云：發巨慝之贜，不爲勢怵；勵清修之操，不爲利誘。蓋指此也。以員外郎奉命慮囚於吴，凡獄之大小，悉察以情，而持其平裂鍛錬之案，絶頗類之習。所原枉者、誣者、疑者、可哀矜者，列牘以奏，平反數百，釋輕罪千餘，具載《讞獄稿》中。甲午，遷知濟南府事。郡故衝劇，公處以兼才，恢恢乎有餘地焉。而尤紆恤勞來，蘇調痌瘝，政績著東土。東土言善政必首公，即他郡有滯訟，胥檄公決之。詮司最公治行，奏調常州。常難數倍於濟，比至，適當定册，税糧徭役，奸蠹蝟集，如那移增減、詭奇隱匿之類，蓋漫不可致詰者。公究極利病，詳定規畫，裒益而均平之。丁據黄册，糧據實徵，其所更賦役二法最爲精善，民迄今以爲便。郡巨姓顧氏、鄒氏相告訐，有司率牽制，無能堅决。鄒潛以重資求容，公發其事而當以罪。富民吴庸者，於公去常之日，賫數百金，追送於境外，曰：予儕小人，歲無侵擾，公賜也，願以此爲報。公謝其情而郤之，庸感泣而去。其不汙於利類如此。公在常剖大决難，履堅秉貞，凡數常守之廉且能者，必先屈指公。然公抗行己志，私託不從，多所忤鄉之縉紳士，而性鯁，鯁輙與行部相齟齬，乃共弗悦，互煽以言。復調寶慶，尋以内艱去任。服除，補辰州。未至，拜湖廣副使，董正學事。每進諸生，訓以德義，器識之大者，較文貴雅正，剗其奇靡，風教丕振。監司共舉公志潔行方，學優心古，公論也。既乃遷苑馬卿，經理遼陽馬政。异時七苑之馬散處郊原，倒失不常，息駒之數，奸觥復漏，報不以實。公爲置廐數百，責令每季報生，而又較其勤惰，豐其芻藁，時其調習，嚴其搜閲，日孳月蕃，列廐雲盛，民免賠償之苦矣。丁未，升山東參政。會妖賊甫平，議者欲盡誅其黨，撫臺亟以屬公，纍纍脅從幾千人，公悉從輕釋。未幾，升河南按察使，再遷山東右布政使，轉左使，擢都御史，巡撫山東。值邊疆多壘，朝論擬非公不可，奉命改撫山西，兼督三關。于時邊備久弛，防秋率不能先事隄禦，虜去來若風雨，諸鎮收保恒不及，恣其鹵掠，然後洸洋以出。公親秉鉞，巡行邊鄙，山川沮澤之形，險阨遠近之利，通挂支隘之樞，及虜所往來出没之衝，罔不按堵。簡戎行，葺營堡，謹斥堠，更番戍守，并聚兵力，以扼要害。計虜至則裹甲荷戈，持滿以伺，退則設伏以要截歸路。虜知有備，遂徙營不敢窺塞。庚戌八月，虜由古北口入，蹂踐畿甸，烽火徹于大內。公提兵數千入衛，虜聞遁去，有銀幣之賚。升兵部右侍郎，總漕於淮，兼撫廬鳳諸郡。公以淮水惟資黄河，易涸而多淤，歲靡挑濬之費，而泗水西流寶應，南注大江，可引入淮。於是因五里溝鑿之，不費不勞，河迄通利。未旬月，仍奉命以少司馬兼臺秩提督兩廣軍務，巡撫地方。桂林、樂平等地猺獞雜處，半爲盜藪，而莊頭、鬼子等巢劫令逐帥，爲害尤甚。其七山三十七巢諸猺，密邇軍門，據險出没，積五十年餘，屢徵不服經略者，不過多設營堡遙制之而已矣。公至，諭以德意，不即加兵，而樊家屯、馬江等劇賊悉款效帖服，惟七山諸冦負遐阻，怙亂自若。公審勢察機，署勒部伍，授諸將方略，親督精鋭直前奮擊之，俘馘以數百計。乘勝復攻莊頭、鬼子等十五巢，生擒百餘，斬首三十有奇，歸被虜男女三百餘口，奪牛馬夷器無算。次年，徵七山三十七巢，假道引兵至潯，分哨倍道疾趨。比至，賊倉皇出，敵輒敗衄，乃弃巢走。公招之不從，遂張奇兵攻覆其巢，封其山，籍其田廬畜物什器，令官兵分屯耕作，殲獷悍之器而無濫殺之慘，因田廬之獲而省轉輸之勞。自兩廣用兵以來，稱節制之師者無逾公焉。捷聞荷恩賚金幣，仍蔭一子，朝廷報公之典蓋甚渥也。公軍務勤勞，形爲之瘁，竟以疾終于蒼梧官舍。公既以蓬蓽致顯，巨才洪鴻，逴越倫輩，而氷蘖之操復凛如一日。所居僅敝廬，布衣蔬食，無殊寒約。諸子胥訓以詩書，閑以禮義，至書禍福以爲諭，疊疊百餘言，誦之者可惕省也。公雖廉不苟取，儉不濫費，至遇宗屬鄉閭之貧乏，則割己有周之。恒以古道導鄉族，其有敦行誼者，則禮貌之以勸。蓋公莅官必先風化，故其所存如此。家居未嘗以寸楮請託有司，至訪及民間疾痛，輒蹙焉改容，傾吐以告。公之學根據六經，而尤研精理性，究心經濟大略，而於法律章程亦極探討，刊有《六經四書》。及暮，有《大明律例釋義》《讞獄稿》若干卷行于世。公生于弘治癸丑，僅年六十有一，論者猶以未究其用爲憾。然敭歷中外，懋著勳庸，功之所及于邦國黎庶者，已勒之旂常矣，公固可自慰於冥漠也哉！配周氏，累封淑人。男五：長文炳，官生；次即文煓，恩生；次文烜，次文煌、文熺，俱生員。女一，適盧堯卿，總兵盧公鏜之子也。孫男三：崇元，官生；崇吉、崇慶。女孫三。諸孤以某年某月某日葬公於九華山祖塋之側，從公志也。惟昔先文襄公知公最深，嘗稱公治常之政，剌剌不容口。余時聞之，玆文煓數以銘請，雖荒鄙無能爲役，顧生平仰止之私，不敢以不文謝也。

爲之銘曰：仡仡司馬，履方蹈古。嚼彼氷雪，弗錙塵土。輔以閎才，奮起於時。文治武功，式克兼之。始報邦刑，讞議無詖。更歷諸郡，盤錯屢試。乃登學憲，士化洵埏。乃陟廉訪，風裁鬱宣。自翰藩撫，保釐東土。秉鉞晉陽，威讋塞虜。遂貳本兵，百粤視師。三犁逆巢，民有寧居。惟公之謀，决勝樽俎。謂公儒者，而善兵旅。鞠躬盡瘁，奄忽殂終。裹尸萬里，孰云非忠。皇有异恩，軫恤彌至。琢德豐碑，百世孔熾。

序

資治通鑑綱目發明自序

邑人尹起莘

先正朱文公先生修《通鑑綱目》，觀其自序有曰：歲周於上而天道明，統正於下而人道定，大綱槩舉而監戒昭，萬目畢張而幾微著。則知先正致力是書者，其有補於世教甚不淺也。又曰：是則凡爲致知格物之學者，亦將慨然有感於斯。又曰：因述其指意條例於篇端，以俟後之君子。則知先正注意是書，具有望於後人發揮而講明之者，亦甚不淺也。且夫先正書法，有正例，有變例。正例則始終興廢，災祥沿革，及號令徵伐，殺生除拜之類，義固可見。若其變例，則善可爲法，惡可爲戒者，皆特筆書之。如張良在秦，而書曰韓人；陶潛在宋，而書曰晉處士；楊雄在漢，而書曰莽大夫；吕后在一統之時，而以分注紀其年；武氏改號光宅，而止書中宗嗣聖之類，是皆變文見意者也。至于其間微詞奥義，又有不可得而偏舉。如陶侃以出鎮入擊賊，而必書温嶠以陶侃討峻；褚淵以舊臣爲司空，而必書於齊王道成稱帝之下；唐宇文士及，邪佞之臣也，而卒書其爵；五代馮道，失節之人也，而卒具其官。凡若此類，殆未易察。倘徒習其句讀，而不究其指歸，則先正書法之義隱矣。此固愚生所以妄意發明，有不容自己者。況是書之作，其大經大法，如尊君父而討亂賊，崇正統而抑僭僞，褒名節而黜邪佞，貴中國而賤夷狄，莫不有繫於三綱五常之大，真所謂爲天地立心，爲生民立極，爲先聖繼絶學，爲後世開太平者也。昔孟軻氏以孔子作《春秋》，與抑洪水、膺戎狄、放龍蛇、驅虎豹者并事而同功。竊謂綱目之作，其有補於世教，殆亦有得於《春秋》之旨，皆所以遏人欲於横流，存天理於既泯，是烏可不講究而發揚之哉！今兹所述，止欲發明書法指意，使之顯著而已。其間亦有先儒已嘗議論者，則不復述；或雖已有議論，而指意不同者，則自以己意附見；又有雖當發明，而先後義例相類如一者，亦不重舉。求其大要，不過如是。雖未能貫通奥旨，然於其大義，亦或略見萬分之一。世之君子，倘因贅言而不徒以史學祝之，亦足以無負於先正之志矣。管見之愚如此，幸毋誚其僭。

資治通鑑綱目發明書後

邑人包萬有

宋司馬文正公奉詔開局，修歷代編年，凡十七年始成。上之神宗，賜名《資治通鑑》，言資于治道，通爲君臣之鑑戒也。計二百九十四卷，目録三十卷，考异三十卷。以卷帙浩繁，又作歷年圖七卷，縱書年，衡書事，爲便覽。始周威烈，續《春秋》也，終周顯德，授之宋也。朱文公以其帝魏，又病其直書無法，乃因胡文定公寅補司馬公舉要，作《綱目》五十九卷，仍以《資治通鑑》冠之，曰：綱倣春秋之經，目倣左丘之傳也。爲《綱目》功臣，凡六家：宋我遂昌尹起莘著《發明》，永新劉友益著《書法》，元祁門汪克寬著《考异》，望江王幼學著《集覽》，上虞徐昭文著《考證》，及我明武進陳濟著《集覽正誤》。初，朱子發凡起例，授之門人趙師淵編輯，曾遺師淵商訂數束，至書成而凡例最後出，故發明或有與凡例違者，其書法又另自立凡例。此考异、考證所繇作也。迨丘瓊山乃有世史正綱之輯，原發明等六家，各自爲書，後人合綱目而刻之，故有去取。中所稱『尹遂昌曰』

者，乃管中之豹班耳，嘗恨不得發明原本讀之。崇禎壬午，于項氏借得内府秘本，每本上有『表章經史之寶』璽印，《資治通鑑綱目》及發明書，《考异》《集覽》《考證》與《集覽正誤》等俱全。大本綿紙，字依《洪武正韻》，盖永樂中所刻之書，乃祖萬曆中爲給事時，司禮田義善以相遺者也。予獨取發明四本，命人用宋字繕寫，分爲六本，稍小其字，每行每字悉依原本擬刻之，以貧未遑也。會續修府志，予與博士鍾先生與焉。司李張公示凡先賢遺書稿存者，亟爲醵金梓行。于是鍾先生率諸生各出貲多寡，依卷數梓之學官，亦千秋盛事也。時視邑篆縉雲丞湯君鉉，亦助錢伍緡。予以爲吾邑宋末王鎡《月洞詩》一卷，元鄭元祐《遂昌雜録》一卷，皆所當梓者也。

補鐫綱目發明跋

邑人葉煓

遂昌先賢宋尹堯庵先生，著《綱目發明》五十九卷，當時進呈，久與《綱目》并行，而吾邑未有刊板。國初包似之先生始刻永樂本藏之學宫，年遠散失。雍正間，學師陳勉之先生倡率重刻，以廣其傳，板因衆捐，庋藏莫定，尋復殘缺。我朝稽古右文，康熙四十六年，紫陽《綱目》曾經御批，是書與劉友益之書法并邀睿裁，益有折衷。念吾邑僻遠，先賢著述五十餘種，今皆凋零殆盡，《發明》一書有功世道人心不淺，又不特爲吾邑文獻所存已也。因與其裔孫鋐等取雍正舊刻重加校正，補鐫完善。自癸亥夏迄甲子春，工既竣，爰識顛末，以其板歸先生祠，俾尹世守焉。

月洞詩序

邑人王養端

端族自宋祥符婺州牧隆、天聖栝蒼府屬譚，迄今傳世二十，爲年六百。中間雖無奇名大烈班炤史册，然類能清修，不辱故家文獻之傳幾葉。有介翁鎡者，文章爾雅，造履峻潔，仕宋官縣尉。當帝昺播遷，大勢入元，即幡然弃印綬，歸隱湖山，與尹緑坡、虞君集、葉柘山諸人結社賦詩，扁所居爲月洞，意以孤煙絶塵，灝湏自亢，庶幾乎有桃源栗里之致焉。每對時忿懣，輒形於詩，所謂『山河隔今古，天地老英雄。局敗棋難着，愁多酒易中』之句，往往聞者憾不得一見其人，與之言衣冠禮樂之盛，聲明文物之華，有如今日者。嗚呼！馮道五朝，管仲再霸，後世羞之，若介翁，不亦超然隱君子哉！苟以縣尉小官，則梅福上書，掛冠神武，又何心耶？端少習聞其事，壯而流落江湖，不能爲之告太史立傳如子美、元亮焉者，亦天也。懼久而無聞，乃刻遺詩一卷，庶乎後人能論其世，知吾族在平昌代有高行清才，不獨獉獉狉狉爲深山草木鹿豕也。

重鐫月洞詩集序

郡守涂以輈

昔虞舜命后夔曰：詩言志。孔子教弟子學詩，於興觀群怨外，即繼以邇之事父，遠之事君。從古忠臣孝子所作，令人讀其詩可以知其志，知其志可以想見其爲人。三代下，人與詩并足傳者，彭澤令陶靖節，後如韓、蘇諸公，勛業爛然，又有詩集傳世。若安陽魏公以勛業掩文章，黄花晚節，寥寥數語。詩以人傳，即無詩而其人自足傳。至人以詩傳者，如宋延清一流，其人可鄙，其詩則可存，亦孔子不删鄭衛國風之意，不以人廢言而已，曷足貴乎？甲戌秋，平昌太學生王楠重鐫其祖《月洞詩集》，事既竣，挾詩集至蓮城，謁余請序。述其祖生當南宋，作尉金溪，宋鼎遷後，即弃官遁迹黄冠，顔其所居曰『月洞』，鬱發爲詩，常有不忘故君之意，集中諸作具在，可覆按也。且言世世相傳，更葬宋六陵一事，月洞與焉。史逸其名，亦不見於他説，故至今人無知者。是所望於顯微闡幽之大人君子。余聞而惜之，覽其詩集，見忠憤之忱，時時流露于楮墨間，髣髴陶靖節之遺風。其人可傳，其詩亦可傳，所謂讀其詩可以知其志，知其志可以想見其爲人也。至更葬宋六陵，遺失其名，以月洞僻居山陬故耳。古來名湮没不彰者，何可勝道，豈獨月洞也哉？月洞屬括蒼，前代部民能詩，有守領郡者，宜爲表白，屢欲操管濡毫，以公事未暇。今年春，楠又來郡敦請。余既重月洞之節，又嘉楠不忘先人手澤之意，序而歸之。第自媿才非士安，恐未足以傳月洞。至其詩之佳，則吾鄉湯玉茗先生序已詳之矣，兹不贅云。

玉井樵唱集序

蜀人虞集

《玉井樵唱續集》者，六峰尹先生之詩也。集聞之，言，心聲也。詩也者，言之至精，而聲之至諧者也。自夫人生之時不同，居之土不同，氣有所化，而詩始不可以一槩言矣。當先宋之季年，談義理者以講説爲詩，事科舉者以程文爲詩，或雜出于莊周、瞿聃之言以爲高，或下取于市井俳優之説以爲達。江湖之間，草茅之士，叫號以爲豪。紈袴之子，珠屐之客，靡麗以爲雅。世不復有詩矣。數十年來，學者始或用力於此，其能不推移於世故，拘局於土風者，幾何人哉！今所謂續集者，皆自浙至燕道中之詩也。感慨而不悲，沉著而不怨，律度嫻雅，有作者之遺風，而無宋季數者之弊。永嘉諸篇，又有昔人未及言夫山川之勝者。君兩游京師，聞人達士見之惟恐後。皇慶癸丑，君方六十，遽自引年而歸，與游者咸愛戀之，曰：尹先生寧復肯來耶！君亦爲之不忍別。集曰：何傷乎！若以樵唱模本傳諸好事者，固有以係其思，亦因可以得君之風致矣。

大明律釋義自序　邑人應檟

檟自丁亥備員法曹，幸無多事，素性褊狹，不善應酬，乃得暇日究心律文，每日所得，隨條附記，積久成帙。大率本之疏義，直引諸書，參以己意而已。迨後奉命録囚江南，歷典名郡，雖亦得力於此，然卒困於簿書，此集弃已久矣。往歲過都下，間有知此集欲得之者，因歸而觀之。竊謂一得之愚，或可少爲治獄之助，故于校士之暇，命工彙次謄寫成書，以俟諸君子裁正焉。

兩廣總制軍門撫序　晉江王慎中

帝王以無外爲治，聲名政教，思際乎天地之所□持，而尤病於功之所不得致。禹徵有苗，南仲、召虎平江漢，皆在荊徐之間，則夫百粤之遠，又可知也。惟其懷之以德，畫爲荒服，文告所及而已。後世力或足以致之，而德下衰，故秦出五軍以開南粤，其人皆入叢薄中，與禽獸處，莫肯爲秦。由始皇之心，利粤之犀象珠璣，意不在民也。斥地闢壤，斯漢唐之君之所用心，其意雖不出於利之，亦不純乎德，故或畔或服，不恒厥性。由三代以還，得南粤者惟漢文帝，降附尉佗，近於帝王之德，而經制未備。兩伏波將軍之師，誅伐蕩定，功已高於帝王。然元朔、建武之君，猶出於廣土之意，宜其民不恒於服，而輒繼以畔。蓋五嶺之表，荆、揚之餘，誠爲德之所懷，而力有所不得致者，三代以前是也。後雖力足以致，而不純於德，其迭有畔服之迹，則漢、唐之事可睹已。吴、晉不奄北土，有事於南服尤勤，以其偏安之統，其事雖勤，而不足多述。有宋之南，亦猶是矣。我明啓土二廣嶺海之間，治教與中國比。虞、周之所不能服，漢、唐之所不能懷，兼制而得之，於乎盛矣！始建都御史，巡撫二廣并置，或置罷不常。其以總制重其權，兼撫二廣，而開府於梧州，則純皇帝朝所命都御史韓公雍始也。自是以爲成制，而授鉞體勢之隆崇，賜履疆圻之遐視，前世置尉、建牧、五管、立使之制有加，兵農、吏士、庶政所出，實總文武之揆。而當陳常詰戎，以垂本朝懷致久大之圖。其經略施設，爲事非一。今都御史梧州應警庵公，始自爲志。是書既成，而有明至德大功，自聳出漢、唐，追駕乎虞、周之際，皆所以能服百粤而無畔志。由不利其上之物，有以懷之，而戡遏壤拓之方，其力致矣。則虞、周以來，嶺海之間，未有此書也。昔漢馬伏波平女側二條，駁漢越异律與約束，東駱越人奉爲馬將軍故事。李衛公尉撫嵩南，所至震威武，示禮義，民遵其法不敢倍。而步騭、吕岱、陶璜爲晉宣力交廣，績效尤著，惜其不能爲書，載而行之，後世亦以勞烈雖壯，而風猷未裕與？然文淵、藥師立功於草創，而步、吕諸人爲偏安之國之勛臣，使誠有其書，猶不行於遠也。公以文武全材，鎮臨斯土，有功於嶺南，不啻兼是數子之勞烈，而籌謀綏馭之暇，智足以及此書，其風猷遠矣。且當有明德懷力，致之熙運，以顯白其書，遭遇之盛，又非偶然也。益贊于禹數言，存於虞書，江漢、常武二詩，列之大雅，虞周之美在焉。簡册寥寥，詞約而義古。公所爲書，事詳文繁，古今不同可知也。於以載有明之美，而可行於後，則雖詳且繁，其義固詩書之所稱，烏在乎同不同耶？慎中特論其所係之大者爲序，以推尚是書於漢唐之前，蓋非虞周之間不能有也。若其書之發明記事，可以見公功業之所在，與學術之所至，觀者當自得之。

朱陽仲詩選序

邑人黄中

國家以經術舉士，士率以詩厲舉業，非性能而好之，則不暇以爲，即爲之，亦多於既舉之後。是故論今詩者，往往謂遜於唐人，有由然也。吾遂朱陽仲氏，七歲知屬辭，鄉之人稱奇童子。比長，刻意騷雅，至廢寢食，若將以舉業厲詩者，思欲一掃俗軌，齊軫漢魏，無論唐也。故其詩聲調意境，渾涵融瑩，駸軼往喆，五七言古尤膾炙藝苑。予昔同爲諸生，間問作詩之法，曰：『詩豈有法哉？法昉於詩話，詩話作而詩道亡。詩豈有法哉？』余不解，請益，曰：『俟他日細論之。』即甲午，陽仲以試解客死武林，僅三十歲，詩大半散落不存。余方奔走南北，欲爲之輯之不可得。乃壬子奉使滇南，過柘溪，與王子汝推言别，論及陽仲遺事，汝推出手校青城山人詩一帙授予。青城，陽仲别號也。南行，遂攜以往，將以求其所謂細論之旨耳。今年春，按部蒼洱，公暇與憲副郭君菊礓、少參王君賓行、僉憲崔君柘溪揚搉古今人詩，因出陽仲集，且道其坎壈弗偶，志古而不幸夭以死也。諸君諦觀之，曰：公無庸爲陽仲戚也，是可傳者，是必偶於身後者也。崔君謂蒼洱之刻類中土，力請梓之，且更加坎定，序而標之曰《朱陽仲詩選》。嗚呼！陽仲死廿年矣，庸詎知今日見知崔君哉？崔君未嘗識陽仲，讀其詩，懼其湮淪澌滅，而梓以傳之，仁者之用心也。三都序而洛陽之紙貴，中論表而文學之名彰，是在同時且相知，無足异者。吾不知陽仲何如太沖、偉長，而崔君之高致，則固遠在皇甫謐、曹子桓之上矣，陽仲又何其幸耶。蒼洱邊徼，去吾遂萬餘里，陽仲之詩傳焉，遂可知矣，中土又可知矣，陽仲其果偶於身後者哉！

南窗紀寱集序

東嘉侯一麟

語云：知人難，豈虛哉？夫知人難，非聆其言而辨堅白之難也，非睹其行而析同异之難也，又非忖其心而索元德之難也。在聆乎無聲，睹乎無形，韜乎吾之心，則渾乎與彼化。且夫莊周，大夢也，而大覺焉，何獨至於紀寱而疑之？且予嘗以吾心而求諸千載之上，讀其書而咨嗟咏嘆之，有以想見其人，而况親炙之者乎。廼予於今西野黄先生，而中心悦服之也。先生與予通家丈人，予季兄則嘗附先生鄉進，予時距躍已慕之。後先生仕爲賢令尹，召入爲名御史，蓋二十年而始獲上謁焉。至今年春，先生與斗山公樊先生入雁山，而予乃復幸從游者累日云。蓋予於二先生，仰之其高，如天柱矻立也。賦咏爲流水之音，予時或繼聲焉，若春蟲之鳴，而鸞鳳不以弃。久之，出《南窗紀寱》，爲諸體詩，總若干首。予受而誦之，蓋終日不能釋手云。夫其沉鬱雄健，既具少陵之體，而清融自得，又暢以孟襄陽之趣，復俊偉精密，則王右丞之品。噫，淳備矣。故叙事爲核，發聲非窾，殆寫諸其心者與？斗山樊先生顧麟曰：吾將校而授之梓。若叙諸，廼麟小子也，何足以知之？顧竊見先生大度，汪汪焉，洋洋焉，可謂叔度千頃之波，令人低徊親之，不一善稱。而或者廼謂先生以如彼其才，公卿即拜耳。今起家逾十年，徒相與嘆其淹，乃殊不察循良澤於邑，憲節著於朝，固自天壤不磨者也。且夫唐公卿能詩者不乏矣，而襄陽以布衣參其間，然而李翰林、王右丞輩咸尊之愈於公卿，此何以然哉？若叔度者，則天下號徵君者也，非有言論可考，文藝以傳也。然當時與後世咸慕之過於摛藻儒林，抑又何也？乃况先生宦業之盛，則异襄陽、徵君，而德量詩材兼有之，則所以尊於今而慕於後者，在此不在彼明矣。且安知當中不旦夕徵公卿耶？曰然，則自比於寱，何也？夫寱，寐言也。寱也，永昧也。蓋老氏云：明道若昧。又云：不自見故明。斯先生不自見之心也。故曰：大覺而後知，此其大夢也。今天下之不爲夢者鮮矣，而强自見焉，自以爲覺，而不知入於固也。是故希夷微知古始，惟象罔得元珠。先生聞之，逌然一笑。請遂書之，爲紀寱序也。若文章奏疏，則別有集云。

震堂集序

縉雲樊獻科

余弱冠時。同王茂成氏讀書於蓮城。時茂成爲諸生高等，又好爲古文詞，每與余論詩，輒喜甚。余意茂成必有以名世者。既而余偶通籍，茂成顧不偶。越十餘年，始選貢上春官，乃嘉靖乙卯秋，以明經魁京闈。是時茂成才名振都下，海内士罔不籍籍稱王子王子云。乃累不第，乞爲儒官，不遂。時乙丑夏，余方馳役金陵，茂成適抱病思歸，余即延茂成同舟與南往，促席叙契闊，各大喜。茂成病稍可，乃時時以歌詩投余，余即和焉，且爲擊節賞者久之。余初意茂成好六朝語，今乃知茂成酷意秦漢矣。每與余語唐詩詞，則亟稱沈、宋、李、杜諸名家，竊相比擬，及指數當今所稱李、何諸作者，私相低昂，則又沾沾喜甚。余益知茂成博雅君子已。既則去逾年，忽聞茂成病且革矣。嗚呼痛哉！以如彼其材，奚不至而命遇至此？天乎！天乎！邇乃得《震堂集》六卷讀之，余且悲且喜，益見茂成平生所蘊蓄者甚盛也。集中莫非厚倫篤誼，發諸性情，語多沉鬱，俊偉而清越，懿婉之風，蓋渢渢乎振古之音也。即茂成不起而不朽者，固在兹。昔王、楊、盧、駱與孟襄陽輩多不偶，其可傳者，固偶諸後世，余於茂成乎卜之矣。遂池侯明洲公自恃多逴絶，獨素知茂成，乃捐俸爲梓其集以傳。而余辱命摩其篇端，因寓書以歸諸茂成之子文漸。使茂成有知，庶幾謂樊子知我哉！

宋儒語録抄釋序

邑令湯顯祖

自孔孟没而微言湮，越千百載而宋四子續。四子之於道也，其幾乎！余獨于茂叔、伯淳竊有慕焉。蓋嘗讀《太極説》《定性書》而知其學，讀風月玉金之讚而知其人矣。他如正叔、張、朱不無少遜，而名言非乏，總之遜心聖道而窺其藩焉者。往予欲删輯諸子遺言，以爲絶學梯航，而卒未暇也。洎予令平昌，訪士於學博林鶴於公，則聞右族有包子昭氏，約己賑人，課子明經，足迹不履公門，長厚聲於厥邑，迺延致膠庠而賓禮之。厥後子昭氏以天年終，其三子志道、志學、志伊皆諸生，手一編視余曰：是家嚴所手録課諸孤者。家嚴壯游郡庠，卒業於石窗張主政之門，私淑陽明之論議。晚弃舉子業，獨好觀四子語録，而抄釋評隲之。諸孤不敢忘，則手澤存焉耳。予矋然曰：予迺今知子昭氏之心矣。昔蔡季通之父以程、張遺書援之曰：此孔、孟正脉也。季通深涵其義，辨析彌精。汝三子其有季通之志乎？其梓之以志不忘，且以俟後之游心于道者。嗚呼！是編也，獨課兒乎哉！獨課兒乎哉！

學邵窩迂譚自序

邑人朱景和

余聞之，以身教者從，以言教者訟。教人以言，抑末也，矧迂乎？不知理有固然，人以爲迂，而實有非迂者在焉。是故正名之説，子路迂之；仁義之説，當時諸侯迂之。萬古經世範俗之道，捨二者無由也，迂云乎哉！余庚寅、辛卯二歲，在禮次先廬被回禄，構學邵窩，容足鄉黨，就見多以事質之。愧不能以身爲教，間有所言，相信者寡，乃逐日逐事登記之。或援古以勵今，或借此以曉彼，惟取其耳目所習，與婦人孺子可通曉者，積累成帙，凡九十三條。語不拘繁簡，詞不分俚雅，巵言漫衍，若遠於人情而無當世用，因命之曰《學邵窩迂談》，授兒以訓於家。壬辰，主教茌山，時與諸生談論，聽者亹亹。丙申，轉令感恩，兩造至庭，事間與之相符，觸類而通，若觀火然，其有裨於聽斷良多。或請梓之，以布閭閻，得無曰以教家者教民，非苟言之，乃身先之乎？噫！閑居巷説，豈亦有正名仁義之意邪？如或知我，覧觀斯言，不以葑菲下體而廢採擷焉。其迂與否，必有能辨之者。

古泉詩略序

邑人王養端

堂舍弟子憲，别號古泉，嘉靖壬子之春，刻詩一卷。予謂其風流標致，有嗣宗、叔夜之遺，乃惜其未遇，如飢鳶之下莽楚也。今已十年矣，復刻其詩，俾予讀之，則見子憲志勤於用，業趨於正，恢恢乎有端人達士之度。昔之孟浪紛華，無復影響存者，殆爲伯恭之去驕，伯淳之戒獵，詩可以興，於斯驗矣。夫苟饜心富貴，而藉口乎宣父之遑遑，鋭力高曠，而矯節於微生之栖栖，是皆以吾道爲駢枝者也。子憲已早辨之，詩可以觀，詎弗自知哉！端也少與子憲食同盂，書同硯，造習游詣同響焉。迨既壯也，端試春官，子憲儲選銓曹，俱有四方之志，而家食之日少矣。子憲乃能繩尺有用之材，腆志世故，忘味道腴，苟際時用，其必能爲操别盤錯之器，又無疑也。詩有鹿鳴、皇華、四牡諸什，皆經切謨猷，非苟鄙鄙功名之技也。子憲其亦有得於此矣乎？刻成，予將鼓篋北上，待校南宫，敢以是爲子憲告焉。且予二人者，砥礪不怠，日浸有成，不爲盛世佚人，尚相賡載聖化，以次擊壤康衢之音，此固未足以多子憲，而予重自晝也。

秋水齋什二草自序

邑人黄九章

黄仲子束髮受書，好异聞，雖抑首而諸生哉，乃喁喁尊古而卑今，遇賢豪長者，語疇昔若海内外奇詭事，輒傾耳依依聽之，雖弗解，不忍釋去。乃又私發先大夫藏書讀之，尤多所博觀外家傳語，而博士家言間一寓目焉，雅非其好也。同學少年，相與目攝。夫夫也，未得國能而先失故武者哉！每督學郡邑，輒試高等，屢比於鄉，則屢困。所親謂仲子：務多聞而薄正業也，困不亦宜乎？乃仲子弗爲沮，罷棘歸，而傾橐裝市載籍如故也。噫！良亦勤矣。今髪種種，心彌勤，而枝益殫，安所窺作者之壇？童習白紛，楊雲氏獨嘆易道哉！薄游霞浦，齋居負郭，鮮過從，以手板餘力，下帷理舊業。或觸景會心，抒靈吐抱，能言所欲言，頗示己志，雖辭弗爾，雅弗輟也。嗟乎！巴歈自好，山水寡諧，作者難，知者不易，悠悠千古，感慨係焉耳。間於故篋得曩草什之二，授兒廉，彙而次之，識時歲，稽今往，將就有道正焉，有道其許我乎？蓋爲諸生修業虛白樓，有《虛白樓藏稿》；後先客游吴越淮泗間，有《客窗寤言》；檄修郡乘，有《囿山丙餘稿》；上春官而北也，有《適燕紀迹》；已南下則附之爲天官選人，有《苑西漫語》；既補龍膠，厥有《霞居草》，有《吟鞭小草》，有《浮海吟》，有《啓事》，有《竿牘》，有《皇荂》《資嗑》，代人答述也者，有吉言，凡如干卷，各有題引，統而弁曰《秋水齋什二草》。夫齋以秋水名，何居？仲子家越東萬山，流水在屋上，淙淙爾，琤琤爾，霜鉉夜響，梵磬時落，雜咿唔聲。出碉户，一泓周舍下，空明湛碧，可鑒毛髪，其常也。欻秋水驟至，萬派淫鬻，濤怒山摧，似馳似沸，似窪者嗃者，噪者吼者，汀渚易素，涯涘不測。仲子竊樂此，時而屐，時而杖，時而據梧縱觀，發大叫，若下胥江，若汎洞庭，若八月觀江陵之濤。陽氣浮於眉宇，汩澐者與目謀，訇磕者與耳謀，鱗叠而羽蹙者與心謀，百折下而莫之能禦者與神謀。適哉！故以名吾齋，志適也，則奚若？嗟乎！此河伯欣然自喜，謂足以盡天下之美者也，而庸知其見笑於大方之家乎？頃有事海上，遵海而南也，旋面望洋，窅然自失。噯！幸哉！幾殆矣！獨不見而澒洞，而澔涆，而噴薄，潢漾蒼蒼者，將目力竟乎盪胸決眥。偉哉觀也！乃今識水之鉅麗，嚮所自多者，直蹄涔耳，涸轍耳，坳堂而匽浮芥耳，爲虛也乎哉？雖然，玆觀也，進乎技矣。懷襄者廓其度，盪激者詭其勢，沸湯者博其趣，轟雷而飄風者壯其氣，放乎空虛，掉乎無垠，横流逆泝，變態靡常，斯亦天下之至文也，秋水云乎哉？然未敢自是也，行將造海若而問焉，海若儻有意乎？將挾雲氣登大皇而從之游。

擬古詩序

武林黄汝亨

古詩必以十九首嗣三百篇之音，彼其天質自然，若啼鳥唳鶴，匪由情織。若蘇李河梁、陳思白馬，情之所極，才與俱壯。于鱗言陳子昂以其古詩爲古詩，質而已矣。而世人逐逐然以今心模古辭，則東家之顰也。栝蒼禹鈞黄先生，自刺史拂衣歸，顧西湖山水而樂之，觸景攄情，溢爲百咏，中有所感慨抑鬱，復擬古詩若干首以放之，近而遠，紆而達，不敢謂其全肖古人之骨，而洞洞乎，琅琅乎，必非今人之心，則亦有其古詩者矣。嘗與先生泛烟艇，狎鷗汀，樵漁麋鹿之與游，而陶然忘彼我而入醉鄉，雖不讀先生詩，不憾不見古人也。

湖山百咏序

蘭江胡應麟

武林山川勝絶，錢唐、天目等區，爲東南游賞甲。而西湖之韶靚穠麗，尤震旦國第一觀。澄波鏡空，萬頃如席，外環三竺，旁峙兩高，元宫梵刹，四百八十，金銀丹雘，照耀其中，恍惚窈冥，殆非人世。始予讀穆天子、東方生書，輒謂寓言已當。比周歷湖上，乃知方壺、員嶠、聚窟、閬風諸書所談境界即此，而世人弗察，頮馳想於大瀛窮髮之區，致足哂也。自秦并六合，祖龍車轍，幾遍域中，乃燕、楚、晉、梁，往迹眇睹，而吾越遺事簡册，班班籍籍，人口吻得，微以神仙、藪穴、靈藥易求故耶？古今題咏，香山、眉山兩刺史而下，充棟汗牛，田氏志餘，蓋嘗備載。顧前人所賦，或總挈其凡，或標舉其最，湖山景物，軼漏滋多，迨今黄刺史禹鈞百咏出，而毫髮無遺憾矣。禹鈞故富才情，饒纂述，筮仕一州，意有弗欲，翩然拂衣，邁往大業，樂武林風土妍美，遂定居焉。紫陽之麓，咫尺大堤，花晨月宵，風天雪地，日從二蒼頭，挾奚囊，棹舴艋，沿洄六橋孤嶼間，嘯咏敲推，積成卷軸。其色理之清華，風神之遒膩，若苧蘿夷光，明粧袨飾無間。雅士凡流，瞥見心醉，即兩芒鞋未踏武林，而領略茲編，湖天勝槩，奕奕縣諸几杖矣。古今三刺史，時代相去無慮百秋，而游覽品題，若符節合，不亦大奇事哉！昔太冲屬草賦三都，陸士衡揶揄其側，比賦出而平原色動。予頃擕家亦欲效觚管於湖上，蓋僅成十咏者再，而禹鈞才高足捷，迄爲所先，卒業是編，大令人妬。然予固未嘗以傖父目禹鈞，而百咏之工，亦無庸色動于既成之後。予不敏之前識，竊謂過于士衡矣。

擊壤閑録序

邑人　鄭秉厚

往予之爲諸生也，山人華子以文名。顧山人於時弗偶，竟置博士籍，時時愴中抱，輒爲寓言，命曰《擊壤閑録》。若川吴公誦其言，謂有關于世教也，迺鋟諸梓，且叙諸簡端，蓋得山人之大具稔矣。頃之，紹介抵都門，以書示予，曰，吾鄉華山人者，不佞雅相善也，矧與公夙好，今老矣，生平宿養，著之論述，幸公一言爲山人重。余讀卒業，起而嘆曰：人有言，文固能窮人，豈道古能言之士，造物誠妬之耶？余觀山人論述，炳炳烺烺不具贅。余惟山人性警敏，俶儻有大志，自少與儒紳抗伯仲，儒紳輒俛首禮下之，其意氣崚嶒，往往溢於聲歌詞調之外，而讜言宏議，躪躒今古，恍若睨嬴庭不辭碎首，擊燕筑怒髮沖冠，屹然莫敢有誰何者。且也襟懷洞徹，了無涯際，其游神在濛古，其耽思在沖元，其頤情在八埏九垓，而不覸於一世之榮利。山人謂聖世之逸民，非耶？夫當堯之時，康衢老人擊壤興歌。山人遘聖明熙洽之運，與康衢老人等。老人得堯天子，而其名始重；堯得康衢之老人，而堯之道愈尊。乃今山人即弗庸，而擊壤閑録具然在也。矧行誼超卓，籍籍人口吻，他日史官採風謠録及遺言懿行，千百祀而下，猶知聖明之世有華山人焉。聖化聖民，爓然流光，謂文真能窮人，而造物豈誠妬之耶？予叨侍從，雅念山人不置，爰附數語於編末，其將蒙續貂之誚否也？

耕餘録序

姚江王正億

《耕餘録》者，録王子耕餘之詩也。王子躬耕之餘，或觸景興懷，或感時相遇，或即景舒悰，出口成咏，積咏成帙，所謂詩言志者是已。然詩豈易言哉！昔人云：三百篇後無詩。非無詩也，但尚奇者多艱深之句，率易者鮮雋永之味，雖汗牛充棟，無足録也。今王子之詩，不詭不險，不刻不琢，直寫性靈，迥有真趣。詞入先秦，氣逼盛唐，律之風，人之温柔敦厚，殆庶幾焉。使其試鑑聲於清廟，掇巍科，登樞要，皆餘事也，而顧托之耕以自見，何哉？予辱通家，諦知之矣。王子幼負穎質，長從乃翁宦游，受業先君於白鹿，論及伊洛源流，輒趯然有獨得之志。及歸嬰疾，自分不任馳驅，遂謝舉子業，隱居梅溪山中，因號中山。嘗自嘆曰：『有田一頃，可備饘粥；有書百卷，可充玩索。』出而耕，入而讀，逍遥乎陌上烟霞，嘲弄乎溪邊風月，身閑心適，於吾足矣，他何慕哉！嗚乎，兹王子所以樂于耕而有斯録與！吾因是益信王子之深於道矣。蓋潛見殊途，而其致則一。岳牧之勛，無加於洗耳之叟；四皓之高，不減于躡足之雄。彼逐逐世故，充詘隕穫，而日不暇給者，是舍其田而耘人之田，非達議也。予將乞閑，尋中山耕餘樂處，於是乎爲之序。

振世希聲序

邑人　項應祥

癸卯嘉平既望，吴先生自越訪予於燕都。維時先生春秋七十，高矣，策蹇破寒，不遠數千里而來。余驩然喜，詫然异之。比親其音容，寬兮綽兮，于于徐徐，若從三昧起，婆娑法筵，曾無少間關風露狀，予益詫以爲异。既館之齋西彌月，雀羅在門，止水在舍，先生闃甚，乃索予緗囊書讀之，每讀輒亹亹，竟夕弗輟。又往往喜篝燈據梧作蠅頭書，予竊□未有以測其際也。久之，乃出所手撰《振世希聲》二十餘章以示余。余卒業，益不勝詫异。先生當古稀從心之年，耽耽操觚，形神婉孌，若少壯靡所惰窳。即其語，或據性靈，采摭前人，萃以成篇；或激胸懷，托物自況，矯爲高論，吹萬不齊。大都憤世嫉俗，有超然蟬蜕富貴利達意，故其於富貴利達津津語獨詳。藉令以此執牛耳，特加斧藻，以完粹白，而因廣以軌物，即不越樞牖而道存矣，豈不挺挺出污刼，爲陽春白雪寡和哉！命之曰《振世希聲》，信然矣。嗟余不佞，居諫垣十餘載，有問夜草若干篇，兒曹哀之，竊惡卑卑無奇，襲之巾笥，罔敢眎諸人。先生稅逆旅僅數月，鉛槧纍纍，輒可陶今以型來裔，若斯人之度量相越，豈不遠哉！豈不遠哉！遂因其付梓，叙諸簡端。

昌岩藏稿序

四明莊學曾

予小子稟學豐城，還集邦族，宣之湖南别墅。初揖以清先生而奇之，歸語諸季曰：以予觀于徐先生，殆有道者也。標格朗秀，丰儀峻整，神采奕奕，如岩下電。諸君篤守舊見，驟聞知本宗，各不相下。先生默若忘言，凝若有思，涇渭審矣，殆有道者也。亡何，使者持一緘來，果契止修旨，而以藏稿教讀之，大爲灑然。國家熙皥之隆，詞人焱起，大都博雅自命，屬辭比事，摹古爲雄，次則徘徊四聲，流連情景，取適己爾。其誰縈情天下國家之務，身心性命之微？蓋經術經世，兩歸寂寞，先生然乎哉？先生負奇不偶，心六經而腹千古，向從王文成高足游，蚤參微言，又雅好禔修，屬有所見，不專爲良知作翼。其文平典，似則歐、曾，而持論不刊，大都以定人品，明學術，取其懿美可法，荒慝可鑒，而無意于譏彈刻畫之云。故思深氣厚，詞直而理平，間有評裁，灼然耳目之外，凜凜柱後，惠文三尺，人不得以浮辨相掩。知言哉！吾師之論《春秋》也，謂二百四十年行事，夫子一一假之，作斷案以垂訓千古，進退褒貶，皆因天道，未嘗托南面之權，而身爲僭也。先生志之矣。初試廣文，有以自貴，夙夜孜孜，惟懼修名之不立，斯人倫之上準，廟廊之隆棟也。世有和璞，不叢陵陽，鳳臆龍髻，終歸造父，吾有以知以清矣。先生冲襟善受，弗自滿假，編出以示同志，僉曰知言。於是謀壽之梓，傳諸都邑，而不佞曾僭爲之引。

士林正鵠序

四明全天叙

不佞濫竽史館，彤管編摹，唯是躬修粹白者，娓娓賞焉弗置。思表章之風，世爲士類範型，兹晚近游談熾而實行疏，士習波靡。嗟嗟！士冠四民，億耳目嚮風。故士多雅操，則比屋可封；士無詩節，則流俗寖薄。用宜建德樹標，爲天下率，豈早爲吾道登壇，而猥與齊民等哉？顧我國家功令非不申，約束非不峻，乃士日趨江河，不可挽返。此無他故，成度圮而定趣淆耳。是故若孝弟，若忠信，若清慎，若勤敏，正己正人，曷逾於兹？在自修則美節，在風世則美俗。其在覆載間，爲立德，爲立功，矯矯亭亭，迥塵寰，軼夷等，裒然爲百世楷模，士始稱貴。不者卑卑，奚以士名焉？嘗聞之曰：雖有金齊鐵英，非巧冶則純鉤利器，弗克就也；雖有深羽利鏃，非弦機則正鵠之度蔑由中也。夫士砥身範俗，世望以左右袒，亦萬品之冶，百行之的也，若之何不以此自完也？栝蒼以清徐先生茹古涵今，重爲世教慮，乃搜往昔孝、弟、忠、信、清、慎、勤、敏八者，總輯二百餘條，列爲四卷。先生深心竭慮，大爲士林立赤幟。今司訓我明，動輒以此牖迪士子，又出此卷，以實驗責成之，固知先生大有造於我明也已。不佞弟輩居門下，習提誨，持卷示不佞。不佞繙閱數過，躍然謂弟輩曰：與我編摹之願適愜，洵矣士林正鵠也。以挽頽波，以維末造，將於是乎賴。即上獻明廷，藏之中秘，備館彥講誦者，誰曰不宜。是以不辭不斐，而樂爲序之。

問夜草序

東陽許宏綱

曩予待罪掖垣，日取歷代名臣奏疏而讀之，至君臣離合之際，未嘗不廢書而嘆也。夫造膝而談，止輦而受，片言自喻，焉用文之？其末也，至於聲震朝陽，虜人搆之金什伯，而竟無如世主何，則臣子之術窮。語曰：將順其美，匡捄其惡，故上下能相親也。然章奏之體，有匡而無順，順則甘，甘則見以爲諛。與其使我爲諛也，寧苦而睽？則臣子之心，又與術而俱窮。雖然，有二説焉：揆事而事未必然，論人而人未必服，引裾折檻而幾非遇巷語，非破的也，吾不取其術；謗以爲忠，訐以爲直，幸驪龍之睡而取其珠，沾沾自喜，即朝而謫，暮而還，直取諸寄也，猶之乎超乘矣，吾不取其心。蓋予回首數十年間，而主上之與臺省可抵掌盡也。始懲其激，輒震怒而摧折之，從怒生厭，從厭生弃。迄於今，皂囊白簡，十不一報，甚且序差序轉，杳若河清，而言路之窮，莫窮於今日矣。然予友項元芝，不嘗周歷四垣，積十餘歲月，犯顔論事，不數百牘乎？而上之敬信不衰也，如吏垣都諫缺，越次用之，旋引疾，旋詔起，兩分校禮闈。垣中稱希遘妖書之中，禍且不測，上獨亮其無他。比以清卿謁告，復即家晉拜中丞，授畿南節鉞，是遵何術也？嗚呼！我知之矣。元芝前後疏草具在，時直時諷，知無不言。顧其論事，則事不冥冥而決策也；論人，則人不羅織以蕲勝也；匡救，則匡救不謬悠激烈以買聲名也。試舉奏牘之言，而施之面奏，無弗合矣；試舉八告之言，而質之外庭，無弗合矣；試舉十數年前之言，以券十數年後事，無弗驗矣。蜩之承，輪之斲，技耶？道耶？元芝爲人，洞開城府，如列鬚眉，忼慨赴事，無所避就。與人游，脱去煩苛塵垢，泠泠若御風而行。晚歲揮手，中丞一卧，遂不復起。余雖辱在雷、陳，實管、華也。以此等人作排雲披膈語，誠之至也，精之融也，天地祖宗□鑒之，獨皇上哉！元芝在日，雅秘其草不欲傳，既没而想其風裁者，時時向省署中手録二三。門弟子因請壽諸梓而公之，題曰《問夜》，從前志也，而問序於予。予謂人如元芝，奏疏如元芝，生前何患不遇，死後何患不傳。用以彰主上納諫之明，作臣子建言之則，關係非淺尠矣。若徒曰是爲不朽元芝計，元芝不朽，寧一立言已耶！

蒼濂奏疏文集序

邑人　項應祥

昔人謂諫官之權與宰相等，凡正君澤民、用人立政，宰相得而行之，諫官得而言之。余以爲見已然而言非難，計未然而言爲難；計未然而言之難，言之無不中的可行爲尤難。余鄉先進蒼濂公，以縣令治平天下第一，擢吏科給事中，其一時敷陳奏劾，固已震雷轟耳矣。余今得步後塵，濫竽諫垣，因取其疏觀之，洋洋乎，侃侃乎！慎糾劾，精簡黜，則紀綱作人訏謨也；議賦役，清鋪行，則足民足國遠圖也；重邊臣，公賞罰，則廟堂戰勝偉略也；杜請託，劾庸穢，則魚頭冷面英風也。知無不言，言無不盡，真陳言矩矱哉！然目擊其弊，時睹其利，凡懷赤心者，類能言之。若夫君志冲睿，内監馮保等之惡未著也，公則誦冏命篇，惓惓以堅立志、近端人爲言，此其計君心之未然者，何殷殷也！孟侍郎貪殘肆惡，而首相張江陵之惡未暴也，公則折其植黨相濟，此燭權奸之未然者，又何了了也！防君心未萌之欲，折權奸將肆之心，當幾而發，罔不中的，公真善籌而長慮者乎！使得久立朝端，功豈小補！惜江陵、馮保憚其直，補公於外。然公之直雖不容於朝，未始不信於意；公之言雖不行於人，未始不行於己。故張、馮敗事時，公正以邊功著，朝廷錫以金繒，擢江西左參伯，意將大用公也。不意公以督漕盡瘁卒，行不盡其所藴，識者悼之。雖然，至今讀公疏，猶正氣勃勃，令人興起，則公之行雖不竟于己，其助人忠義以錫類者，又寧有既也哉！

星槎草序

顔容軒

萬曆庚辰、辛巳之際，不佞與友人金邦鼎、劉介徵、國徵兄弟、黄鱗伯、汪宗達、王欽約、於武叔侄、黄啓仁、吴吉先十數輩結契芝山，曰霞中社，推盧希稷祭酒。于時，栝蒼黄叔範以廣文至，單騎闌入，與希稷互執牛耳，遞爲桓文，一時都雅，膾炙人口。亡何，叔範遷去，而介徵兄弟及鱗伯亦出而應世，不佞待罪行間。又亡何，希稷、叔範、邦鼎、介徵、國徵修文地下，壇坫寥寥，不勝今昔之感。丙午，不佞投閑西湖，則黄太守禹鈞先已主西湖盟，内不佞於社。禹鈞，叔範同祖兄弟，思叔範而不可得，得友禹鈞，足慰平生。今乙卯夏，齋居無事。一日，禹鈞偕道濟過我醉茶庵，道濟則叔範同產弟也，文采葳蕤，叔範難爲兄。不佞與黄氏有連，黄自觀察公始基，而叔範，而禹鈞，及道濟而四矣。風騷代不乏人。一日，道濟以所撰《星槎草》視不佞，且問序焉。道濟他著作甚富，《星槎草》，大官鼎中一臠耳。道濟，佳公子也，幼而席父兄之遺書，足以娱目。自舞象即知名學官，爲吾鄉林太史督學時所賞識。及壯，謂雕蟲非千秋業，桑樞甕牖，豈丈夫所安耶？遂厭薄時趨，曰：枕籍於先。奏大曆，韓非、吕不韋之書，遂駸駸度驊騮前。道濟性惡，彈鋏歌魚，以其家在栝蒼萬山中，山饒梗枏、豫章、扶疏、美箭之屬，乃受計然之策，爲范少伯之游。浮筏所至，風晨月夕，山脊磯頭，皆吟塲也；肥腸滿腦，何處非詩，何處非天機也。昔張博望浮星槎得支機石，至今談以爲异。道濟從浮筏中得詩，皆夜光明月，其所得與博望支機石孰多？道濟材足以勝，而勝會於材；情足以用法，而法就於情。無不至之境，無泛濫之法，則道濟之勝具也。勝具在道濟，則汪洋萬里，何所不可？他日星槎所至，又安知不得支機石哉？

淇筠志感序

勾餘黄良臣

平昌葉爾瞻，予石友也。方爾瞻在燕，予索其舊業於仲氏，爾環偕之。淇筠讀書處多片紙，盈牀壁間，皆是其閑所爲書，書爾瞻一時意也。最首紙題云志感，偏觀之，多獨見語，爲耳目之所未經睹否？亦前人之曼辭，申其義而暢之者，甚有當予衷。因偕爾環彙次之，分爲四部：經談曰經部，史談曰史部，詩賦詞曰吟部，雜説曰雜部。仍總之曰《淇筠志感》。淇筠者，爾瞻之別號也。爾瞻著作最富，不朽之大業不止此，而此其可傳之一耳。讀之殊足以啓人之志意，故不忍使之散漫無聞。予意也，亦爾瞻意也。命剞劂氏爲傳之，俾世之知爾瞻者，雖不盡於是，而亦不離於是。

四書註翼序

邑人葉洲

予聞之伯兄曰：四書有集註，其肖子也；紫陽有陽明言，其忠臣也。憾今不聞勾餘之益友耳。當總角，從伯兄後讀四書，幾二十年。伯兄時多獨悟，輒數語以志不忘。久而成帙，乃彙之以示家塾幼學曰：今非敢折衷前輩言，姑窺班一得，不爲附聲逐影常態，亦四書之筌蹄，爲註疏者羽翼也。名其編曰《註翼》云。在同志者聞之棼如，謂予帳中之秘矣。予弗獲辭其請，因梓而應之。鐫工就緒，質之伯氏，伯兄愕不語。既而曰：將藉弟斯舉爲就正資耶？抑爲附作者末以觀聽四方乎？恐閩洛之徒當唾吾面。予唯唯否否。蓋誦讀而爲聲名，以勞此七尺軀，非予兄弟之素志。顧《註翼》自有不容私者，苟讀者第如今博士家說以目斯編，則剞劂之罪，予任之晚矣。

包萬有曰：葉君於書無所不讀，七八歲時，便隨塾師之四明受業，而父未之知也。其向學如此。比壯甚，爲邑侯湯若士先生所器雋。後得疾，如宮辟，遂不復起。所著《制義》《説書》，爲人膾炙，於説易尤其所長。向使善攝養之，撰述當不止此也。

四禮損益序

邑人徐應乾

曩予分氈四明時，則司李武莪何公營精風教，輯四禮儀節，徵余預編摭焉。型古揆今，矩矱犂然備已。迨游東粤，攜是編以楷式遐方士，時有知嚮往者。家食以還，獲交於包子似之，每相與上下今古，喜其博雅好修。一日，出《四禮損益》視余而請序。余驩然曰：季世人惟勢利是騖，澆靡是競，惡睹所謂禮節也者而搜循之？冠儀曠而不舉，婚媾奓而論財，喪禮繁縟而乏精禋，蓋鄉俗之澌潰也，不啻江河逾下矣。乃包子獨有旨於禮節而加之損益，則豈真世俗中人哉？竊聞之，禮有情文兩端，緣情斯立，由文斯行。故戒賓三加，納采共牢，冠婚之文也；順而成德，静好宜家，冠婚之情也；寢苫倚廬，時薦歲享，喪祭之文也；戚容痛心，齊明存著，喪祭之情也。情與文相須，而本末辨焉。方今知四禮之文者眇矣，矧知四禮之情者誰與？記稱大禮必簡，尼父稱禮奢寧儉，夫簡豈疏率之謂乎？儉豈靳嗇之謂乎？篤乎情而文或有節，達於文而情常無窮，乃所謂真簡儉也，是崇本救時之深意也。要之，禮不虛行，顧其人何如耳。故曰：忠信之人，可以學禮。包子箕裘，家學質直，醇茂鄉閭，推忠信焉。援古據臆，損益四禮，期於標儀節之芳模，挽澆靡之頽習，其志遠，其慮深矣。余因令付之剞劂，將俾披是編者，玩其文，諳其情，庶幾先民之是程，少有裨補於風教云爾。於是謬叙其概，以告吾鄉之同志於禮者。於戲！是編也，寧獨可風吾鄉也乎哉！

範數贊辭序

四明周應賓

往予濫竽史館，讀太元、元包、洞極、潛虛諸書，然無若《洪範》《皇極内篇》，闡疇數以配易象，苐迄今未有贊釋其旨者。今年春，平昌徐以清氏走刺視余，以《範數贊辭》乃其友包子萬有似之所譔也。予不獲知包子，若以清固訓予郡時知之深者，乃因以清而知包子矣。觀乎内篇，數始于一，參于三，究于九，成于八十一，備于六千五百六十一，變化無窮，咎休具見，揭天理，叙民彝，祛世迷，障人慾，雖不與易同象，而實與易同歸。蓋九疇緣理以著數，九峰衍數以明理，有内篇而皇極之旨昭，有贊辭而内篇之旨達，則包子不獨羽翼九峰，即謂其羽翼九疇可也。劉須溪不云乎：通身皆易，通天地皆易，通古今皆易，無適而非易，則無適而非洪範。蓋吾心有自然之理數，即有自然之洪範在也。玩内篇條晰之洪範，反而求諸吾心自有之洪範，則所稱皇建有極，平康正直，而斂時五福者，皆其自有不休徵矣。彼徒以象數求者，淺之乎知易與範哉！

史編餘言序

邑令許啓洪

崇禎十六年王正月，栝蒼包似之文學刻《史編餘言》。是歲夏五，吴人許子爲之叙。叙曰：史有正史，有外史，有野史，有史餘。曷言乎其正也？古者天子置左右史，左記言，右記動，搜善櫛惡，以示萬世。三代尚矣，春秋雖凌遲衰微，列國有南、董，斷斷乎其慎之也。秦燔圖籍，放斥史官，無有紀録。漢興，太史在丞相上，郡國上，計率二本，一上内府，一上太史公。史職最重，論著亦最詳。典午時，陳壽志三國予奪乖舛。唐、宋以降，奉敕分曹，聚訟滋焉。上下二千餘年，而乃有外史之作，不下數十百家。曷言乎其外也？史言失實，記事者非盡柱下世守，如孫盛、習鑿齒、劉競、曾鞏等，感託興起，悉摭拾舊聞，甲乙紛若，雖褒譏亦頗有足採，不過成一家言。而抉微顯异，傳疑道怪，又歸之野史氏。其言與齊諧相彷，固薦紳先生所不道。乃一二好古之儒，不廢梳剔，則何以説今古？一枰學人才子，寸管寸舌，具足千秋，皆不能抹。所云史失而求之野，然與否耶？若史餘，又補三史而爲之。曷言乎其補三史而爲之也？正失之諛，外失之略，野失之龐。參稽同异，鈎核是非，諛者駁之，略者詳之，龐者改訂之，則不知其爲三史之干櫓也，亦不知其爲三史之針石也。如龍門之《索隱》，涑水之《考异》，新安之《發明》，皆其類也。此似之史餘所繇作也。然又曷言乎其餘也？夫子作《春秋》曰：其義竊取。餘即竊之旨乎？夫子又曰：慎言其餘。似之此書，簡而核，廣而信，文而不靡，奇而不詭。盧城南弃諸生帖栝，探二酉六籍，閲三年書成，一字未敢輕落筆。似之之史餘，其尤得慎之旨也。夫此不但可翼史，并可佐經，是烏可以不叙？叙之者，陽羨書生許啓洪任宇父，偶擔鵝籠寄平昌君子山下，與似之兩郎，一蒙吉，一蒙亨，皆稱文學交。談文之暇，書此付之。

庭訓格言序

天台陳函輝

玉几先生，儒之高蹈也。慕薛文清之學，其要止懋達性情，而不多乎道。爲人作止奉則，去其方厲，淵博宏静，義類多姿，而無武庫經笥之容，先型後進皆欽之。舞象應童子試時，湯若士先生令遂昌，拔冠軍，且語曰：子名當不在吾下，顧天下才亦有所砥成。武林吴伯霖，今之文章，古之道德也。爲具脡脯，聆皋比，遂爲伯霖首座。往論海内名宿，若士才博望峻，好誘後學，然氣殊嚴，故不肯輕許與。伯霖温栗如玉，坦曠若谷，而胸有古人不可見之槩。四方人士以爲兩先生得當之難也，而不以難先生，先生其可知矣。然而有不可知。兩先生齒若券，而獨不足券。先生十上浙闈，竟以歲例行。嘗説安命之名不漫許，業無足恃者，謂其夢魂原不到青紫也。若乃足乎己，信乎人，全乎天，而猶落。落行道心惻，况身歷者乎？而先生泊如也。識知先生咸謂青氈非其坐席，而先生泊如也。謂官無冷而不可爲也，初訓臨海而臨士化，謂地無遠而不可至也。繼諭柳城而柳士皈，已乃教授於越，八邑士人人有紫陽夫子之號，而先生泊如也。維時最心折者倪鴻寶先生，嘗致書曰：余鄉者建言，以爲生祠既廢，書院宜興，正合坐翁輩于中，爲吾道主盟。夫以翁之學與品，上之撑立岩廊，次之亦應不失南面一方，庶幾發抒生平，登進古治。顧乃以冷冷一片席老其身，何説以處此？嗟乎！此可以知先生矣。先生休行不勝舉，總之打破義利關頭，所以八載廣文，依然一介寒素，而先生泊如也。嘗語厥嗣元㽞曰：天下無官不可自見，但須有本領耳。以故過庭提命，與郵筒往來，訓家規俗，長篇短牘，莫非格言。元㽞奉爲金石，珍如拱璧，手録成帙，欲登梨以垂爲家藏，持示予以問序。余受而讀之，大率根聖賢以爲學問，本道德以爲功名，立心立品，持身持世，叮嚀告誡，彌勘彌精。宋世喬年，潛心理學，窮究河洛，爲當世大儒，後學宗師。元晦發先聖之藴，集諸子之成，復爲孔孟功臣。以觀于先生喬梓，不亦重光也乎？《書》曰：『吉人爲善，惟日不足。』傳稱：衛武髦年，而學益精。今先生年躋稀齡，視明聽聰，髮尚蒼然，所以進善懋學，義方式穀，其未有量。予交在紀郡間，敢譜其所已至，留未或知，以俟來者。

燕游草序

四明薛岡

文章，經世大物也。闡千聖之藴奥，寫一人之情才，可以觀政，可以觀人，予益有以徵諸元圉先生矣。先生栝蒼奇士，髫年皥庠，馳聲兩淛中，士望之如昂昂千里駒，鬱鬱九苞鳳，其遠到不可量，而以奇于數，屢不售。會戊辰龍飛，恩拔至京師，登順天庚午、丙子兩乙榜。無如親老家貧，謁主爵，謂當俾宰百里，以觀其所學，而顧得丞，是何也？夫士挾才於世而售焉，遇也；其終矻矻老牖下而不售者，不遇也。售而不必售，非遇非不遇，此其間有命焉。嗟乎！命之於人微矣。先生有奪命之文，而命終不爲所奪，於是以奪命之政嘗之。思以丞爲基，進進不已，躋九層之臺，還制科大物。故其爲丞如宰，不屑孳孳焉。仰宰眉宇，疇利宜興，疇害宜剔，宰未逮而丞嘗啓之。諸要衝鉅細不齊之務，一自先生擘畫，而投棼而割，遘猝而整，無紳衿編氓，無不觀聽悦服。而且旬宣才之，直指才之，制閫又才之，有才練而沉，質端以潔之矦，可以觀政。先生雖恂恂不改書生之舊，然其事上御物，矯矯振刷，不狥流俗，不墮纖趨，恪遵庭訓，道德功名，一貫之旨，爲鸞鳳不爲鷹鸇，爲狂狷不爲鄉愿，可以觀人。時有民皆德，無上不獲，而最稱知己，則郡李贍淇馮公，嘗取其魚麗得雋，與射策兩奇，歷試冠軍之制義，評選授梓，公之天下，以見先生非丞具。余游友人李金峨宗伯署中，時宗伯嗣君與先生爲同年籍，獲讀其制義，喟然曰：斯所謂惟賢。知賢也，士有一人知己，可以無憾。雖然，斯人斯文，而竟同東野斯立之遇哉！讀其文，想望其人，以弗及結襪爲歉。辛巳初夏，訪木叔驥渚先生，亦同時相過，得覿眉宇，傾蓋如故，雪膽雲肝，光霽映人。余閲人多矣，道氣雅韻如先生者，指不多屈。木叔嘗推先生爲畏友，知言哉！文如其人，人如其文。因偶讚賞其制義，先生輒嗛嗛，復出一帙以示余，螺青蛩鳴也。余披誦之餘，牢騷骯髒之槩，固自不乏，而温厚和平之意，亦復藴含靡盡，先生又善詩哉！姑無論文，即論詩，有唐以詩取士，無功、賓王兩公，非所稱唐代名家耶？而及其拜官，亦僅一丞，千萬世所爲無功、賓王重者，唯詩若文，而丞不與焉。當爾時，紆青拖紫，争李唐三百餘年公孤之席者，不可枚舉，而聲聞如王、駱，至今赫赫天地間者幾人耶？先生之詩之文具在，即稱之曰今之王、駱，誰曰不可？夫文能傳聖賢之精神，詩能抒自己之性靈，又況仁心義質，嚴氣正性，亭然風塵之表，超夐王、駱之上乎？先生方逾强仕，千里九苞，正未可量，東山高卧，非其時也。先生勉乎哉！

四禮損益自序

邑人　包萬有

孔子論前知而擬之禮，不外因與損益。夫損之益之，正所以善因者也。又嘗云：能言夏、殷之禮，而慨杞、宋之無徵，則所賴文獻多矣。周監二代，《周禮》《儀禮》皆周公攝政之書。《周禮》爲邦國之法度，《儀禮》則身體之威儀也。漢曲臺、大小戴遞相删録孔門餘論而爲《禮記》。自《禮記》行，《周禮》《儀禮》廢矣。在漢則有《漢官儀》，在唐則有《開元禮》，但皆駁雜，不得復《儀禮》之舊。而漢與唐所因所損益者，皆可知也。然儀禮爲古大夫元士之禮，後世仕無世官，亦有所不宜者。宋朱文公因司馬温公書儀禮，損益程、張論説而爲家禮，以施於家者也。未成時，爲人竊去。文公没，其書始出，故楊復等有推例悉附之條。至我國家有《大明會典》諸書，乃丘文莊公復採酌品官士庶所通行者，爲家禮儀節。余嘗伏讀而約以行之，乃感因與損益之説，或所擬議者附焉，題曰《四禮損益》。按《儀禮》首士冠禮，次士婚禮，以至士相見禮、鄉飲酒禮、鄉射禮、燕禮、大射禮、聘禮、公食大夫禮、覲禮八篇，皆嘉禮也。喪禮則喪服、士喪禮、既夕、士虞禮四篇，而牲特饋食禮、小牢饋食禮、有司徹三篇爲祭禮，共十七篇。家禮分冠、婚、喪、祭，而首論祠堂爲通禮。今喪服遵《孝慈録》，祠堂依會典入祭禮，若居家雜儀、深衣制度，與夫度式，并另有折衷云。所謂損益者，不過如此，而實則因家禮與儀禮耳。或以生今反古罪我者，亦聽之矣。後之君子，庶幾文獻之足徵云。

五經同异自序

包萬有

漢宣帝甘露三年，詔諸儒講五經同异於石渠閣，各以經議對。丞相奏其議，天子稱制臨决焉。後漢章帝建初四年，修甘露石渠故事，詔諸儒會白虎觀，講議五經同异，亦稱制臨决，作白虎議奏。按：石渠議奏無傳，《崇文總目》所載《白虎通德論》十卷四十四篇，爲班固撰，大抵引經斷論，而無稱制臨决之語，是《白虎通》即所謂《五經同异》也。唐徐苗家貧好學，爲儒宗五經同异評，自是而爲五經剖同析异者，罕有其人。予家世治《詩》，而旁通諸經，年逾四十，棘闈屢北，裂衿自免。以舉子業付兩兒，會所輯編年合録成，乃發五經藏而讀之，作而嘆曰：甚矣，舉業之陋也！經生治一經，喃喃章句，童而習之，櫛而比之，幸者二十年博一第，敝屣弃之矣，烏睹所謂五經之有同异也？漢儒治經，各專其業，代相承受，亦有兼治者，如包咸於《詩》，韓嬰於《易》。唐列九經，有大經兼小經之目。宋取士用經，疑則博詢。至於今業舉子者專治一經，徒專訓詁，不復知作經本意。善乎康節之言曰：畫前有《易》，删後無《詩》。予之説經也，於《易》也，窮圖象於先天，而義理之滙合者，若子夏、商瞿也，田何、費直也，焦貢、京房也，王弼、鄭玄也，無不歸源焉，爲《易經同异》。於《書》也，本精一爲心傳，而義理之滙合者，若孔壁、汲冢也，古文、今文也，伏生、安國也，無不聯絡焉，爲《書經同异》。於《詩》也，探詩聲爲樂源，而義理之滙合者，若魯、齊、韓、毛也，外傳、逸篇也，飛潛動植之釋也，無不統會焉，爲《詩經同异》。於禮也，直體同節於天地，而義理之滙合者，《周禮》則本五官，附《考工記》，而復訂以《禮經會元》；《儀禮》則取《禮記》諸義附於各篇；《曲禮》則取少儀、内則、玉藻、表記、坊記、緇衣、深衣附之，以其餘入於大戴，爲《二戴記》，餘而禮列爲三矣，爲《禮經同异》。於《春秋》也，尋所志於孔子，而義理之滙合者，左丘則以記事者爲傳，其義例與公羊、穀梁附焉，間取《國語》與胡、程、張、吕諸説參之，而傳合爲一矣，爲春秋同异。至於諸經之總論，與夫後儒之片語考釋也，則首《禮記經解》，次《白虎通·五經篇》，并諸子百家所論列者附焉，爲《五經同异解》。《樂經》雖亡，《樂記》猶存，黄泰泉之《樂典》亦備矣，乃取諸史之樂書與《律吕新書》，爲《樂典同异》。至于緯以配經，《隋志》以爲孔子既叙六經，明天人之道，知後世不能稽其同异，故别立緯及讖。前漢有《河圖》九篇、《洛書》六篇，云自黄帝至周文王所受本文，又有三十篇，自初起至孔子九聖之所增演，又《七經緯》三十六篇，并孔子所作，并前合爲八十一篇。故《易》之有《易緯乾鑿度》《坤鑿度》《稽覽圖》《是類謀》《辯終備》《乾元序制》《坤靈圖》《通卦驗》《河圖括地象》也。《書》之有《書緯》《中候》《璇璣鈐》《考靈曜》《帝命驗》《運期授》《雒罪級》《五行傳》也。《詩》之有《詩緯推度災》《紀歷樞》《含神霧》也。《禮》之有《禮緯含文嘉》《斗威儀》也。《春秋》之有《春秋緯演孔圖》《元命包》《文耀鉤》《保乾圖》《運斗樞》《合誠圖》《漢含孳》《感精符》《佐助期》《握誠圖》《潛潭巴》《説題辭》《命曆序》也。若《樂》之有《樂緯動聲儀》《稽耀嘉》《叶圖徵》也。《孝經》之有《孝經緯》《援神契》《鉤命决》《左契》《威拒》也。《論語》之有《論語緯》《摘輔象》也。此皆於經之外，翼以神奇。東漢信之，六朝時屢禁其書，至唐亦漸廢，惟孔穎達《正義》間引之，而諸儒之崇正經術者不用作正解云。夫五經皆我註脚，惟操一心以爲之主，則五經且合而爲一矣。《孟子》不云乎：博學而詳説之，將以反約也。余之辨同异也，正斯旨也。

編年合録自序

包萬有

古者左史記言，右史記事，言爲《尚書》，則別記，事爲《春秋》，則記年。《史記》之紀傳，《尚書》之典謨也；《通鑑》之綱目，《春秋》之經傳也。故正史祖《史記》，編年宗《綱目》。二十一史，正史也；《綱目》及前、續，編年也。説者以司馬子長壞編年而成《史記》，謬矣。編年在漢荀仲豫，故有作也。温公本《漢紀》以後諸篇作《通鑑》，朱子因《通鑑》作《綱目》。吾遂昌尹起莘氏有《發明》，永新劉有益氏有《書法》，綱效素王，目爲左丘，發明其穀梁，書法其公羊乎？然發凡起例，本之朱子，而書成于趙師淵氏，發明書法，奉爲符籙，未免附會。迨凡例最後出，則汪克寬氏之《考異》、徐昭文氏之《考證》所由作，可稱《綱目》之忠臣也。元金履祥氏復本《春秋》，始陶唐，爲《綱目前編》，今南軒氏又遡自太昊，成化間輯宋、元爲《綱目續編》，而周禮氏、張時泰氏亦有發明廣義，稱全書矣。第王幼學氏之《集覧》，陳氏之《正誤》，馮智舒氏之《質實》，駢枝浩繁，又非朱子私便簡閲之意也。予之起斯録也，續編之詳者略之，前編之略者詳之，中編之冗者汰之，年爲一綱，而目繫之，事核評隲，取《發明》《書法》廣義，曁後賢所論斷者，繫于其事之目，而折衷之。一禀紫陽之義例，蓋合《春秋》之三傳，如元經薛氏耳。題曰《編年合録》，斷自陶唐，從經世所推爲始。若羲畫道統之説，則治統以祖述爲法，而非所論於卦畫也。又以鄭端簡之《大政記》爲綱，《皇明通紀》《憲章録》目之，及於嘉、隆，以迄三朝，其間四千年之行事，且一編合之矣。遠芟前史駢拇之陋，近成一代未竟之篇，非敢擬筆削於尼山，抑亦傚述作於考亭，所謂私便簡閱，自備遺忘云爾。藏之唐山，以俟來世，知我罪我，其惟編年乎？

古史補自序

邑人包蒙吉

上古史官，其後爲道家者流，至老子猶爲柱下史，而容成、大庭、伯皇、中央、栗陸、驪畜、軒轅、赫胥、尊盧、祝融、凡蘧、稀葦、冉相等氏，所以見稱于《莊子》也。孔子作《春秋》，本諸魯史，素臣内外傳，及戰國諸史，詳于時而略於古。漢之中葉，以讖緯定禮樂，而緯以配經，《易》《書》《詩》《春秋》《禮》《樂》《孝經》《論語》，皆有緯書數十種，所述上古聖皇之事，其源出於《道藏》。厥後讖緯不行，而書隱矣，惜子長不之見也。司馬子長述《史記》，始黄帝，迄漢，自叙以爲周公後五百歲至孔子，孔子後五百歲至於今，有能紹明世，正《易傳》，繼《春秋》，本《詩》《書》《禮》《樂》之際，意在斯乎？小子何敢讓焉。其意亦欲自附於聞知矣。乃班掾取漢事爲《漢書》，譏子長先黄老而後六經，而不知道家原出於古之史官也，猶儒家之出於古司徒之官也。蘇子由以《索隱》而正《史記》，始羲皇，至秦爲古史，止取本紀、世家、列傳，而其他表、志胥略焉。其序曰：古之帝王，皆聖人也。其道以無爲爲宗，萬物莫能嬰之。斯言得道家之旨矣。惜其不及三皇之世，而以伏羲、神農、黄帝爲三皇也。羅長源始取緯書、諸子而輯《路史》。路者，大也。兆自三皇爲前紀，羲皇以至夏后爲後紀，以商、周徵誅不足紀也。其志誠大矣，間足補古史之未備。然而本紀與侯國列傳，不詳分也。吉嘗訝《史記》列傳，起自伯夷，而唐、虞、夏、商，何寥寥也！即列國之佐，亦僅僅也。又得近世劉節介夫之《春秋列傳》，并上搜自燧人四佐，以及唐、虞、夏、商之賢如阿衡、胥靡輩以補之。古者諸侯世國，大夫世家，而《史記》之世家皆侯國也。故以《路史》、蜀山等氏皆稱之曰侯國，而易夫世家。又以劉向之《列女傳》《列仙傳》補焉，冠以《路史》，自三皇至秦，題曰《包氏古史補》，所以別蘇子由之《古史》、譙周之《古史考》也。大抵蘇氏取諸《史記》者十之五，而吉取《路史》之前後記者十之二，而其他國名發揮，餘論略焉。夫《史記》之論斷更端，劉子玄《史通》譏其扯談。《古史》之論斷據理，乃見稱於朱子。《路史》之論斷宏博，然而多以後事證古事。而吉於所去取者，亦有以備論焉。昔人有言：後世即有司馬子長，亦不能成《史記》。何也？以其君非黄帝、堯、舜、禹、湯、文、武之聖，其臣非稷、禹、皋陶、周、召、姜、吕并孔、孟、老、莊之賢，其書無《詩》《春秋》諸傳及《世本》之籍也。觀於孔子弟子子貢一出，存魯、亂齊、破吴、强晉而覇越，其文出於《吴越春秋》可見矣。乃長源何幸得緯書諸子，而輯上古聖皇之紀，以騰越子長也哉！吉不敏，方藉乎長源、子由、子長而附驥尾矣。此非吉之私也，家夫子之意也。家夫子以布衣讀書，於經史多所撰述，垂老倦勤，而以授之吉也。吉不識之，無時能誦四書正文，六歲入學塾，十年而補弟子員，五舉於鄉，乃以里選貢入成均。既而反初服，得優游於深山僻壤之中，以遂其麋鹿野豕之性。倘過此以往，將《漢書》《後漢書》以及魏、吴，將《晉書》以及南北六朝，將《唐書》以及五代史，將《宋史》以及金、遼、元，爲後史補焉，豈非古昔之全史一大快也哉！雖然，此人史也，其書志等記事者，則馬氏補杜氏之《通典》，爲《通考》，并《通鑑記事本末》，及近時之古今治平，略可按也。嗟夫！後世猥云三教，漢中葉以後，佛始入中國，其前但有孔、老而已。以孔子爲儒，以老子爲道，何也？蓋畫卦肇自包羲，孔子十翼，闡道已至，不過因子謂子夏曰：女爲君子儒，無爲小人儒。《禮記》乃有儒行之篇。儒者，需也，爲人所需也。老子述黄帝之言，乃稱黄、老，謂之道家，而何以自居於爲人所需，舉羲、黄以來之大道，獨讓之老子也耶？可慨也！

四書講説序

長洲　彭啓豐

近世爲文，多墨守家塾講章，而不敢溢一義。不知聖賢義藴，尋味無極，欲求合於道，必先有得於心。果能融會貫通，則信手拈來，頭頭是道，何註疏章句之不可互相發明也。餘杭童司訓國柱，體究理脉，折衷朱、程，輯其平日所聞，爲《四書講説》，反覆演暢，而不謬於道，其可發蒙而啓蔽者耶？若夫綜括儒先奥旨，研味賢聖道腴，劘在司訓返諸心，劘而有以自得，詎是編之足以竟其藴云。

燕游草序

荆溪　胡世定

才老者藝淨，業博者工精，致非一也，歸靡不然。藴隆積者，澍注於潢，嶔□遙者，靈集於奥，滂濞衍漾而泛濫者，珍裔於□，而怪麗於幽。下逮輸困之楠梗，蒸盎之芝箭，阿巢焉，郊游焉，岐集焉，凡爍旭而射芒者，靡不擇精於溥博，鍊美於淨遠，而後獲一以貞，沛歸而成，可以逮津於咀芬嚼華，可以膏肓夫六藝，而芳嗽夫後生。吾朱先生元囟，其殆是歟？先生少也，析子骨，抉經髓，破帖括之元根，犁狐涎之野窟。蒼然涼然，學如初日之浴淵也；燦焉煌焉，文如繁星之麗天也。材集宋、屈，光攫遷、固，理又雪立於濂、閩之庭。攻苦如是凡數十年，僅得與經生家射一鄉進士，而又棲于枳焉，集于蓼焉，區區以畢吾先生之半生。噫！無怪乎同人有仰天之問也。雖然，先生且老矣，遭寇以來，且窮愁矣，而先生所著之書，固在志士繫壺、英雄捫舌、虞卿發憤之著，方欲與天爭蘊隆，與地爭嶔□，與名山大川爭珍而角麗，區區畢吾先生者，又何足以小吾先生也！先生之《螺青蛩鳴》，先生言志之章也；《漚言》《四書述》，先生淑世之書也。皆極精博而極淨遠，吾固知先生之才極老而業極博也。三不朽，先生有其二，功名直與彼蒼野俱浮耳，又烏足與珉瑤爭遠近哉！

飛鴻閣詩略序

荆溪胡世定

嗜好所結，膏肓隨之；鍼砭所加，表餌行焉。此在工倕之鼻能與郢伻，離朱之目能與彩角，轉之者環，釀之者酪，相遇於神，識先默易焉，不知有挠造者也。兵然，醫然，陰陽家皆然，而於詩亦然。詩貴真，真近於椎魯；詩貴厚，厚近於腯碩。晰其源者，與以真易魯，魯颺而去之；得其本者，與以厚易腯，腯骨而析之。颺魯而析腯，則仍其爲魯而加真，仍其爲腯而加厚。郢之鼻，朱之眸，不加明聰，而技愈神巧，此固善轉於環，自忘醍酪耳。今天下詩家者，求遠而真，則僉曰陶哉；求近而雄，則僉曰杜哉。然誦陶而不知其陶，則椎魯矣；誦杜而不知其杜，則腯碩矣。即唐之韋、柳，宋之大小蘇，元之虞、薩，明之北地、信陽，皆未免盡更夫優冠而孟裳也。今吾葉子秀也，古宗陶而律宗杜，神貌骨理，駸駸焉，奕奕焉，已與二賢相浸漬而又加厲。夫宗工務戛戛乎其魯腯，猗歟！陶、杜不能轉法華，秀也不爲法華轉矣。郢鼻朱眸，當身具在，不假表餌鍼砭，神焉不外夫秀之爲秀，而詩之爲詩，則固雲泥也。然則秀之於陶、杜，豈猶夫世人之優冠孟裳也哉！

文昌山序

邑人劉霞

邑治之西，其聳然峙立者，曰妙高山。從巔少下，有谷可十畝，左右自相回抱如環。昔人於此建僧寺，雜植松竹，風過蕭蕭有聲，不知嚴寒盛暑，一若别有天地者。形家謂此山自西數百里蜿蜒而至，爲一邑來龍，於絶頂之下，忽開幽境，實爲靈氣所聚焉。嘗聞金陵龍蟠虎踞，錢塘鳳舞龍飛，皆爲名都會，誕降英才。遂雖小邑，先時代産聞人，今有此山川秀异，徒爲釋子愚人佞佛之場，不可怪哉！乃遲之既久，幸逢廣漢王公來治兹土，教養兼施，循循然，懇懇然，士民咸服其化，若嬰兒之依慈父，若弟子之敬嚴師，仰慕靡已。公亦喜士習端謹，每延名儒，復義學，勤考課，恤卑寒，日期龍門發軔，以應廊廟之選。無如蕞爾彈丸，爲地運所抑，士子長弃岩谷，甘老終身，良可惜也。公於政閑之暇，流覽城垣，相度原隰，游屐所至，寓目開懷。一日，登妙高山，環視形勢，恍若有悟，欣然而下，告於衆曰：邑之科名絶響者，吾知之矣。聖廟龍氣由縣治左去，而前明項中丞建坊適當其衝，是扼其要，故自後闃寂無聞。今聖廟既不可移，中丞坊亦未可去，欲通其阨，惟建文星閣於縣治來龍之上，受氣之先，庶乎多士蒙庥，而賢書可薦矣。蓋文昌帝君爲士人福主，文章司命，職掌科名，素著靈异，崇奉於兹，豈不能爲斯邑開晦塞之運乎？聞者咸曰：固所願也，踴躍忭舞，用襄厥美。期年之間，功已落成，因改其名曰文昌山，而樹坊以表之。坊之上百餘步曰引亭，又上高曠處爲朝暉亭。兩峰左右環抱之外，又有亭曰望遠。環抱之内，天然有一池，清光如鏡。池上爲魁星閣，其旁築室若干椽，將爲諸生肄業之所。中爲文昌殿，而遷其僧寺於側，夾徑廣植樹木，漸次成林。予登眺之下，見宫殿亭閣，輝煌掩映於松竹參差間，如游天仙洞府，視城市山川，蜂屯蟻聚，環拱俯伏於下，而此身不覺飄飄然恍在青雲之上矣。雖然，我思從前理學顯宦輩出，同此地靈，何難接武？知公之意，不爲娱目賞心之地，而更有深意存焉者。夫山名文昌，非獨爲神宫所在，蓋隱寓文運昌明也；曰引亭，引領以望多士之奮飛也；朝暉，冀朝廷恩光之蚤被也；曰望遠，欲諸生毋安目前之逸，宜懷遠大之圖也。邑人士被澤綿長，蒙庥靡盡，日夜誦公之德，將與山而并傳矣。且意至此，以視父母之望子、師傅之望弟者，情何以异？豈可徒爲朝夕游覽之計已乎？然即有爲游覽計，如前賢之石城、竹樓、醉翁、快哉諸名勝，未嘗不足以傳，况實有進於是者哉？

朱玉姑傳

邑令王燈

朱玉姑者，山鄉農家女也。幼字隣村陳兆福爲妻。陳採薪爲生，姑年十九，陳家貧不能娶，姑倚父母膝下，亦僅敝屋數椽而已。乾隆癸未歲，陳樵於山，爲崩石斃命。訃至，姑悲不出聲，絶粒十日。父母勸之，姑曰：兒思之熟矣，兒雖不孝，豈不願侍父母晨昏乎？然兒已爲未亡人，兒生之日，不免增父母憂，父母百年後，兒終無靠也。兒未報罔極恩，兒罪當誅，幸父母無念兒也。言訖，取水沐浴更衣，閉户自經死，顔色如生。嗚呼！捨生取義，丈夫中或有臨難而苟存者，豈所論于巾幗哉？豈所論于甕牖繩樞未結褵之村娃也哉？古者緹縈請代父死，而不失爲孝；聶政姊留弟名，而不失友愛之誼。姑也視死如歸，從夫泉下，推其烈性，不外倫常，亦緹縈與聶氏女嫛之流亞歟？或曰：婦人之道，殉節易而守節難。姑之死，似姑一時之烈也。雖然，人之死生，何常之有？使姑不死，得寒病七日不汗，姑必死也。即姑不死，守節終身，姑無長生不老與天齊壽之方，年耋耋，姑亦必死也。以終于必死之身，而與草木同腐，此又誰知之而誰言之？今姑之死，邑人憐之，牧令舉之，大憲題之，志乘傳之，名登御座，彤管揚貞，生而辱不如死而榮，視世之庸庸男子又何如哉！余姑曰：姑雖死，姑真不死也。爰援筆而立傳焉。

蘇烈婦傳

大興朱珪

平昌西鄉琴溪有蘇氏者，名杏姑。父曰子才，母應氏，兄諸生雲漢。子才嘗蹶傷足，氏扶持不稍離。及卒，絶葷飲，終祥如禮。許嫁於三歸儒童王開煦，請期有日，而開煦病，母欲緩之，氏曰：王郎病不可知，幸未篤，當往侍湯藥。若不諱，死生以之。乾隆五十三年十月初三，適王病不可爲矣，謁祖姑丘、姑祝，丘尤憐之。越三日，開煦竟死，蘇絶而復蘇。丘姑勸慰之，蘇亦勸王姑與姑勿過哀，衆遂不疑。已而入室，引刀絶頏，姑抱救之，端坐而逝。及斂，色如生，年二十有二。論曰：遂昌在處州西北二百里萬山崒屼中，何女子之多奇節也！青年矢志，金石盟心。夫有遺孤，義不可死，則以永貞爲難。若蘇者，妾身未分明，何以拜姑？嫜乃堅志殉之，哀哉！《易·小過》之恒曰『過其祖，遇其妣』，蘇氏之以節死而遇妣也，何過之有？抑不過何以爲烈女子耶？

書目

易講義十卷，續解易義十七卷，周禮圖十卷，孟子解十卷，文集七十卷，潁川唱和集三卷。俱宋龔原著。

元祐建中列傳譜述一百卷。宋龔敦頤著。

易統。宋劉贊著。

韻略補遺，九經圖述，詩説三十卷，泮林講義三卷。俱張貴謨著。

綱目發明五十九卷。宋尹起莘著，有序。

月洞詩。宋王鎡著，有序。

玉井樵唱集。元尹廷高著，有序。

遂昌山人雜録，山居文集。俱元鄭元祐著。

澹泊軒遺稿。明黄鐸著。

蘭軒詩稿。明朱泗著。

介庵文集四卷。明吴志著。

介庵詩稿二卷。明朱仲忻著。

理氣管見。明鄭還著。

春壑詩稿。明應果著。

慎獨録，警庵書疏六卷，大明律釋義三十卷，有序。兩廣總制軍門志。俱應檟著，有序。

西臺奏議三卷，西野文集三卷，南窗紀窠四卷。俱明黄中著，有序。

陽仲詩選。明朱應鐘著，有序。

震堂集，有序。山居論，遂昌三賦，六擬。俱明王養端著。

宋儒語録抄釋。明包熺著，有序。

學邵窩迂談，有序。求我齋稿。俱明朱景和著。

古泉詩略。明王養度著，有序。

秋水齋什二草。明黄九章著，有序。

擬古詩，有序。七二草，湖山百咏。俱明黄九鼎著，有序。

擊壤閑録。華彥民著，有序。
耕餘録。明王廷贊著，有序。
振世希聲。明吴孔雍著，有序。
岳立軒稿。明黄一陽著。
昌岩藏稿四卷，有序。士林正鵠四卷。俱明徐應乾著，有序。
醯雞齋稿七卷，國策膾，問夜草七卷。俱明項應祥著，有序。
蒼濂奏疏文集。明鄭秉厚著，有序。
鳳棲岡吟稿。明黄九斗著。
星槎草。明黄九津著，有序。
淇筠志感，有序。四書註翼，有序。志感吟部，易通。俱明葉澳著。
東壁圖書稿。明黄九方著。
就閑草，丹崖草，浦陽草，虚室草，石羊草。俱明王季禕著。
四禮損益，有序。範數贊辭，有序。小學遺書，食貧録，月旦會簿，書院約言，五經同异二百卷，有序。編年合録八十卷，有序。史編餘言，有序。正蒙集解，唐山寤歌。俱明包萬有著。
梅菊百韻。明葉繼康著。

包氏古史補二百卷。明包蒙吉輯，有序。

懶雲窩集，庭訓格言。俱明朱九綸著，有序。

閩中吟。明項天衡著。

淑世語。明鄭一豹著。

隱城小草。明黄國用著。

碧峰樵唱。明王紀著。

清淹禁疏。明鄭九炯著。

五木公傳。明鄭秉鍊著。

蓬虆稿。明王季皋著。

清白齋稿。明鄭一課著。

香雲集。明鄭九州著。

古今异苑。明貞烈王氏手輯。

螺青漚言四集，螺青蛩鳴二集，四書述十卷，燕游草四集。俱明朱家瓚著，有序。

敬聚堂稿。明項宗堯著。

甬上吟，卧竹亭稿，飛鴻閣詩略。俱明葉茂林著，有序。

心葵堂詩稿。明王之臣著。

易經解，四書講義。俱清劉應時著。

四書講説。有序，童國柱著。

詩韻音義。有序，朱奎著。

窺園詩鈔。有序，王夢篆著。

補載書目

芥隱筆記。龔敦頤著。

坎壘山中言志。鄭元祐著。

易經破略。朱自强著。

虚谷彙編。徐棣著。

圖學叢談，一元付矢，鄉黨須知。俱鄭還著。

讞獄稿。應櫝著。

吹劍集，易經記蒙。俱黄中著。

講學扎記。包萬有著。

哦松集。包志伊著。

溪上吟，童子離騷。俱童近思著。

詩説解頤。朱家瓚著。

平昌詩鈔。陳世修選輯。

靈陽蘇困録。鄭九炯著。

卷十一

藝文志（诗）

詩

環邑十二景　邑人鄭還

突兀層巒拔地雄，龍飛鳳舞壯花封。半岩梵刹鐘聲響，驚動紅輪出海東。妙高晨鐘。

雕閣憑虛俯碧波，玉鉤飛掛翠岡阿。冷然剩有庾樓興，夜寂雲空發浩歌。清華夜月。

瑞僊奇巧肖眠牛，草色凝華翠欲流。山下畫牛僊已去，白雲何處是丹丘。眠牛積翠。

山壁侵雲舞鶴來，嵐光重叠擁城隈。千年一變青蒼色，城郭人民换幾回。飛鶴籠嵐。

君子佳山縣北頭，林巒曾聚太丘儔。年來不倦歸閑興，幾度登臨憶勝流。君子儒叢。

老子眉端現紫毫，道君褒翰委青蒿。一時勝事今如此，莫問元都千樹桃。壽光仙迹。

燦燦梅溪萬玉妃，歲寒顔色帶春暉。攜壺幾度山城外，索笑無言獨醉歸。梅溪春意。

嵂崒層巒肖穎峰，文芒聳射逼穹窿。應教髦彦烝蒸起，昂首英飛邁越東。文筆雲峰。

試敲石鼓響聲奇，疑是宫商落翠微。好看最宜春日暖，兒童競擊笑忘歸。土鼓含音。

一拳怪石在清灘，環邑山川氣運關。嘉會到時應上岸，花封比屋半衣冠。幞頭應運。

好山如月四時佳，滿眼清光溢翠華。閑坐小軒聽樵牧，歌聲隱隱帶烟霞。月山樵唱。

巒林深處爽山牕，燈影呻吟〔一〕徹夜長。人步落花載酒過，問奇環聽講虞唐。兑谷書聲。

校注

〔一〕呻吟，乾隆、嘉庆《遂昌县志》均作「咿唔」。

又

邑令王燈

握手林泉道不孤，彬彬兹邑號多儒。而今君子知誰是，刺得山名有意無。君子儒叢。

政和敕賜壽光宫，寶像猶存瑞氣空。世上還丹那可得，一聲長嘯看飛鴻。壽光仙迹。

前村纔在曉雞嘐，何處鐘聲帶露敲。遙想岩扉應不掩，一痕凉月挂松梢。妙高晨鐘。

西明舊閣已蒿萊，衹有蟾光照水隈。識得清華真境界，溪山何處不瑶臺。清華夜月。

鼎化丹空散紫烟，隔溪嵐翠尚依然。不須更覔於菟迹，閑得清牛自在眠。眠牛積翠。

峰影回翔去復留，羽衣常帶碧嵐浮。千年城郭煩依護，莫學丁仙感慨休。飛鶴籠嵐。

暗香疏影絶埃塵，踏雪閑尋到水濵。折得一枝傳驛使，報君幽谷已先春。梅溪春意。

健筆凌雲更挾霜，筆尖畫破曉天蒼。何當乞與諸生去，一陣横揮翰墨塲。支筆雲峰。

岩壇含藴古音多，千載伊耆韻未訛。何用雲韶傳法曲，數聲齊叶太平歌。土鼓含音。
巍巍巨石立溪湍，欲驗文明屢探看。見説今年沙勢合，地靈應喜近儒冠。幞頭應運。
伐木丁丁向翠微，修然鹿豕共忘幾。由來不解宫商譜，信口閑歌擔月歸。月出樵唱。
城北山深結小樓，書聲隱隱出林丘。須知麗澤方成兑，講習當求第一流。兑谷書聲。

又　　教諭葉詰

閑步妙高山，山高不可攀。一聲來古寺，深省發人寰。妙高晨鐘。
夜氣最清華，霜鏡凉於水。静聽松風來，盈盈一掬否。清華夜月。
欲問花消息，寒梅幾度開。水邊曾寫照，添個鶴徘徊。梅溪春意。
冒雪門前立，有人來負笈。愛聽此書聲，友朋時講習。兑谷書聲。
忽有聲填然，敢布雷門鼓。里記自鼕鼕，此音震千古。土鼓含音。
千古壽光宫，宫在瑞山麓。仙蹤欲訪尋，隔溪見深竹。壽光仙迹。
野鶴任閑飛，樊籠舞雪衣。一鳴紅日近，那肯護烟扉。飛鶴籠嵐。
誰是訂同心，珍推席上尋。往來談笑處，君子會如林。君子儒叢。
一路聽樵歌，樵歌唱若何。滿肩明月好，隔水白雲多。月出樵唱。
牛向此山眠，濃翠迷烟嶺。短笛一聲吹，蓑衣不見影。眠牛積翠。

有客上青雲，峰頭玉石分。一枝文筆橫，直欲掃千軍。文筆雲峰。

峨峨石掩映，對山如對鏡。人傑地斯靈，彈冠好相慶。幞頭應運。

妙高晨鐘　教諭孫仁𫇫

清響散林烟，群峰方悄然。晨曦東海曙，鐘韻上方傳。夢欲醒塵世，心因澹俗緣。何由振聾聵，聽法到諸天。

清華夜月

何夜無良月，清華景最佳。玉壺同皎潔，冰鏡執摩揩。高閣千尋聳，遙山一色皆。定知秋色好，約伴勝游偕。

眠牛積翠

眠牛山翠好，葱欝氣佳哉。草色如茵叠，林容似帳開。寢訛聊自適，耕作漫相催。偶向前溪過，村翁叱犢回。

飛鶴籠嵐

何處飛來鶴，嵐光薄靄籠。梳翎乘饗後，振翮入雲中。似惹朝烟翠，旋翻夕照紅。如余真倦舞，相對笑氋氃。

君子儒叢

山亦名君子，繇來萃俊英。泰階連茹象，比户讀書聲。禮樂鄰黌舍，絃歌媲武城。一枝芳桂折，世早重儒生。

壽光仙迹

奕奕神光起，祥凝老氏眉。宋元符元年，老君塑像眉端神光見，郡邑表□于朝。瑞山仙迹著，紫極觀名垂。壽光宫原名紫極觀，在瑞山麓。花氣醮壇滿，苔痕丹井滋。客來頻徙倚，閑讀政和碑。有政和七年，召道士項舉之赴闕，御筆勒石。

梅溪春意

地有梅溪勝，風光正早春。霏霏天欲雪，皛皛境無塵。波散流澌活，花催數點新。幽尋人獨步，不厭往來頻。

文筆雲峰

西北高峰矗，人文兆一方。雲痕低碧落，筆勢破青蒼。位指奎垣直，光騰斗極長。士林看蔚起，勝迹紀平昌。

土鼓含音

競作鼕鼕響，聲從何處尋。鼉疑鳴大澤，雷想隱遥岑。尚有伊耆樂，如聞太古音。含和歌擊壤，土鼓説而今。

幞頭應運

幞製傳何代，祥徵一邑官。諺云：幞頭壇上岸，遂昌官一半。但看流曷奕，已兆石嶺屼。赤异雞人幘，峨同豸史冠。文明知應運，相慶客容彈。

月岩樵唱

月岩岩似月，圓倚碧空開。樵影臨風度，歌聲向夕催。韻攙元兔擣，響雜紫雲回。合有吴剛斧，相攜塵世來。

兑谷書聲

空谷聲相應，於兹誦讀宜。名原符麗澤，學益勵三時。嘹亮穿林遠，伊吾度澗遲。嚶鳴求友叶，伐木好歌詩。

妙高晨鐘　邑人葉喬

静夜睡方濃，蒲牢唤之覺。聲從何處來，有山臨城郭。山以妙高名，巍巍接碧落。訇然雲外流，隨風入羅幕。一百有八聲，聲聲如振鐸。苟非有心人，何能便領略。

又。典史潘克權。

壽光宫裡悟禪關，勝景傳來見一斑。莫道羅浮仙迹沓，曾留隻履在人間。壽光仙迹。

一抹秋華冒水潯，閑游兑谷聽哦吟。春風莫負三餘志，吹送清聲到上林。兑谷書聲。

遠列晴嵐眺鶴飛，宛然奮翼籠崔巍。雲龍放後無拘束，任意翱翔尚未歸。飛鶴籠嵐。

沉沉玉宇曉星闌，何物頻敲擾杏壇。只恐利名人不醒，故教牢吼破疑團。妙高晨鐘。

雲山面面叠青葱，名色出於想象中。牧竪不知何處去，空留黄犢卧春風。眠牛積翠。

土鼓原非只解嘲，含音擊動響芳郊。惟余恐惹雷門笑，鎮日踟躕不敢敲。土鼓含音。

幞頭石傺澗中安，青眼還須仔細看。山瀆效靈終有兆，慢誇貢禹獨彈冠。幞頭應運。

北面奇峰水脉連，梅花開處映晴川。雖然不是逋翁植，也與孤山一樣傳。梅溪春意。

西山妙景夕陽斜，幾片晴雲送落霞。最是怡情明月夜，一潭秋水漾清華。清華夜月。

欣托名山作比鄰，焕然門第久相親。地靈人傑成雙美，更看青雲滿後塵。君子儒叢。

小嶂天然月一團，數聲樵唱出雲巒。誰言此是人間曲，不似霓裳奏廣寒。月山樵唱。

風塵到處學塗鴉，問水尋山望眼賒。一朵雲峰西聳秀，何須懷夢説生花。文筆雲峰。

又。邑人官學陶。

佳山也得稱君子，聞説名儒此地多。愧我爲儒生較晚，修名不立悵如何。君子儒叢。

有宋元符三載時，神光曾現老君眉。而今鐘鼓稱無恙，仙去何人繼舉之。壽光仙迹。

百八鐘聲出妙高，山僧向曉隔林敲。祇緣兑谷書堂近，喚醒諸生把枕拋。妙高晨鐘。

水月雙清晝不如，清華夜景果清虚。我來玩月還觀水，便不登樓意也舒。清華夜月。
高峰如筆插雲中，雲淡雲濃潑墨同。文運年來開不得，山靈也恨日書空。文筆雲峰。
層嵐擁護作東關，勢比仙禽去復還。七夕若逢王子晉，吹笙錯認到緱山。飛鶴籠嵐。
騎牛一去已多年，牛傍丹丘自在眠。牧竪相看鞭不起，任他芳草緑連天。眠牛積翠。
出郭尋春日幾回，雙流合處見花魁。一枝折得入城去，報道東君有信來。梅溪春意。
稱鼓曾無革木形，兒童競伐響如霆。羡他音出山頭土，贏得堯時擊壤聽。土鼓含音。
休徵笑向地靈求，怪石無端稱幞頭。人傑自能開泰運，彈冠何必問溪流。幞頭應運。
穿林峙巘運樵斤，谷裡樵歌谷外聞。一曲終時薪兩束，肩頭擔出月山雲。月山樵唱。
兑谷山牕面面開，敢言多士是英才。作人幸有弦歌宰，時聽書聲出郭來。兑谷書聲。

梅溪春意

地有梅溪勝，南枝向暖新。暗香浮碧渚，疏影蘸芳津。岸柳將舒眼，山桃待點唇。微傳天意思，饒得雪精神。橋踏騎驢客，林歸放鶴人。昌山當校士，共賦一枝春。

月山樵唱　高綿祖

持斧砍幽翠，歌傳空谷聲。嶺寒風習習，鳥静木丁丁。唤侣激村調，沿流澗争鳴。一肩松竹徑，天籟志孤清。

眠牛積翠　　荊溪胡世定

一嶂横青兕，烟飛几案間。躬耕嘶月倦，首躋踏雲還。吐霧驚羌嶺，凌溪鑰紫關。桃林疑放後，即此幻青山。

飛鶴籠嵐　　童志禹

一嶺抗青紫，群峰争羽翰。向溪應飲瀣，浸月伴驂鸞。翠滴元裳濕，松鳴露響寒。雙漢樓上望，僊籟正珊珊。

清華夜月　　邑人徐來章

皓魄當空碧水平，凌雲虚閣映雙清。撩人最是深秋候，冰貯玉壺一色明。

眠牛積翠

有犢東來不記年，養成毛色碧芊芊。一眠試問何時起，扣角長歌思渺然。

乘澗亭　　邑人鄭家紱

巉岩初絶逕，乘澗有亭封。簾捲千峰雨，風酣萬壑鐘。花光紅冉冉，樹影碧重重。持贈紛蘅社，幽人何處逢。

月山草堂四咏　　葉可權

長松蔭庭風月清，曉氣觸石秋林暝。虬枝濕重窗戶暗，空翠滴露吟魂驚。變態湏臾發深省，起來但覺衣裳冷。歲寒欲約陳希夷，移居來伴陶弘景。松樹卧雲。

爛銀盤掛青琅玕，流光透濕生虛寒。嫦娥翳鳳下瑶闕，静約君子追清歡。環珮搖搖戛鳴玉，天風吹香入醽醁。神酣笑殺騎鯨仙，花下一壺何太俗。竹牕延月。

闌干曲曲水花縈，吟倚香風恣賞情。笑倩麴生論臭味，愛同君子叙歡盟。碧筒入座春光□，白羽搖牕暑氣清。翻怪靈均空製服，對花不飲强□醒。荷亭酌酒。

舍南舍北緑猗猗，坐倚清陰煑茗時。夢入渭川思醒困，香分陽羡待搜詩。童烏敲火燒枯籜，老鶴銜煙過別枝。却對此君重啜罷，個中風味少人知。竹院烹茶。

又　邑令湯顯祖

樓轉松風韻紫虛，眠雲夜冷畫芙蕖。山中所有應如此，直是江南陶隱居。松屋卧雲。

風露娟娟浣竹林，月窗秋影夜來深。不知叢桂山中客，長聽瀟湘雲水音。竹牕延月。

酒是金盤露滴成，花如素女步輕盈。西風暮雨何辭醉，便向池亭卧亦清。荷亭酌酒。

君子山前放午衙，濕烟青竹弄雲霞。澆將玉井峰前水，來試桃溪雨後茶。竹院烹茶。

龍潭秋月　邑令李迪

龍潭得月映清流，金粟花開接素秋。光滿望時沉寶鑑，魄分晦後墜銀鈎。兔生春杵聲相近，蟾薄山河影不收。夜半人來窺色相，却疑身在廣寒游。

寄毛應明　　邑令湯顯祖

周公源到天，君子山在座。却笑避秦人，桃花我覰破。

關川小頓　　邑令陳思溶

行行兩袖任風飄，裂手龜紋冷愈驕。路有未曾經旅客，山無不盡入青霄。人家多半依雲際，節序全憑識斗標。順則老翁閑鼓腹，忽驚林外駐星軺。

冒雨至關川　　邑令羅秉禮

風風雨雨此間行，雙竹斜肩百感生。絶壁人過愁徑窄，危橋我度怯身輕。水喧怪石渾然賴，花發空山不識名。獨喜晚來岩户宿，白雲深鎖草堂清。

夜宿關川和壁間原韵　　辛酉夏月，按臨屬邑。知府袁學謨

山深徑窄雨中行，一片天機險處生。泉響千崕流水静，風摇兩岸落花輕。書生路謁知求道，野老村呼不問名。到處甘霖能去旱，頻穿石洞挹冰清。

從來仕路甚難行，履道兢兢敬慎生。天地亨途五位吉，水山蹇處一毫輕。時臨坦易須知險，獨步傾危重惜名。百丈原泉懸瀑下，風披萬壑玉壺清。

關川八景之七　　常山吴士晉

一望蕭疏秀可餐，層巒起伏似鷄冠。春來曉日相輝映，疑是凌雲振羽翰。雞冠春曉。

誰張大旆在村墟，鳶隼雲横歷古初。不信烟雲常擁護，令人疑捲復疑舒。旗峰横烟。

群山萬壑盡環村，有筆凌空正對門。擬向碧霄書一紙，寄將心事與天論。筆峰□□。

石山層叠水瀠洄，一廟軒窗幾面開。當願年豊春釀熟，老提幼挈賽□回。蒼崖古廟。

山青樹緑水名玄，古澗新洲別一天。莫羡蘭亭修禊好，何如列坐向兹川。元水新洲。

百川入海必朝東，此去西流逈不同。左右渭分曾曲折，一橋雙鎖水聲中。雙澗西流。

山房閑雅隔塵寰，水嶺樵蘇指顧間。風送春聲如贈答，悠然清聽樂忘還。碓嶺樵唱。

關川雜景并序　　里人毛桓

萬山深處，聚族喁然。是誰鑿破渾屯，至今守兹淳朴。先人於杖藜可指之地，已隨象而得名；小子搜山靈欲秘之扃，敢按圖而即事。響成下里，知取笑於白雪陽春；韵出邛缶，聊引聲於皇華折柳云爾。

山神如六階，已近文昌府。爲問山下人，阿誰能稽古。三台山。

百折入雲去，飄飄仙客俱。開闔千重門，叩之立斯湏。百折嶺。

山回巨獸馴，彷彿得牙齒。焚之誰復能，舞之不爲起。馴象山。

奇石聳金精，昂頭可百丈。有意守孤村，隔溪撫馴象。昂獅山。

如木古德全，誰爲金作距。登天聞翰音，雄冠屼霞舉。鷄冠岩。

頭角何崢嶸，雲光繞蒼野。五花樹一叢，潛龍宜在下。龍角坳。

村境走南頭，展旗山玆在。浮雲任捲舒，交龍自精彩。晨旗山。

山回村之右，卓筆峰稱九。前去問湘東，付之著述手。卓筆峰。

倚天插翠屏，群峰推作祖。千尺玉龍懸，憑空飛白雨。大屏山。

芙蓉青不盡，曲抱讀書臺。我歌鳥能語，花徑三徘徊。環翠山。

石罅引青蘋，飈輪動一息。莫漫決雌雄，垂天駕雲翼。天籟洞。

紅日上青峰，山人尚高卧。踏碎嶺雲層，高軒凡幾個。軒客崗。

幽徑苔染衣，蒼崖樹合抱。清磬一聲聲，笑渠道其道。道堂山。

桂海薄南天，疆界劃彼此。前去劍池清，我聞甌冶子。龍泉嶺。

仙人對弈處，苔深石路春。高寒不可到，得之采樵人。石枰山。

春歸花亂開，微風掃蒼徑。幽人三尺藤，穿雲度危磴。後嶺亭。

隔岸梵音

邑令林剛中

祇樹參差簇碧雲，幾龕佛火隔溪紛。月移寶相林端現，風度梵音檻外聞。

又

邑人項應瑞

古寺微茫水國分，鐘聲杳靄隔溪聞。老僧定後心如水，叩齒焚香理白雲。

河梁晚釣　訓導周官

傍水漁磯垂釣晴，絲綸不捲晚風清。自耽石上藤蘿月，豈似桐江空釣名。

九蟠積雪　訓導蔣治

天開名勝九龍蟠，積雪陰陰可耐寒。俄聽風雷籠爪甲，還疑噴霧失山巒。

溪亭月色　項應瑞

臨流亭館依晴空，四壁玲瓏四面風。僊吏偶來歌解愠，一輪明月正當中。

立春　邑人葉澳

見説迎春日較遲，東風送暖太平時。兒童竊學紅樓勝，乾插梅花三兩枝。

好對春牛共着鞭，生涯無可不耕田。從今休惹公門事，便是民間大有年。

僊局雲深　邑人項宗堯

饌客青精飯一瓢，素雲白鶴兩相招。個中可寓雲通枕，那必柯山度夕朝。

頌繆明府勗岳善政十韻　吴門顧嘉熹

蜚聲京洛重，贏得廣寒蟾。出宰携琴鶴，烹鮮試鼎鹽。山高對君子，棠滿蔭窮檐。奮武魑魅盡，崇儒道德漸。壠畦開赤地，村酒漾青帘。午飯鐘常醒，名賢迹豈淹。輪將真恐後，讞訟那惟嚴。澗水清堪掬，民風適以恬。更看膏雨徧，偏喜客途沾。召杜歌遐邇，屏題指日占。

送處州杜同知　邑人鄭元祐

見説吾家光禄墳，長松萬個入青雲。子孫爲庶航頭住，應立車塵候使君。含輝天上少微星，曾照蒼蒼故栝城。山水高深民俗儉，不忘辛苦事耕耘。誰知别駕杜侯賢，純吏心腸鐵石堅。山坂高低時雨足，郡齋篝火有畬田。

尹緑坡山間吟所　邑人王鎡

苔痕分路見人家，犬護籬根卧落花。一片林塘詩境界，四時花菓隱生涯。鋤山揀日春栽藥，汲水和雲夜煮茶。耕録有文須點看，旋摇松路入硃砂。

河橋縱囚觀燈　邑令湯顯祖

遶縣笙歌一省囹，寂無燈火照圓扃。中宵撤斷星橋鎖，貫索從教漏幾星。

除夕遣囚　湯顯祖

除夜星灰氣燭天，酴酥消憾獄神前。須歸拜朔遲三日，溘見陽春又一年。

讀追魂碑歌　四明屠隆

尊師傳法勤修煉，功成顯化真人現。出無端兮入無倪，手握風雲駕雷電。粉碎空虚神已冥，揮斥八極色不變。吞刀吐火何足奇，倒海移山未爲幻。李侯才名何籍籍，雙眼睥睨盡辟易。曾爲師成有道碑，五色光芒横相射。但許屬文不許書，一時二絶何庸得。夢中不復能自堅，慨然便爲命楮墨。只道夢幻起想因，醒來豈知却是真。師也持至舉手謝，淋漓隃麋迹尚新。吁嗟乎！神仙道高術甚秘，至人往往好游戲。少君招魂漢武悲，劉根召魂太守悸。左兹匿影入罌瓶，薊子分形散都市。欒巴噀酒雨滿空，麻姑擲米珠在地。廣陵觀燈月府游，師也向能爲狡獪。已作天上控鶴人，復羨世間雕龍技。北海名與天壤齊，平居意氣凌虹霓。惜哉線索不在手，傀儡却被他人提。醒時崛强夢受役，精魂石上三生迷。師乎師乎好揑怪，撟弄文士太無賴。所以古者許葛流，文成弃之如菅蒯。願燒筆硯修大丹，翻然跳出陰陽外。

游東義學二首　永豐程定

作人争羡舊臨川，無那齋荒寂管絃。文運頃開三載内，德教克嗣百年前。牕臨溪水涵機活，地接黌宫志道堅。爲問談經風雨夜，可曾藜火照青氈。

世事難言閲世留，在人統緒自悠悠。生因共里源無异，官以同鄉志亦投。雨過盈門滋苔蓿，月來隔岸讀春秋。學與眠牛山麓臨夫子廟相對。宗風丕振高樓上，驚看光芒貫斗牛。

聞東義學書聲　邑令繆之弼

斯道仰彌高，彌綸天地小。欲令眼界寬，樓飛入縹緲。在昔書聲寂，今已徹昏曉。側望瑞山陰，遙見翠髮窅。石齒激波寒，此派何時了。處静明秋毫，息機絶衆擾。追風連籟至，逐月尤清矯。傾耳立河橋，安知過魚鳥。

卜築南義學成紀事　　繆之弼

別開孤館豈徒然，隔却塵囂市與廛。但許橋通千嶂靄，方知水印一輪圓。書聲夜徹牛眠醒，筆陣秋排雁字連。着意取材惟大木，無能歸寄買山錢。

西義學新築落成志喜　　繆之弼

僻地構書屋，堂開納彩霞。葉稀千百樹，隣近兩三家。烟火浮清氣，心源吐异葩。人人得自淑，不放晚歸衙。

重建湯臨川先生祠　　繆之弼

里居原壤接，食禄又同方。我固蹇而拙，先生久彌彰。如何尋射圃，草蔓共烟荒。僑處高樓上，真機足徜徉。俛首念疇昔，奔走薦馨香。炎凉似丸轉，徒令後人傷。君不見，獨存魯國殿靈光，又不見，沿堤召伯植甘棠。于今亦復委滄桑，惟山屹立水流長。百餘歲後築斯堂，千載芳迹志不忘。

勸農即事　　繆之弼

國惟民食重，俯仰望田疇。麥秀高分穗，蒿平緑刺眸。惰勤原有别，憂樂適相酬。慰勞興東作，輕騎月一鈎。

偕程子於一鐘樓晚眺得山字　　繆之弼

幾叠高樓幾叠山，憑虚贏得半朝閑。炊烟隔樹鳥拖去，樵唱沿溪月送還。人醉有年新稻酒，霞添不定晚花顔。回首身在畫圖裹，薄宦天涯慮盡删。

九日北義學登高有小引　永豐程定

北義學原名樂此堂，明中丞項元芝先生退休處也。樓銜遠山，闌引活水，轉屬於人間久矣。茲勛岳繆明府喜得之，新爲義學以造士，庶不愧於此堂也夫。

年年把菊醉重陽，今佩萸來酒更香。樹近朝看霜信早，樓空夜讀水聲凉。偏宜觴咏酬佳節，最好絃歌度短牖。作賦不才同樂此，雲山相對倍蒼蒼。

苦雨　邑令三韓人陳思溶

日月避商羊，風雲起八荒。鷙鳥難施猛，燭龍不爲光。野人臨蓬戶，太息呼蒼蒼。去年轉軍穀，租税缺輸倉。今年幸無役，霪雨苦吾秧。健吏索租頻，鞭笞多成瘡。里老捨妻兒，蹣跚之他鄉。主上欻垂問，有司奏不詳。請看豪門飯，本是農夫糧。豪門厭粱肉，農夫不飽糠。入口號原野，粟穀腐公墻。寧論窮黎血，川谷流洋洋。

僑居山莊二首　邑人包蒙亨

古樸高風木石居，悠然吾暫作吾廬。入簾明月隨來去，出岫游雲任捲舒。數畝青山千個竹，一壺清酒半牀書。村人莫話塵中事，聊爾偷閑樂歲餘。

外峰突兀内峰平，環室皆山列翠城。殘雪未消春日麗，寒梅初過谷蘭生。牀高留得元龍氣，裘敝餘將季子情。長嘯一聲天地老，禽魚草木暗魂驚。

游三岩洞

包蒙亨

步入三岩爽氣鮮，驚看飛瀑望中懸。明珠萬斛傾三峽，匹練千尋瀉百川。潭裏泉奔簾外月，岩前石蔽洞中天。坐來不覺渾消暑，薄暮忘歸緩着鞭。

梅花咏一東起每韻一首，僅載首尾

邑人項世臣。非喬

欲將芳信問江東，曉角吹開玉幾叢。香滿一庭風澹蕩，影横三徑月朦朧。霓裳對舞寒光下，縞帶相酬野色中。可惜春鶯渾未到，倩誰銜入上陽宫。

梅花咏十五咸

項世臣

飄芬幾度出寒岩，瀟洒瓊姿總不凡。自縱精神從白髮，誰憐冷落濕青衫。鮫人漫泣珠千粒，雁使難傳香一函。應作明堂梁棟配，花開早已壓松杉。

續梅花咏一東亦每韻一首，儘載首尾

項世臣

暖起孤根賴化工，皎然玉立許誰同。仙人跨鶴來雲府，帝子乘鸞自雪宫。色動陽春簾半捲，香飄午夜曲三終。丰姿不與紅塵合，東閣西山韻未窮。

續梅花咏十五咸

項世臣

薜荔叢中草未芟，誰將芳色到巉岩。娟娟粉頰光如拭，點點檀心香不緘。繡入帳中迷夜枕，折來

馬上拂青衫。到頭勝似無鹽女，結菓調成鼎味鹹。

讀樊遲從游章悚然自省　　邑人王錫

古人遏人欲，猶或暗相侵。賢哉樊氏子，隱憂切悃忱。上達善成性，下流惡匿心。修心不修慝，愈慝將愈深。獨行常愧影，獨眠常愧衾。嗟悔復何及，攻之可及今。無庸謝不敏，敏鈍判人禽。天心頻剝復，福善禍其淫。蕩滌良非易，内疚痛砭鍼。一息難自恕，悚然撫膺吟。

作文要法　　王錫

輝煌宇廟屬文人，落筆生花日日春。傳世名編燈下課，合時精選袖中珍。句虚句實參開闔，題後題前察主賓。理順脉清辭更秀，機圓神足色常新。自然熟極旋生巧，縱使奇來也是醇。會得一篇元妙意，無分今古總超塵。

示同學諸子　　邑人華啓濂

古人夜秉燭，誠惜此光陰。今人晝則寢，所以分古今。愧予學未成，嗟予質復魯。心口不忘吟，鑒今且法古。願作雲端月，長照讀書樓。若等能不違，我心復何求。

不息樓　　邑人葉舒

南澗書樓三兩尋，安知平步入雲深。春風樂事誰同异，孺子行歌自古今。雨過前山山列畫，月摇近水水調琴。欲知物類何飛躍，即此悠悠天地心。

北義學成　邑人項世楨

清白先人志，猶存一畝宫。水明方沼月，花落曲臺風。勝迹開陶冶，良材貯藥籠。伊吾樾蔭裏，君子澤無窮。

北義學示及門諸子　邑人項世溥

君子山高翠欲流，須知點點露經秋。月來窗白塵無累，桂散金黄粟盡收。冲舉是人皆健鶴，大成在爾暫眠牛。寸陰失却誰尋及，枉教薪蘸化六州。

北義學成志喜　邑人童國柱

幾度芳隣繫所思，重開奎壁映清池。窗虚樹引晴嵐入，樓迴花憑曉露垂。鳥伴書聲皆益友，瀾回塔影是嚴師。北方學者今非昔，頃沐菁莪解咏詩。

至遂偶題寓壁　郡守劉廷機

散盡浮雲忽放晴，沿溪水與板橋平。經過一路無人迹，方近芳村有碓聲。叠石爲門常不鎖，依山結縣久無城。行春漫道尋常事，敢以荒殘廢此行。

遂邑勘灾　郡守曹掄彬

爲求民瘼赴平昌，風景凄然觸目傷。千頃腴田沙作稻，幾村蛙室水支墻。悲號婦子憔偏劇，捍禦官僚計鮮良。要使澤鴻安輯永，端須消息礦徒狂。

頌繆明府宰遂美政　　邑人華文津

名世宏才爲國楨，西豐華胄紹簪纓。龍門躍浪原無敵，鳳閣頒綸早有聲。寶水雲生牛女界，昌山靄接少微城。花光滿縣咸推岳，鵲集高車競識荆。化雨濡涵沾兑谷，惠風和暢拂西明。乘時布穀忙攜饁，夾道提壺緩督耕。聖諭宣條觀虎渡，桑田駐足聽蜩鳴。列侯禋祀因時舉，夫子廟堂不日成。查熟均荒蘇舊累，茹冰飲水洽輿情。鐘披曉月開聾聵，斧厲寒霜奏治平。力補地維崇永濟，閣燃藜火表鄉評。竚看丹詔徵仙舄，清肅三臺佐帝京。

繆明府下鄉徵糧紀事六韻　　邑人李瓊藻

循良推异政，職守重催科。籌國計云善，繩民法弗苛。野田微碩鼠，露積足嘉禾。竹馬兒童集，祥麟郊藪過。勞心如有疾，報最應無訛。竚聽歌風起，龔黄澤不磨。

賦得我公七章呈繆大夫子　　邑人朱宗濂

不溢維海，無饜維民。匪實飽德，不知其仁。豈乏賢宰，我公實肫肫。

昔之疆，群鼠爲狼。今之崗，有虎亦尨。遍萑苻澤，爲菽粟埸。孰馴化之，不盗而良。我公至止，奠此一方。

昔之郊，鬼哭嗷嗷。今之野，鬼笑啞啞。其哭繄何，践我骸也。其笑繄何，收我埋也。我公至止，澤及泉下。

昔之土，弗播禾黍，而獲箠楚。今之林，禾黍森森，賦税則均。孰闢弗播土，孰蠲弗稄税。我公至止，夙興夜寐。

昔者孔顔，蔬食無簞。今者俎豆，肅陳匪幼。聖域洵美，賢巷弗陋。我公至止，聿新其舊。

昔者泮水，黽鳴于几。今者窮谷，輟耕則讀。孰養以田，而居之塾。我公至止，是教是育。

肫肫我公，何以報之。是用作歌，萬世道之。播入帝鄉，寵命召之。公赴寵召，兆民誰覆冒之。

賦呈邑侯繆勖岳先生

邑人華萃德

十載頽風一夕振，抱寃人向鏡中伸。管絃忽奏三冬候，錦繡旋鋪十月春。入境存心消薄俗，設樓省氣洗風塵。公甫下車，即設省氣亭，以息民訟。賢良自古推邢伯，撫字如今有信臣。

將至西鄉郊符口號

邑令羅秉禮

漫理雙旌入翠微，嫩寒天氣雨霏霏。一灣溪水經春漲，幾處梅花作雪飛。地僻鳥聲喧隔樹，山高竹影掩朝暉。催科撫字慚吾拙，撿點情懷事半非。

雪晴過東鄉道上即事

邑令許鼎

天公似亦憐勞吏，忽放晴光分外明。一路鵲喧晴旭上，千峰雪净彩霞生。岩回徑斷危橋續，水挾沙流怪石鳴。處處官梅洩春意，帶烟含霧笑相迎。

靈溪散步　　邑訓朱廷荃

山勢東來見瑞牛，千年丹氣白雲浮。我來何處尋遺迹，楓葉蘆花兩岸秋。

人文矼石泉亭八咏之一　　教諭陳世修

人文筆圖書，萬古啓河洛。於此溯其源，一字莫穿鑿。

天琢橋石泉亭八咏之二

石梁渡咫尺，流駛目尚亂。我欲煩六丁，駕此達銀漢。

漱玉崖石泉亭八咏之三

水漱崖欲飛，山嚙泉成咽。一片石堪語，時時飛玉屑。

立春署中曉起　　邑令耿址

南山聳翠正當衙，五色雲開見日華。淑氣偏宜長善地，恊風亦到小臣家。先勞顧我原無倦，富教因民漸有加。最喜河陽宫署潤，呼童遍種四時花。

己丑紀寇　　邑人毛桓

白雉方重譯，金甌慶萬全。鼠藏憑隙地，烏聚欲彌天。羽檄兼岩戸，軍輸括石田。萑苻誰致此，十梏半騷然。

賊聲堪破膽，賊勢正焚舟。裹飯潛深谷，扶兒涉亂流。荆叢不自擇，虎穴也相投。風鶴多疑慮，時時不任愁。

村原羅壁壘，鼙鼓震晴暉。四鎮分銅虎，千峰耀鐵衣。干城誰可寄，梳櫛每同譏。時有賊梳兵櫛之語，言兵之害更甚也。一旦邀天幸，傳聞奏凱歸。

卵以千鈞壓，須臾妖氣清。山氓争獻馘，軍士半投生。燐走添新火，鴻飛集舊城。大兵有凶歲，誰爲請常平。

入遂學署，歲云暮矣。燕閑無事，賦近體四律粘樂育堂壁，兼勗同學諸子 録二。 教諭趙金簡

古邑環山勝百城，俗崇禮讓樂勤耕。衣冠能奮詩書氣，山澤寧私天地精。爆竹聲長空谷應，豐年人慶四隅平。鴻鈞探得真消息，東轉青陽萬類榮。

閑來六籍譜笙簧，翰墨何人雅擅長。名士風流書尚左，宰官星散夢爲郎。雙龍溪滙波旋玉，飛鶴梁空月吐霜。此地儘多吟賞處，漫言毛穎老辭章。

文昌山 邑令王燈

山城欝律紫翠圍，西北山勢尤崔巍。妙高逈立烟霧表，約束群岫如指揮。西風唤我蠟吟屐，黄葉颯颯飄人衣。捫蘿引葛恣攀陟，豁落萬象窮遐睎。絶巔少下忽夷坦，泉清草潤土脉肥。岧巒四面互環抱，松栝蔭蔚張屏緯。野僧結廬倚崖广，荆莽没砌藤侵扉。荒涼蕭瀒太孤絶，四顧寥闃生欷歔。呼邀

相與謀結構，欲使岩壑生光輝。庠髦里彦争贊决，度材庀事無稽違。傑閣中居屹雲闕，岑樓對起開星闌。戴匡列座布華彩，旋杓運斗羅璿璣。緣崖傍塢築亭榭，高下一一隨心機。深潭演漾貯夜月，疏檻敞豁延晨暉。落成正值朱夏首，南薰卉木餘芳菲。邦人相率追勝賞，共詫盛事從來稀。憑闌極目天宇廓，翠黛點點浮烟霏。置身頓覺拔塵壒，如歷大赤游清微。此邦文運久翳塞，衿佩坐困村翁譏。今朝氣象忽軒闢，林谷隱隱騰英徽。天時人事有會合，靈傑千載相因依。易名文昌兆嘉瑞，自我作古誰云非。群心快忭我亦樂，彷彿魯泮觀旌旂。停杯矯首望天外，想見驚鵠排空飛。

賞析亭　邑令王憕

余闢文昌山，招諸生肄業於其間，延章北亭太史主講席，而講堂未具。乃構亭於文昌閣之左偏，命曰賞析，而系以詩。

山城學澤湮，授受失文印。出登戰藝場，沮衄卷戈刃。我嘗思其由，流塞源未濬。開山啓蕪昧，黽勉育髦俊。英英王堂伯，老年横筆陣。招延主兹山，如用木鐸徇。爰謀講畫區，爲彼闢墻仞。卜築星閣西，規模頗宏峻。仰分岩嶺秀，旁帶雲木潤。莘莘巾笈徒，從此拾級進。微言勤討繹，妙義精體認。薰陶固有術，占畢漫多詢。培沃芳吐蘭，雕磨光發瑾。勒銘山亭陰，他日作符信。

乙酉初夏督諸生課藝於文昌山，暮同章太史飲翰墨池上　邑令王憕

妙高山頭聚詞客，滿眼山光照吟席。神凝思苦不知疲，曖曖烟霏日將夕。松濤澗瀑聲颼飀，似與

群彦相賡酬。我來程督亦忘倦，促喚厨傳飛觥籌。池風澹蕩荷香發，清風蕭蕭動林樾。一杯敬屬蓬萊仙，願出神丹换凡骨。更闌課就筆罷揮，炬火歷亂催人歸。娟娟缺月出岩罅，露草千點涼螢飛。

夜過愛蓮書屋有作　邑人華明樓

南塾自辛巳之夏生徒星散，廣漢王侯莅任，錫租賜額，樹澤深矣。月夜過此，感深今昔，爰題數語志喜，并呈司教。

陰霾消盡景星懸，長照南城古塾前。從此乘風知有自，相期共着祖生鞭。

研田是處長蒿萊，前輩風流付劫灰。幸得我公施化雨，好教桃李出滋培。

天然池　劉霞

環山如案復如弓，碧沼全由造化工。片月乍臨清淺水，一泓疑浸廣寒宫。乘時應得飛鵬化，有本何難學海通。自此千秋資麗澤，都入小大樂從公。

甲申夏五，章伊明府二兄邀登文昌山，索詩以紀，即席成歌　銅梁王汝璧

千山蜿蜿如鬥龍，鬱勃跌蕩不可蹤。山城如斗坐井底，石湍日夜驚碚礱。童童頑礦少意思，有玉不琢金不鎔。神靈歊歔苦坌蔽，夸蛾賈勇難爲功。山雲遮我十日住，心腸蓊翳多甹夆。巒風瘴雨日搜攪，紙牕墨色號栝樅。有時躡屐踏蹯□，自笑却走如駏蛩。吾家大令具勝槩，好事不減玉局翁。謂言文章此蔭欝，繁星粲粲烟濛濛。尋幽一逕入鳥道，手扳幾朶青芙蓉。孤雲四角自融結，環中得此一畝

宫。權輿意匠費經畫，分俸度木爲鳩工。已聞栽竹逾萬个，更喜拓地規百弓。剗礤雲露焕金碧，遮羅星斗歸房櫳。元精炳焜照下界，邦人自此開屯蒙。松花被逕山霧曉，寒衣士女争昌丰。我來適值新雨後，山田日煖啼鸖鶄。畬人朴陋自力作，官蛙皷吹相于喁。陂陀登頓蹋錦石，小鱗五粒青蒙蘢。振衣直上一千仞，羊角料峭摩蒼穹。遠招近揖不暇給，泠然兩掖摶天風。一溪無聲掣飛電，千家聚落屯深巃。頽雲欲雨且不雨，殷雷山腹驅豐隆。流泉瀅濚繞堦甃，尺地恐與天池通。由來人事有窮達，神物顯晦將毋同。兹游澹泊致足樂，後之視昔情何窮。作詩紀勝復録別，歸雲天外猶萍蓬。薄寒日夕感游子，新月皎皎流天東。

平昌縣署緑筠亭晚坐，同王鎮之作　重慶袁文明

日落群峰暝，翛然滿院陰。牕虚常帶月，竹密自來禽。一笑融心迹，高談鑄古今。子猶慣乘興，天壤有知音。

和竹坡韻　銅梁王汝璧

少紆萬里足，同憩一庭陰。獨往念歸客，相呼聞宿禽。江山自終古，夢想記從今。明日攜琴去，難忘海上音。

同前　嘉善章愷

種竹一萬个，繞庭生翠陰。初無襬襶客，時有間關禽。浪迹忽來此，幽尋方自今。獨游已清絶，

況聽瑶華音。

開官陂溝紀事二首　徐台年

疏鑿初成碧影沉，官陂舊迹喜重尋。試看繞舍縈洄處，長憶賢侯德澤深。

其二　徐台年

清流虢虢注東郊，高壠今休嘆沃焦。溶瀠紆徐田事足，開池種樹買魚苗。溝下注東郊，灌田一頃有奇，愚潜齋别業在焉。

東學栽桐　徐台年

本是龍門種，新移學舍栽。朝陽欣寄托，化雨荷滋培。東學幾廢者屢矣，新荷王侯振興，故云。葉嫩珪初剪，柯高鳳欲來。甫薰方解愠，留作舜琴材。

王公隄　童汝礪

溪濤衝潄勢難當，畚築初成舉步康。正喜虹隄成坦道，漫愁蟻穴失疏防。千家自此歸安堵，八月何須嘆望洋。試繞北城閑送目，我公恩與碧流長。

恭頌王邑侯重興義學　王隆榜

思樂崇文治，昔人誰得過。琴堂風調古，花縣露華多。登俊佇超邁，譽髦先琢磨。從公觀盛事，小大聽弦歌。

又　尹國梅

昌山福耀自西來，講舍重新氣象恢。千載林巒增秀麗，一時桃李荷滋培。錦江傾瀉詞源遠，劍閣縈紆學仞開。文治於今占景運，出群詎復嘆無才。

妙高書院落成，詩以紀事　邑人葉煓

人文國家之席珍，先於鄉邑成其身。振作造就曷可已，講學通經方能醇。妙高山祀文昌神，魁光騰耀經多春。兩旁基址闢餘地，三臺高列峰嶙峋。興建書院真攸宜，乏有力者爲主持。鄭侯創始朱侯繼，翬飛鳥革連殿墀。撥捐租田足膏火，修膳齊備延名師。生徒雍容事誦讀，書聲松韻青蓮池。吁嗟！前明建射圃，根隔三百年。風流久歇絶，往哲如雲烟。於今復睹此氣象，臨川邊徽可嗣響。宋明仕迹頗稱稠，繼起科名自不爽。遵行日見生光輝，兩侯功德永堪仰。山靈堪作鳴鳳岡，蔚起鴻才時相望。漫以吾鄉爲僻遠，國朝取士公明揚。此中求志有多士，璉瑚成器終難藏。

主講妙高書院　仁和孫仁烱

都講頭銜亦足榮，皋比擁處任非輕。纔依黌舍窮經日，又致雲亭問字生。徒手自慚竽濫厠，枯腸敢詡卷横撑。此邦自昔人文著，好繼堯庵擅令名。

那從上古讀三墳，經訓菑畬力可耕。貫串百家常患寡，闇修一室不求聞。立來名節高旌木，工到文章妙若雲。自有神明司默契，功名天上策奇勳。

到院剛逢雨霽時，雲霞璀燦索新詩。四山桃萼渾無際，萬壑松風竟不貲。春日長人無過此，泉源瑜學有如斯。平昌一邑兹稱勝，好景流連歸去遲。

上巳日諸生招飲妙高書院

講席名山啓，諸生肅雁行。閑携問字酒，豐甚束修羊。禽語當筵樂，松風入座凉。何因修禊事，佳話紀平昌。

登妙高山　　仁和葉誥

百尺松濤響接天，妙高山在翠微巔。别開經社□千佛，同咏霓裳列衆仙。望遠忽來人絶頂，行吟那許客齊肩。歸途共説登臨早，手折一枝紅杜鵑。

社倉并序　　邑人葉煓

甲申仲秋，予奉檄委署鎮海縣教諭，束裝將行，適制府通飭闔屬，興舉社倉，邑尊鄭侯商之童學博，以予與邑之紳耆接洽，挽留在籍，司辦捐事，詳請改委鎮海署缺。自甲申秋，由城遍歷各鄉，至乙酉夏，勸捐所至，率皆踴躍從事，勉力輸將，遂得穀萬數，倉厫就次建造，聊可藉手報命。細條其章程，刊列倉所，附詩志喜，并望諸同志善爲經理，以垂永久云爾。

我邑在崇岡，以山名平昌。連接二山，平方似昌字，邑舊名平昌以此。由來少原野，鬱然林木蒼。高田蔭山隴，禾黍歌穰穰。亢旱出泉水，農耕無缺糧。泉甘并土肥，樂利稱饒鄉。歲或偶遇歉，粟米來松陽。

遂昌隣邑。恃此以無恐，不事積穀防。近今木砍伐，山禿泉源傷。旱災乃爲害，赤野同傍徨。在昔庚辰歲，旱更非尋常。松邑好田畝，半爲菸草妨。松俗貪利，近於良田多種菸草。以故減歲入，自救猶不遑。甄栝并被災，告饑時相望。萬口急待哺，嗷嗷何可當。濟糶雖設法，糴須從遠方。廣米聚杭境，水運三易航。到岸更嶺路，流汗沾橐囊。浹旬始運至，不及徒鞭長。艱難真萬狀，總因無蓋藏。豐稔急僉及，天語喧煌煌。大官檄州縣，社設義穀倉。社倉肇朱子，法密意尤良。我邑樂興舉，昔艱存中腸。一呼輒衆應，踴躍競輸將。十室立首事，聚落任築塲。穀石一萬滿，倉厫五十强。制宜因時地，一一規條詳。相共保初意，亘古無更張。得人乃繼久，後起須勖勸。災歉所代有，廟謨爲降康。

王蘇氏烈婦歌

江山姜典三

三歸嶺上風肅肅，三歸嶺下雲冥穆。中有烈婦殉其夫，頷斷刀横血轆轆。我聞烈女將嫁年，夫病膏肓豎已纏。舉家聚立咸憂疑，女獨貞心誓不移。嫁則此身及爲王家婦，不嫁此身屬阿誰。吾母愛兒當愛理，不必圖度後臧否。此事何容挾兩端，義惟從一而已矣。揮淚因之辭其家，内心蘊素外鉛華。虚憐明月邀環珮，誰信悲風遂鈿車。行行直上青廬側，交拜起夫夫無力。此時獨坐黯傷神，此時無語淚霑臆。願以此身代夫身，皇天無情悲何極。凌晨梳洗拜姑嫜，見夫尫隤卧在床。從此巾櫛喜親侍，從此藥餌喜共嘗。匍匐可憐未三日，百年恩愛從此畢。曉來問夫夫無聲，知夫茫茫身命傾。痛哭一時氣爲絶，魄强魂去難離穴。須臾翻身拾厨刀，空閨無人鬼悲號。霜鋒疾下秀頸裂，月隕江心難再撈。

嗟哉烈女勇所向，矢死不求母也諒。嗟哉烈女志何決，懷刃不徒鼻爲截。當時在家苦不嫁，及今嫁夫夫遽化。萬年名義片時敦，何必同衾共枕定。相從地下一路行，夫唱婦隨遂初盟。髧彼兩髦實我特，海枯石爛長不更。故不爲河之需竟，爲娣之歸不有孤。之撫衹有血之飛，臧否一切無依違。白刃一揮白玉碎，天地神明同感慨。嗚呼！芣苡歌，箜篌吟，千古無此念深沉。芣苡歌，箜篌吟，千古無此念深沉！

又

邑人葉喬

男兒意氣不媚嫵，有時激烈成千古。不謂巾幗之中乃有人，武功蘇氏誰其伍。吁嗟！殺身徇義烈士□，有況□□一弱婦。叶。相傳婦當未嫁時，早知夫疾不可愈。知不可愈猶相從，此時婦心先自處。以爲從一復何疑，以爲同穴真得所。迨至夫死不驚遑，殷勤慟哭私告語。語汝好去不須悲，自有妾身相伴侶。從容緩步入厨房，操刀割出血如縷。家人奔救不可爲，頃刻夫妻還共聚。嗚呼！于歸之日今已瞑，于婦之情何所苦。一時慷慨誠何心，徒使萬人争欲睹。至情至性出天生，特爲綱常作砥柱。人生何必定鬚眉，正氣乃於房幃吐。迄今漱齒讀哀歌，猶覺餘香溢頰輔。

由門頭嶺至大路後

葉喬

萬疊峰巒插碧空，斜飛一道入雲中。路當斷處殘橋接，山到深來密樹籠。所在誅□茅舍立，何年斧鑿石門通。沿途儘有閑花草，灼灼迎人相暎紅。

由石飛嶺至内原　　葉喬

石磴何崔巍，豈是躉叢閣。盤旋欲接天，層級累千百。一山尚未逾，又過一山隔。萬山苦相連，欲遣巨靈擘。

山行　　邑令朱煌

山行終日少人烟，亂石砐砑一逕穿。九折羊腸盤雪嶺，半空鳥道插雲巔。每逢路轉石偏峭，哭遇峰回崖更懸。不歷世途危險處，那能平步上青天。

仙峰庵屋内大樹　　邑令朱煌

舉頭天外幾千年，歷劫風霜不變遷。消盡人間烟火氣，不成樑棟便成仙。

上石飛嶺　　邑令朱煌

嶺路迢迢接翠微，捫蘿直上近斜暉。誰言頑石無知物，乘得風雲也奮飛。

上房院梧桐　　邑令朱煌

手植梧桐樹，經今已六年。會看高百尺，萋□滿堦前。

上房後院雙桂　　邑令朱煌

丹桂雙雙手自培，深根茂葉趁春栽。十年應作百年計，好咏菁莪樂育材。

東園即事

邑令朱煌

小坐東園裡，閑將物理敲。鶯鳴争選樹，鳩拙静安巢。獻媚紅花艶，含芳緑竹苞。妍媸原有定，俗慮好輕拋。

過大峰嶺

邑令朱煌

萬仞峰頭頂上看，天梯石磴接層巒。行到半山風颯颯，更愁高處不勝寒。

小平園觀杜鵑花

邑令朱煌

小園晴日煖如烘，滿樹花開爛縵紅。誰謂杜鵑啼不止，春來也會笑東風。

宿石馬鋪

邑令朱煌

豈真驿馬照前程，鞅掌風塵儘日行。野店荒村纔小憩，晨雞又聽喚聲聲。

過石佛嶺

邑令朱煌

石佛高盤萬仞山，曇花現處照溪湾。縱然色相空中現，只在非空非色間。

遂昌卸任

邑令朱煌

宰兼撫字與催租，官□難當父母呼。試問七年行政處，可能一事稱心無。

柳村

官學陶

喜憑緑柳紀年華，旋道村□□不□。苔少□林□□色，□多姓氏此爲家。聽□不用遇□□，蕭

□□□□看花。日落碧雲委溝地，夕陽樓上數歸鴉。

羅嶂源　　吴林

青山碧水縱前因，列嶂源頭幾度□。雲鎖遙峰迷去邑，蟬鳴高樹送行人。松林少憩風生袖，竹塢時穿皋滿林。萬仞振衣餘興在，崎嶇不憚往來頻。

高坪　　吴秉純

夙昔聞高坪，其鄉高絶頂。今來百里外，使我即引領。一嶺三十里，盤旋入雲影。登躋苦竭蹶，氣喘汗交并。既上嶺之巔，豁然開仙境。亂山皆俯伏，崖石復奇逞。絶盤鳴虚籟，修篁翠滿町。山田滋新雨，嘉禾發秀穎。藹藹數家村，雞犬林間静。悠然忘世俗，恍入桃源勝。

題月洞詩集　　海鹽朱文珮

平昌首録介翁詩，《平昌詩鈔》首編月洞詩。嚮嗣唐賢更屬誰。局外閑觀非袖手，一生心事在殘碁。局敗棊難着，愁多酒易中。集中句。

江山半壁恨難支，往事流傳史筆遺。種到冬青同飲泣，至今惟有杜鵑知。相傳更葬宋六陵事，月洞與焉，史軼其事。

六百年來五度鐫，公詩自前明裔孫震堂重刻，至□凡五鐫，丹心仿佛照殘編。讀書第一須留種，手澤常新賴後賢。

皓月當空古洞虚，緑陰繞舍水環渠。黄冠定笑游踪俗，枉向湖山一駐輿。去冬赴湖山，僅一宿，以未得攬月洞之勝爲歉。

詩目

邑令鍾宇淳聚奎亭詩。
邑令湯顯祖黄塘廟詩。
邑人葉澳黄塘廟詩。
邑人鄭還明善堂詩。
武林張翼、邑人黄衣照城山殿詩。
宋狀元沈晦寓報願寺詩。
齊鼎名報願寺詩。
里人黄衣照安福寺晨鐘詩。
邑丞張咸廣仁院詩。
邑人周池廣仁院詩。
邑人翁高惠衆院詩。
邑人鄭還保寧院詩。

邑人王景夔、王鎡香嚴院詩。

邑人王養端翠峰院詩。

教諭陳世修題文信國精進院墨迹詩并跋。

武林張翼無相院詩。

邑人鄭還資壽院詩。

邑人華一嵩秋日西林晚眺詩。

邑人毛儀點携琴游西林庵詩。

邑人龔原、錢端禮、周綰、王養端、朱應鍾壽光宫詩。

錢塘孫仁冾壽光宫詩。

邑人尹廷高、盧襄、江山姜典三太虚觀詩。以上俱載卷四禋祀·祠壇、群祀、寺院、宫觀門。

邑令湯顯祖君子堂詩。

邑令許啓洪空嘯閣詩，又夜宿空嘯閣詩。

邑令許啓洪别梅舫詩。

四明屠隆啓明樓詩。

邑令湯顯祖啓明樓詩，又啓明樓晚眺詩。以上載卷三建置·公署門。

邑人吴國賢鞍山書院詩。載卷三建置·書院門。
四明楊守勤馬鞍山書院池上小舟詩。
里人鄭士楨鞍山書院四時即景詩。
里人吴文炳雅南義塾偶成詩。以上載卷三建置·書院門。
御書亭朱子詩。
邑令黄德裕得月亭詩。
邑令朱元成清華閣詩。
邑丞余允懷清華閣詩。
郡守王崇銘清華閣詩。
司理趙霦吉清華閣詩。
邑令鍾宇淳、徐治國、林剛中、胡世定清華閣詩。
邑人王炬、王季皋、徐昱、黄學詩、黄中、朱家瓚清華閣詩。
四明楊守勤雙清閣詩。
里人朱慕淵文鑑閣詩。以上載卷三建置·亭閣門。
邑令王燈東關橋詩。

訓導王世芳東關橋詩。

邑人徐台年東關橋詩。

邑人潘宗河瑞仙橋詩。以上載卷三建置·橋渡門。

曹道冲并邑人吴志、葉澳眠牛山詩。以下俱載卷一輿地·山川門。

四明屠隆眠牛山詩，又飛鶴山詩。

邑令柳滋溥、邑人包蒙吉妙高山詩。

邑人張子西、翁高、尹廷高、鄭還妙高院詩。

邑人朱楷妙高山遠望詩。

邑令王憕望遠亭詩，又翰墨池詩。

西湖李元鼎文昌閣落成詩。

邑人劉霞文昌山引亭詩，又望遠亭詩。

邑人徐培、徐台位文昌宫落成詩。

上杭傅繩武文昌山詩。

慈溪王旭齡引亭詩，又四照亭詩。

邑人王隆相文昌閣詩。

邑人徐台年聽泉亭二絶句詩。

邑人童澍霖、毛儀煌、朱鐸文昌山詩。

邑人童汝礪文魁二閣詩。

邑人王隆周文昌山詩，又望遠亭詩。

邑人王式堯四照亭詩。

邑人王式聖九日登文昌山詩。

邑人王曰謨妙高山松隱禅院詩。

邑人王夢篆文昌山同人小飲有懷詩，又登文昌山絶頂詩。

教諭陛以謙新秋妙高山同人觀荷未及往詩，又七月十六日登妙高山是日山閣祀魁星詩。

邑令許啓洪留别西明山詩。

邑人吴國賢西明晚眺詩。

邑人王夢篆西明山詩。

邑人周述屏風山四景詩。

邑令湯顯祖、許啓洪屏風山四景詩。

邑人翁高月山遺興詩。

朱應鐘月山詩。
郡人胡烈五龍山詩。
徐顯志五龍山詩。
教諭陳灝、訓導朱永翼五龍山詩。
邑人包蒙亨君子山詩。
四明楊守勤馬鞍山五株松詩。
邑令胡順化九雲峰詩。
邑令徐治國曾山廣仁院詩。
皇甫冉曾山送客詩。
王景夔、翁錡曾山廣仁院詩。
四明屠隆登白馬山詩。
里人吴國賢登五雷峰絶頂詩，又洗頭岩詩。
黄衣照登五雷山詩。
僧貫休湖山詩。
邑人吴秉純湖山詩。

桐城胡效憲、邑人朱所敬奕山文鑑閣詩。

麗令方咸迎、胡效憲於奕山詩。

朱奎奕山十景詩。

釋良縉、朱應鐘天馬山詩。

蘭溪徐應亨獨山詩。

邑令湯顯祖赤壁望浦城詩。

四明屠隆、邑令湯顯祖青城山詩。

釋仲一、真可唐山詩。

邑令鍾宇淳九日登唐山詩。

邑令湯顯祖、傅恪、教授張翼、竟陵胡恒、邑人黄九津、尹廷高唐山詩。

釋貫休山居詩五首。

邑人王正化、項應祥唐山懷古詩。

邑令王憕、邑人童澍霖朝暾山詩。

教諭陸以謙游淨居山卉隱寺詩。

邑人朱家瓚雩九峰巘詩。

邑人許啓洪含輝洞詩。
教諭陸以謙含輝洞登高詩。
四明屠隆、邑人黄中靈泉洞詩。
邑人葉澳、吴林、官學陶百步嶺吴氏别墅詩。
邑令湯顯祖洞峰嶺詩。
邑人毛桓門頭嶺詩。
邑人項天衡東梅嶺詩。
郡守許國忠、邑人黄中金溪十峰詩。
劉芳金溪行詩。
釋真可新嶺隘詩。
邑令湯顯祖新嶺隘詩。
邑令湯顯祖界石壇詩。
邑人葉可權航川八景詩。
里人毛鎬闟川八景詩。
邑人吴文炳梧桐源詩。

邑人吴林羅嶂源詩。
邑人吴經柘溪懷古詩。
宋侍郎盧襄、邑人王雲路梭溪詩。
邑人項應祥練溪八景詩。
慶元姚梁練溪十二景歌。
江山姜典三練溪晚興，又龍洞坑詩。
里人劉瑩練溪瀑布詩。以上載卷一輿地·山川門。
邑人周應枚畲民詩。卷一輿地·風俗門。
邑人黄中過處士朱陽仲墓詩。卷一輿地·丘墓門。
郡守任可容、同知許國忠、邑令湯顯祖、荆溪胡世定相圃書院詩。
邑令湯顯祖射堂再葺喜謝掌教孫見元詩。
邑令徐治國相圃書聲詩。
邑令黄德裕得月亭詩。
邑令湯顯祖緑玉亭聽簫聲詩。
邑人王鎡廓然亭詩。

邑令湯顯祖、四明屠隆尊經閣詩。

同知許國忠春日登尊經閣詩。

四明劉志棟、邑人黄國龍、黄德微、里人朱文盛、朱家瓚、朱九綸從龍閣詩。以上載卷一輿地·古迹門。

卷十二

雜事志

靈异、仙釋、祥异、災眚

惟怪與神，夫子不語。然宇宙大矣，理之所無，容或爲事之所有，靈异幻渺，愈以徵兩儀浩瀚之變化也。若夫葆真全神，扶正驅邪，亦足以補也。教之不逮，災祥之降，下符人事，尤關一方氣運焉。志雜事。

靈异

石棊子。在邑東牛頭山。世傳葉法善與道侣奕局終，擲棊於地，化爲石。後人於其地得石，每一拳石中有小石棊子，團滑紺白，初出土尚温軟，就壁取可足一局。張貴謨有賦，載藝文。

畫孩兒。宋廣仁院佛殿，有邑人毛會者，潛畫一婦乳兒於壁，每夜有兒啼聲，衆皆怪之。一日會至院，僧語及，會笑曰：若欲止啼甚易。乃以筆添乳入口，自後啼聲遂絶。人以會之畫爲神仙筆。邑令湯顯祖、邑人葉澳有詩，載藝文。

城隍靈籤。萬曆戊午秋，鹽臺李公宗著爲孝廉時，北上訪友遂昌，少佐資斧。叩之神，獲籤于叩左，乃有『此去化龍知有日』句。轉而問來春消息，依然前籤。公竊心喜，第有磨鍊苦煎之句。又竊自疑，爰發一願，以求解脱。至杭，果爲病魔所困，夢神來庇廕，頓有起色，竟爾淹留。迨壬戌，公始得第，方悟知，有日爲遲之之辭也。及奉簡書入越，乃遣官設醮，以畢前願，并題詩以紀不朽。

龍丘夜夢。萬曆己亥，知縣段宏璧莅任抵龍丘，夜夢有遂昌姓尹者來謁。及下車，過尹起莘先生祠，見神像恍與夢符，遂捐俸葺之。

滅虎紀异。萬曆癸巳，遂昌多虎患。知縣湯顯祖禱于城隍之神，夢有神告曰：觀樞密公意何如？因立滅虎祠于報願寺之内，初疑樞密公見夢，必平昌有此神也。舊志：張公貴謨起家教授，後以吏部郎升樞密參院，樞密公殆是耶。欲追祀之社，會有言其曾論朱紫陽僞學而止。嗟夫，人亦各是其見爾，何必同祀之。滅虎其亦社之意與？公宦游所至，爲其民已災，爲鄉里滅虎，不亦可乎？後止稱樞密公，而不以張實之。湯記載禋祀門。

保嬰顯佑。萬曆末年，痘疹流行，患者恍惚見一女子曰：我馬夫人，祀我即吉。因遞相供奉，無不獲福，競捐資建廟于五龍山祀焉。下有祓麟橋，凡祈禱輒應，遂皆以馬名其子云。即景寧鸕鷀村之護國夫人也。

岱廟效靈。天啓丁卯，知縣胡順化子孝廉懷北上，至病劇，夢五人力爲救。問之，言在遂昌縣前。公聞子病，亦詣廟祈禱，得吉兆，慨然許新廟。不數月而好音至，甫下令鳩材，是日廟忽崩頽，四闈榱桷盡折，獨神像巋然，因就舊址式廓之。

華表异驗。宋周晳，字孔曾，原籍揚州江都，任遂昌學，升處州府學教授。因疾復居遂昌西郭，與异人章思廉善。既殁，思廉囑停棺東廂，閉門七日啓之，而黄蟻哺泥護棺，隨壘爲坟。思廉斜插華表于基，倒地懸虛尺許，摇而動，且曰：華表直，我當復出。康熙丙寅洪水後，華表漸直，邑人异之。

蔡相公旗。關川石練獨山，舊祀蔡相公之神。康熙己丑，彭子英賊起，流寇鄉里。將至，鄉人禱于神，忽空中有黄赤旗幟隱見。賊疑爲官軍，懼奔去，得免蹂躪。時鄉人多有見者，互相傳述爲神奇。明末，長濂赤山廟亦著此异，有神兵御敵匾，今尚存。

縣城隍廟。原建于縣治最遠處。明季來，香烟冷落，人迹罕到。康熙元年，大著靈异。邑有惡人，怙終不悛，夢攝其魂於殿中受杖。及覺，兩腿腫爛。月餘，又兇徒宰牛，杖責亦然。時後殿初建，塑像土坯方立，細泥初上，現出花紋如織。迨丙寅大水，殿當其衝，上下前後，民居俱没，獨横倒大樹一根，欄截本殿，巋然無恙。至今靈應猶昔。

著靈修廟。東鄉九雲峰葉真人殿，歲久朽壞。道光五、六年間，移真人像置於閑曠陋屋，拆修未成，其事漸寢。至道光十四年秋，近村農民擡真人像入村報賽。有外來篾匠吕姓者，性愚騃，隨衆往迎。中途忽躍起，高丈餘，譫語喃喃。至停神處，即趺坐高桌，大聲疾呼，自稱葉真人，責以修殿年久未成，無處棲息，今某等可出資財，某等可爲董理，着即尅日興工，毋得稍懈，致于神譴。事有衆所未知者，皆詳悉指出，歷歷如繪，逾時始醒。問之，茫無所知。士人驚其神，遂捐資修竣，擡回原像。遠近傳爲异聞。

神祐滅虎。乾隆三十八年，西鄉十九都有虎患，斑爛白額，四五成群，出没不常。往往白晝突入村市，傷殘人畜，難以指數。虎鷙猛甚，獵人莫敢攖其鋒。人心惶惶，行走相戒，未昏即閉門，藏匿孩童，不令出户。群以地方蔡相廟素著靈异，共往禱之，日夕拜伏致祝。每日起視，見神像汗出如雨，虎隨先後就獲。及虎患既息，往廟酬賽，神像依然，不復見有汗迹矣。蔡相之靈异，默佑地方，類多如此。

仙釋

隋尹真人，大業中，煉丹百丈崖溪西山巔。丹成，舉家飛昇。今勝因院，其故宅也。迨宋龔侍郎原作《勝因院記》，頗詳其事。後原守揚州時，有道人謁原，題疏欲得錢萬貫，原如數與之。道人至和州，創宅買田，置器具交易，標記悉作龔侍郎名字。後原謫和州，道人來請入宅，云：田土器具，皆公揚州捨錢所置。或云道人即尹真人，報其作《勝因院記》云。

唐葉法善，字道元，松陽人。年三十，游紫極觀，得煉丹辟穀、導引胎息之法，後道益顯。高宗召方士化金爲丹，法善上言：丹未可遽就，徒費財耳。初，神龍間，叔祖静能爲尚衣奉御，遷國子祭酒。至先天中，法善拜鴻臚員外，封越國公，黄冠以爲榮。善又請追贈父惠明銀青光祿大夫、歙州刺史。會李邕爲處州刺史，以文章翰墨名世，善求邕爲其祖有道先生國重作墓碑。文成，并求書，邕不許。一夕，夢法善請曰：向辱雄文，光賁泉壤，敢再求書。邕從之。書未竟，鐘鳴夢覺，至丁字下數點而止。善刊畢，持墨本往謝，邕驚曰：始以爲夢，乃真耶？世謂之追魂碑。開元八年卒，距生年百有七歲。玄宗詔贈越州都督，并御製碑文。至宋宣和二年，加封靈虚見素真人。

五代貫休，號禪月大師，常結廬于唐山。居十四年，夢异人授以寫梵相十八尊者像，獨一像未就，异人復教以臨水爲之師，即此像後身也。及應吴越王召，獻詩有云：滿堂花醉三千客，一劍霜寒十四州。王請改爲四十州，師曰：詩亦不改，州亦不添。蓋先知所據止十四州也。後去蜀，蜀孟氏二女尼欲游天台，師教之來唐山謁尊者，至則衆尊者皆現身，尼乃告其故。及返蜀見師，述所見，師曰：信爲諸佛之母，汝能信，則種種應期而現，宜再往勿憚。後三年復至，獻袈裟、鉢盂、盞橐各十六事而歸。休著《山居詩》。載山川門。

五代劉處静，字道游，沛國彭城人。其先避地，家遂昌。唐肅宗時，與丞相李泌爲友，遇异人，授以吐納之術。肅宗召見，賜緋衣，退居仙都，結廬金龍洞側。咸通十四年六月解化，自撰《元虚志》。後數十年，有鄉人見於襄漢間，弟子啓其墓，惟存劍履。

五代游道者，名善幽，受業於邑之重光院。與人無忤，犯之未嘗失色。每晨摘野蔬，以腐薪烹之，不用常住寸薪粒米。一日，無疾趺坐而逝，納之棺，趺坐如故。吴越錢氏聞之，爲莊嚴真身，建殿祀之。寇亂，院毁。

宋劉應真，字從道，少有逸氣。既長，隷紫極觀，禮吴若容爲師。壯年受業於龍虎山張虚白，傳法於汪惟德。元祐間，被召至京師，主上清儲祥宫，賜紫衣，號靈寶虚應師。有《道德經解意》若干卷。

宋章思廉，名居簡，以字行。少業儒，經學名播三舍。既有悟，遂棲迹於壽光宫。終日默坐，蓬頭垢面，出則步履如飛，動作言語皆寓禍福，時皆以神人目之。高宗聞其名，遣黄門董御藥賚香致禱，大書慎乃在位授之。未幾，孝宗名慎，受内禪，每以隱語告人疾病吉凶，如響應。或授之履而人殂，覆其藥而疾愈之類。乾道丙戌，郡守錢公竽迎舍郡齋，兩月不粒食，惟日飲醇酒。忽出游，半日而歸。因問：吕洞賓今何在？答曰：正在張公橋洗紙被。即命駕往謁之。至則若有聞，曰：此思廉小兒饒舌矣。一日，語守曰：吾欲歸。乃端坐而逝。舁至天慶觀，七日顔澤不改。越八日，瘞麗水少微山。後有人見其持隻履在東陽洞邊釣魚，發其瘞，惟存隻履。嘗作詩云：得太極全體，見本來面目。先天一點真，後天却是屋。云云。見《金丹大要》。

宋范叔寶，字子珉，年十六爲道士，有神仙風骨。宣和間，隨師適京師，過長髯道人，授以畫牛術，由是得名。言人禍福，無不立應，行步若飛。每歷處、温、台、明、越、婺、三衢，率三日而周。至青田，畫一橋三虜人於劉氏壁間，衆莫喻意。未幾，金亮稱兵淮南，乃信其爲异人。隆興間，錢郡守招之，寓天慶觀。一日，自郡醉歸，夜半坐逝，瘞少微山。後有人數見於茶肆，或一時數十處皆見之。

宋項舉之，字彦昇，七歲爲紫極觀道士。大觀庚寅，往汴京九成宫。會金明池旱涸，應詔符召池中龍。舉之挺劍結步，池水即湧溢，有七巨魚浮水上，如北斗之次，雨隨沾足。詔改觀爲紫極壽光宫，賜御書額及田畝。政和丁酉，召赴闕，授紫虚大夫、葆光殿校籍，爵秩視朝散大夫。乂禮，年百歲，亦蒙恩授宣教郎。

宋董得時，理宗時，充御前祈禱符水道士。咸淳丁卯冬，祈雪大應，特賜修真通元演法法師、龍翔宫全真齋高士。

宋静空禪師，閩人，有戒行。嘗創精廬於邑之大樓岩。翌日，徙居龍安。洞有第四泓，號龍井，師振錫其側。有黄龍出受戒，至其巔，虎狼蹲踞。師斥之曰：亟去，吾欲此居。遂結廬其中存息。後往弋陽白花岩寺，未幾入寂。寺塑其身，置大殿。一夕，假夢其徒，欲還本寺，乃迎以歸。迄今遇水旱，舁像出禱，願往則輶如一羽，否則數人莫能舉。鄉人敬信，悉繪像供之。

宋明慧，婺州人。政和初，祝髮於邑之興覺院，學天台教。續更衲子衣，參四明天童山宏智禪師，頓悟性宗，爲首座，衆請主報願法席。未幾，往南明山，建大緣事，以禪衲犇湊，遂挈囊鉢之永嘉江心龍翔挂西堂。郡守知之，亟請領院，力辭，復還南明。乾道丙戌冬，結跏趺坐，白衆而逝。

宋馴鼠和尚，字明宗，新安人。武林赤佛寺僧，善書畫。後駐錫於關川興善庵，以衾被蔬粥濟行路，常徹夜不眠，終日不食。佛座旁有大鼠數十頭，其出入跳躑，一聽和尚指揮，人咸稱爲馴鼠和尚焉。居二十年，復返武林。一日飲酒大醉，坐江干化仙橋而逝。

祥异

宋

嘉定癸未夏，有蓮呈瑞，一柄雙花。秋，粟纍纍，有一本發十八莖，莖生八九穗。時司馬掀典邑，撫字教化，有仁愛及民，故和氣響應。

靖國元年，壽光宮殿西柱生靈芝，九莖連葉，色如粟。

明

崇禎五年冬，天雨粟，形如黑黍，惟西鄉近三衢有之。

崇禎六年七月六日午時，五色祥雲見西北方。

崇禎九年，儒學教諭廳前地產紫色靈芝一株。時舉人陳士瓚在任，次年丁丑登進士。

國朝

雍正七年，泮池産并蒂蓮二。

雍正十一年，重構文廟，見棟梁其理异甚，削之，中爲鳳凰蟠舞狀，首尾翼足具備。考舊志，萬曆十八年，知縣萬邦獻重建文廟，得巨材爲梁，斲之，龍翔鳳翥，脉若天成。張瀚作記，載其事，今但見鳳凰耳。

雍正十三年，明倫堂西階下産靈芝，色紫。

乾隆五十年，十九都宏岡民家猪生三象，越數日俱斃。嗣後連年豐稔。

嘉慶元年八月間，十九都垵下農家牛産麒麟，鱗甲遍體，甲缝中生茸毛，赭黄色，口目紅似丹砂，色甚鮮明，口匾濶，目長如鳳眼，形狀與典籍所載麕身、牛尾、馬蹄者無少异。農不知其爲麟也，以刀刮其鱗，血出而斃。是歲大熟。

災眚前無考。

明

嘉靖八年，大水，二蛟并出，壞橋堰，民居溺者甚衆。天啓五年七月二日夜，有大星自西流入東，尾長二十餘丈，光芒如月，須臾有聲如雷。是月每夜流星如織。

國朝

順治四年，西鄉民生一子，眼圓而多白，口濶有牙而遼，遍體青黑，大倍凡兒。民懼爲怪，溺之。

順治六年，西鄉民生子三歲死，埋園中，雷擊而蘇，取歸養之。有隙者危之，曰：此雷震子也，不聞於官，當有罪。民懼，斃之。

康熙四十八年四月初七日，雨天花，有形無迹。是年壽光宫火。

嘉慶五年六月二十三日，大水，平地水深數尺，倒壞墻垣田地無數。二十五日戌刻，雷電交作，川原出蛟，大雨傾盆，山崩水湧，巨浪滔天，高過屋脊，臨河民居盡行漂没，不及逃避者全家淹斃，橋堰盡壞。近山居人又被沙石漲壓，東西兩鄉爲甚。二十七日，北鄉又發大水，勢亦相等，前後淹没漂失數千人口。經大憲奏請，蒙准分別蠲免，賑恤有差。